Mythes et dieux
des Indo-Européens

Georges Dumézil

Mythes et dieux des Indo-Européens

Précédé de

Loki
Heur et malheur du guerrier

Édition présentée par
Bernard Sergent

MILLE&UNEPAGES
Flammarion

ISBN : 978-2-0812-4015-5

Préface

« Une grammaire, pour moi, c'est un roman. » C'est ainsi que, quelques années avant sa mort (en 1986), Georges Dumézil évoquait sa passion de toujours pour les langues, point de départ d'une exceptionnelle carrière d'historien, de philologue et de mythologue. Immense savant, professeur honoraire au Collège de France et membre de l'Académie française, Georges Dumézil fut l'auteur d'une œuvre abondante qui n'a cessé d'explorer la civilisation perdue des Indo-Européens – une œuvre que sa vie durant il a sans relâche remaniée et mise à jour ; une œuvre mondialement reconnue et dont l'impact atteint l'ensemble des sciences humaines. Pour autant, et malgré l'heure de gloire du maître dans les années 1980, qui ne contribua pas peu à une meilleure diffusion de ses travaux, ses ouvrages demeurent d'une lecture exigeante, difficile à vulgariser.

La présente édition, qui rassemble quelques-uns de ses plus grands textes, se veut ainsi une introduction générale à la pensée et à la méthode de Dumézil : *Loki* est un ouvrage exemplaire de comparatisme mythologique ; *Heur et malheur du guerrier* aborde le dossier des mythes et des rites de la fonction guerrière chez les Indo-Européens. Tous deux sont des livres fondamentaux, admirables sur les plans de l'érudition et de la démonstration tout comme au niveau littéraire. Sous le titre *Mythes et dieux des Indo-Européens*, on trouvera un recueil (élaboré en 1992 par Hervé Coutau-Bégarie) de textes caractéristiques des résultats scientifiques et de la méthode du savant.

Né à Paris en 1898, très tôt passionné par la matière mythologique et par les langues (il aimait à évoquer l'acquisition de sa première grammaire historique du latin et celle de sa première grammaire de sanskrit comme des moments-clés de sa vie), Georges Dumézil a consacré son existence à une unique spécialité : les études indo-européennes, du nom de ce domaine (allant de l'Inde à l'Europe ; de la mer du Nord à l'Iran) que, depuis le XIXe siècle, historiens et linguistes ont supposé avoir été occupé par un même peuple, ancêtre de tous ceux qui aujourd'hui parlent des langues appartenant à la même famille linguistique dite « indo-européenne » (des langues aussi diverses que le grec et le latin, le celte, le germain, les langues slaves, le persan ou l'hindi… Voir tableau p. 826-827).

Au sein de cette discipline, c'est un problème précis qui intéresse Dumézil : si les langues de ces peuples sont aussi étroitement apparentées, il doit également exister entre ces derniers des ressemblances culturelles, des similitudes socioreligieuses, des divinités analogues, témoignant de la préhistoire commune qu'implique leur apparentement linguistique. C'est ce qu'il s'est attaché à découvrir.

Dumézil n'était pas le premier à se poser la question : celle-ci avait en réalité surgi dès les années 1840, à la suite des grands travaux qui avaient démontré la parenté des langues, au début du XIXe siècle. À l'époque où Dumézil atteint l'âge de s'intéresser à ce sujet, les études comparatistes se signalaient par un contraste remarquable : alors que la parenté des langues indo-européennes était acquise, que les dictionnaires étymologiques des langues indo-européennes se multipliaient, que les études de linguistique remplissaient les revues toujours plus nombreuses, les études de mythologie comparée avaient en revanche abouti à un échec, ce malgré les efforts de chercheurs comme Adolphe Pictet, Adalbert Kuhn, ou Friedrich-Maximilian Müller. Ces trois auteurs, travaillant sur les premiers acquis, avaient posé un grand nombre d'équations entre noms de dieux ou de héros ; mais à la fin du XIXe siècle, les travaux de phonétique de Karl Brugmann, qui établissent des règles rigoureuses de rapprochement linguistique entre les mots des différentes langues, amènent à rejeter la plupart de ces équations. De la sorte, au début du XXe siècle, le bilan était bien maigre : pas un seul nom de héros, pas un seul nom de prêtrise, n'était commun à plus de deux langues indo-européennes, et un seul nom de dieu était véritablement commun à plusieurs langues : celui qui est en grec *Zeus*, en latin *Jupiter*, en vieil-indien *Dyaus*, en vieil-allemand *Ziu*, en norrois (langue de la Scandinavie ancienne) *Tyr*. Les bilans qui sont rédigés alors (sous la plume d'Otto Schrader ou de Hermann Hirt) n'ont à proposer que des rapprochements entre dieux lituaniens (connus par des textes des XVIe et XVIIe siècles) et dieux latins – rapprochements qui permettent, selon eux, de percevoir l'état « primitif » de la religion indo-européenne.

Pourtant, le maître de Dumézil à l'université, Antoine Meillet (1866-1936), qui dominait les études de grammaire comparée en France dans la première moitié du XXe siècle, gardait, malgré son extrême rigueur, une nostalgie pour certains des rapprochements opérés par les auteurs nommés ci-dessus : celui entre les termes *brahmanes* et *flamines*, catégories sacerdotales indienne et romaine ; entre *ambrosia* et *amṛtā*, noms grec et vieil-indien d'une nourriture ou boisson d'immortalité (voir ci-dessous) ; entre le nom des Centaures grecs (*Kentauroi*), celui des *Gandharva* indiens, et celui du *februum* latin. Lorsque Dumézil lui fait part de ses centres d'intérêt, Meillet l'encourage à reprendre l'étude de ces dossiers comparatifs.

Ce jeune Dumézil qui, dès le bac, s'oriente vers la linguistique est, déjà, un homme étonnant. À sa sortie du lycée, il maîtrisait l'allemand, mais aussi le grec et le latin. De plus, à l'âge de 14 ans, il avait eu la chance de rencontrer le grand-père d'un de ses camarades, qui n'était autre que Michel Bréal, l'introducteur de la grammaire comparée indo-européenne en France. Bréal lui avait donné une grammaire de sanskrit, grâce à laquelle Dumézil s'était lancé seul dans l'apprentissage de cette langue. Il parlera plus tard de la « voie royale de la linguistique comparative qui, de Bréal à Meillet, de Meillet à Benveniste, s'allongeait sous [ses] yeux... ».

Voici en tout cas quatre langues indo-européennes dans son bagage. Et il n'en a pas fini avec la capacité exceptionnelle qui s'exprime ici : au fil des années, Georges Dumézil apprendra la quasi-totalité des langues indo-européennes, en tout cas les anciennes, afin de pouvoir lire les textes dans leur version originale, ce qui représente un effort colossal. Mais il ne se « limitera » pas à elles : les langues caucasiennes deviendront l'une de ses spécialités (voir ci-dessous) ; il apprendra à fond l'une d'elles, l'oubykh, langue en voie d'extinction qu'il sauvera *in extremis* de l'oubli [1]. Véritable collectionneur de langues, il apprend également les langues turques lorsqu'il enseigne à Istanbul ; en une autre occasion il se met au kičua (langue amérindienne) et apprend le hongrois (langue ouralienne) en un mois, à ce que l'on raconte !

Sous l'influence de Meillet, Dumézil s'attaque à l'un des problèmes légués par le XIXe siècle, celui du rapprochement entre le nom grec de l'ambroisie, *ambrosíā*, et son nom indien, *amr̥tā* : les deux mots sont en effet très voisins, ne différant, grammaticalement, que par le suffixe. Dès le début, l'originalité de Dumézil est d'envisager les mythes qui entourent l'un et l'autre mots, puis, remarquant que des mythes assez semblables existent dans d'autres provinces du monde indo-européen, il élargit la discussion à ces régions (Scandinavie, Irlande, Arménie, Rome...) où, pourtant, aucun mot apparenté à *ambrosíā* n'existe. Ce travail fait l'objet de sa thèse, *Le Festin d'immortalité*, publiée en 1921.

En 1924, *Le Problème des Centaures*, consacré au rapprochement entre *Kentauroi*, *Gandharva* et *februum*, repose sur la même démarche : étude des mythes (et des rites lorsqu'ils sont connus) attachés aux trois termes, et, si l'on a réussi à y percevoir quelque chose de commun, élargissement à d'autres sociétés de langue indo-européenne qui ne possèdent pas de mots apparentés, mais dont des mythes paraissent appartenir au même ensemble. De même, en 1932, son petit livre intitulé *Ouranos-Varuṇa* repose à nouveau sur des équations proposées au XIXe siècle, qu'il entend conforter par l'étude de rites et de mythes attachés à l'un et l'autre dieu.

Ces travaux ont été dès alors critiqués, mais c'est du sinologue Marcel Granet, dont Dumézil suit les cours dans les années 1930 (il voulait bien entendu aussi apprendre le chinois !) qu'ils

1. Voir *La Langue des Oubykhs*, Paris, Champion, 1931.

reçoivent le coup de grâce. Pourquoi ? Non que Granet intervienne directement contre les thèses de Dumézil, mais, sur un point purement comparatif, le fait que Dumézil découvre, dans le matériel chinois antique étudié par Granet, des rites semblables à ceux qu'il avait, avec peine, mis en lumière dans *Le Festin d'immortalité*, lui fait considérer qu'il n'a rien découvert d'original : son but était de faire une sorte d'anthropologie du monde indo-européen primitif, et il découvre que cette « anthropologie » lui est commune avec la Chine. Le dossier perd de sa pertinence. Sur un plan plus général, Dumézil apprend avec Granet à davantage respecter les textes. Par exemple, pour rapprocher les rites romains mettant en jeu *februum* – à savoir la fête des Lupercales, où n'intervient pas le moindre cheval – et les Centaures grecs, il lui avait fallu quelque peu « forcer » la comparaison. Granet lui apprend la rigueur méthodologique et, de cet enseignement, Dumézil gardera l'idée que son travail doit être fait d'« explications de textes », qui excluent tout laxisme comparatif.

Cette mésaventure fait toutefois vaciller la confiance de Dumézil. Il n'écrit plus de livres pendant plusieurs années, se consacrant à des études ponctuelles publiées sous forme d'articles. Période de latence qui, peut-être, ne fit que mieux préparer la rupture – véritable révolution épistémologique – de 1938.

Dumézil préparait alors un cours à l'École des hautes études en sciences sociales quand lui apparaît en un éclair une « coïncidence » étonnante : il y a homologie entre les trois principaux dieux de la plus ancienne Rome et les idées qui président aux trois plus anciennes castes (*varṇa*) de l'Inde ancienne. Les trois grands dieux romains se repèrent à l'existence, au sein de la série de prêtres appelés les flamines, de trois flamines *majeurs*, plus éminents que les autres. Les dieux auxquels ils sont dédiés devaient donc avoir, à l'époque où sont créés ces sacerdoces (dans la préhistoire de Rome), une importance particulière : ce sont Jupiter, Mars et Quirinus. Le premier exprime les puissances célestes et est maître des signes qui apparaissent dans le ciel ; le deuxième préside à la guerre et à toutes les opérations de protection ; le troisième, à peine connu aux époques historiques, supplanté sur le Capitole par la déesse Minerve, laisse deviner son office à ce que son flamine intervient régulièrement dans des cultes liés à la fécondité agricole. À l'autre extrémité du monde indo-européen, Dumézil avait étudié depuis plus de vingt ans une situation faisant singulièrement écho à celle-là : les grandes castes qui, en Inde, répartissent toute l'humanité en quatre catégories – les *brahmanes*, les *kṣatriya*, les *vaiśya*, les *śudra*, c'est-à-dire les prêtres et enseignants, les guerriers, les producteurs, les serviteurs – ne se discernent, dans les plus anciens textes indiens (à savoir quelques hymnes de la collection appelée *Rig-Véda*), qu'avec l'apparition de trois concepts qui représentent l'essence de ce que seront ensuite les trois premières castes (la quatrième est plus tardive : les *śudra* sont définis comme les serviteurs des trois autres *varṇa*). Ces trois principes sont le *brahman* (au neutre), le *kṣatra*, et le *viś*. Le premier de ces principes correspond à la religion, le deuxième à la puissance, le troisième à la collectivité (*vaiśya* signifie « les clans »), groupe qui, socialement, rassemble les producteurs. Il y a donc homologie entre la série divine romaine et la série théorique et sociale indienne : toutes deux s'organisent autour des idées de religion, de force et de production. Si l'on ajoute qu'une étymologie du nom *Quirinus* en faisait le rassembleur des hommes (*co-viri-no-*), on voit – ce que comprit le premier Georges Dumézil en 1938 – que les trois plus anciens grands dieux de Rome reposent sur des idées qui s'accordent avec les plus anciennes notions indiennes présidant à la répartition des hommes, comme on peut le voir dans ce tableau :

	Rome	Inde
religion	Jupiter	*brahman*
Force	Mars	*kṣatra*
Production agraire Collectivité humaine	Quirinus	*viś*

Ce jour-là, Dumézil avait découvert ce qu'on appellera plus tard la *trifonctionnalité*, ou *tripartition fonctionnelle*. Après quelques hésitations, en effet, il choisit, pour désigner les catégories qu'il venait de mettre en lumière, le terme de « fonction ». Rome et l'Inde sont ainsi les deux piliers sur lesquels s'est bâtie la théorie des trois fonctions indo-européennes. Ce n'était là que le début. Les années qui suivent sont mises à profit pour étudier les manifestations de triades semblables, soit à Rome et en Inde, soit chez d'autres peuples indo-européens : Germains, Iraniens (d'Iran, de Scythie, du Caucase), Grecs, Celtes, Ombriens... À partir des années 1950, d'autres chercheurs enrichissent le dossier, et l'élargissent en livrant du matériel trifonctionnel appartenant aux Arméniens, aux Slaves et aux Baltes, aux Hittites. Si bien d'autres concepts communs aux divers peuples indo-européens ont été depuis étudiés, par Dumézil ou par des successeurs, la tripartition fonctionnelle reste l'élément fondateur, le plus riche et le plus étudié, de ces idées. Dumézil aura sur ce terrain beaucoup d'émules, en France bien sûr, mais aussi en Belgique, en Espagne, aux États-Unis, en Italie, en Angleterre, en Roumanie... Ses œuvres sont largement traduites en anglais, plusieurs le sont en espagnol, en italien, et en quantité d'autres langues. Le courant à l'origine duquel il se trouve (il ne voulait pas entendre parler d'une « école » issue de ses propositions) est d'une ampleur considérable, et la découverte de 1938 est acceptée par l'immense majorité des comparatistes contemporains. Certains d'entre eux fondent ainsi, aux États-Unis, en 1973, le *Journal of Indo-European Studies* ; à Bruxelles, en 1988, *Ollodagos* ; ou encore, à Bucarest, en 2001, *Studia Indo-Europaea*, toutes revues encore publiées aujourd'hui.

La démarche dumézilienne concerne deux dossiers précis : d'abord, celui, anthropologique, de la définition d'une culture primitive commune aux peuples dont les langues étaient, dans l'Antiquité, de la famille indo-européenne ; secondairement celui, historique, de la filiation de ce passé reconstruit, c'est-à-dire déduit des documents, jusqu'aux cultures historiquement attestées découlant, au moins partiellement, de cette culture indo-européenne préhistorique.

Mais la méthode de Dumézil put également être « exportée » : lorsque l'anthropologue africaniste Luc De Heusch étudie des mythes bantous, dans les années 1960-1980, c'est bien cette méthode, distinguant des fonctions et leur articulation, qui lui fournit les meilleures clés interprétatives. Dans sa thèse, publiée en 1968[1], et dont Dumézil avait été le directeur, Georges Charachidzé analyse de manière similaire la mythologie géorgienne (les Géorgiens, implantés dans l'ouest du Caucase, ne sont pas Indo-Européens par leur langue). D'autres auteurs encore ont étudié dans des termes semblables la mythologie japonaise.

C'est dire que le travail dumézilien a une portée au-delà du terrain propre où il s'est élaboré. Lorsque Claude Lévi-Strauss se lance dans l'œuvre prodigieuse qui culminera dans les quatre tomes de ses *Mythologiques*[2], le « dépassement » que Dumézil avait opéré par rapport à la linguistique (j'y reviens ci-dessous) est à ses yeux fondateur : tout son travail à lui consiste à comparer des mythes amérindiens, appartenant à des peuples de familles linguistiques totalement distinctes. Outre que son propre projet est différent, et philosophique plus qu'anthropologique, il ne peut pas, pour sa part, faire de comparatisme dumézilien, c'est-à-dire interne à une même famille linguistique. La démarche dumézilienne l'intéresse en revanche précisément en ce qu'elle autorise un comparatisme qui ne s'appuie pas sur les faits linguistiques.

Nommer Lévi-Strauss, c'est évoquer le structuralisme. Lévi-Strauss commence à être connu du grand public dans les mêmes années où l'œuvre de Dumézil sort des cercles de spécialistes pour toucher un auditoire plus vaste. Dans les mêmes années également, le travail, admirable, de Jean-Pierre Vernant sur la Grèce ancienne parvient aux oreilles des journalistes scientifiques. Il y a des points communs entre ces trois savants : travaillant largement ou exclusivement à partir du matériel mythologique, ils posent les questions en termes de systèmes et de relations. Il n'en a pas fallu davantage pour que tous trois soient enrôlés sous l'étiquette de « structuralistes ». Leurs approches sont pourtant toutes différentes : à Lévi-Strauss, qui cherchait dans l'étude des mythes amérindiens une « pensée sauvage » susceptible de lui livrer les fonctionnements originels de la pensée humaine, s'opposent tant Dumézil, qui cherchait avant tout à percevoir une culture préhistorique dont la notion

1. Paris, Maspero.
2. Paris, Plon, 1964-1971.

se fonde sur l'apparentement linguistique d'un groupe de peuples, que Vernant, qui mettait en relations divers plans de la culture grecque pour discerner les rouages intellectuels de cette culture antique. Pourtant, il se trouvera des auteurs pour prendre l'étiquette au mot et reprocher à Dumézil de ne pas faire de l'authentique structuralisme... ce qu'il n'avait jamais prétendu faire. Il en résultera une certaine irritation, qui s'exprime par exemple dans l'Introduction à *Mythe et épopée* II[1], où Dumézil affirme qu'il n'emploiera plus désormais les mots « structure » ni « structural », mais seulement l'utile verbe « structurer ».

La gloire a toujours son revers, et la célébrité acquise par Dumézil lui valut des attaques plus graves que le malentendu qui vient d'être évoqué. Si, dès les années 1950, l'helléniste italien Arnaldo Momigliano avait déjà lancé quelques flèches, se demandant si la découverte de 1938 ne reflétait pas les idées d'extrême droite de l'auteur, c'est au tournant des années 1980 qu'une polémique, cette fois-ci internationale, engageant un Italien (Carlo Ginzburg), des Français, un Américain (Bruce Lincoln), entreprend de dénoncer Dumézil comme ancien sympathisant du nazisme dans les années 1930, inclination politique dont son livre *Mythes et dieux des Germains* (1939) serait la trace tandis que les « Indo-Européens » ne seraient que le nom scientifiquemt déguisé des « Aryens » exaltés par le national-socialisme. Dans la portée de l'accusation, l'ensemble de l'œuvre dumézilienne est mise sur la sellette. En 1992, le sociologue Didier Eribon répond à ces accusations dans un livre qui a eu un succès mérité[2], mais ce travail de réhabilitation s'appuyait largement (et bien sûr heureusement) sur des entretiens menés avec Dumézil lui-même, entre 1980 et 1986. Or il est certain que le grand savant a caché son passé ; plus exactement, qu'il l'a rejeté : lorsque, en 1981, il découvre qu'une association lyonnaise qui lui avait proposé de travailler avec elle en linguistique et en mythologie indo-européennes est d'extrême droite, il envoie aussitôt sa démission.

1. Paris, Gallimard, 1973.
2. *Faut-il brûler Dumézil ?*, Flammarion, 1992.

Aujourd'hui, il est acquis que Dumézil a réellement été proche de l'extrême droite dans les années 1920, compagnon de route de l'Action française, le groupe royaliste, nationaliste et antisémite de Charles Maurras, et qu'il « s'assagit » un peu dans les années 1930, travaillant pour le journal *Le Jour*, très à droite mais moins extrémiste que le mouvement de Maurras. La véritable question est celle du rapport entre les travaux de Dumézil et ses idées politiques. Il est tout aussi certain aujourd'hui, et de longue date pour qui connaît le « dossier », que Dumézil n'a pas « inventé » les trois fonctions indo-européennes pour appliquer un schéma d'extrême droite (un tel schéma n'était pas diffusé dans ces milieux), mais qu'il les a découvertes en comparant des données indiennes et romaines. Les Indiens hiérarchisent les hommes (*Homo hierarchicus* est le titre d'un livre du sociologue indianiste Louis Dumont [1]), mais Dumézil ne s'est fait en aucun de ses travaux le défenseur de ce système social. En somme, il faut bien distinguer les choses : le comparatisme indo-européen relève d'une spécialisation technique et difficile ; il faut entrer dedans pour le comprendre ; on n'y décèle aucunement l'influence des idées politiques de Dumézil, qui sont une autre chose – laquelle a d'ailleurs évolué au cours du temps.

Revenons en arrière. Lorsque, en 1958, la revue *Latomus*, à Bruxelles, demande au savant une synthèse sur la tripartition fonctionnelle, Dumézil avait déjà écrit dix-neuf livres, dont dix consacrés à l'approfondissement de cette découverte et à la révélation de sa fertilité. La petite synthèse bruxelloise s'intitulera *L'Idéologie tripartite des Indo-Européens*. Certains chapitres de cet opuscule ont été sélectionnés par Hervé Coutau-Bégarie en 1992 pour figurer dans le livre qu'il intitulait *Mythes et dieux des Indo-Européens*, recueil repris dans le présent volume.

On a vu comment et combien le dépassement de la linguistique opéré par Dumézil est radical. Ses livres de 1921 et de 1924 s'affranchissaient déjà partiellement de la linguistique, puisqu'ils

1. Paris, Gallimard, 1966.

étudiaient les mythes de peuples ne possédant pas de termes apparentés à ceux qui fournissaient le point de départ de l'enquête. Les trois fonctions découvertes en 1938 se dispensent pour le coup complètement d'un fondement linguistique. Certes, Dumézil rapprochait-il à cette époque le nom du *brahman* indien et celui des *flamines* romains. Mais ce n'était pas le fondement de la découverte, et par ailleurs cela n'est pas en coïncidence avec la tripartition fonctionnelle, puisque le *brahman* désigne en Inde le personnel de la seule première fonction, tandis que le terme de *flamines majeurs* s'appliquait aux prêtres de trois dieux se répartissant sur les trois fonctions, et ceux dits *mineurs* l'étaient de plusieurs autres dieux encore. Et pour le reste, il n'y a aucun rapport linguistique entre le dieu de la guerre indien, le dieu des *kṣatriya*, Indra, et son homologue romain, Mars. Pas davantage entre Jupiter, dieu des *auspicia* ou signes célestes, et les dieux védiques que Dumézil sera amené à relier à la première fonction, Mitra et Varuṇa.

En somme, la linguistique fonde assurément la notion même d'*indo-européen*, terme qui ne s'applique en propre qu'à une famille linguistique. Mais, cela acquis, le comparatisme mythologique, religieux, idéologique, peut, et doit, s'émanciper de sa base linguistique.

C'est aujourd'hui une évidence. Après tout, les locuteurs actuels des langues indo-européennes sont les uns chrétiens, d'autres musulmans (Iraniens en majorité, Ossètes et Albanais pour partie, Bosniaques...), d'autres encore parsis, et un bon nombre hindouistes : la parenté linguistique ne correspond plus du tout à un apparentement religieux ou idéologique. C'est-à-dire que, là encore, et d'autre manière, le plan idéologique se sépare du plan linguistique. Cette évidence n'était pas, en 1938, celle des comparatistes qui se livraient, sur le dossier indo-européen, aux joies indicibles de la grammaire comparée.

Pour sa part libéré d'une contrainte par sa découverte, l'esprit de Dumézil prend bientôt son envol, et, outre la tripartition fonctionnelle, ce sont des pans entiers de matière traditionnelle qui s'ouvrent à son esprit comparatiste et prodigieusement érudit.

C'est ici qu'intervient *Loki*, dont il faut dire l'histoire, ou, plus exactement, les histoires.

Il y en a une strictement éditoriale. Lorsque Dumézil rédige le livre qui portera ce titre, il est un auteur à peine connu, et la religion scandinave l'est, en France, encore moins que lui. Un titre comme *Loki* ne dit rien à personne. Un éditeur, G.P. Maisonneuve, se dévoue pour publier le livre en 1948. C'est l'échec. Quelques mois passent, et l'éditeur propose à l'auteur de racheter les exemplaires restants (presque tous !) ou ce sera le pilon. Dumézil ne rachète pas. C'est le pilon.

En 1986, les éditions Flammarion décident de rééditer l'ouvrage. Entre-temps, Dumézil a été reconnu pour un savant de premier plan, les médias ont découvert son existence, et, grâce à ses lecteurs, grâce aussi à l'apparition d'une production de qualité sur la religion scandinave, grâce à des gens comme Régis Boyer, professeur de littérature et civilisation scandinaves à la Sorbonne de 1970 à 2001 ou à Henri Renauld-Krantz, spécialiste de mythologie nordique, Loki est un personnage désormais connu de tout un milieu passionné de mythologie. Espérons que la place qu'il occupe dans la présente édition lui promette encore de belles années de succès.

L'autre histoire de Loki est plus ancienne, et épistémologique. Il faut dire que ce personnage est principalement connu par un auteur islandais du XIIIe siècle, Snorri fils de Sturla (1179-1241), dont les écrits livrent l'essentiel de ce que nous savons sur la religion et la mythologie scandinaves anciennes. Mais voici : en dehors de Snorri, Loki est à peine mentionné ; il est pratiquement ignoré des sagas, pourtant rédigées elles aussi en Islande. Alors, Snorri a-t-il menti ? Ou, autre formulation, a-t-il tout imaginé ? Certains auteurs, dans la première moitié du XXe siècle surtout, l'ont pensé, ajoutant que, vivant trois siècles après la christianisation de l'Islande, il ne pouvait rien savoir de l'ancienne mythologie nordique, que tout était sorti de sa tête, et leur attaque s'est concentrée sur Loki. Il était plus difficile de s'en prendre à d'autres dieux, comme Óđinn et Thórr, qui ont laissé tant de traces dans la toponymie, dans l'anthroponymie, et se retrouvent aussi dans des textes du haut Moyen Âge en Allemagne (Óđinn y est Wotan et Thórr Donar) ou dans l'Angleterre préchrétienne. Pour Loki, rien, ou presque. Quoi de mieux pour prouver le « mensonge » de Snorri ?

C'est en plein cœur de ce débat alors même que la cause est presque entendue – que Dumézil rédige le livre qui s'appellera *Loki*. De quoi s'agit-il alors ?

Dumézil a commencé à s'intéresser aux Ossètes, un peuple du Caucase, à la fin des années 1920. Séjournant en Turquie, il fait un grand voyage dans le Caucase soviétique, et y achète des centaines de livres. C'est une caisse entière qu'il sort d'URSS, tout à fait légalement. De cette caisse, et aussi de sa visite à une communauté caucasienne réfugiée dans l'Ouest anatolien, sortiront deux choses : d'une part, Dumézil acquiert en quelques années la réputation de spécialiste des langues caucasiennes. Lorsque le grand linguiste, et ancien maître de Dumézil, Antoine Meillet, envisage la réédition améliorée d'un ouvrage consacré aux langues du monde [1], c'est à Dumézil qu'il confie la rédaction du chapitre sur les langues caucasiennes (rappelons qu'en leur grande majorité, elles ne sont pas indo-européennes). D'autre part, grâce aux travaux des folkloristes russes, sort de ladite caisse un aperçu des traditions et de la mythologie des Ossètes, qui, quant à eux, sont de langue iranienne, donc indo-européenne. Dumézil commence à apprendre leur langue, comme toutes celles qu'il rencontre sur sa route.

Il découvre ainsi que les Ossètes parlent, en leurs légendes, d'un peuple appelé les Nartes, véritable projection mythique d'eux-mêmes, divisé en trois familles – les intelligents, les forts, les riches. Autant dire que les traditions ossètes joueront un rôle dans la découverte de la tripartition fonctionnelle : Dumézil connaissait cette répartition familiale mythique presque dix ans avant sa trouvaille de 1938. Notons au passage qu'il a traduit en français et publié en deux ouvrages l'essentiel de ce matériel ossète [2].

Or, les forts, les *Aesaertaegkatae*, ceux dont parlent le plus – et de loin – les récits, comptent parmi eux un individu perturbateur

1. *Les Langues du monde*, Paris, 1952, t. I.
2. *Légendes sur les Nartes*, Paris, Honoré Champion, 1930 ; *Le Livre des héros, légendes sur les Nartes*, Paris, Gallimard, 1965.

qui joue à ses compagnons des coups aussi pendables que ceux que joue Loki aux dieux scandinaves, les Ases. Jusque-là, rien qui mérite un livre. Le personnage perturbateur est commun à un nombre considérable de mythologies, à tel point qu'il a reçu un nom précis : en anglais le *trickster* ; en français le *décepteur*.

Mais voici : entre le décepteur scandinave, Loki, et le décepteur ossète, appelé Syrdon, ce n'est pas seulement un type de personnage qui est commun, c'est un même *rôle structurel* au sein d'une communauté par opposition à laquelle il se définit, et ce sont de multiples *points communs mythiques*. C'est le mérite de Dumézil que de les avoir vus. Car par le livre qu'il consacre à cette découverte, Dumézil renversait la direction de la démarche critique mentionnée plus haut : si Loki est aux Ases ce que Syrdon est aux *Aesaertaegkatae*, et sachant que le germanique (dont fait partie le norrois, langue de l'ancienne Islande) est, comme l'ossète, une langue indo-européenne, il faut parler d'un héritage commun aux deux peuples – donc, Snorri n'a rien « inventé ». C'est pourquoi un chapitre du livre s'intitule « Réhabilitation de Snorri ».

C'est une démarche analogue qui préside à la rédaction, en 1959, du deuxième ouvrage repris dans ce volume. *Heur et malheur du guerrier* a été l'un des livres les plus lus de Georges Dumézil. Petit en volume, intense dans ses chapitres, pointant des questions spécifiques sur l'ancienne idéologie de la guerre, il est sans doute le travail qui a, le premier, fait connaître le savant en dehors des cercles de spécialistes. Il se compose, en l'état que lui a donné Dumézil en 1985, de quatre parties qui sont autant de petits chefs-d'œuvre.

La première étudie les parallélismes entre le grand mythe indien du dieu Indra et ce que les Romains appelaient l'histoire de Tullus Hostilius, le troisième de leurs anciens rois. C'est en effet une découverte de Dumézil, sur laquelle il est nombre de fois revenu en raison de son intérêt pour la matière latine, que les Romains ne racontaient pas de mythes au sujet de leurs dieux (tous ceux qu'on prend pour tels, du type « Jupiter épousa Junon », sont en réalité d'origine grecque), mais que ce qui se trouve comme mythologie chez les autres peuples de langue indo-européenne a été traité à

Rome comme histoire. Tous les récits ou presque concernant les rois de Rome trouvent des parallèles dans d'autres domaines indo-européens. C'est ainsi que les épisodes et les rouages de l'histoire de Tullus Hostilius se retrouvent, au complet, mais « à la sauce » indienne, dans celle du dieu Indra. Excluant la mythologie, les Romains ont aussi balayé le merveilleux. Indra tue des dragons ; Tullus et ses soldats tuent des ennemis.

La deuxième partie envisage une série de mythes concernant des personnages qui, majoritairement des guerriers, connaissent une vie rythmée par les trois fonctions indo-européennes. Notons ici que le chapitre traitant d'Indra a été critiqué par des indianistes, au prétexte qu'il est démontré que le *Markaṇdeya Purāṇa* – source de Dumézil pour la triplicité des péchés d'Indra – est une œuvre relativement tardive, faite de bric et de broc. Mais s'il a été ainsi montré que le *Markaṇdeya Purāṇa* est composé de morceaux, on n'a pas pour autant montré que l'un des morceaux récupérés ne contenait pas déjà l'ensemble du mythe trifonctionnel d'Indra. Le même *Purāṇa* contient par exemple un autre texte, le *Devī-* ou *Caṇdī-Māhātmya*, cité *in extenso*, et dont l'ancienneté est incontestable (comme on en jugera en consultant notre étude, *Athéna et la grande déesse indienne* [1].

La partie intitulée « le personnel de la fonction guerrière » reprend et développe un article publié en 1953 dans le prestigieux *Journal asiatique*. Il garde de cet article un côté technique qui peut surprendre plus d'un. Alors explicitons. Lorsque Dumézil écrit, au sujet des prêtres appelés les fétiaux, que leur nom est analysable en *fēti-ales*, car « cf. sanskrit *dhā́tu* », il se dispense et de dire ce que signifie *dhā́tu-*, et d'expliquer quel rapport il peut y avoir entre *dhā́tu-* et *fēti-*. Il faut savoir ici que la phonétique comparée des langues indo-européennes a pu, dès la fin du XIXe siècle, fixer les règles de transformation des sons (phonèmes) d'une langue à une autre, et reconstituer, en amont, les formes initiales à partir desquelles les phonèmes des langues historiques se sont formés. C'est ainsi que l'on a pu montrer que le *f-* initial du latin peut,

1. Bernard Sergent, *Athéna et la grande déesse indienne*, Paris, Les Belles Lettres, 2008, *passim* et pp. 335-336.

entre autres, remonter à un **dh-* indo-européen, lequel s'est au contraire maintenu en sanskrit ; ce qui peut s'écrire en équation phonétique : latin *f-* = vieil indien *dh-*. De même, on sait qu'aux *e* et *o* des langues indo-européennes occidentales répondent en vieil-indien, et aussi en iranien, uniformément des *a*. Dès lors, *dhắtu-* représente un ancien **dhētu-*, et *fēti-* un ancien **dhēti-* : les deux mots ne diffèrent que par ce qu'on appelle le thème, qui est en *-u* dans le mot sanskrit, en *-i* dans le mot latin. Quant au sens de **dhắtu-*, c'est à la fois « assise, fondation » et « constituant, élément ».

Cette précision donnée, on appréciera la rigueur de la discussion de Dumézil qui, lors même que sa démarche dépassait la linguistique en n'en faisait plus dépendre l'étude mythologique, ne s'est cependant jamais privé d'y recourir pour expliquer mots et noms propres. La linguistique reste un puissant moyen d'expliquer les valeurs et les significations, et révèle ici des éléments communs, concernant dieux et vocabulaire de la guerre, entre les différentes langues et cultures indo-européennes.

La quatrième partie, « Aspects de la fonction guerrière », envisage une série de questions touchant à la mythologie du dieu Indra. Si la première partie le comparait principalement au Romain Tullus Hostilius, la quatrième signale des points communs entre le mythe d'Indra et ceux d'autres traditions indo-européennes : le combat du dieu contre le dragon a une nette ressemblance avec le combat d'un jeune guerrier scandinave, Höttr, contre un dragon tué et remis sur pied par son maître. De même, les métamorphoses animales auxquelles se livre le correspondant iranien d'Indra ont de nets parallèles dans le domaine nordique. Chose originale, pour la première fois Dumézil sort du monde indo-européen, et, voulant montrer que les différents épisodes abordés dans cette partie sont à mettre en relation avec les procédures initiatiques, éclaire celles-ci par des rites du Nord-Ouest de l'Amérique amérindienne. Il ne pose certes pas le problème de la relation en termes historiques, mais laisse ouverte la raison de la ressemblance.

La réunion des deux ouvrages majeurs que sont *Loki* et *Heur et malheur du guerrier* permet une véritable entrée dans l'art et la manière de Dumézil : le savant, outre une méthodologie remarquable et un talent décisif pour la démonstration, avait un authentique style original, il écrivait un admirable français – rappelons qu'il fut élu à l'Académie française –, traversé d'un humour fin qui fait plaisir à lire.

Le troisième livre édité ici est tout différent. Ce n'est pas un ouvrage de Dumézil à proprement parler, mais un montage de textes par lequel un fidèle entre les fidèles de Dumézil, Hervé Coutau-Bégarie, a entendu composer une sorte de « discours de la méthode » dumézilienne. Il a donc regroupé un certain nombre de travaux du savant, articles ou chapitres de livres, dans lesquels Dumézil a été amené à préciser tant sa démarche que son objet, ou, face à des polémiques, à apporter des mises au point à tel ou tel moment de sa carrière. Le cœur du livre réunit des travaux caractéristiques et exemplaires : reprise du petit livre commandé à Dumézil en 1958 par la revue *Latomus* sur « l'idéologie tripartite des Indo-Européens », qui permet de donner sous forme condensée la plus grande partie des résultats de la recherche à cette date ; analyse comparative d'une modification parallèle de la seconde fonction dans un sens « démilitarisé » à la fois à Rome, dans l'œuvre de Cicéron, et en Iran zoroastrien, dans la série des six « archanges » ou « entités » qui assistent le grand dieu Ahura Mazdā et en lesquels Dumézil avait découvert l'adaptation d'une théologie trifonctionnelle ; ou encore examen critique des questions posées par la comparaison entre formes de mariages dans les différentes traditions indo-européennes.

Du même Hervé Coutau-Bégarie, outre une « Présentation » ferme et nette, on pourra lire le chapitre intitulé « Fabrication de l'histoire », dans lequel, citant bien sûr plusieurs fois le maître, il synthétise une partie importante de ses résultats : la comparaison des motifs dans différents récits montre que ce qui est un mythe là est dit histoire ici. Selon que l'on parle des Indiens, des Romains, des Germains, une même matière peut être traitée différemment, et cela, seule la comparaison a permis de le découvrir.

La comparaison, en effet, est la clé des découvertes de Dumézil. Voici trois ouvrages qui permettent à la fois d'en mesurer l'importance – pour l'histoire des Indo-Européens, pour celle des Romains et celle de chacun des autres peuples de cette famille linguistique, pour celle de la théorie du récit et celle de la mythologie – et d'entrer de plain-pied dans cette pensée-ci, l'une de celles qui ont, intellectuellement, dominé le XXe siècle.

Bernard SERGENT,
janvier 2011

Note sur les transcriptions

Les citations sont faites, pour chaque langue, dans l'orthographe ou la transcription usuelle.

En vieil-islandais, comme en irlandais, les voyelles longues portent un accent aigu (dans les autres langues où elles sont marquées, un trait) : *Þ* et *đ* sont des spirantes dentales, sourde et sonore (« *th* » anglais) ; *ø* et *œ* sont des variantes de *ö* ; *y* est voisin d'allemand « *ü* » ; *j* est *i* consonne.

En vieil-irlandais, *h* spirantise l'occlusive précédente ; *sh* est à peu près « ch ».

En russe et en ossète, *c š ž č ǰ* valent français « ts ch j tch dj » ; *x* et *ǧ* valent l'*ach*-haut-allemand et la sonore correspondante ; *j* est *i* consonne ; *y* est une voyelle sourde (turc « i sans point »). En ossète *æ* est un *a* très ouvert, *q* une pharyngale sourde.

En sanscrit, *r̥* est « r » voyelle ; *ṃ* nasalise la voyelle précédente ; *c j* valent français « tch dj » ; *ś ṣ* sont deux variétés de chuintantes sourdes (cf. français « ch ») ; *ṭ ḍ ṇ* sont rétroflexes (« *t d n* » prononcés la pointe de la langue retournée vers le palais) ; *ḥ* est un souffle sourd substitué à *s* en certaines positions ; *y* est « i » consonne ; et *ṅ* et *ñ* sont les formes prises par *n* devant *k* et *g* et devant *c* et *j*.

En gallois, *ll* est une latérale (le souffle passe par un côté de la bouche) ; *th* et *dd* sont le « th » sourd et sonore de l'anglais ; *w*, voyelle, vaut allemand « u » et, consonne, anglais « w » ; *u* est une variété de « í » ; y est « i » vélaire ; *ch* est l'ach-Laut de l'allemand.

Dans d'autres langues, *ś ź* sont des chuintantes, variantes de *š ž* ; *ə* est la voyelle chva ; hors du grec, θ δ valent « th » sourd et sonore de l'anglais.

Abréviations

Plusieurs revues et collections sont désignées par les sigles usuels :

AJP	*American Journal of Philology.*
ANF	*Arkiv för nordisk Filologi.*
ANRW	*Aufstieg und Niedergang der römischer Welt.*
DS	*Danske Studier.*
FFC	*Folklore Fellows Communications.*
FUF	*Finnisch-ugrische Forschungen.*
GHÅ	*Göteborg Högskolas Årsskrift.*
IF	*Indogermanische Forschungen.*
IIJ	*Indo-Iranian Journal.*
JA	*Journal asiatique.*
JAOS	*Journal of the American Oriental Society.*
JRAS	*Journal of the Royal Asiatic Society.*
PBB	*Paul und Braunes Beiträge.*
RHR	*Revue de l'histoire des religions.*
SBE	*Saoud Books of the East.*
UUÅ	*Uppsala Universitets Årsskrift.*
ZDMG	*Zeitschrift der Deutschen Morgenländischen Gesellschaft.*
ZDP	*Zeitschrift für Deutsche Philologie.*

D'autres abréviations propres à la bibliographie ossète sont expliquées p. 158-159.

Plusieurs de mes propres travaux sont aussi désignés par des sigles (éditeur Gallimard sauf indication contraire) :

AFG	*Aspects de la fonction guerrière chez les Indo-Européens*, PUF, 1956.
DG	*Les Dieux des Germains*, PUF, 1959.
DMAR	*Du mythe au roman*, PUF, 1970 ; 2e éd. Flammarion, 1985.
DSIE	*Les Dieux souverains des Indo-Européens*, 1977 ; 2e éd. 1980.
Esq	*Esquisses de mythologie : Apollon sonore* (esq. 1-25), 1982 ; *La Courtisane et les Seigneurs colorés* (26-50), 1984 ; *L'Oubli de l'homme et l'Honneur des dieux* (51-75), 1985.
HC	*Horace et les Curiaces*, 1942.
IR	*Idées romaines*, Gallimard, 1969.
JMQ I	*Jupiter Mars Quirinus* I, 1941.
LH	*Le Livre des héros*, Gallimard, 1965.
LN	*Légendes sur les Nartes*, Institut d'études slaves, 1930.
MDG	*Mythes et dieux des Germains*, PUF, 1939.
ME	*Mythe et épopée* I, *Les Trois Fonctions dans les épopées de quelques peuples indo-européens*, 1968 ; *Mythe et épopée* II, *Types épiques indo-européens : un héros, un sorcier, un roi*, Gallimard, 1971 ; *Mythe et Épopée* III, *Histoires romaines*, Gallimard, 1975.
NA	*Naissance d'Archanges* (= *JMQ III*), 1945.
NR	*Naissance de Rome* (= *JMQ II*), 1944.
RRA	*La Religion romaine archaïque*, avec un appendice sur la religion des Étrusques, Payot, 1966.
RSA	*Romans de Scythie et d'alentour*, Payot, 1978.

LOKI

À ma mère, Marguerite Dumézil
(1860-1945)

Note sur la troisième édition

Cette troisième édition d'un vieux livre est en réalité la troisième élaboration d'une importante matière. La première a paru à Paris en 1948 chez G.-P. Maisonneuve. La deuxième, considérablement remaniée, a été publiée en allemand (trad. de Mlle Inge Köck, 1958) à Stuttgart (*Wissenschaftliche Buchgesellschaft*), avec une préface d'Otto Höfler. L'une et l'autre s'attachaient surtout à préciser les ressemblances et les différences entre le dieu scandinave Loki et Syrdon, héros de l'épopée populaire des Ossètes caucasiens, derniers descendants des Scythes de l'Antiquité. La deuxième, comme la première, laissait ouverte la grande question, celle de l'origine : s'agit-il d'un emprunt d'une société à l'autre, dans un sens ou dans l'autre, ou bien chacun des deux personnages prolonge-t-il, dans son caractère et dans son action, avec des évolutions diverses, un type qui s'était déjà formé chez les ancêtres communs des Germains et des Iraniens, c'est-à-dire schématiquement chez les Indo-Européens ? La nouvelle rédaction ne met certainement pas un terme au débat : elle l'ouvre, en exprimant, quant à moi, une préférence lentement mûrie pour la seconde hypothèse. Les raisons en sont exposées ici, dans le dernier chapitre, qui n'est qu'une greffe prélevée sur un autre livre aujourd'hui introuvable, *Les Dieux des Germains*, publié en 1969 aux Presses universitaires de France.

Georges DUMÉZIL,
avril 1985.

INTRODUCTION

Le problème de Loki

Loki est un des plus singuliers parmi les dieux scandinaves. Il a successivement déconcerté, lassé ou égaré toutes les écoles d'exégètes et l'on a déjà fort à faire d'énumérer les apories, les antinomies qui se donnent rendez-vous sur ce personnage. Voici les principales.

Loki est un dieu important, qui intervient dans un grand nombre de récits, et cependant, autant qu'on sache, c'était, au temps du paganisme, un dieu sans culte, autant dire un dieu sans fonction, et aucun lieu, dans aucun pays scandinave, n'est nommé d'après lui. S'agit-il, dès lors, d'une figure proprement religieuse, d'un dieu authentique ? N'est-ce pas plutôt un personnage de conte, un type folklorique, introduit après coup dans la mythologie ? Peut-être. Mais alors, il faudra admettre que de gros morceaux de la mythologie scandinave sont non seulement chargés d'alluvions folkloriques, mais dans leur ensemble, d'origine folklorique, car, si l'on en soustrait Loki, il est impossible de maintenir leur forme traditionnelle à beaucoup d'histoires d'Óđinn et de Þórr, c'est-à-dire des divinités les moins contestables en tant que « divinités de culte ».

Au début ou au cours d'un certain nombre de récits, Loki paraît être en rapports spéciaux avec Þórr ; quelques critiques ont pensé trouver, dans cette association, un point de départ simple et précis pour l'interprétation du personnage, tout le reste étant ou bien développement de ce germe, ou bien annexion, placage plus ou moins artificiel. Peut-être. Mais d'autres ont noté que les rapports de Loki et d'Óđinn sont plus intimes ; et surtout que plusieurs récits où Loki joue un rôle essentiel ne sont centrés ni sur Óđinn ni sur Þórr.

Loki est à la fois l'ami et l'auxiliaire le plus précieux des dieux et leur pire ennemi. Est-il concevable que ces deux attitudes soient également primitives, congénitales ? Ne faut-il pas établir entre elles une perspective chronologique, admettre que le « mauvais Loki » n'est apparu qu'au bout d'une longue évolution, le seul Loki recevable au début étant, comme il convient à un dieu, le « bon Loki » ? Peut-être. Mais on s'expose ainsi – on s'est allègrement exposé – à toutes sortes d'amputations arbitraires, le mauvais Loki étant plus abondamment attesté que le bon, et l'on vérifie une fois de plus qu'il ne suffit pas d'affirmer, de réclamer un « processus historique » pour l'obtenir.

Ami ou ennemi des dieux, confident ingénieux ou redoutable farceur, Loki s'ébat à son aise dans la petite mythologie ; il semble qu'il est là chez lui. Et puis, brusquement, dans certains mythes, il prend une valeur et une ampleur énormes, presque cosmiques : qu'il s'agisse du meurtre de Baldr, de son propre supplice, de son épiphanie à la fin du monde, ce deuxième Loki est sans commune mesure avec le gobelin que présentent tant de récits drolatiques. Ne faut-il pas, ici encore, admettre une évolution ? Des modèles chrétiens, à moins qu'ils ne soient iraniens, n'ont-ils pas imposé au petit dieu malin des Scandinaves une transfiguration satanique ou ahrimanienne ? Peut-être. Mais cela mène loin, bien au-delà de Loki, et cela conduit à de grosses invraisemblances : l'histoire de l'exégèse des mythes scandinaves est toute jonchée de ces gageures où les écritures apocryphes, le christianisme latin ou celtique, la Bible ou un dualisme abâtardi prétendaient expliquer les imaginations « tardives » des païens du Nord.

Enfin, aujourd'hui même, les paysans de la Norvège, de la Scanie, du Danemark, des Færöer, de l'Islande, connaissent Loki ; des formules, des proverbes, quelques récits contiennent son nom ;

dans plusieurs de ces régions, Loki est même mis en rapport avec de menus phénomènes naturels, avec quelques incidents de la vie sociale. Comment interpréter ces traces ? Sont-elles postérieures au riche Loki de la tradition littéraire médiévale, dérivées de lui ou déformées à partir de lui ? Ou au contraire conservent-elles un Loki plus fruste, mais plus pur et plus ancien, dont la tradition littéraire médiévale n'aurait été qu'un enjolivement, une amplification, et peut-être une falsification éphémère ? Les deux thèses, *a priori*, peuvent se soutenir, et les images qu'on se forme du Loki primitif dans l'un et dans l'autre cas sont naturellement fort différentes.

Le problème étant si difficile à cerner et à centrer, on ne s'étonnera pas de l'extrême diversité des solutions proposées : Loki est le feu, disaient les premiers tenants de l'exégèse naturaliste. Loki est l'eau ou le vent, rectifiaient d'autres. Des disciples de Mannhardt l'ont vêtu de l'uniforme des « Esprits de la Végétation ». On a vu en lui un dieu infernal, chthonien, ou, à la faveur d'une étymologie, le « fermeur » de l'histoire du monde. Des folkloristes ont cru pouvoir saluer une sorte de sous-officier chanceux de l'armée des génies, trolls et elfes, dont l'horizon scandinave a toujours été peuplé. D'autres folkloristes ont reconnu à la fois le « héros-civilisateur » des récits mythologiques de certains demi-civilisés et le « trompeur » qui parfois le double *(culture-hero and trickster)*. Contre tous ces systèmes, bien entendu, les objections affluent : soit qu'ils réduisent l'essence de Loki à l'un de ses aspects d'où l'on ne peut, à moins d'artifice évident, déduire les autres ; soit qu'ils estompent des différences fondamentales entre Loki et le type mythologique ou folklorique, réel ou supposé, précis ou confus, dont ils veulent le rapprocher.

Mais nous ne sommes pas au bout des difficultés qui compliquent et, semble-t-il, condamnent toute tentative pour interpréter Loki. Ce qui vient d'être dit, l'exposé même des antinomies et des exégèses suppose qu'il existe un « dossier Loki », un ensemble de pièces dont on peut discuter l'ancienneté et l'importance relatives, la cohérence et le sens, mais dont on ne conteste pas la réalité. Nous n'en sommes plus là. Depuis trois quarts de siècle, certaines écoles de philologues ont littéralement réduit en poussière la plupart des documents, montrant que les uns ne sont que des combinaisons, habiles ou maladroites, de « motifs de contes », et que, si l'on considère ou reconstitue les formes primitives des autres, Loki n'y intervenait même pas. Si ces jeux étaient légitimes, il ne faudrait donc plus dire que le problème de Loki est insoluble, ou qu'il défie l'énoncé ; il faudrait simplement dire qu'il est illusoire.

Si, après tant d'autres, j'aborde le problème de Loki, est-il besoin de dire que c'est parce que je crois qu'il existe, qu'il se laisse formuler et aussi qu'il peut, dans une certaine mesure, être élucidé ?

Je crois qu'il existe : c'est-à-dire que les amenuisements, les dislocations qu'Eugen Mogk et quelques autres ont fait subir à la matière même de l'étude sont sophistiques, dans le principe et dans les applications.

Je crois qu'il se laisse formuler : c'est-à-dire que les apories et antinomies qui ont été signalées tout à l'heure, et quelques autres encore, loin de voiler ou de diluer la personnalité de Loki ou de prouver une « évolution historique » qui en eût infléchi ou même retourné le sens, la définissent constitutivement, en tant que complexe et contradictoire.

Je crois enfin qu'on peut en avancer l'élucidation : c'est-à-dire qu'il existe certains moyens d'exégèse encore inemployés, et en particulier un important *dossier comparatif*, déjà brièvement signalé en 1939 dans une note de *Mythes et dieux des Germains* [1].

L'étude se répartit naturellement en deux temps. Je ferai d'abord, à mon tour (chap. I et II), un examen des documents scandinaves, pour montrer comment, dans la grande majorité des cas, la critique philologique ou folklorique a dépassé ses droits et conclu au-delà de ses moyens, et pour restaurer, contre les simplifications et contre les mises en perspective arbitraires des théoriciens, la riche et mobile figure de Loki. Puis, dans une seconde partie (chap. III et IV), j'examinerai le personnage

1. P. 126, n. 1 : « [Loki] a, dans les légendes nartes, un parallèle tout à fait exact : Syrdon, conseiller railleur, compagnon et fléau des Nartes qui, exaspérés, finissent par le tuer. »

homologue de l'épopée narte des Ossètes, Syrdon, et, confrontant Syrdon avec Loki, j'essaierai de comprendre, sinon la fonction, du moins la signification de ce type de héros ou de dieu [1].

Georges DUMÉZIL,
avril 1948.

1. Pour le chapitre V, cf. ci-dessous, p. 149-150.

Chapitre premier

Loki. – Les documents.

Voici la revue des documents scandinaves classés d'une manière qui ne préjuge pas de l'interprétation, par simple rapprochement des récits dont le ton et l'orientation sont similaires. Il n'y sera guère fait de référence aux critiques de diverses sortes qui leur ont été appliquées et qui seront discutées ensuite.

On sait que le christianisme a été introduit au Danemark et en Suède dans le premier tiers du IXe *siècle, imposé à la Norvège et aux archipels de l'Ouest (Færöer, Orcades) par deux rois énergiques environ deux siècles plus tard ; que la conversion de la libre Islande est de l'an 1000. On sait aussi que le bel âge des scaldes, poètes courtisans, de langue savante et contournée, est le bel âge des Vikings, les* IXe *et* X^e^ *siècles ; que les poèmes anonymes, plus simples et en général plus puissants, qui constituent le recueil improprement appelé* Edda*, ont été composés à des époques très variées, qu'on ne peut pas toujours déterminer, entre le* IXe *et le* XIIe *siècle et mis par écrit vers 1250 ; que le corpus de la mythologie scandinave qu'on appelle* Edda en prose[1] *(et qui seul a droit au titre d'*Edda*) a été rédigé, au début du* XIIIe *siècle, à l'usage des émules tardifs des scaldes, par l'illustre Islandais Snorri Sturluson (1178-1241), auteur aussi d'une histoire des rois de*

1. V. ci-dessous, pp. 87-109, les discussions relatives à la valeur documentaire de l'*Edda* de Snorri.

Norvège, la Heimskringla, *dont les premiers chapitres* (Ynglingasaga) *sont de précieux compléments mythologiques à l'*Edda ; *que les histoires et biographies islandaises, les* sögur *(pluriel de* saga) *ont commencé à être rédigées à la fin du* XIIe *siècle et que le genre s'est perpétué longtemps, en devenant de plus en plus romanesque* (fornaldar sögur) ; *enfin que, vers la même époque, le Danois Saxo Grammaticus a écrit des* Gesta Danorum *dont les neuf premiers livres sont un important témoignage pour la connaissance de la fable nordique et reposent sur des poèmes et des sagas en grande partie perdus* [1].

1. LOKI, LES DIEUX ET LE GÉANT ÞJAZI

Cette histoire est connue par deux textes : par la *Haustlöng* (« Passe-temps [des soirs] d'automne » ?), poème composé à la fin du IXe siècle par le scalde Þjóðólfr ór Hvíni, et par un texte de Snorri, qui est plus complet et qui dérive sans doute à la fois de la *Haustlöng* et de sources aujourd'hui perdues. Enfin, dans la *Lokasenna* (st. 50), Loki fait lui-même allusion à la part qu'il a eue dans la mort de Þjazi.

1. Je cite : les poèmes eddiques, d'après l'édition critique de B. Sijmons, au premier tome de B. Sijmons et H. Gering, *Die Lieder der Edda*, dans la *Germanistische Handbibliothek*, VII, Halle, 1906 ; l'*Edda* en prose, d'après l'édition critique de Finnur Jónsson, *Edda Snorra Sturlusonar*, Copenhague, 1931, dont les chapitres et les pages sont indiqués ici ; les *Gesta Danorum* de Saxo Grammaticus d'après l'édition in-folio d'Olrik et Ræder, Copenhague, 1931. Contrairement à un usage qui se développe dans les publications relatives à la vieille religion scandinave, je n'ai pas greffé, sur ces textes, mille et une discussions philologiques qui n'auraient pas eu de rapport avec le problème traité. En particulier, si tel vers de l'*Edda* peut être lu ou interprété de plusieurs manières sans que cela modifie le rôle de Loki dans l'épisode, j'ai simplement choisi la lecture ou l'interprétation qui me paraissaient le plus plausibles. La mythographie néglige volontiers l'une des règles d'or de la morale et de la rhétorique : *age quod agis*.

a) *Skáldskaparmál*, chap. II-IV, pp. 78-81 (= *Bragarœđur*, chap. II).

Il (– Bragi) commença ainsi son récit. Trois Ases sortirent – Óđinn, Loki et Hœnir. Ils passèrent par des montagnes et des terres désertiques où ils furent en peine pour manger. Mais, descendant dans une vallée, ils virent un troupeau de bœufs. Ils prirent un des bœufs et se mirent en devoir de le cuire sur le feu. Quand ils pensèrent qu'il était cuit, ils dispersèrent le feu : ce n'était pas cuit. Quand, une seconde fois, après un peu de temps, ils dispersèrent le feu, ce n'était toujours pas cuit. Ils se demandèrent les uns aux autres ce que cela signifiait. Alors ils entendirent une voix dans le chêne, au-dessus d'eux. Celui qui était perché là disait qu'il était la cause que cela ne cuisait pas au feu. Ils regardèrent : un aigle était perché là, qui n'était pas petit. L'aigle dit : « Si vous voulez bien me donner mon saoul du bœuf, cela cuira au feu. » Ils acceptèrent.

L'aigle descendit de l'arbre, se posa près du foyer et enleva aussitôt les deux cuisses et les deux épaules. Alors Loki se fâcha, saisit une longue perche. Il la brandit de toute sa force et frappa l'aigle en plein corps. L'aigle s'envola. La perche lui resta plantée dans le corps et les mains de Loki collées à l'autre bout... L'aigle vole bas, si bien que les pieds de Loki traînent sur les pierres, les éboulis, les morceaux de bois et il lui semble que ses bras vont s'arracher de ses épaules. Il crie et prie très instamment l'aigle de faire la paix. L'aigle dit qu'il ne le lâchera pas qu'il ne lui ait juré de lui amener de la Demeure des Ases Iđunn avec ses pommes. Loki accepte, retrouve sa liberté et rejoint ses compagnons – et l'on ne raconte plus rien de ce voyage jusqu'à leur retour chez eux.

Mais, au moment convenu, Loki attire Iđunn hors de la Demeure des Ases dans une forêt, et il lui dit qu'il a trouvé là des pommes qui lui paraîtront être des trésors, et il lui dit de prendre avec elle ses propres pommes pour pouvoir faire la comparaison. Alors survient le géant Þjazi, en forme d'aigle. Il prend Iđunn et s'envole avec elle jusqu'au Pays de Þrymr, chez lui.

Les Ases se trouvèrent mal de la disparition d'Iđunn : ils devinrent vite grisonnants et vieux. Ils tinrent une assemblée, se demandant l'un à l'autre ce qu'on savait, en dernier, d'Iđunn. Or, ce qu'on avait vu en dernier, c'était qu'elle était sortie de la Demeure des Ases avec Loki. Alors Loki fut saisi, conduit à l'assemblée et menacé de mort ou de torture. Il eut peur et dit qu'il irait rechercher Iđunn au Pays des Géants si Freyja lui prêtait le plumage de faucon qu'elle possède...

Quand il l'a obtenu, il s'envole vers le nord, au Pays des Géants, et arrive chez le géant Þjazi.

Celui-ci était justement en train de pêcher en mer et Iđunn était seule à la maison. Loki la changea en forme de noix, la prit dans ses serres – et le voilà qui s'envole aussi vite qu'il peut... Mais, quand Þjazi rentre, ne voyant pas Iđunn, le voilà qui prend son plumage d'aigle et qui s'envole à la poursuite de Loki, avec tout le bruit que fait un aigle.

Quand les Ases virent venir le faucon tenant la noix et poursuivi par l'aigle, ils descendirent au pied de la Demeure des Ases, emportant une charge de copeaux. Et quand le faucon eut atteint en volant l'intérieur de la Demeure des Ases et se fut posé dans l'enceinte, ils allumèrent aussitôt les copeaux. L'aigle ne put s'arrêter quand il perdit de vue le faucon. Le feu prit à son plumage et l'empêcha de voler. Les Ases étaient là, qui tuèrent le géant Þjazi à l'intérieur de la grille. Cette bataille est célèbre.

Skađi, la fille du géant Þjazi, prit son casque, sa cotte de maille et toute son armure de guerre et marcha contre la Demeure des Ases pour venger son père. Les Ases lui offrirent accord et compensation : d'abord, elle se choisirait un mari parmi les Ases, mais le choix se ferait sans qu'elle vît autre chose que les pieds de ceux entre lesquels elle choisirait. Elle vit une paire de pieds extrêmement beaux et dit : « C'est celui-là que je choisis, il n'y a que Baldr à être sans défaut ! » Mais c'était (le vieux) Njörđr de Nóatún... Une seconde clause était que les Ases s'arrangeraient – chose qu'elle croyait impossible – pour la faire rire. Loki attacha donc une corde à la barbe d'une chèvre et l'autre bout à ses propres bourses et, chacun tirant et cédant alternativement, ils criaient tous deux bien haut. Alors Loki se laissa tomber aux genoux de Skađi : elle rit et ainsi fut conclue sa paix avec les Ases. On dit encore que, en supplément à la compensation, Óđinn prit les yeux de Þjazi et les plaça dans le ciel où ils devinrent deux étoiles.

b) *Haustlöng* [1], st. 1-13.

Dans ce poème, le scalde décrit deux scènes figurées sur un bouclier. La première (st. 1-13) est l'histoire de Þjazi, mais

1. Texte restauré et traduction suédoise dans I. Lindquist, *Norröna lorkväden från 800-och 900-talen, del I : förslag till restituerad text jämte översättning* (1929), pp. 82-83 ; E. A. Kock, *Den norsk-isländska Skaldediktningen*, I, 1946, pp. 9-12. Longue étude philologique du texte, par V. Kiil, dans *ANF* 74 (1959), pp. 1-104.

s'arrête à la mise à mort du géant, elle-même très rapidement expédiée. Le développement du récit est le même que dans Snorri, ainsi que le rôle de Loki, si ce n'est que la métamorphose d'Iđunn en noix n'est pas signalée [1]. Mais on notera les périphrases scaldiques qui désignent Loki et qui attestent que, en cette fin du IXᵉ siècle, certains traits du caractère et de la légende du dieu étaient bien acquis (son parentage, le vol du bijou, et, par rapport aux dieux, son ambivalence) : celles des st. 5, 7, 8 le nomment fils de Fárbauti, mari de Sigyn, père du Loup (Fenrisúlfr) [2] ; celle de la st. 9 l'appelle « voleur du [... ?...] de Brísingr [3] » ; la st. 12, entre parenthèses, dit de lui qu'il jouait souvent de mauvais tours aux Ases [4], tandis qu'aux st. 7 et 8, il est appelé ami de Hœnir, de Þórr [5].

c) Lokasenna [6], st. 50.

Loki lance à Skađi, la propre fille de Þjazi, le défi suivant :

J'ai été le premier et le plus ardent à sa mort,
Quand nous attaquâmes Þjazi !

2. Loki et la naissance de Sleipnir

Cette histoire est connue dans son ensemble par l'*Edda* de Snorri. Des détails en sont mentionnés dans deux strophes de la *Völuspá* [7] et dans une strophe de la *Petite Völuspá (Hyndluljóđ)* [8].

1. Sur les rôles respectifs de Loki et de Hœnir, v. ci-dessous, pp. 244-245.
2. Cf. ci-dessous, n° 13, *a*).
3. *(Brísings... girđiþjófr)*. Cf. ci-dessous, n° 9.
4. *Sveik opt ásu leikum.*
5. *Hœnis vinr, Þórs rúni* ; à la st. 4, *Hrafnásar vinr* « ami d'Óđinn » désigne plutôt Hœnir, v. ci-dessous, p. 245 et note 2.
6. Sur ce poème, v. ci-dessous, pp. 69 et 143-145.
7. Sur ce poème, qu'il faut dater sans doute des environs de l'an 1000, peut-être du milieu du siècle précédent, v. ci-dessous p. 128, et *Tarpeia*, pp. 253-274.
8. Les *Hyndluljóđ* sont un poème apparenté aux poèmes eddiques, qui se trouve dans la *Flateyjarbók*, et qui est composite. Les st. 29-44 sont un fragment d'un poème qu'on appelle, d'après une indication de Snorri, *Völuspá in Skamma*, « la Brève *Völuspá* » ; il est possible qu'il faille la dater du XIIᵉ siècle (ou du XIᵉ ?).

a) *Gylfaginning*, chap. xxv, pp. 45-47.

b) *Völuspá*, st. 25-26
(que Snorri cite immédiatement après son récit).

Alors Gangleri demanda : Qui est possesseur du cheval Sleipnir ? Et qu'y a-t-il à dire de lui ? Hár répond : Tu ne sais pas ce qu'est le cheval Sleipnir et tu ignores l'événement d'où il est sorti ; cela te paraîtra mériter d'être conté. Il arriva jadis, au début de l'installation des dieux, lorsqu'ils eurent établi la Demeure du Milieu (*Miđgarđr*, la terre) et fait la Valhöll, qu'un certain maître-ouvrier (*smiđr*) se présenta et offrit de leur construire en trois demi-années un château capable de leur donner sûreté et salut contre les Géants des Montagnes et les Thurses du Givre [1] même au cas où ceux-ci viendraient assaillir le *Miđgarđr*. Mais il fixa son salaire ainsi : il prendrait pour lui Freyja et voulait avoir le soleil et la lune.

Les Ases s'assemblèrent, délibérèrent et le marché fut conclu avec le maître-ouvrier, avec la clause qu'il aurait ce qu'il demandait s'il réussissait à faire le château en un seul hiver ; si au contraire, au premier jour de l'été, quelque partie du château n'était pas faite, il ne toucherait pas le salaire. Il ne devait recevoir d'aide d'aucun homme. Quand ils formulèrent cette condition, il demanda qu'on lui permît de recevoir l'aide de son cheval, qui s'appelait Svađilfari. Loki fut cause qu'on lui accorda cela.

Alors, au premier jour de l'hiver, il se mit à construire le château et, pendant la nuit, il apportait les pierres avec son cheval. Les Ases trouvèrent fort étonnant que ce cheval tirât de si gros rochers, et le cheval faisait bien plus de travail que le maître-ouvrier. Le marché avait été conclu devant de puissants témoins et avec de grands serments : sans quoi le géant ne se serait pas senti en sécurité chez les Ases au retour de Þórr qui, pour lors, était allé dans l'Est tuer des trolls.

Quand l'hiver tira sur sa fin, la construction était très avancée et le château était assez haut et assez fort pour résister à une attaque. Quand il n'y eut plus que trois jours avant l'été, il n'y restait plus que peu à faire à la porte du château. Les Ases s'assirent alors dans leurs chaires de juges et cherchèrent conseil, l'un demandant à l'autre qui avait conseillé de marier Freyja au Pays des Géants (*í Jötunheima*)

1. *Fyrir Bergrisum ok Hrímþursum.*

et de gâter l'air et le ciel au point d'en enlever le soleil et la lune pour les livrer aux géants. Ils tombèrent tous d'accord que celui qui avait donné ce conseil devait être celui qui conseille le plus souvent mal, à savoir Loki, fils de Laufey. Ils lui dirent qu'il méritait male mort s'il ne trouvait pas un moyen de frustrer le maître-ouvrier de son salaire et ils s'élancèrent sur lui. Il eut peur et jura en réponse qu'il s'arrangerait pour frustrer le maître-ouvrier de son salaire, quoi qu'il pût lui en coûter.

Et, le même soir, quand le maître-ouvrier s'en alla pour chercher des pierres avec son cheval Svađilfari, voici que, d'une forêt, une jument accourut vers le cheval en hennissant de rut. Quand l'étalon sentit à quel cheval il avait affaire, il devint furieux, brisa la corde et poursuivit la jument. La jument galopa vers la forêt et le maître-ouvrier courut derrière son cheval pour le reprendre. Les deux chevaux galopèrent ainsi toute la nuit et cette nuit-là fut perdue pour le travail : le jour suivant, la construction ne put avancer comme elle faisait jusqu'alors.

Quand le maître-ouvrier comprit qu'il ne pourrait achever sa tâche, il entra dans une « fureur de géant » (*í jötunmóđ*). Alors les Ases, assurés que c'était un Géant des Montagnes qui était venu, ne respectèrent plus leurs serments et appelèrent Þórr. À l'instant il apparut et aussitôt son marteau Mjöllnir se leva dans l'air. Il paya ainsi le maître-ouvrier, non pas avec le soleil et la lune – bien plutôt il lui refusa d'habiter au Pays des Géants, car, du premier coup, il lui mit le crâne en miettes et l'envoya en bas dans la *Niflhel* (« l'enfer brumeux »).

Quant à Loki, il avait eu commerce avec Svađilfari et, quelque temps après, il mit bas un poulain qui était gris et avait huit jambes : c'est le meilleur des chevaux chez les dieux et chez les hommes.

Voici ce que dit la *Völuspá* (st. 25-26) :

25. Alors les divinités souveraines allèrent toutes sur les chaires de décision,
les très saints dieux, et voici ce qu'ils examinèrent :
Qui avait mélangé tout l'air de malheur
et, à la race du géant, donné la jeune femme d'Óđr ?

26. Þórr, seul, fit cela, bouillant de fureur
(rarement il reste assis quand il apprend de telles choses !).
Brisés furent les serments, paroles et engagements
et tous les pactes solennels qui avaient eu cours entre eux.

c) *Petite Völuspá = Hyndluljóđ*, st. 42.

On lit, dans une énumération des enfants animaux issus de Loki :

> Loki engendra le Loup avec Angrbođa
> et enfanta Sleipnir avec Svađilfari...

3. Loki, Þórr et le géant Geirrøđr

Cette histoire est connue par un poème de dix-neuf strophes, obscur et mal transmis, composé vers l'an 1000 par le scalde islandais Eilífr Guđrúnarson, la *Þórsdrápa*, et qui est inséré dans trois manuscrits de l'*Edda* en prose ; puis par un récit de cette *Edda* en prose qui se fonde et sur la *Þórsdrápa* et sur un autre poème aujourd'hui perdu dont il cite deux strophes et auquel il paraît avoir emprunté des formules allitérantes. De plus, des versions déformées – et où n'apparaît plus Loki – se trouvent consignées ou mentionnées au livre VIII des *Gesta Danorum* de Saxo Grammaticus et dans deux sagas.

a) *Skáldskaparmál*, chap. XXVII, pp. 105-107.

Cela mérite d'être conté tout au long, comment Þórr se rendit à la Demeure de Geirrøđr. Il n'avait avec lui ni son marteau Mjöllnir, ni sa ceinture de force, ni ses gants de fer, et cela par la faute de Loki. Celui-ci l'accompagnait.

Une fois qu'il s'amusait à voler dans le plumage de faucon de Frigg, il était arrivé à Loki de voler par curiosité jusqu'à la Demeure de Geirrøđr, où il vit une grande salle. Il se posa et regarda à l'intérieur par la lucarne (du toit). Geirrøđr le remarqua et dit de prendre l'oiseau et de le lui apporter. Mais celui qu'il envoya atteignit à grand effort le (faîte du) mur de la salle, tant il était haut. Loki s'amusa de le voir prendre tant de peine pour l'atteindre et se dit qu'il serait temps de s'envoler quand l'homme aurait fait le plus difficile du passage. Au moment où l'homme allait l'atteindre, le voilà qui déploie les ailes et prend élan sur ses pattes –, mais ses pattes restent collées... Loki fut pris et apporté au géant Geirrøđr. Celui-ci, en voyant ses yeux, soupçonna que ce devait être un homme [1] et lui

1. *Þá grunađi hann, at mađr mundi vera* : la distinction « dieu » – « homme », par rapport à « oiseau », est insignifiante.

ordonna de répondre, mais Loki se tut. Geirrøđr l'enferma alors dans un coffre et l'y laissa à jeun pendant trois mois. Quand il l'en tira et lui ordonna de parler, Loki dit qui il était et, pour racheter sa vie, jura qu'il ferait venir Þórr à la Demeure de Geirrøđr, mais sans son marteau et sans sa ceinture de force.

(En chemin,) Þórr prit logis chez une géante du nom de Gríđr. C'était la mère de Viđarr le Silencieux. Elle dit à Þórr la vérité sur Geirrøđr, c'est-à-dire que c'était un géant extrêmement malin et d'abord difficile. Elle lui prêta la ceinture de force et les gants de fer qu'elle avait, ainsi que son bâton, qui s'appelle Gríđarvölr (« Bâton de Gríđr »). Alors Þórr arriva au fleuve qui s'appelle Vimur, le plus grand des fleuves. Il se ceignit de la ceinture de force et appuya le bâton de Gríđr contre le courant. Quant à Loki, il se tenait sous la ceinture. Quand Þórr atteignit le milieu du fleuve, l'eau monta tellement qu'il en eut jusqu'aux épaules. Þórr dit :

« Ne monte pas maintenant, Vimur, il faut que je passe à gué jusqu'à la Demeure des Géants.

Sais-tu que, si tu montes, ma force d'Ase monte alors aussi haut que le ciel ? »

Þórr vit, en avant, dans une gorge de la montagne, Gjálp, la fille de Geirrøđr, debout au-dessus du fleuve, un pied de chaque côté : c'est elle qui faisait la crue. Þórr prit dans le fleuve une grosse pierre et la lança contre elle en disant : « C'est à la source qu'il faut endiguer le fleuve ! » Quand il lançait quelque chose, il ne manquait pas son but. Au même moment il atteignit la rive. Il s'accrocha à un sorbier et sortit du fleuve. De là vient l'expression que « le sorbier est le salut de Þórr ».

Quand Þórr arriva chez Geirrøđr, les deux compagnons furent d'abord conduits dans la maison des hôtes. Il n'y avait là qu'une seule chaise et Þórr s'y assit. Il s'aperçut que la chaise, sous lui, s'élevait vers le toit. Alors il appuya le bâton de Gríđr contre la charpente du toit et pesa lourdement sur la chaise. Il y eut un grand craquement, suivi d'un grand cri : sous la chaise se trouvaient les filles de Geirrøđr, Gjálp et Greip, et à toutes deux il avait brisé le dos. Þórr dit :

« Une fois j'ai exercé la force d'Ase dans la Demeure des Géants

lorsque Gjálp et Greip, les filles de Geirrøđr, voulurent m'élever au ciel. »

Ensuite Geirrøđr fit appeler Þórr dans la salle pour jouer. Il y avait de grands feux qui traversaient toute la salle. Quand Þórr arriva dans la salle en face de Geirrødr, celui-ci prit avec des pinces un morceau de fer rougi et le lui lança. Þórr le saisit au vol avec ses gants de fer. Geirrødr bondit derrière un pilier de fer pour s'abriter, mais Þórr lança le morceau de fer qui traversa le pilier et Geirrødr et le mur et alla s'enfoncer dehors, dans la terre. De là les vers composés par Eilífr Gudrúnarson dans la *Þórsdrápa* :

(Suivent les dix-neuf strophes dont il va être question.)

b) *Þórsdrápa* (dans *Skáldskaparmál*, chap. XXVII, pp. 107-110)[1].

Le sens de ces strophes est loin d'être établi, en dépit de mainte étude érudite.

Il ressort de la strophe 1, où Loki, en accord avec la tradition ultérieure, est désigné comme « le père du Serpent du Monde », que c'est lui qui excita Þórr à se mettre en route, en lui disant que « de verts chemins le conduiraient à la demeure de Geirrødr ». À cette occasion, en parenthèse, dès le vers 3, le poète précise : « Ample était Loptr (= Loki) à mentir ! » (*drjúgr vas Loptr at ljúga*).

À la strophe 2, Þórr accepte avec empressement : « Tous deux avaient hâte de frapper les géants. »

La strophe 3 parle encore de Loki, mais dans des conditions d'obscurité telles qu'on peut en tirer des sens très divers.

Enfin, à la strophe 4, Þórr est qualifié de *bölkveitir Loka*, ce qui paraît signifier, comme le propose I. Lindquist, « destructeur de la perfidie de Loki ».

Dans la suite, Loki ne paraît plus ; on constate une véritable substitution de personnage, que rien ne prépare : c'est le serviteur habituel de Þórr, Þjálfi, qui participe dorénavant à l'expédition et qui notamment se dresse et se cramponne à la ceinture du grand Þórr pendant la traversée du fleuve qu'enflent les filles du géant (st. 9). En corrigeant hardiment le texte, on est parvenu à reconstituer plus loin (p. ex. st. 10) des périphrases susceptibles de désigner Loki, mais c'est là pur jeu.

1. E. A. Kock, *Den norsk-isländska Skaldediktningen*, pp. 76-79.

4. Loki, Þórr et le géant Þrymr

Le thème de la *Þrymskvida* est extrêmement célèbre ; il a inspiré à toutes époques, dans les divers pays scandinaves, de nombreuses ballades et n'est pas sans rapport avec des traditions recueillies au sud et à l'est de la Baltique. Il suffira ici de citer le poème eddique. Les philologues ne s'accordent pas sur la date probable de sa composition, mais J. de Vries lui-même, qui y voit une des pièces les plus récentes du recueil (vers 1100) [1], admet que la matière peut être beaucoup plus ancienne que la rédaction. Je ne traduirai que les strophes qui intéressent Loki, le reste étant résumé entre parenthèses.

(1. Vingþórr s'aperçoit qu'on lui a volé son marteau pendant son sommeil et il est furieux.)

2. Et il dit d'abord ces paroles :
« Écoute, Loki, ce que je dis,
Ce que nul ne sait, nulle part sur la terre
ni en haut dans le ciel : on a volé à l'Ase son marteau ! »

3. Ils allèrent à la belle demeure de Freyja
et il dit d'abord ces paroles :
« Me prêteras-tu, Freyja, ton vêtement de plumes
– si je pouvais (en m'en servant) retrouver mon marteau ! »

4. *Freyja dit :*
« Je te le donnerais même s'il était d'or,
je te le remettrais même s'il était d'argent. »

5. Alors Loki vola, le vêtement de plumes tonna,
Jusqu'à ce qu'il entrât dans le pays des géants.
Þrymr était assis sur une colline, le chef des Þurses,
tressant pour ses chiens des colliers d'or.

6. *Þrymr dit :*
« Comment cela va-t-il chez les Ases, comment cela va-t-il chez les Elfes ?

1. « Over de dateering der Þrymskviđa », dans *Tijdschrift voor Nederlandsche Taal en Letterkunde* 47 (1928), pp. 251-322 ; cf. P. Hallberg, « Om *Þrymskviđa* », *ANF* 69 (1954), p. 52.

Pourquoi es-tu venu seul au pays des géants ? »
Loki dit :
« Cela va mal chez les Ases, cela va mal chez les Elfes :
as-tu caché le marteau de Hlórriđi (= Þórr) ? »

7. *Þrymr dit :*
« J'ai caché le marteau de Hlórriđi,
à huit lieues sous la terre,
et nul ne le reprendra
s'il ne m'amène Freyja pour femme ! »

8. Alors Loki s'envola, le vêtement de plumes tonna,
jusqu'à ce qu'il entrât au séjour des Ases.
Il rencontra Þórr au milieu de l'enclos,
et il (= Þórr) dit d'abord ces paroles :

9. *(Þórr dit :)*
« As-tu un message conforme à ta peine ?
Dis-moi, debout, ton long rapport :
souvent les mots manquent à l'homme assis
et l'homme couché énonce un mensonge ! »

10. *Loki dit :*
« J'ai un message conforme à ma peine :
Þrymr, le chef des Þurses, a ton marteau
et nul ne le reprendra
s'il ne lui amène Freyja pour femme ! »

11. Ils allèrent chercher la belle Freyja
et il dit d'abord ces paroles :

(« Habille-toi en fiancée et allons tous deux chez les Géants ! » – 12 : fureur et refus de Freyja. – 13 : délibération des Ases. – 14-15 : Heimdallr propose : « Qu'on habille Þórr en fiancée ! »)

16. Alors Þórr dit, l'Ase vigoureux :
« Les Ases m'appelleront efféminé,
si je me laisse vêtir du lin de la fiancée... »

17. Alors Loki, fils de Laufey, dit :
« Tais-toi, Þórr, avec ces paroles !
Les géants habiteront vite la Demeure des Ases,
si tu ne reprends pas ton marteau... »

(18-19 : on déguise Þórr en fiancée.)

20. Alors Loki, fils de Laufey, dit :
« Je serai aussi avec toi comme servante :
nous irons toutes les deux au Pays des Géants ! »

(21 : on attelle ; voyage. – 22-23 : attente vaniteuse de Þrymr. – 24 : arrivée ; Þórr mange un bœuf, huit saumons, boit trois tonneaux d'hydromel. – 25 : étonnement inquiet de Þrymr.)

26. La tout-habile servante était là,
qui trouva réponse à la parole du géant :
« Freyja n'a pas mangé pendant huit nuits,
tant elle se hâtait avidement vers le Pays des Géants... »

(27 : Þrymr se penche pour embrasser la fiancée ; devant l'éclat des yeux, il recule.)

28. La tout-habile servante était là,
qui trouva réponse à la parole du géant :
« Freyja n'a pas dormi pendant huit nuits,
tant elle se hâtait avidement vers le Pays des Géants... »

(29 : La vieille sœur du géant vient demander à la fiancée les présents d'usage. – 30 : Þrymr fait apporter le marteau pour la bénédiction. – 31-32 : Þórr saisit le marteau et massacre les géants.)

5. Loki et l'or d'Andvari

Dans l'*Edda* en vers, parmi les pièces héroïques inspirées par le cycle allemand des *Nibelungen*, figurent les *Reginsmál*, « les paroles de Reginn[1] ». En tête du poème a été placée, comme il arrive parfois, une introduction en prose qui explique d'où vient la malédiction de ce qui deviendra « l'Or du Rhin ». L'*Edda* en prose fait le même récit[2].

1. Fin du XIe siècle ?
2. Comme nom commun, *andvari* signifie « souci, anxiété » ; on a supposé avec vraisemblance que le personnage d'Andvari était né d'une interprétation fantai-

a) *Reginsmál*, début :

Sigurđr alla au haras de Hjálprekr et se choisit un cheval qui fut dès lors nommé Grani. Or Reginn, fils de Hreiđmarr, était venu chez Hjálprekr. Il était plus habile qu'aucun homme et nain de taille. Il était intelligent, farouche et savant en magie. Reginn élevait et instruisait Sigurđr et l'aimait beaucoup. Il parla à Sigurđr de ses ancêtres et des aventures d'Óđinn, de Hœnir et de Loki, quand ils furent venus à la cascade d'Andvari, cascade où il y avait abondance de poisson.

Il y avait un nain, nommé Andvari, qui était depuis longtemps dans la cascade en forme de brochet et y prenait sa nourriture. Otr était le nom de mon frère, dit Reginn, et souvent il entrait dans la cascade en forme de loutre (*otr*). Un jour il avait pris un saumon et, assis au bord de l'eau, il mangeait en somnolant. Loki, d'un coup de pierre, l'assomma. Il parut aux Ases que c'était une bonne aubaine et ils écorchèrent la loutre.

Ce même soir, ils demandèrent l'hospitalité à Hreiđmarr et lui montrèrent leur chasse. Alors nous les empoignâmes et leur imposâmes, comme rançon, de remplir d'or la peau de la loutre et de la recouvrir extérieurement avec de l'or rouge. Ils envoyèrent Loki ramasser de l'or. Il alla chez Rán (femme du géant Ægir), reçut d'elle un filet, revint à la cascade d'Andvari, jeta le filet pour prendre le brochet, – et celui-ci s'y précipita.

(Strophes 1-4 : dialogue entre Loki et Andvari. – 1 : Loki lui demande son nom et lui dit de se racheter en lui procurant « l'éclat des flots », c'est-à-dire l'or. – 2 : Andvari se nomme et gémit sur sa destinée. – 3 : Loki demande quel est le sort réservé aux diffamateurs. – 4 : Andvari répond qu'ils sont cruellement châtiés[1] ; puis, de nouveau, prose :)

Loki vit tout l'or que possédait Andvari. Quand celui-ci avait livré l'or, il avait retenu un anneau : Loki le lui prit. Le nain entra sous le rocher et dit :

---

siste du mot *andvaranautr* « a precious objet which causes terror or grief », appliqué à juste titre à l'anneau dont il va être question : J. de Vries, *The Problem of Loki* (*FFC* 110), 1933, p. 42.

1. Allusion possible aux accusations de Brynhildr contre Sigurđr.

5. Cet or, qu'a possédé Gustr [1],
causera la mort de deux frères
et la guerre entre huit seigneurs :
de mon trésor nul ne jouira !

Les Ases remirent la rançon à Hreiđmarr. Ils bourrèrent la peau de la loutre et la dressèrent sur ses pieds. Alors les Ases durent la couvrir d'or et la masquer. Quand ce fut fait, Hreiđmarr vint et vit un poil de la moustache : il ordonna de le masquer. Óđinn prit l'anneau dit *Andvaranautr* et en masqua le poil [2]. Loki dit :

6. L'or t'a été livré, mais tu as reçu une rançon
grande pour ma tête !
À ton fils cela ne portera pas bonheur :
c'est pour vous deux la mort !

7. *Hreiđmarr dit :*
Tu as donné des cadeaux, tu n'as pas donné de cadeaux amicaux,
tu n'as pas donné de bon cœur, –
c'est de votre vie que vous l'auriez payée,
Si j'avais su cette mauvaise annonce plus tôt !

8. *Loki dit :*
Ce qui est pire (je crois le savoir)
c'est la lutte des proches à cause de la sœur.
Les princes ne sont pas encore nés, je pense,
à qui cet or inspirera haine.

9. *Hreiđmarr dit :*
De l'or rouge je compte disposer
aussi longtemps que je vivrai.

1. Personnage inconnu ; peut-être un autre nom d'Andvari lui-même.
2. De cette scène, on a rapproché l'histoire de Fredegar, dans laquelle les Gots ont à payer aux Francs une indemnité consistant à entasser de l'or jusqu'à ce qu'il atteigne le sommet de la tête d'un guerrier franc à cheval, et où les Francs, mécontents, exigent que le tas s'élève jusqu'à la pointe de la lance : G. Schütte, dans *Edda*, II (1917), pp. 249-250 ; J. de Vries, *The Problem of Loki*, p. 47 (qui pense que c'est là simplement « a literary motive, that consequently may have been added to the Old-Norse tradition of the Nibelungs in a rather late period »). Le motif se retrouve dans le folklore danois des trésors enterrés, *Danske Folkeminder*, 42 (1930), p. 153 : pour le calcul d'une rançon, le roi prisonnier s'agenouille et l'on entasse autour de lui des joyaux jusqu'à ce qu'il disparaisse entièrement.

De tes menaces je ne m'effraie pas le moins du monde,
– et rentrez chez vous ! hors d'ici !

b) *Skáldskaparmál*, chap. XLVII, pp. 126-128.

On raconte que trois des Ases partirent pour connaître le monde : Óđinn, Loki et Hœnir. Ils arrivèrent à un fleuve et le suivirent jusqu'à une cascade. Près de la cascade, il y avait une loutre qui avait pris un saumon et le mangeait les yeux mi-clos. Loki ramassa une pierre, la lança sur la loutre et l'atteignit à la tête. Alors Loki se vanta de cette chasse parce que, d'un seul coup, il avait eu une loutre et un saumon, et ils prirent avec eux le saumon et la loutre. Ils arrivèrent à une ferme et y entrèrent. Le paysan qui habitait là s'appelait Hreiđmarr ; c'était un homme fort, un grand magicien. Les Ases lui demandèrent l'hospitalité pour la nuit. Ils lui dirent qu'ils avaient avec eux des provisions et lui montrèrent leur butin. Mais quand Hreiđmarr vit la loutre, il appela ses fils Fafnir et Reginn et leur dit que leur frère Otr avait été tué et, aussi, qui avait fait cela. Alors le père et les fils se jetèrent sur les Ases, les saisirent et les lièrent, et leur dirent que la loutre était un fils de Hreiđmarr. Les Ases offrirent de payer en compensation ce qu'exigerait Hreiđmarr ; ils convinrent de cela et le confirmèrent par serment. Alors on écorcha la loutre, Hreiđmarr prit la peau et dit qu'ils devaient la remplir intérieurement d'or rouge et l'en couvrir extérieurement, moyennant quoi ils auraient la paix.

Alors Óđinn envoya Loki au séjour des Elfes Noirs. Il alla vers le nain qui s'appelle Andvari. Il était un poisson dans l'eau. Loki le saisit dans ses mains et exigea de lui, comme rançon, tout l'or qu'il avait dans son rocher. Quand ils furent dans le rocher, le nain étala tout l'or qu'il avait, et c'était une grande richesse. Le nain cacha sous sa main un petit anneau d'or. Loki le vit et lui enjoignit de livrer l'anneau. Le nain lui demanda de ne pas lui enlever l'anneau parce que, s'il le gardait, il pourrait reconstituer sa richesse à partir de lui. Mais Loki lui dit qu'il ne garderait pas un *penning*, lui enleva l'anneau et partit. Alors le nain dit que l'anneau coûterait la vie à quiconque le posséderait. Loki répliqua que c'était bien ainsi et qu'il s'en tiendrait à ce qu'il avait dit ; que néanmoins il informerait celui qui prendrait l'anneau.

Il revint chez Hreiđmarr et montra l'or à Óđinn. Quand celui-ci vit l'anneau, il le trouva beau, l'enleva du tas et livra le reste à Hreiđmarr. Hreiđmarr remplit la peau de la loutre en tassant l'or autant qu'il put. Quand elle fut pleine, il la mit sur ses pattes et

Óđinn s'avança pour la recouvrir. Quand il eut fini, il dit à Hreiđmarr de venir vérifier que la peau était bien couverte. Hreiđmarr vint, inspecta, aperçut un poil de la barbe et dit qu'il fallait aussi le couvrir, faute de quoi l'accord serait rompu. Alors Óđinn retira l'anneau, en couvrit le poil et dit qu'il s'était ainsi complètement acquitté de la rançon. Quand Óđinn eut repris son épieu et Loki ses chaussures [1], en sorte qu'ils n'eurent plus rien à craindre, Loki déclara que ce qu'avait dit Andvari se réaliserait, à savoir que cet anneau et cet or seraient meurtriers de celui qui les posséderait. Et cela s'est réalisé depuis lors.

6. Loki et les trésors des dieux

Ce récit figure uniquement dans l'*Edda* en prose (*Skáldskaparmál*, chap. XLIV, pp. 122-125), où il est destiné à expliquer une des nombreuses périphrases (*kenningar*) par lesquelles les scaldes peuvent remplacer le nom de l'or.

Pourquoi l'or est-il appelé *haddr Sifjar* (« chevelure de Sif [2] ») ? Loki, fils de Laufey, avait fait la mauvaise farce de couper toute la chevelure de Sif. Quand Þórr apprit cela, il prit Loki et lui aurait broyé tous les os, si Loki ne lui avait juré qu'il ferait faire pour Sif, par les Elfes Noirs, une chevelure d'or ayant la propriété de pousser comme les cheveux naturels. Loki alla trouver les nains qui s'appellent les fils d'Ivaldi. Ils firent la chevelure (pour Sif) et (le vaisseau) Skíđblađnir (pour Freyr) et l'épieu d'Óđinn qui s'appelle Gungnir. Alors Loki paria sa tête avec le nain nommé Brokkr que son frère Sindri ne serait pas capable de faire trois trésors d'aussi bonne qualité que ceux-là.

Quand ils arrivèrent à la forge, Sindri plaça une peau de cochon dans le foyer et dit à Brokkr de manier le soufflet et de ne pas s'arrêter avant qu'il ne vînt retirer du foyer ce qu'il y avait mis. Mais à peine était-il sorti de la forge où Brokkr soufflait, qu'une mouche se posa sur la main de celui-ci et le piqua. Mais il continua de souffler jusqu'à ce que le forgeron vînt retirer l'objet : c'était un sanglier dont les soies étaient d'or.

---

1. Les chaussures magiques qui lui permettaient de circuler dans l'air et dans l'eau, v. ci-dessous, n° 6.
2. La femme de Þórr.

Alors Sindri plaça de l'or dans le foyer, recommanda à Brokkr de ne pas cesser de souffler jusqu'à son retour et sortit. La mouche revint et le piqua au cou deux fois plus fort, mais il continua de souffler jusqu'à ce que son frère revînt et retirât du foyer l'anneau d'or qui s'appelle Draupnir.

Alors Sindri mit du fer dans le foyer et lui dit de souffler, ajoutant que, s'il s'arrêtait, tout serait gâché. Cette fois la mouche se plaça entre ses deux yeux, lui piqua les paupières et le sang lui coula au point qu'il cessa de voir. Alors il la chassa de la main, d'un geste aussi rapide que possible, mais pendant ce temps le soufflet resta immobile. Le forgeron revint et dit que peu s'en fallait que tout ce qui se trouvait dans le foyer ne fût gâché. Il retira du foyer un marteau.

Il mit tous ces trésors dans les bras de son frère Brokkr et lui dit de les porter à la Demeure des Ases, pour soutenir le pari. Quand lui et Loki apportèrent leurs trésors, les dieux s'assirent dans leurs chaises de juges. La sentence serait celle que prononceraient Óđinn, Þórr et Freyr. Loki donna à Óđinn l'épieu Gungnir, à Þórr la chevelure destinée à Sif et à Freyr le bateau Skíđblađnir, énumérant les vertus de ces trois trésors : l'épieu ne manquait jamais son but ; la chevelure pousserait dès qu'elle serait sur la tête de Sif et Skíđblađnir aurait toujours bon vent, sitôt sa voile déployée, pour n'importe quelle direction ; de plus, ce bateau pouvait, si l'on voulait, se plier comme un linge et se mettre dans la poche. À son tour Brokkr présenta ses trésors. Il donna à Óđinn l'anneau et dit que, chaque neuvième nuit, huit autres anneaux aussi précieux se détacheraient de lui. Il donna à Freyr le sanglier et dit qu'il courrait dans l'air et dans l'eau, nuit et jour, plus vite que n'importe quel cheval et qu'il n'y aurait jamais ni nuit ni forêt si sombre qu'il ne l'illuminât sur son passage, tant ses soies étaient brillantes. Enfin, il donna à Þórr le marteau et dit qu'il pourrait frapper n'importe quoi aussi fort qu'il voudrait sans que le marteau s'ébréchât, que jamais il ne le perdrait, où qu'il le lançât, que jamais le marteau ne volerait si loin qu'il ne revînt dans sa main, enfin que, s'il voulait, le marteau se ferait assez petit pour qu'il pût le porter dans sa blouse ; il n'avait pas de défaut, sinon que son manche était plutôt court.

La sentence des dieux fut que le marteau était le meilleur de tous les trésors et la meilleure défense contre les Thurses du Givre, et ils arbitrèrent le pari en disant que le nain avait gagné. Alors Loki offrit de racheter sa tête. Le nain répondit qu'il n'en était pas question. « Attrape-moi donc ! » dit Loki. Mais, quand l'autre voulut le prendre, il était déjà loin. Loki avait des chaussures grâce auxquelles il courait dans l'air et dans l'eau. Alors le nain demanda à Þórr de l'attraper et Þórr le fit. Le nain voulut trancher la tête de Loki, mais Loki dit qu'il n'avait engagé que sa tête et non son cou. Le nain prit alors une courroie et un couteau et voulut piquer des trous dans les lèvres de Loki et lui coudre la bouche, mais le couteau ne piqua pas. Il dit que le mieux serait de prendre l'alène de son frère. À peine l'avait-il nommée que l'alène fut là et il perça les lèvres. Il cousit les lèvres ensemble et cassa le cuir au sortir des trous. La courroie avec laquelle la bouche de Loki fut cousue s'appelle Vartari.

7. L'ACCIDENT DU BOUC DE ÞÓRR

La strophe 38 de l'*Hymiskviđa*[1] – où l'on voit en général, sans raison décisive, une interpolation – attribue à Loki la responsabilité de la boiterie d'un des boucs qui traînent habituellement la voiture de Þórr. Mais la strophe suivante (39) paraît l'expliquer tout autrement, en accord avec un récit de l'*Edda* en prose.

a) *Hymiskviđa*, st. 38-39.

38. Ils n'avaient pas cheminé loin quand se mit à s'affaisser
un des boucs de Hlórriđi (= Þórr), là, à moitié mort :
le coursier du trait était boiteux d'une patte ;
de cette mauvaise farce, Loki était cause.

39. Or vous avez ouï – qui peut, sur cela,
d'entre les diseurs de mythes, mieux renseigner ? –
quelle compensation il (= Þórr) reçut de l'habitant du désert (= du géant),
qui lui donna en rançon ses deux enfants.

b) *Gylfaginning*, chap. XXVI, pp. 49-50.

Le début de ce récit[2], c'est que Þórr partit en voyage avec sa voiture et ses boucs et, avec lui, l'Ase qui est appelé Loki. Ils arrivèrent un soir chez un paysan et y prirent logement pour la nuit. Ce soir-là,

1. Poème du XIe siècle.
2. V. ci-dessous, n° 8.

Þórr prit ses boucs et les abattit. On les écorcha et on les mit dans le chaudron. Quand ils furent bouillis, Þórr et ses compagnons s'installèrent pour souper. Þórr invita aussi le paysan, sa femme et leurs deux enfants à manger avec eux. Le fils du paysan s'appelait Þjálfi et la fille Röskva. Puis Þórr plaça les peaux des boucs près du foyer et dit au paysan et à ses gens de jeter les os sur la peau. Þjálfi, le fils du paysan, avait l'os d'une cuisse d'un des boucs : il le fendit avec son couteau pour atteindre la moelle.

Þórr passa la nuit là. Le lendemain, il se leva avant le jour, s'habilla, prit le marteau Mjöllnir et bénit les restes des boucs. Les boucs se levèrent, mais l'un des deux boitait d'une patte de derrière. Þórr s'en aperçut et dit qu'il fallait que soit le paysan soit quelqu'un de son ménage eût agi sans prudence avec les os du bouc, car il voyait bien que l'os d'une cuisse avait été brisé. Point n'est besoin de conter longuement, car chacun peut l'imaginer, comme le paysan eut peur lorsqu'il vit Þórr baisser ses sourcils sur ses yeux ; si peu qu'il vît encore des yeux, il pensa tomber à terre sous la puissance de ce regard. Þórr raidit ses mains sur le manche de son marteau si fort que ses articulations blanchirent. Le paysan fit ce qu'on peut penser et tous les siens criaient à tue-tête, demandant grâce, offrant en compensation tout ce qu'ils possédaient. Quand Þórr vit leur frayeur, il renonça à sa colère, s'apaisa et prit en indemnité leurs enfants, Þjálfi et Röskva : ils devinrent tous deux les serviteurs-liges de Þórr et le suivirent dès lors partout.

8. Loki et Logi

Chez Snorri, le texte qu'on vient de lire, « l'accident du bouc », forme l'introduction d'un curieux petit roman d'aventures où C. W. von Sydow a décelé de fortes influences celtiques : le voyage, plein de péripéties, que fait Þórr, accompagné de Loki, et dorénavant aussi de Þjálfi, chez le roi géant Utgarðaloki, sorte de prince infernal. Voici, en résumé, l'autre épisode où intervient, plus activement, Loki [1].

1. D. Zetterholm. « Studier i en Snorre-text », *Tors färd till Udgård* (*Nord-texter och Undersökningar* 17), 1949. Il y a de bonnes réflexions sur ce récit dans Folke Ström, *Loki* (1956), pp. 76-80, mais avec des déductions excessives.

Dans la grande salle du palais, des sortes de matchs sont organisés entre les domestiques du maître du logis et ceux de son visiteur, car nul n'est admis s'il n'a un talent à faire voir. Loki annonce que nul ne peut manger plus vite que lui. Aussitôt un des hommes du lieu, Logi [1] – un presque homonyme de Loki – se dresse et relève le défi. On leur apporte un pot qu'on emplit de viande. Chacun l'attaque par un côté et se hâte d'engloutir. Ils se rencontrent juste sur le diamètre, mais, comme Loki a laissé de côté les os tandis que Logi a mangé et les os et même le pot, Loki est vaincu.

Le concours suivant oppose Þjálfi et un autre homme du roi, Hugi [2] dans une triple épreuve de course rapide : Hugi gagne. Enfin Þórr lui-même, le grand buveur, perd la face en ne parvenant pas, par trois fois, à vider une corne de moyenne contenance.

Gylfaginning, chap. XXIX, p. 54.

9. Loki et le vol du joyau

Quelques allusions contenues dans l'*Edda* en prose, des périphrases scaldiques (cf. ci-dessus au IXe siècle, la st. 9 de la *Haustlöng* [3]) ainsi qu'une strophe hermétique [4] de la *Húsdrápa* d'Ulfr Uggason (fin du Xe siècle) citée par Snorri Sturluson (*Skáldskaparmál*, chap. XXIV, p. 100) attestent l'existence d'une tradition où Loki volait (à Freyja ?) un objet précieux appelé, entre autres noms énigmatiques, le *Brísingamen* « collier des Brísingar », et luttait à cette occasion contre le dieu Heimdallr [5], tous deux en forme de phoques [6].

1. « La flamme, le feu » : allemand *die Lohe*.
2. « La pensée ».
3. N° 1 *b*, p. 43 note 1.
4. V. en dernier lieu : A. Ohlmarks, *Heimdalls Horn und Odins Auge* (1937), pp. 120-136 ; I. Lindquist, *Årsbok* de la Soc. des Sc. de Lund, 1937, pp. 78-86 (*exeges av kvädet Húsdrápa*) ; B. Pering, *Heimdall* (1941), pp. 210-221 ; F. Ström, *Loki*, pp. 131-135. Plus anciennement : R. C. Bœr, « Untersuchungen über die Hildesage », dans *ZDP* 40 (1908), pp. 12-19 et J. de Vries, *The Problem of Loki*, chap. VI.
5. Appelé notamment, par périphrase, « celui qui cherche le collier de Freyja ».
6. *I sela-kíkjum, Skáldsk.*, 16, p. 99. Je n'insiste pas ici sur ce mythe qui, de Loki, enseigne des choses qu'on sait par ailleurs (qu'il est voleur et qu'il se transforme en animal), et d'autres qui ne s'éclaireront que par une étude préalable de Heimdallr (duel de Loki et de Heimdallr).

Une autre histoire de vol de collier, à moins que ce ne soit un rajeunissement de la même, est contée dans un récit tardif qui figure dans la *Flateyjarbók*[1] : le *Sörlaþáttr*, « l'épisode de Sörli ». Dans le prologue de ce récit, on lit en bref ceci : Quatre nains fabriquent un joyau précieux. Freyja désire le posséder, mais cela n'est possible que si elle accorde une nuit d'amour à chacun des nains. Informé de ce marché scandaleux, Loki – un bonhomme de petite taille[2] qui a trouvé du service chez Óđinn et qui est déjà venu à bout de plusieurs missions difficiles – prévient Óđinn qui, pour toute récompense, le contraint à voler le joyau à Freyja. Sous la forme d'une mouche, Loki pénètre dans la chambre bien close de la déesse qui dort, le joyau au cou. Il la pique, ce qui provoque un mouvement brusque de la dormeuse et permet de détacher le collier. Le matin, quand elle constate la disparition de son joyau, Freyja le réclame à Óđinn, qui ne consent à le lui rendre qu'à la condition qu'elle réussisse à provoquer une guerre éternelle entre deux puissants rois. À quoi elle ne réussit qu'au troisième essai.

10. Loki et le meurtre de Baldr

Nous arrivons maintenant aux légendes tragiques, et d'abord au grand crime de Loki. Il est raconté tout au long dans l'*Edda* de Snorri. Deux poèmes eddiques, la *Völuspá*[3] et la *Lokasenna*, y font allusion. Saxo Grammaticus, bien que ne mettant pas Loki en scène, doit être cité cependant en vue des discussions ultérieures.

Voici d'abord, par Snorri (*Gylfaginning*, chap. XI, p. 29 et XV, p. 33), la présentation des deux principaux héros de l'épisode :

XI. Un second fils d'Óđinn est Baldr et, de lui, il y a du bien à dire. Il est le meilleur et tous le louent. Il est si beau d'apparence et si brillant qu'il émet de la lumière ; et il y a une fleur des champs (*eitt gras*, proprement une herbe) si blanche qu'on l'a comparée avec les

1. I (Christiania, 1860), pp. 275-283.
2. *Ekki mikill vexti.*
3. Je ne cite pas ici le texte de la *Völuspá*, qui nécessite une longue discussion. On le trouvera p. 128.

cils de Baldr : elle est la plus blanche de toutes les fleurs des champs – et d'après cela tu peux te représenter sa beauté à la fois de cheveux et de corps. Il est le plus sage des Ases (*vitrast ása*) et le plus habile à parler (*fegrttalaðr*) et le plus clément (*líknsamastr*), mais ce trait naturel (*sú nátura*) le suit, qu'aucun de ses jugements ne peut se réaliser (*at engi má haldask dómr hans ; halda-sk*, « se tenir, valoir »)[1]. Il habite la demeure qui a nom *Breiðablik*[2] (« [la demeure] largement brillante »), qui est au ciel. En cet endroit, il ne peut rien y avoir d'impur (*óhreint*).

XV. Il y a un Ase qui s'appelle Höðr. Il est aveugle ; il est fort, mais les dieux voudraient bien qu'il n'eût pas à être nommé, car l'acte de ses mains (*hans handaverk*) sera longtemps gardé en mémoire chez les dieux et chez les hommes[3].

a) *Gylfaginning*, chap. XXXIII-XXXV, pp. 63-68.

Cette histoire commence par ceci, que le bon Baldr eut des songes graves qui menaçaient sa vie[4]. Quand il raconta ces songes aux Ases, ils délibérèrent entre eux et l'on décida de demander sauvegarde pour Baldr contre tout danger. Frigg[5] recueillit des serments garantissant que le feu ne lui ferait aucun mal ni le fer ni l'eau ni aucune sorte de métal ni les pierres ni la terre ni les bois ni les maladies ni les animaux ni les oiseaux ni les serpents venimeux. Quand tout cela fut fait et connu, Baldr et les Ases s'amusèrent ainsi : il se tenait sur la place du þing et tous les autres ou bien tiraient des traits contre lui ou lui donnaient des coups d'épée ou lui jetaient des pierres ; mais, quoi que ce fût, cela ne lui faisait aucun mal. Et cela semblait à tous un grand privilège.

Quand Loki, fils de Laufey, vit cela, cela lui déplut. Il alla trouver Frigg aux Fensalir[6] sous les traits d'une femme. Frigg lui demanda si elle savait ce qu'on faisait sur la place du þing. La femme répondit

1. « *Aber ihm haftete die Eigenschaft an, dass keiner seiner Urteilssprüche Bestand hatte* » (J. de Vries).
2. Cf. *Grimnismál*, st. 12.
3. Cf. les *kenningar* que les *Skáldskaparmál*, 5, donnent pour Höðr : l'Ase aveugle, le meurtrier de Baldr, celui dont la flèche est une tige de gui, l'ennemi de Váli.
4. C'est le point de départ du poème eddique *Baldrs draumar*, « les songes de Baldr ».
5. Sa mère, femme d'Óðinn.
6. Résidence de Frigg.

que tout le monde lançait des traits contre Baldr mais qu'il n'en recevait aucun mal. Frigg répondit : « Ni armes ni bois ne tueront Baldr : j'ai recueilli le serment de toutes les choses. » La femme dit : « Tous les êtres ont juré d'épargner Baldr ? » Frigg répondit : « Il y a une jeune pousse de bois qui grandit à l'ouest de la Valhöll et qu'on appelle *mistilteinn* ("pousse de gui") ; elle m'a semblé trop jeune pour que je réclame son serment. »

La femme s'en alla, mais Loki prit la pousse de gui, l'arracha et alla au þing. Höðr se tenait là, tout en arrière du cercle des gens, parce qu'il était aveugle. Loki lui dit : « Pourquoi ne tires-tu pas sur Baldr ? » Il répond : « Parce que je ne vois pas où est Baldr et, en plus, parce que je suis sans arme. » Loki dit : « Fais comme les autres, attaque-le, je t'indiquerai la direction où il est. Lance ce rameau contre lui ! » Höðr prit la pousse de gui et, guidé par Loki, la lança sur Baldr. Le trait traversa Baldr qui tomba mort sur la terre. Ce fut le plus grand malheur qu'il y ait eu chez les dieux et chez les hommes.

Quand Baldr fut tombé tous les Ases furent sans voix et incapables de le relever. Ils se regardaient l'un l'autre et tous étaient irrités contre celui qui avait fait la chose, mais personne ne pouvait le punir : car c'était là un grand lieu de sauvegarde [1]. Quand les Ases voulurent parler, ils éclatèrent d'abord en larmes, de sorte qu'aucun ne pouvait exprimer à l'autre sa douleur avec des mots. Mais Óðinn souffrait le plus de ce malheur, parce qu'il mesurait mieux le dommage et la perte qu'était pour les Ases la mort de Baldr.

Quand les dieux revinrent à eux, Frigg demanda qui serait celui qui voudrait s'attirer tout son amour et toute sa faveur et chevaucher sur la route de Hel [2] pour essayer de trouver Baldr et offrir à Hel une rançon, si elle consentait à laisser Baldr revenir à la Demeure des Ases. Celui qui est appelé Hermóðr le brave, fils d'Óðinn, s'offrit pour cette expédition. On prit Sleipnir, le cheval d'Óðinn, Hermóðr s'assit sur le cheval et s'élança.

Les Ases prirent le cadavre de Baldr et l'apportèrent au bord de mer [3]. Le bateau de Baldr s'appelait Hringhorni : c'était le plus grand de tous les bateaux. Les dieux essayèrent de le mettre à l'eau et de

---

1. *Griðastaðr* ; on ne pouvait, dans le Þing et en temps d'assemblée, exercer de vengeance.
2. La déesse du monde des morts ; d'où, ce monde lui-même.
3. Ce récit semble paraphraser les strophes de la *Húsdrápa* où Ulfr Uggason avait traité des funérailles de Baldr et dont Snorri lui-même a conservé des fragments.

dresser dessus le bûcher de Baldr, mais le bateau ne bougea pas. Alors on envoya au Pays des Géants chercher la géante qui s'appelle Hyrrokin. Quand elle fut arrivée, chevauchant un loup et avec un serpent venimeux pour bride, elle sauta de sa monture et Óđinn cria à quatre *berserkir*[1] de garder celle-ci. Mais ils ne purent la maîtriser avant de l'avoir jetée à terre. Alors Hyrrokin alla à l'avant de l'étrave et, du premier coup, la lança avec une telle force que du feu jaillit des rouleaux et que le sol trembla partout. Cela mit Þórr en colère. Il saisit son marteau et il lui aurait brisé la tête si les dieux n'avaient demandé sa sauvegarde.

Alors le cadavre de Baldr fut porté sur le bateau et quand Nanna[2], fille de Nepr, vit cela, elle fut brisée de douleur et elle mourut. Elle fut portée sur le bûcher et l'on alluma le feu. Þórr s'avança et consacra le bûcher avec Mjöllnir. Devant ses pieds courait un nain du nom de Litr. Þórr lui donna un coup de pied, le jeta dans le feu et il fut brûlé. À cette crémation il y avait des assistants de mainte sorte. Il faut nommer d'abord Óđinn, avec qui Frigg, les Valkyries et ses corbeaux étaient venus. Freyr était assis sur son char, auquel était attelé le sanglier nommé Gullinborsti ou Sliđrugtanni. Heimdallr montait le cheval nommé Gulltoppr. Freyja était avec ses chats. Il était venu aussi un grand nombre de Thurses du Givre et de Géants des Montagnes. Óđinn plaça l'anneau Draupnir sur le bûcher (il en résulta pour celui-ci la propriété que, chaque neuvième nuit, huit anneaux d'or de même poids en dégouttèrent)[3]. Le cheval de Baldr, tout harnaché, fut aussi placé sur le bûcher.

De Hermóđr, il y a à dire qu'il chevaucha neuf nuits durant à travers des vallées sombres et profondes et qu'il ne vit rien jusqu'à ce qu'il arrivât au fleuve Gjöll et à un pont plaqué d'or. La jeune fille qui gardait le pont s'appelait Móđguđr. Elle lui demanda son nom, sa famille et lui dit : « Hier, Baldr est passé ici à cheval avec cinq troupes d'hommes morts, mais le pont ne résonne pas moins sous toi seul et tu n'as pas l'apparence d'un homme mort. Pourquoi vas-tu à cheval sur la route de Hel ? » Il répond : « Je dois aller à cheval trouver Hel pour chercher Baldr. As-tu déjà vu Baldr sur la route de Hel ? » Elle dit que Baldr avait déjà franchi le pont de la Gjöll. « En

1. Guerriers doués du don de métamorphose animale (ours, loup, chien...).
2. Femme de Baldr.
3. Cf. *Skirnismál*, st. 21-22 ; sur Draupnir, v. ci-dessus, n° 6. – Dans les *Vafþrúđnismál*, st. 54-55, il est question de paroles mystérieuses qu'Óđinn a dites à l'oreille de son fils « avant qu'il monte sur le bûcher ».

aval et vers le nord[1], c'est la route de Hel ! » Hermóđr chevaucha jusqu'à ce qu'il arrivât à la grille de Hel. Là il descendit, sangla bien son cheval, remonta dessus et l'éperonna. Le cheval sauta par-dessus la grille si haut qu'il ne la frôla pas. Alors Hermóđr chevaucha jusqu'au bâtiment, descendit, entra, vit son frère Baldr assis sur le haut-siège et resta là pour la nuit. Le lendemain matin, il transmit à Hel son message, à savoir que Baldr devait revenir à cheval avec lui, et dit combien grands étaient les pleurs des Ases. Hel dit qu'il fallait vérifier s'il était aussi aimé qu'on disait : « Si toutes choses au monde, vivantes ou mortes, le pleurent, il retournera chez les Ases ; mais il restera avec Hel si quelqu'un refuse et ne veut pas pleurer. » Hermóđr se leva.

Baldr l'accompagna hors du bâtiment et lui remit l'anneau Draupnir pour l'apporter en souvenir à Óđinn ; quant à Nanna, elle envoya à Frigg une étoffe de lin et plusieurs autres dons et à Fulla une bague d'or. Hermóđr refit la route à cheval, revint à la Demeure des Ases et raconta ce qu'il avait vu et entendu.

Aussitôt les Ases envoyèrent des messagers dans le monde entier pour prier tous les êtres de tirer par leurs larmes Baldr du pouvoir de Hel[2]. Tous le firent, les hommes et les animaux et la terre et les pierres et les arbres et tous les métaux – comme tu dois avoir vu que ces choses pleurent quand elles sortent du gel et entrent dans la grande chaleur. Alors que les messagers revenaient après avoir bien rempli leur mission, ils trouvèrent, dans une caverne, une géante[3] qui se nommait Þökk. Ils lui demandent de pleurer pour tirer Baldr du pouvoir de Hel. Elle répond :

« Þökk pleurera avec des larmes sèches la crémation de Baldr.
Vif ni mort, je n'ai pas profité du fils de l'homme : que Hel garde ce qu'elle a ! »

Mais on devine que c'était Loki, fils de Laufey, lui qui a fait tant de mal aux Ases[4].

1. Formule allitérante : *niđr ok norđr.*
2. Belle expression : *at Baldr væri grátinn ór helju* « ut B. ploraretur ex inferis ».
3. *Gýgr.*
4. Suit immédiatement le récit de la capture et du supplice de Loki : ci-dessous, n° 11 *a*.

b) *Lokasenna*, st. 27-28.

Dans la *Lokasenna*, parmi les insolences et défis que Loki adresse aux dieux, on lit les deux strophes suivantes, qui opposent à Loki la mère de Baldr, Frigg :

27. *Frigg dit :*
« Sais-tu, si j'avais ici, dans la salle d'Ægir,
un fils pareil à Baldr
tu ne t'en irais pas d'entre les fils des Ases
et l'on te combattrait avec fureur ! »

28. *Loki dit :*
« Tu veux encore, Frigg, que j'en conte davantage,
sur mes actions traîtresses :
c'est moi qui suis cause que tu ne vois plus
Baldr venir à cheval à la demeure ! »

c) *Völuspá*, st. 32-34 : v. ci-dessous, p. 156-158.

d) Variantes par Saxo Grammaticus

Saxo Grammaticus a combiné avec prolixité deux variantes de l'histoire de Baldr. Voici en résumé la première (*Gesta Danorum*, lib. III, cap. II, pp. 63-66) :

Hotherus est un prince suédois dont s'éprend Nanna, fille du roi norvégien Gevarus qui a dirigé son éducation et qui a fait de lui un jeune homme accompli à tous égards. Mais le fils d'Othinus, Balderus, tombe amoureux de Nanna et décide de se défaire de son rival. À la chasse, Hotherus rencontre des *virgines silvestres* qui lui disent de ne pas essayer de tuer le demi-dieu Balderus avec des armes [1], car son corps est invulnérable au fer [2]. Sur ces entrefaites Gevarus dit à Hotherus qu'il connaît pourtant une épée qui peut donner la mort à Balderus [3] : cette arme est en

1. ... *hortataeque ne eum, quamvis infestissimo odio dignum, armis lacesseret, semideum, hunc esse testantes, arcano superum semine procreatum.*
2. *Ne ferro quidem sacram corporis ejus firmitatem cedere.*
3. *Adjecit tamen scire se gladium arctissimis obseratum claustris, quo fatum ei infligi possit.*

la possession de Mimingus, génie des bois[1] ; il lui indique le moyen de capturer Mimingus et de l'obliger[2] à lui remettre l'épée, ainsi qu'un anneau, talisman de richesse[3] ; Gevarus savait tout cela parce qu'il était un devin fort expert[4]. Suivant ces conseils, Hotherus se procure l'épée et l'anneau.

Dans la bataille qui suit – et où tous les dieux, conduits par Othinus et Thorus, combattent pour Balderus – Hotherus est vainqueur, ayant réussi à rendre inutilisable le marteau de Thorus en lui coupant le manche[5]. Blessé, Balderus fuit honteusement. Et Hotherus, beau joueur, fait de magnifiques funérailles, *rogo navigiis exstructo*[6], à un allié de Balderus tué sur le champ de bataille, le roi des Saxons, Gelderus.

e) Seconde version utilisée par Saxo Grammaticus (lib. III, cap. II, pp. 67-69)

Dans cette seconde version, la qualité semi-divine de Balderus n'intervient plus. Avant la bataille décisive, des *nymphae*, des *virgines ignotae* rencontrées par Hotherus alors qu'il parcourt *extrema locorum devia*, lui apprennent qu'il aura la victoire s'il peut dérober et manger le premier un certain aliment tout à fait succulent qui a été imaginé pour accroître les forces de Balderus[7]. Se faisant passer pour un musicien (*citharœdus*), Hotherus décide en effet les jeunes filles qui portaient le plat magique à lui en laisser manger. Rencontrant ensuite Balderus, il le frappe[8]. Après

1. *Hunc a Miminga, silvarum satyro, possideri* ; cf. le *Mîmir* des textes scandinaves, v. ci-dessous, pp. 246-247.
2. Cf. Loki et Andvari, ci-dessus, n° 5.
3. Cf. Draupnir, ci-dessus, n° 6.
4. *Quippe divinandi doctissimus erat industriaque prœsagiorum excultus.*
5. *Victoria ad superos concessisset, ni Hotherus inclinata suorum acie celerius advolans, clavam prœciso manubrio inutilem reddidisset.* Cf. Loki et la malformation du manche du marteau de Þórr, ci-dessus, n° 6.
6. Cf. le bûcher de Baldr lui-même dans la var. *a*.
7. *Nymphae... dicebant... in expedito victoriae gratiam fore, si inusitatae cujusdam suavitatis edulium, augendis Balderi viribus excogitatum, prœripere potuisset ; nihil enim factu difficile futurum, dummodo hosti in augmentum roboris destinato potiretur obsonio.*
8. *Obvii sibi Balderi latus hausit eumque prostravit.*

un dernier et inutile effort, Balderus meurt de sa blessure et son armée l'enterre royalement.

(Suit la naissance, puis l'exploit du frère et vengeur de Balderus, Bous[1].)

f) La *Hrómundar saga Greipssonar*

Une saga composée dans la seconde moitié du XIIIe siècle, la *Hrómundar saga Greipssonar*, présente une utilisation romanesque et artificielle de quelques traits de ce conflit[2] avec une curieuse combinaison du gui de Höđr et de l'épée de Hotherus : « Bildr » est tué par les gens de Hrómundr à l'aide d'une épée nommée *Mistilteinn* (« pousse de gui »), dont il avait appris l'existence et la puissance par un païen nommé Máni et qu'il est allé chercher dans un tumulus funéraire. À la fin le frère de Bildr, Váli, fait quelque chose qui ressemble à une vengeance. Il frappe Hrómundr de son épée qui s'enfonce dans les eaux glacées d'un lac : Hrómundr n'en réussit pas moins à lui casser le cou.

11. Le châtiment de Loki

Tantôt présenté comme la suite du meurtre de Baldr, tantôt indépendamment, le supplice de Loki revêt une forme précise et constante.

a) *Gylfaginning*, chap. XXXV-XXXVI, pp. 68-70.

(Aussitôt après la mort et les funérailles de Baldr, Snorri montre Loki traqué par les Ases :)

> Gangleri dit : Loki commit un très grand forfait quand il fit en sorte, d'abord, que Baldr fût tué, puis qu'il ne fût pas racheté de Hel. A-t-il reçu quelque châtiment pour cela ? – Hár dit :

---

1. C'est, sous un tout autre nom, le Váli, frère et vengeur de Baldr, de plusieurs textes scandinaves. M. Baldieri publiera dans *Ogam* une étude sur lui.
2. *Fornaldar sögur*, II, pp. 363-371 ; A. Le Roy Andrews a étudié les sources de cette saga dans *Modern Philology*, 10 (1912-1913), pp. 601-630. Sur Baldr et Váli, pp. 55-56. Il réduit à presque rien le rapport avec la légende de Baldr.

Il a expié de telle façon qu'il s'en souviendra longtemps. Les dieux étant furieux, comme on peut le penser, il s'enfuit et se cacha sur une montagne. Il s'y fit une maison avec quatre portes afin de pouvoir, de l'intérieur, voir dans toutes les directions. Souvent, pendant le jour, il prenait la forme d'un saumon et se cachait à l'endroit appelé Cascade de Fránangr. Il se demandait quel moyen les Ases pourraient bien imaginer pour le prendre dans la cascade. Une fois qu'il était dans sa maison, il prit du fil de lin et en tressa des mailles, comme sont faits, depuis lors, les filets. Du feu brûlait devant lui. Il vit alors que les Ases étaient proches de lui, car Óđinn, du haut de la Hliđskjölf, avait vu où il était. Il bondit aussitôt dehors et s'élança dans l'eau, après avoir jeté le filet dans le feu.

Quand les Ases arrivèrent à sa maison, le premier qui entra fut le plus sage de tous (*inn, er allra var vitrastr*), qui s'appelle Kvasir ; et lorsqu'il vit dans le feu la cendre blanche que le filet avait faite en brûlant, il remarqua que ce devait être un moyen de prendre les poissons et il le dit aux Ases. Ils se mirent donc à faire un filet sur le modèle de celui de Loki, tel qu'ils le voyaient dans la cendre. Quand le filet fut prêt, ils allèrent à la rivière et jetèrent le filet dans la cascade. Ils tirèrent le filet (en travers de la rivière et vers l'aval), Þórr tenant un des bouts, et tous les Ases l'autre. Mais Loki partit en avant et se plaça (sur le fond) entre deux pierres, si bien que le filet, pendant qu'ils le tiraient, passa au-dessus de lui. Ils remarquèrent pourtant qu'il y avait là quelque chose de vivant. Ils revinrent donc à la cascade et jetèrent le filet après y avoir attaché un poids assez lourd pour que rien ne pût échapper par-dessous.

Loki se sauve devant le filet (vers l'aval) ; mais, quand il voit qu'il est près de la mer, il bondit par-dessus la corde du filet et revient en hâte à la cascade. Les Ases virent où il allait. Ils retournent à la cascade et cette fois se divisent en deux équipes et Þórr marche à pied au milieu de la rivière. Ils descendent ainsi vers la mer. Loki fuyant vers l'aval voit deux partis possibles : se lancer dans la mer au péril de sa vie ou bien sauter encore par-dessus le filet. Ce fut cela qu'il choisit : il sauta aussi vite qu'il put par-dessus la corde. Þórr étendit brusquement la main et l'attrapa, mais Loki glissa entre ses doigts si bien que la main de Þórr le saisit juste par la queue : c'est pourquoi le corps du saumon finit en pointe.

Loki était pris sans merci. Ils allèrent avec lui dans une caverne ; ils prirent trois pierres plates, les dressèrent sur le petit côté et percèrent un trou dans chacune. Puis ils prirent les fils de Loki, Vali et Nari ou

Narfi ; ils transformèrent Vali en loup et il déchira Narfi, son frère ; ils prirent ses boyaux et s'en servirent pour lier Loki sur les trois pierres : l'une se trouvait sous les épaules, la deuxième sous les reins, la troisième sous les jarrets ; et les liens devinrent de fer. Skađi[1] prit un serpent venimeux et l'attacha au-dessus de lui de sorte que le venin dégouttât sur son visage. Mais Sigyn, sa femme, est debout près de lui, tenant une cuvette sous les gouttes. Quand la cuvette est pleine, elle va vider le venin, mais, pendant ce temps, le venin dégoutte sur le visage de Loki : alors il tressaille si violemment que la terre entière tremble, ce qu'on appelle « tremblement de terre ». Il reste là, dans les liens, jusqu'au Crépuscule des Dieux (*til ragnarøkrs*)[2].

b) Lokasenna.

Un poème eddique – qui fait d'ailleurs, dans son corps (st. 27-28 : ci-dessus, n° 10 *b*), allusion à la responsabilité de Loki dans le meurtre de Baldr –, explique autrement la colère des dieux et le châtiment de Loki : c'est la fameuse *Lokasenna*[3], avec l'introduction et la conclusion de prose qui l'encadrent.

Mais, avant d'analyser le poème, extrayons les st. 49-50, qui annoncent la forme du supplice de Loki :

> 49. *Skađi dit :*
> Tu es joyeux, Loki ! Tu ne t'en donneras
> plus longtemps en liberté :
> au dur rocher, avec les entrailles du fils glacé,
> les dieux me lient –,
>
> 50. *Loki dit :*
> Sais-tu, – si, au dur rocher, avec les entrailles du fils glacé,
> les dieux me lient,
> j'ai été le premier et le plus ardent à sa mort,
> quand nous attaquâmes Þjazi !

Voici maintenant, dans la *Lokasenna*, tout ce qui intéresse Loki.

1. Cf. ci-dessus, n° 1 *a*, fin.
2. Sur ce mot, v. note 3 p. 146.
3. Sur « l'esprit de la *Lokasenna* », v. ci-dessous, pp. 143-145. Il semble que le poème soit du Xe, peut-être du IXe siècle ; mais certains critiques le placent dans la première moitié du XIe siècle.

Ægir, appelé aussi Gymir, avait préparé de la bière pour les Ases, après avoir reçu le grand chaudron, comme il a été dit[1]. À ce festin se présentèrent Óđinn et Frigg, sa femme. Þórr ne vint pas, parce qu'il était en voyage à l'Est. Sif, femme de Þórr, était là, ainsi que Bragi et Iđunn, sa femme. Týr était là, manchot : le loup Fenrir lui avait arraché sa main quand on l'avait enchaîné. Il y avait là Njörđr et sa femme Skađi, Freyr et Freyja et Viđarr, fils d'Ođinn. Loki était là, ainsi que les serviteurs de Freyr, Byggvir et Beyla. Il y avait là foule d'Ases et d'Elfes.

Ægir avait deux domestiques, Fimafengr et Eldir. De l'or flamboyant remplaçait la lumière du feu. La bière se servait d'elle-même. C'était un grand lieu de sauvegarde[2]. On louait fort l'excellence des serviteurs d'Ægir. Loki ne put entendre cela et tua Fimafengr. Là-dessus, les Ases agitèrent leurs boucliers, crièrent contre Loki et le pourchassèrent jusqu'à la forêt. Puis ils revinrent boire. Loki rebroussa chemin et rencontra dehors Eldir. Il lui dit :

1. Dis-moi, Eldir, avant que tu fasses
un pas de plus en avant :
ici, à l'intérieur, au festin, que font
les fils des dieux de la victoire ?

2. *Eldir dit :*
Ils parlent de leurs armes et de leurs exploits,
les fils des dieux de la victoire.
Des Ases et des Elfes qui sont ici, à l'intérieur,
aucun n'est amical pour toi dans ses paroles.

3. *Loki dit :*
Il faut que j'entre dans la salle d'Ægir
pour voir ce festin.
Tumulte et querelle j'apporte aux fils des Ases
et j'assaisonne leur hydromel de nuisance !

4. *Eldir dit :*
Sais-tu bien, si tu entres dans la salle d'Ægir
pour voir ce festin,
Si tu verses injures et accusations sur les dieux gracieux,
c'est sur toi qu'ils les nettoieront.

1. Sujet de la *Hymiskviđa.*
2. Sur la « paix de la bière », v. Maurice Cahen, *Études sur le vocabulaire religieux en vieux-scandinave. La libation* (1921), p. 134.

5. *Loki dit :*
Sais-tu ceci, Eldir ? Si nous devons combattre tous deux
avec des paroles blessantes,
je serai riche en réponses,
si tu en dis trop.

Ensuite Loki entre dans la salle. Quand ceux qui étaient là virent qui était entré, tous se turent :

6. *Loki dit :*
C'est par soif que je viens dans cette salle,
moi, Loptr, après une longue route,
prier les Ases pour qu'un d'eux me donne
la merveilleuse boisson d'hydromel.

7. Pourquoi vous taisez-vous, dieux gonflés
à ne pouvoir parler ?
Assignez-moi siège et place au festin
ou chassez-moi d'ici !

8. *Bragi dit :*
Siège et place au banquet les Ases
ne t'assigneront jamais,
car les Ases savent quelles gens ils doivent
admettre au grand festin.

9. *Loki dit :*
T'en souviens-tu, Óđinn, que tous deux, jadis,
nous avons mêlé nos sangs ensemble ?
Tu ne devais pas goûter la bière,
que nous n'y fussions conviés tous deux !

10. *Óđinn dit :*
Lève-toi donc, Viđarr, et laisse le père du Loup
s'asseoir au festin,
de peur que Loki ne nous dise des mots injurieux
dans la salle d'Ægir.

Alors Viđarr se leva et versa à boire à Loki. Avant de boire, il (= Loki) dit aux Ases :

11. Salut aux Ases, salut aux Asinnes,
et à tous les dieux très saints,
à l'exception d'un seul Ase qui est assis là
— Bragi – sur les bancs !

12. *Bragi dit :*
Je te donne un cheval et une épée de mon bien,
et Bragi te dédommage par un anneau,
Pour que tu ne fasses pas payer ton déplaisir aux Ases.
N'irrite pas les dieux contre toi !

[De la st. 13 à la st. 56, les invectives se poursuivent sur le rythme suivant : une divinité essaie de faire taire Loki ; il lui répond de façon cinglante ; une autre divinité intervient, qui attire sur elle la verve du dieu malin. Mais voici que Þórr arrive :]

57. *Þórr dit :*
Tais-toi, sale créature [1] ! Mon terrible marteau
Mjöllnir va te couper la parole :
Je t'abats la tête du col,
et c'en est fait de ta vie !

58. *Loki dit :*
Le fils de Jörđ (la Terre) est maintenant entré...
Pourquoi menaces-tu ainsi, Þórr ?
Mais tu n'auras plus d'audace quand il te faudra combattre le Loup
qui avalera tout entier le Père de la Victoire (= Óđinn) !

59. *Þórr dit :*
Tais-toi, sale créature ! Mon terrible marteau
Mjöllnir va te couper la parole :
Je te jette en l'air et sur les chemins de l'Est,
et, après, nul ne te voit plus !

60. *Loki dit :*
De tes voyages à l'Est, tu ne dois jamais
parler devant des guerriers,
depuis que, dans le pouce d'un gant, tu t'es blotti, ô héros,
et que tu ne paraissais plus être Þórr !

1. *Rög vætr !* Sur le sens précis de *argr, ragr*, v. ci-dessous, p. 242.
J. Weissweiler, *Beitr. zur Bedeutungsentwicklung germanischer Wörter für sittliche Konzepten*, 1. *Germ.* arga-, *aisl.* ragr. *IF* 41 (1923), pp. 16-29.

61. *Þórr dit :*
Tais-toi, sale créature ! Mon terrible marteau
Mjöllnir va te couper la parole :
De la main droite, moi le meurtrier de Hrungnir, je t'assomme,
Si bien que chacun de tes os se rompe !

62. *Loki dit :*
Je pense que je vivrai de longs jours
Bien que tu me menaces du marteau !
Dures te paraissaient les courroies de Skrymir,
tu n'as pu t'approcher des provisions de route
et tu as été rongé par la faim, tout vif !

63. *Þórr dit :*
Tais-toi, sale créature ! Mon terrible marteau
Mjöllnir va te couper la parole :
Le meurtrier de Hrungnir t'enverra chez Hel
par-dessous la palissade des morts !

64. *Loki dit :*
J'ai dit devant les Ases, j'ai dit devant les fils des Ases
ce que m'inspirait mon humeur.
Mais, devant toi seul, je céderai,
car je sais que tu te bats !

65. Tu as fait une beuverie de bière, Ægir, mais jamais plus
tu ne feras de festin !
Tout ton bien qui est ici, à l'intérieur,
que la flamme [1] joue par-dessus
et te brûle par-derrière (en te poursuivant) !

Après cela Loki se cacha dans la cascade de Franangr sous la forme d'un saumon. C'est là que les Ases le prirent. Il fut lié avec les boyaux de son fils Vali, tandis que son fils Narfi était changé en loup. Skađi prit un serpent venimeux et l'attacha au-dessus du visage de Loki. Le venin en dégouttait. Sigyn, la femme de Loki, s'assit là et tint une cuvette sous le poison. Quand la cuvette était remplie, elle vidait le poison, mais, pendant ce temps, le poison dégouttait sur Loki. Alors il tressaillait si violemment que la terre entière en tremblait : c'est ce qu'on appelle maintenant les tremblements de terre.

1. *Logi* ; cf. ci-dessus, n° 6, et note 2, p. 255.

c) *Völuspá*, st. 35 : v. ci-dessous, p. 156-158.

d) Représentation du supplice de Loki

Un monument figuré, la croix anglo-saxonne de Gosforth (IXᵉ siècle), semble conserver l'image du supplice de Loki : le malheureux est représenté lié à des pierres par les pieds et par les mains ; un serpent distille au-dessus de lui son venin tandis qu'une femme tend une coupe sous la tête du serpent. Mais cette interprétation a été contestée, sans doute à tort (reproduction ci-contre).

12. LOKI ET LA FIN DE CE MONDE

On a vu [1] que Snorri termine son récit du supplice de Loki par ces mots : « Il reste là jusqu'au *ragnarøkr.* » Ce qui se passera à ce moment-là, la *Völuspá* le décrit en strophes haletantes, et aussi deux chapitres de la *Gylfaginning.*

a) *Völuspá*, st. 50-52.

Les signes de la fin du monde se sont précipités : éclipse du soleil, tempête, corruption des mœurs, chant des trois coqs cosmiques, hurlement du loup... Alors, de toutes parts, se lèvent les puissances démoniaques :

50. Hrymr vient de l'Est, élevant devant lui son bouclier (?).
Le Jörmungandr (« Grand Monstre ») [2] se tord dans une fureur de géant,
le serpent fouette les vagues et l'aigle crie,
il déchire les cadavres, d'une pâleur lunaire (?) : Naglfar [3] est lâché...

51. Un vaisseau vogue du Nord. Les troupes de Hel vont venir sur la mer, et Loki est au gouvernail :

1. Ci-dessus, n° 11 *a*.
2. Autre nom du serpent du Miðgarðr (Terre), qui entoure la Terre.
3. Sur ce bateau, v. ci-dessous, variante *b* et K. Krohn, *FUF* 12 (1912), pp. 154-155 (*Das Schiff Naglfar*) et 317-320 (*Zum Schiffe Naglfar*).

La bande monstrueuse vient avec le (loup) goulu, –
avec eux le frère de Byleiptr (= Loki) est du voyage.

52. Surtr vient du Sud avec le (feu,) fléau des branches.
De son épée, étincelle le soleil des dieux guerriers.
Les rochers s'écroulent et les géantes se précipitent,
les hommes foulent le chemin de Hel, et le ciel se fend.

Suivent les duels dans lesquels les monstres tuent chacun un des grands dieux : Freyr, Óđinn, Þórr.

b) *Gylfaginning*, chap. XXXVII-XXXVIII, pp. 71-73.

... Alors le loup Fenrir est lâché et la mer se précipite sur la terre, parce que le serpent du Miđgarđr se tord dans une fureur de géant et tâche d'aborder sur la terre. Il arrive aussi que le Naglfar est lâché, – le vaisseau qui s'appelle ainsi et qui est fait des ongles des hommes morts (c'est de là que vient l'avertissement de ne pas laisser un homme mort sans lui couper les ongles, car un tel homme apporte des matériaux pour la construction du vaisseau Naglfar, que dieux et hommes veulent retarder). Mais ce jour-là, Naglfar prendra la mer. Hrymr est le nom du géant qui pilotera Naglfar. Le loup Fenrir marche, la gueule béante, une mâchoire touchant le ciel, l'autre touchant la terre, et il l'ouvrirait davantage encore s'il y avait de la place. Ses yeux et son nez lancent des flammes. Le serpent du Miđgarđr souffle du venin tant qu'il en asperge tout l'air et la mer, et il est tout effrayant, et il est à côté du Loup.

Sous ce vacarme, le ciel se fend et les fils de Múspell sortent à cheval. Surtr chevauche en tête, avec du feu brûlant devant et derrière lui. Son épée est bien coupante et brille plus que le soleil. Quand ils passent sur le pont Bifröst, il se brise, comme il a été dit plus haut. Les fils de Múspell avancent vers la plaine qui s'appelle Vígriđr. C'est là aussi que viennent le loup Fenrir et le serpent du Miđgarđr. Là aussi est venu Loki, et Hrymr, et avec lui tous les Thurses du Givre. Et tout le cortège de Hel suit Loki, tandis que les fils de Múspell ont leur armée, qui est fort brillante. La plaine Vígriđr s'étend sur cent lieues dans toutes les directions...

(Après le récit de la mobilisation des dieux et de la mort tragique des grands Ases – Freyr, Týr, Þórr, Óđinn – et de l'exploit vengeur de Víđarr, fils d'Óđinn, on lit encore :)

... Loki combat contre Heimdallr [1] et ils se tuent l'un l'autre. Alors Surtr jette du feu sur la terre et brûle le monde entier...

(Suit la citation des neuf strophes de la *Völuspá* correspondant au récit qui vient d'être fait.)

13. Traits divers

a) Présentation de Loki dans la *Gylfaginning*, chap. XIX, p. 34.

Il y a encore, compté avec les Ases, celui que certains appellent « Calomniateur des Ases » et « Premier auteur des tromperies » et « Honte de tous les dieux et hommes ». Il se nomme Loki ou Loptr, fils du géant Farbauti, sa mère est Laufey ou Nál ; ses frères sont Býleistr et Helblindi. Loki est beau et bien fait, mauvais de naturel, très changeant dans sa conduite. Il avait, de cette sagesse qu'on nomme astuce, plus que tous les autres hommes [2], et des tromperies pour toutes choses. Il mettait toujours les Ases dans de grandes difficultés et souvent les tirait d'affaire avec des tours rusés. Sa femme s'appelle Sigyn, leur fils Nari ou Narfi.

Loki eut encore d'autres enfants. Il y avait, au Pays des Géants, une géante nommée Angrboda. Loki eut d'elle trois enfants. L'un était le loup Fenrir, le deuxième le Jörmungandr, c'est-à-dire le Serpent du Miđgarđr, le troisième Hel...

b) Loki dans les *Fjölsvinsmál*

Dans un poème tardif (sans doute du XIIe siècle), les *Fjölsvinsmál*, Loki est dit avoir participé à la fabrication de plusieurs choses remarquables : à la st. 26, il est question de l'arme qui peut tuer l'oiseau Viđofnir [3] :

Elle s'appelle *Lævateinn* (« Rameau du malheur »), Loptr (= Loki) l'a fabriquée par des runes

1. Cf. ci-dessus, n° 9 *a*, un autre duel Heimdallr-Loki.
2. Cf. notes 1, p. 49 et note 1, p. 155.
3. Ce nom, et ceux qui suivent, sont inconnus par ailleurs ; Sinmara est la femme du géant Surtr qu'on a vu incendier le monde lors du *ragnarøkr* (ci-dessus, n° 12, *a*, *b*).

devant le portail d'en bas ;
dans le coffre de *Lægjarn* (« Avide de malheur ») elle se trouve, chez Sinmara,
et neuf solides serrures la gardent.

À la st. 34, il est dit que Loki, terreur du peuple (? *liđskjalfr*), a aidé neuf nains (Uni, Iri, etc.) à construire le palais de Menglöđ.

c) Les métamorphoses de Loki en femelle

Outre la naissance de Sleipnir, plusieurs textes insistent sur les métamorphoses de Loki en femelle ou en femme et en femme féconde.

Lokasenna, st. 23, Óđinn dit à Loki :

Huit hivers tu as été sous la Terre,
trayant les vaches, et femme,
et là, tu as enfanté des enfants
et il m'a paru que c'était là le fait d'un efféminé [1] !

Lokasenna, st. 33, Njörđr dit à Loki :

Il est étonnant qu'un Ase efféminé soit entré ici,
– et qui a enfanté des enfants !

Petite Völuspá, dans les *Hyndluljóđ*, st. 43, après la strophe relatant la naissance du loup et de Sleipnir [2] et avant la strophe évoquant les signes de la fin du monde, on lit quatre vers, dont le premier est malheureusement peu compréhensible :

Loki... ?... trouva un cœur de femme à moitié grillé par un feu de tilleul brûlé ;
Loptr (= Loki) devint « enceint [3] » par l'opération d'une femme mauvaise :
de là, sur la terre, toute espèce de monstres [4] sont venus.

1. *Ok hugđa ek þat args ađal* ; sur l'accusation d'*ergi (argr, ragr)* plusieurs fois portée contre Loki, v. note 1, p. 72 et p. 242.
2. V. ci-dessus, n° 2 *c*.
3. *Kviđugr*, adjectif formé sur *kviđr* (= gotique *qiþus*) « bas-ventre ».
4. *flagđ* : monstre gigantesque.

Catalogue des *kenningar* de Loki dans les *Skáldskaparmál*, chap. XXIV, p. 100.

Le fils de Farbauti, de Laufey, de Nál ; le frère de Byleistr, de Helblindi ; le père de Vanargandr (= le loup Fenrir), de Jörmungandr (= le Serpent du Miđgarđr), de Hel, de Nari, d'Ali ; le parent, l'oncle paternel, le compagnon de route et de siège d'Óđinn et des Ases, le visiteur et l'ornement du coffre de Geirrødr ; le voleur des géants, du bouc, du collier des Brísingar, des pommes d'Iđunn ; le parent de Sleipnir ; le mari de Sigyn ; l'ennemi des dieux ; le dévastateur de la chevelure de Sif ; l'artisan de malheur ; l'Ase malin ; le diffamateur et le trompeur des dieux ; le *ráđbani* (celui qui tue par conseil) [1] de Baldr ; l'Ase lié ; l'ennemi obstiné de Heimdallr (ou du bélier ?) [2] et de Skađi.

14. Survivances modernes

La plupart des indications qui suivent sont tirées de deux articles importants d'Axel Olrik, publiés sous le même titre : *Loki i nyere Folkeoverlevering* (« Survivances de Loki dans le folklore moderne »), l'un complétant l'autre, dans les *Danske Studier*, 1908, pp. 193-207 [3] et 1909, pp. 69-84 [4].

I. – *Îles Færöer*

Dans le folklore des îles Færöer – où le souvenir des dieux et des mythes s'est maintenu, sans doute à partir de sources littéraires – on a noté plusieurs récits où intervient Loki (Lokki).

1. Par opposition à *handbani*, celui qui tue par sa main ; v. p. 132.
2. V. B. Pering, *Heimdall* (1941), pp. 280-281 ; ce serait une allusion au scénario bouffon qui termine l'histoire de Þjazi (ci-dessus, n° 1 *a*).
3. Noté dans ce qui suit : Olrik 1.
4. Noté dans ce qui suit : Olrik 2.

a) Lokka-táttur [1]

Cette ballade doit dater de la fin du Moyen Âge, mais a été recueillie au XIXe siècle. Elle présente le même groupement de divinités que, ci-dessus, sous les numéros 1 (p. 40 *sq.*) et 5 (p. 51 *sq.*). En voici un résumé :

Un paysan joue contre un géant et perd ; le géant réclame son fils, à moins qu'il ne réussisse à le cacher. Il invoque d'abord Óđinn, qui cache le garçon dans un grain d'orge, où le géant le découvre. Il invoque ensuite Hœnir, qui cache le garçon dans une plume de cygne, où il est à nouveau découvert. Il invoque enfin Lokki. Celui-ci dit au paysan de construire un hangar à bateau avec une large ouverture et de fixer, dans cette ouverture, un pieu de fer. Cependant Lokki emmène le garçon en mer, pêche une grosse barbue, place le garçon dans un des œufs du poisson, le relâche et revient à la côte. Il y trouve le géant qui se dispose, lui aussi, à aller pêcher. Il se fait agréer comme rameur, puis – ne pouvant faire bouger la barque – comme pilote. Ils arrivent au lieu de pêche, le géant amène la barbue au bout de sa ligne et commence à compter les œufs. Un petit œuf se détache – celui du garçon. Lokki l'appelle et le fait asseoir derrière lui, de manière à le cacher, lui recommandant de sauter bien légèrement à terre. Le géant ramène la barque à la côte et le garçon saute en effet si légèrement que ses pas ne marquent pas sur le sable. Au contraire, le géant avance si lourdement qu'il enfonce jusqu'au genou. Le garçon court dans le hangar à bateau, le géant le poursuit, et se casse le front sur le pieu de fer. Lokki se précipite, lui arrache une jambe, mais celle-ci se recolle toute seule. Alors il lui coupe l'autre et met un morceau de bois entre les deux tronçons. Puis il conduit le garçon à ses parents en disant : « J'ai tenu ma parole, le géant a perdu la vie. »

b) Le géant et Lokki [2] ; résumé :

Un géant prend comme serviteur un homme qui s'appelle Lokki. Celui-ci mystifie son maître de plusieurs façons : il lui fait porter un bœuf sur lequel il se perche lui-même ; il lui fait traîner le bois, porter

1. Olrik 1, p. 194. Le caractère païen de cette ballade est tel que, au moment où elle a été recueillie, il était interdit, sous peine de punition, de la réciter.
2. *Risin og Lokki*, Olrik 1, p. 197 ; tiré d'un recueil de 1901 ; on reconnaîtra un motif du conte de Polyphème.

l'eau à la maison. Quand ils mangent la soupe, Lokki attire toute la graisse de son côté du récipient, laissant à l'autre les os avec un tout petit peu de viande [1]. Enfin, la nuit, il se glisse hors de son lit, grimpe sur la poutre maîtresse, coquerique, et, quand le géant se lève, il lui plante dans l'œil un pieu de fer rougi. Le géant meurt et Lokki rentre chez lui avec toutes les richesses du géant.

c) Les métamorphoses animales de Lokki [2] :

Lokki s'était transformé successivement en toutes sortes d'animaux, afin de déterminer quel animal a la vie la plus dure. Il raconta aux dieux qu'il avait eu beaucoup de peine, étant phoque, à tenir contre les vagues de la mer [3] ; que c'était pourtant encore pire d'être un « oiseau à œuf [4] », mais que le plus mauvais moment, il l'avait connu comme jument, lorsqu'il portait dans ses flancs Grani [5].

d) Expression proverbiale, faisant allusion à une histoire inconnue (sur l'étourderie de Lokki ?) [6] :

« Cela ne sert à rien de se presser », dit Lokki : il devait aller chercher l'eau pour la baptiser, mais, quand il revint, elle était déjà en train de se marier.

(Quelques-uns ajoutent :)

Alors il versa l'eau sur la porte.

1. Cf. ci-dessus, Loki et Logi, n° 8.
2. Olrik 1, p. 197 ; la chose se racontait encore au début de ce siècle, d'après le témoignage d'un pasteur.
3. Cf. ci-dessus, n° 9 *a*.
4. Allusion à une histoire inconnue.
5. Le cheval de Sigurđr – qui a pris ici la place de Sleipnir : v. ci-dessus, n° 2 *a*, fin.
6. Olrik 1, p. 199. – Dans les pages suivantes, Olrik cite des expressions où *lokkin (lokkjin)* semble n'être que l'équivalent du norvégien *laakjan* (« le Vilain, le diable »), mot qui n'a rien à voir avec *Lok(k)i*. De même, en Islande, il faut écarter de nombreux mots homophones de Loki signifiant « feu », « araignée », « serrure »...

II. – Islande

a) Conte[1] : un roi promet la main de sa fille à celui qui l'obligera à dire : « C'est un mensonge ! » Loki, fils d'un paysan, se présente et développe un tel tissu d'absurdités que le roi s'oublie et crie : « C'est un mensonge ! » Loki épouse la princesse.

b) De vrais, gros mensonges s'appellent « mensonge, conseil de Loki », *lokalýgi, Loka ráđ*[2].

c) Quand on négocie un marché, on doit tenir sous le bras gauche un *kaupuloki*, un « Loki d'achat », c'est-à-dire un morceau de papier où est grossièrement dessiné un homme ; cela porte chance dans l'opération[3].

d) Proverbe : « Toutes les choses pleurent pour faire sortir Baldr de chez Hel, sauf le charbon[4]. »

e) Proverbe : « Loki et Þórr marchent longtemps, les orages n'en finissent pas[5]. »

f) Quand on a des difficultés avec un fil, on dit qu'il y a un *loki* dedans[6].

g) Thorlacius, qui a été recteur de Copenhague à la fin du XVIIIe siècle, dit dans ses *Antiquitates Boreales* (1801), VII, p. 44[7] : *uliginosum et sulphureum foetorem, quem fulgetra, ignes fatui et aliae faces igneae in aer relinquunt*, Loka daun (*Lokii odorem*) *vocari in Islandia puer audivi*.

h) *Lokabrenna* signifie la canicule, la grande chaleur[8].

1. Olrik 1, p. 205 ; en allemand dans Rittershaus, *Neuisländische Volksmärchen*, n° 109 ; Loki ne paraît que dans une des variantes.
2. Olrik 1, p. 203 ; tiré d'un livre de 1828.
3. Olrik 1, p. 205.
4. *Allir hlutir gráta Baldr ór helju, nema kol*, Olrik 1, p. 205 ; tiré d'un livre de 1828. Cf. ci-dessus, n° 10 *a*, fin.
5. *Leingi geingr Loki ok Þór, léttir ei hríđum* : Olrik 1, p. 205 ; tiré d'un livre de 1830.
6. Olrik 2, p. 77 (*opt er loki á nálþraeđinu*).
7. Olrik 1, p. 204 ; cf. le même Thorlacius, dans son *Lexicum* mythologique (1828) : *sulphureus sive vulcanicus*. On signale dans le même sens *lokalykt*, Olrik 2, p. 82.
8. Olrik 1, p. 204 (où il est question par erreur de Sirius) et 2, p. 82 (rectifiant cette erreur).

i) Les Islandais appellent *lokasjóðr* (« bourse de Loki ») la plante qui est appelée ailleurs « monnaie de Judas » (danois *Judaspenge*)[1].

III. – *Angleterre*

Le clergyman Robt M. Kennley raconte que, dans son enfance, en Lincolnshire, il y eut une épidémie ; comme il apportait de la quinine à une vieille femme dont le petit-fils était très malade, elle le conduisit près de lui et il vit, cloués au pied du lit, trois fers à cheval, avec un marteau en travers par-dessus ; elle prit le marteau et frappa chacun des fers en disant :

Père, Fils et Saint-Esprit,
clouez le diable à ce poteau !
Avec ce marteau je frappe trois fois :
une pour Dieu, une pour Wod, une pour Lok[2] !

IV. – *Shetlands*

Lokis lains (« corde de Loki ») désigne une sorte de varech (*fucus filum*) qui se casse facilement ; *Lokis u* (« laine de Loki ») désigne une mauvaise laine, qui ne se laisse pas filer[3].

V. – *Danemark*

a) Au Danemark, le nom de Lokke est lié à diverses manifestations curieuses de la lumière solaire[4].

1. Olrik 1, p. 203 ; 2, p. 82.
2. *Folklore*, 1898, p. 186 ; Olrik 1, p. 200 ; J. de Vries, *The Problem of Loki*, pp. 46-49, qui cite une variante de la formule, publiée ultérieurement : « *Feyther, Son and Holy Ghoast / naale the divil to this poast ; / throice I smoites with Holy Crok / with this mall Oi throice dew knock / one for God an' one for Wod an' one for Lok !* »
On pense généralement que « *God* », au dernier vers, a pris la place de Hœnir : cf. ci-dessus, n°s 1 *a*, *b* ; 5 *a*, *b* ; 14 I (*a*).
3. Olrik 1, p. 203 ; 2, p. 82.
4. Olrik 2, pp. 70-78.

Thorlacius écrit dans ses *Antiquitates Boreales*, VII, p. 43 : *In Dania, a rusticis audivi phaenomenon, quo solis radii per nubium interstitia, tuborum instar, in terram vel mare descendunt, vocari* Locke dricker vand (« Lokke boit de l'eau »).

De nos jours encore, devant certains mouvements scintillants de l'atmosphère, on dit en Jutland (et en Scanie) « Lokke sème son chanvre », « le *Lokkemand* pousse ses chèvres [1] ». Quand un rayon de lumière tombe sur une surface d'eau qui le réfléchit sur un mur, on dit en Seeland : « C'est le mercenaire Loke [2]. » Vers 1880, devant un folkloriste, une vieille femme, veuve de matelot, dit à un petit enfant dans une circonstance de ce genre : « Reste assis à la table et tais-toi : regarde *Loke lejemand* là-haut, sur le mur ! »

b) D'après un recueil de proverbes du XVIIe siècle (Peder Syv), quand on a des difficultés avec un fil, on dit : « Lokke prend de quoi réparer son pantalon. » On a relevé, depuis, des expressions analogues dans plusieurs provinces danoises. Quand un fil casse, on dit, dans le Jutland, « il y a un *lyke* dans le fil [3] ».

c) Le même recueil de proverbes de Peder Syv signale les expressions « porter des lettres de Lokke », « écouter des histoires de Lokke » au sens de « débiter » et « écouter des mensonges [4] ».

VI. – Norvège et Suède [5]

a) Dans le sud de la Norvège (Telemarken), quand le foyer pétille fort, on dit : « Lokje bat ses enfants [6] ! »

b) En Telemarken également, on jette dans le feu la peau du lait en disant que c'est pour Lokje [7].

1. *Lokke sår sin havre. – Lokkemand driver sin geder.*
2. *Det er Loke lejemand.*
3. Olrik 2, p. 77.
4. Olrik 2, p. 78.
5. Pour la Finlande, v. note 1, p. 126 et pp. 135-136.
6. Olrik 2, p. 78 (*Lokje dengjer bon'e sine*).
7. Olrik 2, p. 78.

c) En beaucoup d'endroits de Suède [1], et aussi chez les Suédois de Finlande [2], l'enfant qui perd une dent la jette dans le feu en disant : « Locke, donne-moi une dent d'os pour une dent d'or [3] ! »

d) En Telemarken, dit un auteur du XVIIIe siècle, on tord trois fouets (*sic*), le soir du jeudi saint, « pour réparer le traîneau de Loke, qui est venu avec une cargaison de puces si lourde que son traîneau s'est cassé en deux » ; si on néglige cette précaution, il y aura pendant l'année une quantité de puces incroyable [4].

e) Le même auteur dit : « Lokje est peu connu : c'est le nom d'un revenant. » Dans son recueil de proverbes de Sillejord, il précise : « Laukje, un revenant qui enlève les petits enfants. » Il y a un siècle, A. Faye notait que, en Telemarken, Lokje est un mauvais esprit que parfois l'on confond avec le diable. Un jour, il a, paraît-il, empoigné un enfant au-dessus des os du bassin et l'a reposé en disant : « Tu resteras comme cela jusqu'à ce que tu aies un an. » De fait, l'enfant a eu un trou à chaque hanche et n'a pas pu marcher avant l'année révolue [5].

f) En Suède, l'araignée est appelée *locke*, *lock* et la toile d'araignée *lockanät, lockasnara*, noms qui ont peut-être un rapport avec Loki [6].

---

1. Olrik 2, p. 78, qui rappelle que l'usage est bien plus largement répandu que le nom de Loki.
2. Setälä, *FUF* 12 (1912), p. 251.
3. *Loke, ge mig en bentand för en guldtand !*
4. Olrik 2, p. 80, d'après Wille, *Optegnelser om Telemarken*. Le geste rituel est : « ... *skulde vrides tre pisker* » (je traduis littéralement).
5. Olrik 2, p. 81.
6. H. Celander, *Lokes mytiska ursprung*, dans les *Förhandlingar* de la Société de linguistique d'Upsal 1906-1909 (Upsal, 1911), pp. 18-26. Contre : J. de Vries, *The Problem of Loki*, pp. 236-238. Cf. en Islande, note 6, p. 81.

Chapitre II
Contre-critiques

A. RÉHABILITATION DE SNORRI

La partie la plus considérable du dossier qu'on vient de lire et la mieux articulée, les pièces sans lesquelles toutes les autres ne seraient que des membra disjecta, *ce sont les nombreux chapitres ou suites de chapitres tirés de l'œuvre de Snorri, de ces traités didactiques qu'on désigne globalement sous le nom d'*Edda *en prose : la* Gylfaginning *ou « Fascination de Gylfi » et les* Bragarœđur[1] *ou « Propos de Bragi », où sont racontés tout au long beaucoup de mythes ; les* Skáldskaparmál, *sorte de recueil de connaissances littéraires utiles aux scaldes, qui complète la* Gylfaginning *et consigne, parfois en les expliquant, un grand nombre de périphrases scaldiques*[2]. *Longtemps ces documents ont joui d'une autorité incontestée : on admettait que Snorri n'avait eu qu'à recueillir autour de lui une matière encore vivante, qu'il était donc le* témoin, *informé et fidèle, d'un savoir auquel les poèmes eddiques et scaldiques faisaient de leur côté des emprunts plus fragmentaires ; l'accord général de Snorri et de ces poèmes, le bonheur avec lequel soit des poèmes entiers, soit des strophes s'insèrent dans*

1. L'édition F. Jónsson incorpore les *Bragarœđur* aux *Skáldskaparmál*.
2. Le troisième traité (*Háttatal*), manuel de métrique autour d'un exercice de poésie scaldique, n'a pas le même intérêt documentaire.

les traités en prose et y trouvent un commentaire exhaustif, loin d'éveiller les soupçons, semblaient la meilleure garantie de la sincérité et du soin de l'érudit islandais.

Puis est venu l'âge de la critique, c'est-à-dire, très vite, celui de l'hypercritique, cette maladie de jeunesse (et, malheureusement, souvent chronique) qui menace toute philologie et qui s'accompagne presque toujours d'une euphorie agressive. L'expression doctrinale la plus complète de cet effort et de cet état d'esprit – et, pour le problème de Loki, celle qui a eu les plus graves conséquences – a été donnée par l'illustre historien des religions germaniques Eugen Mogk, dans un véritable manifeste de trente-trois pages, confié aux Folklore Fellows Communications *de Helsinki (n° 51) en 1923, sous le titre : « Novellistische Darstellung mythologischer Stoffe Snorris und seiner Schule* [1] *». Là, avant de passer à quelques exemples qu'il croyait démonstratifs et que nous retrouverons tout à l'heure, E. Mogk a fortement charpenté une « reconstitution » de l'activité littéraire qu'il attribue à Snorri. Voici, presque littéralement traduites, ces pages importantes (pp. 7-11).*

1. Eugen Mogk contre Snorri

Snorri, remarque E. Mogk, travaille au XIIIe siècle, c'est-à-dire plus de deux cents ans après la conversion officielle de l'Islande au christianisme. Pendant ces deux cents ans, l'île a eu un commerce constant – matériel, religieux, intellectuel – avec l'Angleterre et l'Irlande, la France et l'Allemagne. Par ses évêques et ses voyageurs d'abord : les tout premiers évêques, Ísleifr et son fils Gizurr, avaient été formés en Allemagne ; l'évêque Þorlákr avait longtemps et profitablement séjourné à Paris et à Londres ; Sæmundr même, le père de l'historiographie islandaise, avait passé nombre d'années de sa jeunesse à l'étranger, notamment à Paris, et son arrière-petit-fils, l'évêque Pál, était revenu

1. Il faudrait aujourd'hui examiner les vues, différentes mais non moins destructrices, de M. W. Bætke, « Die Götterlehre der Snorra Edda », *Verhandl. d. sächs. Akad., Phil.-hist. Klasse*, 97, 3 (1950).

d'Angleterre plus érudit qu'aucun homme de son siècle. Puis par les écoles : sur le modèle de l'Europe occidentale, Ísleifr déjà avait fondé celle de Skálholt, Jón Œgmundarson celle de Hólar, Teitr celle de Haukadal, Sæmundr celle d'Oddi ; en 1133, les Bénédictins ouvrirent des couvents et naturellement des écoles ; des clercs étrangers y enseignèrent, tel ce Hróđúlfr, venu d'Angleterre, qui resta dix-neuf ans en Islande. On y lisait les mêmes ouvrages latins qu'en Europe et souvent on les traduisait : les homélies de saint Grégoire et d'autres Pères, Origène, Eusèbe, Gélase, Bède, des légendes sur la Vierge, sur les apôtres, sur les saints ; on connaissait Pline, Horace, Ovide, Salluste, Jordanès, Paul Diacre, les traités grammaticaux de Priscien et de Donatien, et nous possédons encore des fragments d'un *Elucidarius* et d'un *Physiologus* du XIIe siècle. À côté de cette littérature occidentale, il y avait les sagas et tous les poèmes scaldiques conservés pendant plusieurs siècles par la récitation et pour lesquels Sæmundr et Ari avaient réveillé l'intérêt. C'est à l'école d'Oddi qu'on faisait les efforts les plus notables pour associer les deux traditions, la nationale et l'étrangère ; or, c'est là que Snorri a passé sa jeunesse, auprès de Jón, le petit-fils de Sæmundr, l'un des hommes les plus instruits et les plus intelligents de l'époque ; il y est même resté auprès du fils de Jón, Sæmundr ; c'est donc là que cet esprit ouvert, ambitieux, a dû recevoir les premières touches de sa vocation littéraire. Plus tard, il mit en pratique les leçons d'Oddi dans son domaine de Reykjaholt : il y fonda un véritable atelier, s'attachant des poètes comme Guđmundr Galtason et Sturla Barađrson, il prit avec lui ses neveux Óláfr Þórđarson et Sturla Sighvatsson, et il se mit à composer – *samansetja*, c'est-à-dire probablement à « diriger » l'œuvre de composition collective –, à « faire écrire » (*ek lét rita*, comme il dit dans la préface de la *Heimskringla*) les grandes œuvres qui portent son nom et sa marque.

Comment travaillait cette équipe si fermement conduite ? Les principales sources, pour l'*Edda* comme pour la *Heimskringla*, étaient à la fois les compositions écrites déjà existantes et la tradition orale, notamment les poèmes. Mais l'imagination et le don de combinaison de Snorri ont joué le plus grand rôle. Il est peu probable qu'il ait disposé de beaucoup plus de matériaux qu'il n'en subsiste aujourd'hui : en effet, la partie purement didactique de l'*Edda*, par ses références, témoigne d'une bibliothèque qui, en gros, est encore à notre disposition [1] ; d'autre part n'est-il pas invraisemblable que, deux cents ans après l'introduction du christianisme en Islande, les récits mythologiques sur lesquels reposaient les périphrases des scaldes et qui – ne l'oublions pas – étaient des récits non pas islandais mais norvégiens aient été encore vivants dans la tradition orale du peuple islandais ? Snorri a donc été conduit à *interpréter* des périphrases, des métaphores poétiques que ni lui ni ses contemporains ne comprenaient plus. Il l'a fait par divers procédés : il a combiné des sources indépendantes, il a imaginé des intrigues pour relier des données sporadiques, il a complété la matière ancienne par de pures inventions. Et c'est ainsi que s'est trouvé créé – par deux chefs-d'œuvre, l'*Edda*, le début de la *Heimskringla* – un nouveau genre littéraire, « le conte mythologique » (*die mythologische Novelle*). Loin donc d'être un témoin, Snorri est un créateur. Et son immense travail n'est pas utilisable, n'est pas une « source » valable pour l'étude du paganisme.

Une telle reconstitution est cohérente, plausible. Mais est-elle vraie ? Si pourtant Snorri, deux cents ans non pas après une disparition brusque du paganisme mais après une adhésion pacifique de l'île au christianisme, avait connu, entendu, sur les mythes, des choses que nous ne pouvons plus entendre ? Sæmundr, Ari, l'école d'Oddi s'y étaient intéressés antérieurement et les scaldes appelés à « l'atelier » de Reykjaholt ne devaient pas être sans tradition ancienne [2]... On peut discuter à perte de vue, peser et repeser les probabilités contraires. C'est l'expérimentation, et elle

1. Cf. au contraire ce que Jan de Vries dit très justement « *of the forgotten fact, that what we possess of Old-Norse literature – although it is in itself considerable enough – is only a small part of what has been once in existence* », *The Problem of Loki*, p. 36.

2. Cf. les bonnes réflexions de J. de Vries, *The Problem of Loki*, p. 288 (après des concessions encore excessives à Mogk) : « *Still it would be unwise to reject Snorri's testimony altogether. This is impossible in those cases where he gives the only information about a myth. Moreover he may have had access to far better and richer sources of old lore than is possible for us, who live so many centuries afterwards. His interpreta-*

seule, qui décidera, pourvu qu'on réussisse à introduire la méthode expérimentale dans l'affaire, et l'expérimentation appliquée à des cas précis. Aussi bien Eugen Mogk, dans son manifeste même, a-t-il aussitôt complété l'exposé de principe par deux exemples tirés de la *Gylfaginning* ; puis, au cours des années suivantes, il a multiplié les illustrations de la méthode critique inaugurée en 1923 ; ainsi ont vu le jour, coup sur coup, les essais suivants : « Die Überlieferungen von Thors Kampf mit dem Riesen Geirröd » dans la *Festskrift Hugo Pipping* (*Svenska Litteratursällskapet i Finland* CLXXV), 1924, pp. 379-388 ; « Lokis Anteil am Baldrs Tode » (*FFC*, 57), 1925 ; « Zur Gigantomachie der Völuspá » (*FFC*, 58), 1925. Et la thèse a été encore reprise, cette fois en Allemagne, appuyée d'une dissection de la cosmogonie de Snorri, dans un opuscule de dix-huit pages : *Zur Bewertung der Snorra-Edda als religionsgeschichtliche und mythologische Quelle des nordgermanischen Heidentums* (*Berichte* de l'Académie saxonne, ph.-hist. Klasse, 84. Bd., 2. Heft, 1932 ; l'auteur avait soixante-dix-huit ans).

C'est en effet sur des cas particuliers, et notamment sur ceux-là mêmes que Mogk a désignés comme le plus favorables à sa manœuvre, qu'il faudra discuter. Mais il ne sera pas mauvais d'énoncer d'abord à mon tour quelques considérations générales, non plus historiques, mais simplement psychologiques, propres à éclairer l'acharnement avec lequel E. Mogk vieillissant a brisé le

---

tions, sometimes betraying the narrow-minded conceptions of mediæval learning, may in other cases be founded on a better understanding of the heathen traditions, which may be ascribed to the fact that he was an Icelander himself and that he lived only a couple of centuries after the breakdom of paganism. We must bear in mind also that too great a scepticism necessarily deprives us of a considerable part of the material and consequently makes it wellnigh impossible to draw a vivid picture of the heathen belief. It may be preferable to involve a certain amount of spurious traditions in our investigations to preclude the wasting of the slightest piece of useful evidence. Hence I am inclined to place the largest part of the later material on the same level of trustworthiness as the most venerable traditions of pagan times. At any rate this may be justifiable when we want to know the character of the divinity about whom the myths are told, because even later literary inventions will follow generally the same paths trodden by the heathen poets. »

principal instrument des études qui avaient occupé toute sa vie ; propres aussi à orienter le lecteur dans les contre-attaques auxquelles il sera ensuite procédé.

Je disais tout à l'heure que l'hypercritique est comme la maladie naturelle de toute philologie livrée à elle-même. En effet, du moment où j'ai rencontré (et comment ne la rencontrerais-je pas, s'agissant d'une œuvre humaine ?) la preuve que l'exposé systématique fait par un auteur ancien, d'un mythe, d'une légende, d'une scène d'histoire, est en désaccord avec une autre tradition, ou avec un « fait », ou bien laisse paraître une contradiction interne ou du moins une maladresse, ou trahit de quelque manière un effort, ou encore – suprême joie ! – ne contient pas ce qu'il « devrait », me semble-t-il, contenir, autrement dit du moment où je me sens autorisé à imaginer le vieil auteur à sa table, travaillant sur des fiches, s'appliquant à les relier et à les accorder sans en rien négliger et à combler les lacunes, bref du moment où, moi, philologue et critique, je vois dans cet auteur un *collègue* dont la tâche était de monter, par des moyens inverses des miens, un édifice philologique que ma tâche à moi est de démonter, il est inévitable que je me pique au jeu, que je m'engage dans une sorte de duel et que, m'appliquant à percer les intentions, les artifices, les ruses du partenaire, je lui en prête généreusement qu'il n'a jamais eus. Comme il n'est pas devant moi pour se défendre, je suis régulièrement vainqueur et chacune de mes victoires diminue le crédit que je crois pouvoir concéder à un témoin *a priori* suspect. Bientôt il ne reste rien : de même qu'aucun prévenu, fût-il le plus innocent du monde, ne garde sa sérénité, son assurance, son air d'innocence, au sortir d'un interrogatoire « scientifiquement » mené, de même aucun texte ne garde son sens, sa cohésion, sa valeur documentaire au sortir d'un examen critique conduit selon les méthodes modernes.

Il est difficile de montrer au philologue qu'il passe ses droits. On fait devant lui figure de naïf, voire d'ignorant ou de mystique : on se laisse berner par ces récidivistes du truquage que sont Hésiode, Virgile, Ovide, Snorri ; on ne sait pas le métier, on a la nostalgie de la foi... Somme toute, je ne connais que trois moyens d'intervenir. Les deux premiers peuvent presque toujours être employés, mais ils suffisent rarement à faire tomber la fièvre de l'hypercritique. Le troisième est radical, mais il n'est pas toujours applicable.

Le premier moyen est de rendre le critique sensible à des faits autres que ceux qu'il retient, à des faits qui sont en général non moins apparents, et même plus massifs, mais dont sa pente d'esprit le distrait. Il s'agit simplement, sans sortir de la méthode *analytique* qui est la sienne, d'obtenir qu'il fasse une revue plus attentive et plus complète des données du problème, qu'il tienne compte, en particulier, des *harmonies* et des *ensembles*. A-t-il, d'une contradiction interne, conclu que le texte a été constitué de pièces et de morceaux, par le mélange de deux ou trois « variantes » ? On lui demandera de regarder de plus près, et plus philosophiquement, les données qui lui paraissent contradictoires et de bien vérifier, d'abord, qu'elles le sont. A-t-il réussi à expliquer entièrement un récit comme un puzzle, formé par la réunion artificielle, plus ou moins habile, d'éléments hétérogènes, dont il a trouvé les sources indépendantes ? On lui montrera que, au-dessus des éléments, irréductibles aux éléments, il y a encore le fait qu'ils forment *un* tout, dessinent *un* schéma qui a peut-être sens et valeur, qui n'est peut-être pas le résultat d'une addition fortuite des éléments, mais au contraire le principe de leur organisation et de leur choix même. Est-il, dans un récit, parvenu à tout expliquer sauf un trait, qu'il déclare alors volontiers sans importance ? On pourra parfois lui montrer que ce trait est essentiel, que tout le récit est au contraire orienté vers lui. De ces diverses argumentations, on trouvera plus loin assez d'exemples pour qu'il soit inutile d'en donner ici.

Le deuxième moyen est de rendre le critique sensible à la fragilité et à l'arbitraire de ses propres constructions. A-t-il montré qu'un vieil auteur s'est posé tel problème, s'est trouvé devant tels documents et tel embarras, a fait telle réflexion qui a abouti à telle invention ou telle maladresse ? On lui rappellera l'infinie souplesse de l'esprit humain, et qu'on ne parvient jamais, sauf peut-être en mathématiques, à l'enfermer dans un authentique dilemme, sans *tertia* ni *quarta via*. On lui rappellera aussi la pauvreté de son information, de notre information de modernes, et qu'il est toujours imprudent de dire, par exemple, que « Snorri ne disposait pas (ou ne disposait « guère ») d'autres sources que celles qui nous sont accessibles ». On lui rappellera enfin la différence des siècles et que, plus il se représente Snorri à l'image d'un de ces auteurs d'histoire romancée qui foisonnent à notre époque, même dans les universités, plus il a de chances d'altérer sa vraie physionomie.

Malheureusement, contre ces deux moyens de révision, il est facile au critique de s'armer. Il peut épiloguer sans fin sur ce qui, dans un ensemble, est essentiel et secondaire ; sur le sens et sur l'unité même de l'ensemble ; sur la réalité et sur l'ampleur d'une contradiction. Il peut retourner contre son contradicteur le grief d'hypercritique et affirmer qu'il est autant et plus que lui, sensible à ce qui distingue le XIIIe siècle du XXe ainsi qu'à la fertilité de l'esprit humain. L'amour-propre s'en mêlant, comme il est usuel quand on en vient à discuter sur les principes et sur les méthodes, on verra même les thèses se raidir et se durcir les ripostes.

Chaque fois qu'il est possible, le plus sage est de recourir au troisième moyen que nous avons annoncé. Celui-là dépasse la simple exploration analytique des documents et par conséquent ne laisse plus autant de marge aux appréciations subjectives : c'est le moyen *comparatif*, c'est-à-dire la forme que revêt naturellement, dans les sciences humaines, la méthode expérimentale.

L'étude comparative des religions et des mythes et notamment (puisqu'il s'agit de Snorri) des mythes indo-européens est assez avancée pour que, quand on a à déterminer si telle des *Élégies romaines* ou tel hymne védique ou tel chapitre de la *Gylfaginning* consigne une légende ancienne ou au contraire n'est qu'imagination tardive, on ne soit pas *toujours* réduit à l'analyse interne du texte considéré, mais qu'on puisse *parfois* au contraire se prononcer objectivement : exactement, cela arrive chaque fois que le texte considéré raconte une légende dont la comparaison avec des légendes conservées sur d'autres points du domaine indo-européen permet d'affirmer qu'elle était déjà indo-européenne pour l'essentiel. Ce procédé est, par chance, souvent applicable aux sources de la mythologie germanique, notamment à l'*Edda* en prose, et en particulier à la plupart des récits qu'Eugen Mogk ou d'autres critiques ont choisis pour y dénoncer, pour y démontrer les procédés « créateurs » de Snorri. Je commencerai par un exemple auquel ne s'est pas attaché Mogk, mais qui est typique.

2. Týr manchot

Soit le chapitre de la *Gylfaginning*[1] qui raconte comment le dieu Týr perdit sa main droite. Le terrible loup Fenrir est encore tout jeune et déjà très fort ; à moins qu'on ne parvienne à le lier, il dévorera les dieux quand il sera grand. Après que les dieux eurent vainement recours à deux grosses chaînes qui ont cédé au premier effort du loup, Óđinn, savant en magie, fait fabriquer par les Elfes Noirs un lien qui a l'air d'un misérable petit fil, mais que rien ne peut rompre. Ils proposent au loup de se laisser attacher par manière de jeu, pour voir s'il réussira à se dégager. Il se méfie, les dieux piquent son amour-propre, il accepte enfin, mais à la condition que, pendant le jeu, un dieu mette la main droite dans sa gueule, « comme gage que tout se passera loyalement ». Les dieux s'entre-regardent : aucun ne veut sacrifier sa main. Seul Týr se dévoue. De fait, le loup ne peut se dégager et restera ficelé jusqu'à la fin du monde, mais il mord la main de Týr, qui est dorénavant le dieu manchot.

Deux stances de la *Lokasenna* (38-39) disent aussi que la main de Týr a été mangée par le loup Fenrir qui, de son côté, attend dans les liens la fin des Ases. De plus, de vieux poèmes norvégiens-islandais appelent Týr « celui des Ases qui n'a qu'une main » (*einhendr ása*). Et c'est tout.

Qu'y a-t-il d'ancien dans cela ? Et d'abord le point central, le fait que le grand dieu Týr n'ait qu'une main, d'où vient-il ? Que veut-il dire ? Ne rappelons pas les exégèses naturalistes défuntes, les combats périmés de la Lumière et des Ténèbres ; mais écoutons Kaarle Krohn[2] : ce mythe repose sur une interprétation tardive et

1. Chap. XXI, pp. 35-37 ; cf. chap. XIII, p. 32.
2. *Festskrift Feilberg* (1911), p. 543.

bizarre donnée en Scandinavie aux figurations chrétiennes où l'on voit « le » bras de Dieu sortant dans des nuages. Alexander Haggerty Krappe, lui, pense [1] que le fait de la mutilation et la scène qui l'explique reposent sur une interprétation, à peine moins tardive, des représentations gallo-romaines où l'on voit un carnassier, un loup avalant un membre humain. Mais d'autres [2], rappelant l'Irlandais Nuadu à la Main d'Argent, ou le Sūrya indien qui a une main d'or, répliquent qu'il se peut bien qu'on se trouve devant un très vieux dieu manchot. Comment décider ? De plus, quant à l'affabulation qui met en œuvre cette donnée première, quel peut être le rapport entre la brève mention de la *Lokasenna* et le récit très circonstancié de Snorri ? Somme toute, de la *Lokasenna* et de la périphrase poétique *einhendr ása*, ressortent seulement le fait de la mutilation du dieu et le fait de l'immobilisation du loup, mais rien n'y précise la relation de ces deux disgrâces, rien n'y garantit celle que Snorri expose dans une affabulation compliquée. La manière la plus simple et la plus probable de concevoir cette relation n'est-elle pas, négligeant Snorri, d'y voir une relation de cause à effet, l'immobilisation du loup n'ayant été primitivement, et n'étant encore dans la *Lokasenna*, que la conséquence, la sanction de la mutilation du dieu, le loup ayant été lié par précaution tardive, après un premier méfait gratuit, inattendu, comme le sont en général les premières preuves d'un tempérament malfaisant ? Si tel est le cas, la riche affabulation de Snorri, que ne recoupe aucun texte et que n'appuie aucune citation poétique – la ruse des dieux, leur jeu frauduleux rendu possible par la science d'Óđinn et couvert par le sacrifice de Týr, la perte de la main de Týr comprise comme la « liquidation » régulière et prévue d'un gage –, tout cela n'est que l'ingénieuse invention d'un érudit qui aura cherché à établir une liaison amusante, originale entre les deux faits bruts qui étaient seuls enregistrés dans sa source.

1. *Études de mythologie et de folklore germaniques*, 1928, pp. 19 *sq*.
2. V. références et critiques dans J. de Vries, *Altgermanische Religionsgeschichte* II^2 (1957), pp. 23-24.

Et cette hypothèse, *a priori* vraisemblable, n'est-elle pas confirmée par maint détail du texte de Snorri ? Ce texte n'ignore rien : il connaît les noms des deux grosses chaînes du début (*Lœđingr, Drómi*), qui ont donné lieu, nous dit-il, à des expressions proverbiales qui nous sont, comme par hasard, inconnues elles aussi par ailleurs ; il sait que c'est Skirnir, le serviteur de Freyr, qui a passé aux Elfes Noirs la commande du lien magique ; que ce lien s'appelle Gleipnir ; qu'il a fallu six ingrédients pour le fabriquer : le bruit du pas d'un chat, la barbe des femmes, les racines des montagnes, les tendons des ours, le souffle des poissons et la salive des oiseaux ; il sait que c'est dans l'île Lyngvi, du lac Amsvartnir, que les dieux ont convoqué le loup ; il sait les noms des rochers auxquels, finalement, le loup est fixé et que les dieux enfoncent profondément en terre (Gjöll, Þviti), etc. Ces précisions, évidemment artificielles, ne dénoncent-elles pas que Snorri s'est abandonné à sa virtuosité ? Et s'il l'a fait en imaginant tant de noms et de menus traits, n'a-t-il pas dû le faire aussi pour le thème du récit, qu'aucun autre texte, encore une fois, ne confirme ?

Tout cela est possible, plausible. Voilà Snorri pris sur le fait. Voilà décelé le travail auquel il se livre habituellement à partir d'une mince donnée, elle-même peut-être récente, qu'il ne comprenait plus. Certes, on peut répondre que si Snorri a inventé son récit pour établir un lien entre la mutilation de Týr et l'immobilisation du loup, il est allé chercher midi à quatorze heures ; on peut faire valoir que les trop nombreuses précisions de détail qu'il donne, même si elles sont suspectes, ne suffisent pas à dévaloriser le thème du récit ; qu'il n'est d'ailleurs pas si sûr qu'elles soient suspectes puisque, comme l'a remarqué J. de Vries, même de très vieux mythes, authentiques et garantis par des usages rituels, regorgent parfois de puériles notations onomastiques du même genre. Cela aussi est vrai. Mais, en mettant les choses au mieux, on voit qu'on se trouve engagé dans une discussion interminable, où les arguments se réduisent, en fin de compte, à des impressions.

Or nous sommes maintenant en état de rendre un jugement objectif[1]. Nous savons qui est Týr : il représente, à côté du grand *sorcier* Óđinn, le second aspect de la Souveraineté bipartite dont les Germains, comme les autres peuples de la famille, avaient hérité la conception de leur plus lointain passé indo-européen ; il est le souverain *juriste*[2]. Nous savons aussi, notamment par le couple légendaire des deux héros qui ont sauvé la république romaine naissante lors de sa première guerre – Cocles et Scævola, Horatius le Cyclope et Mucius le Gaucher – que cette conception bipartie de l'action souveraine s'exprimait par un double symbole : le personnage qui triomphe par le prestige ou l'action magique n'a qu'un œil, est *borgne* ; le personnage qui triomphe par un artifice juridique (serment, gage de vérité) perd, dans une entreprise fameuse, sa main droite, devient *manchot*. Or l'Óđinn scandinave est bien borgne et Týr est bien manchot. Et si Týr est devenu manchot, dans le récit de Snorri, c'est bien parce qu'il a engagé son bras droit dans une procédure juridique, de *gage frauduleux*, destinée à *faire croire* à l'ennemi un mensonge que la société divine avait un intérêt vital à lui faire croire.

Dès lors, comment admettre que ce ressort (la trompeuse mise en gage de la main droite), *qui est l'essentiel*, puisque, aujourd'hui, grâce à l'étude comparative des religions, nous comprenons le symbolisme de la mutilation du dieu (le dieu *Juriste* devant être paradoxalement manchot de sa *dextre* comme le dieu *Voyant* devait être *borgne*), ait été oublié des Germains, puis retrouvé, réimaginé au XIIIe siècle par un caprice de Snorri –, alors surtout que Snorri ne percevait certainement pas avec la même clarté que nous pouvons le faire aujourd'hui, grâce à l'étude comparative des religions indo-européennes, la solidarité antithétique d'Óđinn et de Týr ni la complémentarité de leurs deux mutilations, de l'œil de l'un (antérieure à l'événement) et de la

1. Je résume, très brièvement, dans ce qui suit, l'argumentation développée dans *Mitra-Varuṇa*, chap. IX, *Le Borgne et le Manchot*, et améliorée dans *ME* III, pp. 268-281. Elle a été défendue contre une critique de M.R.I. Page dans *Esq.* 73 (*L'Oubli de l'homme*..., 1985, pp. 261-265). Les germanistes qui voudront bien discuter le présent livre devront se reporter d'abord à ces pages.
2. Sur la valeur que je donne à ces étiquettes brèves, v. *DSIE*², 1950, pp. 77-79.

main droite de l'autre (dans l'événement), et que, par conséquent, il ne comprenait peut-être plus bien le rapport entre la dextre perdue et le caractère juriste du dieu Týr ? En d'autres termes, la comparaison romaine nous assure que la notion de *gage*, que le *sacrifice héroïque* qu'un individu fait de sa *main* dans une *tromperie juridique* dont un redoutable ennemi de sa société est la dupe, étaient fondamentaux, dès les temps indo-européens, dans le mythe du souverain manchot ; or c'est justement cela, c'est ce thème « improbable » que donne Snorri ; donc, à moins de s'engager dans d'invraisemblables complications et d'admettre un extraordinaire jeu du hasard, on reconnaîtra que c'est bien la vieille mythologie germanique, héritée des Indo-Européens, que Snorri – et lui seul – a ici transmise.

Qu'on entende bien. Je ne prétends pas, n'en sachant rien, que tel détail, tel nom propre du récit soit ancien, que Snorri ou des prédécesseurs de Snorri n'aient rien ajouté ni changé à la tradition. Je ne prétends même pas, n'en sachant rien, que le loup, certainement antérieur à Snorri, soit primitif : il a pu y avoir, pour le mythe germanique, soit une évolution, soit une ou plusieurs réfections, comme ç'a été sûrement le cas à Rome, où Porsenna et Mucius lui-même ne sont évidemment que des incarnations tardives, des historicisations du « héros sauveur » et de l'« ennemi », des *rajeunissements* de personnages *préromains*. Mais ce que j'ai le droit d'affirmer, c'est que l'histoire du loup, lorsqu'elle s'est formée chez les Germains, et à quelque époque qu'elle se soit formée [1], s'est coulée dans un cadre bien antérieur aux Germains et fidèlement conservé. Or, ce cadre est autrement important que les détails, forcément changeants, qui l'ont rempli au cours des siècles. Snorri n'a au moins pas inventé la *ruse juridique*, c'est-à-dire le thème central, le sujet même de son récit.

J'ai insisté sur cet exemple, bien que Mogk ne l'ait pas mis à l'honneur, parce qu'il est très clair et suffirait à établir que, lorsque Snorri est seul à nous avoir conservé un « mythe », il se

1. Elle a eu, par emprunts, une certaine extension (Abbruzes, Val d'Aoste ; Ukraine ; Lettonie, Finlande, Laponie...). Axel Olrik, *Ragnarök* (v. note 244), pp. 248-251 (« Le Diable enchaîné grâce à une rose »).

peut bien que ce mythe soit authentique. Voici maintenant un des morceaux de l'*Edda* en prose où Mogk a cru trouver un argument de choix [1].

3. Naissance et meurtre de Kvasir

Dans l'*Edda* de Snorri [2], il est raconté que, après une guerre dure et incertaine, les deux peuples divins des Ases et des Vanes conclurent la paix. Pour sceller leur entente, ils crachèrent ensemble, des deux côtés, dans un même vase (*til eins kers*). Les Ases ne voulurent pas laisser perdre ce gage de paix et en firent un homme qui s'appelle Kvasir [3]. Kvasir est si sage (*vitr*) qu'il n'y a question au monde à laquelle il n'ait réponse. Il se mit à parcourir le monde pour enseigner aux hommes la sagesse (*at kenna mönnum frœđi*). Un jour, les deux nains Fjalarr et Galarr l'invitèrent à un entretien et le tuèrent. Ils distribuèrent son sang dans deux vases et dans un chaudron (*létu renna blóđ hans í tvá ker ok einn ketil*) ; le chaudron s'appelle Óđrœrir et les deux vases Són et Bodn. Ils mêlèrent au sang du miel et il se forma un hydromel tel que quiconque en boit devient poète et homme de savoir. Les nains dirent aux Ases que Kvasir avait étouffé dans son intelligence (*at Kvasir hefđi kafnat í mannviti*) parce qu'il n'y avait personne d'assez savant pour épuiser son savoir par des questions (*fyrir því at engi var þá svá fróđr, at spyrja kynni hann fróđleiks*). Suit le récit de la conquête du précieux hydromel par Óđinn qui en sera, en effet, le grand bénéficiaire.

Sur ce texte, E. Mogk a fait des remarques fort précieuses. Il a montré d'abord que Kvasir n'est qu'une personnification d'une boisson enivrante dont le nom rejoint le « kvas » des peuples

1. E. Mogk, *Novellistische Darstellung...*, p. 3-4 : *« An einigen Beispielen, besonders and den Mythen vom Vanenkrieg und vom Ursprung des Dichtermethes will ich versuchen, die Auffassung zu widerlegen und zeigen, wie in Reykjaholt unter Snorris Leitung eine neue Dichtungsart entstanden ist, die man als mythologische Novelle bezeichnen kann. »*
2. *Skáldskaparmál*, chap. IV, p. 82 (= *Bragarœdur*, ch. 3).
3. Ou *Kvásir* : cf. ci-dessus nº 11 *a*.

slaves. En effet, *Kvasir* est, avec un substantif *kvas*, dans le même rapport que *Eldir*, nom d'un des serviteurs d'Ægir, avec *eldr* « feu », *örnir*, nom d'un géant, avec *örn* « aigle », *Byggvir*, nom du serviteur du dieu de la fécondité Freyr, avec *bygg* « orge », etc. Or, si les textes vieux-scandinaves n'ont pas conservé ce substantif *kvas*, il est bien attesté dans plusieurs dialectes modernes : dans le danois du Jutland, *kvas* désigne les fruits écrasés et, en norvégien, le moût des fruits écrasés.

Mogk a montré ensuite que la naissance de Kvasir à partir d'un crachat communiel des Ases et des Vanes repose sur une vieille technique élémentaire, sur un des procédés par lesquels beaucoup de peuples, d'une part, obtiennent la fermentation et, d'autre part, concluent amitié. Entre autres exemples, il cite celui-ci : un jour, en Sibérie, comme Humboldt et Klaproth pénètrent chez un chef tatar, on prépare le kvas en leur honneur ; pour cela, on demande à toute personne qui entre dans la tente de cracher dans une cruche de lait placée près de la porte ; il doit s'ensuivre une fermentation rapide et, de fait, la fermentation obtenue, la boisson est offerte aux hôtes.

Mais, ayant ainsi justifié le crachat communiel qui marque la réconciliation solennelle des Ases et des Vanes, et le nom de Kvasir qui est donné au résultat de ce crachat, il ajoute[1] : « Créer un homme à partir d'un crachat, c'est une chose dont il n'y a pas d'autre exemple dans l'ethnographie ni dans la mythologie comparées, quelle que soit l'importance du rôle qu'a joué et que joue encore le crachat dans les usages populaires. Ce que nous lisons dans l'*Edda* est à mettre au compte de Snorri ou de quelqu'un de son école. Mais comment a-t-on pu en arriver à cette incarnation ? Nos sources nous donnent une indication... » Et, sûr qu'il n'y a plus qu'à défaire le travail artificieux de Snorri, il se lance dans un admirable jeu philologique. « La source principale des récits eddiques » serait une *kenning*, une périphrase scaldique, qu'on rencontre chez un auteur du Xe siècle, que Snorri lui-même a citée dans les *Skáldskaparmál*, et qui désigne la poésie en deux mots : *kvasis dreyri*. Snorri traduit *dreyri* par *blóđ* (« sang »), ce qui

1. P. 27.

est en effet le sens ordinaire du mot. Mais, remarque Mogk, le mot est employé dans d'autres *kenningar* avec le sens plus large de « liquide ». Loin donc que la *kenning kvasis dreyri* prouve que, au Xᵉ siècle, les scaldes aient connu l'histoire de Kvasir tué et de l'origine sanglante de l'hydromel de poésie, il est bien probable que l'expression a signifié « le liquide kvas » (*kvasir* étant encore un nom commun et le génitif *kvasis* s'expliquant comme dans *Óđrœris haf* (« la mer Óđrœrir »), *Fenris úlfr* (« le loup Fenrir »), etc.) et que c'est d'un faux sens double commis par Snorri et sur *dreyri* et sur *kvasir* que vient toute l'histoire. Je cite les propres termes de Mogk[1] : « Du moment où l'école de Reykjaholt avait compris *dreyri* au sens de sang, on en vint à personnifier Kvasir et ainsi se forma l'histoire de sa mort et de sa naissance, par laquelle l'origine de l'hydromel des poètes fut reliée à la paix qui termina la guerre des Vanes. Si l'on dénoue ce lien, nous nous trouvons devant un tout autre mythe relatif à l'origine de l'hydromel des poètes, un mythe qui cadre fort bien avec les conceptions des Germains septentrionaux. » Ce « tout autre mythe », Mogk va le reconstituer très librement.

La mixture de sang et de miel n'est pas attestée dans le folklore : elle est donc, elle aussi, une invention. Comme les Scandinaves avaient pris l'habitude d'attribuer aux nains la fabrication de tout l'équipement divin (l'épée d'Óđinn, le marteau de Þórr, le bateau de Freyr, etc.), ils auront attribué aux nains la fabrication de l'hydromel et l'idée de mêler du miel, pour les faire fermenter, aux « fruits écrasés » que désignait primitivement le nom commun *kvasir*. Et c'est de là qu'est partie l'imagination de Snorri... Quant aux noms propres du chaudron et des deux vases entre lesquels les nains partagent le sang de Kvasir, Mogk montre comment ils sont nés, eux aussi, de faux sens commis par Snorri sur trois *kenningar*.

Tout cela est ingénieux à souhait. Mais, à cette ingéniosité, le progrès des études comparatives permet d'opposer des faits que ne connaissait pas Mogk. Qu'est-ce que la guerre des Ases et des Vanes, c'est-à-dire des dieux du « cercle » d'Óđinn, de Týr, de

1. P. 28.

Þórr, etc., d'une part, des dieux du cercle de Njörđr, de Freyr, de Freyja d'autre part [1] ? Ce n'est pas, comme le croyait Mogk sur les frêles arguments de quelques auteurs, le souvenir *historique* d'une guerre religieuse entre deux peuples adorateurs l'un des Ases, l'autre des Vanes [2] ; non, c'est la forme germanique prise par le mythe indo-européen – bien attesté à Rome comme dans l'Inde – qui expliquait la formation de la société des dieux ou des hommes : après une dure guerre ou une violente querelle sans résultat, par un accord, mais un accord définitif, qui ne sera plus jamais mis en question, les représentants de la troisième fonction, de la fonction de fécondité et de richesse (les grands dieux Vanes chez les Scandinaves ; Titus Tatius et ses Sabins dans la légende du synœcisme romain ; les Nāsatya dans l'Inde) ont été associés, sur le pied d'égalité, aux représentants des deux autres fonctions, fonction de souveraineté magique et de force guerrière (les Ases chez les Scandinaves ; Romulus et ses compagnons dans la

1. Je résume ici brièvement *Jupiter Mars Quirinus* I, chap. V, et le cinquième essai du recueil *Tarpeia* : qu'on se reporte aux démonstrations qui sont développées dans ces deux livres. V. la fin de la note suivante.

2. Dans son livre sur *Heimdall* (1941), on s'étonne de voir M. B. Pering suivre encore ce roman pseudo-historique, et en tirer pour sa thèse de lourdes conséquences, *Heimdall* (1941), p. 177 : « *Die Streitaxtleute, die Indogermanen (?), machten sich zu Herren über die Megalithvölker... Wahrscheinlich sind es die Götter der Indogermanen, die den Kern der Göttergruppe bilden, die man æsir "Asen" nennt. Zu ihnen gehörten Gestalten wie Tyr. Ull. Odin und Thor... Die Götter der Megalithvölker lebten als eine besondere Göttergruppe, die vanir "Wanen" fort. Aber auch diese wurden jetzt zu himmlischen Gottheiten, etc.* » De même E. A. Philippson, *Die Genealogie der Götter in germanischer Religion* (1953), p. 19 : « *Der Unterschied zwischen Wanenreligion und Asenreligion ist fundamental : die Wanenreligion war die ältere, autochtone, entwickelt aus der Ackerbaukultur, die Asenreligion war die jüngere, der Ausdruck einer mannhaften, kriegerischen aber auch geistigeren Zeit. Die Kluft zwischen diesen Göttervorstellungen war dem Heidentum bewusst, wenn sie auch den römischen Berichtestattern entgang : die nordgermanische Saga vom Wanenkrieg bezeugt.* » Je suis plusieurs fois revenu sur la comparaison d'ensemble, structurale, de la guerre des Ases et des Vanes et de la guerre des proto-Romains et des Sabins de Tatius. Les principales étapes ont été *NR* (1944), pp. 188-193 ; *Tarpeia* (1947), pp. 249-287 ; *L'Héritage indo-européen à Rome* (1949), pp. 125-142 (avec un complément dans *Du mythe au roman*[2], 1983, pp. 95-105) ; *ME* (1980), pp. 285-303.

légende du synœcisme romain ; Indra et les deva dans l'Inde épique).

Or, le mythe indien se termine par le trait suivant [1] : comme Indra et les autres dieux refusent obstinément d'admettre les deux Nāsatya dans la communauté divine, un ascète ami de ceux-ci fabrique, par la force de son ascèse, un être gigantesque qui menace d'engloutir le monde : c'est le monstre *Mada*, c'est-à-dire « Ivresse ». Aussitôt Indra cède, la paix se fait, les Nāsatya sont définitivement incorporés aux dieux. Reste à « liquider » le dangereux personnage qui a obtenu ce résultat : l'ascète le morcelle, le divise en quatre parties – et c'est ainsi qu'aujourd'hui l'ivresse se trouve distribuée entre la boisson, les femmes, le jeu et la chasse.

Certes, les différences éclatent entre le mythe germanique et le mythe indien, mais aussi l'analogie des situations fondamentales et des résultats. Voici les différences : chez les Germains, le personnage « Kvas » est fabriqué *après* la paix conclue et il est fabriqué suivant une *technique* précise, réelle, de fermentation par le crachat, tandis que le personnage « Ivresse » est fabriqué *pour* contraindre les dieux à la paix, et il est fabriqué *mystiquement* (nous sommes dans l'Inde), par la force de l'ascèse, sans référence à une technique de fermentation. Puis, quand « Kvas » est tué et son sang divisé en trois, *ce n'est pas par les dieux* qui l'ont fabriqué mais par deux nains, tandis que c'est son fabricateur même, dans l'Inde, *pour le compte des dieux*, qui divise « Ivresse » en quatre. De plus, le fractionnement de « Kvas » est simplement *quantitatif*, se fait en parties homogènes (trois récipients de sang de même valeur), tandis que celui d'« Ivresse » est *qualitatif*, se fait en parties différenciées (quatre sortes d'ivresse). Dans la

1. V. *Jupiter Mars Quirinus* I, p. 176 ; III (= *Naissance d'archanges*), pp. 159-170. On verra là qu'une tradition judéo-musulmane prolongeant certainement un mythe iranien parallèle au mythe indien garantit que l'intervention de l'« Ivresse » se trouvait déjà dans la forme « indo-iranienne commune » du récit. La question est reprise au début du quatrième volume d'*Esquisses de mythologie* (Esq. 76-101). Aux germanistes qui voudront bien discuter, je fais la même prière que dans la note 2, p. 98.

légende germanique, c'est seulement après coup, dans l'explication mensongère que les nains donnent aux dieux qu'est mentionné l'excès de force intolérable (d'une force d'ailleurs purement intellectuelle), hors de proportion avec le monde humain, qui *aurait* amené la suffocation de « Kvas », tandis que, dans la légende indienne, l'excès de force (physique, brutale) d'Ivresse est *authentiquement* intolérable, incompatible avec la vie du monde, et entraîne authentiquement son morcellement. Enfin la légende germanique présente « Kvas » comme *bénéfique* dès le début, bien disposé pour les hommes – une sorte de martyr – et son sang, convenablement traité, produit cette chose précieuse entre toutes qu'est l'hydromel de poésie et de sagesse, tandis que, dans l'Inde, « Ivresse » est *maléfique* dès le début et que ses quatre fractions sont encore le fléau de l'humanité.

Tout cela est vrai, mais tout cela prouverait seulement, s'il en était besoin, que l'Inde n'est pas l'Islande et que les deux histoires se racontaient dans deux civilisations qui avaient évolué dans des sens et dans des décors extrêmement différents, et pour lesquelles notamment les idéologies de l'ivresse étaient devenues presque inverses [1]. Il n'en existe pas moins un schéma commun : c'est au moment où se constitue définitivement, et difficilement, la société divine par l'adjonction des représentants de la fécondité et de la prospérité à ceux de la souveraineté et de la force, c'est donc au moment où les représentants de ces deux groupes antagonistes font leur paix, qu'est suscité artificiellement un personnage incarnant la force de la boisson enivrante ou de l'ivresse et nommé d'après elle. Comme cette force s'avère trop grande au regard des conditions de notre monde – pour le bien ou pour le mal – le personnage ainsi fabriqué est ensuite tué et fractionné en trois ou quatre parties dont bénéficient ou pâtissent les hommes, dans ce qui, aujourd'hui, les enivre.

Ce schéma est original. On ne le rencontre, à travers le monde, que dans ces deux cas. De plus, il se comprend bien, dans son principe, si l'on a égard aux conditions et conceptions sociales

1. Dans l'Inde, toute boisson enivrante autre que le *soma* (spécifiquement indo-iranien, sans antécédent indo-européen) est « mauvaise ».

qui devaient être celles des Indo-Européens : en particulier, l'ivresse intéresse à des titres divers les trois fonctions : elle est, d'une part, l'un des ressorts fondamentaux de la vie du *prêtre*-sorcier et du *guerrier*-fauve de cette civilisation, et, d'autre part, elle est procurée par des plantes qu'il fallait *cultiver* et *cuisiner*, on comprend donc que la « naissance » de l'ivresse avec tout ce qui s'ensuit soit située au moment de l'histoire mythique où la société se constitue par la réconciliation et l'association des prêtres et des guerriers d'une part, des agriculteurs et des dépositaires de toutes les puissances fécondantes et nourricières de l'autre. Il y a donc, entre cet événement social mythique et l'apparition de l'ivresse, une convenance profonde, et il n'est pas inutile de remarquer ici que cette convenance, ni les poètes du Mahābhārata ni Snorri ne pouvaient plus en avoir conscience, ce qui fait que leurs récits ont un air étrange : pour les poètes du Mahābhārata, les Nāsatya ne sont plus ce qu'ils étaient au temps de la compilation védique, les représentants de la troisième fonction ; et Snorri non plus, quoiqu'il mette bien en valeur dans ses divers traités les caractères différentiels d'Óđinn, de Þórr et de Freyr, ne comprend sûrement plus la réconciliation des Ases et des Vanes comme le mythe fondant la collaboration harmonieuse des diverses fonctions sociales.

Les germanistes et les épigones d'Eugen Mogk devront s'accommoder de ce fait massif. Certes, le récit de Snorri contient des éléments déposés à des âges divers de l'évolution de la pensée religieuse scandinave ; il contient peut-être même (encore que les « intuitions » philologiques de Mogk au sujet des noms propres Óđrœrir, Bodn, Són ne s'imposent pas) des interprétations ou adjonctions propres à Snorri. Mais l'essentiel, le schéma avec sa signification, sa direction et ses moments successifs, est bien antérieur à Snorri, est authentique. Et l'on sent combien il est tendancieux et inopérant de dire, avec Mogk, que « la fabrication d'un homme à partir d'un crachat étant une chose inouïe dans l'ethnographie et dans la mythologie comparées », il ne peut s'agir d'un vrai mythe et qu'il faut donc que ce soit une fantaisie de Snorri. Non ; ce que présentait, ce qu'imposait la mythologie traditionnelle, c'était, à ce moment de l'histoire du monde, la fabrication, puis le meurtre et le fractionnement d'un personnage surhumain, de type humain, incarnant l'ivresse, exprimant l'ivresse dans son nom (cf. *Mada*) ; l'imagination germanique (peut-être plus fidèle, d'ailleurs, au prototype indo-européen, dont l'Inde s'est sûrement écartée) a seulement *précisé* cette donnée en nommant le personnage « Kvas » et en le fabriquant à partir d'une technique réelle de fermentation par le crachat [1]. D'autre part on saisit la forte liaison de ces épisodes, liaison que Mogk niait, n'y voyant qu'un caprice de Snorri : la réconciliation et l'association des Ases et des Vanes d'une part, d'autre part le meurtre et le fractionnement de Kvasir avec l'explication donnée par les nains aux Ases, tout cela se suit, est uni par une logique profonde. Et l'édifice superficiellement rationnel, déductif, que Mogk attribue à « l'école de Reykjaholt », c'est, en définitive, dans son cerveau, dans son cabinet de philologue ignorant de la préhistoire indo-européenne, en l'an de grâce 1923, qu'il l'a ingénieusement monté, comme il a été dit plus haut, pour se donner l'illusoire plaisir de le démonter. Ne disons pas que c'est Snorri qui a « inventé » un mythe absurde parce qu'il ne comprenait plus d'anciennes périphrases scaldiques ; disons que c'est Eugen Mogk qui « invente » de fausses difficultés parce qu'il a perdu le sens des vieux mythes.

4. Snorri contre Eugen Mogk

J'aurai plus loin, à propos de la participation de Loki au meurtre de Baldr, une autre occasion d'accepter le débat sur un terrain choisi par Mogk [2] et de réhabiliter ainsi un autre chapitre de l'*Edda* en prose, comme j'ai d'ailleurs [3] restauré, contre sa

1. Cf. mon étude : « Un mythe relatif à la fermentation de la bière » (à propos du XXe runo du Kalevala) dans l'*Annuaire de l'École des hautes études, Section des sciences religieuses*, 1936-1937, pp. 5-15.
2. Ci-dessous, pp. 125-137 ; contre E. Mogk, « Lokis Anteil am Baldrs Tode » (*FFC*, 57).
3. *Tarpeia*. pp. 253 *sq.* ; contre E. Mogk, « Zur Gigantomachie der Völuspá » (*FFC*, 58).

discussion hâtive et légère, la valeur des strophes de la *Völuspá* relatives à la guerre même des Ases et des Vanes. Mais les deux exemples qui viennent d'être examinés suffisent à ruiner, dans son principe et dans l'application qui en est faite à Snorri, la nouvelle forme de critique mise à la mode par E. Mogk. Snorri n'est pas le suspect permanent qu'on prétend ; même isolé, son témoignage est grave, et l'on perçoit aujourd'hui quelque outrecuidance dans la protestation agacée que, résumant sa démolition des années précédentes, l'érudit allemand publiait en 1932 [1].

Sans tomber dans l'excès inverse, sans prétendre tout utiliser de l'*Edda* en prose (on ne contestera pas les fantaisies du prologue de la *Gylfaginning*, ni les influences chrétiennes qui ont marqué une partie de la cosmogonie qui suit), on ne peut qu'enregistrer le *fait* capital que la nouvelle mythologie comparée a mis en évidence [2] : pour les aventures des dieux, pour celles notamment qui

1. *Zur Bewertung der Snorra Edda...*, p. 3 : « *Einst galt der mythologische Teil der Snorra Edda als eine lautere Quelle der altnordischen, ja sogar der altgermanischen Mythologie. Simrock lässt seine Deutsche Mythologie mit der eddischen Kosmogonie beginnen, und Noreen äussert einmal : "Die Mythologie, die wir in unserer Jugend gelehrt bekamen, ist im Wesentlichen Snorris mythologischer Katechismus." Wohl ist schon wiederholt diese grosse Bedeutung des Snorrischen Werkes angegriffen worden, aber vielfach herrscht noch die alte Auffassung. Hat man doch noch in jüngster Zeit die Snorra Edda als religionsgeschichtliche Quelle fast auf gleicher Stufe gestellt wie die Tacitussche Germania. Alles, was sich bei Snorri findet, soll altheidnischer Volksglaube, heidnisch-germanische Mythologie gewesen sein. Wo sich eine ältere Quelle nicht nachweisen lässt, sollen verloren gegangene Quellen aus heidnischer Zeit zugrunde gelegen haben...* » Dans *Heimdall* (Lund, 1941), B. Pering a faussé le problème au départ parce qu'il a suivi le conseil d'E. Mogk. Ne dit-il pas (p. 90) : « *Es ist gänzlich unmöglich, in einer wissenschaftlichen Darstellung mit der Snorra Edda als Primärquelle zu arbeiten. Wie soll man nun unterscheiden können zwischen alter Überlieferung einerseits, unrichtigen Deutungen und freien Konstruktionen auf der Basis der älteren Dichtung ("Novellen") andererseits ? Die Snorra Edda als Primärquelle unseres Wissens über die Religion der Wikingerzeit verwerfen, ist gleichbedeutend mit dem Ende eines Subjektivismus, der die Forschung auf diesem Gebiet lange genug belastet hat.* » Le livre de B. Pering, où l'on admire un grand savoir et une belle clarté, prouve au contraire à quel « subjectivisme » on s'expose en faisant table rase de ce qui se *savait* encore, au XIIe et au XIIIe siècle, à Oddi et à Reykjaholt.

2. Ce fait en rejoint quelques autres, très précieux, déjà découverts par une autre application de la méthode comparative, par l'examen des survivances du paganisme scandinave dans les religions des Lapons et des Finnois. Dans son

semblaient à E. Mogk ou à ses disciples les plus sujettes à caution, Snorri a au contraire fidèlement enregistré une vieille tradition.

Conclusion pratique : dans les récits de l'*Edda* en prose concernant Loki, il ne suffira plus, comme le faisaient volontiers les plus récents critiques, d'écarter comme suspects les traits pour lesquels Snorri est notre unique source, et, du coup, voici reconquise, en droit, la plus grosse partie de notre dossier.

B. LES ABUS DE LA « SCIENCE DES CONTES »

Une seconde forme de critique abusive qui, combinée ou non avec la précédente, a souvent paralysé ou dévoyé l'étude de Loki, s'inspire non plus de la philologie, mais du folklore, exactement de l'étude des contes populaires. En 1899, Friedrich von der Leyen a commencé sa brillante carrière en publiant à Berlin un petit livre de moins de cent pages, intitulé *Das Märchen in den Göttersagen der Edda*, qui a fait quelque bruit et suscité des vocations. Sous l'action de ses recherches ultérieures, l'auteur a vite rectifié lui-même ses vues de jeune homme enthousiaste, mais, comme il arrive souvent, l'opuscule dont il paraît s'être détaché a continué sa vie propre : dans les pays scandinaves en particulier, en Finlande, en Suède, où les études de folklore et de *Märchenkunde* connaissent depuis un demi-siècle un admirable renouveau, il est fort imité et, il faut bien

---

récit de l'expédition de Þórr contre le géant Geirrøðr (ci-dessus, n°3 *a*), Snorri dit que, pour sortir du fleuve Vimur, Þórr s'accrocha à un sorbier ; « de là, ajoute-t-il, vient l'expression que *le sorbier est le salut de Þórr* » (*því er þat orðtak haft, at reynir er björg Þórs*). Snorri est seul à signaler une liaison entre Þórr et le sorbier. Mais Setälä et Holmberg ont rappelé que *Rauni*, dans la mythologie finnoise, est la femme d'Ukko, dieu du tonnerre, et que les baies du sorbier sont consacrées à cette Rauni ; que, dans la mythologie lapone, *Raudna* est également la femme de *Horagalles* (c'est-à-dire le Þórr scandinave), auquel est, d'autre part, consacré le sorbier sauvage. Or il est clair que le finnois *Rauni* (et, avec une légère variante explicable, le lapon *Raudna*) est un emprunt admirablement conservé de la forme préhistorique (* *rauni-*) du nom vieux-scandinave du sorbier, *reynir*. Snorri dit donc vrai.

le dire, malgré les immenses services que rend l'érudition des spécialistes de la littérature populaire, ce n'est pas toujours pour le plus grand bien de l'étude complète, équilibrée, de l'ancienne religion. En gros, la méthode consiste à noter diligemment les concordances qui existent entre des *détails* des mythes scandinaves (notamment, mais non uniquement, dans la forme discursive où Snorri les a transmis) et des *détails* des divers contes populaires qui vivent et circulent en Europe et dans le vieux monde. Ces concordances sont en effet extrêmement nombreuses : dans les mythes scandinaves, il n'y a pour ainsi dire pas de ligne qui ne se prête à de tels rapprochements. On conclut alors que les mythes sont ainsi entièrement expliqués, qu'ils ne sont que des sortes de dunes littéraires, des amoncellements pittoresques, capricieux, instables, formés d'une foule de motifs arrachés, par une érosion qu'on explique de façons diverses [1], aux quelque quinze cents ou deux mille contes parmi lesquels les vieilles personnes de notre Europe se découpent des répertoires.

Il est amusant de transposer cette méthode en termes linguistiques : elle ramènerait toute l'étude à un commentaire phonétique. Devant l'accusatif pluriel latin *deos*, on dirait : « *-e-* se retrouve dans *ex, et*, etc. ; *-eo-* se retrouve dans *leo, reor*, etc. ; *-eos-* se retrouve dans *meos, reos*, etc. ; *deo-* se retrouve dans *adeo, deorsum*, etc. ; et voilà *deos* expliqué. » Cette recherche peut avoir un petit intérêt : étendue de proche en proche, elle révélerait les séquences de sons, rares ou fréquentes, admises par le latin. Pourtant, sur *deos*, il y a des remarques plus importantes à faire.

Naturellement, une telle pente d'esprit porte à un aimable scepticisme : il n'y a plus de réel, donc d'intéressant, de notable, que la poussière des menus motifs ou des groupes de motifs, cette poussière qui s'est en effet glissée partout, dans tous les folklores et dans toutes les mythologies du monde. Quand les *Légendes sur les Nartes* ont paru, en 1930, avec des notes finales mettant en

1. V. la discussion dans J. de Vries, *The Problem of Loki*, pp. 86-90 ; notamment les réflexions de la p. 88, qui constituent à elles seules la réfutation des excès des explications folkloriques. Je me borne ici à discuter F. von der Leyen, négligeant les épigones (Elisabeth Ross, etc.).

valeur quelques-uns des thèmes originaux qui font l'intérêt et l'unité de ces légendes et qui, rapprochés de textes classiques sur la religion des Scythes, laissent transparaître de belles survivances mythiques ou rituelles, un critique a souri avec indulgence : au lieu de rêver ainsi à un lointain passé, que n'avais-je fait ce travail autrement sérieux, qui eût consisté à relever les « motifs de contes » qui, bien sûr, abondent aussi dans les légendes sur les Nartes ! Voilà qui eût été solide et utile !... Ainsi parlait au jeune héros de l'*Oncle Scipion* son autre oncle et tuteur, le sage commerçant retiré des affaires, qui, dans une grammaire espagnole qu'il ne prenait pas la peine de lire, soulignait en vert les adjectifs, en rouge les substantifs, en bleu les verbes : ce travail d'identification et de distinction était un travail sérieux, exhaustif, qu'il donnait volontiers en exemple. Je persiste pourtant à penser – et peut-être les développements ultérieurs de l'étude l'ont-ils prouvé – qu'il était au moins aussi urgent de signaler ce qui, dans les légendes sur les Nartes, n'est précisément pas justiciable du folklore moyen, du « Motif-Index » ou du Bolte-Polívka.

Quand elle est conséquente (et elle l'est généralement, et elle l'était chez le jeune auteur en 1899), une telle méthode conduit à négliger totalement, à nier ce qui fait l'unité d'un récit, à ne s'attacher qu'aux détails, attribuant au hasard complaisant le rôle d'assembleur et de coordinateur. En cela, elle est intenable, l'*ensemble* étant presque toujours plus important que ses parties, premier par rapport à ses parties, et remarquablement constant sous le rajeunissement perpétuel de ses parties. Le dossier de Loki fournit de bons exemples de cet abus : les chapitres V-X ainsi que les chapitres XIII et XVIII de von der Leyen sont intitulés respectivement « Baldr », « Lokis Fesselung », « Skađi und Þjazi », « Der Riesenbaumeister », « Þórr bei Utgarđaloki », « Geirrødr », « Þrymskviđa », « Die Kostbaren Besitztümer der Götter », c'est-à-dire qu'ils intéressent ou recouvrent ce qui a été classé plus haut sous les cotes 10, 11, 1, 2, 8, 3, 4, 6[1].

1. Des discussions qui suivent, on rapprochera celle que E. Tonnelat a faite de l'explication du *Nibelungenlied* par la « Märchenkunde », par les thèmes du *Bärensohn* et du *starker Hans* (Panzer) : *La Chanson des Nibelungen*, 1926, pp. 309 *sq.* : « Mais il est vain de chercher dans des récits aussi instables que les contes

Considérons la dernière étude, « Les trésors des dieux ». L'auteur note des analogies plus ou moins précises pour beaucoup de détails : la chevelure d'or promise à Sif rejoint certains dons merveilleux faits aux princesses de contes ; le bateau qui a toujours bon vent et qu'on peut plier dans sa poche, l'infaillible épée, l'anneau talisman de richesse, le sanglier aux soies éclairantes, et généralement les « objets agissant d'eux-mêmes » sont fréquents dans les contes. La triple tentative que fait Loki – mué en mouche – pour empêcher le nain de souffler sur la forge, et la légère malformation qui s'ensuit dans le marteau de Þórr, trouvent les parallèles suivants, à vrai dire un peu lâches [1] : le petit lièvre dort ; un bourdon se pose sur son nez, il l'écarte de sa patte ; le bourdon revient, il le chasse encore ; la troisième fois, le bourdon le pique dans le nez et il s'éveille (Grimm, *Kinder- und Hausmärchen,* 60) ; pendant la guerre des quadrupèdes et des oiseaux, le renard, comme gage que la victoire appartiendra aux quadrupèdes, veut tenir sa queue en l'air ; les oiseaux envoient le frelon qui le pique de plus en plus fort sous la queue, une fois, deux fois, trois fois ; à la troisième fois, il ne peut plus supporter la douleur, il abaisse la queue, et les quadrupèdes fuient (Grimm, *ibid.*, 102). Ces rapprochements sont intéressants [2], mais qui ne voit qu'ils laissent échapper l'essentiel ?

On a montré ailleurs, en effet, que les trésors sont destinés non pas à des dieux quelconques, mais à la vieille triade des dieux fonctionnels Óđinn, Þórr, Freyr [3], et que l'une des deux listes [4] est elle-même en rapport avec les trois fonctions : l'anneau

populaires l'armature résistante, l'intrigue complète d'une œuvre poétique... Ce que la légende héroïque semble avoir emprunté au conte, ce sont beaucoup moins des affabulations complètes que des motifs de cette sorte, ou parfois des enchaînements réguliers de motifs, etc. »

1. Encore plus lâche est la comparaison proposée entre Loki-mouche et la guêpe d'un chant magique finnois sur l'origine du fer (la guêpe décharge son venin dans l'eau où sera trempée l'arme de fer et l'arme sera ainsi empoisonnée, donc *améliorée*) ; J. de Vries a eu raison de la rejeter, *The Problem of Loki*, p. 94.

2. Cf. Bolte et Polívka, *Anmerkungen zu den Kinder – und Hausmärchen der Brüder Grimm*, I (1913), pp. 528-536 ; II (1915), pp. 435-438.

3. *NA.* pp. 50 *sq.* ; *Tarpeia*, pp. 210-214.

4. La plus ancienne : J. de Vries, *The Problem of Loki*, pp. 92-93.

magique, régulateur du temps, le marteau de combat, enfin le sanglier aux soies d'or conviennent respectivement au Souverain magicien, au Frappeur, au Riche fécondant, c'est-à-dire qu'ils font système. Ils rejoignent par là les trois joyaux que les forgerons mythiques du R̥gVeda forgent aussi pour les trois niveaux fonctionnels de dieux. Certes, dans l'Inde et en Islande, les listes de joyaux sont bien différentes, sans doute ont-elles été maintes fois rajeunies, et il se peut bien, comme le veut von der Leyen, que la liste des trésors divins des Scandinaves ait été en partie reconstituée par emprunt à des objets courants dans les contes (l'anneau, le sanglier, sinon le marteau, qui est essentiel au « type » de Þórr) ; mais ces opérations de rajeunissement ont laissé subsister ce que le critique méconnaît et ce que ne sauraient fournir les contes, elles ont même été *dirigées* par ce solide fil conducteur, qui n'est autre que le système classificatoire des trois fonctions.

De même, à supposer que les rapprochements avec les deux contes de Grimm fussent plus démonstratifs qu'ils ne sont, en quoi cette coïncidence expliquerait-elle le *caractère* qui est attribué d'un bout à l'autre du récit à Loki ? Pourquoi, d'abord, est-ce Loki et nul autre qui prend ici la place du bourdon, du frelon ? Et son rôle ne se réduit pas à cet épisode : il y a la malfaisance initiale (les cheveux de Sif coupés), il y a le concours d'habileté, la légèreté avec laquelle Loki accepte le pacte et l'enjeu, enfin l'habileté avec laquelle il réduit son risque, pour finir, à un minimum pénible, mais à un minimum ; bref, la légende présente toute une psychologie de Loki, complexe et non pas incohérente, que l'étude du folkloriste n'éclaire nullement.

Le lecteur fera sans peine, pour les autres mythes émiettés par les folkloristes, une contre-critique du même genre [1]. Je signalerai

1. Il est rare qu'on puisse ramener un *long* ensemble narratif de l'*Edda* en prose à un type de conte attesté et, quand c'est le cas, ce conte n'est attesté qu'une ou deux fois, en sorte qu'on doit se demander si les récits populaires ne dérivent pas du mythe scandinave. C'est peut-être le cas de l'histoire de Þjazi et des trois Ases : F. R. Schröder, *Skadi und die Götter Skandinaviens* (1941), p. 8 : « *Das Abentueuer der drei Asen : Odin, Hönir und Loki, mit dem Riesen Thjazi hat sein genaues Gegenstück in einem Märchen der südungarischen Zigeuner.* » Les répertoires tziganes sont faits de pièces et de morceaux.

seulement la forme particulière que prend la discussion pour le récit de la naissance de Sleipnir [1] ; je serai bref, Jan de Vries ayant dit l'essentiel [2].

Dans une brillante étude, le folkloriste suédois C. W. von Sydow [3], précisant une indication de von der Leyen [4], a montré que les ennuis que les Ases éprouvent avec le maître-ouvrier, le *smiđr*, qui construit leur château, sont ceux-là mêmes qui se rencontrent dans un type de conte bien connu notamment dans l'Europe scandinave, et aussi centrale et occidentale, et hors d'Europe. Il s'agit de la construction d'une église, ou d'un moulin, ou d'un château, ou d'une route, ou d'un ouvrage d'art (pont, digue...) ; pour cette construction, un homme (le prêtre, le saint, le meunier, etc.) a conclu un pacte avec le diable (ou un géant, un troll, etc.) : si l'ouvrage est achevé en une (ou trois...) nuit, avant le lever du soleil (ou le chant du coq), le diable recevra en paiement l'âme de son employeur (ou une autre âme, ou le soleil et la lune) ; l'habileté de l'employeur tend à mettre, au dernier moment, le diable en défaut ; alors, souvent, le diable détruit son œuvre, ou finit pétrifié à côté de l'édifice inachevé, dont on montre volontiers, dans les rochers, « les ruines ». Je n'entre pas dans les détails d'une discussion que J. de Vries, je le répète, a déjà menée à son terme : ce qui demeure incontestable, du travail de von Sydow, c'est le fait que ce « mythe », dans sa plus grande partie, reproduit non plus seulement, comme c'était le cas dans le mythe de Þjazi, des motifs de contes pris de droite et de gauche et artificiellement associés, mais exactement *un type de conte* fidèlement suivi. Il y a pourtant un résidu, et d'importance : *le cheval Svađilfari, Loki-jument, et la naissance du poulain Sleipnir.* Cela, von der Leyen l'avait loyalement noté, n'est pas dans le conte, dans aucune variante. Pour trouver un cheval, d'ailleurs anodin, von Sydow [5] a recouru à une unique version, irlandaise, où les rôles du saint et du diable sont inversés : saint Mogue (ou Aidan)

1. Ci-dessus n° 2 *a* ; von der Leyen, n° 8.
2. *The Problem of Loki*, pp. 65-82.
3. *Studier i Finnsägen och besläktade byggmästarsägner*, dans *Fataburen* 1907, pp. 65-78, 199-218 ; 1908, pp. 19-27.
4. P. 38-39.
5. *Fataburen* 1908, p. 23.

construit une église en une nuit, avec l'aide d'un cheval qui lui transporte ses matériaux, et c'est le diable qui empêche l'achèvement du travail. Par la suite, Kaarle Krohn a trouvé mieux [1] ; après avoir rappelé l'affinité ordinaire du diable et du cheval, qui n'explique rien, et mobilisé une tradition finlandaise qui n'a évidemment rien à faire ici [2], il a signalé une version *islandaise* du conte du « Baumeister » où apparaît un cheval singulier : un Islandais, qui doit participer à la construction d'une église et qui n'a pas d'animal de trait, prend un cheval gris qui fait à lui seul plus de besogne que tous les autres ; mais, une fois déchargé de son fardeau, l'animal donne un coup de pied dans le mur de l'église et y ouvre un trou qui ne peut plus être bouché, – c'était un « cheval d'eau ». Même là, nous sommes loin de la seconde partie du « mythe » scandinave [3] : Loki se métamorphosant en jument, détournant de son service le cheval du géant et mettant bas, lui-même, quelques mois plus tard, le cheval à huit pieds, le coursier d'Óđinn, Sleipnir. Faut-il attribuer tout cela, que l'*Edda* en prose est seul à nous transmettre, à l'imagination de Snorri et de son école ? C'est peu vraisemblable : d'abord, aux yeux de Snorri, quand il rédigeait l'*Edda*, c'était là l'essentiel, car toute l'histoire du « Baumeister » n'est contée par lui que pour sa conclusion, que pour répondre à la question *initiale* : « Qui est possesseur du cheval Sleipnir et qu'y a-t-il à dire de lui ? » De plus, le ridicule, l'infamie, si l'on veut, qui est ici attribuée à Loki rejoint un trait bien attesté par ailleurs : ce n'est pas le seul cas où ce dieu a fonctionné comme femelle [4] ; le fait que le « cheval à huit pieds » soit son enfant rejoint un autre trait, non

1. *Übersicht über einige Resultate der Märchenforschung*, FFC 96, 1931, pp. 120-121.
2. « *Lokis Auftreten als Pferd hat eine Parallele im finn. Liede vom tauglichen Sohne Lemminkäinen ("Christus" Baldr), der einen blinden – seinen späterer Töter – verächtlich behandelt hat, weil dieser in seiner Jugend Pferde geschändet hat.* » Où est le « parallèle » ? En dehors du mot « cheval », il n'y a rien de commun.
3. D'ailleurs, puisqu'il s'agit d'une version *islandaise*, et unique en son genre, il se peut bien que, dans la mesure où elle rappelle le mythe (cheval diabolique, qui d'abord favorise l'œuvre et finalement est responsable de l'échec), elle lui ait emprunté ce détail, loin de le lui avoir fourni. Cf. note 1, p. 113.
4. N° 13, *c*).

moins bien attesté : père ou mère, il a mis en circulation les grands monstres de la mythologie germanique, le méchant loup Fenrir, le terrible serpent [1] ; enfin, si Loki se transforme ici en jument, c'est que, seul des dieux scandinaves, il a une faculté illimitée de métamorphoses animales – celle-là même qui a donné naissance à une curieuse tradition des îles Færöer qui a été citée plus haut [2]. Certes, on peut supposer – on peut tout supposer – que c'est justement en se fondant sur ces trois traits authentiques de Loki (son aspect de femelle intermittente, son aspect de *parens monstrorum*, ses incarnations animales) et en les combinant que le faussaire (Snorri) a inventé la dernière partie de son récit ; mais, vraiment, pourquoi supposer cela ? D'abord, deux de ces traits, dans le récit, prennent une forme originale, qui ne recouvre aucun autre épisode de la « vie » du dieu : nulle part ailleurs il n'est cheval ou jument, ni ne met au monde un monstre *utile aux dieux*. Et surtout il a été prouvé plus haut que Snorri n'est pas le suspect, le présumé coupable que les critiques les plus savants parviennent mal à écarter de son horizon de juge d'instruction ; rendons-lui, simplement, sa vraie qualité : pour la naissance de Sleipnir comme pour Týr manchot, comme pour Kvasir assassiné, Snorri est très probablement un *témoin*.

C. DISCUSSIONS DIVERSES

Les deux séries de remarques qui précèdent – la défense du témoignage de Snorri contre le scepticisme des philologues et la restauration des mythes germaniques contre l'impérialisme des folkloristes – me dispensent de m'étendre longuement sur l'impressionnant amoncellement de discussions, de chicanes, auxquelles le dossier de Loki a donné lieu : presque toujours, soit à l'origine soit au cours de l'argumentation, on décèle sans peine

1. N° 13, *a*).
2. N° 14, I, *c*).

l'une ou l'autre de ces illusions. Je me bornerai à relever quelques autres types d'erreurs critiques de moindre importance.

1. Traditions foisonnantes

En dépit de ce qui vient d'être rétabli, il reste *a priori* probable que *toutes* les traditions relatives à Loki ne sont pas également anciennes, également – si l'on veut – « authentiques » : comment en serait-il autrement ? Cette mythologie était vivante, intéressait, amusait. Le caractère complexe et souple de Loki excitait à l'invention, à la prolifération, aux « à la manière de ». D'un épisode à l'autre, des traits célèbres ou cocasses devaient circuler. Les critiques ont signalé plusieurs de ces détails migrateurs : par exemple, « l'objet qui colle » ne se rencontre, dans la mythologie scandinave, qu'appliqué à Loki, mais cela par deux fois, dans des circonstances analogues (la perche de Þjazi, n° 1 *a*, *b* ; le mur de Geirrødr, n° 3 *a*) ; la manière dont Loki doit se racheter de la captivité où le tient Geirrødr (n° 3 *a*), rappelle, par ses conséquences, celle dont il se fait libérer par Þjazi (n° 1, *a*, *b*) ; dans trois récits (n°s 1, 3, 4), Loki, pour se déplacer dans les airs, emprunte le « plumage » que possède Freyja ; le filet que Loki utilise au début de l'histoire de l'or d'Andvari (n° 5) rappelle le filet dans lequel lui-même finit par être pris (n° 11 *a*)... Il se peut en effet que, dans plusieurs de ces cas et dans quelques autres, l'un des récits confrontés ait emprunté à l'autre le détail qu'on signale. Mais, du point de vue qui nous occupe, du point de vue du caractère de Loki et de la signification de son personnage, ces emprunts, ces migrations sont sans inconvénient, soulignent même plutôt la popularité d'un aspect ou d'un mode d'action du dieu. Et il faut étendre cette réflexion à « l'air de famille » qui, en dehors de toute rencontre précise de détails, s'observe entre beaucoup de récits relatifs à Loki (inadvertances qu'il lui faut réparer, menaces des dieux...) : on n'a pas fini, sous nos yeux, d'inventer des histoires marseillaises, ou des histoires juives, ou des histoires de curé – qui toutes, plus ou moins, se copient soit dans les détails, soit simplement dans le type des personnages ou dans la marche du développement et dans le ressort central de l'intrigue ; elles sont à la fois inauthentiques, puisque forgées, et authentiques, puisqu'elles ne font que consacrer, souligner une tradition ; « Marius » et « Olive », par exemple, des nombreuses aventures que l'on continue d'imaginer sur eux, sortent enrichis mais non modifiés, autant et plus « eux-mêmes » qu'auparavant. Semblablement, même s'il s'agit d'inventions relativement récentes, les récits modernes, islandais, færœiens, scandinaves sur Loki (n°s 14, I, II, V, VI) sont utilisables, instructifs, parce qu'ils mettent en valeur, rajeunis au goût des diverses époques, un ou plusieurs traits sûrement fondamentaux du personnage : soit sa fertilité d'imagination et sa supériorité sur les stupides géants (n°s 14, I, *a*), *b*)), soit son étourderie (n° 14, I, *d*)), soit sa pente au mensonge (n°s 14, II, *a*), *b*), *c*) ; V, *d*)), soit sa malfaisance congénitale (n° 14, VI, *d*), *e*)).

Il est possible que cette remarque reçoive une application particulière dans le cas suivant, sur lequel je reviendrai plus loin [1]. Deux récits anciens (n°s 1 *a*, *b* et 5 *a*, *b*), ainsi que le *Lokkatáttur* (n° 14, I, *a*)), à quoi il faut sans doute joindre le charme anglais (n° 14, III), présentent Loki engagé, comme l'élément actif, dans une énigmatique triade de dieux : Óđinn, Hœnir, Loki. Peut-être le cadre de l'histoire de Þjazi (n° 1 *a*, *b*) est-il à l'origine du foisonnement : l'ancienneté, l'authenticité de ce mythe sont mieux garanties que celles du récit relatif à l'or d'Andvari (n° 5 *a*, *b*), prologue qui a été ajouté à une légende venue du continent, et à plus forte raison que celles du *Lokkatáttur*, thème de conte largement connu jusqu'au-delà du Caucase, en Mingrélie, et raconté par ces Færœiens dont les nombreux souvenirs mythologiques ne sont sans doute pas des survivance directes du paganisme mais reposent sur une culture littéraire médiévale. Telle est du moins l'opinion de J. de Vries et elle n'est pas sans vraisemblance. Mais je souligne deux choses : d'abord elle laisse entière une autre question, que j'aborderai à la fin de ce livre, celle de la signification qu'il faut attribuer, dans le texte prototype, dans l'histoire de Þjazi, à l'association du grand

1. Ci-dessous, pp. 245-251.

dieu Óđinn avec Hœnir et avec Loki ; puis ces copies ou demi-copies (c'est surtout vrai du prologue des *Reginsmál*) prouvent que le caractère de Loki, tel qu'il ressortait de sa conduite dans le mythe de Þjazi, correspondait particulièrement à l'attente, à la conception du public.

2. *Variantes inconciliables*

On est étonné de voir parfois tirer argument, pour ou contre telle variante d'une tradition relative à Loki, du fait que cette variante en « contredit » telle autre, jugée mieux garantie. Comme si ce n'était pas là, au contraire, un indice que ce dossier est sain, pris dans le vif de la tradition ! Comme si ces désaccords n'étaient pas la condition même de tout folklore, de toute mythologie authentiques ! On est encore plus étonné de voir Snorri, le malheureux Snorri, pâtir spécialement de ce nouveau chef de critique : chaque fois que la variante qu'il fournit ne s'accorde pas avec une autre variante connue, eddique ou scaldique, le voilà derechef suspecté de faux ou d'erreur. Jan de Vries a heureusement rétabli les droits du bon sens [1]. Par exemple, il est évidemment sans conséquence, à la fin de l'histoire de Þjazi (n° 1), que, dans Snorri, ce soit Óđinn qui lance au ciel les yeux de Þjazi tué tandis que, dans les *Harbarđsljóđ* (st. 19), Þórr s'attribue le mérite du même geste ; sans conséquence aussi que, lors du meurtre même de *Þjazi*, Snorri ne mobilise, collectivement, que « les dieux » tandis que, dans la même strophe 19 des *Harbarđsljóđ*, Þórr dit : « J'ai frappé Þjazi, le terrible géant », et que, dans la *Lokasenna* (st. 50 ; cf. ci-dessus, n° 1 *c*), Loki revendique la première part du meurtre. Il est de même sans importance que la *Þórsdrápa* et Snorri ne s'accordent pas sur *le* (Loki) ou *les* (Loki et Þjálfi) compagnons de Þórr dans son expédition chez Geirrøđr (n° 3 *a*, *b*) ; J. de Vries a donné [2] de bonnes raisons de penser que c'est Loki et non Þjálfi qui est ancien dans l'épisode (et donc

1. *The Problem of Loki*, pp. 37-41.
2. *The Problem of Loki*, pp. 62-63.

que, sur ce point, Snorri représente une tradition plus pure que le scalde du Xe siècle) ; le fait reste, en tout cas, qu'il s'est formé, en marge de cette tradition « légitime », une variante où le serviteur attitré de Þórr, Þjálfi, a été partiellement substitué à Loki [1]. Dans les récits relatifs à la mort de Baldr et au châtiment de Loki, nous rencontrerons ainsi, entre les variantes, des désaccords irréductibles dont on a eu tort de se servir pour déprécier tantôt l'une, tantôt l'autre.

Il y a un cas cependant où la question se présente dans des conditions particulières et qui demande un examen spécial, un cas où J. de Vries lui-même, à la suite de Robert Höckert, a, semble-t-il, abusé de quelques légers désaccords réels ou supposés, entre deux variantes pour nier, justement, qu'il s'agisse de variantes, que les deux textes traitent la même histoire. Et la chose est grave, car Snorri, le pauvre Snorri, l'intelligence et l'honnêteté de Snorri sont engagés dans le débat. Je veux parler des deux variantes de l'histoire du « Baumeister [2] », le récit de Snorri d'un côté et, de l'autre, les deux strophes (25 et 26) de la *Völuspá* que Snorri a l'imprudence de citer à la suite de sa propre rédaction comme pour l'appuyer d'une pièce justificative. Que le lecteur veuille bien relire d'abord l'un et l'autre texte [3] ; il suivra ensuite sans peine l'argumentation de J. de Vries dans ses moments successifs [4] :

1°/ Le texte de Snorri, remarque J. de Vries, contient une grave contradiction interne, qui met en éveil : comment les dieux ont-ils besoin de se réunir et de délibérer afin de déterminer le responsable de leur malheur, comment ont-ils à « découvrir » la part que Loki a prise à la conclusion du désastreux marché,

1. W. Mohr, « Thor im Fluss », *PBB* 64 (1940), pp. 209-229, estime que l'anecdote de la traversée du fleuve, racontée sous deux formes, l'une noble, l'autre assez crue, était primitivement étrangère à l'expédition contre Geirrødr et qu'aucun compagnon de Þórr n'y figurait. On ne peut qu'être sceptique devant ces hardis émiettements du récit mythique par les procédés de la critique littéraire.
2. N° 2 *a*, *b*. V. maintenant J. de Vries. *Altgerm. Rel.-geschichte* II^2, pp. 256-257, qui maintient l'essentiel de sa position.
3. Ci-dessus, pp. 43-46.
4. *The Problem of Loki*, pp. 71-74.

puisque cette action initiale de Loki a été publique ? Snorri est trop bon écrivain pour s'être permis une inadvertance ; l'accident ne peut venir que de ce qu'il a voulu à tout prix utiliser la st. 25 de la *Völuspá*, où l'on voit les dieux s'assembler et délibérer sur une question de responsabilité ; il est clair, d'ailleurs, que l'ordre du jour de cette délibération, dans Snorri [1], n'est qu'une paraphrase des termes mêmes de la *Völuspá* [2]. Jusqu'ici, la remarque de J. de Vries est intéressante, mais sans conséquence : Snorri a certainement travaillé sur la stance 25 de la *Völuspá* et cela explique suffisamment la maladresse que constitue, dans son récit, la seconde délibération des dieux, à supposer que la maladresse soit ailleurs que dans l'expression ; car on conçoit bien, après tout, que les dieux après avoir écouté et approuvé à la légère leur conseiller au début de l'action, se réunissent une seconde fois pour le mettre en accusation quand ils ont découvert tardivement les conséquences de son conseil ; c'est même de la psychologie parlementaire assez exacte. La maladresse de l'écrivain peut donc se réduire au libellé de l'ordre du jour de cette Haute Cour divine : dans sa version, s'il ne s'asservissait pas à faire un sort à tous les mots de la *Völuspá*, les dieux, réunis pour la seconde fois, n'auraient pas à déterminer qui était le criminel mais à décider s'il y avait eu crime. Quant à l'expression parallèle de la strophe 25 de la *Völuspá*, qui a influencé Snorri, elle se justifie de plusieurs manières : à tous les mythes qu'il rencontre dans sa course à travers le temps, le poète ne touche que par des allusions qui n'ont pas à être de la dernière exactitude et qui, rapides et isolées comme des éclairs, ne risquent pas d'être dans un désaccord flagrant avec un contexte qui n'est que sous-entendu ; de plus, pour des raisons d'art, le poète adopte des sortes de refrains et les vers qui ouvrent la strophe 25 [3] sont justement un refrain, car ils se sont déjà trouvés (st. 23) dans le récit de la guerre des

1. « Qui avait conseillé de marier Freyja au Pays des Géants et de gâter l'air et le ciel au point d'enlever le soleil et la lune ? »

2. « Qui avait mélangé tout l'air de malheur et, à la race du géant, donné la jeune femme d'Óðr ? »

3. « Alors les divinités souveraines allèrent sur les chaires de décision, les très saints dieux, et voici ce qu'ils examinèrent... »

Ases et des Vanes, et même avant, aux st. 6 et 9 ; enfin, il se peut que, dans une version dont s'inspirait le poète de la *Völuspá*, la responsabilité initiale de Loki n'ait pas été publique, qu'il ait, par exemple, comme délégué des dieux, conclu le marché sans les prévenir de certaines graves clauses qu'il acceptait, sûr que le maître ouvrier échouerait.

2°/ Mais, dans ce qui suit, il ne m'est pas possible de me laisser convaincre par J. de Vries. Snorri, dit-il, a commis deux fautes en paraphrasant la strophe 25 de la *Völuspá* :

a) « *lævi blandit* means *charged with noisome venom*, not at all spoil the air by taking away the sun and the moon. » L'auteur se réfère aux traducteurs du *Corpus Poeticum Boreale* pour donner cette pointe audacieuse à l'expression *lævi blandit* ; l'autorité de Vigfusson et de York Powell ne peut faire que ces mots signifient autre chose que, très généralement, « mêlé de malheur ou de malignité » (*lævi,* datif de *lǽ* [1]), – ce qui convient très bien au marché par lequel Loki (spécialiste des *lǽ-vísi* et qualifié ailleurs de *lǽ-gjarn*, « désireux du mal, malfaisant ») a sacrifié les astres qui sont dans l'air, dans le ciel ;

b) « *The* Völuspá *makes allusion to something which has taken place at the moment the gods were holding their council ; in the* Gylfaginning, *the disaster is only feared as being in the near future.* » Non. Quand les dieux découvrent, brusquement, les conséquences terribles du pacte, il est déjà trop tard, le pacte est non seulement signé mais aux neuf dixièmes exécuté, les événements poussés devant leur conclusion fatale ; le poète a donc parfaitement le droit (on l'aurait, même en prose) de dire, au passé et non au futur immédiat, que « l'air *a été* tout mêlé de malheur », que « la femme d'Óđr *a été* donnée à la race du géant [2] ». Inversement, est-il si aisé de supposer un mythe qui n'aurait pas laissé d'autres traces,

1. Même racine que dans l'allemand *Leid*, « souffrance » (et dans le français *laid*) ; on rapproche les mots grecs *loi-mos, loi-gos*, etc. Le vieux dictionnaire islandais de B. Haldorson (éd. par Rask, Copenhague, 1814), s. v. *læ* donne les deux sens : 1) *fraus, vafrities* ; 2) *periculum* ; *læblandinn* vaut « unheilvoll, verderblich ».
2. Cette réponse à l'objection se trouve formulée d'avance dans F. Jónsson, *Völuspá* (1911), p. 46 : *gefa* peut signifier, dit-il, « promettre de livrer ».

qui serait exceptionnel dans son esprit, et où l'on verrait la déesse non pas seulement en danger de tomber aux mains d'un géant, non pas seulement promise à un géant ou réclamée par un géant (cf. Hrungnir, Þrymr), mais *effectivement* livrée à un géant ?

3°/ Je n'insiste pas sur un dernier argument de J. de Vries qui n'est pas meilleur : la manière dont le récit de Snorri paraphrase la strophe 26 de la *Völuspá* (« brisés furent les serments... ») et fait intervenir Þórr, est satisfaisante et sans contradiction, et le sens de cette strophe 26 – ou plutôt, comme toujours, des allusions dont est faite cette strophe – peut très bien être celui que développe Snorri : « *Snorri has felt the difficulty,* écrit J. de Vries, *and he has tried to mend it, by saying that the giant became furious and menaced the gods. But then the gods were right in summoning Thor, because not they, but the giant himself had broken the pact between them. Snorri is a brilliant story-teller and he has contrived to make thinks as good as possible...* » Ce n'est pas sûr, le contraire peut au moins se plaider : que le géant se trahisse comme géant par son comportement (*í jötunmóđ*), que les dieux découvrent alors qu'il y a eu, au départ, erreur sur la nature de leur partenaire, cela n'empêche pas le pacte d'exister, d'avoir été juré ; les dieux sont certes fondés à briser un tel pacte et de tels serments, mais le fait est qu'ils les brisent : le poète – et Snorri – ne disent pas autre chose.

Bref, c'est dans l'histoire du Baumeister que s'expliquent le plus naturellement les quelques traits – ou, je répète le mot, les quelques allusions – qui font la matière de ces deux strophes. En outre, ainsi comprises, ces strophes viennent dans le poème, ainsi qu'on le remarquait généralement avant les offensives de Mogk, à une place chronologique plausible : la guerre des Ases et des Vanes a ravagé la demeure des Ases, il est donc naturel que le Baumeister fasse son offre de service à ce moment.

3. Contradictions internes

La discussion qui précède rappelle opportunément que les plus habiles conteurs comme les plus grands poètes laissent parfois subsister, dans le corps d'une seule et même composition, des maladresses, des incohérences : quand le Palinure de Virgile tombe à la mer, il entraîne le gouvernail dans sa chute – ce qui n'empêche pas, neuf vers plus loin, Énée, réveillé par le bruit, de prendre à la barre la place de son pilote, *rexit ratem*[1]... À la fin de la *Þórsdrápa*[2], contre toute attente, Þórr massacre Geirrøđr avec son marteau, avec le marteau qu'il ne doit pas avoir pour la raison exposée par Snorri au début de son récit[3] et qu'il ne semble pas en effet qu'il ait jusqu'à ce moment, à en juger par les strophes précédentes du poème lui-même. À cause de cette anomalie, J. de Vries dénie[4] toute authenticité à l'affabulation de Snorri et ramène le thème de l'expédition de Þórr chez Geirrøđr à celui de l'expédition de Þórr chez Þrymr[5] : Geirrøđr, comme Þrymr, aurait d'abord volé le marteau et Þórr ne viendrait chez lui que pour le reprendre. « *In the original myth*, dit-il en conclusion, *Thor went together with Loki to a giant, where he gets back his hammer after having smashed the trolls to atoms. Perhaps this myth itself is only a "mythological tale", built upon the well-known idea, that the thundergod sometimes has to visit the giants to regain his weapon.* » C'est tirer de bien graves conséquences de ce qui peut s'expliquer aisément par une inadvertance mineure du poète : l'image de Þórr combattant aura entraîné mécaniquement celle de son arme usuelle, unique, de son marteau. Si, au contraire, le sujet de l'histoire est, comme celui de la *Þrymskviđa*, la reprise, nécessaire et légitime, du marteau d'abord volé, on ne s'explique pas que, au début du poème (st. 1), pour décider Þórr à se mettre en route,

1. *Énéide* V, vv. 859 et 868 ; on a supposé, bien entendu, que le vaisseau avait un gouvernail de rechange.
2. N° 3 *b*.
3. N° 3 *a*.
4. *The Problem of Loki*, pp. 64-65.
5. N° 4.

Loki lui ait parlé non pas du marteau volé mais, « mensongèrement » (comme le souligne la parenthèse), de tout autre chose (« les verts chemins... ») ; plus généralement on ne comprend pas qu'aucune mention, aucune allusion ne signale l'intention qu'aurait Þórr de reconquérir son arme ni le moyen, le geste par lequel il l'aurait reconquise : que l'on se reporte aux articulations homologues de la *Þrymskviđa*, si saillantes dans leur simplicité [1], et l'on mesurera l'improbabilité du rapprochement.

De même, les gaucheries et contradictions dont serait remplie l'histoire des trésors des dieux [2] permettent-elles d'écrire : « *This tale belongs to the most difficult problems of Scandinavian mythology* [3]. »

4. À PROPOS DE QUELQUES FANTAISIES

Quand on voit la sévérité avec laquelle les critiques observent, prennent en faute et condamnent Snorri et même les poètes ses prédécesseurs, on se sent porté à quelque dureté devant les reconstructions ou dissociations acrobatiques qu'ils osent ensuite proposer. Il n'est aucun des récits dont nous nous occupons qui n'ait été ainsi transfiguré, défiguré. Tout en se permettant lui-même quelques fantaisies [4], J. de Vries a eu le mérite et la patience

1. N° 4 : st. 1, 2, 3, 6, 7, 10, 13, 17, 30, 31, 32 ; le vol du marteau, l'intention de Þórr sont constamment rappelés.
2. N° 6.
3. J. de Vries, *The Problem of Loki*, pp. 90-96, après F. Ohrt, « Hammerens lyde – Jærnets last » dans la *Festskrift Finnur Jónsson* (1928), pp. 294-298.
4. Dans *The Problem of Loki*. Pourquoi vouloir, à tout prix, ramener à l'unité (p. 38 et n. 2, p. 39) ou du moins à deux (p. 41) les trois dieux qui figurent dans l'histoire de Þjazi (n° 1) ? Que dire de l'exégèse faite (pp. 91-92) de l'histoire des trésors des dieux (n° 6) ? « Les cheveux de Sif » seraient une désignation poétique de la végétation (d'après Weinhold, 1849 !) ; celui qui « coupe » les cheveux de Sif ainsi compris ne peut être qu'une « divinité chthonienne » ; comme Loki n'est « chthonien » dans aucun autre mythe, c'est que « ... *Loki originally has nothing to do with the myth of Sif's hair, but has been introduced afterwards to achieve the combination with the contest of the dwarfs* ».

d'en ruiner un grand nombre d'autres, signées parfois de noms illustres : qu'on se reporte à son livre [1].

5. Loki et le meurtre de Baldr [2]

Je vais considérer maintenant à part, non pas encore pour les résoudre mais pour montrer qu'elles ne sont pas résolues, les plus graves difficultés du problème de Loki – graves par les conséquences qu'entraîne le choix d'un parti tant pour l'interprétation de Loki lui-même que pour une conception générale des religions scandinaves ; graves aussi par l'âpreté des discussions auxquelles elles ont donné lieu [3] : le rôle de Loki et dans le meurtre de Baldr et dans la fin de

1. Voir comment J. de Vries *(op. cit.)* discute : les combinaisons diverses fondées sur Lóđurr (Wisén, Noréen, Blankenstein-Olrik-Mogk, v. d. Leyen, etc. et surtout Grüner-Nielsen et A. Olrik), pp. 50-55 ; la seconde source hypothétique attribuée par E. Mogk à Snorri pour sa rédaction de l'histoire de Geirrøđr, p. 57 ; le schéma de C. W. von Sydow pour l'histoire du « Baumeister », pp. 66-76 ; l'interprétation de *Völuspá* 21-24 par van Hamel, p. 79, n. 3 ; les artificielles répartitions géographiques de Loki et de Þjálfi comme « valet du dieu du tonnerre » faites par Axel Olrik dans un article célèbre des *DS* (1905), pp. 115-120 ; l'artificiel classement, par le même Axel Olrik (*Festskrift Feilberg*) des modes d'action de Loki, pp. 142-144 (mais auquel J. de Vries substitue un classement aussi critiquable, pp. 145-150) ; les rapprochements acrobatiques entre l'histoire de Loki pris au filet et un runo magique finnois sur l'origine du feu, pp. 152-161 ; *quelques* excès de E.N. Satälä dans son rapprochement de Loki et de sa famille avec « Louhi und ihre Verwandten », pp. 190-193 ; l'étrange signalement que Finnur Jónsson a donné de Loki, pp. 201-202 ; les arguments par lesquels Olrik fait de Loki un *ildvætte*, pp. 204-210 ; les improvisations de L. von Schrœder (*Mysterium und Mimus im Regveda*, p. 219) sur Loki-Agni, p. 208, n. 1 ; la critique de *quelques* excès de la thèse « Loki-gobelin » de Celander, p. 223 (mais J. de Vries sous-estime le *« folkloristic material »*, pp. 239-258). Cf. l'intrépide hypothèse Hoag-Cawley, *PBB* 63 (1939), pp. 457-464.
2. V. le dernier état de la pensée de J. de Vries dans *Altgermanische Rel.-geschichte* II² (1957), p. 217-219.
3. Pour les discussions du XIXe siècle, bon exposé dans Fr. Kauffmann, *Balder, Mythus und Sage* (1902). Depuis, nombreux, très nombreux travaux, parmi lesquels – outre ceux de Mogk, de J. de Vries déjà mentionnés et le « Balder the Beautiful » de Frazer – je citerai seulement G. Neckel, *Die Ueberlieferungen vom Gotte Balder dargestellt und vergleichend untersucht* (1920) et F.R. Schröder, *Germanentum und Hellenismus, Untersuchungen zur german, Religionsgeschichte* (1924), chap. III et IV.

notre monde. Je ne prétends pas prouver pour l'instant, je le répète, que ce rôle est ancien, primitif, qu'il ne résulte pas d'une évolution récente : une telle preuve ne sera apportée que plus tard, au chapitre IV, par une argumentation *comparative*. Je veux montrer ici que les raisons *philologiques, analytiques* qu'on a fait valoir contre l'ancienneté de cet aspect de Loki sont illusoires et que les raisons « culturelles » (d'histoire de la civilisation et d'histoire religieuse) dont on a appuyé les premières ne sont que des pétitions de principes. Occupons-nous d'abord du meurtre de Baldr.

E. Mogk a pensé pouvoir écarter Loki de la forme « primitive » de cette histoire pour cinq raisons analytiques, c'est-à-dire fournies par l'analyse des témoignages[1] :

a) Toutes les sources autres que l'*Edda* de Snorri font de Höđr (Hotherus) et de lui seul, sans participation de Loki, le meurtrier pleinement responsable de Baldr ; il s'agit : de la *Völuspá*, des *Baldrs draumar*, de la *Petite Völuspá (Hyndluljóđ)*, de Saxo Grammaticus.

b) Les strophes 27-28 de la *Lokasenna* ne concernent pas le *meurtre* de Baldr et n'établissent donc pas que Loki y ait participé.

c) Aucune *kenning* (périphrase poétique), dans toute la poésie eddique aussi bien que scaldique, ne fait allusion à une participation de Loki au meurtre de Baldr.

d) Snorri est seul à faire de Höđr le dieu aveugle ; liant le châtiment de Loki au meurtre de Baldr, Snorri tait le châtiment de Höđr dont au contraire plusieurs des textes cités sous *a)* parlent explicitement.

e) La prose finale de la *Lokasenna* explique le châtiment de Loki tout autrement que par le meurtre de Baldr.

Ces raisons sont les unes sans fondement, les autres sans portée.

1. *Novellistische Darstellung...* (*FFC*, 51), pp. 12-15 ; *Lokis Anteil...* (*FFC*, 57). Après de saines critiques de la thèse générale de Mogk (*Heimdalls Horn und Odins Auge*, pp. 161-163), on est surpris de voir M. Ohlmarks adhérer, de façon brève et tranchante, p. 165, à l'un des arguments (*a*, 1) par lesquels Mogk élimine Loki de la forme « primitive » de la mort de Baldr.

a-α) *Völuspá*, 32-35

Suivant hâtivement la marche des grands événements mythiques du monde, la Voyante dit ceci :

32. Je vis, pour Baldr, pour l'Ase sanglant, pour le fils d'Óđinn, la vie cachée : haut poussé au-dessus du sol se tenait, menu et très beau, un rameau de gui.

33(-34). Il sortait de l'arbre, paraissant menu, dangereux javelot de douleur. Höđr lança le trait [1]. Et Frigg pleura dans les Fensalir le malheur de la Valhöll. Savez-vous davantage, et quoi ?

35 [2]. Liée, je vis gésir, sous la forêt crevassée, une forme de malfaisant, semblable à Loki [3] ; là aussi est assise Sigyn, nullement bien-réjouie par son mari. Savez-vous davantage, et quoi ?

Jusqu'à Mogk on voyait dans ces strophes des allusions successives et cohérentes à un récit de la mort de Baldr et de ses suites conforme en gros à celui de Snorri [4] : la st. 32 et les trois premiers demi-vers de la st. 33 présentent le gui ; le quatrième demi-vers de la st. 33 montre Höđr lançant le gui ; les deux derniers vers de la même strophe parlent du deuil de Frigg ; quant à la strophe suivante, qui évoque le châtiment de Loki et le dévouement de sa femme [5], elle est placée aussitôt après le meurtre de Baldr ; donc, d'après l'usage du poète de la *Völuspá* qui est de présenter volontiers en succession immédiate des épisodes logiquement, causalement liés, elle implique que le châtiment de Loki est une conséquence du meurtre de Baldr.

1. Un manuscrit ajoute ici quatre vers (dont trois proviennent de la st. 11 des *Baldrs draumar*, v. ci-dessous, p. 131), ce qui donne deux strophes au lieu d'une (il s'agit du vengeur de Baldr, son frère Váli) : 33. « Il sortait de l'arbre, paraissant menu, dangereux javelot de douleur. (Le frère de Baldr était à peine né ; le fils d'Óđinn, âgé d'une nuit, entreprit de combattre. – 34. Il ne se lava pas les mains, il ne se prépara pas les cheveux avant qu'il eût porté sur le bûcher funéraire le meurtrier de Baldr.) Et Frigg pleura, etc. » Il s'agit incontestablement d'une interpolation sans valeur.
2. Ci-dessus, n° 11 *c*.
3. Vers difficile ; mais il s'agit incontestablement de Loki.
4. N° 10 *a*.
5. N° 11 *a*, *b*.

À cela E. Mogk oppose que si, à la st. 33 (et éventuellement 34), Höđr est reconnu comme pleinement responsable et coupable (et c'est évidemment le cas), il n'y a pas place dans la trame du récit pour la responsabilité ni, par conséquent, pour le châtiment de Loki. De plus, dit-il, il est artificiel de conclure de la succession des strophes à la solidarité logique, causale, de leurs contenus ; au contraire, la formule « Savez-vous davantage, et quoi[1] ? », à la fin de la st. 33, prouve qu'il y a là une rupture ; dans cette revue à grand spectacle qu'est la Vision de la Voyante, cette formule qui, à partir de la st. 27, ne revient pas moins de neuf fois, toujours à la fin d'une strophe (st. 27, 29, 33-34, 35, 39, 41, 48, 62, 63), est comme un coup de gong qui annonce les changements de tableau ; en fait, jusqu'à la st. 33(-34) (incluse), il a été question de l'histoire passée du monde ; après la st. 34 commence la présentation des êtres démoniaques enchaînés – dont Loki n'est que le premier – qui se déchaîneront un jour et détruiront ce monde. Conclusion : c'est une erreur d'interprétation sur la *Völuspá*, c'est une relation artificiellement établie entre les st. 32-34 et 35-36 qui a induit Snorri à faire du supplice de Loki une suite du meurtre de Baldr, donc à donner à Loki une responsabilité dans le meurtre de Baldr, et à forger, selon ses procédés ordinaires, le récit que nous lisons dans l'*Edda* en prose. Rien de toute cette critique ne résiste à l'examen.

Premièrement, l'argument juridique ne vaut pas : il suppose une morale de l'intention qui n'était pas celle des anciens Germains[2] ; même meurtrier involontaire, Höđr reste matériellement *Baldrs bani*, meurtrier de Baldr, et, si la famille du mort l'exige, il doit expier, sans que naturellement son expiation dispense Loki, s'il a donné le conseil criminel, d'expier lui aussi[3].

Deuxièmement, l'argument stylistique ne vaut pas davantage. Dans au moins cinq cas sur les huit autres où elle apparaît, la

1. *« Vituđ enn eđa hvat ? »*
2. On ne peut admettre la réflexion de J. de Vries, *The Problem of Loki*, p. 168 : *« In fact here is no place at all for Loki, he is not mentioned either in the perpetration of the crime or in the revenge for this odious murder. To the mind of a heathen Scandinavian the act counterbalanced by the revenge was in itself complete. »*
3. Cf. note 2, p. 133.

formule-refrain « *Vituđ enn eđa hvat ?* », loin de marquer une coupure nette entre deux tableaux (office qu'elle ne remplit même pas dans les trois cas restants), se glisse à l'intérieur d'un tableau dont elle ne brise nullement l'étroite unité [1] :

– la st. 48, que termine le refrain, n'est pas séparable des strophes suivantes : elle montre les Ases délibérant et les nains gémissant tandis que « tout le monde des géants se met en branle » pour les offensives convergentes dont le détail est donné aussitôt après ;

– de la st. 59 à la fin du poème, il n'y a plus qu'un tableau : la terre émerge à nouveau de la mer (59), les Ases retrouvent et leur ancien séjour (60) et leurs tablettes d'or d'autrefois (61), Baldr et Höđr, ressuscités et réconciliés, prennent possession de la résidence sacrée (62), Hœnir inaugure sa fonction de dieu-prêtre et les descendants des dieux primordiaux étendent leur occupation du monde (63), un beau palais à toit d'or s'élève pour eux (64), un puissant seigneur vient faire régner la concorde (65) ; or les st. 62 et 63 se terminent pourtant toutes deux par le refrain ; inversement, le refrain n'apparaît pas là où il soulignerait une authentique coupure, c'est-à-dire juste avant la st. 59, pour séparer les deux descriptions accolées de la fin d'un monde et de la naissance d'un autre ;

– de la st. 27 à la st. 30, on n'a également qu'un tableau : la sorcière voit l'endroit où Óđinn a mis un de ses yeux en gage (27) ; Óđinn apparaît devant elle et elle lui dit qu'elle sait où est l'œil (28), que l'œil est dans la fontaine de Mímir (29) ; alors Óđinn lui donne le don de vision, qui va lui permettre de développer toutes les scènes qui suivent ; or le refrain apparaît pourtant à la fin des st. 27 et 29, alors qu'il n'apparaît pas, par exemple, à la fin de la st. 26 (avant ce tableau) ou de la st. 30 (après ce tableau), où il soulignerait des coupures nettes.

Troisièmement, enfin, si la st. 35, avec le supplice de Loki, annonce bien la catastrophe du monde, forme bien une sorte de

1. Il en est autrement dans la « Petite *Völuspá* » où le refrain, d'ailleurs fort élargi, marque bien des coupures (*Hyndluljóđ*, st. 33 = 36 = 41) ; mais la « Petite *Völuspá* » est un poème plus tardif.

point de partage des temps dans l'histoire du monde, cela ne l'empêche pas d'être, avec celles qui précèdent immédiatement, en relation d'effet à cause : ce qui coupe l'histoire du monde, ce qui en prépare la fin en révélant la vraie personnalité de Loki, c'est justement le crime par excellence, le meurtre de Baldr. Il est difficile de penser que le poète de la *Völuspá*, qui joint à un art consommé de l'allusion elliptique un sens aigu de l'enchaînement des actes et des destins, de ce que les Indiens appellent le *karman*, ait ouvert une faille, rompu toute solidarité entre le passé et l'avenir juste au point qui est à la fois la clef de voûte, le centre matériel de son œuvre et l'acte décisif de l'histoire du monde. Combien tout est plus clair, plus grandiose, plus philosophique si, comme on l'avait toujours fait avant Eugen Mogk, on reconnaît cette liaison !

a-β) *Baldrs draumar*, st. 7-11.

Ces strophes où une Voyante qu'Óđinn est allé consulter dans le monde des morts lui révèle le meurtre prochain de Baldr, ne désignent également comme meurtrier que Höđr (st. 9) et annoncent le châtiment que lui infligera Váli (st. 11) en des termes qui ont été, on vient de le voir, introduits presque littéralement, dans un manuscrit, à la st. 33 de la *Völuspá*. Il est exact qu'il n'est pas ici question de Loki. Mais :

– le poète ni sa Voyante n'étaient tenus de tout dire ; la Voyante dit seulement à Óđinn ce qui, dans le drame imminent, sera *matériellement visible*, à savoir le geste meurtrier, même si moralement ce n'est pas là le plus grave ; elle lui dit aussi ce qui *le touche de plus près*, lui, Óđinn, à savoir la mort d'un de ses fils, mais aussi l'exploit vengeur de l'autre ; dans cette double perspective, Loki, le destin de Loki sont à l'arrière-plan ;

– d'ailleurs l'acte de Höđr est simplement signalé en termes très généraux et non expliqué [1], si bien qu'une intervention sournoise, une suggestion de Loki ne sont pas exclues, restent possibles ;

1. « Höđr amène ici [= au monde des morts] le noble arbre de gloire [= héros] ; il sera le meurtrier de Baldr (*hann mun Baldri at bana verđa*) et privera de vie le fils d'Óđinn. »

– enfin, il se peut bien qu'on ait ici la trace d'une variante du meurtre de Baldr où Höđr concevait et exécutait l'acte, où Loki n'avait pas de part ; mais, en tout état de cause, ce ne serait qu'une variante et rien ne permettrait de la déclarer plus légitime, plus pure, plus ancienne que l'autre ; bien au contraire, suivant une juste remarque de F. Kauffmann[1], c'est le sujet même des *Baldrs draumar* qui est en porte à faux et l'on ne doit s'en servir que prudemment : comment Óđinn et les dieux, si clairement et nommément prévenus que c'est Höđr qui tuera Baldr, n'ont-ils pas pris les précautions toutes simples qui s'imposaient ?

a-γ) *Hyndluljóđ*, st. 30 (= *Petite Völuspá*, st. 1).

Ce poème, rédigé au XIIe siècle, catalogue ou dénombrement de personnages et d'événements mythiques notables, dit simplement, résumant le texte précédent et appelant les mêmes remarques que lui : « Au nombre de onze étaient les Ases, quand Baldr se pencha sur la colline de mort ; Váli se fit fort d'être digne de le venger, quand il tua le meurtrier de main (*handbani*) de son frère. »

a-δ) Saxo Grammaticus[2].

Il est exact que Saxo Grammaticus ne fait pas intervenir Loki dans ses deux récits de l'aventure. Mais cette constatation n'a pas du tout l'effet que lui attribue E. Mogk, bien au contraire ; Mogk néglige deux faits capitaux :

– Saxo ignore Loki d'un bout à l'autre de la partie de son œuvre où il utilise des mythes ; lui qui connaît un « Utgarthilocus », transcription d'*Utgarđaloki*[3], il ne présente nulle part un * Locus, en particulier pas dans l'histoire de Geirrodus (c'est-à-dire *Geirrøđr*) où on l'attendrait[4] ;

– Dans l'histoire de Balderus, à défaut du nom de Loki, on retrouve son rôle, c'est-à-dire le partage des responsabilités dans

1. *Balder*, p. 28.
2. N° 10, *c*, *d*. V. maintenant *Balderus et Hotherus*, appendice de mon livre *DMAR*², 1983, pp. 159-172.
3. N° 8.
4. N° 3, début.

le meurtre de Balderus (considéré d'ailleurs comme exploit heureux et juste), l'association d'un exécutant et d'un conseiller, de Hotherus qui triomphe de Balderus grâce à l'épée magique (qui, dans cette version, tient la place du rameau de gui : cf. « l'épée Mistilteinn » de la *Hrómundarsaga*) et de Gevarus qui enseigne à Hotherus le seul moyen par lequel « *fatum infligi possit* » à Balderus malgré l'ordinaire invulnérabilité de son « *sacrum corpus* [1] ». On voit ainsi que le témoignage de Saxo se retourne contre la thèse de Mogk : comme il y a, dans l'*Edda* en prose, le conseil de Loki et l'acte de Höđr, il y a conjointement, chez Saxo, *a)* le conseil de Gevarus qui donne le moyen de tuer Balderus, *b)* l'acte formel d'Hotherus tuant Balderus. Ajoutons que le châtiment de Hotherus (par Bous, frère de Balderus) y figure aussi, sans que le conteur ait songé à diminuer la responsabilité de Hotherus à cause du conseil qu'il a reçu de Gevarus [2]. La *Hrómundarsaga*, on l'a vu, présente le même groupement de personnages et un ajustement de thèmes comparable.

b) *Lokasenna*, st. 27-28.

L'élimination que fait E. Mogk de ces stances est si évidemment sophistique que J. de Vries, malgré la respectueuse faiblesse dont il témoigne à l'égard du vieux maître, ne peut ici que l'abandonner. D'après Mogk, la seconde moitié de la st. 28 ferait allusion non pas au meurtre de Baldr, auquel Loki n'aurait donc pas eu de part, mais à l'intervention ultérieure de Loki sous les traits de la géante Þökk [3] qui, refusant de pleurer, avec toute la nature, Baldr mort, l'a empêché de ressusciter [4] et donc est bien la cause que Frigg ne le voit (ou verra) plus venir à cheval aux assemblées. Voici la forme que J. de Vries donne à l'argumentation [5] : « Si Loki avait seulement voulu dire qu'il était responsable de la mort de Baldr, il se serait sans doute exprimé en reprenant les termes

1. N° 10 *d*.
2. Cette remarque renforce ce qui a été dit p. 129.
3. N° 10 *b*.
4. V. n° 10 *a*, fin.
5. *The Problem of Loki*, pp. 170-171.

mêmes que venait d'employer Frigg ; il aurait dit : *Je suis responsable qu'il ne soit pas présent ici, dans la salle d'Ægir.* Or, il dit : *C'est par ma faute que tu ne le vois pas venir à cheval à la salle d'assemblée*[1]. Il met ainsi un accent particulier sur le fait que Baldr n'est pas dans la même situation que les autres dieux et qu'on s'attendait à le voir venir d'un autre séjour qu'eux… » Et voici ce que J. de Vries ajoute : « Bien que je sois personnellement porté à considérer comme la plus naturelle cette explication d'une strophe fort discutée, j'ai pleinement conscience qu'il ne s'agit que d'une interprétation possible, qui ne s'impose pas. Par conséquent, j'adopte l'interprétation contraire et j'admets que cette stance fait allusion au fait que Loki a été *ráđbani* (« meurtrier par conseil ») de Baldr[2]. »

J. de Vries est bien indulgent. Cette argumentation tire un parti exorbitant du verbe *ríđa* : le fait que Baldr, s'il venait, viendrait « à cheval » au banquet des dieux ne prouve tout de même pas qu'il viendrait de l'autre monde ! Ce dieu jeune, beau, doué de toutes les séductions, avait bien le droit, de son vivant, de faire de l'équitation et, comme les autres dieux, s'ils le voulaient, de venir à cheval aux réjouissances collectives. De plus, alors qu'on exploite à l'excès le verbe *ríđa*, on escamote l'adverbe *síđan* ; Loki dit en effet : « C'est moi qui suis cause que tu ne vois *plus* Baldr venir à cheval à la salle d'assemblée… » Ce « ne plus » suffit à détruire l'exégèse proposée : il transforme l'absence de Baldr de fait accidentel, singulier, en fait définitif, régulier, et comme pour chaque réunion présente et future, Baldr *redivivus* n'aurait évidemment pas à revenir chaque fois de l'autre monde, il devient tout à fait impossible de voir dans *ríđa* une allusion à un tel retour.

À quoi tend cette chicane ? Quelle en est la portée ? Innocenter Loki de la mort de Baldr, cela n'a de sens que si on l'innocente complètement, si on ne le laisse pas sous le poids d'un prolongement

1. « *It is my fault that you do not see him riding towards the hall.* »
2. Il est exact en revanche qu'il ne faut pas, comme Neckel et Schröder, tirer argument contre Mogk du verbe *ráđa* qui ne signifie pas ici « conseiller » ; *ek því réđ, at…* est à traduire très généralement : « *Je suis cause que…* » (v. J. de Vries, *The Problem of Loki*, p. 171, n. 1).

du crime aussi lourd que l'aurait été le crime lui-même. Or, empêcher Baldr de ressusciter et le faire tuer sont des actes d'égale gravité. Si l'on admet que Loki a eu assez de malignité pour rendre vaine, à lui seul, l'entreprise de résurrection tentée par l'univers, quelle difficulté voit-on à admettre qu'il ait d'abord eu assez de malignité pour tuer Baldr par personne interposée ? Ces deux actes d'ailleurs ne sont-ils pas logiquement solidaires ? L'obstination de Loki à empêcher Baldr de revivre n'est-elle pas plus naturelle s'il a d'abord machiné l'accident par lequel Baldr a perdu la vie ?

En réalité, *Lokasenna* 28 fait une allusion *globale* aux actes par lesquels Loki a rendu possible, puis définitive, la mort de Baldr. Si E. Mogk n'avait pas eu une mauvaise cause à défendre, il n'aurait pas songé à opérer cette dichotomie.

c) et *d*) Le meurtre de Baldr et le châtiment de Höđr

Le silence des *kenningar* et l'isolement du témoignage de Snorri quant à Höđr « dieu aveugle » sont des faits, qu'il n'y a qu'à enregistrer. Mais l'importance de ces faits est fonction du plus ou moins de crédit qu'on accorde à Snorri. Pour E. Mogk, qui a décidé une fois pour toutes que Snorri a forgé tout ce qui n'est pas « confirmé » par ailleurs, ils sont évidemment très graves, rédhibitoires. Pour nous, qui avons rencontré plusieurs preuves que Snorri peut représenter et, dans les cas justement où E. Mogk ou d'autres croyaient le prendre en flagrant délit d'invention, représente en effet une tradition très archaïque qui ne nous est pas connue par ailleurs, ils n'ont aucune signification.

Snorri a dû recevoir son Höđr aveugle non pas de « *la* » tradition, c'est-à-dire d'une tradition unique et *ne varietur* qui n'a sans doute jamais existé, mais d'une des *variantes*, sans doute nombreuses, qui, à toute époque, ont dû exister et se renouveler autour du *thème* fondamental. Que cette cécité de Höđr soit ancienne, ou due à l'influence de quelque légende chrétienne, c'est une autre question. Je souligne seulement qu'elle ne fait pas argument contre l'authenticité du schéma que suit Snorri [1]. De

1. Même non aveugle, Höđr aurait aussi bien pu recevoir de Loki la branche de gui et s'en servir comme arme ou projectile de jeu, en la croyant inoffensive.

plus, dans l'article où il rapproche *Louhi und ihre Verwandten* de Loki et de sa famille [1], article que l'on condamne sommairement à cause de quelques outrances de détail, E.N. Setälä a rappelé un runo magique finnois où trois fils de Louhi (Loviatar) se partagent ainsi les rôles dans une action analogue : « *L'estropié* fait la flèche, *le boiteux* bande l'arc, et c'est *le tout-aveugle* qui tire [2]. » Et il a remarqué que ce runo suppose que les Finnois avaient eu connaissance d'une variante du mythe de Baldr où un « tout-aveugle » lançait le projectile et où un personnage (ou deux personnages ?) correspondant à Loki était soit l'auxiliaire soit l'instigateur de son acte [3].

Quant aux *kenningar*, leur silence est intéressant, mais il ne faut pas se hâter de l'interpréter. D'abord, il y a un certain nombre de mythes incontestables auxquels aucune *kenning* non plus, dans les poèmes qui nous ont été conservés, ne fait allusion (à commencer par Týr et le loup Fenrir). Il se peut aussi que, pour des raisons religieuses ou magiques, la participation de Loki à la mort de Baldr ait été abordée par les poètes avec discrétion : les auteurs des *Baldrs draumar* et de la *Petite Völuspá* n'excluent pas la responsabilité de Loki mais n'en parlent pas ; l'auteur de la *Völuspá* suggère cette responsabilité de façon claire et nécessaire par la disposition même de son plan, mais il ne fait que la suggérer, sans la « mettre en mots » ; et l'on n'a pas assez remarqué le demi-mystère dont sont couvertes, dans les strophes précédemment étudiées de la *Lokasenna* (st. 27-28), et l'allusion douloureuse de Frigg et la vanterie de Loki, et plus encore, à la st. 29, l'intervention de Freyja : « Tu as eu tort de citer toi-même tes honteuses actions, dit Freyja à Loki : Frigg sait bien tout ce qui

1. *Aus dem Gebiet der Lehnbeziehungen, Louhi und ihre Verwandten*, dans les *FUF* 12 (1912), pp. 210-264. M. Kuusi, « Arvoitukset ja muinaisusko », *Virittäjä* 60 (1956), pp. 185-186, étudie des devinettes finnoises où survit peut-être, déformé, le nom de Loki (v. ci-dessous, note 7, p. 255).

2. *Art. cit.*, p. 221 : Ruho *nualia tekee* / rampa *jousta jännittä* / *ampuu* perisokea. Le mot *peri-sokea*, « tout-aveugle », rappelle à Setälä le nom d'un des deux frères de Loki, *Helblindi*, qu'il traduit aussi « tout-aveugle » (mais *Hel* est plutôt ici la déesse de l'autre monde, la mort, etc.).

3. *Art. cit.*, p. 235.

se passe, même si elle n'en dit rien. » À une exception près [1], dans l'ensemble du poème, les autres sarcasmes de Loki et les ripostes des dieux et des déesses ne s'enveloppent pas de telles précautions.

e) La prose finale de la *Lokasenna*

Quant à la prose finale (ajoutons : et quant à la prose initiale) de la *Lokasenna*, elles ne nous retiendront pas : il s'agit évidemment d'une autre « variante » du récit relatif au supplice de Loki, variante indépendante à la fois des récits sur le meurtre de Baldr et de la *Lokasenna* proprement dite, du poème que ces proses encadrent par un agencement sans doute tardif. Tout ce que l'on peut et doit en conclure, c'est que le supplice de Loki n'était *pas toujours* expliqué par sa participation au meurtre de Baldr, *mais parfois* par d'autres méfaits : un autre meurtre ou son insolence. Dans l'histoire de Þjazi et dans celle de Sleipnir [2], il est déjà menacé de supplice par les dieux quand ils découvrent dans quel péril sa légèreté les a engagés. L'histoire des trésors des dieux [3] se termine même par un autre mais authentique supplice – et ce supplice, comme l'a noté J. de Vries [4], est incompatible avec les autres variantes [5]. *On se trouve devant la condition ordinaire des dossiers folkloriques un peu garnis* : on voit couramment les événements les plus importants de tels dossiers polariser de façons très diverses la matière. Parmi ces structures, on réussit souvent (et sans doute peut-on réussir dans le cas de Loki) à en déterminer une qui paraît plus ancienne et logiquement plus légitime que les

1. Et pour laquelle il y a sans doute lieu de faire une réflexion analogue : il s'agit de la « bisexualité » et de Loki et d'Óđinn lui-même ; Frigg les invite à ne pas parler de ces choses (st. 25) ; cf. ci-dessous, p. 242.
2. N°s 1 *a* et 2 *a*.
3. N° 6.
4. *The Problem of Loki*, p. 176.
5. Les lèvres de Loki sont cousues par le nain Brokkr : ce ne peut être *avant* les événements de la *Lokasenna*, avant les sarcasmes, puisque, ce jour-là, Loki a les lèvres bien ouvertes. Mais ce ne peut être non plus *après* ces événements, car il n'y a plus de possibilité de rencontre des dieux et de Loki entre la fin de la *Lokasenna* et la capture de Loki pour son « grand » supplice. En réalité, il ne faut pas chercher dans tout cela de succession, de chronologie.

autres. Mais, en un autre sens, elles sont toutes légitimes, puisqu'elles soulignent – en séparant clairement ce qui est central et stable de ce qui est périphérique et mouvant – les traits fondamentaux du dieu ou du héros, du mythe ou de la légende considérés.

La faiblesse de toutes ces raisons prouve assez que, dans la pensée des critiques, elles ne sont pas l'essentiel, qu'elles ont été recherchées et énoncées après coup pour donner une couverture philologique à un refus dont l'inspiration vient d'ailleurs. Le vrai nœud du problème est celui-ci : d'Eugen Mogk et de J. de Vries à leurs principaux contradicteurs – Neckel, Schröder, – on admet comme une évidence qu'il faut qu'il y ait eu « évolution », « développement » du personnage de Loki. On constate un abîme entre le dieu, sympathique jusque dans ses maladresses, espiègle plutôt que malfaisant, et somme toute dévoué aux intérêts de la société divine, qui anime la plupart des récits que nous avons eu à examiner, et l'ennemi juré des dieux, le grand criminel qui désole irrémédiablement la même société divine par le meurtre de Baldr et qui, à la fin des Temps, monte à l'assaut des dieux avec les monstres. Ces deux « niveaux » ne s'ajustent pas. Ils ne peuvent donc être contemporains. Et, comme le premier s'adapte sans difficulté à ce qu'on estime avoir été l'état d'esprit des Germains païens, c'est le second qu'on déclare « postérieur » et qui doit être l'effet – disons le grand mot – d'une « influence extérieure ». Ici seulement les opinions se partagent.

Pour les uns, Loki est bien essentiel, congénital dans le mythe de Baldr, mais c'est le mythe de Baldr tout entier, c'est ce dieu jeune et bon, avec sa « passion », sa descente aux enfers et sa persécution par un Loki tout mauvais, qui est une acquisition tardive du paganisme germanique ; soit qu'on établisse la fameuse équation « Baldr-Christus (et Lemmin-käinen !) », soit que, surtout sensible au dualisme, à l'affrontement du Bien et du Mal, et à la victoire provisoire du Mal, on cherche plutôt la source du mythe aux abords de l'Iran, soit enfin qu'on mobilise Osiris, Adonis et les beaux dieux souffrants du Proche-Orient que les Gots, ou un Scandinave égaré dans une cour gotique, auraient révélés aux cours du Nord, dans tous les cas Baldr est une précieuse mais récente importation, qui n'a même pas eu le temps de se fondre dans la tonalité ordinaire des mythes nordiques et qui surprend par sa poignante mélancolie.

Pour d'autres auteurs, au contraire, le mythe de Baldr est bien autochtone, mais il n'impliquait primitivement aucun conflit du Bien et du Mal ; Höđr, et lui seul, tuait Baldr, par accident plutôt que par malignité, en vertu, par exemple, d'une fatalité fréquente dans les mythes de la végétation. Ce n'est que plus tard, sous des influences orientales ou occidentales, dualistes ou chrétiennes, que le mythe a pris une valeur morale, un « dieu bon » succombant aux machinations du « dieu mauvais », ou du « diable », introduit alors seulement dans l'histoire en la personne de Loki : contaminé de loin par Seth ou Ahriman, ou de près par Satan ou Judas, le turbulent gobelin des vieux mythes a brusquement reçu une valeur nouvelle, écrasante, dont ses nerveuses épaules ont dû être surprises, qui l'a transformé et qui a, du même coup, bouleversé les mythes où cette métamorphose lui permettait de s'insérer, à commencer par le mythe de Baldr.

On s'excuse de résumer si rapidement des thèses qui ont naguère passionné la science des mythes et dont chacune a suscité au moins un gros article ou un livre. Il n'en reste pas grand-chose : on est sensible maintenant à l'artifice de ces constructions, à la faiblesse des arguments, qui reposent sur un usage peu exigeant de la méthode comparative. Certes, les analogies signalées existent, en particulier avec les dieux souffrants de l'ancien Proche-Orient ; mais elles sont d'un ordre trop général pour qu'on soit en droit de parler d'*emprunts* simples ou combinés, de *migrations* de mythes ou de cultes. Sans compter que, pour les hypothèses orientales (Asie Mineure, Caucase, Thrace), la recherche des intermédiaires aboutit à des solutions acrobatiques, comme J. de Vries lui-même l'a bien montré [1], et comme j'aurai l'occasion de le répéter à propos d'une amusante fantaisie du grand Axel Olrik [2].

1. *The Problem of Loki*, pp. 164-166, 181-185.
2. Ci-dessous, pp. 224-226.

Mais surtout, c'est à la racine même qu'il faut frapper l'illusion : il n'y a pas de raison d'ouvrir, comme on fait, un abîme moral, qui implique à son tour un intervalle « historique », entre le gros de la mythologie scandinave et un petit groupe de mythes. Le mythe de Baldr en particulier, tel que Snorri le raconte, reste un mythe comme les autres, même s'il éveille dans nos imaginations et s'il a pu éveiller très tôt dans les imaginations chrétiennes un concert de profondes résonances. Je veux dire qu'il ne présente, lui aussi, qu'un fait particulier, dont il se trouve seulement que les conséquences sont immenses. Il nous permet, si nous y tenons en vertu de nos habitudes d'esprit, de poser, mais il ne pose pas par lui-même le problème général, métaphysique, théologique, du Bien et du Mal. Loki fait tuer Baldr comme il a coupé les cheveux de Sif, comme il est responsable de la malfaçon du marteau Mjöllnir ou comme, pour se sauver de Þjazi ou de Geirrøđr, il a failli livrer tous les dieux au vieillissement ou Þórr désarmé aux coups d'un géant. Simplement, cette fois-ci, une animosité plus certaine et plus durable s'en mêle et, surtout, son acte est plus grave, parce que, pour des raisons diverses qui tiennent au sens du mythe, Baldr est plus important, plus cher au cœur des dieux. *Il n'y a pas ici, dans cet acte précis, transfiguration de Loki* ; changement de niveau, non de nature. Le seul problème est donc de savoir si le personnage de Loki, la « notion » de Loki, supporte ou non (peut-être faudrait-il dire : exige ou non) que, comme il est usuel dans la vie, cet être malin, imprudent et amoral finisse par faire la grosse malice irréparable, le forfait qui ne peut se terminer que par sa propre déchéance.

Ne perdons pas notre temps, après tant d'autres, à retourner abstraitement de telles questions et à leur apporter, comme tant d'autres, des solutions qui ne seraient encore que des préférences personnelles. Conformément à une méthode qui a fait ses preuves, un des objets du présent livre est de montrer, par un cas tout semblable à celui de Loki, que l'intervalle qui sépare les ciseaux qui tondent Sif du conseil pernicieux qui arme Höđr ne suppose pas des siècles de « développement », ni l'influence d'une grande religion, ni même – car c'est le dernier refuge de la théorie – un « approfondissement » tardif du sens moral et métaphysique des anciens Scandinaves ; qu'il définit seulement, de manière congénitale et nécessaire, le minimum et le maximum entre lesquels Loki développe, doit développer son génie. Ici, je veux simplement constater que la thèse contraire ne repose pas sur un fait, sur une nécessité, mais sur un postulat subjectif [1].

Cela n'exclut pas que, dans le détail, les légendes chrétiennes du haut Moyen Âge, au même titre que les contes populaires, aient fourni leur appoint à l'imagination scandinave, précisant, orientant un trait ancien, ajoutant un trait, une valeur nouvelle. Il est probable, par exemple, que quelques-uns des qualificatifs que Snorri donne à Baldr [2] soient des reflets de la conception médiévale du Christ. Il faut pourtant quelque discernement.

À première vue, un des cas les plus probables est celui que Sophus Bugge a signalé d'abord : un récit juif [3] conte que, lorsque les Sages d'Israël eurent décidé de mettre Jésus en croix, le bois refusa de le porter et se brisa. Ses disciples s'attendrirent : « Voyez comme Notre-Seigneur Jésus était juste ! Aucun bois ne veut le porter ! » Mais ils ne savaient pas que, prévoyant sa condamnation, il avait d'abord fait une conjuration sur tous les bois... Quand Judas vit qu'aucun bois ne voulait le porter, il dit aux Sages : « Voyez l'artificieux esprit de ce fils de p... ! Il a fait sur tous les bois une conjuration qui les empêche de le porter. Mais il y a dans mon jardin une grosse tige de chou, je vais aller vous la chercher : peut-être le portera-t-elle ! » Et c'est en effet ce qui a lieu [4]. Von der Leyen a relevé encore [5] l'épisode suivant dans le

1. Pour mémoire, je rappelle aussi l'amusant paradoxe de Hermann Schneider, *Die Götter der Germanen* (1938), pp. 225-232 : le « vrai » Loki serait le dieu infernal ; le Loki farceur serait une invention, artificielle et concertée, des scaldes, « *ein Geschöpf der Dichter* ».

2. V. ci-dessus, n° 10, p. 60 *sq*.

3. *Toledôth Jeschu*, dans Johann Andreæ Eisenmenger, *Entdecktes Judentum*, Königsberg (1700), pp. 179-180 ; cf. Konrad Hofmann, dans *Germania*, II, p. 48. C'est un pamphlet injurieux contre Jésus, à qui toutes sortes d'infamies sont attribuées. F. von der Leyen. *Das Märchen in den Göttersagen der Edda*, p. 24, a rappelé qu'on y trouve des « motifs de contes », naturellement.

4. Ce mensonge se trouve aussi, dit Eisenmenger, « *in dem alten Nizzachon* », p. 137.

5. *Op. cit.*, p. 25.

même pamphlet : Judas vola le cadavre de Jésus et le cacha dans son jardin. Les disciples du Seigneur répandirent le bruit qu'il était ressuscité et les Juifs, tout consternés, se mirent à jeûner et à prier. Seul Judas resta à l'écart de ces manifestations et quand, de la bouche d'un vieil homme, il apprit ce qu'on racontait au sujet de Jésus, il s'empressa de le déterrer et de le montrer partout, ce qui mit fin à la lamentation.

On voit l'analogie du premier passage avec l'épisode du gui dans l'histoire de Baldr et l'analogie, plus lointaine, du second avec l'épisode de la géante qui, seule, refuse de pleurer et empêche Baldr de ressusciter. Mais von der Leyen lui-même a sagement réduit la portée de ces rapprochements [1]. Pour le second passage, il ne s'agit nullement d'empêcher la résurrection du Christ, mais – *par développement, par mise en drame d'une indication de l'Évangile* [2] – d'empêcher ses disciples de tromper le peuple en disant qu'il est ressuscité. Pour le premier, il s'agit, dans le pamphlet juif et dans l'histoire de Baldr, de deux adaptations d'un « Märchenmotiv » connu par ailleurs, adaptations auxquelles l'analogie des situations (la mise à mort d'un « homme-dieu » ou prétendu tel) donne un air de parenté particulière [3]. Qui tenterait aujourd'hui la gageure de faire sortir de ce pamphlet juif, de ce Christ imposteur, de cet habile Judas, soit toute l'histoire de la mort de Baldr, soit seulement les interventions de Loki dans l'histoire [4] ?

1. *Op. cit.*, pp. 25-26 : *« So auffallend diese Aehnlichkeiten scheinen, ihnen stehen doch beträchtliche Unterschiede gegenüber, und sie bestehen nicht eigentlich für sich, sie ergeben sich um aus der Situation, das aber wie von selbst. Ein Zusammenhang zwischen der jüdischen Schmähschrift und dem nordischen Göttermärchen braucht aus ihnen nicht gefolgert zu werden. »*

2. Matthieu, XXVII, 62-65.

3. Qu'il ne faut pas exagérer : dans les *Toledôth Jeschu*, Jésus n'a pas « oublié » le choi ; et il s'agit, dit W. Schwartz. *Indogermanischer Volksglaube* (1881), p. 267, d'un bon jeu rabbinique. Von der Leyen ramène aux mêmes proportions cette autre analogie qu'avait relevée Sophus Bugge : les pleurs de toute la nature (moins Loki) sur la mort de Baldr, et la plainte de l'univers sur la mort du Christ.

4. Sur le gui comme arme pour tuer Baldr, voir encore la discussion entre Arild Hvidtfeldt, « Mistilteinn og Baldrs død », *Aarbøger for nord. Oldkyndighed og Historia*, 1941, pp. 169-175, et M. Boberg. « Baldr og Mistilteinn », *ibid.*, 1943, pp. 103-106.

Puisque j'en suis à réduire la prétendue « transfiguration » morale et métaphysique dont témoignerait, chez certains Scandinaves, le récit classique de la mort de Baldr [1], je dirai en passant que, pour un autre texte, souvent commenté et discuté, pour la *Lokasenna*, il me semble qu'une exagération de même sens a été parfois commise. J'ai rappelé plus haut le thème de ce beau poème [2] : seul en face de tous les dieux et de toutes les déesses, Loki leur adresse successivement les plus cinglantes railleries, découvrant leurs faiblesses, leurs vices, leur lâchetés, leurs aventures ; finalement, devant Þórr, il se retire, prudent et menaçant, dans une lueur d'incendie. Peu importe le rapport, sans doute artificiel, de ces soixante-cinq strophes avec les deux morceaux de prose du début et de la fin ; peu importe même l'affabulation par laquelle le poète se justifiait à lui-même la mise à l'écart initiale de Loki et la longue impunité dont il jouit à travers la *senna* [3] : visiblement, la seule chose qui l'ait intéressé dans cette affabulation, c'est le *cadre*, qui lui permettait de détailler rapidement la chronique scandaleuse ou simplement risible des Ases, revue qui nous a conservé la mention de plusieurs légendes ignorées par ailleurs et dont quelques-unes ont été récemment authentifiées [4]. Mais quel est l'*esprit* du poème, l'*intention* du poète ? Si l'on a renoncé à y voir une œuvre de polémique antipaïenne, beaucoup de critiques restent persuadés qu'une telle comédie ne peut dater que de la fin des temps païens, d'une époque où les dieux n'en imposaient plus : on a souvent évoqué à ce propos l'art et les jeux de Lucien de Samosate [5]. Est-ce si sûr ? Aristophane, le

1. Cf. B. Pering, *Heimdall* (1941), pp. 88-89.
2. V. n° 11 *b*.
3. On ne voit pas en quoi la raison donnée à la st. 19 (« *blood convenant* » avec Óðinn) mérite d'être appelée « *the poor pretext of the poet* » (J. de Vries, *The Problem of Loki*, p. 173) : elle est bien suffisante.
4. Ainsi Byggvir.
5. « *A highly amusing scene in the family of the gods (not unlikely similar ones on the venerable Olympus)* », dit bien J. de Vries, *The Problem of Loki*, p. 175. Encore F. Ström, *Loki*, pp. 17-18. F.R. Schröder, « Das Symposion der Lokasenna », *ANF* 67 (1952), pp. 1-29, admettant que le poème est une œuvre tardive du XIIe siècle, va jusqu'à penser que l'auteur a connu et imité des exemples antiques d'assemblées divines comme celles de Sénèque, de Julien, de Lucien.

réactionnaire Aristophane, ne serait-il pas un meilleur terme de comparaison, ou même parfois le religieux Homère ? N'est-ce pas la condition commune des polythéismes – et de tout ce qui leur ressemble, depuis les cycles épiques de la Grèce ou de l'Irlande jusqu'à certaines manifestations du christianisme populaire – de présenter leurs personnages avec de beaux et grands côtés et d'autres moins grands et moins beaux, les seconds prêtant au rire ou au sourire comme les premiers à la vénération ou à l'admiration ? Le boiteux Héphaïstos est cocu, Arès se débat dans des chaînes bien méritées, Zeus a quelques torts conjugaux et quelques ennuis... Dans des religions de cette sorte, il n'y a pas de raison de taire des scènes bouffonnes qui garantissent aux yeux des croyants le caractère non pas authentique (la question ne paraît pas se poser ainsi), mais concret, saisissant, efficace, disons le mot, « humain », des scènes plus nobles ou plus cosmiques [1]. Au Caucase, chez un peuple dont je reparlerai longuement [2], chez les Ossètes, les héros fabuleux de l'épopée nationale, les Nartes incarnent toutes les qualités (qui ne sont pas toujours nos « vertus ») dont les usagers aiment à parler et à se parer ; les héros n'en traversent pas moins, eux aussi, des expériences humiliantes, dont les conteurs ne se font pas faute de prolonger le bruit : cela ne les rend pas suspects d'impiété envers une tradition qui a, dans ce pays, une valeur « exemplaire », patriotique, presque religieuse. On a même enregistré, au début de ce siècle, un long récit qui, dans un autre cadre, rend exactement le même service que la *Lokasenna*, c'est-à-dire constitue un vrai catalogue des caricatures et farces héroïques [3]. Il est probable que le poète de la

1. En ce sens, une juste remarque dans F.R. Schröder, « Das Symposion... Loki », *ANF* 67 (1952), p. 10.

2. Ci-dessous, pp. 153-156.

3. *Pamj.* 2 (1927) [v. l'explication de ce sigle p. 159], pp. 42-52 n° 17, *Uadzæftana fille d'Adaken*. Cette jeune fille repousse tous les prétendants : à Uryzmæg, elle reproche d'être vieux et de « ne plus tenir ses mâchoires » ; à Xæmyc, que ses dents se fendent ; à Soslan, qu'il est faux et ne tient pas parole ; à Ajsar, qu'il est efféminé et sans renom ; à Batradz, qu'il se change l'hiver en renard et mange les petits enfants ; à Šauaj, que sa mère est une ogresse. Seul Acamaz trouve grâce à ses yeux. – Cf. *Pamj. 1* (1925), n° 13, « La querelle des Nartes pour l'Amongæ » : Uryzmæg, Soslan, Sosryko prétendent successivement

Lokasenna était un bon païen, qu'il n'entendait pas mettre en question la *majestas* des dieux qui, dès le temps du paganisme le moins contesté, s'accompagnait de *minora* pittoresques [1]. Ne parlons pas trop vite, cette fois non plus, de « changement de pensée, de civilisation ». La *Lokasenna* est un jeu rhétorique qui a été possible, en droit, à toutes les époques du paganisme [2]. Que ce soit un jeu rhétorique, c'est en tout cas certain, et cela explique suffisamment, comme l'a montré J. de Vries, la parfaite insouciance avec laquelle, à la st. 28, le poète fait avouer cyniquement à Loki sa responsabilité dans le meurtre de Baldr, alors que ce crime monstrueux devrait lui *avoir* interdit de se présenter parmi les dieux [3].

à la possession de la Coupe magique ; mais chaque fois le héros Batradz remet l'imprudent à sa place en lui rappelant une circonstance ridicule ou honteuse de sa vie : à Uryzmæg, il rappelle qu'il a été enlevé en pleine assemblée des Nartes par un vautour qui l'a posé dans la mer ; à Soslan, que, un jour qu'il servait de pont à l'armée des Nartes, il a fléchi sous le poids des chevaux ; à Sozryko, qu'il a cligné des yeux quand la Roue Magique lui a frappé le front.

1. V. mes *Mythes et dieux des Germains* (1939), p. 126 ; cf. les sages réflexions de I. Lindquist, *Svensk Uppslagsbok*, art. *Nordisk mytologi*, résumées par B. Pering, *Heimdall* (1941), p. 33. On fera des réflexions analogues sur l'esprit des *Hárbarđsljóđ* où Þórr et Óđinn échangent des souvenirs et allusions injurieux.

2. Des arguments de critique littéraire pourraient au contraire recommander une datation tardive, mais la démonstration de E. Norren, à laquelle on se réfère volontiers (« Några anteckningar om ljøttaháttr », *UUÅ* 1915 ; *Denr norsk-isländska Poesien*, 1926, pp. 69-70), est plus abondante que probante. En particulier, la dépendance par rapport aux *Skírnismál*, considérés comme un des plus récents poèmes de l'*Edda*, n'est pas assurée.

3. *The Problem of Loki*, p. 176 : « *If we place ourselves on the standpoint of the poem (without the prose-frame), we only see the flyting scene of Loki ; it supposes all kind of wicked deeds committed by the different gods. But it does not consider them in any chronological order ; it does not show us Loki on a particular point of his carreer, when he has committed a serie of crimes and revenge is awaiting him. If we accept such a chronological order, we are again under the impression of Snorri's systematisation. Then we suppose that for a poet the different myths about the gods are linked together by their mutual relation. This is not necessary ; it is even very improbable.* » Tout cela est excellent, sauf le coup d'épingle à Snorri : dans les lignes suivantes, J. de Vries montre justement que Snorri n'a pas tellement systématisé (à propos de l'épisode de Brokkr, qu'il est seul à raconter, et qui ne se laisse accorder chronologiquement à aucune version du meurtre de Baldr ni du supplice de Loki, v. ci-dessus, note 5, p. 137).

6. Le supplice de Loki et la fin de ce monde

Il me reste à examiner les critiques qu'on a faites des deux derniers grands événements de la vie de Loki : le supplice dans lequel il attend la fin de notre monde et le rôle qu'il joue dans cette fin. Le livre fameux du grand poète de la philologie danoise Axel Olrik, *Ragnarök-förestellingernes Udspring*[1], et un long article d'un auteur qui commande toujours la plus grande considération, les *Weltuntergangvorstellungen* de R. Reitzenstein occupent tout l'horizon[2].

Pour Axel Olrik, aussi bien Loki enchaîné que l'insurrection victorieuse des forces mauvaises viennent de l'Orient, exactement du Caucase. C'est au Caucase qu'a pris forme la légende du « géant enchaîné » (Artavazd, Mher, Amirani chez les Arméniens et chez les Géorgiens ; Rokapi, Abrskil chez les montagnards, etc.) et c'est, d'autre part, d'une forme de dualisme iranien, de la lutte d'Ormazd et d'Ahriman, de l'offensive finale d'Ahriman, que dérive l'idée de « l'ultime destin des dieu[3] », de la revanche provisoire, mais éclatante, de Loki et des monstres sur Óđinn et sur les Ases.

Depuis longtemps, on a formulé les plus fermes réserves sur la thèse ainsi présentée ; on a remarqué que les moyens de la transmission ne sont pas faciles à imaginer et que ceux que propose Axel Olrik sont invraisemblables ; les Gots, sur lesquels on sait si peu de chose, paraissent peu aptes au service dont on les charge

1. Dans les *Danske Studier*, 1913 ; traduction allemande de W. Ranisch, *Ragnarök, die Sagen vom Weltuntergang*, 1922. Axel Olrik est mort en 1917.
2. « Weltuntergangsvorstellungen, eine Studie zur vergleichenden Religionsgeschichte », *Kyrkohistorisk Årsskrift*, 24 (1920), pp. 129-212. Reitzenstein s'est proposé d'améliorer Olrik. Je ne pense pas qu'il ait apporté d'argument décisif.
3. Tel est le sens de *ragna-rök* (*Völuspá*, 44 ; *Baldrs draumar*, 14 ; *Vafþrúdnismál*, 55, etc.). Plus tard, l'expression a été changée en *ragna rœkr*, « les ténèbres des dieux » (*Lokasenna*, 39), que les Français ont rendu dès le XVIIIe siècle par « Crépuscule des dieux » et Simrock par « Götterdämmerung ». *Rök* (neutre pluriel) veut dire, entre autres choses, « sort » et a même radical que *regin, rögn*, nom collectif des dieux en tant que souverains ; *rœkr* (masculin) est apparenté au grec *erebos*, au sanscrit *rajas*, « ténèbres », à l'arménien *erek*, « soir ». Cf. Maurice Cahen, *Le Mot « dieu » en vieux-scandinave* (1921), p. 21.

et nous verrons plus loin comment, lorsqu'il a essayé de donner un revêtement précis à son hypothèse, Axel Olrik est tombé dans d'étranges puérilités.

Quant à la forme et aux circonstances de son supplice, Loki ne rappelle de manière précise aucun des grands captifs du Caucase. Pour ne pas parler de la pittoresque scène de la capture de Loki-saumon [1], qui n'a aucun correspondant au Caucase, le supplicié n'est pas fixé, debout, à la muraille ; il est allongé sur trois pierres plates dressées, exactement enfilé dans des trous de ces trois pierres qui se situent respectivement à la hauteur de ses épaules, de ses hanches et de ses jarrets. Il est lié, dans cette position, à l'aide des boyaux d'un de ses fils. Un serpent laisse dégoutter du venin sur son visage, mais Sigyn, sa femme, recueille le venin dans une cuvette et Loki ne reçoit les gouttes, ne tressaille, ne fait trembler la terre, que dans les moments où sa femme s'éloigne pour vider la cuvette pleine. Tout cela est net et sans rapport avec les passions d'Artavazd ni d'Amirani. Inversement, les traits typiques des légendes caucasiennes n'y figurent pas : rien n'y rappelle la fureur annuelle de beaucoup de géants enchaînés, qui ont presque réussi, en douze mois d'efforts, à se libérer et qu'un geste inconsidéré de méchanceté rive de nouveau à leur supplice. Loki n'est pas non plus le vieillard dont la barbe ne cesse de croître, fréquent notamment dans les cavernes du Caucase du Nord. Faut-il admettre que les Scandinaves ont simplement reçu du Sud-Est la notion de « l'ennemi des dieux enchaîné » (et non pas même du géant, car Loki est petit de taille), et qu'ils ont travaillé sur cette notion d'une manière entièrement originale ? Mais n'est-ce pas une pétition de principe, qui se réduit à affirmer ceci : l'imagination germanique, capable de multiplier les détails cruels du supplice, était incapable de produire l'idée même du supplice ?

En fait, ce qui semble avoir imposé à Axel Olrik son intuition orientale, c'est moins le supplice de Loki que la revanche qui lui est promise. Le savant danois a senti, et d'autres avec lui, et plus nettement encore sur ce point que lorsqu'il s'agissait de la mort

1. N° 11 *a*.

de Baldr, un infranchissable abîme entre le caractère anodin de Loki dans la plupart des légendes où il apparaît et la grandeur du rôle qui lui est attribué au *ragnarök* ; plus généralement, un abîme entre les récits nombreux mais sans perspective, pittoresques mais sans profondeur, qui constituent le gros de la mythologie scandinave et cette notion de « fin du monde » qui, symétrique de la notion de « création », insère le reste des mythes dans une chronologie fantastique, l'oriente sur de tragiques lignes de force, lui impose un sens moral et métaphysique. Il a donc semblé impossible que ce cadre grandiose et ces tableaux menus, qui n'ont pas de commune mesure, se soient faits dans le même milieu, en même temps, par les mêmes moyens. Simplement, tandis que l'école de Bugge cherchait des prototypes chrétiens – Satan et les damnés dans les enfers, l'Antéchrist et son éphémère succès –, Axel Olrik s'est adressé au Caucase, au Proche-Orient. Or le point de départ, cette impression de « contradiction » à l'intérieur du dossier scandinave, est fragile.

Comment admettre que les Scandinaves païens, avant toute influence chrétienne ou orientale, aient été inaptes à imaginer une évolution du monde, des crises, une fin de *ce* monde et la naissance d'un monde nouveau ? Quand on songe non seulement aux Celtes voisins, à l'eschatologie druidique, qui existait si bien qu'elle rappelait aux Grecs certaines doctrines de chez eux, mais aussi quand on songe aux nombreux peuples d'Afrique et des deux Amériques qui savent comment le monde a commencé, comment il finira, et, parfois, comment et combien de fois, avant de finir, il se transformera, on hésite à refuser *a priori* un bien si ordinaire aux anciens Scandinaves, dont l'imagination pourtant, et l'intelligence et le goût ne sont pas contestés. Certes, pas plus qu'on ne l'a fait à propos de Baldr et de Loki, on ne niera la possibilité d'influences, chrétiennes, d'ailleurs, plutôt qu'orientales[1]. Lorsque Snorri appelle Loki[2] *rógberi ásanna*, « calomniateur des Ases », *frumkveđi flærđanna*, « auteur premier des

1. Le Serpent du Miđgarđr, p. ex., peut être le monstre Léviathan.
2. V. ci-dessus, n° 13 *a*) ; cf. J. de Vries, *The Problem of Loki*, pp. 198-260.

tromperies », *vamm* (ou *vömm*) *allra goða ok manna*, « honte de tous les dieux et hommes », il est possible que la Bible et les Pères y soient pour quelque chose. Mais, comme l'a dit J. de Vries[1], Loki ne se serait pas si aisément modelé sur Satan s'il n'avait eu des prédispositions sataniques dans sa nature. J'irai plus loin que J. de Vries, car il admet encore un développement purement germanique, « *a natural growth* » qui, transfigurant le malin génie des premiers temps, lui aurait fait faire les trois quarts du chemin qui mène à Satan : il n'y a pas de raisons sérieuses de dénier aux plus anciens Germains la possibilité d'avoir fait jouer leur personnage sur des plans aussi divers que celui de la farce et celui de l'eschatologie, un peu comme notre Moyen Âge ridiculisait Satan « au détail », dans ses légendes locales ou dans ses contes moraux, s'armait contre lui dans ses prières et méditait sur la victoire immense de saint Michel[2].

Quant au dossier comparatif de Loki et du *Weltuntergang*, que reste-t-il de ce grand effort ? Aucune solution positive et nécessaire, semble-t-il, mais le problème lui-même a été posé, et c'est beaucoup. Simplement ce problème est bien plus vaste que celui qu'Olrik a formulé. Un de ses torts a peut-être été, s'entêtant sur l'idée d'un emprunt récent, de considérer surtout les géants enchaînés du Caucase et de ne pas s'appliquer à mesurer l'ample et organique ressemblance des *cadres* des événements dans la mythologie scandinave d'une part, dans celle des Iraniens proprement dits d'autre part. Cette insurrection finale des forces du mal, cette série de duels entre chacun des grands dieux scandinaves des trois fonctions et un être démoniaque qui lui est personnellement opposé (Óðinn contre le Loup, Þórr contre le Serpent, Freyr

1. *Op. cit.*, p. 199 : « *Loki could never have adopted the character of Satan, if he had not been predisposed to it.* »
2. Folke Ström, *Loki*, pp. 6-7, se scandalise de ce refus. Son livre, fondé sur une « histoire du développement » de la religion scandinave entièrement artificielle, supposant des émanations d'hypostases de toutes sortes, ne me fait pas changer d'avis. La conception de Loki a dû varier, certes, comme toute représentation humaine, mais sans se métamorphoser.

contre Surtr), le duel ultime de Heimdallr et de Loki, cette renaissance enfin d'un monde nouveau, d'où les forces du mal ont entièrement disparu, tout cela rappelle la grande espérance mazdéenne, la dure bataille qui, par l'élimination du mal, mettra fin au règne partagé du bien et du mal, mais qui d'abord opposera en duel un des « archidémons » à chacun des « archanges », substitués par Zoroastre aux vieux dieux indo-iraniens des trois fonctions. Et l'analogie donne encore plus à penser si l'on se rappelle que, dans les cosmogonies, avec l'Homme et le Bœuf (ou la Vache) primordiaux étroitement associés, l'Iran et la Scandinavie, et aucun des peuples géographiquement intercalés, présentent aussi une concordance.

Ces rencontres imposent-elles l'explication par l'emprunt ? Pour la cosmogonie, l'emprunt est en effet l'hypothèse retenue par le savant prudent et informé qu'était Arthur Christensen. Elle n'est pourtant pas la seule ni la meilleure. Quant à la fin du monde, ou plutôt de notre monde, l'argument principal en faveur de l'emprunt est que des récits analogues ne se rencontrent pas, du moins avec cette précision dans l'analogie, chez d'autres Indo-Européens que ceux qui ont composé l'*Edda* et les livres mazdéens. Or, c'est ici le deuxième tort des partisans de la thèse de l'emprunt. Peut-être n'ont-ils pas assez cherché, ou plutôt cherché où il fallait. Depuis les découvertes de Stig Wikander sur le fond mythique du Mahābhārata et sur la matière commune des épopées de la Perse et de l'Inde, on est assuré que l'eschatologie de l'Avesta, la grande bataille décisive et ses lendemains, n'est pas isolée dans le monde non seulement iranien, mais déjà indo-iranien, et que, si elle n'a pas intéressé *en tant que mythe* les docteurs et les poètes de la société pour laquelle ont été composés les hymnes védiques, société soucieuse avant tout du succès présent, terrestre, et par conséquent du système actuel des dieux, elle n'en a pas moins survécu, en dehors des hymnes, comme tant de traditions, pour émerger ensuite *dans un vêtement épique* qui n'est autre que la matière de l'immense Mahābhārata.

D. LOKI

Avant d'explorer ces nouvelles perspectives, faisons le bilan ; la fiche signalétique de Loki.

Loki est « compté avec les Ases » sans en être exactement ; il vit avec eux et il est dit à l'occasion « l'Ase qui s'appelle Loki », « l'Ase malin », etc. Compagnon d'Óđinn dans ses voyages, aussi bien que de Þórr dans ses expéditions, il jouit d'une réputation justifiée d'ingéniosité et en général, spontanément ou sur réquisition, il met cette ingéniosité au service des siens qui, sans lui, seraient bien embarrassés. En particulier, jamais il ne sert un géant de gaieté de cœur, ni jusqu'au bout. Mais bien des traits font de lui un Ase tout à fait à part.

Non seulement il est, physiquement, de petite taille, mais son parentage ne le relie à aucun des Ases ; d'Óđinn, il n'est que le « frère de serment » ; de son père, de sa mère, de ses frères, nous ne savons que les noms qui, malgré l'obscurité de la plupart, signalent une famille singulière et son père est qualifié de « géant ». Il est traité par les autres Ases comme un inférieur, qu'on utilise, qu'on fait pirouetter, qu'on menace. Il reçoit et accepte les rôles de messager, d'éclaireur, de suivant, de tranche-viande, et aussi de bouffon.

Il surgit à point nommé, à l'endroit voulu, et il a un grand art de s'échapper, de « filer ». Il a des rapports particuliers avec le monde d'en bas, avec le dessous de la terre. Il a, dans la montagne, une mystérieuse maison-observatoire. Il a aussi des rapports avec le feu. Seul des Ases, il a un don inquiétant de métamorphose, spécialement de métamorphoses animales (mouche, phoque, jument, saumon...) et met au monde des êtres étranges, généralement redoutables aux dieux (le loup Fenrir, le Grand Serpent, Hel ; et aussi le cheval d'Óđinn, Sleipnir). Il a un penchant particulier pour les métamorphoses en femme ou en femelle, avec leurs conséquences physiologiques.

Il est ingénieux, inventif, mais il ne voit pas loin : tout à l'impulsion ou à l'imagination ou à la passion du moment, il est surpris par les suites de ses actes, qu'il tâche aussitôt de réparer. Il est outrecuidant et vantard.

Il a une curiosité insatiable, curiosité d'observateur, de questionneur et aussi d'explorateur ; il est à l'affût des nouvelles, et indiscret. Il circule plus facilement et plus volontiers que les autres Ases : il est le principal usager du « plumage » de Freyja et il a des bottes qui lui permettent de courir dans l'air et dans l'eau. C'est lui, parfois, qui entraîne Þórr chez les Géants par des routes qu'il a d'abord reconnues seul.

Il est foncièrement amoral. Il n'a aucun sentiment de sa dignité, il n'a pas de tenue et il ne comprend pas la dignité des autres. Il se met dans des postures ou des situations ridicules. Pour se tirer d'un mauvais pas, il trahit les siens, conduisant Þórr désarmé chez Geirrøđr, livrant Iđunn et ses pommes à Þjazi, gâtant le marteau de Þórr. Aussi est-il sans cesse suspect aux Ases, qui le « font marcher » en le menaçant du supplice.

Il est mauvaise langue, injurieux, il apporte tumulte et querelle, il dénonce. Il est menteur, non seulement pour se sauver ou sauver les Ases (plusieurs de ses « plans » sont alors à base de tromperie), mais pour le plaisir. Il est pervers et ne résiste pas à l'idée de méchantes farces (*lǽvísi*). Il est mauvais joueur, déloyal dans les concours.

Tout cela finit dramatiquement : chez Ægir, ou contre Baldr, il se durcit, il fait le mal, le grand mal, gratuitement, impitoyablement, itérativement, jusqu'au bout, sans s'occuper des fâcheuses répercussions que cela aura sur lui. Il n'est plus alors qu'un bandit traqué, haineux, qui déploie des trésors d'ingéniosité mais qui n'échappe pas au supplice. Dès lors, il attend la fin du monde, où il satisfera sa haine en participant en bonne place à la mobilisation générale des forces du mal.

Chapitre III
Syrdon

Au centre du Caucase, dans les vallées qui débouchent sur l'ancienne Vladikavkaz (Ordjonikidzé, Džadžiqau) et commandent la grande Route militaire de Géorgie, vit un des peuples les plus intéressants des marches européennes. Les Ossètes sont en effet les derniers descendants des tribus qui, notamment sous les noms de Scythes et de Sarmates, puis d'Alains et de Roxolans, ont longtemps peuplé un immense territoire couvrant tout le sud de l'actuelle Russie, entre le bas Danube et la Caspienne, et qui ont maintes fois poussé des pointes vers les Balkans, vers la Perse ou vers le Turkestan. Ces tribus étaient un rameau bien caractérisé, linguistiquement et culturellement, de ce qu'on appelle, d'après l'habitat de la majorité des peuples qui le constituaient, le « monde iranien » ; ce sont, si l'on ne craint pas de heurter les noms géographiques, les « Iraniens d'Europe ». La langue des Ossètes a subi légèrement, dans son système de sons, l'influence des parlers avoisinants, si originaux : tcherkesse, tchétchène, etc. ; mais elle est restée, dans sa morphologie, fidèle au type iranien, indo-iranien, indo-européen, et son vocabulaire même, pour les neuf dixièmes, rejoint celui de l'Iran. Les Ossètes sont très intelligents, très entreprenants, un peu jalousés, semble-t-il, par leurs voisins. Partagés aujourd'hui entre le christianisme et l'islamisme, ils ont surtout gardé une religion populaire toute païenne et des traditions d'une grande richesse. On a pu comparer, jusque dans le détail, mainte province de ces traditions et de cette religion avec ce qu'Hérodote et d'autres auteurs anciens ont rapporté des Scythes, des Sarmates ou des Alains : les coïncidences sont remarquables [1].

En particulier les Ossètes – et, sous leur influence, à des degrés divers, leurs voisins Tatars, Tcherkesses orientaux (Qabardis) ou occidentaux (Chepsougs, Abzakhs, Bjedoughs, etc.), Tchétchènes et Ingouches – connaissent un vaste ensemble de traditions épiques relatives à une race merveilleuse depuis longtemps disparue, les Nartes. Le nom de Nartes n'est pas clair ; il est probable qu'il contient, d'une manière ou d'une autre, le radical indo-iranien nar *« vir » (cf. grec* anēr *« vir », irlandais* nert *« force », etc.)* [2] *; et ce sont bien des* viri, *des héros par excellence. Ils incarnent toutes les vertus qui ont cours dans ces montagnes : courage, ruse, étonnante endurance, courroux puissant, dévouement aux amis, goût du risque, du combat, du pillage. On se les représente à l'image des hommes d'aujourd'hui, mais cent fois plus forts et plus vaillants. Descendant jusque dans les plaines du Nord pour leurs aventures et leurs exploits, ils vivaient dans des villages semblables à ceux où les Ossètes vivent encore : chaque maison est une forteresse de bois, dominée par une tour. Une grande partie de leur vie se passait soit dans d'exigeantes beuveries, soit en parlotes et en jeux sur la place publique, que les Ossètes appellent le* nyxæs.

Ils étaient divisés en familles. Les trois plus célèbres étaient les Alægatæ, les Æxsærtægkatæ et les Boratæ [3], *qu'une tradition précieuse distribue selon le modèle de la tripartition indo-iranienne en intellectuels, guerriers et agriculteurs* [4]. *Si quelques récits estompent ou même brouillent cette répartition, la plupart, et notamment ceux qui ont été recueillis dans la grande expédition folklorique des années 1940-1945, opposent bien la deuxième et la troisième famille comme les forts et les riches, avec les défauts propres à ces deux spécialités.*

1. Vsevolod Miller, « Certy stariny v skazanijax i byte Osetin » (Traits de tradition antique dans les légendes et les mœurs des Ossètes), dans *Žurn, minist. narodn. prosv.*, août 1882, pp. 191-207 ; G. Dumézil, *Légendes sur les Nartes* (1930), *Note 1 : Hérodote IV, 64*, etc., pp. 151-166 ; *Romans de Scythie et d'alentour* (1978), notamment pp. 212-218, 227-236, 307-326.
2. H. W. Bailey, « Analecta Indoscythica I, 2 », dans *JRAS*, 1953, pp. 103-116, explique le mot *nart* par **nr̥-θra.*
3. Sur la transcription de l'ossète, v. ci-dessus, p. 25.
4. *Jupiter Mars Quirinus* III (= *Naissance d'Archanges*), pp. 148-153.

Quant aux Alægatæ, ils n'ont d'autre mission que de préparer les beuveries communes autour d'un vase merveilleux.

Il est probable – on l'a montré sur des exemples précis[1] *– que plusieurs de ces personnages, le héros d'acier Batradz notamment et le héros lumineux Soslan, ont annexé et conservé jusqu'à nos jours de la matière mythique, le souvenir de ces dieux des Scythes où les Grecs reconnaissaient entre autres un Arès et un Apollon. Ils n'en sont pas moins tous, dans la conscience des Ossètes, des hommes et nullement des dieux. Il faut avoir constamment devant les yeux cette différence quand on compare une tradition sur les Nartes à un récit mythologique étranger, comme je me propose de le faire dans les pages qui suivent. Mais il faut aussi se garder d'en exagérer la portée : au début de la* Heimskringla *comme dans son* Edda, *et sûrement fidèle en cela à la tradition norvégienne, Snorri présente les dieux germaniques, Ases et Vanes, comme des nations, comme des hommes, vivant dans des villages voisins et rivaux, sortant de leur (ou de leurs) maison(s)* (gárđr) *pour les aventures et festoyant ensuite dans la grande salle d'Ægir. Certes, à côté de ces représentations toutes terrestres, et sans souci de la contradiction, les Germains s'en formaient d'autres, plus conformes à ce que notre culture classique a coutume d'attendre d'une mythologie : les dieux vivent au ciel, dirigent le monde et participent à une cosmologie, à une cosmogonie et à une eschatologie. Mais le train journalier de leur vie, on l'a assez vu dans la plupart des récits où intervient Loki, se développe dans un cadre où le paysan de Trondhjem ou le seigneur de Ringsted ne se sentaient pas dépaysés.*

Les principaux des Nartes – et en même temps, dans presque toutes les traditions, des Æxsærtægkatæ – sont : les deux frères, les deux chefs, les deux vieillards Uryzmæg[2] *et* Xæmyc[3], *encore bons guerriers l'un et l'autre, mais sur qui pèse ce que les Scythes et les Alains considéraient déjà comme une tare et non comme un honneur : l'âge. Ils ont une sœur,* Satana[4], *qu'Uryzmæg a épousée et qui incarne*

1. V. B. Pering, *Heimdall*, chap. IV, *Die himmliche Welt*. Cf. ci-dessus, note 1, p. 46 et note 2, p. 77.
2. *Uruzmæg, Uoræzmæg.*
3. Variante : *Xæmic.*
4. Appelée parfois simplement *Æxsijnæ*, « la Dame ». La bonne Satana ne doit certainement pas son nom – d'ailleurs obscur – à Satan ! Cf. *Légendes sur les Nartes*, Note II : « Le dit de la princesse Satinik », pp. 167-178.

l'idéal de la ménagère caucasienne : diligente, prévoyante, riche, bonne, en général fidèle, elle est la providence de son mari et de tous les siens. La génération suivante est représentée par les deux héros qui sont au centre de la plupart des récits, le terrible Batradz [1] *et le sympathique* Soslan *(ou* Sosryko*)* [2]. *Batradz est né d'un abcès formé dans le dos de son père Xæmyc par un crachat de sa mère, une Fille des Eaux ; son corps est d'acier et son âme cruelle ; il passe la dernière partie de sa vie à venger sur les Nartes l'assassinat de Xæmyc et les Nartes ne sont délivrés que lorsqu'il meurt au cours d'une scène grandiose, se faisant brûler sur un énorme bûcher tandis que les Nartes tirent péniblement jusqu'à la mer Noire (où elle est encore et d'où elle surgit pour faire la foudre) sa formidable épée. Soslan-Sosryko est né de la masturbation d'un pâtre, trop sensible à la beauté de Satana ; il est né de la pierre même qui avait reçu la semence ; Satana n'en a pas moins une tendresse de mère pour celui qu'elle appelle « mon fils que je n'ai pas enfanté » ; beau, lumineux, invulnérable sauf au genou (ou à la hanche), il couvre la terre de ses exploits, épouse la fille du Soleil, descend aux enfers, mais succombe à une sombre machination que nous étudierons à loisir. Il y a encore un certain nombre de héros mineurs dont le rôle est de former l'état-major et la troupe des grands Nartes lors des razzias de bétail ou dans les expéditions contre les Géants. Il y a, enfin,* Syrdon [3].

A. LE NARTE SYRDON

Syrdon figure dans presque tous les récits. Il y est indispensable. Il est d'ailleurs « Narte » au même titre que les autres, mais il a un caractère et des modes d'action tout différents.

Il est, d'abord, un personnage inférieur : le « bâtard » des Boratæ, est-il dit souvent [4]. On lui attribue une naissance diabolique qui fait

1. Variantes : *Batraz, Batyradz, Batæradz.*
2. Variantes : *Sozyryko, Sozryko.*
3. Variante : *Sirdon.*
4. Exactement *kævdæsard* : sur le sens de ce mot, v. note 1, p. 173.

diptyque avec la naissance *pétrogénès* de Soslan. Les Nartes le traitent comme un domestique : il sert à table, il est valet dans les expéditions, et commissionnaire, et guide ; il procède aux tirages au sort.

Il surgit on ne sait d'où et disparaît de même. Il a sous terre une maison mystérieuse, un labyrinthe. Il est capable de métamorphoses (hirondelles, vieille casquette, jeune fille, vieille femme, vieillard...). Il a un « coursier à trois pieds » qui va comme le vent. Curieux à l'extrême, il poursuit et découvre tous les secrets, « jour et nuit, il se frappe la tête » pour trouver le moyen de savoir. Il sait ce qui se passe au loin, il sait ce qui se passera plus tard. Il calcule de façon merveilleuse. Il est malin, il est – avec et après Satana – le malin par excellence, et c'est pourquoi les Ossètes lui appliquent volontiers des thèmes pris au répertoire de Nasreddin Hodja.

Aussi les Nartes ont-ils souvent recours à ses conseils et, de fait, il les tire maintes fois de mauvais pas, surtout dans leurs rapports avec les stupides géants. Mais, en même temps, ils se défient de lui et ils ont raison, car, dit un texte, il a le goût de mal faire, et l'un de ses qualificatifs ordinaires est *Narty xijnæ* ou *Narty fydbylyz* (« le mal, le fléau des Nartes ») ; il est dit malfaisant, sans conscience, débauché. D'autre part, sans qu'il soit déclaré explicitement qu'il est lâche (et ses imprudences comportent bien une forme de bravoure), il est remarquable que, marchant avec ces équipes de grands pourfendeurs, jamais il ne participe activement à aucun combat.

Cette mauvaise nature se manifeste de mainte façon : railleries et insultes cruelles dans les malheurs privés et publics ; joie maligne à annoncer les malheurs prochains ; conseils pernicieux (sans que jamais, pourtant, Syrdon prenne parti pour un Géant contre les Nartes), querelles provoquées ou envenimées. Sa méchanceté l'engage dans des actions aussi légères que criminelles, d'où il sort parfois à grand-peine. Pratiquement, il est presque toujours, même quand il les sert, dans un état d'hostilité larvée soit collectivement avec les autres Nartes, soit avec tel ou tel Narte, tantôt Xæmyc, tantôt Uryzmæg, à qui il joue des tours parfois fort graves. Mais l'objet principal de son animosité est le grand Narte Soslan (ou Sosryko). Une fois notamment, sous les traits d'un vieillard, puis d'une vieille femme, il empêche Soslan de faire revivre magiquement un jeune ami mortellement blessé.

Il finit par chercher et découvrir la seule lacune de l'invulnérabilité de Soslan. Il la signale aux ennemis du héros qui en profitent pour le tuer, au cours d'un scénario de jeu. Syrdon insulte Soslan mourant ou mort, tant et si bien que les Nartes le tuent et l'enterrent ignominieusement aux pieds de sa victime.

Tels sont, rapidement crayonnés et sans tenir compte des variantes qui vont être examinées en détail, le caractère et la carrière de Syrdon. Le lecteur a sûrement senti combien l'un et l'autre rappellent ce qui a été dit de Loki ; il a noté comment – mis à part l'eschatologie, la fin du monde, qui ne saurait avoir sa place dans l'*épopée* narte – tous les éléments de Loki se retrouvent dans Syrdon et tous les éléments de Syrdon dans Loki ; comment, en particulier, un côté « utile » et un côté « malfaisant » coexistent dans chacun des deux personnages ; et comment le crime majeur et le châtiment suprême viennent achever, dans les deux dossiers, une vie de malignités mineures et d'hostilité mitigée. Nous reprendrons quelques points de ce parallèle après avoir passé en revue les épisodes de l'épopée narte où intervient Syrdon [1].

1. Dans ce qui suit, je ferai usage des abréviations suivantes :

SSKG = *Sbornik svedenij o kavkazskix gorcax* (Recueil de renseignements sur les montagnards du Caucase), Tiflis, 1868-1881, 10 vol. in-8°.

SSK = *Sbornik svedenij o Kavkaze* (Recueil d'information sur le Caucase), Tiflis, 1871-1873, 4 vol. in-4°.

SMK = *Sbornik materialov dlja opisanija mestnostej i plemën Kavkaza* (Recueil de matériaux pour la géographie et l'ethnographie du Caucase), Tiflis, 1881-1915, 44 vol., in-8°.

Šifner = A. Šifner (Schiefner), « Osetinskije teksty » (Textes ossètes) dans les *Zapiski imp. akad. nauk*, 14 (1868), suppl. 4, pp. 43-91, texte ossète et traduction russe.

Pfaff = Pfaff, « Putešestvije po uščeljax severnoj Osetii, VI : soderžanije i ocenka glavnyx skazanij Osetin o Nartax » (Voyage dans les gorges de l'Ossétie septentrionale, VI : contenu et appréciation des principales légendes des Ossètes sur les Nartes), dans *SSK* 1 (1871), pp. 163-175.

J̌. Šanajev *1.* = J̌antemir Šanajev, « Osetinskija narodnyia skazanija : nartovskija zkazanija » (Légendes populaires ossètes : légendes nartes), dans *SSKG* 5, 2 (1871), pp. 2-37.

J̌. Šanajev 2. = Id., « Iz osetinskix narodnyx skazanij : nartovskija zkazanija » (Extraits des légendes populaires ossètes : légendes nartes), dans *SSKG* 7, 2 (1873), pp. 1-21.

B. LES DOCUMENTS

1. Naissance de Syrdon

Sur la naissance de Syrdon, il n'y a que peu de récits. Le premier a pour objet évident d'expliquer l'hostilité congénitale de Syrdon et de Soslan. Le dernier attribue à Syrdon, mais avec une coloration diabolique, la forme de naissance qui est en général celle de Soslan.

G. Šanajev = Gacyr Šanajev, « Iz osetinskix skazanij o Nartax » (Extraits des légendes ossètes sur les Nartes), dans *SSKG* 9, 2 (1876), pp. 1-64.

Vs. Miller, *Os. Et. 1. 1* = Vsevolod F. Miller, « Osetinskija etjudy, č. 1-aja, Osetinskije teksty » (Études ossètes, 1re partie : textes ossètes), Moscou, 1881, 1 : *Skazanija o Nartax* (Légendes sur les Nartes), texte ossète et trad. russe, pp. 1-79, notes pp. 177 et suiv. ; trad. allemande sur le texte ossète par Hübschmann, *ZDMG* 41 (1887), pp. 539-567, avec une bonne introduction sur les Nartes.

Vs. Miller, *Os. Et.*, 1, 3 = Id., *ibid.*, 3 : *Predanija i skazki* (Traditions et contes), seulement en trad. russe, pp. 131-158, notes pp. 159-162.

Vs. Miller, *Os. Sk.* = Id., « *Osetinskija skazki* » (Contes ossètes), dans *Sbornik materialov po etnografii, izd. pri Daškovskom etnografičeskom muzee, vyp. I* (1885), texte ossète et trad. russe, pp. 113-140.

Kajtmazov = A. Kajtmazov, « Skazanija o Nartax » (Légendes sur les Nartes), dans *SMK* 7, 2 (1889), pp. 3-36.

Pamj. 1 = Pamjatniki narodnogo tvorčestva Osetin 1 : nartovskije narodnyje skazanija (Monuments de la création populaire des Ossètes, 1 : légendes populaires nartes), [Vladikavkaz, 1925], il s'agit de légendes recueillies vers 1880.

Pamj. 2 = *Id.*, 2 : *Digorskoje narodnoje tvorčestvo v zapisi Mixala Gardanti* (Monuments..., 2 : Création populaire digorienne, notée par Michel Gardanti) (Vladikavkaz, 1927), pp. 5-176, texte ossète ; pp. 177-190, notes ; pp. 3-158, trad. russe.

Pamj. 3 = Id., 3 : *Iron adæmy tauræhtæ kaǰǰytæ æmæ arhæuttæ* (Monuments..., 3 : Légendes et contes des Iron, notés par S. Ambalov) (Vladikavkaz, 1928), pp. 1-134, texte ossète et trad. russe ; pp. 135-142, notes.

ONS = Osetinskie Nartskie Skazanija (Récits ossètes sur les Nartes) (Dzauǰikau, 1948), traduction par Ju. Libedinski de *Narty kaǰǰytæ, ibid.*, 1946.

LH = G. Dumézil, *Le Livre des héros*, trad. d'une grande partie de *Narty kaǰǰytæ* de 1946, Paris (Gallimard, 1965).

LN renvoie à mes *Légendes sur les Nartes* (1930).

a) Pamj. 2, n° 3, *Légende sur la naissance de Soslan et de Syrdon,* texte pp. 9-10, trad. pp. 7-8 = *LN*, p. 111, n. 1.

Le berger Sosæg-Ældar – qui n'avait jamais vu de femme, mais qui, dès son plus jeune âge, servait de bélier à ses brebis – mène paître un immense troupeau sur les bords du Terek. Prévenue par sa servante, Æxsijnæ [1] vient de l'autre côté du fleuve et se dévêt entièrement. Sosæg-Ældar s'endort sur le sol et a une perte séminale. Il s'éveille, se lave et s'en va. Æxsijnæ, qui a tout remarqué, « compte les jours de la pierre » et, au bout de neuf mois, l'ouvre : « du nombril de la pierre », un petit garçon lui sourit et lui crie de remplir d'eau une cuve, de la faire chauffer et de l'y plonger : son corps deviendra ainsi d'acier trempé [2]. Elle apporte douze voiturées de charbon, verse l'eau dans une cuve et y plonge le garçon, mais les genoux pointent hors de l'eau. « Tu perds ta peine, crie-t-il, encore de l'eau, encore de l'eau ! » Æxsijnæ se précipite à la fontaine, mais le « gardien de la fontaine [3] » la retient, et l'engrosse. Quand enfin elle revient, il est trop tard : le corps du garçon s'est refroidi et ses genoux n'ont pas bénéficié de la trempe. Alors Æxsijnæ secoue le pan de son vêtement : un deuxième garçon bondit de sous elle et se met à courir. Le premier garçon lui dit : « Eh, mon frère, où cours-tu ? Que ton nom soit Sirdon [4], fils de Natar Uatar ! » Sirdon riposte : « Et que ton nom à toi soit le vaillant Soslan, fils de Sosæg Ældar, né de la pierre secrète (?) [5] ! » De

1. Dans ce recueil, c'est la désignation ordinaire de Satana : « La Princesse ».
2. Confusion évidente de Soslan avec Batradz, héros métallique qui naît rougi au feu et qui, en effet, se « trempe » aussitôt dans des cuves d'eau.
3. Des variantes sur Batradz, il ressort que c'est un diable ou un monstre diabolique.
4. *Syrdon* (en dialecte digor, *Sirdon*) est un dérivé (cf. *Nærton* de *Nart*, etc.) de *syrd* « bête sauvage ».
5. *« Sosæg-Ældari furt, sos doræj xuærzigurd Soslan ba dæu nom fæuuæd ! »* Les *Pamj.* traduisent *sos doræj* « ot suxogo kamnja, de la pierre sèche », ce qui est injustifiable. L'ossète a un mot *sos* (dig. *sus*) qui équivaut à notre « chut ! » et qui donne de nombreux dérivés au sens de « secret ». Le dictionnaire de Vs. Miller (II, p. 1144) propose, avec point d'interrogation, *« schweigender Stein, geheimnisvoller Stein »*, – et même *« Bimstein »*. En fait l'étymologie probable de Soslan est différente : v. ci-dessous, p. 213. C'est encore Syrdon qui donne leur nom à Batradz (J̌. Šanajev *1*, p. 32 = *LN*, n° 11 *b*, p. 52) et à Totradz, l'un des adversaires de Sosryko (J̌. Šanajev *1*, p. 12 = *LN*, n° 24 *a*, p. 92 ; *Pamj. 1*, n° 20, p. 101 = *LN*, n° 24 *b*, p. 93 ; *ONS*, p. 418.

ce jour et jusqu'à leur mort, Soslan et Sirdon ne vécurent jamais en bonne intelligence [1].

b) *ONS*, naissance de Syrdon, pp. 189-190.

La belle Narte Dzerassa va à la rivière puiser de l'eau, mais le maître des rivières, Gatæg, exige qu'elle se donne à lui. La première fois, elle refuse, mais cède la seconde fois. De cette rencontre naît Syrdon, qui se montre de jour en jour plus intelligent. Il pouvait non seulement raconter le passé, mais prévoir l'avenir. Il était rusé et trompait souvent les Nartes qui, d'ailleurs, le trompaient aussi de temps en temps. Malgré leurs fréquents différends avec lui, les Nartes l'aimaient beaucoup. Il était intelligent et adroit.

c) Kajtmazov, pp. 30-31, *Sirdon* = *LN*, n° 34 *a*, pp. 118 et p. 77, n° 20, note finale.

Sirdon était un des Nartes. Voici comment il était né. Une fois, Satana lavait son linge sur les bords de la rivière. Elle ne portait pas de pantalon. Le diable vint de l'autre côté de la rivière, vit son corps blanc comme neige et, tout excité, se colla à une pierre, qui fut fécondée. Satana s'était aperçue de la chose et compta les mois. Le jour venu, elle fit ouvrir la pierre. Comme celle-ci était énorme, il fallut la mettre en morceaux. Quand on fut près du point où devait se trouver l'enfant, Satana enivra et endormit les ouvriers avec de l'arak – son invention, – puis elle acheva avec soin l'opération. Elle appela l'enfant Sirdon. Le rusé Sirdon, en sa qualité de fils d'un diable, se distinguait par son agilité d'esprit et son habileté à trouver des expédients. Mais les Nartes le considéraient pour rien : ils se moquaient de lui comme d'un imbécile et ils l'obligeaient aux menus services.

d) Variante

Je ne connais que par le dictionnaire de Vs. Miller, s.v. *Syrdon*, l'existence d'une autre variante où c'est la mère de Syrdon qui est une diablesse (*Pamj*. de l'Inst. de folklore de l'Ossétie du Sud, I, p. 59) ; le dictionnaire cite cette phrase :

1. Cf. ci-dessous, n° 11 *b*.

La diablesse (*xæiræg*) devint enceinte par cette malédiction ; elle mit au monde Syrdon.

2. Le malin Syrdon

Syrdon est, pour les Ossètes, le type même, la mesure de l'intelligence rusée. Dans un éloge de Satana (Kajtmazov, p. 11, fin du récit *Axsnart et ses enfants* = *LN*, n° 3 *b*, p. 26), il est dit : « Elle était si intelligente qu'elle ne le cédait même pas aux hommes ; Sirdon lui-même, le parent d'Uryzmæg, le plus rusé des êtres, ne pouvait la duper. » Dans beaucoup de récits, un trait, au passage, atteste le don qu'a Syrdon de savoir ce que les autres ne savent pas. Voici quelques exemples :

a) Les Æxsærtægkatæ et les Boratæ

Dans les récits sur la guerre inexpiable des deux grandes familles nartes des Æxsærtægkatæ et des Boratæ [1], un trait met en valeur une des « habiletés » de Syrdon : les chiffres n'ont pas de secret pour lui.

– *Pamj.* 2, n° 13, *Boriatæ et Æxsærtægkatæ*, texte pp. 42-46, trad. pp. 38-42 = *LN*, n° 46 *b bis*, p. 145.

D'après cette variante (où Uoræzmæg, Soslan, etc., appartiennent à la famille des Æxsærtægkatæ), dans l'épisode final de la lutte, les Æxsærtægkatæ obtiennent de Kænti Sær Xuændon le service d'une armée magique, qu'ils feront eux-mêmes sortir « des portes de fer de la Montagne Noire » ; mais ils n'en disposeront qu'à une seule condition : c'est de dire à Kænti combien ils ont fait sortir d'hommes, afin qu'il puisse savoir avec précision, après la bataille, « qui aura été tué et qui sera revenu vivant ». Les Æxsærtægkatæ font sortir une armée immense et sont bien incapables de la compter. Uoræzmæg confie son embarras à Æxsijnæ-Æfsinæ-Satana qui aussitôt, pendant la nuit, coud une culotte à trois jambes (*ærtik' axug xælaf*) et, au lever du soleil, la suspend à la haie de clôture. Surgi on ne sait d'où, Sirdon apparaît et voit la culotte. – « Tu es bien malade, dit-il à Satana, s'il te faut une culotte à trois jambes ! Les armées des Æxsærtægkatæ se

1. V. ci-dessus, pp. 153-154 et ci-dessous, n° 6.

composent de 30 fois 30 000 hommes avec 100 en sus, et, parmi eux, il n'y en a pas un qui ait trois jambes. Et voilà Satana qui s'est mise à faire d'avance des culottes à trois jambes ! »

Satana n'en voulait pas davantage : elle dit aussitôt le chiffre à Uoræzmæg, qui le transmet à Kænti Sær Xuændon. L'armée se trouve ainsi utilisable et la victoire assurée.

– Vs. Miller, *Os. Et. 1, 1,* n° 14, *Soslan et Uryzmæg*, pp. 76-77 = *LN*, n° 46 *b*, pp. 144-145.

Uryzmæg fait sortir l'armée magique d'un tombeau. Les Nartes lui disent qu'elle est inutilisable si l'on n'en sait pas le nombre. Uryzmæg va trouver Satana, qui coud la culotte à trois jambes (*ærtykkaxyg xælaf*) et l'étale sur une pierre. Le matin, survient Syrdon, qui s'étonne : « J'ai passé toute la nuit à rôder dans l'armée, ils sont cent fois cent et trois cents en plus, et je n'ai pas vu d'homme à trois jambes[1]... »

– *ONS*, pp. 387-388.

Variante très proche des précédentes. Syrdon dit : « Comme c'est étrange ! Ils sont cent fois cent chez les Boratæ et les Æxsærtægkatæ ont le double de troupes. Dans leur armée, il y a des hommes à un œil, des hommes sans mains, des hommes à une jambe. Mais, à trois jambes, je n'en ai pas vu. Pourquoi Satana a-t-elle un pantalon à trois jambes ? »

b) Kajtmazov, *Axsnart et ses enfants*, p. 10 = *LN*, n° 2 *a*, p. 24[2].

C'est Syrdon, son parent, qui vient prévenir Uryzmag que, dans la tombe de sa mère, on entend pleurer une petite fille, hennir un poulain et aboyer un petit chien.

1. *« sædæsædæji æmæ ærtæ sædæ sæ uældai, fælæ ærtykkaxug læg ku næ fedton. » Le même trait apparaît encore, très déformé, dans une troisième variante, Pamj. 1, n° 15, Æxsærtægkatæ et Boratæ, p. 85 = LN n° 46 a, p. 144.*

2. Dans une autre variante, Vs. Miller, *Os. Et.*, *1*, 1, p. 48 = *LN*, n° 2 *b*, p. 25, Syrdon n'est pas nommé : c'est seulement *ju læppu*, « un jeune homme » qui prévient les Boratæ.

c) J̌. Šanajev *1, Comment Satana fauta*, p. 21 = *LN*, n° 4 *a*[1].

Une fois qu'Uryzmæg et Satana s'attardent dans la steppe, les Nartes les croient perdus pour toujours. Syrdon leur dit : « Non, ils ne sont pas morts ; quand ils reviendront, ils rempliront le ventre à beaucoup de pauvres gens ! » En effet le couple revient et fait proclamer par le crieur public que riches et pauvres s'assemblent sur le *nyxæs* pour une beuverie monstre.

d) Vs. Miller, *Os. Et.*, 1, 3, *Récits sur Soslan*, p. 147 = *LN*, n° 30, p. 111.

Une fois, Soslan, dégoûté de la jalousie des Nartes, avait creusé un souterrain et s'y était retiré secrètement avec la belle Agunda dont ils lui contestaient la possession. Les Nartes le cherchèrent vainement. Mais l'astucieux Syrdon leur révéla l'emplacement du souterrain. Ils déterrèrent Soslan et dorénavant lui laissèrent Agunda sans discussion.

Parfois ce don de prévision dont Syrdon est doué et fait montre s'accompagne de la mauvaise joie de savoir l'imminence d'un malheur dont les autres ne se doutent pas. Syrdon joue volontiers, en style comique, les Cassandre.

e) J̌. Šanajev *3, Autre variante sur Sosryko*, pp. 4-8 = *LN*, n° 26 *b*, pp. 99-100[2].

Sosryko étant allé à l'étranger pour sept ans, les Nartes le crurent mort. Ils se désolaient. Un jour, Syrdon vint à eux et leur demanda en souriant : « Pourquoi ce chagrin, Nartes ? Vous ne vous amusez plus... En vérité, Nartes, qui pleurez-vous ? » Les Nartes s'indignent : « Ce chien continue à s'amuser quand il n'y a pas lieu. Il nous est mort un homme qui valait à lui seul tous les Nartes, et il nous parle de nous amuser ! » – « Attendez un peu, vos maisons verront comme il est mort ! » leur dit Syrdon.

---

1. Ce détail n'a pas été retenu dans mon résumé des *LN* ; il doit être inséré p. 32, après la ligne 2.
2. Ce récit prête à Sosryko une conduite cruelle qui ne convient pas à son caractère ; il est sans doute passé du cycle de Batradz à celui de Sosryko.

Sosryko revient. Tout joyeux, les Nartes font un festin où ils se divertissent fort. Mais voici que survient encore le malfaisant Syrdon : « Nartes, Nartes, dit-il, pendant sept ans, c'est tout juste si vous n'avez pas porté le deuil de Sosryko. Je vous disais qu'il reviendrait, que sa mort n'était pas écrite. Vous le voyez, maintenant, et il va vous donner de ses nouvelles ! » Et en effet, vainqueur des Nartes au jeu de dés, Sosryko se met à malmener les jeunes Nartes : à l'un il coupe une main, à l'autre le nez, à un troisième il arrache un œil... Syrdon les rencontre comme ils reviennent du jeu : « Ah ah ah, Nartes ! Vous avez porté pendant sept ans le deuil de Sosryko. Vous voyez maintenant, j'espère, qu'il est vivant ! Il vous a bien marqués, comme du bétail : pas de danger que vous vous perdiez, le travail est bien fait ! Celui qui avait un nez n'a plus de nez, celui qui avait une oreille n'a plus d'oreille, celui qui avait une main n'a plus de main... Pour une mort de Sosryko, c'est une jolie mort. Il n'y a pas à dire... » Les Nartes étaient furieux contre Syrdon. Mais que pouvaient-ils faire ? Il disait vrai. Ils n'eurent plus qu'à se cacher chacun dans son coin.

f) ONS, *Totradz et Soslan*, pp. 422-423.

Les Nartes assemblés pour les jeux voient au loin venir comme un nuage noir, avec des corbeaux volant derrière lui. L'œil perçant de Syrdon a déjà vu et compris. « Ce n'est pas un nuage noir, dit-il, c'est le cheval d'Alymbæg, ce ne sont pas des corbeaux, mais les mottes de terre qu'arrachent ses quatre pieds ! » Et, comme les jeunes gens nartes disent qu'ils voient bien le cheval, mais pas le cavalier : « Il y a un cavalier, dit Syrdon, et quel cavalier, vous allez vite le voir de vos yeux ! » En effet, c'est le petit Totradz, fils d'Alymbæg, qui arrive sur le cheval de son père, qu'a tué naguère Soslan. Il pique Soslan du bout de sa lance, redresse la lance, et jusqu'au soir, promène le grand Narte dans cette position inconfortable.

Les Ossètes se sont servis de thèmes de contes connus pour mettre en valeur l'intelligence de Syrdon. Ainsi celui des objets merveilleux :

g) ONS, *Comment Syrdon trompe les géants*, pp. 213-214.

Syrdon rencontre trois géants qui se disputent pour se répartir trois objets : une peau d'animal qui transporte où l'on veut, une table à trois pieds qui se garnit spontanément des mets les plus succulents ; une corde qui ôte le poids de ce qu'elle attache. Syrdon leur propose de tirer trois flèches dans trois directions ; chacun ira chercher une des flèches, et choisira, suivant son rang d'arrivée, un des objets. Dès qu'il est seul, Syrdon prend la corde, met la table sur la peau et ordonne à la peau de le transporter sur le toit de sa maison. Grâce à la table, il offre aux Nartes un bon festin.

L'intelligence de Syrdon lui vaut d'être choisi parfois pour arbitre :

h) ONS, *L'assemblée des Nartes*, pp. 316-317.

Voulant savoir lequel d'entre eux est le plus brave, ils s'adressent à Syrdon. Il leur propose un certain nombre d'épreuves. Seul Batradz ose et réussit.

3. Syrdon et les Nartes

Les rapports ambivalents de Syrdon avec les Nartes sont bien mis en relief dans un type de récit complexe, fort populaire en Ossétie. Taquineries constantes et réciproques, où Syrdon finit toujours par avoir le dessus, où le drame finit toujours par être évité, et qui n'empêchent pas Syrdon de servir les Nartes.

a) *Pamj.* 2, n° 21, *Le Fléau des Nartes, Sirdon*, texte pp. 61-64, trad. pp. 57-59 = *LN*, n° 33 *d*, p. 117 et n° 34 *c*, p. 120.

Uoræzmæg, Xæmic et Soslan partent à la chasse et prennent avec eux Sirdon en qualité de « junior [1] ». En cours de route, prétextant que son

1. *Sirdoni ba fæxxudtoncæ kæstæræn* : le *kæstær* est comme le valet de l'expédition. Le contraire de *kæstær* « junior » est *xistær* « senior ».

cheval n'est plus en état de le porter, il se fait prendre en croupe successivement, dans l'ordre décroissant de leurs âges, par Soslan, par Xæmic, enfin par Uoræzmæg. À chacun il vole le briquet qui était dans les sacoches. Le soir, à la halte, Soslan va chasser et rapporte un cerf. « Allumons du feu », disent-ils et, vainement, ils cherchent leurs briquets. Du haut d'un arbre où il cassait des branches, Sirdon les persifle : « Eux aussi, dit-il, vos briquets sont allés à la chasse... »

Par bonheur, sur une montagne voisine, ils aperçoivent la fumée d'une maison et envoient Soslan demander du feu. Il arrive chez des géants qui le font asseoir au haut bout du banc ; mais ils avaient étalé de la colle sur le banc et il adhère au bois... Xæmic, envoyé ensuite, a le même sort et reste collé à côté de Soslan. Puis encore Uoræzmæg. Alors, au campement, Sirdon allume du feu, se gorge de viande, suspend deux chapelets de tripes à ses moustaches et, ainsi équipé, se dirige vers la maison des géants. Ils l'invitent à s'asseoir, mais il se dérobe : – « N'est-ce pas assez qu'ils soient assis là dans l'ordre inverse des âges ? Il faut en plus que, moi, je m'asseye sur le même rang ? Ils sont mes seigneurs, ils remplissent de cendre un sac et c'est là-dessus que je m'assieds !... » Aussitôt, les géants remplissent de cendre un sac et, naturellement, versent dessus de la colle. Mais la colle est bue par la cendre et reste sans effet. Alors Sirdon se promène conduisant les géants d'un Narte à l'autre – Soslan, Xæmic, Uoræzmæg – et les faisant copieusement meurtrir par les géants. Puis il excite les géants les uns contre les autres [1] et ils s'entretuent. Alors les Nartes le supplient : « Délivre-nous de cette humiliation par n'importe quel moyen ! » Sirdon n'est pas pressé : il s'occupe à rôtir les chapelets de tripes accrochés à ses moustaches et lèche le jus qui coule. « Je ne vois qu'un moyen, dit-il enfin, de vous tirer de là ; c'est d'aller chercher la grande scie des Nartes et de vous scier le bas du dos ! » Ils le supplient à nouveau : « Ne rends pas public notre déshonneur, trouve n'importe quoi d'autre ! » Sirdon a pitié. Il fait chauffer un grand chaudron d'eau ; avec l'eau bouillante, il fait fondre la colle et les délivre. Ils se rassasient de viande à leur tour.

Dans leur hargne contre Sirdon, ils vont couper à son cheval les commissures des lèvres. Sirdon fait semblant de ne s'apercevoir de rien, mais il coupe la queue des trois autres chevaux. Le lendemain, quand la caravane repart, Sirdon fermant la marche, les trois grands

1. Dans d'autres variantes, c'est en général en leur posant un « problème » : « Qu'est-ce qui est le plus utile, le marteau, les tenailles ou l'enclume ? » ou : « Quel est le plus fort [dans une histoire absurde d'abord racontée], le bœuf ou le renard ? »...

Nartes se retournent vers lui : « Dis donc, Sirdon, pourquoi ton cheval rit-il en marchant ? » Il riposte : « Il rit parce qu'il voit devant lui de quoi rire. » Ils inspectent leurs chevaux : plus de queues...

« Mais que faire, se disent-ils, avec cette canaille [1] ? Si nous le tuons, les Nartes nous chansonneront. Si nous le laissons comme ça, il nous rendra la vie impossible... » Ils réfléchissent et voici ce qu'ils font : ils courbent un arbre, ils attachent au sommet Sirdon par les moustaches et laissent l'arbre se redresser, puis ils s'en vont. Par bonheur, un berger passe, sifflant bruyamment dans son chalumeau, avec un troupeau de blancs moutons. Sirdon se met à crier : « Non, non ! Je ne veux pas être *ældar* ("chef"), je n'accepte pas !... » Le berger s'approche et interroge : « Que dis-tu ? Qu'est-ce que tu n'acceptes pas ? – Qui je suis ?... Les Nartes me choisissent pour être leur *ældar* et je n'accepte pas ; alors ils m'ont attaché là et me laissent jusqu'à ce que j'accepte. – Eh bien, mets-moi à ta place ! – Bon, dit Sirdon ; mais peut-être ne supporteras-tu pas d'être attaché de cette façon ? – Si, je supporterai... » Il détache Sirdon qui l'attache et lui recommande : « Dis que tu acceptes ! » Du haut de l'arbre le berger répète : « J'accepte... » Mais déjà Sirdon a pris son chalumeau et le voici qui défile dans les rues des Nartes en sifflant bruyamment à la tête du blanc troupeau. Les Nartes s'étonnent de ce butin. « Je l'ai reçu, dit-il, en paiement des fesses d'Uoræzmæg, de Xæmic et de Soslan ! »

Combiné ainsi ou autrement, et souvent agrémenté d'épisodes supplémentaires, ce récit est connu en bien des variantes (ainsi *ONS*, « L'expédition des Nartes », pp. 191-203). Parfois la malice initiale de Syrdon a été provoquée par une méchanceté des Nartes. Voici par exemple le début d'une variante.

b) J̌. Šanajev 2, *Les Nartes et Syrdon*, pp. 11-13 = *LN*, n° 33 *a*, pp. 116-117 [2].

Un jour Sosryko, Uryzmæg, Xæmic et Soslan partirent en expédition. Ils invitèrent Syrdon à les accompagner comme « junior ». « Moi,

1. « *Ci jin kænæn ne sævdi lægæn ?* » mot à mot : « Que faire à ce nôtre homme malfaisant ? »

2. Ce récit, comme il arrive parfois, dédouble et juxtapose Sosryko et Soslan, Soslan n'étant plus qu'un comparse, un nom, et Sosryko gardant toute la personnalité du héros. – Autres récits analogues : Vs. Miller, *Os. Sk*, pp. 113-116 ; Kajtmazov, pp. 31-34 = *LN*, n°s 33 *b, c, d* ; 34 *b*, pp. 117-119.

dit-il, vous accompagner, messeigneurs ? Je n'ai pas de chance avec vous : sûrement, pour me payer, vous me donnerez encore des bœufs de trois ans, des brebis qui n'ont mis bas qu'une fois ! Vous me ferez encore cette offense... » (Il parlait ainsi pour amener les Nartes à lui donner justement ce paiement, sachant bien que, par hostilité, ils faisaient toujours le contraire de ce qu'il souhaitait.) – Ne crains rien, répondirent-ils ; si nous prenons quelque chose, tu auras une part égale aux nôtres. » Et l'on se mit en route.

Il fallut passer une rivière. Comme Syrdon n'avait pas de cheval, il se suspendit à la queue du cheval de Sosryko. Au milieu de la rivière, Sosryko se retourna vers Syrdon et lui demanda : « Quand est-il le plus indiqué de se couper les ongles ? – Quand on y pense ! » répondit étourdiment Syrdon. – Tu vas donc avoir l'ennui de rester un peu dans l'eau », dit Sosryko et, tirant son couteau, il se coupa tranquillement les ongles. Pendant ce bain de siège, Syrdon enrageait du dépit de s'être si sottement laissé prendre, et il jura de se venger. (Suit le vol des briquets.)

La malignité de Syrdon, quand il accompagne les Nartes en expédition, se marque parfois autrement : il s'amuse à les égarer :

c) Vs. Miller, *Os. Et.* 1, 3, n° 1, *Tradition sur les géants*, p. 137 = *LN*, n° 47 *a*, p. 146.

Une fois les Nartes partirent en expédition sous le commandement de Soslan. Syrdon leur servait de guide dans les montagnes et, suivant son naturel, il s'amusa tout le jour à les égarer, de sorte que la nuit les surprit dans la montagne. Ils virent une caverne, y entrèrent, – et ils s'aperçurent le lendemain qu'ils avaient dormi non dans une caverne, mais dans le creux de l'omoplate d'un squelette de géant...

Voici encore un échantillon de cette matière abondante.

d) ONS. *Comment Syrdon trompa encore les Nartes*, pp. 211-212.

Irrités d'une journée de chasse sans gibier, les Nartes passent leur mauvaise humeur sur Syrdon. Ils l'envoient dans un coin de forêt où ils savent qu'il y a un trou d'eau : peu s'en faut qu'il ne s'y noie. Il sèche ses vêtements et revient. Il dit aux Nartes qu'il a vu des animaux merveilleux qui se sont enfuis au plus dru de la forêt. Il les oriente ainsi vers un fourré épineux d'où, la nuit tombant, ils ne savent comment sortir.

Même en dehors de ces conflits aigus, les Nartes se défient de Syrdon. P. ex., *ONS*, p. 409, au moment de partager le butin qu'ils ont fait dans la forteresse de Gur, ils creusent d'abord une fosse et y mettent Syrdon, craignant qu'il ne suscite des querelles pendant le partage. Mal leur en prend : quand ils le retirent de la fosse, il leur révèle qu'ils se sont laissé duper par le premier qui a choisi.

4. Histoires à la Nasreddin Hodja

Étant donné ces rapports tendus des Nartes et de Syrdon, et la manière dont Syrdon bafoue les Nartes, on ne s'étonnera pas que des histoires du cycle de Nasreddin Hodja ou du même type soient parfois attachées à Syrdon. Voici quelques exemples.

a) Pamj. 1, n° 8, *Comment Syrdon brûla les vêtements des Nartes*, pp. 63-64 = LN, n° 35, p. 120[1].

Syrdon avait un mouton qu'il engraissait avec amour, comme les moutons qu'on garde pour les noces (*toqul*). Les Nartes résolurent de le manger. Un jour Uryzmæg, Batradz, Sozyryko et Omar (de la famille des Alægatæ) tinrent à Syrdon ce discours : « Voici le *qajmæt* (la fin du monde) qui arrive : plus besoin de rien mettre en réserve, fais-nous donc manger ton mouton ! – Bon », dit-il. Il tua son mouton, l'accommoda et le servit. Mais à quelque temps de là, un jour que les Nartes se baignaient, il prit les vêtements qu'ils avaient posés sur la rive et les brûla : il ne leur laissa que leurs chemises. Quand les Nartes sortirent de l'eau et lui demandèrent où étaient leurs vêtements : « Je les ai brûlés, dit-il ; si c'est le *qajmæt* et si nous allons tous mourir, vous n'avez pas plus besoin de garder vos vêtements que je n'avais besoin de garder mon *toqul* ! »

1. Variante toute proche dans *ONS*, « Qui a trompé qui ? », pp. 220-231.

b) *Pamj. 1*, n° 18, *Le vol de la vache d'Uryzmæg*, pp. 91-93 = *LN*, n° 35, note finale, p. 120.

Uryzmæg à la barbe de neige, le « senior » des Nartes, avait une vache : elle disparut. Il la chercha longtemps et finit par découvrir qu'elle avait été volée par Syrdon, fils de Gatag. Il attacha une longue corde au cou de sa chienne et la suivit. Elle le mena jusque dans la maison souterraine de Syrdon[1] où, dans le chaudron suspendu sur le foyer, cuisait justement la viande de sa vache... Syrdon invita Uryzmæg à s'asseoir, s'éclipsa un instant – le temps d'aller chercher la tête de la vache, enveloppée dans son manteau de pluie, et de la glisser sous le siège d'Uryzmæg –, et fit de grandes protestations d'innocence avec de grandes imprécations : « Qu'ils mangent du chien et de l'âne, le père et la mère de celui qui est en ce moment assis sur la tête de ta vache ! » Puis il servit à Uryzmæg de la viande et Uryzmæg s'en alla.

À quelque temps de là, sa chienne le ramena à la maison souterraine, pendant une absence de Syrdon. Il égorgea et découpa tous les enfants de Syrdon, jeta les morceaux dans le chaudron et s'en alla. Quand Syrdon revint et vit bouillir le chaudron, il commença par se réjouir. Mais quand il explora le chaudron avec la grande fourchette qui sert à tirer la viande (*fydis*), il ramena une tête, une main, un pied et se désola.

c) ONS, *L'invention de la fandyr*, pp. 204-210.

Les Nartes ont construit une belle maison commune pour les fêtes et veulent avoir l'avis de Syrdon. Deux fois, par des paroles sibyllines, il leur fait comprendre qu'il y manque, au milieu, la chaîne du foyer et, devant la fenêtre de l'est, la maîtresse de maison. Ils pourvoient à ces deux défauts et appellent Syrdon. Cette fois, il refuse de se déranger, mais Xæmyc le bat et il doit céder. Il déclare la maison parfaite, mais jure de se venger : c'est pourquoi il vola et tua la vache de Xæmyc.

Comme dans la variante précédente, Xæmyc est conduit par la chienne de Syrdon (cf. *Pamj.* 3, p. 27-28) à « la maison secrète, sous le pont », – car Syrdon a deux maisons, celle-là et celle que tout le

1. V. note 1, p. 182.

monde lui connaît au village. Xæmyc découpe et jette dans le chaudron non seulement les fils, mais la femme de Syrdon.

Quand celui-ci découvre son malheur, il tire du chaudron la main de son fils aîné, y attache comme cordes les vaisseaux qui amènent le sang à son cœur et se met à jouer de cet instrument macabre, pleurant ses fils et sa femme. Il se rend ensuite au *nyxæs* où les Nartes sont ravis de cette musique et lui promettent, s'il leur donne cet instrument, de lui ouvrir toutes les portes et de le traiter avec honneur. Il le leur donne. (Cf. ci-dessous 6, 1- c.)

d) ONS, *Comment Syrdon fit la commémoration de ses morts*, pp. 215-217.

Les Nartes reprochent à Syrdon de ne pas offrir de banquet commémoratif pour ses morts – usage ruineux, mais auquel est attachée une société qui aime festoyer. Syrdon finit par se résigner, mais ne fait préparer qu'un simulacre de bière, qui ne lui coûte guère. Et de même pour le reste. On voit vite pourquoi. Tandis que le crieur convoque les Nartes, il s'arrange (en posant la question : qui est venu le premier au monde, l'œuf ou la poule ?) pour provoquer une querelle entre les hommes stupides qu'il a engagés pour la circonstance. Ils en viennent vite aux coups et renversent le chaudron. Quand les hôtes arrivent, Syrdon leur montre le désastre et ils ne peuvent que s'en retourner.

5. Syrdon, Uryzmæg et la Dame d'Urup

Voici des fragments d'un curieux récit qui présente, sous plusieurs aspects, un Syrdon somme toute sympathique.

Uryzmæg à la barbe fleurie et le Sire d'Urup étaient frères de serment [1]. Uryzmæg vivait au milieu des Nartes, le Sire d'Urup vivait au ciel. Un jour, le Sire d'Urup, laissant au ciel sa jolie femme, partit pour un long voyage. À cette nouvelle, Uryzmæg sella son cheval Durdura, prit son violon, alla dans les steppes de la Kouma et, s'asseyant sur une pierre, joua des airs joyeux dont le son montait au ciel et charmait la Dame d'Urup : tantôt elle dansait, tantôt elle chantait. Uryzmæg fit cela chaque jour.

1. V. *LN*, pp. 165-166.

Le malfaisant, le joyeux menteur (*gædyj*) Syrdon, fils de Gatag, *kævdæsard*[1] de la célèbre famille narte des Boratæ, se dit qu'Uryzmæg devait avoir une raison d'aller chaque jour à cheval dans les steppes de la Kouma. Il alla un jour à sa rencontre et lui dit : « Que je mange tes maladies, mon seigneur Uryzmæg ! Tu es un des plus illustres parmi les Nartes. Quand tu n'es pas avec eux, ils sont abattus, bons à rien. Quel grand besoin as-tu donc de harasser chaque jour ton cheval pour aller dans les steppes de la Kouma ? Cette bête sans prix en est toute maigre. Ils ont raison, les jeunes Nartes, de dire que ta raison s'en va... Que je mange tes maladies, mon seigneur ! J'ose te dire cela... – Ah, débauché menteur Syrdon, répondit Uryzmæg, t'imagines-tu que tu vas savoir mes secrets ? » Il sourit et s'en alla en disant : « Je te conseille de rester tranquille : tu ne découvriras pas mes desseins ni mes secrets ! » Une deuxième fois, surgissant on ne sait d'où, Syrdon l'aborda de même façon et s'attira même réponse. Mais Uryzmæg se ravisa et lui révéla quelle galanterie l'attirait chaque jour sur les steppes de la Kouma.

En entendant ces mots, Syrdon éclata d'un tel rire que les larmes jaillirent à flots de ses yeux et qu'il tomba par terre : « Quel dommage que les Nartes t'aient perdu, toi, l'un de leurs hommes les plus en vue ! Tu les réjouissais, tu les ranimais dans leur abattement ! Rappelle-toi, Uryzmæg, comme tu étais haut placé à leurs yeux !... Ah, la jeunesse narte dit bien vrai, que ta raison est troublée ! Reprends-toi, secoue ta folie, etc. » Et longtemps il continua de rire sur la naïveté du vieux héros. À la fin Uryzmæg lui dit : « Bon, faisons un pari : si je ne dis pas vrai, je te donnerai mon cheval pie Durdura. Mais si je gagne le pari, c'est toi qui devras me donner ton cheval à trois pieds qui court comme le vent. » Ils conclurent le pari.

Syrdon monte au ciel, chez le Sire d'Urup, et il doit se rendre à l'évidence : Uryzmæg a dit vrai. Il se désespère, gémit sur la perte de son coursier à trois pieds, mais la bonne Dame d'Urup le console : « Non, ne te désole pas, je t'assure que tu ne perdras pas ton cheval à trois pieds. Va dire de ma part à Uryzmæg que je commence à fort

1. *Kævdæs-ard*, mot à mot : « trouvé dans les mangeoires ». Les *kævdæsard*, qui occupaient dans les nobles familles une situation bâtarde, étaient les fils du maître de maison et de servantes, filles ou femmes, qui couchaient avec lui en entrant à son service (après quoi, elles pouvaient coucher avec qui elles voulaient). Ces enfants restaient sous l'autorité du chef de famille qui était libre de leur léguer une petite part d'héritage, à son jugement. Cette situation sociale disparut après 1861, avec tout le système du servage.

mal le juger de s'être permis de faire un pari avec un homme de naissance inférieure à la sienne... » Syrdon revient trouver Uryzmæg, fait la commission et, en effet, Uryzmæg lui laisse son cheval. Et le malfaisant menteur Syrdon retourne chez les Nartes, si joyeux qu'il en balaye les rues de son bonnet.

L'histoire se corse en ce sens qu'Uryzmæg monte à son tour chez la Dame d'Urup ; que celle-ci le reçoit dans son lit, où ils passent agréablement la nuit ; que le Sire d'Urup, revenu inopinément, les surprend endormis et ne leur fait pas de mal ; mais que, à quelque temps de là, il envoie sa femme à Uryzmæg, chez les Nartes, avec un billet qui ne laisse pas de doute : il la lui donne pour toujours, « – car la trahison est venue de toi, Uryzmæg ! » Mesurant brusquement sa faute, Uryzmæg se désole : il a trahi un ami, un frère de serment ! Se tournant vers la Dame d'Urup, il la traite de femme maligne et de vipère, il tire son épée et va la tuer, quand...

« Où Syrdon ne pénétrait-il pas ? dit le texte. Il n'y avait chez les Nartes aucun secret qu'il ne connût. » Il surgit donc à point nommé devant Uryzmæg – on ne sait d'où – et lui dit : « Bonjour à toi, mon seigneur Uryzmæg, que je mange tes maladies ! Il ne faut pas te laisser égarer ni oublier le haut rang où tu es placé parmi les Nartes ! Est-il convenable que toi, l'illustre Uryzmæg, tu t'échauffes comme tu fais ? Non, tu ne dois pas tuer une femme de ta main : tu te déshonorerais, toi et ta famille. Tu peux lui appliquer la peine ordinaire des femmes adultères, c'est-à-dire l'attacher à la queue d'un cheval que tu lâcheras en liberté dans les steppes et dans les forêts... »

Uryzmæg ne put que suivre le conseil de Syrdon « que Dieu – ajoute le texte – avait créé tout exprès pour que les Nartes ne pussent vivre sans lui ». Syrdon s'appliqua ensuite à réconcilier Uryzmæg et le Sire d'Urup : ils échangèrent de nouvelles fiancées, dont ils convinrent de jouir tous deux la même nuit.

G. Šanajev, *Le Narte Uryzmæg et Uærp et ældar*,
pp. 22-34 = *LN*, n° 7 pp. 38-43 [1].

Voici au contraire quelques récits (n°s 6-8) où l'animosité de Syrdon envers les Nartes se manifeste de façon plus grave.

1. Urup (*Uærp*) est une localité du district du Kouban, *ældar* = « chef, seigneur ».

6. Syrdon et les guerres des Boratæ et des Æxsærtægkatæ

Plusieurs variantes racontent les cruelles hostilités qui opposèrent les deux grandes familles nartes des Æxsærtægkatæ et des Boratæ [1]. Syrdon en est partiellement responsable.

1-*a*) *Pamj. 1*, n° 15, *Les Æxsærtægkatæ et les Boratæ*, pp. 82-83 = *LN*, n° 46 *a*, p. 143.

Le conflit éclate dans les conditions suivantes : les Æxsærtægkatæ ont tué le jeune Krym-Sultan, de la famille des Boratæ, mais les Boratæ n'en savent rien. Ils ont longtemps cherché le disparu, puis ont oublié. Un jour, les Æxsærtægkatæ offrent un festin aux Boratæ et à tous les Nartes. On néglige d'inviter Syrdon. Quand les Nartes reviennent, ils trouvent Syrdon assis sur le *nyxæs* : « Que la mort t'oublie ! lui disent-ils ; nous, nous avons oublié de t'inviter au festin des Æxsærtægkatæ... » Syrdon répond : Je n'ai jamais plaisir à me trouver assis parmi les Nartes à une “table de sang [2]” ! » À ces mots Sozyryko se fâche et saisit la poignée de son épée : « Tu parles de “table de sang”, esclave ! Syrdon, fils de Gatag ! Est-ce que les Æxsærtægkatæ ne nous ont pas régalés comme ils régalent toujours les Nartes ? Et tu prétends qu'ils nous ont offert une “table de sang” ? Où as-tu pris cela ? » – « Mais, oui, c'était une “table de sang” et non un festin ordinaire... » et il leur raconte par le détail le meurtre du petit Krym-Sultan. D'où la guerre.

1-*b*) Vs. Miller, *Os. Et.* 1, 1, n° 14, *Soslan et Uryzmæg*, pp. 73-75 = *LN*, n° 46 *b*, p. 144.

Dans cette variante, Syrdon, assis sur le *nyxæs*, fait simplement, par-devers lui, la réflexion : « C'est étrange : ils leur ont tué le meilleur d'entre eux, et ils les invitent maintenant à un festin ! » Mais la « Dame des Vents » (*Uad-axsîn*) était la bonne amie (*lymmæn*) de

1. Cf. ci-dessus, n° 2 *a*, un épisode de ces luttes.
2. *Tuǰy fyng*, proprement « table de sang », festin offert à l'occasion d'un « prix du sang ».

Soslan. Elle répète les paroles de Syrdon à son amant qui, aussitôt, se lève du festin, – et la bagarre éclate [1].

1-*c*) ONS, *Æxsærtægkatæ et Boratæ, vendetta*, pp. 381-389.

Ce sont les Boratæ qui ont tué et fait disparaître un garçon de l'autre famille qui le recherche vainement. Ici s'insère une variante de l'épisode de la vache d'Uryzmæg volée par Syrdon et des fils de Syrdon coupés en morceaux par les jeunes Æxsærtægkatæ (v. ci-dessus 4, 2)). Syrdon, dans sa fureur, dit aux meurtriers : « Ce n'est pas difficile, de faire du mal à un isolé comme moi ! Pendant ce temps, votre petit garçon pourrit dans la forge des Boratæ... Évidemment, vous avez peur, vous ne vous vengez pas des Boratæ !... » Mais à ce moment, il n'y a au village que les jeunes Æxsærtægkatæ, les hommes faits étant en expédition : ils ne peuvent, à eux seuls, entreprendre de venger leur mort.

Les Boratæ demandent alors à Syrdon : « Que pouvons-nous faire pour bafouer les Æxsærtægkatæ ? » Il répond : « Déterrez leur gamin, coupez-lui la tête, mettez-la au bout d'une perche et prenez-la pour cible de vos flèches. Vous ne pouvez rien imaginer de plus offensant pour les Æxsærtægkatæ ! » Les Boratæ suivent le conseil. Mais les hommes Æxsærtægkatæ rentrent, et c'est la guerre.

2) ONS, *La mort de Xæmyc*, pp. 318-319.

Dans cette version, l'assassinat de Xæmyc, père de Batradz, est un épisode de l'hostilité des deux familles résultant d'un complot auquel Syrdon participa : Sæjńag Ældar, sollicité de tuer Xæmyc, ne veut s'engager que si certains au moins des Æxsærtægkatæ donnent leur accord. Syrdon excite les plus vils, la lie de cette famille.

1. Dans *ONS*, « Les jeux du petit Batradz », pp. 245-246, avec des conséquences moins graves, Syrdon, au nom des Boratæ rassemblés, traite avec insolence Batradz enfant : « Quels gens vous êtes, vous les Æxsærtægkatæ ! Quand on vous invite gentiment, vous ne venez pas et si l'on ne vous invite pas, vous enfoncez les portes avec vos têtes ! » Offensé, Batradz s'en va.

7. Syrdon et la famine des Nartes

a) *Pamj.* 2, n° 11, *Les terribles journées des Nartes*, texte pp. 35-36, trad. pp. 31-32 = *LN*, p. 34, n. 2.

Au cours d'une terrible famine, il ne subsistait chez les Nartes qu'un bœuf, celui de Subælci. Sirdon le vola, se gorgea de grillades et suspendit à ses moustaches des chapelets de saucisses. Puis il ouvrit le flanc de sa chienne et la traîna, perdant ses boyaux, jusque sur le *nyxæs* où les Nartes, épuisés, se roulaient par terre, et invoquaient Dieu. Il leur parla de haut, les harcela, frottant leurs lèvres avec les boyaux de sa chienne, tandis que lui-même, tournant sa langue tantôt vers une de ses moustaches, tantôt vers l'autre, suçait le jus des deux chapelets de saucisses [1].

Dans un sursaut de révolte, Uoræzmæg trouva la force d'aller gémir auprès d'Æxsijnæ [2], la sage Dame des Nartes. « Ce que j'ai ? dit-il. J'ai que les Nartes meurent de faim, se roulent sur le *nyxæs* et que l'effronté Sirdon frotte leurs lèvres avec les boyaux de sa chienne... – Eh bien, répondit-elle aussitôt, puisqu'ils te font tant pitié, j'ai sept resserres pleines de toutes les nourritures et de toutes les boissons. Invite-les et nourris-les. J'avais caché cela pour toi, en prévision d'un tel jour... » Uoræzmæg tout joyeux convoqua les Nartes, qui mangèrent et échappèrent ainsi à la mort, sans qu'il soit plus question de Syrdon.

b) *Pamj.* 3, n° 1, *Le fils sans nom d'Uryzmæg*, texte et trad. p. 3.

Le récit commence par la scène de la famine. Le fléau des Nartes, Syrdon, lâche sa chienne sur les Nartes affalés comme des cadavres. Elle leur lèche les lèvres, mange leurs sandales, leurs ceintures. Uryzmæg avertit sa femme, qui lui montre ses réserves de nourriture et de boisson, et il convoque les Nartes au festin. Et il n'est plus question de Syrdon.

1. Le fameux *chachlyk* caucasien ; en ossète *fizonæg*.
2. C'est-à-dire Satana.

c) *ONS*, pp. 35-36. Tout proche de *b*).

d) Šifner, *Éloge du Narte Uryzmæg*, pp. 71-72 = *LN* n° 6, *b*, p. 38.

Misère et famine fondent sur les Nartes qui n'ont même plus la force de sortir. Un jour, parmi quelques-uns qui ont réussi à se traîner jusqu'au *nyxæs*, Uryzmæg est assis sur un banc de pierre, dans sa grande chouba. Un chien passe ; il leur saute dessus, leur lèche la barbe, etc., et Syrdon se moque d'eux.

8. Syrdon, les Nartes et Batradz

Dans une des variantes du récit qui raconte comment Batradz vengea cruellement sur les Nartes le meurtre de son père Xæmyc, Syrdon, consciemment sans doute, donne aux Nartes embarrassés un conseil terriblement pernicieux.

a) J̌. Šanajev *1*, *Vengeance du Narte Batradz*, p. 32 = *LN*, n° 18 *d*, p. 67.

Batradz, s'adressant aux Nartes sur le *nyxæs*, leur dit : « Vous avez tué mon père, je suis resté orphelin et vous ne m'avez pas encore payé compensation comme il est d'usage. Je vais donc aiguiser ma bonne épée et, l'un après l'autre, ou par deux, je vous exterminerai. » Effrayés, les Nartes s'entreregardent. Alors l'ingénieux Sirdon, fils de Gatag, appelle à part les principaux Nartes et leur dit : « Ne vous chargez pas d'être juges dans l'affaire du meurtre de son père ! – Que faire ? demandent-ils. – Allez lui dire : "Garde-nous ta grâce ! Tes lèvres – ton jugement [1] ! Ce que tu nous diras de faire, nous l'accomplirons !" Si vous lui parlez ainsi, il s'adoucira et aura pitié de vous. » Mais, quand les Nartes vont trouver Batradz et lui tiennent ce propos, il leur répond : « Fils de chiens, Nartes ! puisque "mes lèvres – mon jugement", je vais vous donner une tâche facile… » Et il leur impose successivement plusieurs tâches impossibles, ce qui lui permet de les massacrer.

1. C'est-à-dire : « Rends le jugement que tu voudras. »

b) Šifner, pp. 33-40 = *LN* n° 18 b, p. 65.

Dans cette autre variante, Syrdon, déguisé, détourne effectivement la colère de Batradz sur d'autres « responsables » et sauve ainsi les Nartes.

c) ONS, *Comment Batradz vengea son père*, pp. 320-332.

Batradz exige compensation pour le meurtre de son père et l'offense faite à sa mère avant sa propre naissance (cf. ci-dessous n° 9). Syrdon donne d'abord aux Nartes le même conseil que dans la variante *a*). Puis, après les exigences impossibles de Batradz, il accepte de les sauver à condition que, chaque année, au « Jour du Partage », ils lui abandonnent les bœufs paresseux, les génisses malingres et les agneaux d'un an maigres. Ils acceptent. Syrdon va trouver Batradz et lui dit – ce qui est faux – que les meurtriers de son père sont les Esprits célestes. Batradz se fait tirer comme une flèche sur un arc et détruit l'assemblée des Esprits (cf. variante *b*).

Voici des récits qui racontent des méchancetés que Syrdon a faites à un Narte particulier : Xæmyc, Uryzmæg ou Soslan-Sosryko. Et d'abord à Xæmyc et à sa jeune femme.

9. Syrdon, Xæmyc et la femme de Xæmyc

Batradz est né, on l'a vu[1], d'un abcès formé dans le dos de son père Xæmyc par un crachat (ou un souffle) de sa mère. Comment les choses en étaient-elles arrivées à ce point d'étrangeté ? Nous avons d'assez nombreuses versions de l'événement et Syrdon, par sa curiosité maligne, son insolence ou ses commérages, est presque toujours responsable.

1. V. ci-dessus, p. 156.

a) Vs. Miller, *Os. Et.* 1, 1, *Comment naquit Batradz*, pp. 14-17 = *LN*, n° 11, *a*, pp. 50-51.

Le Narte Xæmyc, au cours d'une expédition de chasse, rencontre un jeune garçon qui l'émerveille par ses dons de chasseur. Il lui demande en mariage une fille de sa famille et tous deux vont chez les parents du garçon, qui lui donnent leur fille. Mais le garçon prévient son nouveau beau-frère : « Si quelqu'un fait un reproche à ma sœur, ou elle se tuera, ou il faudra la ramener au lieu d'où tu l'as prise ! » Arrivé chez les Nartes, Xæmyc installe sa jeune femme au sommet d'une tour où elle semble à l'abri des risques. « Mais, dit le texte, où Syrdon n'était-il pas le fléau des Nartes [1] ? » Un matin il réussit à aller la trouver, la regarde et dit : « Maudite créature, catin ! Tes pareilles ont-elles jamais osé venir chez les Nartes ? Jusqu'à quand resteras-tu en haut de la tour, sans descendre ?... » Après quoi, naturellement, la jeune femme dit à Xæmyc, d'une voix noyée de larmes, que le pacte est rompu : « Votre *saulæg* [2] Syrdon m'a dit telle et telle injure et je ne puis plus vivre ici. Ramène-moi chez mon père ! » Xæmyc ne peut que consentir. Elle ajoute : « Je t'aurais enfanté un fils tel qu'il n'y en aurait pas eu deux dans le monde. Maintenant, je vais te souffler entre les deux épaules. Quand je soufflerai, il se formera une grosseur. Compte les mois, et fais-la ouvrir. L'enfant qui en sortira, jette-le dans la mer [3]... »

b) J̌. Šanajev *1, Comment naquit Batradz*, pp. 27-32 = *LN*, n° 11, *b*, p. 52.

Au moment où l'inconnu, « le fils de Bcen », donne sa sœur à Xæmyc – contre trois mille roubles – il lui dit : « Nous sommes très susceptibles. Aussi, si ma sœur entend, de qui que ce soit, une parole offensante, il faudra la ramener chez nous, car elle te sera inutile... »

Xæmyc place sa femme au septième étage de sa maison et lui défend de descendre. Le lendemain, quand Xæmyc vient au *nyxæs*,

1. *Syrdon fydbylyz kæm næ udis Nartæn ?* Le mot *fydbylyz* signifie exactement « mal, malheur » (« Übel, Unglück », dit le dictionnaire de Vs. Miller).
2. *Sau-læg* proprement « homme noir » : dans la société hiérarchisée des Ossètes, c'est le nom de la dernière classe avant les esclaves (*kusæg*). C'étaient des hommes libres : seulement certaines familles de *sau-læg*, s'étant installées sur des terres appartenant à un *ældar* (noble), payaient une redevance au propriétaire.
3. Pour le tremper : c'est Batradz, le héros d'acier.

les Nartes admirent son beau vêtement ; ils découvrent ainsi qu'il est marié. « Comme nous voudrions voir, disent-ils, la femme qui coud de si beaux vêtements ! Quelle figure, quelles proportions, elle doit avoir ! » Mais, naturellement, ils n'ont aucun moyen de la voir. Sur ces entrefaites, la jeune femme devient enceinte.

Mais il y a, parmi les Nartes, le malfaisant Sirdon. Une fois qu'ils expriment leur étonnement comme à l'ordinaire sur la femme de Xæmyc, Sirdon leur dit : « Pourquoi n'allez-vous pas voir cette femme qui vous étonne tant ? – Il est impossible de la voir ; s'il existe un moyen, fais-le toi-même ! » Alors Sirdon, pendant l'absence de Xæmyc, observe les issues de la maison, se glisse à l'intérieur et regarde la jeune femme. Il est étonné et dit : « Ah, malheur aux Nartes ! C'est cela que vous appelez une beauté ? Elle est tout juste grande comme ce qu'on peut prendre d'un morceau de gibier avec les dents, et son derrière traîne sur les mottes de terre ! » Revenu au *nyxæs*, Sirdon répond aux questions empressées des Nartes : « Une femme qui traîne son derrière sur les mottes de terre, est-ce que je peux appeler ça une beauté ?... » Quand Xæmyc rentre, sa jeune femme lui dit : « Ramène-moi chez moi ! Il est venu un homme qui m'a regardée du haut de la tour et qui s'est mis à me dénigrer ! »...

... Au moment où ils se séparent, elle crache dans le dos de son mari : l'embryon passe ainsi de la mère au père.

c) G. Šanajev, *Récit sur le Narte Xæmyc, le lièvre blanc et le fils de Xæmyc, Batradz*, pp. 6-9 = LN, n° 11, c, pp. 52-53.

Dans cette version, toute mythologique, la jeune femme est une fille de Don-Bettyr, génie des eaux ; elle est une de ces « Filles des Eaux » auxquelles les jeunes filles ossètes font des offrandes d'œufs, de beignets, de gruau et de bière de millet, le samedi qui suit la semaine de Pâques [1]. La clause « mélusinienne » du mariage est celle-ci : la jeune femme ne peut vivre à la lumière du soleil que couverte d'une carapace de tortue ; elle portera donc toujours ce masque, sauf la nuit.

Parmi les Nartes qui assistent à la noce, il ne pouvait pas ne pas y avoir Syrdon, fils de Gætæg, *kævdæsard* [2] de l'illustre famille des Boratæ, astucieux compère, qui vivait à ne rien faire, selon son

1. G. Šanajev, *l, c.*, p. 6, note.
2. V. note 1, p. 173.

caprice, et qui aimait à provoquer des malheurs [1]. Il tâche donc de savoir qui est cette fiancée recouverte d'une peau de tortue. Il s'assied dans le char volant qui amène la jeune fille dans la maison de Xæmyc. Et, tandis que les Nartes, légers et insouciants de l'avenir comme à l'ordinaire, se livrent aux réjouissances, Syrdon n'a constamment qu'un objet en tête : cette fille de Don-Bettyr, qui ne se montre en public que sous un masque de tortue. C'est plus fort que lui : il lui faut trouver le moyen de l'amener à s'en dépouiller. Nuit et jour, il se frappe la tête, il veut voir la jeune mariée dans tout son charme, se repaître du spectacle de sa beauté. Il forme divers plans. Enfin il se glisse dans la chambre des époux et se cache sous le lit. Quand la jeune femme enlève sa carapace, la splendeur de son corps illumine toute la pièce comme font les feux des diamants : point n'est besoin d'éclairage... Elle s'endort d'un sommeil profond. C'est tout ce que souhaite le rusé Syrdon. Il se saisit de la carapace et la jette dans le feu, où elle brûle. Avant le jour, Xæmyc et sa jeune femme veulent s'habiller, elle cherche sa carapace, – en vain. Alors elle se tourne vers son mari et lui dit : « Je n'ai plus mon masque et, sans lui, je ne puis vivre sous le chaud climat de la terre ; il faut que nous nous séparions pour toujours. » Or elle était enceinte... Elle a juste le temps de transmettre le germe à Xæmyc et disparaît instantanément. Son germe passe à Xæmyc dans une excroissance qui se forme sur son dos.

d) Vs. Miller, *Os. Et.* 1, 3, n° 12, *Récits sur Batradz*, p. 48 = *LN*, n° 11, *d*, p. 53.

La fiancée de Xæmyc est une femme toute petite et laide, mais qui lui plaît. Il la porte dans sa poche partout où il va, et elle est très éprise de lui. L'astucieux Sirdon sait cela et en prend prétexte pour

1. G. Šanajev, *1, c.*, p. 7, note, après avoir dit que Syrdon était un *sangvinik* qui s'efforçait de découvrir tous les secrets et dont les Nartes ne pouvaient se passer dans leurs jeux et dans toutes leurs entreprises, ajoute : « Les Ossètes n'ont pas oublié sa maison souterraine, aux multiples sections. Ils disent encore "maison de S." (*Syrdony xædzar*) pour désigner un bâtiment qui contient beaucoup de divisions. La tradition dit qu'il était impossible, quand on ne les connaissait pas, de trouver l'entrée et la sortie de la maison de Syrdon. » Tuganov, dans son article « Kto takie Narty ? » (Qu'est-ce que les Nartes ?), *Izv. oset. instit. krajevedenija, 1* (Vladikavkaz, 1925), p. 376, dit qu'en Digorie, près du lieu appelé *Mæxčesgi xubus*, on montre un rocher sur lequel est gravé le plan d'un labyrinthe sans issue : c'est la maison de Syrdon. Cf. ci-dessus, n° 4 *b*, p. 171.

bafouer les Nartes : « Vous n'avez plus d'usages, de loi[1] ! L'un de vous porte sa femme dans sa manche, un autre dans sa poche ! » Devinant que Sirdon a découvert son secret, Xæmyc dit à sa femme : « J'ai peur que Sirdon ne se moque de moi devant les Nartes parce que je te porte sur moi. Il vaut mieux que je te ramène chez tes parents. » Sa femme lui dit : « Bien que nous n'ayons pas couché ensemble, un fils merveilleux te naîtra : sur ton dos va pousser une tumeur », etc.

e) Pamj. 2, n° 8, *Naissance de Batradz*, pp. 19-21 = *LN*, n° 11, *e*, p. 53.

La fiancée de Xæmic, Agunda, est d'abord une petite grenouille, qui se transforme en une très belle fille aux cheveux d'or, aux sourcils noirs comme les ailes du corbeau : sa forme animale est destinée à la garantir de la chaleur du soleil et du froid de la terre. Sa mère la donne à Xæmic à condition que nul des habitants de la terre ne la voie ni ne la connaisse. S'il manque à cette condition, il devra ramener la jeune femme. Xæmic jure qu'il en sera ainsi, met la grenouille dans sa poche et retourne chez les Nartes. Un jour, Satana prépare un grand banquet auquel tous les Nartes assistent, jeunes et vieux, hommes et femmes. Xæmic s'y rend, avec sa femme dans sa poche. Le service était fait par le fléau des Nartes, Sirdon[2]. Sirdon renverse une coupe sur la tête des vieillards nartes en criant : « Nartes, que Dieu ne vous pardonne pas ! Il y a, assis parmi les vieillards nartes, des gens qui ont des femmes dans leur poche et qui viennent ainsi aux banquets avec de jeunes mariées ! » Tenu par son serment, Xæmic doit renvoyer sa femme. C'est lui, dans cette version, qui lui crache dans le dos et la rend ainsi enceinte.

f) ONS, *Naissance de Batradz*, pp. 236-238.

Variante toute proche de la précédente. La jeune femme grenouille est dite Bceron, « de la famille des Bcer ». Xæmyc frappe violemment Syrdon après son indiscrétion. La fin est du type ordinaire : c'est la

1. On sait l'importance des *adaty* (coutumes, maintenues et appliquées par les vieillards) dans toutes les sociétés caucasiennes : c'est le fameux *xabze* des Tcherkesses, aussi minutieux et aussi impérieux que le *li* des Chinois. L'administration russe avait fait recueillir les *adaty* des Ossètes en 1844 : c'était un véritable code.
2. *Æmbardi sinonxast ba Narti xijnæ Sirdon adtæj.*

jeune femme, en s'en allant, qui souffle dans le dos de son mari, y transférant l'embryon.

10. Syrdon, les Nartes et le vieil Uryzmæg

Contre Uryzmæg vieilli – et donc menacé, puisque l'âge, en pays scythique, n'inspire pas de respect [1] – Syrdon sert allègrement les intentions homicides des jeunes Nartes.

a) Pamj. 1, n° 12, *Comment les Nartes voulurent tuer Uryzmæg*, pp. 72-74 = LN, n° 15, pp. 57-58.

Tous les Nartes étaient réunis dans la maison des Alægatæ pour un *afædzy-æmbyrd-syty-kuvd*, c'est-à-dire une grande « beuverie d'honneur de réunion annuelle ». À cette époque, Uryzmæg avait beaucoup vieilli et avait renoncé à participer aux banquets et réjouissances ; c'est à peine s'il se traînait jusqu'au *nyxæs*. Les jeunes Nartes voulaient le faire mourir dans une saoulerie honteuse mais ils ne savaient comment l'attirer à leur banquet. Ils réfléchirent beaucoup, vainement. À la fin, le malfaisant Syrdon leur dit : « Ne vous inquiétez pas, je vous amènerai Uryzmæg et vous vous amuserez de sa vieillesse ! » Syrdon alla trouver Uryzmæg sur le *nyxæs* et lui dit : « Bonjour, mon aîné ! Pourquoi rester tristement assis ? Il y a aujourd'hui un grand banquet chez les Alægatæ et les jeunes Nartes m'ont chargé de t'inviter. » Uryzmæg refusa et Syrdon revint au banquet. On le pria de tenter une nouvelle démarche. Il y alla, se grattant la tête avec son bâton, et dit à Uryzmæg : « Non, il n'est pas digne de toi de ne pas être au milieu des Nartes !... – Vas-y, mon vieil homme, dit alors Satana à Uryzmæg ; prends mon petit mouchoir de soie : si les Nartes veulent te faire du mal, jette-le à terre. »

Pendant le banquet, on fait boire Uryzmæg tant et tant que le sang lui monte aux yeux : il jette le mouchoir et aussitôt, magiquement prévenue, Satana prie Dieu d'envoyer sur terre Batradz. Furieux, tout brûlant, Batradz arrive sur le seuil des Alægatæ au moment où Nartes et Uryzmæg échangent, suivant l'usage, des défis en forme d'énigmes. Il s'élance dans la salle. Mais Syrdon a le temps de se transformer

1. V. ci-dessus, p. 155.

en hirondelle. Comme il s'envole, Batradz, d'un coup d'épée, lui fend la queue : c'est de ce jour, dit-on, que les hirondelles ont la queue fendue. Batradz fait alors un beau massacre de Nartes.

b) ONS, *Comment Batradz sauva Uryzmæg*, p. 258-262.

Variante toute proche. Syrdon transmet l'invitation des Boratæ d'une manière insolente : « Si tu veux y aller, vas-y ; si tu ne veux pas, n'y va pas ! » Pendant le festin, Syrdon remarque le stratagème conseillé par Satana : il a un entonnoir dissimulé sous son vêtement et il y verse le liquide. Syrdon conseille aux Boratæ de faire porter un toast debout. C'est alors qu'Uryzmæg a recours au mouchoir de soie. Syrdon se sauve par la cheminée.

11. Syrdon et Soslan

Mais c'est contre Soslan (ou Sosryko) que l'ingéniosité mauvaise de Syrdon est continuellement à l'affût. On a vu que, dans une variante, cela remonte loin : à leur naissance.

D'autres récits qui ne font pas naître ensemble les deux personnages expliquent autrement leur animosité réciproque.

a) ONS, *Pourquoi Syrdon devint l'ennemi de Soslan*, pp. 112-117.

Un jour Syrdon conduit son fils aux Nartes et leur dit : « Prenez-le comme cible et tirez des flèches. Si l'un de vous l'atteint, tant pis pour moi. Mais si vous ne réussissez pas à le tuer ni à le blesser, vous me paierez un bœuf par maison ! » Les jeunes Nartes acceptent d'enthousiasme. Pendant des jours, du matin au soir, ils tirent des flèches sur le garçon : aucune ne l'atteint et déjà Syrdon s'apprête à recevoir les bœufs. À ce moment Soslan rentre d'une expédition. Les jeunes gens l'informent, l'entourent de manière que Syrdon ne le voie pas et le mènent à la place où se fait le jeu. D'une flèche il tue le garçon-cible. Syrdon creuse une tombe et enterre son fils. C'est ainsi que lui et Soslan devinrent ennemis.

b) ONS, *Naissance et trempe de Soslan*, pp. 74-77.

À sa naissance, Soslan demande que le forgeron céleste Kurdalægon le trempe dans du lait de louve : ainsi son corps sera aussi dur que l'acier. Satana sollicite Kurdalægon qui accepte. Les Nartes, sans comprendre, le regardent creuser un bassin dans un grand arbre. Syrdon devine que c'est pour tremper le nouveau-né et s'écrie : « Regardez ce qu'il fait ! Il taille un bassin de quatre doigts trop long ! » Croyant avoir mal pris ses mesures, Kurdalægon raccourcit son projet. Le résultat est que, pendant son bain de lait de louve, Soslan ne peut étendre ses jambes et que ses genoux restent vulnérables. C'est par là qu'il mourra.

L'hostilité de Syrdon se marque de bien des façons, plus ou moins graves, jusqu'à l'attentat final. Voici d'abord un récit où Syrdon se donne seulement le plaisir d'annoncer à Sosryko un malheur qui le touche et de le railler.

12. SYRDON ET LES DEUX « JEUNES » DE SOSRYKO

Au petit jour, les deux jeunes compagnons (*kæstærtæ* [1]) de Sosryko sont allés seuls, sans leur aîné (*xistær*), à un rendez-vous de combat que Sosryko avait pris avec trois guerriers nogaï : retenu par une ruse de la belle Agunda, sa maîtresse, Sosryko était encore à midi dans son lit. Les Nogaï ont tué sans peine les deux jeunes gens. Sirdon, passant près de la maison de Sosryko, lui crie : « Qu'il est doux de reposer dans les embrassements de la belle Agunda ! Mais pendant ce temps, le soleil s'est levé, et Sosryko se soucie peu que deux jeunes garçons soient tués là-bas depuis longtemps ! » Sosryko bondit hors du lit, donnant à Agunda un tel coup de coude qu'elle reste évanouie. Il arrive juste à temps pour tuer les trois Nogaï et revient, chargé des armes des ennemis et de ses deux « jeunes ».

J̌. Šanajev *1*, *Sosryko*, p. 3-5 = *LN*, n° 22, p. 84.

Dans le récit suivant, Syrdon, truquant un tirage au sort, fait échoir à Sozyryko une mission particulièrement dangereuse.

1. V. note 1, p. 166.

13. Syrdon, Sozyryko et le tirage au sort

a) Pamj. 1, n° 14, *Comment Sozyryko tua le héros Mukara, fils de Para*, p. 76 = LN, n° 21 d, p. 81.

Un très dur hiver s'était abattu sur les Nartes. Ils n'avaient pas de quoi nourrir leurs grands troupeaux de chevaux, qui mouraient de faim. Ils se réunirent et délibérèrent longtemps sans trouver aucun moyen. Alors le malfaisant Syrdon, fils de Gætæg, leur dit : « Mes seigneurs Nartes, que je mange vos maladies ! Il est difficile de sauver vos chevaux si vous ne les poussez pas du côté de la mer, là où les champs et les steppes sont libres de neige et de froid. Mais qui de vous peut faire cela ? Uryzmæg est déjà vieux et tous les autres sont trop orgueilleux. Mais je sais bien que si les riches steppes de là-bas ne sauvent pas votre fortune, c'en est fait de vous : poussez-y vos troupeaux ! » Les Nartes s'assemblèrent. Il y avait là Uryzmæg, Čelaxsærtæg fils de Xyz, Sæjnæg-ældar, Xæmyc, Soslan et Sozyryko. Quand ils furent réunis, les Nartes dirent : « Jetons les sorts : celui qu'ils indiqueront, c'est lui qui conduira les troupeaux de chevaux des Nartes vers les riches steppes du bord de la mer ! » Ce fut à Syrdon qu'il revint de jeter les sorts. Il retourna sa misérable coiffure, recueillit les *xal*[1] de tous les Nartes, y compris Sozyryko. Syrdon n'aimait pas Sozyryko. Il prit donc le *xal* de Sozyryko et le cacha entre ses doigts tandis qu'il mettait les autres dans son chapeau. Il tira au sort, selon l'usage, une première et une deuxième fois pour rien. La troisième fois, naturellement, il « amena » le *xal* de Sozyryko et le lui rendit. Alors Sozyryko rassembla tous les grands troupeaux de chevaux des Nartes et les poussa vers les riches steppes du bord de la mer, – où l'attendaient de périlleuses aventures qu'avait sans doute prévues Syrdon.

b) ONS, *Soslan et les fils de Tar*, pp. 94-95.

C'est Uryzmæg, au cours de ce terrible hiver, qui dit aux Nartes que les seuls pâturages accessibles sont ceux des dangereux fils de Tar, Mukara et Bibyc. Syrdon truque le tirage au sort et fait désigner

1. Petit morceau de roseau, marqué d'un signe de reconnaissance, que fournit chaque participant.

Soslan. Celui-ci songe d'abord à le tuer, mais réfléchit qu'il aura l'air, s'il fait cela, d'avoir peur de l'expédition et il épargne Syrdon.

14. Syrdon, Čelaxsærtæg et la cuirasse de Sosryko

Les Alægatæ avaient chez eux tout ce qui peut se manger et se boire. Un jour ils invitèrent les Nartes qui se distribuèrent, pour banqueter, en quatre équipes. L'une avait à sa tête Uryzmæg, une autre Xæmic, la troisième Sosryko et la quatrième Čelaxsærtæg, fils de Xiz, un riche homme de la classe des *færsag*[1]. Les Nartes se mirent à boire et à porter des santés. C'était Sirdon qui servait. Ils burent avec frénésie et une querelle éclata entre Sosryko et Čelaxsærtæg, le premier affirmant qu'un *færsag* n'avait pas le droit de présider une table. Čelaxsærtæg protesta et défia Sosryko à la danse. Les enjeux étaient, du côté de Čelaxsærtæg, sa sœur, la belle Agunda ; du côté de Sosryko, la « cuirasse de Cerek » (*Ceredzi sgær*) qu'aucun coup ne pouvait entamer, le « casque de Bidas » (*Bidasy taka*) et son épée narte. Dans un premier match de danses assez simples, Čelaxsærtæg l'emporta déjà sur Sosryko, tournant comme une roue de moulin sur les poignards des Nartes. Ensuite, les Alægatæ firent apporter la fameuse coupe à quatre anses appelée *Nartamongæ* (« Révélatrice des Nartes »). Sirdon l'emplit de boissons diverses, de serpents, de lézards, de grenouilles, de tout ce qu'ils purent trouver, et les Alægatæ dirent : « Celui qui dansera avec le *Nartamongæ* sur la tête sans rien renverser sera le meilleur danseur ! » Sosryko dansa et laissa couler quelques filets de liquide. Čelaxsærtæg, tout en dansant, tira de la coupe tantôt un serpent, tantôt un lézard et en frappa la poitrine de Sosryko. Quand il s'assit, les Nartes lui donnèrent la victoire.

Sosryko dit alors à Čelaxsærtæg : « Je vais étaler devant toi toutes mes cuirasses. Si tu reconnais la cuirasse de Cerek, prends-la ! » Ainsi fit-il, et Čelaxsærtæg fut bien embarrassé : toutes les cuirasses présentées étaient semblables... Sirdon appela Čelaxsærtæg à l'écart et lui dit : « À présent, il cherche à te rouler, il ne te donnera pas l'enjeu que tu as gagné. Monte en selle, prends ta lance, éperonne ton cheval et fais le tour des cuirasses en criant : "Voici la bataille, cuirasse de Cerek !" La cuirasse de Cerek bondira alors d'elle-même et viendra à toi, car elle aime la bataille. Emporte-la. Autrement, de bon gré,

1. La deuxième classe de la société, au-dessous des *ældar*.

Sosryko ne te la donnera pas ! » Čelaxsærtæg suivit le conseil et emporta la cuirasse, talonné par Sosryko jusqu'à sa forteresse

J. Šanajev 1, *Les Alægatæ*, pp. 5-9 – *LN*, n° 25, *a*, pp. 96-97

Dans un épisode de la guerre ainsi provoquée, Syrdon intervient d'une manière particulièrement cruelle.

15. Syrdon et la mort du jeune allié de Soslan

a) *Pamj*. 2, n° 15, *Les troupes de la forteresse de Gori*, texte pp. 49-50, trad. pp. 45-56 = *LN* ; n° 25, *d*, pp. 98-99.

Soslan, avec les Nartes qu'il a convoqués, assiège la forteresse de Gori où réside Ǯelaxsærdton, dont il veut conquérir la sœur. Ǯelaxsærdton dispose de trois flèches magiques, infaillibles. Un tout jeune garçon narte, Zimajxuæ, a demandé à accompagner Soslan, qui a fini par l'admettre. Au cours du siège, il dit à Soslan : « Je vais aller m'installer sur le sommet du rocher noir qui domine la forteresse et je le désagrégerai à coups de pied. Mais, pendant ce temps, Ǯelaxsærdton décochera contre moi une de ses trois flèches. Elle m'atteindra au pied, dans le tarse, et je tomberai du haut du rocher. Alors, toi, prends-moi avant que j'aie touché terre et emporte-moi jusqu'à ce que tu aies franchi sept ruisseaux. Après, il arrivera ce que Dieu veut : nous prendrons la forteresse et nous emmènerons pour toi la belle Agunda. Si tu ne fais pas jusqu'au bout ce que je t'ai dit, je mourrai et tu échoueras dans ton entreprise. » Zimajxuæ se hisse donc sur le rocher et en fait dégringoler des blocs qui détruisent tout un quartier de la forteresse. Ǯelaxsærdton lui décoche une flèche au moment où il lève son pied, la flèche le frappe au tarse et le petit garçon roule sur la pente comme une gerbe de blé. De ses deux mains puissantes, Soslan tend sa bourka noire, le recueille avant qu'il ait touché terre et l'emporte aussitôt. Il a déjà franchi trois ruisseaux quand il rencontre Sirdon, qui a pris les traits d'un vieillard, portant sur l'épaule un vieux sac, un râteau et une fourche cassée. « Où vas-tu si vite, vieillard ? demande Soslan. – Les Nartes viennent de prendre la forteresse de Gori : peut-être pourrai-je y ramasser quelque chose ; alors j'y vais vite… Mais, toi-même, tu ressembles à Soslan. Où vas-tu donc, avec ce mort ? J̇eræxcau, fils de Dedenæg, a emmené avec lui la belle Agunda... » Soslan ne croit pas ce discours et continue. Il ne lui restait plus à franchir que le septième ruisseau quand Sirdon se présenta encore devant lui, sous la forme d'une vieille femme en train de filer. Elle s'étonna : « Tu es bien Soslan, qu'est-ce que tu as à emporter ce mort ? Les Nartes ont pris la forteresse de Gori et J̇eræxcau, fils de Dedenæg, a emmené Agunda pour l'épouser... » Cette fois Soslan crut aux paroles de la femme, déposa sur sa bourka le corps du garçon, le plaça sur un kourgan (*tumulus*) et rejoignit en courant son armée : elle attendait tranquillement de ses nouvelles. Il comprit alors sa faute et revint au kourgan, mais il y trouva le garçon mort. Sirdon avait jeté sur lui la « terre du cadavre ». Soslan se rendit à l'évidence et congédia son armée. Quant à lui, il égorgea un bœuf, vida l'enveloppe du ventre et entra dans ce ventre, juste entre les mois de juin et de juillet [1].

b) Vs. Miller, *Os. Et.* 1, 1, *Uryzmæg et Sozryko*, pp. 44-45 = *LN*, n° 25, *b*, p. 98 [2].

Dans cette variante, où l'adversaire de Sozryko est appelé Čilaxsærdton, c'est non pas Sozryko, mais un des Nartes de son armée, Uryzmæg, qui recueille le petit garçon au moment où il tombe du rocher, le pied traversé d'une flèche qui ressort par le genou. « En ce temps-là, dit le texte, quand on portait quelqu'un [mourant] par-delà trois vallées, il ne mourait pas. » Uryzmæg prit donc le garçon sur son dos et se mit en devoir de lui faire passer les trois vallées fatidiques. Il en avait déjà passé deux, mais il y avait Syrdon, le fléau des Nartes. Il dit à Uryzmæg : « Aha, Uryzmæg, ta troupe est en déroute et, toi, tu as pris sur ton dos un fils de sorcière et tu le portes... » À ces mots, Uryzmæg jeta son fardeau, et c'est pourquoi le garçon mourut.

---

1. *Axuædæg ba jeu gal ravgarsta, æ xurfi dzaumauti jin rakaldta ma uoj xurfi bacudæ tægkæ amistolæj sosæni astæu.* Je traduis littéralement le texte ossète, car la traduction russe des *Pamj.* 2 n'est pas exacte ; *amistol* n'est pas août, mais juin. Pour la date, v. ci-dessous, p 213. Sur la signification de cet épisode, v. mes *RSA*, 1978, pp. 276-282.
2. D'autres variantes content la mort du petit héros sans faire intervenir la malignité de Syrdon : J̌. Šanajev *1, Les Alægatæ*, pp. 5-9 = *LN*, n° 25 *a*, p. 97.

Voici enfin le grand crime de Syrdon : le meurtre – par personne interposée – de Soslan (ou Sosryko).

16. Syrdon et le meurtre de Soslan (Sosryko)

a) Pamj. 1, n° 6, Comment Sosryko épousa la fille du Soleil et comment il mourut, pp. 46-47 = LN, n° 28, a, p. 104 et n° 29 b, pp. 107-108.

Sosryko, sur son cheval, revient du monde des morts, où il est allé consulter sa première femme, défunte. Elle lui a bien recommandé de passer sans s'arrêter, pendant son retour, devant tous les objets qu'il rencontrerait. Docile à cet ordre, il laisse ainsi à terre des pièces d'or, une queue de renard en or. Mais voici qu'il aperçoit un vieux bonnet. Il se dit : « Pourquoi ai-je écouté cette femme infidèle et légère ? J'ai perdu des trésors... » Et il ramasse le vieux bonnet en disant : « Il ira très bien à nos jeunes filles pour essuyer le moulin ! » Or, ce bonnet n'était qu'une forme prise par le fils de Gætæg, le menteur (*gædy*) Syrdon. Syrdon entra dans le cœur de Sosyryko et de son cheval. Nul ne savait jusqu'alors sur la terre comment on pourrait causer la mort de Sosyryko et de son cheval, car ils étaient invulnérables. À un certain point de la route, comme Sosyryko, mécontent de son cheval, le menaçait et le frappait, le cheval lui dit : « Que Dieu ne te pardonne pas, Sosyryko ! La mort ne peut me venir que de dessous mes sabots ! – Et moi, répliqua le héros, la mort ne peut me venir que de mes jambes, parce que mes jambes sont en simple fer noir, tandis que le reste de mon corps est en pur acier noir ! À moins que la Roue de Barsag ne roule contre moi et ne me coupe les jambes, je ne risque pas d'autre mort ! Il n'y a que la Roue de Barsag qui puisse me donner la mort... » Ayant tout entendu, Syrdon sauta de la poche de Sosyryko. Il appela les diables et ils se mirent à tirer des flèches sous les sabots du cheval. Le cheval dit : « Me voici tué. Mais prends ma peau, fais-en un *burdjuk* [1] et remplis-le de paille, je m'efforcerai de te ramener chez toi [2]... » Sosyryko fit ainsi. Mais Syrdon, quand il entendit les paroles du cheval, courut sous terre et dit aux diables avec

1. Sorte d'outre de peau.
2. Cf. *LN*, pp. 160-161.

colère : « Ânes que vous êtes ! Faites chauffer les pointes de vos flèches, et lancez-les, rouges comme feu ! » Les diables obéirent, les flèches touchèrent le cheval empaillé au ventre et l'enflammèrent : toute la peau brûla. Sosyryko dut rentrer chez lui à pied.

À quelque temps de là, à la chasse, Sosyryko se voit soudain poursuivi par la « Roue de Barsag », – roue dentée, arme étrange, animée, douée de parole. Elle roule à grande allure et commence par couper les jambes des compagnons du héros. Il se lance à son tour à sa poursuite, mais comment l'atteindre ? Vainement il prie divers arbres (le platane, l'aulne) d'arrêter la Roue : ils refusent et il les maudit. Le bouleau a plus de courage ; grâce à lui Sosyryko peut d'abord, de trois flèches, casser trois dents (*dandæg*) de la Roue, puis la saisir et la frapper de son épée. Il bénit le bouleau et emmène la Roue captive chez les Nartes. Elle reste là douze ans et les Nartes s'en servent pour transporter le fumier dans leurs champs. À la fin, elle obtient sa liberté moyennant le serment solennel, par-devant Dieu, d'aller tuer son propre maître, Barsag.

Comme elle traverse le village, elle rencontre une jeune fille – qui n'est autre que Syrdon – qui lui demande : « Où vas-tu, Roue de Barsag ? – Je vais tuer mon maître ! – Et pourquoi le tuer ? C'est un des meilleurs parmi les Nartes. – Sosyryko m'a obligée à jurer par-devant Dieu que je tuerai Barsag. » Alors Syrdon dit à la Roue : « Ne trompe ni Dieu ni Sosyryko, fais comme ceci : ne tue pas Barsag, coupe-lui seulement le bout des dix doigts des mains et des dix doigts des pieds ; alors il te fera encore meilleure (c'est-à-dire plus forte) que tu n'étais ! » La Roue ne l'écoute pas et continue à rouler, tandis que Syrdon disparaît. Une deuxième fois, au milieu du village, sous les traits d'une vieille femme, puis une troisième fois, au bout du village, sous les traits d'un vieillard, Syrdon pose la même question et donne le même avis. À la fin, la Roue se dit que cette jeune fille, cette vieille femme et ce vieil homme n'ont aucun intérêt à lui donner ce conseil, et elle le suit : elle coupe le bout des doigts de Barsag, – et c'est depuis lors, dit le conteur, que les hommes ont des doigts de longueur inégale.

Peu après, Sosyryko ayant insulté la fille du soleil qui se baignait près de la mer, celle-ci prend à son service la Roue de Barsag, en location, contre douze vaches pleines, et un jour que Sosyryko chasse, la Roue fonce sur lui à l'improviste et lui coupe les deux jambes. Le héros mutilé demande au corbeau d'aller avertir les Nartes Boratæ ; le corbeau refuse et Sosyryko le maudit. Il fait la même prière à l'hirondelle, qui accepte, qu'il bénit, et qui remplit sa mission. À la fin, après bien des résistances, Sosyryko se laisse enterrer et se résigne à passer chez les morts.

Chaque matin, Syrdon sort avec ostentation du village en pleurant, en se frappant la tête d'un bâton et en disant des phrases comme il est usuel d'en dire au sujet d'un mort, sous peine d'offenser les proches : « Ô Sosyryko, ô Sosyryko, comment pourrai-je vivre, maintenant que tu n'es plus vivant ? Je suis mort, Sosyryko, je suis perdu, ma maison est ruinée, etc. » Puis il tire de l'écurie le beau cheval blanc, la monture aimée de Sosyryko, il le selle après avoir mis sur son dos une plante épineuse, et il monte : le sang du cheval coule sous la selle. Syrdon se rend ainsi au cimetière, à la tombe de Sosyryko. Là il fait de la voltige tout autour de la tombe en improvisant mainte variation sur le thème : « Comme ta mort me fait plaisir, Sosyryko ! » Puis il monte sur le toit du tombeau, s'assied, fait toutes sortes d'inconvenances et finit par soulager son ventre. Chaque jour il répète ce manège. Un jour, Sosyryko en a assez. Du pays des morts, il pointe sa flèche dans la direction du toit de son tombeau et, pendant que Syrdon se soulage, il décoche... La flèche atteint Syrdon au sommet de la tête et il tombe mort sur la terre.

b) J̌. Šanajev *1*, *Mort de Sosryko*, pp. 9-12 = *LN*, n° 29 *a*, pp. 105-107.

Sirdon ne donne pas de conseil à la Roue qui a d'elle-même l'idée de couper le bout des doigts de son maître pour se libérer de son serment. Quand, dans une deuxième rencontre, la Roue a coupé les jambes de Sosryko, Sirdon surgit soudain près de lui. Sosryko lui dit : « Voici mon cheval, sellé et bridé. Va vite dire aux Nartes ce qui m'est arrivé ! » Sirdon monte en selle et se met à tourner autour de Sosryko, le harcelant d'ironies. Après avoir béni le loup, la chouette et le corbeau qui n'ont pas voulu manger sa chair, Sosryko prie l'hirondelle d'aller prévenir les Nartes ; elle y va, revient, et il la bénit.

Les Nartes sont sur le *nyxæs* quand l'hirondelle arrive et se met à crier au-dessus d'eux. Sirdon, qui était là, dit : « Écoutez, Nartes, l'hirondelle vous apporte une nouvelle ! » Tout le monde se tait. Sirdon reprend : « Elle dit que Sosryko a tant tué de gibier qu'il ne peut le rapporter. Envoyez-lui des voitures dans la forêt ! » Les Nartes conduisent des voitures, mais, au lieu de gibier, c'est Sosryko qu'ils rapportent. Sosryko leur dit : « Maintenant, Nartes, donnez-moi la possibilité de tuer Sirdon de mes propres mains, puis j'irai à la place qui m'attend ! » Ils traînent Sirdon jusqu'à lui et il le tue de ses mains. Ensuite ils enterrent Sosryko avec une grande affliction et placent Sirdon à ses pieds. Suivant d'autres, ils dressent Sirdon debout, à ses pieds, en guise de *cirt* (monument funéraire) [1].

c) *Pamj.* 2, n° 6, *La mort de Soslan et la Roue d'Ojnon*, texte pp. 19-21, trad. pp. 15-18 = *LN*, n° 29 *c bis*, p. 109.

Au cours d'une chasse, Soslan rencontre une jolie fille qui s'offre à lui, qu'il refuse et qu'il insulte. Or, c'est la fille « du Père Jean [2] » (alias : « du Marsug céleste [3] »). Elle va se plaindre à son père, qui ordonne à son serviteur, « la Roue d'Ojnon » (*Ojnoni* [4] *calx*), de s'élancer contre Soslan. Après s'être fait retremper par le forgeron céleste Kurd-Alaugon, la Roue d'Ojnon s'ébranle pour tuer Soslan. Celui-ci, dès qu'il la voit, la prend en chasse. Il maudit successivement l'aulne, puis le charme-bouleau, qui ne savent pas arrêter la Roue. Mais elle arrive à un bosquet de noisetiers où elle s'empêtre dans du houblon et où Soslan peut l'atteindre : il bénit ces deux végétaux. Il va mettre la Roue en morceaux, mais celle-ci lui demande un délai, comme c'est, au Caucase, le droit strict des vaincus : elle jure que, trois jours plus tard, elle sera au rendez-vous sur le kourgan de Haram ; là, Soslan pourra la tuer. Soslan la relâche.

La Roue s'en retourne, désespérée. Surgi on ne sait d'où, Sirdon est sur son chemin. « Pourquoi reviens-tu ainsi, désespérée ? lui dit-il. – J'ai juré à Soslan, répond-elle, que je serai dans trois jours sur le

1. Dans un récit tout différent, deux variantes : Vs. Millet, *Os. Sk.*, n° 1, *À propos de Sirdon*, p. 117 = *LN*, n° 34 *b*, fin ; et *LH*, p. 69 : sur le point de mourir, Sirdon demande à Soslan (ou à sa femme) d'être enterré dans un lieu d'où il n'entendra pas le bruit des hommes : on l'enterre sous le *nyxæs* ! Puis, comme sa présence souterraine suffit à provoquer un esprit querelleur dans les assemblées, on jette son cadavre à l'eau. Mais, à cause de sa parenté avec les génies aquatiques, il ressuscite et revient persécuter les Nartes.

2. *Fid luanej kizgæ.*

3. *Uælarvon Marsugi kizgæ* : Marsug = Barsag.

4. *Ojnon* est une variante de « Jean » : Vs. Miller, *Os. Et.*, II (1882), p. 285, signale rapidement une légende suivant laquelle Soslan a été tué par « la Roue de saint Jean-Baptiste » (le Père Jean, *Fyd Ioanne*).

kourgan de Haram, et il me tuera ; c'est pour cela que je suis désespérée : je n'ai plus de force, mon tranchant s'est émoussé... » Sirdon dit alors : « Lorsque Kurd-Alaugon a trempé ton acier, j'étais là et j'ai volé une partie de ton fer. Je vais te le rendre. Fais-toi tremper à nouveau, fais boucher tes ébréchures, – et, quand Soslan sera endormi là-bas (sur le kourgan), passe-lui sur les genoux : tout le reste de son corps est trempé avec du *boramæz*[1] et tu ne pourrais le couper. »

C'est ce qui arrive. Solsan a les jambes coupées. Il poursuit néanmoins la Roue d'Ojnon sur des échasses qu'il a vite ajustées à ses moignons. Il va l'atteindre quand Sirdon dit à la Roue : « Passe sur la terre labourée ! » Là en effet les échasses de Soslan s'enfoncent et il ne peut continuer...

Soslan reste longtemps là, baignant dans son sang. Il maudit le corbeau, le renard, qui se laissent tenter par ce sang et bénit le loup qui, vertueusement, a refusé. Soudain Sirdon surgit devant lui, tout en larmes : « Vaillant Narte Soslan, tu ne méritais vraiment pas cette mort sans gloire... » Soslan lui dit : « Cesse de pleurer et va annoncer mon malheur aux Nartes ! – Je ne puis aller à pied, je prendrai ton cheval... – J'ai donné ma parole que je ne laisserais pas, sous mes yeux, un autre monter sur mon cheval ; va donc te mettre en selle dans un endroit caché ! » Sirdon mène le cheval dans un fourré. Il place une plante à épines sous la couverture de la selle et monte. En passant près de Soslan, la pauvre bête ruant, il dit : « Quel cheval mal dressé tu as, Soslan ! – Il fera bien l'affaire de quelqu'un, – dépêche-toi, et préviens Æxsijnæ[2] ! »

Sur le cheval tout en sueur et en sang, Sirdon arrive au village et trouve les Nartes attablés chez le Narte Alæg[3]. Quand ils apprennent cette nouvelle, ils préparent un si beau tombeau que, séduit, Soslan y entre vivant. Avant d'y entrer, il fait son testament : son épée, sa cuirasse, son arc, il les laisse à J̌eræxcau, fils de Dedenæg, avec mission de venger sa mort sur la Roue d'Ojnon ; son cheval, au bout d'un an, qu'on le remette à Sirdon... Les survivants des Æxsærtægkatæ exécutent ce testament. J̌eræxcau finit par attraper la Roue et la met en morceaux. Quant à Sirdon, un jour qu'il le mène à l'abreuvoir, le cheval de Soslan lui donne un tel coup de sabot qu'il en meurt.

---

1. Le conteur ne savait plus expliquer ce mot, qui désigne plutôt de la colle, et qui a l'air d'une 3e pers. du singulier du « potentiel négatif » d'un verbe tatar (mot à mot « qui ne peut... »).
2. Satana.
3. Éponyme des Alægatæ.

d) ONS, *La mort de Soslan*, pp. 167-186.

Version analogue à la précédente, avec des variations intéressantes.

Quand Balsæg, le père de la jolie fille dédaignée, envoie la Roue contre Soslan, en même temps il l'avertit de loin : « Prends garde, rejeton des Nartes ! – Quelle arme as-tu donc, réplique Soslan, pour espérer me tuer ? – Quelque chose va t'arriver dessus, attends le choc ! – Et quelle partie de mon corps dois-je offrir au coup ? – Ton front ! »

À ce moment Soslan voit surgir la Roue. Il la reçoit sur son front et elle rebondit. Soslan veut l'attraper, elle s'échappe. Balsæg crie de nouveau : « Attention, la voici qui revient sur toi ! – Que dois-je lui opposer cette fois ? – Ta poitrine ! »

Avec fracas, la Roue heurte la poitrine de Soslan. Le héros réussit à l'attraper et lui casse deux rayons. La roue supplie, promet d'être dorénavant non la Roue de Balsæg, mais la Roue de Soslan et Soslan lui fait grâce. Pendant qu'elle s'en retourne, le pernicieux Syrdon apparaît devant elle. « Bon chemin, Roue de Balsæg ! – Ne me nomme plus Roue de Balsæg, ou bien Soslan me tuera. Je suis maintenant la Roue de Soslan. – Voilà ce que sont devenues ta force et ta puissance ? demande ironiquement Syrdon. – Tais-toi, n'excite pas ma mauvaise nature. Je suis de ceux qui savent tenir leurs serments ! – Fais couler du sang de ton petit doigt et tu seras libre de ton serment. Ne sais-tu pas que c'est à toi qu'il revient de tuer Soslan ? Essaie, attaque encore une fois ! »

La Roue hésite, mesure les risques, mais Syrdon lui enseigne qu'elle peut surprendre Soslan pendant sa sieste. Vite elle va se faire remettre par Kurdalægon les rayons qui lui manquent et s'élance. Mais, ce jour-là, Soslan ne fait pas la sieste et c'est à ses douze compagnons endormis que la Roue coupe les jambes. Quand Soslan revient, il se lance à la poursuite de la Roue, maudit un grand nombre d'espèces d'arbres qui refusent de s'opposer à la Roue, jusqu'à ce que le noisetier et le houblon l'arrêtent. Soslan lui brise plusieurs rayons avec ses flèches et bénit les deux végétaux. Quand, levant l'épée, il va mettre la Roue en morceaux, elle le supplie, promettant d'aller tuer douze hommes de sa famille en compensation des douze compagnons de Soslan. Soslan la relâche.

Syrdon surgit devant la Roue, sous les traits d'un vieillard : elle peut s'acquitter de sa promesse, suggère-t-il, à peu de frais, en coupant seulement les ongles des mains et des pieds de douze hommes de sa famille. La Roue ne veut rien entendre. Sous les traits d'une vieille femme, puis sous ceux d'un jeune homme, Syrdon renouvelle son conseil. Impressionnée par l'accord de ces trois personnes, la Roue s'y conforme. De temps en temps, Syrdon vient en outre, sous ses propres traits, l'exciter à la vengeance. La Roue résiste : n'est-ce pas de Syrdon que lui sont venus ses malheurs ? Syrdon ne se tient pas pour battu. Tant qu'à la fin, la Roue va se faire remettre par le forgeron céleste ses rayons cassés et, un jour que Soslan est à plat ventre, rampant vers un gibier, elle roule sur lui, le frappe aux genoux et lui coupe les jambes.

La fin du récit est très proche de la variante *a*. Syrdon aigrit les derniers moments de Soslan en prétendant que les Nartes restent à festoyer sans se soucier de lui, puis qu'ils lui préparent un cercueil et un linceul sans valeur. C'est un jeune cousin de Soslan qui attrape difficilement, après un match de métamorphoses, la Roue et la brise en deux sur la tombe de Soslan. Et Soslan, par une des trois fenêtres qu'il a fait faire à son tombeau (une donnant sur l'orient, une sur le zénith, une sur le couchant), tire la flèche qui touche Syrdon au sommet de la tête et le tue.

e) Pfaff, n° 3, *Voyage de Sozruko dans le monde souterrain, fragments*, p. 173 = *LN*, n° 29 *c*, p. 108, et pp. 113-114.

Dans cette variante très altérée, Syrdon, qui intervient tout autrement, a le beau rôle.

Un jour, Sozruko voulut aller visiter les morts, mais il ne put trouver la porte de leur demeure. Or, dans le ciel, vivait Balsik, qui avait une grande Roue[1], et cette Roue connaissait le chemin qui mène au monde souterrain. Sozruko pria Balsik de la lui prêter. Balsik consentit. Mais pour mettre la Roue en mouvement, il la plaça d'abord sur le front de Sozruko, puis sur ses genoux[2] ; la Roue partit dans le mauvais sens et coupa les deux jambes de Sozruko. Bien que sans

1. Dans une note, Pfaff explique (mais l'explication est évidemment de lui) que la Roue de Balsik, c'est l'*anankè*, le *fatum*...
2. Cf. ci-dessus la variante *d*) et ci-dessous les variantes tcherkesses.

pieds, Sozruko la poursuivit, mais elle était déjà loin et bientôt elle disparut. Ne sachant que faire, Sozruko demanda conseil à l'astucieux Syrdon qui lui dit : « Pour arriver à tes fins, va prendre, dans un grand troupeau, le meilleur cheval ; égorge-le et nettoie son ventre de toutes les saletés qu'il contient [1]... » Quand ce fut fait, la Roue apparut au loin. Sosruko la poursuivit, finit par lui arracher deux rayons, mais elle se jeta dans la mer Noire.

17. Syrdon et la fin des Nartes

La fin de la race des Nartes – en dehors des morts tragiques de quelques-uns – est racontée de diverses manières, mais elle est toujours l'effet d'un châtiment divin : Dieu la punit pour ses violences ou pour son orgueil impie. Une des variantes met Syrdon à l'origine de cette catastrophe finale.

Les Nartes avaient vaincu maint adversaire et nul ne pouvait se mesurer avec eux. Ils réfléchirent : quel ennemi provoquer encore ? Alors le pernicieux Syrdon leur dit : « Vous êtes toujours à prier Dieu. Tâtez donc de sa force ! Les Nartes répondirent : – Mais nous ne savons pas où il est. – Mettez-le en colère et il se montrera de lui-même. – Et comment pouvons-nous le mettre en colère ? – Quels esprits obtus que les vôtres ! Cessez de le prier, oubliez son nom, faites comme s'il n'était pas ! Modifiez les portes de vos maisons, faites-les assez hautes pour n'avoir pas besoin de vous baisser en y entrant afin que Dieu ne s'imagine pas que vous vous inclinez devant lui. Faites cela et c'est lui-même qui viendra vous trouver. »

Ainsi font les Nartes et Dieu leur envoie l'hirondelle comme parlementaire : qu'a-t-il fait pour les offenser ? D'une seule voix, les Nartes font répondre qu'ils l'ont servi assez longtemps sans qu'il daigne se montrer et qu'ils souhaitent le voir et se mesurer avec lui.

Dieu renvoie sa messagère avec une deuxième question : au cas où il serait le plus fort, souhaitent-ils que leur race périsse complètement ou se survive au moins dans une descendance dégénérée ?

Les Nartes choisissent de périr complètement : ils souhaitent une gloire éternelle, non la vie. Et Dieu commence. Quelque quantité de blé qu'ils battent en un jour, ils n'en tireront qu'un sac de grains.

1. Souvenir déformé de l'épisode du cheval empaillé, ci-dessus n° 16 *a*.

Mais les Nartes sont rusés : ils divisent leur récolte en meules de sept gerbes et battent séparément chacune de ces meules : chacune produit un sac de grains. Alors Dieu changea de malédiction : de jour, les épis de leurs champs seront toujours verts et ne seront mûrs que la nuit. Les Nartes essayèrent de moissonner la nuit, mais à peine mettaient-ils les pieds dans leurs champs que les épis reverdissaient. Ils trouvèrent cependant une ruse. Ils préparèrent des flèches avec des pointes ouvertes en deux branches comme des ciseaux et, pendant la nuit, les lancèrent sur leurs champs : les épis qu'elles coupaient restaient mûrs. Ils survécurent ainsi pendant un an. Puis ils se dirent : « Pourquoi faisons-nous cela ? Nous avons donné notre parole à Dieu. Plutôt une fin glorieuse qu'une vie sans gloire ! »

Et ils se laissèrent mourir.

ONS, La perte des Nartes, pp. 481-484.

18. Syrdon dans les légendes des peuples voisins des Ossètes

Chez les peuples voisins des Ossètes et qui leur ont emprunté l'épopée narte, Syrdon a eu des destins divers. On le voit figurer, sous le nom de *Sirdan* et sans caractère spécial, dans un groupe de Nartes (à côté de Sosruko, Račikau [1], Sibilči [2]), qu'énumère un récit des Tatars de Pjatigorsk [3]. Les Abkhaz parlent de *Šardən* et, sous l'influence du nom « Hoǰa Nasrettin », de *Hoǰa-Šardən* [4]. Les Tatars de Karatchaï ne semblent même pas connaître son nom : ils racontent, sans le faire intervenir, des épisodes qui, chez les Ossètes, sont attachés à Syrdon [5]. Les Tcherkesses non plus ne le connaissent pas : L. Lopatinskij a noté que quelques traits du caractère de l'Ossète Syrdon sont passés, chez les Qabardis

1. Le *Jeræxcau* des Ossètes.
2. Le *Sibælci* des Ossètes.
3. S. Urusbiev, *SMK* 1, 2 (1881), p. 16, n° 2, Šauaj = *LN* n° 38, pp. 127-129.
4. V. I. Abaev, *Osetinskij jazyk i fol'klor* I (1949), p. 317.
5. M. Alejnikov, *SMK* 3, 2 (1883), pp. 145-147, n° 2, *Les Emegen* = *LN*, n° 33 g, p. 118.

(Tcherkesses orientaux), à Sosruko lui-même, qui est plus un rusé et magicien qu'un vaillant [1].

I. – Légendes tchétchènes et ingouches sur Botoko-Širtta (Batuko-Šertuko).

En revanche, chez les Tchétchènes, sous le nom de *Botoko-Širtta*, et chez leurs frères les Ingouches, sous le nom de *Batoko-Šertuko*, Syrdon connaît une grande fortune. Voici ce qu'un des premiers observateurs, Čax Axrijev, disait de Botoko-Širtta il y a trois quarts de siècle [2] : « Dans toutes les entreprises des Orxustoj apparaît, comme guide et comme conseiller, Botoko-Širtta, personnage mythique, d'essence surnaturelle, qui va dans l'autre monde et en revient quand il veut [3]. Bien qu'il n'appartienne proprement ni au groupe des Njart ni à celui des Orxustoj, il est toujours du côté de ces derniers, les tirant toujours de situations critiques. Quant aux Orxustoj, ils le récompensent en le blessant de leurs plaisanteries et même parfois le regardent avec mépris : c'est le cas en particulier de Soska-Solsa [4] qui se distingue entre les Orxustoj par sa vigueur héroïque et par ses victoires [5]... »

1. *SMK* 12 (1891), 1, 2 p. 19 : cf. *RHR* 125 (1942), p. 110.
2. *SSKG*, 4, 2 (1870), pp. 1-2. D'après Čax Axrijev, ce sont les *Orxustoj* (ou *Ærxstuaj*, déformation du nom ossète *Æxsærtægkatæ*) qui correspondent aux Nartes des Ossètes ; les *Njart (Nært)* sont au contraire leurs adversaires. De fait, les principaux Orxustoj sont Orzmi, Pataraz, fils de Xamč, et surtout Soska-Solsa : c.-à-d. les noms mêmes des principaux Nartes Æxsærtægkatæ d'Ossétie, Uryzmæg, Batradz fils de Xæmyc, et Soslan. Ils passent leur temps en expéditions, en beuveries, ou sur le *pegata* (ingouche *pegat*) qui est, dans le village, la place publique, l'équivalent du *nyxæs* des Ossètes. Sur tout ceci, v. *LN*, pp. 5-6 et p. 6, n. 1.
3. De même, le Batoko-Šertuko des Ingouches : « Il pouvait à tout moment aller dans l'autre monde et en revenir », Čax Axrijev, *Inguši*, *SSKG*, 8, 2 (1875), p. 31 ; il était « l'intermédiaire » entre ce monde-ci et l'autre (*ibid.*, p. 36).
4. Soska-Solsa, Sosryko et Soslan. Cf. aussi « Soslan, fils de Sosæg » (cf. variante 1 *a*) : H. W. Bailey, *JRAS*, 1953, p. 113, n. 8.
5. Le dernier recueil de folklore tcherkesse et ingouche avant la déportation massive de ces peuples. *Čečeno-Ingušskij Fol'klor* (Moscou, 1940), pp. 249-273, contient plusieurs épisodes de l'épopée narte. Les « Orxustoj » d'Axriev sont ici nommés *Erstxuo* et notre personnage est, en ingouche, « le rusé *Batoko-Širtjaxa* ».

De fait, Botoko-Širtta s'éloigne du type de l'Ossète Syrdon par deux traits importants :

– son caractère surnaturel plus marqué et ses rapports plus réguliers avec l'autre monde [1] ;

– la disparition à peu près complète de ce qu'il y a dans Syrdon de malfaisant ou ridicule. Son rôle constant est de donner aux Orxustoj, et même à l'insolent Soska-Solsa, des conseils sincères et judicieux : par exemple, il prévient Soska-Solsa que le géant-berger Koloj-Karta est terriblement fort, ce qui provoque les sottes protestations de Soska-Solsa ; il lui enseigne ensuite comment diminuer cette force (à savoir, faire coucher Koloj-Karta deux semaines de suite avec une femme [2]).

Quand il punit les Orxustoj, c'est à la suite de graves outrages (par exemple ils lui ont tué son fils sans raison) et d'ailleurs il leur pardonne toujours dès qu'ils le supplient et les tire du danger où ils les a placés [3]. Le Batoko-Šertuko des Ingouches a enseigné aux hommes à faire des sacrifices funéraires [4] ; en mourant, il a exprimé le regret de n'avoir pas complété l'éducation agricole des hommes [5] ; quand Pataraz, fils de Xamč, las de la vie, a voulu mourir, il a prié Batoko-Šertuko de le conduire au pays des morts [6] ; à l'insolent Soska-Solsa, il donne des leçons méritées et modérées dont celui-ci doit ensuite reconnaître le bien-fondé [7] ; il accepte de faire les commissions que lui donnent les Orxustoj [8]...

1. Quand les Orxustoj se jettent sur lui pour le mettre à mort, il disparaît instantanément sous terre (Čax Axrijev, *SSKG*, 5, 2, p. 38).
2. Čax Axrijev, *SSKG*, 4, 2, pp. 4-7.
3. Chez l'ogresse Gorbož, Čax Axrijev, *SSKG*, 5, 2, pp. 38-39, = *LN*, n°s 33 *e*, 34 *d*.
4. Il a emmené avec lui dans l'autre monde un « témoin », qui certifie ensuite que les animaux sacrifiés dans ce monde-ci vont bien à destination. Čax Axrijev, *SSKG*, 8, 2, pp. 31-32.
5. *Ibid.*
6. *Ibid.*, p. 36 ; c'est le Batradz, fils de Xæmyc, des récits ossètes.
7. Il lui dit que son fusil a la valeur d'une vache et que lui-même, Soska-Solsa, a la valeur d'un bon chien ; Soska-Solsa se fâche ; mais Batoko-Šertuko lui explique l'immense valeur d'une vache, et Soska-Solsa lui-même fait peu après l'expérience de tout ce que représente un bon chien de garde, *ibid.*, p. 37.
8. *Ibid.*, pp. 38-40.

II. – Légendes tcherkesses sur la vieille sorcière et le meurtre de Sosryko.

Les Tcherkesses ignorent le nom et le personnage même de Syrdon [1]. Ils font d'autre part tuer Sosryko [2] par la Roue dans des circonstances bien différentes que celles que décrivent les Ossètes [3]. Mais ces récits doivent être signalés ici parce que, à défaut de Syrdon, on y voit paraître une conseillère pernicieuse, une vieille femme, qui tient évidemment sa place. Voici la version qabarde, la plus anciennement publiée.

a) L. Lopatinskij, *Beštau, SMK* 12, 1 (1891), pp. 45-46 = *LN* n° 29 *d*, p. 109.

Au bas des pentes du mont appelé « les Cinq Monts », il y a une vaste plaine où les Nartes de toute la Qabardie se réunissaient pour toutes sortes de concours : ils couraient, lançaient des pierres, tâchaient de désarçonner un cavalier d'un simple coup de main, tiraient des flèches sur un but. À tous ces jeux, l'illustre Narte Sosryko triomphait toujours et les autres étaient fort jaloux. Une fois, toutes les pentes sud du mont étaient couvertes d'une foule innombrable. On jouait à un jeu inouï : un groupe de Nartes roulaient jusqu'au sommet une Roue magique, *Žan Šarx*, munie de dents d'acier, et d'autres Nartes, installés au sommet, la lâchaient sur la pente. Sosryko était en bas. Quand vint son tour de pousser la Roue, il la poussa comme les autres, avec les mains. Alors les Nartes qui étaient en haut, voulant le perdre, commencèrent à le provoquer : « Eh, Sosryko, pousse la Roue avec la poitrine ! » Sosryko fit comme ils demandaient. – « Pousse avec le genou ! » Sosryko s'exécuta. « Pousse avec le front ! » Sosryko le fit sans peine : en un clin d'œil, la Roue rebondissait au sommet de la montagne. Comme le soleil se couchait, le jeu fut interrompu et Sosryko s'en alla.

Pendant la nuit, une vieille sorcière vint trouver les Nartes et leur dit : « Comment ? Vous voulez vous défaire de Sosryko et vous ne savez pas que son corps est invulnérable ? – Que dis-tu, vieille ? Nous

1. V. ci-dessus, p. 199.
2. En tcherkesse, *Sewsərəq̊o, Sawsərəq̊o.*
3. Sauf, partiellement, celles de Pfaff, n° 16 *e*, ci-dessus, et de *ONS*, n° 16 *d*, p. 171.

n'avons jamais rien entendu de tel ! », répondirent les Nartes. « Vous haïssez Sosryko, reprit la sorcière, et moi, je hais sa mère Satanej. Écoutez donc mes paroles : quand on tira Sosryko du ventre de la pierre où il s'était formé, sa hanche, où le forgeron appliqua les tenailles, se couvrit d'os et devint vulnérable. Demandez-lui donc de pousser la Roue magique avec la hanche ! » Le lendemain matin, quand parut Sosryko, ils lui lancèrent la Roue et il se mit à la pousser comme la veille. « Eh, Sosryko ! lui crièrent-ils, pousse avec la hanche ! » Dans l'ardeur du jeu, Sosryko oublia le danger et, quand la Roue arriva sur lui, il lui présenta la hanche. Sous la violence du coup, l'os se brisa et Sosryko tomba, à demi mort.

b) Par la suite, à partir d'enquêtes systématiques chez les Qabardes (Tcherkesses orientaux, les seuls restés massivement au Caucase), la grande collection, dont je n'ai pu me procurer que la traduction, ou plutôt l'adaptation russe (prose et aussi, malheureusement, vers), *Narty, kabardinskij epos* (Moscou, 1951, 2e éd., 1957), a publié une version développée de la mort de Sosryko, pp. 127-136.

Ce sont les géants, associés aux Nartes de la famille de Totreš, ennemis de Sosryko, qui le provoquent au jeu de la *Žan Šerx*. Il renvoie la roue sans dommage avec la paume, avec la poitrine, avec le front. Les géants s'abandonnent au découragement quand intervient la vieille sorcière Barymbux, qui hait Sosryko depuis le berceau. Elle se transforme en divers objets posés sur la route de Sosryko [1]. Celui-ci les néglige, sauf le dernier, un casque d'or. La sorcière surprend ainsi le secret de la vulnérabilité de la cuisse du héros. Elle s'empresse de la communiquer aux géants qui défient Sosryko. Dans le feu de la colère, celui-ci accepte de recevoir et de renvoyer la roue avec ses cuisses. La roue lui coupe les deux jambes.

À Maykop, chez les derniers Tcherkesses occidentaux, A.M. Gadagatl' a recueilli plusieurs variantes dont il m'a aimablement communiqué des photocopies. De même, en Syrie et en

1. Il est remarquable que, dans des traditions des Tcherkesses occidentaux émigrés en Anatolie, que j'ai notées en 1930-1931 (région d'Ismit), Sosryko – qui a pris des traits du Syrdon ossète (v. ci-dessus, note 2, p. 200) – se livre à ce même exercice : « Sosryko faisait tout par sorcellerie, m'a-t-on dit à Maşukiye ; il revêtait toutes sortes de formes ; parfois, sur la route, un passant ramassait un baluchon, l'apportait chez lui ; il regardait : c'était un homme ! »

Jordanie, le regretté folkloriste Koubé Chaban. Elles sont d'accord, en particulier sur le rôle de la sorcière.

J'ajoute seulement deux compléments, l'un noté en 1931 à Tuapse (Caucase) par Troubetzkoy, l'autre par moi-même en 1930 chez les émigrés d'Anatolie.

c) N. Troubetzkoy, *Aufenthalt bei den Tscherkessen des Kreises Tuapse*, dans *Caucasica* 11 (1934), *Die Sage vom Sosruko*, p. 17, n° 1.

Chez les Tcherkesses occidentaux, dans la région de Tuapse, le prince N. Troubetzkoy a noté en 1911 un récit analogue. Le jeu a lieu sur les pentes de l'Elbrouz et la Roue s'appelle *čiyanku-šarx*. Troubetzkoy ajoute (1934) :

> Quand je demandai comment la vulnérabilité des hanches de Sosryko était connue des Nartes, quelqu'un (peut-être le vieux Šaupux, sous la dictée de qui j'ai noté ce récit) me dit que c'était le diable qui avait révélé ce secret aux Nartes. Le diable s'était changé en une vieille bourse et s'était placé sur la route. Sosryko l'avait ramassé et mis dans sa poche. Alors le diable avait exploré tout le corps de Sosryko et, finalement, découvert la vulnérabilité de ses hanches [1].

d) G. Dumézil, *Légendes sur les Nartes, nouveaux textes relatifs au héros Sosryko*, dans *Rev. de l'hist. des rel.*, 125 (1942-1943), p. 118.

Chez les Tcherkesses (Abzakhs et Tchamguis) d'Uzun Tarla, en Anatolie (vilayet d'Ismit), j'ai noté une variante aberrante, où reparaît la sorcière, mais non plus la Roue.

> Un jour une vieille sorcière dit aux ennemis de Sosryko qu'il allait attaquer leur village ; qu'elle-même s'attacherait à une corde d'arc, que la flèche qui en partirait frapperait le cheval de Sosryko sous les sabots et que le cheval tomberait. C'est ce qui se passa. Sosryko écorcha alors son cheval [2] et, de sa peau, se fit un bouclier. Il resta ainsi

1. Dans l'article de la *RHR* 125 (1942), j'ai noté, p. 118 (Uzun Tarla), une explication différente : « ... C'est une femme qui avait nourri Sosryko, une femme de nom inconnu, autre que Seteney, qui leur avait dit que Sosryko mourrait de cette façon. » (Cf. ci-dessous, variante *e*).
2. Cf. ci-dessus, p. 192, et note 1, p. 198.

sept ans à combattre derrière son cheval. La huitième année, une flèche le toucha et lui brisa la jambe. La moelle de son os se répandit autour de lui. – Suit la scène des animaux.

e) G. Dumézil, *Contes et légendes des Oubykhs* (1957), *La mort de Sausərəq̊a*, pp. 1-4.

Il s'agit d'une légende tcherkesse occidentale racontée en oubykh. C'est la « mère des Nartes », *Saq̊ənaż (Sequneż)* [1] qui leur révèle le moyen de tuer le héros. Baignant dans son sang, il bénit le loup et le lièvre qui refusent de manger sa chair et maudit l'aigle noir qui la mange avec trop d'appétit.

III. – Légendes abkhaz, sur le meurtre de Sasrkva.

Les variantes abkhazes sont du type tcherkesse : une vieille sorcière y a pris la place de Syrdon comme conseiller pernicieux. En voici un exemple :

> Dans ce récit abkhaz, mais d'origine tcherkesse, Sasrkva, voulant élever chez lui sa sœur unique, s'apprête à l'enlever de force à ses frères. Ceux-ci montent à cheval et marchent contre son aoul. En chemin, ils rencontrent une vieille femme qui trotte, montée « sur le cop de Šašva », dieu de la forge. Elle les interpelle et, quand ils lui ont dit leur intention, elle les renseigne : « Vous pouvez assez facilement vous défaire de Sasrkva. Il est brave, hardi, intrépide, on peut donc l'attirer à n'importe quel exploit. Comme sa jambe droite est de fer, proposez-lui, pour prouver son héroïsme, de briser à la volée une énorme pierre et promettez-lui en échange de lui donner la fille. Sa jambe se brisera et vous reprendrez votre sœur. » Sasrkva accepte l'épreuve, mais se sert de sa jambe gauche et, au grand désappointement de ses frères, réussit. Une deuxième fois, la vieille se présente à ses frères et leur dit : « Il faut croire qu'il a reçu la pierre avec la jambe gauche. Proposez-lui de recommencer en se servant de sa jambe droite ! » Sasrkva accepte et, cette fois, sa jambe se brise.
>
> A. Xašba et B. Kukba, *Abxazskije Skazki* (Légendes abkhazes), Suxum (1935), *Nart Sasrkva*, pp. 37-48.

1. Cf. note 4, p. 155, déformation de *Satanay* ?

Le recueil publié en 1962 (un volume de texte, un de traduction russe), *Pritključenija Narta Sasrykva i ego 99 brat'ev* a publié un récit plus détaillé (II, pp. 272-285) qui est d'accord avec le texte précédent. Comme Syrdon n'y paraît pas, je ne le résume pas ici.

Chapitre IV
Comparaisons

De ces récits caucasiens, à travers les inégalités de ton et les incohérences de détail qui ne sauraient manquer dans un tel dossier folklorique, se dégage le dessin d'un personnage original, mêlé à la vie des héros, sans qui même leur vie serait toute changée et peut-être inconcevable, et qui pourtant se définit constamment par opposition à eux. Que l'on repasse le rapide signalement donné pp. 199-201 et qu'on l'étoffe de toutes les interventions et aventures qu'on vient de lire : Syrdon s'animera, dans son harmonieuse complexité. Et, avec lui, sa réplique islandaise, Loki.

Par un amusant paradoxe, Syrdon (et plus encore le Širtta, Šertuko qu'il est devenu chez les Tchétchènes et chez les Ingouches) est à certains égards plus surhumain, plus « mythique », comme dit Čax Axrijev, que Loki. Il a plus de dons que lui ; si tous deux se métamorphosent, circulent vite, découvrent tous les secrets, etc., Syrdon paraît « savoir » davantage : non seulement ce qui est loin, mais l'avenir ; il compte prodigieusement ; ses rapports avec le monde souterrain, son pouvoir de surgir et de disparaître à volonté sont peut-être aussi plus marqués. Mais ce ne sont là que des nuances différentes dans deux natures qui se recouvrent trait pour trait.

On n'aura certainement pas l'idée de chercher, dans le plus ou moins de malignité que Syrdon manifeste en diverses occasions, la preuve d'une « chronologie », d'une « évolution », les récits où il joue des tours aux Nartes étant supposés « postérieurs » à ceux où il leur rend des services : tout cela est mêlé, contemporain et, dans sa contradiction même, cohérent, et c'est justement cette contradiction qui définit la personnalité de Syrdon ; c'est à cause d'elle que les Nartes, tout en l'utilisant, le méprisent, et, tout en le haïssant et le méprisant, le supportent ; c'est grâce à elle qu'il peut ajourner longtemps le forfait majeur qui, rompant ce fragile équilibre, le précipite à sa perte. Il est clair que ces réflexions valent aussi pour Loki : les « vraisemblances » psychologiques qu'on a postulées pour faire « évoluer » vers le mal un Loki « primitivement » bon, la perspective « historique » qu'on a voulu mettre ainsi dans son dossier, sont artificiels ; Loki se définit, lui aussi, par cette contradiction, par cette tension, qui fonde sa propre conduite et celle des autres dieux à son égard.

Laissant au lecteur le soin de vérifier l'étroite analogie des deux caractères, je n'insisterai que sur une correspondance remarquable entre les deux conduites *parce qu'elle résout la difficulté la plus considérable du problème de Loki. Cet élément de solution, dont j'essaierai ensuite de tirer quelques conséquences, peut se formuler d'abord brièvement ainsi :* la mort de Baldr et la mort de Soslan (ou Sosryko) sont des faits mythiques homologues où Loki et Syrdon jouent des rôles homologues.

A. LA MORT DE BALDR ET LA MORT DE SOSLAN-SOSRYKO

Dans une des *Notes* jointes aux *Légendes sur les Nartes*, j'ai signalé les éléments « solaires » qui subsistent dans la carrière du héros Soslan (ou Sosryko)[1], comme des éléments « fulgurants »

1. *Note IV*, pp. 190-199 : naissance *pétrogénès* (cf. *Mithras* naissant de la pierre sur laquelle s'est masturbé Diorphos : Ps.-Plutarque, *De fluv. et mont. nomin.*, 23) ; mariage avec la fille du soleil ; victoires localisées « à midi » ; victoire obtenue en découvrant sur sa poitrine, à midi, le « talisman qui brille comme le soleil » ; au plus fort d'un terrible hiver, conquête du feu autour duquel un géant forme cercle, sa tête rejoignant ses pieds. Ajouter maintenant (ci-dessus 16 *d*)

subsistent dans le héros Batradz [1]. Ces éléments sont particulièrement importants dans la légende de sa mort. Je reproduis ce que j'écrivais à ce sujet en 1930 [2].

Partant des figurations gallo-romaines du « dieu à la Roue » – un dieu tenant une roue de moyenne grandeur à bout de bras ou sur l'épaule –, Gaidoz a écrit en 1884-1885, une étude justement célèbre intitulée « Le dieu gaulois du Soleil et le symbolisme de la Roue ». Grimm, Mannhardt avaient déjà traité la question et sir J.G. Frazer l'a reprise encore dans toute son ampleur à propos du mythe germanique de Baldr [3]. Malgré les réserves de Frazer, il reste acquis que, dans nombre de cas, les rites européens des équinoxes et des solstices où figure une roue enflammée sont des fêtes *solaires*, que cette roue elle-même est un symbole solaire [4]. Le lecteur trouvera chez les auteurs qui viennent d'être mentionnés de très nombreux exemples de ces scènes rituelles. Une des plus caractéristiques est celle qui a été décrite, il y a un siècle, à Basse-Kontz (arrondissement de Thionville, Lorraine), et qui se pratiquait à la Saint-Jean, fête chrétienne du solstice d'été [5]. Ce village est situé sur le flanc d'une colline plantée d'arbres fruitiers et de vignes qui domine la Moselle. La veille de la fête, écrit Tessier, les hommes – les femmes sont rigoureusement exclues – s'assemblent au sommet de la colline où a été placée une grande roue garnie avec de la paille que toutes les maisons du village ont contribué à fournir. Le maire de la ville voisine de Sierck allume la paille et aussitôt la roue, guidée par deux jeunes gens agiles qui la tiennent par l'arbre d'essieu (dépassant de chaque côté de trois pieds), se met à rouler le long de la colline ; autour d'elle des hommes courent, tenant des torches de paille. Les deux jeunes gens qui guident

---

que Soslan se fait mettre dans un tombeau qui a trois fenêtres orientées l'une au soleil levant, la deuxième au soleil de midi, la troisième au soleil couchant.

1. Sur ces éléments naturalistes de figures et de mythes complexes, v. ci-dessous, p. 238-239 et p. 253-255.
2. *LN*, pp. 196-198. Cf. *RSA*, pp. 95-100.
3. *The Golden Bough*, 3ᵉ éd., VII, *Balder the Beautiful*, I (1914), pp. 106-346.
4. P. 330. Frazer, d'ailleurs, souligne lui-même que les deux explications (celle de Mannhardt, Gaidoz... : symbolisme solaire ; celle de Westermarck : rituel purificatoire) ne s'excluent pas.
5. Tessier, « Sur la fête annuelle de la roue flamboyante de la Saint-Jean à Basse-Kontz, arrondissement de Thionville », dans les *Mémoires et dissertations publiés par la Société royale des antiquaires de France*, 5 (1823), pp. 379-393.

la roue s'efforcent de la mener jusqu'en bas et de la jeter tout enflammée dans la Moselle ; ils y réussissent rarement, soit que les vignes arrêtent la roue, soit que la paille ait achevé de brûler avant d'avoir atteint le bas de la pente. Quand, par extraordinaire, l'opération réussit, on voit là le meilleur présage pour la vendange.

Qu'on se reporte maintenant aux récits sur la mort de Soslan-Sosryko. Les conteurs ne savent plus qui est Barsag (ou Marsug, ou Balsag, Balsik...), personnage céleste, propriétaire de la Roue de Barsag. Mais la Roue elle-même est clairement décrite, et chez les Ossètes, et chez les Tcherkesses [1].

Dans les récits ossètes (n° 16 *a-e*) [2], c'est une roue de type ordinaire ou dentée et, dans une variante au moins, enflammée, puisqu'elle réduit en cendres les arbres – sauf le bouleau – qui s'opposent à sa course (n° 16 *b*) et puisqu'elle se fait mettre au feu par son maître avant de rouler sur lui (*ibid.*). Elle roule du ciel à la terre, à travers forêts et plaines, jusqu'à la mer Noire (à l'Occident !) où elle tombe à l'eau (n° 16 *a, e*). Sosryko (ou Soslan), quand il l'aperçoit, la poursuit dans une course épique ; une première fois, grâce au bouleau et au houblon qui l'empêtrent et l'arrêtent, il peut la saisir et l'emmener en captivité ; mais une seconde fois elle surgit à l'improviste et lui coupe les jambes. Alors ce sont les deux fils du héros qui la poursuivent en vain jusqu'à la mer Noire : elle est déjà au fond des eaux. On notera que, dans 16 *a*, c'est la « fille du Soleil » qui, pour se venger d'une injure de Sosryko, envoie la Roue contre lui.

Chez les Tcherkesses, la Roue n'est pas si fabuleuse. Elle n'a ni vie propre, ni maître céleste, et elle n'agit (bien qu'on traduise son nom par « roue magique ») que selon les principes les plus certains de la mécanique. Mais nous regagnons du côté « rite » ce que nous perdons du côté « mythe » : la roue qui tue Sosryko (18 II, *a-f*) est une large roue munie de dents d'acier qui, lors d'une grande réunion des Nartes sur leur habituel terrain de sport, leur sert d'instrument de *jeu* : un groupe de Nartes, en haut d'une montagne, la précipite sur la pente qu'elle dévale à toute vitesse, et un autre groupe de Nartes, en bas du mont, la reçoit, l'arrête et la remonte. Quand c'est le tour de Sosryko – l'invulnérable – d'encaisser le choc, les Nartes lui demandent successivement de recevoir la roue avec la poitrine, avec

1. Sur les idées – confuses – que se font aujourd'hui de la Roue magique les Tcherkesses émigrés dans la région d'Ismit, cf. *RHR*, 125 (1942-1943), pp. 116-117.
2. Je conforme les références des *LN* au classement adopté dans le présent livre.

le genou, avec le front, jusqu'au moment où il la reçoit sur son seul endroit sensible, la hanche, et succombe.

Ces deux conceptions, assez différentes, se complètent [1]. La Roue fabuleuse chez les Ossètes et la Roue de fête chez les Tcherkesses présentent l'une et l'autre des traits qui rappellent les scènes populaires évoquées plus haut, notamment celle de Basse-Kontz. La roue de Barsag a l'apparence et l'usage d'une roue solaire [2]. Sans doute a-t-elle jadis correspondu, dans des mythes, à quelque accessoire rituel de solstice. Cette hypothèse devient presque une certitude par le fait que, dans une des variantes ossètes sur la mort de Soslan, la Roue meurtrière est appelée non point « Roue de Barsag », mais « Roue d'Ojnon », (c'est-à-dire de Jean) [3], et d'ailleurs qu'elle est au service du « Père Jean », *Fyd Ioanne*, c'est-à-dire, comme l'a noté depuis longtemps Vs. Miller, de saint Jean-Baptiste.

D'ailleurs, aussi bien chez les Ossètes à propos de Soslan, que chez les Tcherkesses à propos de Sosryko, il y a, ou il y avait encore récemment, des traces de cultes qui orientent vers la même interprétation.

Vs. Miller, dans sa liste des *dzuar* (sanctuaires) d'Ossétie, a signalé [4] le prétendu « tombeau de Soslan », construction de pierre en forme de dolmen érigée près de la localité de Nari, entre deux rivières, au lieu-dit *Macuti*. « Dans ce bâtiment, dit-il, sur

1. Les variantes ossètes 16 *d* et *e* sont intermédiaires entre le type ossète ordinaire et le type tcherkesse. Le *jeu* de la roue (ou d'une grosse pierre) lancée d'en haut et reçue à mi-pente par un héros se retrouve dans un récit des Turcs Oghouz. V. l'important article de Pertev N. Boratav, « Ak-Köbök, Sabur Kazan et Sosurğa », *L'Homme*, 1963, pp. 86-105 (« Sosurğa » est un emprunt des Tatars de Karatchai aux Tcherkesses voisins ; les récits sur Sosurğa publiés en appendice dans cet article ne contiennent rien qui rappelle les rapports de Sosryko avec Syrdon ou son substitut la sorcière ; il n'y a pas de récit sur la mort de Sosurğa).

2. On a d'autres cas, en Europe, où la Roue de la Saint-Jean a été « mythisée » : en Irlande, au Moyen Âge, on savait que le signal de la fin du monde serait l'arrivée sur les côtes de l'île, un jour de *Saint-Jean*, d'un bateau monstrueux appelé *« La roue à rames »* : v. les textes réunis par A. Olrik, *Ragnarök*, pp. 383-384.

3. Dans le *Dictionnaire ossète* de Vs. Miller et A. Freiman, III (1934), p. 1318, sont données les variantes *Uoinoni, Oinoni, Juoinoni calx.*

4. *Oset Etjudy* II (1882), chap. VII : *Croyances religieuses des Ossètes*, p. 261. Le mot ossète *dzuar* est pris du géorgien *ǰvari*, « croix » ; mais le mot désigne aussi bien des « lieux saints » païens.

une dalle de schiste, on voit le squelette bien conservé d'un homme de taille gigantesque, que la tradition appelle "squelette de Soslan", c'est-à-dire du héros bien connu des contes nartes. Sur sa mort, on raconte la même légende que sur celle de Batraz [1]. Près de la tombe, en *juin,* les Digoriens viennent égorger des béliers et prier Soslan pour qu'il leur donne du beau temps. O. Gatujev m'a dit qu'on avait trouvé à cet endroit un crucifix de cuivre ; il est donc possible qu'il y ait eu là jadis un sanctuaire chrétien [2]. »

Un peu plus loin, dans le calendrier des fêtes [3], et avec une légère variante dans la date (*v ijule* au lieu de *v ijune*), Vs. Miller précise la valeur de cette fête : « Parmi les fêtes locales, on peut encore signaler le *kuvd* (banquet, sacrifice) en l'honneur de Soslan ; il est offert en *juillet* par les habitants de la région, près du tombeau qui lui est attribué à Nary, en Digorie. Ils sacrifient à Soslan des béliers et le prient pour obtenir du beau temps, de la pluie. On ne voit aucun lien entre les récits épiques sur Soslan et ce *kuvd.* La légende qui attribue sa mort à la roue du *Fyd Ioanne* ou *Iuane* (saint Jean-Baptiste), laquelle lui aurait coupé les jambes, ne s'accorde pas avec l'état, parfaitement intact, du "squelette de Soslan". On enregistrera peut-être ultérieurement des traditions expliquant l'origine de ce *kuvd.* Nous pouvons seulement dire que le compagnon de la pluie, l'arc-en-ciel, s'appelle chez les Digoriens "l'arc de Soslan" (*Soslani œndurœ*). »

Vs. Miller se mettait en peine pour peu de chose. Il est évident que le « squelette de Soslan » n'est pas une donnée primitive, ne remonte pas aux premiers temps du paganisme. Quand il a été découvert, on l'aura placé dans le sanctuaire uniquement parce que, étant gigantesque, il ne pouvait être que celui d'un Narte, du plus illustre des Nartes, ou de celui qu'on honorait particulièrement dans le voisinage, de Soslan. Ce squelette n'est pas mutilé comme l'aurait exigé la vulgate de l'épopée narte ? Tant pis. Ne

1. Affirmation erronée.
2. L'Ossétie, à diverses époques, sous des influences byzantines et géorgiennes, a été superficiellement christianisée.
3. *Os. Et.*, II, p. 285.

prêtons pas aux usagers des légendes et des sanctuaires ossètes des exigences que n'ont pas eues toujours, au Moyen Âge, nos marchands de reliques. Ce qui est important, c'est : 1) le fait du sacrifice annuel ; 2) sa destination (beau temps, pluie), et le pouvoir qu'il suppose qu'on attribue à Soslan ; 3) sa date (juin ou plutôt juillet). On a sûrement là quelque chose d'archaïque et qui, par-delà l'épopée narte, rejoint la mythologie préchrétienne des Ossètes, car le nom même de *Soslan* (et donc du tcherkesse – repassé ensuite en ossète – Sosryko, *Sewsərə-q̊o*[1]) et aussi le nom de son père *Sosæj* sont en rapport avec le nom ossète de la saison chaude *sos-æn* (dig. *susæn*) et avec le nom du mois assimilé à juillet (*sosæni mæjæ*, dig. *susæny mæi*). On se rappellera ici d'autre part que l'épisode où Soslan lui-même, trompé par Syrdon, laisse périr sur un kourgan son jeune compagnon et prend son deuil (un deuil étrange : il entre dans le ventre d'un bœuf qu'il vient d'égorger et de vider) est situé par la tradition *tægka amistolæj sosæni astæu*, « juste entre juin et juillet[2] ».

Ces indications recueillies chez les Ossètes sont confirmées par ce qu'on sait de certains cultes païens des anciens Tcherkesses. En 1911, dans la région de Tuapse, le prince N. Troubetzkoy a pu encore parler avec des vieillards qui étaient nés dans le paganisme (disparu vers 1840), et surtout avec un pittoresque bonhomme, *Q̧arbeč x̊ut*, qui, après avoir été musulman fanatique, s'était pris de haine pour l'islam et se déclarait païen avec ostentation[3]. Il a eu ainsi des renseignements sur ce « paganisme » qui, en fait, portait fortement la marque d'anciennes phases chrétiennes. Mais, à la révolution russe de 1917, les papiers de Troubetzkoy ont été égarés et, en 1934, à Vienne, il n'a pu noter que des souvenirs vieux de vingt-trois ans. Il ne se rappelait plus les noms de toutes les grandes fêtes mais savait qu'elles se laissaient rapprocher des fêtes de l'Église orthodoxe. On

1. *-Q̊e, -q̊o*, « fils » est le suffixe patronymique ordinaire en tcherkesse. Le rapport de *Soslan* et de *Sosryko* rappelle celui de *Syrdon* et de *Šertuko* (qui est son nom en ingouche).
2. N° 15 *a* ; et note 1, p. 190.
3. Fürst N. Troubetzkoy, « Erinnerungen an einen Aufenthalt bei den Tscherkessen des Kreises Tuapse », dans *Caucasica*, 11 (1934) ; II : *Erinnerungen an das Heidentum*, pp. 7-10.

célébrait une fête printanière de pleine lune (cf. Pâques) ; cinquante jours plus tard, une autre fête, au cours de laquelle on parait les maisons de feuillage (cf. la Pentecôte) ; deux fêtes d'été, l'une au cours de laquelle on allumait un grand feu (cf. la Saint-Jean), l'autre consacrée à Šible, génie de l'orage (cf. la Saint-Elie, 20 juillet) ; deux fêtes en l'honneur de *Merem* (la Sainte Vierge), l'une en automne (cf. l'Assomption, 15 août ; ou la Nativité de la Vierge, 8 septembre ?), l'autre au solstice d'hiver (cf. Noël). De ces dernières, Troubetzkoy dit avoir oublié les particularités. Il se rappelle seulement que, au cours de la fête d'hiver de Merem, on ornait de rubans et d'étoffes un petit arbre dépouillé de ses branches jusqu'à la moitié du tronc et qu'on l'apportait dans la maison en chantant un chant dont le refrain était : « Grande Merem, mère du grand Dieu, fais-nous vivre tranquilles, fais-nous riches, fais-nous bien portants [1] ! » Cet arbre s'appelait d'un nom dont Troubetzkoy ne garantit pas le phonème final : *Sewsərəṡ*, ou *Sewsərəs*, ou *Sewsərəż* [2], et qui évidemment inséparable de *Sewsərə-q̊o* ; si, comme il est probable (les autres combinaisons n'ont pas de sens en tcherkesse), il faut choisir *Sewsəre-ż* [3] « le vieux [4] Sewsər », il est clair qu'on a une variante du nom de *Sewsərə-q̊o* [5]. Cela est confirmé par ce que Qarbeč, interrogé sur le sens de la cérémonie, a répondu à Troubetzkoy : *Sewsəreż* était le nom d'un homme

1. *Merem-x°o, Tha-x°o y-âne, te-ğa-wun te-ğa-bay, te-ğa-psō !*

2. *Ṡ*, *ż* désignent ici des variétés de chuintantes qu'on obtient aisément en portant en avant la lèvre inférieure pendant qu'on prononce les sons français *ch*. *j*. Cf. Troubetzkoy, *art. cit.*, p. 8, n. 1.

3. Plutôt que *Sewsərə-ż* : devant *ż* et des suffixations analogues, la voyelle finale du nom est *e* plutôt que *ə*.

4. Terme de respect qui, en tcherkesse, ne s'applique pas uniquement à la vieillesse physiologique ; il serait plus exact de traduire « le grand, le prestigieux Sewsər ».

5. P. ex. dans des récits tcherkesses (chepsougs, abzakhs) que j'ai recueillis en Anatolie sur un héros de la famille qui s'appelle chez les Ossètes les *Bora-tæ*, ce héros est nommé, suivant les variantes, tantôt *Borə-q̊o*, tantôt *Bore-ż* : le rapport est exactement le même qu'entre *Sewsərə-q̊o* et *Sewsəre-ż* – Troubetzkoy, *art. cit.*, p. 8, n. 1, après avoir signalé l'identité probable des deux noms, ajoute : « *Man hätte wieder eine Beziehung dieses Narte zu einem Sonnenwendenritus, was die Vermutungen Dumézils* (*Lég. s. les Nartes*, S. 190 ff.) *über den solaren Urprung des Sosrukomythus stüzen könnte.* »

qui avait fait beaucoup de merveilles, qui notamment pouvait marcher sur la mer ; mais il s'enorgueillit *et Dieu le punit en lui enlevant une jambe* ; et c'est en souvenir de ce magicien que l'arbre orné s'appelle *Sewsəreż*. Il est bien clair que ce *Sewsəreż* amputé de la jambe est le même que notre *Sewsərəq̊o*, Sosryko, à qui la Roue a coupé une ou deux jambes ; et son caractère de sorcier s'accorde avec ce que j'ai noté moi-même du caractère de Sosryko, en 1930-1931, chez les Tcherkesses de la région d'Ismit [1]. Enfin G. Deeters, éditeur de *Caucasica*, a joint à l'article de Troubetzkoy une note [2] où il renvoie à une ancienne description de la fête de « Séossérès » due au voyageur Taitbout de Marigny, qui l'avait observée en 1817 [3]. Voici cette description : « Séossérès [Séozérès (*sic*) était un grand voyageur auquel les vents et les eaux étaient soumis. Il est particulièrement en vénération chez ceux qui habitent près des bords de la mer] est un jeune poirier que les Tcherkesses coupent dans la forêt et qui, après avoir été ébranché de façon que les tronçons restent seuls, est porté chez eux pour y être adoré comme une divinité. Presque tous en ont un : vers l'automne, le jour de sa fête [4], on le porte en grande cérémonie dans l'intérieur de la maison, au bruit de différents instruments et des cris de joie de toute l'habitation, qui le complimente de son heureuse arrivée. Il est couvert de petites bougies et, à son sommet, est attaché un fromage ; on boit autour de lui du *bouza* [5], on mange, on chante, après quoi on le congédie et on le replace dans la cour où il passe le reste de l'année, appuyé contre une muraille [6], sans aucune marque divine. Il est le protecteur des troupeaux et a deux autres frères [7]. »

---

1. *RHR* 125 (1942-1943), pp. 109-127 ; cf. ci-dessus, pp. 202-205.
2. *Art. cit.*, p. 8.
3. Jan Potocki, *Voyage dans les steppes d'Astrakhan et du Caucase*, édité par Klaproth, Paris (1829), II, p. 309. Ce document est reproduit à peu près littéralement, sans indication de source, dans Du Bois de Montperreux, *Voyage autour du Caucase* (1839), I, p. 137.
4. On vient de voir en effet que Troubetzkoy, d'après son informateur, signale une autre fête, automnale, de Merem : 15 août ? 8 septembre ?
5. Bière de millet.
6. Contre la haie, dit Du Bois de Montperreux.
7. On trouvera une description très détaillée de la fête – rites publics, rites privés – dans N.F. Dubrovin, *Istorija vony i vladičestva Russkix na Kavkaze*, I (1871),

Il est probable que ce « dieu » n'intervenait pas seulement aux fêtes d'automne et d'hiver. Un récit qabardi, publié en turc en 1935, après avoir raconté de la manière ordinaire la mutilation de Sosryko par la Roue et la bénédiction qu'il donne au loup, se termine ainsi [1] :

> Les Nartes dirent : Ne laissons pas Sosryko mourir dans ce monde-ci ! Et ils l'enterrèrent profondément. Mais, sous la terre, il continue de vivre. *Quand arrive le printemps*, de dessous le sol, il chante :
>
> Là-haut le ciel bleuit,
> là-haut la terre verdit,
> sept jours, là-haut,
> je veux être libre.
> Je veux vivre
> pour me venger de mes ennemis,
> pour arracher leurs yeux jaloux !
>
> On dit qu'*au début de chaque printemps* on entend ainsi la voix de Sosryko.

Ajoutons enfin que les Tcherkesses attribuent entre autres dons à Sosryko – comme les Ossètes à Soslan, on l'a vu – une puissance météorologique : « Comme il était malin, il pouvait provoquer la gelée, faire tomber la neige... ; quand il combattait, il emplissait l'air de brouillard », m'ont dit les Tcherkesses d'Uzun Tarla, en Anatolie [2].

On entrevoit ainsi ce qu'a pu être le type divin dont les légendes de Soslan et de Sosryko et les rituels ossètes et tcherkesses conservent le souvenir. À coup sûr, en partie, « génie de la

---

pp. 105-107. Un des traits est que le porte-parole de la foule rassemblée à la porte de la maison commune (dont une jeune femme fait semblant d'interdire l'entrée après avoir allumé quantité de lumières à l'intérieur) est un vieillard *boiteux* qui porte lui-même un bâton couvert de chandelles allumées, « Sozeris » qui est ici présenté comme le protecteur « de l'agriculture du village et de la prospérité domestique ».

1. *Şimalî Kafkasya*, n° 16 (Varsovie, août 1935), p. 7. Il est possible que ce soit la traduction turque d'un texte emprunté à la revue *Kabardinskij fol'klor* (éd. de l'Académie, Moscou-Léningrad, qui ne m'est pas accessible).

2. *RHR* 125 (1942-1943), pp. 110-111 ; cf. ce que Taitbout de Marigny dit de Séozérès (ci-dessus, p. 215) : les vents et les eaux lui étaient soumis.

végétation » et héros de fêtes saisonnières : le rituel de *Sewsəreż* aura sûrement rappelé aux humanistes la dendrophorie (*arbor intrat*) du culte de Cybèle, rituel qui est lui aussi en rapport avec un grand malheur, avec Attis, le jeune héros mort de son automutilation ou tué au cours d'une chasse paysanne (Atys) ; cette dendrophorie a lieu le 22 mars, c'est-à-dire au moment précis où, chaque année, le Sosryko qabardi, du fond de sa sépulture, demande à participer à la résurrection de la nature, et chante [1]. On comprend aussi les sacrifices des Ossètes au « tombeau de Soslan », en juin ou juillet ; et la désignation même du personnage par un mot apparenté à *sosæn* « la grande chaleur, juillet » ; et l'insistance avec laquelle les légendes décrivent sa « descente aux enfers » ; et aussi – pour revenir à notre point de départ – le rôle prêté à la Roue du « Père Jean » [2] dans la mort du héros. Et l'on découvre comment s'explique ce qui étonnait Vs. Miller [3] : il y a

1. Graillot, *Le Culte de Cybèle* (1912), pp. 121-125 (avec les trois temps de la cérémonie : *ektomè, pompè, prothésis*). « ... L'arbre qui entre dans le temple [22 mars] est le pin. C'était sous un pin qu'Attis avait sacrifié sa virilité et qu'il était mort de sa blessure. De son sang répandu sur le sol étaient nées les violettes, qui avaient entouré l'arbre d'une ceinture fleurie. Cybèle les avait tressés en couronne sur le cadavre de l'adolescent. Puis elle avait emporté son Attis au fond de sa caverne où elle avait donné cours à sa douleur inconsolée. On disait aussi qu'après avoir enseveli Attis, elle orna de violettes, fleurs de sang, le pin sous lequel il avait péri, qu'ensuite elle le transporta dans son antre et le consacra pour toujours à son culte... Ceux qui croyaient à la métamorphose d'Attis en pin comprenaient mieux la signification profonde du mythe. La procession du pin représentait le convoi funèbre d'Attis, esprit de l'arbre. Le pin est identique au Dieu... » – [À propos de l'*ektomè* :] « ... L'arbre choisi doit être coupé, non arraché. Il doit être coupé avant le lever du soleil. Ce sont les dendrophores eux-mêmes, généralement bûcherons, charpentiers ou marchands de bois, qui accomplissent cette tâche. Ils conservaient au pin une partie de ses branches, ou du moins quelques petits rameaux... Sur les racines, on immolait un bélier, sans doute pour apaiser l'esprit de l'arbre. On enveloppait alors le tronc d'arbre de bandelettes de laine, etc. »

2. Dans le nom tcherkesse *J̌an-* (ou *Žan-*) *Šarəx*, *šarəx* est le mot ordinaire pour « roue » (pris à l'iranien : oss. *calx*, etc. : cf. sanscrit *cakra* « id. »), et le premier élément, diversement déformé, est l'adjectif tcherkesse occ, *č' an*, or, *ǰ'an* « coupant ». Quant au nom ossète *Barsæg* (*Balsæg, Marsæg...*), il n'est pas expliqué de manière sûre ; on l'a interprété (Henko, Vs. Miller) par le tchétchène **malxæ sæg* « homme du soleil ».

3. V. ci-dessus, p. 212.

une profonde relation entre la *Roue* du Père Jean et la date *estivale* du kuvd de Soslan.

Soulignons enfin, avant de quitter le Caucase, l'affabulation que les Tcherkesses ont donnée au thème de la Roue : c'est au cours d'une joute d'adresse, d'un jeu auquel il se prête de bon gré, d'une « *fête* des Nartes » ou des géants, que, par traîtrise, Sosryko succombe.

En dépit de l'opinion fréquemment exprimée et récemment encore soutenue par F. R. Schröder [1], Baldr, lui, n'est pas un génie de la végétation. Même si on ne le suit pas dans la nouvelle interprétation qu'il propose (le meurtre de Baldr figurerait une scène d'initiation de jeune guerrier), il est impossible en effet de ne pas céder à la critique que Jan de Vries a faite du « Baldr the Beautiful » frazérien [2]. Dans la terminologie de nos études, Baldr est une figure du premier niveau (souveraineté, religion, droit) et non du troisième (fécondité, prospérité). Il n'y a pas lieu de nous étendre ici sur ce dieu si séduisant [3]. Il suffira de souligner que, bien que pour des raisons différentes, l'*importance, la gravité de sa mort* n'est pas moindre pour la collectivité à laquelle il appartient que celle du Soslan des Ossètes, et aussi que c'est au cours d'un vaste *jeu*, d'une vraie *fête* réunissant toute la société que soudain, Baldr succombe, traîtreusement frappé : « Baldr et les Ases, dit Snorri, s'amusèrent ainsi ; il se tenait sur la place du þing et tous les autres ou bien lançaient des traits contre lui, ou bien lui donnaient des coups d'épée, ou bien lui jetaient des pierres ; mais quoi que ce fût, cela ne lui faisait aucun mal et cela semblait à tous un bien grand privilège. » Comme dans le cas du Sosryko tcherkesse, il paraît bien qu'on a ici la projection légendaire d'une de ces grandes réjouissances collectives, où toute la société

1. « Balder und der zweite Merseburger Spruch », *Germanisch-Romanische Monatschrift, N.F.*, 3 (1953), pp. 161-183.
2. « Der Mythos von Balders Tod », *ANF*, 70 (1955), pp. 41-60. Dans l'édition française de *Loki*, j'avais encore admis le caractère « Vegetations-geist » de Baldr. Dans son *Loki* (1956), F. Ström considère encore ce caractère comme démontré et en tire de graves conséquences, avec beaucoup de glissements de proche en proche, pp. 96-129.
3. V. ci-dessous, chap. V.

s'ébat, comme les peuples demi-civilisés en montrent encore, comme les anciens peuples de l'Europe, de l'Atlantique à la steppe, en organisaient lors des fêtes capitales, saisonnières ou autres.

La ressemblance va plus loin, s'étend au *ressort dramatique* des deux légendes : de même que le Sosryko tcherkesse, trop sûr de son invulnérabilité, offre complaisamment toutes les parties de son corps à la Roue que les Nartes lancent contre lui [1], de même Baldr, trop confiant dans le serment qu'ont prêté tous les êtres, s'offre complaisamment comme cible aux projectiles des Ases ; de même que Sosryko succombe par surprise, parce qu'une partie de son corps, une seule, la hanche ou le genou, n'est pas invulnérable, de même Baldr succombe par surprise, parce qu'un projectile, un seul, le gui, n'a pas prêté le serment de ne pas le blesser [2].

B. LOKI ET BALDR, SYRDON ET SOSLAN

Ce premier point établi, il est aisé de vérifier que Loki et Syrdon jouent dans ces deux sombres histoires des rôles homologues. L'un comme l'autre poursuit de sa haine le jeune et sympathique héros. L'un comme l'autre tue par procuration, n'est que le *ráđbani*, « le meurtrier par conseil » et non l'exécutant, le *handbani*. Pour cela, l'un comme l'autre use de son don de métamorphose : Loki se transforme en femme pour surprendre le secret de l'exception qui fait du gui l'unique arme possible du crime, puis, sans nouvelle métamorphose, conseille à l'aveugle Höđr de frapper Baldr avec le gui et lui indique la direction du coup ; Syrdon se transforme d'abord en objets divers (vieux bonnet, objets d'or...) pour surprendre le secret de l'exception qui fait de la

1. Trace de ce thème chez les Ossètes dans les variantes 16 *d* et *e*.
2. Contrairement à J. de Vries et à F. Ström, je ne pense pas qu'on puisse voir dans le meurtre de Baldr un doublet du meurtre de Víkarr ni généralement un meurtre sacrificiel.

hanche (ou du genou...) de Soslan-Sosryko l'unique endroit possible de la blessure mortelle ; puis, dans les variantes ossètes, tantôt sous sa forme ordinaire, tantôt successivement sous les traits d'une jeune fille, d'une vieille femme et d'un vieil homme, il donne à la Roue les conseils et lui fait les révélations qui lui permettront d'abattre Soslan ; quant aux variantes tcherkesses, dans la surprise du secret comme dans l'avis pernicieux, elles ont si bien « fixé » la transformation de Syrdon en vieille femme que Syrdon a disparu et qu'il ne reste que la vieille femme. Enfin, comme Loki, Syrdon a commis par ce crime et par la froide haine dont il fait montre ensuite, son imprudence suprême : de même que Loki est saisi et supplicié par les Ases, on voit soit Soslan, avant d'expirer, soit le cheval de Soslan, soit plus généralement l'ensemble des Nartes mettre Syrdon à mort et l'enterrer de façon ignominieuse.

Il n'est qu'un trait de la conduite de Loki envers Baldr qui ne se retrouve pas dans la conduite de Syrdon envers Soslan-Sosryko : c'est la cruelle intervention par laquelle, sous les traits d'une sorcière, il fait mourir Baldr une deuxième fois, confirme sa mort, la rend irrémédiable, en rompant l'unanimité du deuil qui seule procurerait sa résurrection. Rien de tel ne suit la mort de Soslan-Sosryko : les outrages de Syrdon sont d'autre sorte. Mais on a vu qu'une scène homologue se rencontre dans l'épopée caucasienne, simplement appliquée non plus à la mort de Soslan lui-même, mais à celle d'un jeune garçon, ami et allié de Soslan, que Soslan doit sauver d'une blessure mortelle pour réussir son entreprise, et qu'il a commencé en effet à sauver : pour que le jeune garçon survive à cette blessure mortelle (ou revive, car elle paraît avoir déjà fait son œuvre), il suffirait que Soslan le portât d'une traite, sans le poser à terre, par-delà sept ruisseaux ; sous les traits d'un vieillard, après le troisième ruisseau, puis sous les traits d'une vieille femme après le sixième, Syrdon donne par deux fois à Soslan une fausse nouvelle qui doit l'amener à poser le corps et à s'en aller ; la première fois, Soslan ne l'écoute pas ; mais, la seconde fois, il place le corps sur sa bourka et le laisse sur un kourgan ; quand il revient, la fraude découverte, il est trop tard : la mort est irrémédiable et Syrdon a déjà jeté « la terre du cadavre [1] ». On voit que le sens de l'épisode, de la méchanceté est bien le même dans le cas de Loki et dans le cas de Syrdon. Et si l'on se rappelle l'indication rituelle et temporelle qui termine le récit ossète et qui situe le deuil que prend à cette occasion Soslan au moment précis de l'année où les Ossètes font leur sacrifice à Soslan lui-même (« juste entre juin et juillet »), on voit que, bien que sans lien dramatique avec la mort de Soslan, cet épisode, où Syrdon n'agit d'ailleurs que par hostilité pour Soslan, doit prolonger un mythe qui, au temps du paganisme, s'appliquait au même moment, à la même circonstance rituels.

Ainsi le rôle de Loki dans la mort et la « non-résurrection » de Baldr, et le rôle de Syrdon dans la mort de Soslan (et accessoirement dans la « non-survie » du jeune allié de Soslan) se correspondent et par leur motivation, et par leur affabulation, et par leurs conséquences. Comme déjà, en elles-mêmes, on l'a vu, ces deux morts sont homologues et se fondent sur le même type de représentations religieuses, on n'a certainement plus le droit d'examiner séparément le cas Loki-Baldr et le cas Syrdon-Soslan. Du coup, plusieurs solutions s'éliminent et, en vérité, il n'en reste qu'une. Il est invraisemblable qu'il faille partir d'un Loki et d'un Syrdon « primitivement » bienveillants et bienfaisants et admettre que deux « développements historiques » (par définition contingents) les aient transformés dans le même sens et amenés au même résultat ; qu'ils aient, par exemple, tous deux tourné à l'aigre sous l'influence du diable chrétien ou mazdéen et qu'ils se soient trouvés, pour finir, insérés par une suite de hasards parallèles dans deux grands crimes de signification et de portée analogues, avec des rôles exactement équivalents.

Mais il n'est pas moins invraisemblable qu'un des deux seulement, Loki ou Syrdon, ait eu d'emblée, de toujours, la figure complexe qui ressort de son dossier, y compris sa participation au grand crime final, et que l'autre au contraire n'ait obtenu,

1. N° 15 *a* ; dans la variante 15 *b*, ce n'est pas Soslan mais Uryzmæg qui transporte le corps ; mais, là même, le héros principal de l'histoire est pourtant Soslan : c'est pour le compte de Soslan que le jeune garçon a fait son exploit et a été frappé du coup mortel.

rejoint cette figure que par un « développement historique ». Or, tout porte à croire que le rôle de Syrdon dans la mort de Soslan est fondamental, primitif, qu'il couronne par un crime inexpiable mais prévisible une carrière ambiguë et il est clair que, dans cette histoire, Soslan ne doit rien au Christ supplicié ni Syrdon au diable ou à Judas ; si donc il reste probable, comme je l'ai dit plus haut, que certaines *expressions* de Snorri à propos de Baldr témoignent qu'une analogie a été sentie entre le Christ et Baldr et s'il reste possible que le diable ait *déteint* sur Loki, nous devons néanmoins penser que, avant toute intervention chrétienne, le drame de la mort de Baldr et les rôles des deux protagonistes étaient déjà fixés ; que par conséquent la complexité et l'ambivalence de Loki, ou plutôt ses ambivalences (serviable et nuisible, bouffon malicieux dans la « petite mythologie » et criminel endurci dans la « grande »), sont congénitales. Bref, un des résultats de notre recherche comparative est de réduire à peu de chose, dans l'étude de Loki, le problème d'*évolution* religieuse et de le remplacer par la définition d'une *structure* ; le parallélisme Syrdon-Loki garantit l'unité, l'harmonie essentielle du caractère et de toutes les actions de Loki.

Enfin, la médiation des *variantes* relatives à la mort de Soslan-Sosryko permettra aux germanistes de mieux comprendre, d'apprécier à leur juste et mince valeur la diversité, les contradictions mêmes qu'ils ont relevées entre les récits relatifs à la mort de Baldr : sur ces points homologues, la tradition germanique ne devait pas avoir plus d'uniformité ni de cohérence que la tradition caucasienne. On peut même s'amuser à remarquer que, par rapport à l'*Edda* de Snorri (où la perfidie de Loki éclate, sous son nom), les deux récits de Saxo Grammaticus (où Loki n'apparaît pas, mais où c'est quand même un conseiller, hostile à Balderus, qui révèle à Hotherus le seul moyen de tuer Balderus) se situent de la même manière que, par rapport aux variantes ossètes (où la perfidie de Syrdon éclate, sous son nom), les variantes tcherkesses (où Syrdon n'apparaît pas, mais où c'est quand même une conseillère, hostile à Sosryko, qui révèle aux ennemis de Sosryko le seul moyen de le tuer). Cette rencontre n'a, bien entendu, pas de signification particulière ; elle permet seulement cette constatation de bon sens, que l'ampleur des divergences entre les variantes germaniques ne dépasse pas la normale et ne comporte pas, ne supporte pas les lourdes conséquences que certains ont prétendu en tirer [1].

Dans les sciences dites humaines comme dans les autres, on ne résout ni ne supprime un problème sans qu'aussitôt un autre surgisse à sa place. Nous n'échapperons pas à cette fatalité. Le succès même de la confrontation nous met en demeure d'expliquer l'étroite parenté de Loki et de Syrdon, c'est-à-dire de faire un choix dans le quadrille d'hypothèses qui se forme toujours en pareil cas. Loki a-t-il été directement ou indirectement calqué sur Syrdon par les Scandinaves ou leurs ancêtres, ou Syrdon calqué sur Loki par les Ossètes ou leurs ancêtres, et cela soit par emprunt de société à société, soit par fusion de sociétés, de tribus nomades, comme il a dû s'en produire dans les steppes de l'Europe orientale ? Loki et Syrdon ont-ils été l'un et l'autre empruntés au folklore ou à la mythologie, conservée ou aujourd'hui disparue, d'un même troisième peuple ? Les analogies d'organisation sociale, de civilisation matérielle et morale qui ont existé entre les Ossètes (ou les Scythes) et les Scandinaves (ou les Germains) permettent-elles de concevoir la formation indépendante de ces deux personnages de même type et des légendes où ils interviennent ? Loki et Syrdon ont-ils été l'un et l'autre hérités, conservés par les Ossètes et par les Scandinaves à partir d'un même prototype datant soit de l'unité indo-européenne soit d'une unité partielle ultérieure où futurs Ossètes et futurs Scandinaves se seraient encore trouvés associés ? Annonçons-le tout net : nous sommes en état de recommander, mais pas encore de démontrer la dernière hypothèse, notre principal argument n'étant que négatif : les trois premières sont évidemment, en elles-mêmes, très peu probables.

1. V. les arguments de Mogk, ci-dessus, pp. 107-108. On comparera utilement ma discussion et le résumé qu'en a fait F. Ström, *Loki*, p. 6.

C. EMPRUNTS ?

La première hypothèse, celle de l'emprunt, consisterait en somme à reprendre, autrement orienté, appliqué à une matière plus précise, le thème du *Ragnarök* d'Axel Olrik [1]. On sait que cet auteur a supposé que les légendes eschatologiques des Scandinaves, de la *Völuspá* et de Snorri, étaient venues de l'Orient, du Sud-Est européen, exactement du Caucase ; en particulier que Loki enchaîné et déchaîné était le démarquage nordique de ces Artavazd, Amirani, Rokapi, Abrskil, etc., de ces « Prométhées » qui peuplent tant de cavernes dans les hautes montagnes du Caucase. Chose étrange, ce puissant érudit n'a rien retenu de l'épopée ossète, il a passé à côté de Syrdon et de Soslan sans les voir, parce que son attention était centrée sur les *Weltuntergang*, sur la fin de ce monde, et que, bien sûr, les légendes sur les Nartes, aventures humaines et non cosmiques, ne lui fournissaient pas sur ce point de matière de comparaison [2]. Mais devons-nous, *mutatis mutandis*, reprendre ce moyen d'explication ? Sans doute non, et d'abord pour la raison qui fait qu'Olrik n'a pas été généralement suivi : les Scandinaves sont bien loin du Caucase et, des contacts directs étant évidemment exclus, on voit mal quel aurait été l'intermédiaire. Olrik a proposé les Gots, les Gots orientaux qui ont en effet rôdé sur les bords de la mer Noire (où ils ont laissé un petit résidu, les « Gots de Crimée », qui parlaient encore leur langue au XVIIIe siècle) et qui ont pu établir des « chemins » de diverses sortes vers les Germains du Nord. L'année même qui a suivi la publication du *Ragnarök*, dans quelques pages des *Danske Studier* [3], Olrik a pensé avoir résolu le problème,

---

1. V. note 1, p. 146.
2. C'est là non pas le point faible (car il s'explique aisément par la différence de niveau entre la *mythologie* scandinave et l'*épopée* ossète), mais la seule lacune dans le parallélisme Loki-Syrdon. On ne verra sans doute pas de difficulté à penser que, si les Scandinaves ont eu de tout temps une eschatologie (ce qui est probable), ou du jour où ils s'en sont constitué une, le malin Loki y a joué un rôle comme les autres dieux et justement, après son supplice et à côté des monstres ses enfants, le rôle que la *Völuspá* et Snorri lui attribuent.
3. *Danske Studier*, 1914, pp. 9-20 : « *Goler og Tjerkesser i 4-de aarh, e. Kr., en undersögelse i anledning af Kaukasus-jætten of den bundne Loke* » (Gots et Tcherkesses au IVe siècle après J.-C., recherche à propos du géant caucasien et de Loki enchaîné).

c'est-à-dire avoir établi un contact historique précis, et en même temps une rencontre littéraire, entre Gots et Tcherkesses au IVe siècle de notre ère. Mais son article est un de ces petits égarements que la Providence inspire une ou deux fois dans leur vie aux plus grands savants pour les rappeler à l'humilité. Tout y est d'une grande naïveté. Olrik prend au sérieux l'extravagante « histoire » des Tcherkesses cuisinée par Šora Bekmursin Nogmov et servie en allemand par Ad. Bergé en 1866[1] ; il admet l'étymologie fantaisiste du nom indigène des Tcherkesses, *adəǧe* à partir des anciens *Antes*, traités de Caucasiens pour les besoins de la cause ; il admet qu'un fragment de chant tcherkesse (sur un chef nommé Bakssan, tué avec son peuple par le nommé Gut), chant noté au XIXe siècle, peut être relatif à des événements du IVe ; dans les circonstances vagues qu'il déduit de ce chant, il découvre la version tcherkesse d'une catastrophe que les Ostrogots infligèrent à un roi des Antes nommé Box (ou Boz) et dont l'historien Jordanès (*Getica*, ch. 48) a fait mention ; il ne reste plus qu'à décréter que, phonétiquement, *Boz, Box* est la même chose que *Bakssan*, ce qui est fait allègrement p. 17… Bref, rien n'est à retenir de cette tentative.

Non pas qu'il soit exclu que les Ostrogots aient rencontré, au cours de leurs pérégrinations, non seulement des ancêtres des Tcherkesses mais aussi les ancêtres des Ossètes ou du moins de tribus apparentées et en possession d'un folklore analogue. Mais nous avons vu à quel point le vaste dossier de Syrdon et celui de Loki, y compris les épisodes de la mort de Soslan-Sosryko et de la mort de Baldr, forment chacun un *tout* et à quel point l'action de Loki et celle de Syrdon pénètrent l'ensemble des récits nartes et l'ensemble des mythes scandinaves. Il faudrait donc supposer : d'abord que les Gots ont emprunté à ces peuples de la Russie méridionale un morceau de mythologie très considérable et bien articulé ; puis qu'ils l'ont fait passer de proche en proche jusque dans la Scandinavie occidentale ; enfin que cet intrus a bouleversé, rénové la mythologie des Norvégiens. Pour m'engager dans cette voie, je demande un peu plus que la possibilité théorique des contacts entre Ostrogots et peuples caucasiens.

1. *Die Sagen des Tscherkessenvolkes*, Leipzig, 1866 ; p. 14, Olrik prend aussi au sérieux la dérivation Sosryko < « Kossirich » < Cæsar ! (Cf. *LN* pp. 6-7.)

Mais surtout – et nous touchons ici à l'un des points les plus délicats de notre étude – pourquoi disons-nous que le dossier Syrdon et le dossier Loki sont inséparables ? Parce qu'on y constate une correspondance *totale* entre deux *types* pourtant *complexes*, c'est-à-dire une correspondance entre leurs natures, dons, situations sociales, moyens d'action, contradictions internes, etc. ; parce que le déroulement de leurs deux carrières est aussi le même, aboutissant dans les deux cas et pour la même raison à la même catastrophe ; en particulier parce que, entre le récit sur la mort de Baldr et les récits sur la mort de Sosryko et entre les parts qu'y prennent respectivement Loki et Syrdon, existent les nombreuses similitudes, de sens et de forme, qui ont été signalées plus haut. Tout cela exclut le hasard et pose le problème qui nous arrête. Il n'en reste pas moins que, si l'on confronte terme à terme les parties les plus évidemment homologues des deux dossiers, jamais il n'y a de ces superpositions rigoureuses qui commandent ou recommandent l'explication par l'emprunt. Par exemple, dans les récits sur la mort de Baldr et sur celle de Sosryko, il y a cette correspondance très remarquable que ces deux sympathiques héros, presque invulnérables, succombent au cours d'un grand jeu auquel, se croyant à l'abri d'un coup mortel, ils se prêtent complaisamment ; mais ces deux jeux, tout en consistant l'un et l'autre à lancer sur le héros des projectiles normalement dangereux et ici, exceptionnellement, inoffensifs, ne se recouvrent pas, la Roue, si caractéristique des récits caucasiens, n'intervenant pas dans les récits scandinaves. L'immunisation et l'exception unique ont le même rôle à propos de Baldr et à propos de Soslan-Sosryko, mais sous des formes constitutivement différentes : ici, invulnérabilité de tout le corps, sauf de la hanche (ou du genou...) ; là, neutralisation de tous les projectiles, sauf du gui. Loki, sous les traits d'une sorcière, rend définitive la mort de Baldr quand elle est encore remédiable, comme Syrdon, sous les traits d'un vieillard et d'une vieille femme, rend définitive la mort du jeune allié de Soslan, et cette manifestation de méchanceté est un thème rare, dont on ne signale pas d'autre exemple dans les folklores européens ; mais le détail est différent dans les deux cas et, chez les Ossètes, il s'agit non pas de Soslan lui-même, mais d'un compagnon chéri et précieux de Soslan, si bien que la méchanceté de Syrdon tend cette fois à affliger Soslan et à lui nuire, non à le supprimer. On multipliera aisément les exemples. Au cours des conférences où ce livre a été préparé, j'ai prié un étudiant, à titre de contrôle, de relever dans les deux dossiers ce qui peut passer pour des correspondances de détail significatives ; voici tout ce qu'il a trouvé : 1° le « bain de siège » qui est, en plein milieu de la rivière, infligé à Syrdon accroché à la queue du cheval de Soslan, rappelle le « bain de siège » subi, au milieu de la rivière, par Loki accroché à la ceinture de Þórr[1] ; 2° pendant que la Roue de Barsag était sur la forge du forgeron céleste, Syrdon a volé des fragments de son fer, ce qui l'a affaiblie, comme Loki a causé un défaut au marteau de Þórr pendant qu'un nain forgeron le fabriquait[2]. Et c'est tout, et ces correspondances mêmes qui comportent de grosses différences, s'insèrent en des points fort différents, nullement homologues, des deux dossiers.

Des critiques étourdis tireront sûrement argument de cette constatation, qu'ils appelleront un aveu, pour détruire à peu de frais les conclusions du rapprochement Loki-Syrdon, pour dire qu'elles se bornent à constater des correspondances « générales » qui ne prouvent rien. Ils auront tort. Pour détruire ce livre, il faudra découvrir, dans les littératures anciennes et modernes, d'autres personnages qui ressemblent à Loki et à Syrdon autant que Loki et Syrdon se ressemblent entre eux : sous une réserve qui sera faite tout à l'heure[3], et qui est d'ailleurs une confirmation, ce troisième larron n'existe pas. Les correspondances relevées ne sont pas générales, mais précises, en elles-mêmes et dans leur agencement ; sur les points essentiels, d'ailleurs solidaires, des deux dossiers, elles définissent un *schéma* commun qui n'est nullement, en dépit du jeu de mots qui s'offre, schématique ni banal, mais au contraire original et complexe et qu'on ne retrouve pas ailleurs (schéma du caractère de Loki et de Syrdon, schéma de la

1. Syrdon, n° 3 *b* ; Loki n° 3 *a* et *b*. C'est l'épisode où W. Mohr dénie primitivement tout compagnon à Þórr (v. note 1, p. 120).
2. Syrdon n° 15 *c* ; Loki n° 6.
3. Ci-dessous, p. 230-237.

mort de Baldr et de Soslan-Sosryko) ; seulement, dans l'affabulation, ces correspondances comportent toutes – et, laissant là les censeurs futurs, nous revenons à notre propos – une marge de liberté telle que je ne vois pas le moyen de tirer Loki de Syrdon ni Syrdon de Loki. Et c'est l'objection la plus grave contre toute explication par l'emprunt, direct ou indirect, de la Scandinavie au Caucase ou du Caucase à la Scandinavie ; objection qui vaut aussi contre la deuxième hypothèse formulée plus haut, à savoir l'emprunt fait, indépendamment, par le Caucase et par la Scandinavie à un même peuple indéterminable, étranger à l'un et à l'autre [1].

D. ÉTAT SOCIAL ET MYTHOLOGIE

La troisième hypothèse a contre elle d'être obscure, de faire uniquement appel aux rapports de causalité qui lient l'état social, économique, culturel d'un peuple et les produits de son imagination. Ces rapports sont réels, cette causalité joue. Mais dans des conditions et dans des limites qu'on ne peut préciser. De plus, dès qu'il ne s'agit plus de simples et évidentes transpositions de l'expérience courante, une telle explication tombe dans l'arbitraire.

J'ai moi-même signalé plusieurs fois [2] les remarquables rencontres de thèmes légendaires qui s'observent entre Celtes, Germains et Ossètes (ou Scythes), soulignant que ces rencontres s'expliquent en grande partie par des conditions de vie analogues : intensité de la vie collective, grandes beuveries (coupes celtiques, *Nartamongæ*) et toute la casuistique des préséances masculines et féminines, des rivalités, des défis, des concours ; parlotes, jugements, jeux sur le þing scandinave, sur le *nyxæs* ossète,

1. Elle ne vaut pas s'il s'agit d'un héritage commun s'exprimant dans des scènes de même sens, de même intention, mais constituées de matière différente.
2. V. notamment *HC* (1942), pp. 53-60.

sur la place « au nord-est d'Emain-Macha[1] » ; existence de bandes guerrières avec initiation (Batradz et Cúchulainn, plongés dans les cuves d'eau froide ; Fianna, Harii, Berserkir) ; pratique de la chasse, des razzias ; souveraineté magique (talismans des Scythes, des Tuatha Dé Danann)... Tout cela est évident et il n'est pas étonnant que des légendes reproduisant des modes de vie apparentés aient un air de famille. Le « type » de Loki et de Syrdon peut-il avoir été ainsi soit suscité, soit du moins précisé, orienté indépendamment chez les Ossètes et chez les Scandinaves par des faits d'expérience et par des traits de vie sociale analogues ?

Oui et non. On croira volontiers que, dans ces sociétés où la vie commune, publique, est très développée, où justement la parlote, l'astuce, le conseil sont de pratique et de nécessité journalières, où les susceptibilités, les rivalités déclarées ou latentes offrent une matière surabondante aux intrigants, il ait existé couramment un type social correspondant en gros à Loki et à Syrdon, susceptible de se styliser ici en Loki, là en Syrdon[2]. Les sagas, les biographies islandaises consignent plusieurs cas, plus ou moins romancés peut-être mais très plausibles, de conseillers pernicieux, qui font le mal sans raison, de fauteurs d'intrigues et de discordes – généralement des bannis ou des hommes de naissance inférieure –, d'hommes ingénieux et imprévoyants qui, poussés par la haine ou par leur démon, marchent d'imprudence en imprudence jusqu'à la catastrophe : pour m'en tenir aux grands textes, le Skamkal de la *Saga de Njáll* (chap. XLVII-LIII), le Björn de la *Saga de Grettir* (chap. XXI-XXII) font penser à Loki, en moins complexes. Si nous avions des sagas, des biographies de chefs ossètes ou

1. *Fri hEmain anairtúaith*, p. ex. dans la *Táin bó Cuailnge*, éd. Windisch, p. 131, *l.* 1070.

2. Cf., avec une tout autre forme de société, la tentative de A. Brook-Utne pour dériver de la pratique des cours palestiniennes, des rapports entre grands suzerains et petits vassaux, le type biblique de Sâtân (l'ange « accusateur » au début du livre de Job, p. ex.), du *diabolos*, du calomniateur (Satan : cf. *sitnâh*, « accusatio, libellus accusatorius ») : « "Der Feind", die alttestamentliche Satansgestalt im Lichte der sozialen Verhältnisse des nahen Orients », dans *Klio*, 28 (1935), pp. 219-227.

tcherkesses, il est probable que nous y verrions, par la force des choses, agir des Syrdon, fonctionner ce qu'on a presque envie d'appeler un *rouage* social, tant il paraît peu évitable dans cette forme de société. Mais on touche immédiatement les limites étroites de ce genre d'explication : le caractère ambigu (serviable, pernicieux) qui fait l'intérêt de Loki et de Syrdon ne se retrouve pas dans ces personnages des sagas, mauvais tout d'une pièce, sauf parfois un certain dévouement à leur seul patron ; Björn, Skamkal, tout ingénieux qu'ils sont dans le mal, n'ont qu'une intelligence ordinaire qui ne les distingue pas du reste de la société : nous sommes loin de ce Loki, de ce Syrdon auxquels la société entière, menaçante, hostile, vient pourtant demander le « service d'esprit » que seul il peut rendre ; d'autre part, la faculté de métamorphose de Loki et de Syrdon et leurs dons surhumains, leurs rapports avec l'autre monde, leur aptitude à surgir et à disparaître, ne peuvent sortir, même par stylisation, de la pratique sociale ; enfin et surtout, il y a le dernier épisode, les rôles si analogues de Loki et de Syrdon dans les légendes de la mort de Baldr et de la mort de Soslan-Sosryko, que la chronique quotidienne ne saurait avoir produits et qui doivent s'expliquer à partir de l'ensemble mythique, religieux (peut-être même, anciennement, rituel) dont ils font partie, – et sur ce point essentiel, il est clair qu'il est tout à fait vain d'expliquer les analogies thématiques des légendes caucasiennes et scandinaves par la ressemblance des formes sociales ; l'accord, les raisons de l'accord restent mystérieux [1].

Il n'en demeure pas moins un fait géographiquement et ethnographiquement remarquable, auquel il a été fait incidemment allusion plus haut [2] : dans toutes les mythologies, dans tous les folklores connus, ce n'est ni Hermès ni Prométhée ni Héphaïstos, ni non plus Typhon ni Lucifer, ni bien entendu Lug ni Wieland [3], ni le *culture-hero* ni le *trickster* des Indiens de l'Amérique du

1. F. Ström, *Loki*, p. 8, m'a mal lu ou mal compris.
2. Ci-dessus, p. 227-228.
3. A. Haggerty Krappe, *The Science of Folklore* (1930), p. 333 ; cf. J. de Vries, *The Problem of Loki*, pp. 272-274.

Nord[1] qui rappellent le plus le type de Loki et de Syrdon : c'est un personnage de l'épopée irlandaise, du cycle des Ulates, c'est *Bricriu* (ou *Bricne*) *Nemthenga* (ou *Nemthengtha*) ; « Bricriu (à la) langue venimeuse ». Il n'est pas probable que ce soit le hasard qui, sur ce point encore, rapproche le monde celtique du monde germanique et du monde scythique : les conditions analogues de vie matérielle et morale doivent bien être pour quelque chose dans cette rencontre.

Bricriu sert souvent aux Ulates de messager et généralement leur est utile, car il est intelligent : c'est l'homme des « plans » et, dans les textes tardifs, il est volontiers présenté comme un *ollam*, comme un savant ; on le voit signalé, à la fin de l'inventaire de la maison du roi Conchobar comme « l'homme d'une grande utilité[2] ». Mais il est insolent injurieux, menteur, cupide, sans scrupule, et sa joie est de semer la discorde entre les chefs, entre les clans, entre les femmes. Il est curieux, découvre les secrets[3]

1. F. von der Leyen, *Die Götter und Göttersagen der Germanen (Deutsches Sagenbuch*, I, 1909), pp. 222 et suiv. ; Axel Olrik « Myterne om Loke » (*Festskrift Feilberg*, 1911), pp. 573-574 ; J. de Vries, *The Problem of Loki*, chap. XII. Que Loki ait inventé le filet, c'est vraiment insuffisant pour faire de lui un « héros civilisateur » ; or il n'y a pas autre chose. V. maintenant J. de Vries, *Altgerm, Rel.-Geschichte*, II^2 (1917), pp. 265-266.

2. Whitley Stokes, *Tidings of Conchobar mac Nessa, Eriu* IV, pp. 30-32, paragraphe 23 : « Il y avait un homme de grande utilité dans la maison, à savoir Bricriu, fils de Carbad. Les neuf fils de Carbad le Grand étaient dans la maison, à savoir Glaine et Gormanach, Mane Minscoth, Ailill, Duress, Ret et Bricriu. C'était un homme venimeux à la langue méchante que ce Bricriu. Il y avait assez de poison en lui. S'il essayait de garder le secret de sa pensée, il poussait sur son front un furoncle pourpre et il était aussi grand que le poing d'un homme. Il disait à Conchobar : cela surgira du furoncle cette nuit, ô Conchobar » (*Book of Leinster*, éd. Best-O'Brien, II, Dublin, 1956, p. 404, folio 107b, lignes 12559-12565). Je remercie M. Christian Guyonvarc'h qui a bien voulu mettre au point la bibliographie et les traductions irlandaises.

3. Par exemple dans *Compert Conculaind* (Versions I et II), édité par Ernst Windisch, *Irische Texte I*, 1880, pp. 134-145 d'après les manuscrits *Lebor na hUidre* et Egerton 1782 ; édition normalisée par A.G. van Hamel d'après les six manuscrits existants, *Compert Con Culainn and Other Stories, Mediaeval and Modern Irish Series*, III, Dublin Institute for Advanced Studies, Dublin, 1933, rééd. 1956, pp. 3-8. Le manuscrit le plus ancien et le plus important est le *Lebor na hUidre*, éd. Best-Bergin, Dublin, 1929, pp. 320-322, folios 128a-128b, lignes 10558-10635, cf. Rudolf Thurneysen, *Zu irischen Handschriften und Literatur-*

et, devinant les malheurs dont les autres n'ont pas encore pris garde ou prévoyant les malheurs à venir, il se fait un malin plaisir de les révéler ou de les prophétiser [1]. Il est couard et tâche de ne pas participer aux combats ; il reste neutre dans la grande guerre où les siens sont engagés à l'occasion de la *Táin*. Les Ulates le supportent impatiemment et l'emploient tout en se défiant de lui et en le méprisant. Par une sorte de fatalité, il se trouve souvent en posture ridicule : tombant du haut de son balcon dans le fumier lors de son fameux festin [2] ; marchant à contrecœur quand Fergus menace de le tirer par les cheveux ; lancé dans le feu par un coup de pied de Ceinnliath et sauvé de justesse par les domestiques [3]... On connaît le récit intitulé *Fled Bricrend*, « le festin de Bricriu » : les traits malins de son caractère y éclatent. Quand il invite les Ulates, leur premier mouvement est de refuser [4] :

§ 5. Cela arriva un jour qu'il y avait l'assemblée des Ulates à Emain Macha. On lui souhaita la bienvenue et on l'assit à côté de Conchobar. Il s'adressa à Conchobar et aux Ulates en même temps. « Venez chez moi, leur dit-il, consommer un festin avec moi. » « Je suis d'accord, dit Conchobar, si les Ulates sont d'accord. » Fergus mac Roig et les nobles d'Ulster aussi répondirent en disant : « Nous n'irons pas, car nos morts seront plus nombreux que nos vivants après que Bricriu

denkmälern, I, Berlin, 1912, pp. 31 *sqq* ; traduction française par Christian J. Guyonvarc'h, « La conception de Cuchulainn », *Ogam*, 17, 1965, pp. 363-391 avec, en annexe, pp. 390-391, la traduction du texte du manuscrit Stowe D. 4. 2., folio, 49a, I, *Feis Tighe Becfholtaig*, « le festin de la maison à la petite richesse », publié par Kuno Meyer, « Mitteilungen aus irischen Handshriften », dans *Zeitzchrift für Celtische Philologie*, V, pp. 500-504.

1. Par exemple *Mesca Ulad*, « L'ivresse des Ulates », éd. J. Carmichael Watson, *Mediaeval and Modern Irish Series* XIII, Dublin, 1941, pp. 12-15 ; dans la partie contenue dans le *Livre de Leinster*, éd. Best-O'Brien, tome V, Dublin, 1967, folios 264*a*-264*b*, p. 1176, lignes 34786-34813 ; *Tochmarc Ferbe*, éd. Windisch, *Irische Texte* III, p. 466, lignes 54-63 ; *Livre de Leinster*, éd. Best-O'Brien, V, folio 253*b*, p. 1138, lignes 33499-33507.
2. *Fled Bricrend*, éd. Henderson, *Irish Texts Society* II, Londres, 1899, p. 30, § 25.
3. Ces deux scènes dans la continuation de l'*Oided mac n-Usnig* publiée par Mackinnon sous le titre « The Glenmasan Manuscript », *The Celtic Review*, II, 6, Édimbourg, octobre 1905, p. 108.
4. Éd. Henderson, p. 6.

nous aura enflammés les uns contre les autres si nous allons consommer son festin. »

§ 6. « Ce sera bien pire pour vous, dit-il, ce que je ferai si vous ne venez pas avec moi. » « Que feras-tu donc, dit Conchobar, si les Ulates ne viennent pas avec toi ? » « Je ferai en sorte, dit Bricriu, que les rois, les princes, les héros de valeur et les jeunes guerriers se querellent, si bien qu'ils se tueront les uns les autres s'ils ne viennent pas à mon festin. » « Nous n'irons pas avec toi à cause de cela », dit Conchobar. « Je ferai des querelles entre le fils et le père si bien qu'ils s'entretueront. Si cela ne réussit pas, dit-il, je ferai des querelles entre les filles et leurs mères. Si cela ne réussit pas, je ferai se battre les deux seins de chaque femme, si bien qu'ils en viendront à des coups mortels et qu'ils seront meurtris et pourris. » « Il vaut mieux y aller », dit Fergus. « Entretenez-vous, dit Sencha, fils d'Ailill, à son sujet avec les nobles Ulates si vous le voulez bien. » « Il n'en sortira que du mal, dit Conchobar, s'il n'est pas tenu conseil contre lui. »

Puis, quand le festin va commencer :

§ 8. Bricriu agitait dans son esprit comment il provoquerait des querelles entre les Ulates quand vinrent à ses côtés les garants des champions. Quand furent claires dans son esprit sa réflexion et sa décision, il alla trouver la troupe de Loegaire Buadach, fils de Connad, fils d'Iliach[1]... !

Et, à l'insu les uns des autres, il excite successivement Loegaire, Conall, Cúchulainn à briguer « le morceau du héros ». Ensuite il retourne au milieu de ses gens, « calme comme s'il n'eût provoqué aucune querelle... » Un peu plus tard, la querelle des trois héros ayant fait long feu :

Bricriu et sa reine étaient dans leur appartement. L'état de sa maison royale lui était bien visible de son lit, et comment les choses étaient. Il agita dans son esprit comment il pourrait provoquer une querelle des femmes comme il avait fait une querelle des hommes... Tandis que la tête de Bricriu travaillait ainsi, il arriva que la femme de Loegaire sortit du palais avec cinquante compagnes pour se dégager le cerveau, que la bière et l'eau-de-vie avaient alourdi[2]...

1. Éd. Henderson, p. 8, § 8.
2. Éd. Henderson, p. 16, § 17.

Et entre les femmes de Loegaire, de Conall et de Cúchulainn, il suscite un conflit de préséances...

Sa mort, enfin, répond à sa vie. Il n'a pas participé à la *Táin* (du moins dans une des versions) parce que, juste avant, à la suite d'une parole insolente, Fergus, à qui il était venu demander des présents et avec qui il faisait une partie, lui a abattu sur la tête son poing et les cinq pièces d'échecs qu'il tenait [1] : pendant un an, l'année que dura la *Táin*, il est resté alité et il ne s'est montré que pour le dernier jour, le jour où les deux taureaux, causes de toute l'aventure, vont lutter l'un contre l'autre. Suivant une des versions, Bricriu, de lui-même, en spectateur, vient assister au combat avec tous les autres héros survivants [2] ; d'après l'autre version, ce sont les Irlandais qui (à titre de sanction pour sa scandaleuse abstention dans les périls de la guerre) le désignent pour assister, comme témoin officiel, au combat [3]. Quoi qu'il en soit, les deux taureaux, tout en se pourchassant et s'encornant, bondissent sur l'endroit où est Bricriu et le piétinent, l'enfonçant à une coudée dans le sol [4].

On reconnaît, avec des nuances qu'explique assez une société plus royale et féodale que les sociétés germaniques et scythiques, des traits importants des personnages de Loki et de Syrdon. Mais d'autres traits sont aussi marqués : l'avidité, la cupidité de Bricriu paraît bien répondre à une pente non seulement de l'imagination mais de la passion irlandaise et généralement celtique. Et surtout il manque un trait sûrement essentiel : la mort ignominieuse du perfide et ridicule Bricriu ne châtie pas un crime comparable à ceux du *ráđbani* Loki et du haineux Syrdon ; si quelque jeu périodique, quelque mythe de fête est à l'origine du thème de la *Táin* et spécialement du combat final des deux taureaux, il ne rappelle ni le jeu des Nartes lançant la Roue sur Sosryko ni le jeu des Ases lançant sur Baldr des projectiles de toutes sortes ; et Bricriu, dans l'affaire, ne brille que par sa lâche absence.

1. *Echtra Nerai*, chap. XVIII, éd. K. Meyer, *Rev. Celt.*, 10 (1889), p. 336 ; cf. *Táin Bó Cuailnge*, éd. Strachan, p. 122 (*l.* 3653), éd. Windisch, pp. 893-894 (*l.* 6132-6141) ; Cécile O'Rahilly, *Táin Bó Cúalnge from the Book of Leinster*, Dublin, 1967, p. 134, (*l.* 4850-4871).
2. Éd. Strachan, p. 122, *l.* 3651 *sq.*, éd. C. O'Rahilly, p. 134, *l.* 4860-4861.
3. Éd. Windisch, p. 893, *l.* 6130-6133 et p. 895, *l.* 6141-6143.
4. Éd. Strachan, p. 122, *l.* 3655 et suiv.-éd. Windisch, p. 897, *l.* 6154-6156.

De plus, le type de Bricriu, dans la pensée des Irlandais, est intégré à un système dont la Scandinavie[1] et l'Ossétie n'ont pas l'équivalent : il est surtout, si l'on peut dire, la moitié d'un mécanisme bien équilibré ; il est le fauteur de discorde et de guerre auquel s'oppose le spécialiste de la paix et de la concorde, Sencha Mór, « le pacificateur des armées de l'Ulster[2] », qui, du levant au couchant, calmerait tous les hommes du monde « par ses trois belles paroles », *da thri findfoclaib.* Dans l'*Aided Guill meic Carbáda,* Sencha, en secouant le rameau de paix, calme Conchobar que Bricriu vient d'exciter contre Cúchulainn[3]. Dans la *Fled Bricrend*, c'est Sencha qui calme les trois compétiteurs du « morceau du héros » que Bricriu a traîtreusement opposés[4].

Il s'agit sans doute ici d'une conception celtique, de deux types constitutivement accouplés, dont l'un fait donc attendre l'autre, car on les retrouve, schématiquement indiqués, dans le *Mabinogi de Branwen*, qui raconte l'extermination presque complète d'une vieille population de l'île de Bretagne[5]. Les fils de Llyr, Bendigeit Vran (Bran) et Manawyddan, rois de l'île de Bretagne, ont avec eux leurs deux demi-frères (inférieurs : par la mère), Nissyen et Evnissyen : « L'un de ces jeunes gens était bon, il mettait la paix au milieu de sa famille quand on était le plus irrité ; c'était Nissyen. L'autre mettait aux prises deux frères quand ils s'aimaient le plus[6]. » Et c'est bien ainsi qu'ils se comportent tout au long de l'histoire : Evnissyen mutile les chevaux donnés au roi d'Irlande qui vient d'épouser la sœur de Bran et

1. Forseti, fils de Baldr, est le « conciliateur » du panthéon scandinave : aucun texte ne l'accouple à Loki. Cependant, cf. dans la *Hervarar Saga ok Heiđreks*, chap. VI, l'opposition rigoureuse des deux frères, du conciliateur et du fauteur de querelle.

2. *Fer sidaigthi sluaig Ulad : Mesca Ulad*, éd. Hennessy, p. 38.

3. Éd. Stokes, *R. Celt.*, 14 (1893), p. 426.

4. § 16. Cf. les autres interventions pacifiantes et prudentes de Sencha dans le même récit, §§ 7, 21 (il réduit la querelle des femmes à une joute de paroles), 26, 29, 75. Cf. la différence des conduites de Bricriu et de Sencha dans le *Compert Concúlainn*.

5. J. Loth, *Les Mabinogion*, 2e éd., I (1913), pp. 121-171. Je cite cette traduction.

6. Édition Mühlhausen (1925), p. 21. En gallois, *evnys* signifie « hostile » ; le nom est écrit tantôt *Evnissyen*, tantôt *Evnyssyen* (ou *Efnyssyen*).

de Manawyddan et provoque ainsi les représailles et la guerre [1]. Puis, dans le banquet qui marque la conclusion de la paix, après avoir d'ailleurs intelligemment et légitimement déjoué une ruse des partenaires [2], il jette brusquement dans le feu le tout jeune fils du roi d'Irlande (en faveur de qui son père vient d'abdiquer), que Nissyen avait au contraire affectueusement appelé [3] : il en résulte un combat et un grand carnage. Mais la fin d'Evnissyen rachète un peu ces méfaits, car elle ne manque ni de courage ni d'abnégation : les ennemis, les Irlandais, grâce à un grand « chaudron de résurrection », ressuscitent tous leurs tués, tandis que les morts gallois restent morts, ce qui doit fatalement entraîner la défaite de Bran et de Manawyddan, des Gallois, dans cette guerre qu'Evnissyen a provoquée et rallumée. Alors,

> Evnissyen, voyant sur le sol *les corps privés de renaissance* des hommes de l'Île des Forts (= l'île de Bretagne) [4], se dit en lui-même :

1. Loth, p. 125 : « ... Aussitôt il fond sous les chevaux, leur coupe les lèvres au ras des dents, les oreilles au ras de la tête, la queue au ras du dos ; s'il ne trouvait pas prise sur les sourcils, il les rasait jusqu'à l'os. Il défigura ainsi les chevaux, au point qu'il était impossible d'en rien faire. » – Inutile de chercher un rapprochement particulier avec un des méfaits de Syrdon (ci-dessus, n° 3 *b*) : dans toutes ces sociétés de cavaliers, la méchanceté qui consiste à gâter un cheval est usuelle ; le jeune Grettir, au début de la saga qui porte son nom, n'y manque pas.
2. Il tord le cou à des guerriers armés que les Irlandais avaient cachés dans des sacs tout autour de la salle : Loth, pp. 140 *sq.*
3. Loth, p. 142 : « La paix conclue, Bendigeit Vran fit venir l'enfant ; l'enfant se rendit ensuite auprès de Manawyddan. Tous ceux qui le voyaient le prenaient en affection. Il était avec Manawyddan quand Nyssyen, fils d'Eurossuydd, l'appela auprès de lui. L'enfant alla vers lui gentiment. "Pourquoi, s'écria Evnyssyen, mon neveu, le fils de ma sœur, ne vient-il pas à moi ? Ne serait-il pas roi d'Irlande que je serais heureux d'échanger des caresses avec lui. – Volontiers, dit Bendigeit Vran, qu'il aille !" L'enfant alla vers lui, tout joyeux. "J'en atteste Dieu, se dit Evnyssyen, la famille ne s'attend guère au meurtre que je vais commettre en ce moment." Il se leva, saisit l'enfant par les pieds, et, avant que personne de la famille ne pût l'arrêter, il lança l'enfant la tête la première dans le feu ardent... » – Cette matière extrêmement disloquée et romancée des *Mabinogion* repose pourtant sur de vieux mythes brittoniques : Manawyddan, Bran sont d'anciens dieux : ce meurtre inattendu de l'enfant innocent, en pleine assemblée pacifique et joyeuse, est-il l'aboutissement romanesque d'un mythe comparable à l'assassinat du jeune, beau et bon Baldr ?
4. Mühlhausen, p. 32 : *ac yna, pan welas Efnyssyn* y kalanad hab eni *yn vn Ile o wyr Ynys y Kedyrn...* ; Loth, pp. 143-144. Sur la fin de sa carrière, et après le meurtre du bel enfant, Evnissyen est donc, comme Loki à la fin de sa vie et après

« Ô Dieu, malheur à moi d'avoir été la cause de cette destruction des hommes de l'Île des Forts ! Honte à moi, si je ne trouve pas un moyen de salut ! » Il s'introduisit au milieu des cadavres des Gwyddyl (= Gaëls, Irlandais). Deux Gwyddyl aux pieds nus vinrent à lui et, le prenant pour un des leurs, le jetèrent dans le chaudron. Il se distendit lui-même dans le chaudron au point que le chaudron éclata en quatre morceaux et que sa poitrine à lui se brisa[1]. C'est à cela que les hommes de l'île [de Bretagne] durent tout le succès qu'ils obtinrent : il se réduisit à ce que sept hommes purent s'échapper...

Ainsi ce fléau des Gallois (et des Irlandais), par son sacrifice inattendu, permet à sept notables, dont Manawyddan et Bran (mais celui-ci mortellement blessé d'un coup de lance empoisonnée), de survivre à la ruine de leur armée.

Ces héros, Bricriu et Evnissyen, constituent, je le répète, ce qu'il y a, dans l'ancienne Europe, de plus proche de Loki et de Syrdon. L'analogie n'est pas niable, bien qu'elle n'atteigne pas aux rencontres précises du dieu scandinave et du héros ossète. Mais cela laisse entière la question que nous débattons : la ressemblance d'organisation sociale et de civilisation entre Scandinaves, Ossètes, Irlandais, explique peut-être la ressemblance de caractère et de conduite entre Loki, Syrdon (et partiellement Bricriu) ; elle ne saurait expliquer l'identité des rôles que les légendes attribuent à Loki, à Syrdon (mais non à Bricriu)[2] dans le meurtre d'un « bon » héros, Baldr ou Soslan. Il y a là une affabulation devant laquelle les considérations de sociologie structurale sont impuissantes[3].

---

le meurtre de Baldr, un « empêcheur de résurrection », mais dans des conditions et avec des conséquences différentes.

1. Mühlhausen, p. 32 : *ymestynnu idaw ynteu yn y peir, yny tyrr y peir yn pedwar dryll, ac yny tyrr y gallon ynteu.*

2. Et peut-être l'analogie lointaine de ces rôles avec celui que joue Evnissyen (ici *handbani*, nullement *ráđbani* !) dans le meurtre du bel enfant ?

3. La quatrième solution – l'héritage commun –, qui ne pouvait qu'être recommandée dans la première édition de ce livre, a été précisée et renforcée en 1958 dans le chapitre VII des *Dieux des Germains*, reproduit ci-dessous comme chapitre V.

E. ÉLÉMENTS PSYCHOLOGIQUES DU TYPE LOKI-SYRDON

Tout en réservant ces questions d'origine, il n'est pas impossible de faire quelques progrès dans l'interprétation du *type* de Loki et de Syrdon[1]. Nous venons de voir que l'expérience sociale de l'ancienne Europe a pu le susciter en partie, fournir d'importants éléments aux imaginations qui le composaient. À la différence des dieux engagés dans la grande tripartition indo-européenne, à la différence d'Óđinn et de Týr, de Þórr, de Njörđr et de Freyr, Loki n'est pas le patron d'une « fonction » régulière, nécessaire (ce qui explique qu'il ne reçoive pas de culte), mais il illustre, pour une part, une « situation » tellement fréquente et naturelle qu'elle pouvait passer pour nécessaire et régulière.

Mais il y a sûrement autre chose. Il y a toujours autre chose que la « fonction » ou la « situation » dans un dieu. D'une part chaque fonction ou situation comporte un *caractère*, une forme d'esprit idéal, que le dieu qui l'incarne a charge de représenter : jalousie, fureur, générosité, sensualité, etc., se répartissent, se combinent et s'expriment différemment, par exemple, aux trois niveaux du monde. D'autre part chaque fonction ou situation a une affinité particulière avec une ou plusieurs *parties du macrocosme*, une ou plusieurs des forces qui contribuent à son équilibre : Óđinn (ou Varun.a) n'est pas seulement le Roi et le Voyant, Þórr (ou Indra) n'est pas seulement le Guerrier et le Fort, ni Njörđr et Freyr (ou les Nāsatya) les Producteurs et les Riches ; des mythologies du ciel et de l'ordre universel, de l'atmosphère et de la tempête, de la terre et de la sexualité, s'associent, en images, en théorie dramatisée, à ces définitions sociales et à ces modèles

1. F. Ström, *Loki*, p. 8, se refuse à admettre cette notion de type mythique et ajoute : « *Diese Hypothese erscheint um so mehr diskutabler als sie in dem konkreten Falle ihren Fürsprecher nötigt, in einem solchen Typus eine skandinavische Mythengestalt und eine Sagenfigur aus dem fernen Kaukasus zu vereinigen.* » Le lecteur a pu se rendre compte que ma démarche est juste l'inverse : ce n'est pas la volonté de déterminer un type qui m'a « obligé » à comparer Loki et Syrdon. De cette comparaison, imposée par leurs caractères et leurs actions, et poursuivie sans préjugés, un type *se dégage*.

psychologiques. Il est probable qu'il en est de même pour Loki : des éléments psychologiques et des éléments naturalistes, sentis comme liés par nécessité ou convenance à la « situation » sociale précédemment définie, ont dû nourrir l'affabulation. Commençons par les éléments psychologiques, qui sont ici les plus considérables.

1. L'INTELLIGENCE IMPULSIVE

À la faveur de la « situation » sociale qu'expriment Loki et Syrdon, les Scandinaves et les Ossètes ont poussé assez loin l'exploration d'une des forces les plus étranges de la nature qui n'est autre que l'activité cérébrale de l'homme. Car Loki et Syrdon tranchent d'abord sur tout – ou presque tout – ce qui les entoure par cela : ils sont *plus* intelligents ; d'une intelligence qui a sa forme et ses limites et qu'il faut définir, mais qui est en évidence. L'exploration est d'ailleurs double, couvre ce que nous appellerions et la *sociologie* et la *psychologie* de l'esprit.

Loki et Syrdon sont des êtres « en marge », de naissance inférieure, traités en inférieurs, incomplètement adoptés par la société et se détachant eux-mêmes de la société [1] ? Mais n'est-ce pas une expérience courante, de tous les pays et de tous les temps, et qui a partout inspiré les littérateurs, que l'esprit souffle où il veut, ignorant les barrières sociales quelles qu'elles soient, et que tout régime comporte ce scandale : l'appétit et le don du savoir éclatant dans un valet, ou dans un bâtard, ou dans un nabot, ou dans un hors-la-loi ou simplement dans un étranger ? Et n'est-ce pas une autre expérience que souvent un homme « né » sort de sa place et de son cadre, se déracine et se déclasse, parce qu'il est, comme on dit, « trop intelligent » ? Pour ces raisons et pour quelques autres, devant ce prodigieux ressort de subversion

1. Z. Vaneti, « Obščestvo Nartov », *Izv. jugo-oset, naučno-issledov, Inst. kraevedanija*, 2, 1935, p. 213, voit dans les rapports de Syrdon avec les Nartes une manifestation de la lutte des classes.

qu'est une pensée inquiète, l'ordre établi n'a-t-il pas des réactions de défense, d'hostilité – qui amènent par contrecoup l'esprit à consacrer une partie plus ou moins grande et souvent de plus en plus grande, de ses dons à ruser, à tromper, à intriguer, et aussi quand la sensibilité s'en mêle et s'aigrit, à persifler, à nuire, à haïr ? Dans Loki, dans Syrdon, il y a du Vanini.

Mais les mythes de Loki et les légendes de Syrdon ne mettent pas moins en scène les résultats d'une analyse, on oserait presque dire d'une profonde introspection, de l'une des formes les plus voyantes de l'intelligence.

On ne perdra pas de temps à rappeler que l'activité cérébrale est à chaque instant ambivalente, jetant des vues malignes et cocasses dans les méditations les plus sérieuses et les plus droites. Mais cette ambivalence est radicale et profonde : l'esprit détruit autant et plus qu'il ne conserve. Depuis un petit nombre de siècles, l'Occident s'est habitué à honorer le doute méthodique et la critique, l'observation et l'expérience ; les manuels élémentaires de philosophie enseignent aujourd'hui que le véritable esprit scientifique ne connaît ni œillère métaphysique, ni tabou religieux, ni obstacle moral ou social. Mais ce sont là des conquêtes récentes et beaucoup de sages ne regardent encore ce statut qu'avec inquiétude, bien qu'il ait perdu, en devenant tout à fait conscient et en s'énonçant dans de graves formules, quelque chose de sa puissance. Avant d'être légitimé, de tout temps, ce statut existait ; de tout temps, des esprits vifs ont connu la tentation de condamner et de supprimer quant à eux beaucoup de choses, petites et grandes, et d'en essayer d'autres. Loki et Syrdon n'ont pas le souci de la « tenue », se mettent en posture « ridicule » ? Loki gourmande Þórr quand celui-ci, prié de se déguiser en femme pour reconquérir son marteau, objecte le qu'en-dira-t-on ? Mais la tenue, la peur du ridicule ne sont-elles pas de ces contraintes sociales qui, neuf fois sur dix, seraient bien en peine de se justifier en raison ? Encore est-ce là menue matière. Il y a plus grave. Les esprits vifs sont volontiers des explorateurs, non seulement dans les domaines ouverts, là où ils peuvent espérer se faire gloire des résultats qu'ils obtiendront, mais dans les domaines secrets que le *consensus* des vivants, l'instinct de chacun, des scrupules héréditaires, considèrent comme défendus, à commencer par la sexualité et les sciences occultes. Il y a des liens subtils et forts entre la chasse amoureuse, la voluptuaire même, et certaines hardiesses intellectuelles. L'homme qui inquiéta le plus saint Bernard avait commencé par débaucher Héloïse et c'est une question légitime, bien qu'insoluble et inconvenante, de savoir si les hérésies sexuelles tant reprochées aux ouvriers du « miracle athénien » et de la Renaissance italienne, de Platon à Michel-Ange, n'étaient pas comme un sous-produit inévitable de la fermentation de leurs esprits. Quant aux sciences occultes, dans les dernières générations, les progrès accélérés des sciences patentes en ont exorcisé quelque peu le prestige ; encore ne l'ont-ils fait qu'en distribuant une autre forme d'ivresse ; jusqu'à des temps récents, des pythagoriciens à Kepler, et au-delà, le nombre est imposant des savants – pour ne pas parler des poètes et des politiques – qui ont cru gagner des lumières sur l'inconnaissable. Le docteur Faust est légion.

Qu'on regarde Syrdon et Loki. Leurs rapports avec l'autre monde, leurs auxiliaires merveilleux dans leurs courses rapides – le cheval à trois jambes qui va comme le vent, le plumage de faucon et les bottes magiques –, leurs dons de métamorphose, d'apparition et de disparition soudaines, de prévision, de vue à distance, etc., sont ceux-là mêmes qu'on attribuait volontiers dans notre Moyen Âge aux sorciers et aux sorcières et que, sûrement, dans leurs solitaires recherches, des milliers et des milliers d'individus avides ont tâché d'obtenir, et nos ingénieurs auraient-ils *inventé* le sous-marin et l'avion si tant de générations impuissantes n'avaient pas rêvé de l'homme-poisson et de l'homme-oiseau ? Cette maison souterraine, labyrinthique, que les Ossètes attribuent à Syrdon, cet étrange repaire, cet observatoire quadruple qui, parmi les rochers, sert de refuge à Loki, où il invente le filet qu'ignoraient encore les dieux et les hommes et qui sera sa perte, ne rappellent-ils pas les isoloirs où, à l'abri de la société soupçonneuse, tant d'alchimistes et de magiciens ont poursuivi et manqué les grands problèmes ?

Quant à Loki, sans qu'il soit besoin d'insister, il présente de maintes façons, comme dit J. de Vries[1], *a bisexual character* dont on mesurera la portée pour peu qu'on sache combien la mythologie scandinave, dans son ensemble, est pudique, sinon vertueuse : il se métamorphose en femme, il enfante, on lui jette au visage qu'il est *argr, ragr*, c'est-à-dire coupable d'*ergi*[2], d'accrocs à sa vocation virile, et même il se mue en jument pour se faire saillir par le cheval d'un géant ; à quoi il ne faut pas négliger de joindre un cas d'exhibitionnisme sous les yeux de Skađi. De nos jours, la fiche de police de Loki serait chargée et les psychiatres expliqueraient peut-être par cette vie secrète sa fondamentale amoralité, son goût du mensonge (qu'ils appelleraient mythomanie) et son glissement final vers le crime. Rien de tel ne nous est conté de Syrdon : ses métamorphoses en jeune fille et en vieille femme n'ont pas cette pointe ; mais la pudeur des clans caucasiens est grande et ce sont là des choses dont on ne parle pas.

Instables, bénéficiaires et victimes d'une curiosité surexcitée, tout à la jouissance du moment – spectacle, ou bon tour, ou découverte, jamais à court d'expédients mais peu capables ou peu soucieux de prévoir les conséquences d'un geste, Loki et, dans quelque mesure, Syrdon reproduisent la marche de certains esprits, rapide et même trépidante, tournée vers l'image et l'acte plus que vers la réflexion, joueuse et étourdie, brillante dans l'immédiat et ruineuse à longue échéance ; bref, cette variété d'intelligence dont les rouages chargés de la conservation sociale – les Souverains, les Forts, les Riches – doivent à la fois rechercher les services aussi souvent que l'imprévu les assaille et redouter constamment les caprices et les malices. Quand il est encadré dans l'ordre social et y collabore (frère de serment et compagnon de route d'Óđinn, guide et servant de Þórr, bouffon chargé de désarmer par le rire la femme de Njörđr ou de lever la menace qui pèse sur Freyja, conseiller, messager, négociateur, factotum

1. *The Problem of Loki*, p. 265.
2. On rapproche parfois grec *orkhis*, « testicule », avestique *ərəzi*, « scrotum », et vieux-scandinave *ögurr* (pour **örgurr*), « pénis ». Cf. note 1, p. 72.

des Ases), Loki introduit dans cet ordre social un élément de fantaisie, de vie, de fertilité qui n'est pas sans danger, mais qui, en général, finit bien et qui, en tout cas, est irremplaçable. Mais quand il ne suit que ses propres impulsions ou les introduit dans ses tâches publiques, il met tout en péril ou fait scandale : envoyant Þórr sans arme chez le géant Geirrødr, bâtonnant Þjazi, enlevant Iđunn, coupant les cheveux de Sif, gâtant le Marteau, bafouant la loi sexuelle et, finalement, tuant Baldr.

Même toute question d'amoralité mise à part, une telle forme d'activité cérébrale est trois et quatre fois amie du mensonge : et parce qu'elle aime créer et jouer et parce qu'elle est rapide et pressée, et parce que, n'hésitant pas à défaire ce qu'elle a d'abord fait, elle ne saurait attacher au « vrai » l'importance, la constance que lui prêtent les hommes graves ; et aussi parce que mentir est pour elle la manière la plus économique de vérifier et souvent d'utiliser sa supériorité sur des médiocres, géants ou dieux, ennemis ou amis. Mensonge d'enfant, « pour s'amuser » ; mensonge sportif, « pour voir » ; mensonge d'évasion, comme ceux du poète ; mensonge de guerre : tout cela aboutit naturellement au mensonge d'habitude, au mensonge gratuit, au mensonge du pur menteur, *lokalýgi*[1].

Enfin, une telle forme de pensée est inévitablement vaniteuse, et donc vulnérable, indiscrète de ses découvertes comme des choses d'autrui ; toute à l'éphémère, sans recul et sans perspective, elle ne résiste pas à la démangeaison de se dire, de dire tout haut : « J'ai gagné… je sais… quelle belle chasse !… » Beaucoup des persiflages, des prophéties cruelles de Syrdon – et de Bricriu –, beaucoup des insolences et des indiscrétions de Loki sont de ce type ; l'être qui sait ne se tient pas, bavarde, lâche son savoir en fusées éparses, au lieu de le thésauriser pour un de ces feux d'artifice qui « font sérieux », qui mènent aux sénats et aux académies.

1. Cf. ci-dessus, n° 14, II, *b*, p. 82.

2. Intelligence impulsive et intelligence recueillie

Nous avons, je crois, une preuve latérale que cette analyse n'est pas arbitraire, *a posteriori*, mais représente bien le sens et la raison d'être du « type Loki » dans la mythologie scandinave, du « type Syrdon » dans les légendes nartes. Il existe heureusement une autre forme de pensée, à bien des égards antinomique de celle-ci, et plus rassurante, bien qu'elle ait aussi des inconvénients : je dirais « la pensée lente », si le mot n'avait pris un sens fâcheux ; l'intelligence recueillie, maîtresse de ses impulsions, tournée vers la réflexion plus que vers l'action, plus soucieuse d'assurer son cheminement que d'aboutir vite, et aussi morale et bonne, c'est-à-dire respectueuse des lignes de force de la société où elle s'exerce. Or, les Scandinaves ont personnifié cette forme d'intelligence, comme l'autre, et dans des conditions où elle fait diptyque avec celle de Loki, et cela dans l'entourage du dieu qui, en principe, doit le plus s'intéresser aux choses de l'esprit, le dieu de la première fonction, de la Souveraineté, Óđinn [1]. Un texte sûr, et trois autres qui, tous ou quelques-uns, paraissent avoir emprunté cette formule au premier [2], montrent trois dieux cheminant ou agissant solidairement à travers le monde : Óđinn, accompagné de Loki et de Hœnir. C'est ainsi associés qu'ils rencontrent l'aigle Þjazi [3], c'est ainsi qu'ils se présentent devant la cascade d'Andvari [4] ; on les retrouve dans une ballade des îles Færöer [5] et probablement (« God » remplaçant, à côté de « Wod » et de « Lok », un équivalent anglo-saxon de Hœnir ?) dans une incantation médicale du Lincolnshire [6]. Même si l'histoire de Þjazi est la seule où il soit original, ce groupe des trois dieux mérite considération.

1. Cf. *Huginn, Muninn* : F. Ström, *GHÅ* 53 (1947), I, p. 56 ; *Loki* (1956), pp. 61-80, sur les points de rencontre de Loki et d'Óđinn – la meilleure partie du livre.
2. Cf. ci-dessus, p. 41.
3. N° 1 *a, b.*
4. N° 5 *a, b.*
5. N° 14 1, *a*).
6. N° 14, III.

On sait comment Loki se comporte dans l'histoire de Þjazi (et dans celle de l'or d'Andvari) : de la façon la plus étourdie, se plaçant lui-même et plaçant ses compagnons dans la situation la plus délicate. Et que fait Hœnir ? *Il ne fait rien*, bien que, comme on dit, il n'en pense pas moins. Les positions respectives des deux dieux méritent d'être regardées de près. Voici comment s'exprime le poème de Þórleifr [1] :

> ... st. 4 : Le géant demanda à Hœnir de lui donner son saoul ; il échut à Hœnir [2], près de la table sainte, de souffler [de colère : *blása*]. L'oiseau belliqueux se posa là où les très parcimonieux refuseurs de la gent divine étaient allés.
>
> st. 5. Óđinn dit aussitôt à Loki de partager équitablement le bœuf entre les hommes. Mais, après cela, le preste ennemi des dieux enleva de la large table quatre parts du taureau !
>
> st. 6. Et puis (cela s'est passé il y a longtemps), Þjazi mangea gloutonnement le bœuf, affamé qu'il était, perché sur une racine de chêne, jusqu'à ce qu'un dieu malin, éveillé [= Loki] frappa, de dessus, l'aigle entre les épaules avec un bâton.
>
> st. 7. Loki (lui que [maintenant] tous les dieux contemplent dans les chaînes) fut attaché à Þjazi : le bâton adhéra au fort, sinistre (?) géant, et les mains de Loki au bout du bâton...

Or, cette attitude de Hœnir, réservée, muette, extérieurement passive, attitude qui est la plus sage, la seule sage, comme le prouve ensuite la mésaventure de Loki, correspond exactement à l'unique « mythe de Hœnir », qui nous a été conservé par Snorri

1. Je suis l'édition et la traduction suédoise de I. Lindquist, *Norröna lovkväden från 800-och 900-talen, del I : förslag till restituerad text jamte översättning*, Lund (1929), pp. 82-83. Pour simplifier, et sans égard pour le sacrilège littéraire, je remplace les périphrases scaldiques par les noms en clair.

2. « L'ami d'Óđinn » (*Hrafnásar vínr*) : il est plus normal, puisque c'est sûrement à Hœnir (*Fet-meili*) que le géant a adressé sa demande (v. 1), de penser, avec Lindquist, que cette *kenning* désigne encore Hœnir : c'est la réaction de Hœnir. D'autres ont compris Loki (*Corpus Poeticum Boreale*, J. de Vries, etc.) : mais ce premier mouvement ne s'accorderait pas avec le service de tranche-viande que Loki rend à la strophe suivante. Les éditeurs du *Corpus Poeticum* avaient compris le vers tout autrement et de façon inadmissible (*hlaut af helgum skutli Hrafn-ásar vin(r) blása* signifierait « Loki had hard work to blow the fire » : il est bien question d'entretenir le feu à ce moment !).

et qui vaut une définition. C'est au chapitre IV de la *Heimskringla*, dans le récit du traité qui met fin à la guerre des Ases et des Vanes :

> Les Vanes donnèrent aux Ases leurs meilleurs hommes, Njörðr le riche et son fils Freyr ; en échange, les Ases donnèrent aux Vanes celui qui s'appelait Hœnir, disant qu'il était tout à fait apte à être chef[1] ; il était grand et le plus beau. Avec lui, les Ases envoyèrent celui qui s'appelait Mímir, l'homme le plus sage (*inn vitrasti maðr*). Les Vanes envoyèrent en échange celui qui était le plus sage[2] de leur troupe (*þann, er spakastr var í þeira flokki*) ; il s'appelait Kvasir[3]. Et quand Hœnir arriva au Vanaheimr, il fut aussitôt fait chef. Mímir lui indiquait toutes les décisions (c'est-à-dire lui disait tout ce qu'il fallait dire ou faire) et, quand Hœnir était au þing ou à l'assemblée sans que Mímir fût près de lui, et qu'un cas difficile était porté devant lui, il répondait toujours la même chose : « Que d'autres décident ! » (*ráði aðrir !*), disait-il. Alors les Vanes soupçonnèrent que les Ases les avaient trompés lors de l'échange des hommes. Ils prirent Mímir, le décapitèrent et envoyèrent sa tête aux Ases. Óðinn prit la tête, l'oignit d'herbes pour qu'elle ne pourrît pas, prononça sur elle des chants magiques (*galdra*) et lui donna la puissance de lui parler et de lui dire beaucoup de choses secrètes[4].

1. *Ok kölluðu hann allvel til höfðingja fallinn.*
2. *Spakr*, plus peut-être que *vitr*, comporte « the notion of prophetic vision » (Zoëga).
3. Autre variante de l'apparition de Kvasir, en désaccord avec celle de l'*Edda* en prose, du même auteur, qui a été citée plus haut, p. 100. Mais le sens profond est le même : c'est soit aux Vanes seuls (*Heimskringla*), soit à la collaboration d'eux-mêmes avec les Vanes (*Edda*) que les Ases, et spécialement Óðinn, doivent de posséder le génie du breuvage enivrant (**kvas* > *Kvasir*) qui, transformé, deviendra l'hydromel de sagesse et de poésie. – On notera que c'est là encore une province de la « mythologie de l'esprit » : il est significatif qu'elle soit juxtaposée à la légende de Hœnir et de Mímir. – On notera enfin que, dans le récit de la capture finale de Loki (n° 11 *a*), c'est Kvasir qui, interprétant habilement la forme des cendres du filet, permet aux dieux de prendre Loki à sa propre invention : c'est, ici encore, un conflit entre deux « types d'intelligence », et Loki a le dessous.
4. Sur Mímir et la voyance d'Óðinn, v. *Mitra-Varuṇa*, pp. 111 *sq.* De Mímir, on a rapproché le *Mimingus* qui apparaît dans le « *Balderus* » de Saxo (ci-dessus, n° 10 *d*) ; cf. M. Boberg, dans les *Aarb. f. nord. Oldkynd.*, 1943, pp. 103-106.

Ce mythe présente une véritable coupe anatomique de l'intelligence non plus précipitée, mais réfléchie[1]. Le binôme Hœnir-Mímir qui, réuni, fait un chef parfait et qui, séparé, ne vaut plus rien, n'est certainement pas une tromperie des Ases, comme l'ont cru les Vanes et, après eux, beaucoup de germanistes, mais au contraire un cadeau somptueux et en même temps une juste image du mécanisme de nos meilleures pensées : devant une question, une difficulté, nous suspendons d'abord notre réaction et notre jugement, nous savons d'abord ne pas agir et nous taire, ce qui est déjà une grande chose ; et puis nous écoutons la voix de l'inspiration, le verdict qui nous vient de notre savoir et de notre expérience antérieurs ou de l'expérience héréditaire de l'espèce humaine ou de plus loin encore, cette parole intérieure qui, comme la Raison des philosophes ou la « conscience collective » des durkheimiens, est à la fois en nous et plus que nous, autre que nous. Mímir, près de Hœnir (et ensuite près d'Óđinn), représente cette partie mystérieuse, intime et objective, de la sagesse, dont Hœnir représente la partie extérieure, individuelle, l'attitude conditionnante. Hœnir a l'air d'un sot ? Il pourvoit seulement au vide, à l'attente que remplira Mímir. Ainsi Brutus passait pour un faible d'esprit ; mais quand l'oracle annonça que le premier qui embrasserait sa mère deviendrait roi, il regarda ses cousins irréfléchis bondir en selle et courir embrasser leur mère humaine ; il se laissa seulement tomber, comme par un faux pas, et baisa la terre, que la sagesse des nations enseigne être la mère de tous les hommes.

Je crois donc que ce dieu, qui passe pour énigmatique, est au contraire très clair quand on le considère ainsi différentiellement. Et naturellement, en tant que dieu de la pensée réfléchie, il appartient au cercle de la première fonction : il accompagne Óđinn ; Óđinn et lui, dans des périphrases usuelles, sont réciproquement définis comme ami ou camarade l'un de l'autre ; il est envoyé, on vient de le voir, aux Vanes par les Ases avec la note qu'il est

1. Le nom de *Hœnir* est obscur : que viennent faire ici le grec *kyknos*, ou le latin *ciconia* ? Celui de *Mímir* est sans doute de même famille que le latin *memor* : nous sommes en pleine opération intellectuelle.

tout à fait propre à faire un chef, *höfđingi* ; enfin, dans le monde renouvelé qui succédera à celui-ci après la crise cosmique où Loki aura joué son rôle violent, Hœnir incarnera la fonction oraculaire [1] suivant le vers de la *Völuspá* (st. 63, v. 1) : « Alors Hœnir pourra choisir la baguette de sort » (c'est-à-dire explorer l'avenir en tirant les sorts) [2]. Du même coup se trouve confirmée par opposition l'interprétation psychologique – « l'intelligence impulsive » – proposée plus haut pour Loki.

Syrdon n'a pas devant lui, pour faire diptyque, l'équivalent de Hœnir. Il existe pourtant, de la valeur symbolique qui lui a été ici attribuée, une confirmation du même ordre. Syrdon trouve son maître, ou plutôt sa maîtresse. Il y a quelqu'un parmi les Nartes, disent les Ossètes [3], qui est plus malin que lui : c'est Satana, la sœur et femme d'Uryzmæg, le modèle des dames d'Ossétie. Et pourquoi ? Parce qu'elle est prévoyante, qu'elle réfléchit et sait combiner de loin des plans où Syrdon, étourdiment, vient à l'heure prévue jouer le rôle qu'elle lui a silencieusement assigné. Les Nartes ont-ils besoin de savoir exactement le nombre des soldats d'une armée magique qui n'est mise à leur service qu'à cette condition ? Satana ne possède pas le don merveilleux de calculateur que possède Syrdon, mais elle a le moyen de faire

1. *« Hœnir wird also in dem verjüngten Götterkreise die priesterlichen Funktionen verrichten »*, dit Gering dans son commentaire à *Völuspá*, 63[1]. Cf. H. Celander, *GHÅ*, 36 (1930), 3, p. 53.
2. *Þá kná Hœnir hlautviđ kjósa...* (le vers suivant est malheureusement perdu). On voudra bien noter que *tout* ce qui nous a été transmis sur Hœnir se trouve ici solidairement considéré, – sauf trois désignations, indiquées par Snorri : « l'Ase rapide », « le Long-Pied », l'*aurkonungr* (« Roi de l'Humide »), qui doivent faire référence à des légendes que nous ne connaissons pas. Les deux premières, paradoxales pour ce dieu qui « prend son temps », s'expliquent peut-être par un thème comme celui du lièvre et de la tortue, – où c'est la tortue qui gagne à la course parce qu'elle est méthodique : cf., en sens inverse, le proverbe færœien où Loki, le rapide mais impulsif Loki, parti chercher l'eau pour baptiser une petite fille, revient quand on en est à la marier, n° 14 I (4). Que le *Sögubrot*, 3 (XIIe, XIIIe siècle ?) appelle Hœnir *hrœddast ása*, « le plus anxieux, inquiet des Ases », peut s'accommoder à l'interprétation ici présentée et oppose bien Hœnir à l'*insouciant* Loki (cf., ci-dessus, l'attitude de Hœnir devant l'exigence de Þjazi : il souffle de colère et se contient).
3. Voir ci-dessus, p. 162.

parler Syrdon. Pendant la nuit, tandis que Syrdon rôde et compte pour s'amuser, elle coud une culotte à trois jambes et, quand vient l'aube, étale son ouvrage sur la haie. Syrdon aussitôt paraît et se met à la railler : « Tu es malade ! Il y a dans votre armée 30 fois 30 000 hommes avec 100 en sus et pas un seul qui ait trois jambes ! Et te voilà qui fabriques des uniformes à trois jambes ! » C'est précisément ce qu'attendait Satana : Syrdon, le léger Syrdon, pour le plaisir d'une raillerie et sans doute par vantardise, a dit le chiffre dont elle avait besoin [1]. Et voyez l'attitude de Syrdon et celle de Satana (Æxsijnæ) dans la terrible famine qui accable les Nartes [2] : Syrdon, certes, se tire d'affaire sur le moment en volant l'unique vache du ravitaillement officiel, et, sans souci du lendemain, il persifle, il outrage les malheureux Nartes, trop affaiblis pour lui répondre. Au contraire, prévenue par Uryzmæg, Satana révèle ses réserves : en maîtresse de maison prévoyante, elle a caché, stocké toutes les denrées pendant qu'elles étaient libres, elle peut rassasier les Nartes et, de fait, les rassasie. Il n'y a pas ici seulement l'opposition d'un égoïsme maladif et d'une saine charité ; il y a vraiment l'opposition de deux types d'intelligence, l'un à court terme, l'autre à longue portée ; simplement, par une liaison remarquable, la première est facilement « mauvaise », antisociale, la seconde est naturellement « bonne » et produit automatiquement un service d'assistance publique. Dans des affabulations bien différentes, les Ossètes incarnent donc, en face de Syrdon, comme les Scandinaves en face de Loki, et en ne donnant évidemment pas à Syrdon la supériorité, la forme de pensée qui s'oppose à la sienne [3].

1. N° 2, 1), *a, b, c*.
2. N° 7 *a* ; cf. encore, dans le n° 10 *a* et *b*, les deux conduites opposées de Syrdon et de Satana.
3. [Note de 1986] La confrontation faite ici de Loki et de Hœnir n'est pas entièrement satisfaisante. M. Edgar Polomé me rappelle que, dans le principal mythe où il paraît, Hœnir fait couple avec Mímir et que, lorsqu'il est séparé de Mímir, il ne sait plus remplir son office. M. Polomé pense donc que, dans ce couple, Hœnir n'assure que la *communication* (cf. son rôle après le *Ragnarök*), la *réflexion*, la décision dûment pesée étant la chose de Mímir. Je reprendrai cette petite énigme, du point de vue de Mímir, dans une « Esquisse » de la quatrième série (76-100).

3. ÓÐINN, HŒNIR ET LÓÐURR

Si l'on était sûr, comme beaucoup d'auteurs l'ont pensé, mais sans pouvoir fournir de preuve décisive, que, à la strophe 17 de la *Völuspá*, dans le récit de la création du premier couple humain par Óđinn, Hœnir et Lóđurr, ce dernier, *hapax* divin, n'est qu'une autre désignation de Loki (ce qui fournirait un autre cas de la triade Óđinn, Hœnir, Loki [1]), on tirerait de ces vers un enseignement du même ordre, bien qu'ils contiennent plusieurs mots très obscurs. Il s'agit des deux morceaux de bois, Askr et Embla, qui deviendront le premier homme et la première femme :

> Ils n'avaient tous deux ni souffle vital (*önd*) ni esprit (*óđr*) [2]
> ni (? *lá*) ni (? *læti*) ni couleurs belles (*litir góđir*).
> Óđinn donna souffle vital (*önd*), Hœnir donna esprit (*óđr*),
> Lóđurr donna (? *lá*) et couleurs belles (*litir góđir*).

Les mots *lá* (sans autre usage dans l'*Edda* poétique) et *læti* (qui ne se retrouve, avec la même indétermination, que dans un vers de la *Grípisspá*, 39[2]) ont été traduits de plusieurs manières ; *læti* peut signifier « voix » (F. Jónsson, Nordal...) ou, moins probablement, « gestes » (Gering...) ; le sens de *lá* est tout à fait incertain (« chaleur », suivant Gering, d'après une étymologie hardie ; il y a, en vieux-scandinave, plusieurs mots *lá* qui sont aussi peu admissibles ici les uns que les autres : « liquide », qu'il faudrait comprendre comme « sang », mais cet emploi n'est nulle part attesté ; « chevelure »).

Cette strophe est heureusement éclairée par un passage de l'*Edda* de Snorri où les dieux créateurs sont nommés collectivement « fils de Burr [3] » :

> Le premier donna souffle et vie (*önd ok líf*), le deuxième intelligence et mouvement (*vit ok hrœring*), le troisième l'apparence, la parole et l'ouïe et la vue (*ásjónu, mál ok heyrn ok sjón*).

---

1. C'est même le seul argument qu'on donne pour assimiler Lóđurr et Loki. Il n'est pas nul, mais il est faible, frôle la pétition de principe.
2. Gering, *Edda Kommentar*, I, p. 21 : *önd* = « Atem, Atmungsvermögen » ; *óđr* = « Vernunft, Geist ».
3. *Gylfaginning*, chap. VI, p. 16.

Sauf le mouvement (*hrœring*), qu'on n'attend pas à cette place (et auquel d'ailleurs rien ne correspond dans la strophe de la *Völuspá*), la répartition des tâches est claire : le premier dieu (cf. Óđinn) fait le grand miracle, il anime, donne aux deux planches cette force vitale qui est commune à l'homme, aux animaux et aux plantes ; le deuxième (cf. Hœnir) leur donne ce qui est le propre de l'homme, l'esprit (*óđr*), l'intelligence ou la raison (*vit*) [et le mouvement, *hrœring ? ?*] ; le troisième (cf. Lóđurr) leur donne les moyens de s'exprimer, la parole (*mál*, cf. *lœti*) et l'apparence (*ásjóna*) ou les « belles couleurs » (*litir góđir*), c'est-à-dire sans doute la « physionomie », et aussi, ajoute Snorri, les deux sens fondamentaux, l'ouïe et la vue. Sous le grand dieu Óđinn, qui fait le don primordial et le plus général (la vie), Hœnir patronne donc la partie profonde, invisible de l'intelligence, « l'intelligence en soi », tandis que Lóđurr patronne l'intelligence incarnée dans le « système de relation », dans les organes, accrochée aux sens, au gosier, à la peau, comme une araignée à sa toile. Mais, encore une fois, Lóđurr est-il Loki [1] ?

4. Mécanisme de la pensée mythique

Nous voici parvenus au terme de cette longue analyse psychologique, qui rencontrera, je le sais, des résistances [2]. Quoi, dira-t-on, les vieux Germains, les vieux Scythes auraient fait cette théorie ? Ils auraient disséqué la pensée, distingué la pensée curieuse ou hâtive et la pensée profonde ou recueillie, et les Scandinaves auraient même, dans celle-ci, distingué deux temps, la concentration et la réflexion, l'attente et la réponse ? Et ils auraient incarné les résultats abstraits de cette analyse dans des personnages mythologiques ou épiques ? composé des scénarios pour les

1. V. la bonne discussion et la conclusion réservée de J. de Vries, *The Problem of Loki*, pp. 28-37. L'auteur signale avec raison, pp. 29-30, que, en un sens, étymologiquement, on s'attendrait à voir l'*óđr* présenté comme un don d'Óđinn : la répartition n'en est que plus intéressante.
2. Avec mon accord, elle a été omise dans la traduction russe, *Osetinskij epos i mifologija* (Moscou, 1976), *Loki*, chap. IV « Sravnenija », pp. 111-131.

mettre en œuvre ? associé en diptyques ces représentations ? C'est là un travail à la fois subtil et puéril, concevable chez les auteurs du *Roman de la Rose* ou de la carte du Tendre, mais hors de question chez les barbares païens de l'ancienne Europe...

En effet, présenté sous cette forme, un tel « travail » de l'imagination germanique ou scythique est hors de question. Dans les pages qui précèdent, pour simplifier l'exposé, j'ai parlé comme s'il y avait eu *d'abord* analyse abstraite, *puis* traduction imagée des concepts ainsi obtenus, et *enfin* invention de petits drames pour en recomposer, en simuler le jeu naturel. Il est trop clair que, si le résultat final, le sens des mythes, peut bien être ainsi présenté, le processus qui a produit les mythes a été tout différent.

La pensée mythique, je veux dire celle qui crée et administre les mythes, est intermédiaire entre la pensée onirique et la pensée verbale, entre le rêve, dont elle a le caractère illustré, dramatique et en général symbolique, et le discours, dont elle a le caractère lucide, articulé et en général cohérent. Mais, comme le rêve et comme le discours (et sans être, bien entendu, absolument indépendante de l'un ni de l'autre), *elle se suffit à elle-même*, elle fait elle-même les opérations qui, transposées dans la pensée verbale, seraient des analyses et des synthèses, mais qui, en elle, comme dans l'intuition dynamique du peintre, du poète ou du romancier, sont plutôt la prise de conscience *immédiatement imagée et scénique* des rapports essentiels (liaisons causales, ressemblances, oppositions), *sans qu'il y ait à aucun moment dissociation de l'ensemble.* Ce n'est pas ici le lieu d'esquisser une théorie de la pensée mythique ; elle soulève de gros problèmes dont l'un est justement celui de sa nature mixte, imagée et logique, de sa fantaisie associée à sa stabilité ; et dont un autre (à moins que ce ne soit le même) est le « problème des auteurs » c'est-à-dire celui de la collaboration des individus et du groupe social dans la genèse, l'entretien, le rajeunissement, et aussi la « folklorisation » ou la mort des mythes. C'est la matière d'un petit livre qu'il faudra bien qu'un mythographe écrive un jour, et auquel contribueront certes la sociologie et l'ethnographie, mais aussi toutes les provinces de la psychologie, y compris la psychanalyse, et même la théologie, spécialement la théologie catholique, parce qu'elle connaît des problèmes partiellement comparables avec la maturation, l'acceptation et l'évolution des dogmes, des opinions probables et surtout des dévotions. Je voulais ici simplement avertir des critiques hâtifs de ne pas se laisser prendre aux apparences et de ne pas rejeter, à cause de la forme inévitablement discursive de l'exposé qu'en fait l'observateur moderne, l'idée que les barbares indo-européens, les Germains, les Scythes ont eu une « mythologie de la Pensée », comparable aux mythologies de la Voyance, du Droit, de la Force, de la Fécondité. Beaucoup de peuples ont une *philosophie mythique* fort avancée qui n'ont pas encore ou n'auront jamais de *philosophie discursive*. La *mythologie* précède, prépare souvent, en tout cas remplace l'*idéologie* et rend les mêmes services.

F. ÉLÉMENTS NATURALISTES : LOKI, LE VENT, LE FEU

Je ne m'attarderai pas sur le troisième et dernier aspect de la mythologie de Loki (aspect auquel Syrdon, personnage simplement épique, ne participe guère), c'est-à-dire sur les éléments *naturalistes* qui, par suite d'affinités symboliques plus ou moins nettement perçues, se sont amalgamés à cette projection d'un type social et à cette incarnation d'un type psychologique. S'il paraît aujourd'hui indéfendable de *partir* de définitions comme celles qu'on proposait il y a quelques décennies (« Loki est le feu[1] »), on ne doit pas pourtant rester aveugle aux vêtements naturalistes, d'ailleurs discrets et variables, dont Loki se couvre parfois.

1. À la suite de J. Grimm, *Deutsche Mythologie*, 4e éd. (1875), I, pp. 199-201 ; encore P. Herrmann, *Nordische Mythologie* (1903), pp. 403-419 ; E. H. Meyer, *Germanische Mythologie* (1903), pp. 275-277 ; E. Mogk, dans le *Reallexikon der germ, Altertumskunde*, III (1915), p. 163 ; G. Wilke, *Die Religion der Indogermanen in archäologischer Beleuchtung* (*Mannus Bibliothek* Nr. 31 1923), p. 119... C'est en ce sens que J. de Vries a raison de rejeter « the fire-nature of Loki », *The Problem of Loki*, pp. 151-162, notamment p. 161.

Deux éléments ou forces de la nature, semble-t-il, étaient prédestinés à rejoindre Loki : le vent et le feu [1]. Tous deux échappent aux cadres habituels de notre vie comme Loki échappe à l'ordre social : ne sont-ils pas à la fois insérés dans cette société d'éléments que forme n'importe quel paysage, et libres de tout lien, prêts à rompre cruellement toute solidarité ? Tous deux sont ambivalents : l'Iran ne distingue-t-il pas le bon côté et le mauvais côté de Vayu, établissant entre les deux mondes radicalement distincts du Bien et du Mal une liaison redoutable, et le feu n'est-il pas le type même du serviteur perfide [2] ? Tous deux sont de notre expérience quotidienne, nous rendent des services et nous jouent des tours à notre échelle, et, brusquement, dans la tempête et dans l'incendie, deviennent les agents de catastrophes qui nous dépassent et nous détruisent. Tous deux sont des magiciens : le vent et le feu ne vont-ils pas partout, et vite, trop vite ? Ne surgissent-ils pas, ne disparaissent-ils pas sans qu'on sache d'où ils sont venus, où ils sont allés ? Ne prennent-ils pas – le feu surtout – mille apparences ou ne laissent-ils pas, de leur passage, les marques les plus diverses ? Etc.

Aussi ne s'étonne-t-on pas de lire l'autre nom de Loki, *Loptr*, c'est-à-dire à peu près « *die Luft* », l'Aérien, le dieu de cet air où il circule si volontiers. Et même si son premier nom n'est pas un doublet de *logi* (masc. ; cf. allemand *Lohe*) « flamme », les éléments ignés de ses mythes (et aujourd'hui, de son folklore) sont nombreux [3] : son match à armes égales avec *Logi*, la flamme

1. Ils paraissent avoir fourni aux Indo-Iraniens, le « dieu initial » et le « dieu final » des listes canoniques : v. *Tarpeia*, 1947, p. 66-97.
2. Cf. R. M. Meyer, *Altgermanische Religionsgeschichte*, 1910, p. 337.
3. J'omets les fantaisies comme celles que J. de Vries a eu la patience de discuter sérieusement, *The Problem of Loki*, pp. 151-160 : « *The myth of his being caught in the shape of a salmon* » prouverait qu'il est proprement un « *fire-god* »... parce que, dans un runo magique finnois sur l'origine du feu, l'étincelle va se cacher dans le corps d'un poisson qu'il faut pêcher ensuite au filet (K. Krohn, « Magische Ursprungsrunen der Finnen », *FFC* 52, pp. 111, 117-118, 123-125...). En revanche, je ne crois pas qu'on puisse éliminer comme témoins valables de la conception ancienne de Loki les traits – convergents, mais divers – des folklores scandinaves modernes.

personnifiée, dans le voyage de Þórr chez Utgarđaloki[1] ; l'incendie qu'il allume d'un mot et qui embrase la salle d'Ægir à la fin de la *Lokasenna*[2] ; son assimilation au charbon dans l'expression proverbiale islandaise qui fait allusion à la mort de Baldr[3] ; en Islande encore, à la fin du XVIIIe siècle, l'attribution à Loki du « *sulphureus foetor quem fulgetra, ignes fatui et aliae faces igneae in aer relinquunt* » et le nom de la canicule, *Lokabrenna*[4] ; au Danemark, l'attribution à Loki des mouvements scintillants de l'atmosphère[5] ; les croyances et pratiques du sud de la Norvège et de la Suède qui assimilent Loki au feu du foyer[6]... Tout cela est indéniable[7] et ne doit pas être sous-estimé, pourvu qu'on ne revienne pas aux anciennes erreurs, pourvu qu'on ne voie pas dans ces traits ignés l'élément premier, le centre germinatif de la conception de Loki, d'où le reste serait sorti, pourvu qu'on les prenne pour ce qu'ils sont : des harmoniques naturalistes du type social et psychologique que représente d'abord et surtout Loki.

1. N° 8.
2. Strophe 65 (noter encore le mot *logi*) ; n° 11 *c*.
3. N° 14 II, 4).
4. N° 14 II 7) et 8).
5. N° 14 V, 1).
6. N° 14 VI, 1), 2), 3).
7. Les devinettes finnoises dont il a été fait mention ci-dessus, note 1, p. 136, ont pour solution « le feu ».

Chapitre V

Baldr, Loki, Höðr et le Mahābhārata

Le problème des origines, tant pour le personnage de Loki que pour le Ragnarök – emprunt direct ou indirect ? héritage indo-européen ? –, était donc resté dans l'indécision en 1948, lors de la première édition de ce livre, avec une présomption, cependant, en faveur de l'héritage. À la fin de l'année précédente, cependant, une donnée nouvelle était intervenue : Stig Wikander, dans un article de Religion och Bibel, *avait établi que, si les textes conservés de l'Inde védique ne décrivent pas de « fin du monde », ni de « renouvellement du monde », la littérature ultérieure, le Mahābhārata, en présentait une, simplement transposée en termes épiques, des héros tenant le rôle des dieux. Il a fallu quelque temps encore pour reconnaître toutes les conséquences de cette découverte, en particulier dans la province de mythologie qui nous occupe ici.*

Les résultats ont été publiés en 1959 dans Les Dieux des Germains, *dont ils forment le troisième chapitre. Comme ce petit livre, d'un débit insuffisant, a été mis très tôt au pilon par l'éditeur, je reproduis ici ce chapitre, à peine rajeuni par quelques notes. Le lecteur trouvera quelques redites : les supprimer eût été périlleux pour l'équilibre de l'exposé.*

Après avoir, dans les premiers chapitres, dessiné dans son ensemble la structure tripartie de la mythologie scandinave, celle qu'exprimaient encore, à la fin du paganisme, les cultes joints d'Óđinn, de Þórr et de Freyr dans le temple d'Upsal, ce troisième chapitre abordait comparativement, appuyé sur le Mahābhārata, le « drame du monde », c'est-à-dire le meurtre de Baldr et, après la crise eschatologique, son installation à la place d'Óđinn et son règne heureux sur un monde renouvelé [1].

A. LES DIEUX SOUVERAINS MINEURS DES INDO-EUROPÉENS

Mitra et Varuṇa ne sont pas les seuls dieux souverains de la religion védique. Ils sont les plus distingués d'un groupe, les Āditya, qui paraît n'avoir comporté d'abord, et déjà chez les

1. Le chapitre II des *Dieux des Germains* s'achevait par une page (75) qui soulignait le pessimisme d'une mythologie où les dieux souverains actuels font mal, ou incomplètement leur office : « Les dieux scandinaves ont beau punir le sacrilège et le parjure, venger la paix violée, le droit bafoué (W. Baetke, *Die Religion der Germanen*, pp. 40-42), aucun n'y incarne plus de façon pure, exemplaire, ces valeurs absolues qu'une société, fût-ce hypocritement, a besoin d'abriter sous un haut patronage ; aucune divinité n'y est plus le refuge de l'idéal, sinon de l'espérance. Ce que la société divine a gagné ici en efficacité, elle l'a perdu en puissance morale et mystique : elle n'est plus que l'exacte projection des bandes ou des États terrestres dont le seul souci est de gagner ou de vaincre. La vie de tous les groupes humains, certes, est faite de violence et de ruse ; du moins la théologie décrit-elle un Ordre divin où tout n'est pas non plus parfait, mais où, Mitra ou Fides, veille un garant, brille un modèle du vrai droit. Si les dieux des polythéismes ne peuvent être impeccables, encore doivent-ils, pour remplir tout leur rôle, encore l'un d'entre eux doit-il parler et répondre à la conscience de l'homme, tôt éveillée, sûrement déjà bien éveillée, et mûre, chez les Indo-Européens. Or Týr ne peut plus cela. Les Germains, ni leurs ancêtres n'étaient pires que les autres Indo-Européens, qui se ruaient sur la Méditerranée, l'Iran ou l'Indus, mais leur théologie de la souveraineté, et surtout leur « dieu juriste », en se conformant à l'exemple humain, s'étaient amputés du rôle de protestation contre l'usage qui est l'un des grands services que rendent les religions. Cet abaissement du "plafond" souverain condamnait le monde, et le monde entier, dieux et hommes, à n'être que ce qu'il est, puisque la médiocrité n'y résulte plus d'accidentelles imperfections, mais de limites essentielles.
Irrémédiablement ? C'est ici qu'intervient Baldr, fils d'Óđinn et régent d'un monde à venir. »

Indo-Iraniens communs, que quatre termes, inégalement répartis sur les deux plans d'action qui sont définis par les dieux souverains majeurs, Mitra et Varuṇa : 1°/ *Mitra, Aryaman, Bhaga*, collaborant dans l'œuvre et avec l'esprit juridique et juste qui s'expriment dans le nom du premier ; 2°/ *Varuṇa*, seul dans sa rigueur, dans sa magie et dans ses inquiétants lointains. Il y a des raisons de penser que c'est ce tableau, avec cette structure asymétrique, qui se retrouve, sublimé et cléricalisé, dans celui des deux premiers Archanges du zoroastrisme et des deux Entités étroitement associées au premier : 1°/ *Vohu Manah* (« La bonne Pensée »), *Sraoša* (« l'Obéissance »), *Aši* (« la Rétribution ») ; 2°/ *Aša* (« l'Ordre »). Pour le détail des analyses et des comparaisons, je ne puis que renvoyer, en dernier lieu, aux chapitres I, II et III des *DSIE* : « Les dieux indo-iraniens des trois fonctions » ; « Les souverains mineurs de la théologie védique » ; « Réformes en Iran ».

La présence de deux auxiliaires auprès de Mitra, le souverain qui « est ce monde-ci », se comprend aisément. L'un, Aryaman, qui porte le mot *arya* dans son nom, est spécialement affecté à la protection de la nationalité arya et de ce qui en assure la durée et la cohésion : alliances matrimoniales, hospitalité, dons, libre circulation, bien-être. L'autre, Bhaga, dont le nom signifie « la Part », préside à la juste, calme et pacifique distribution des biens entre Arya. Le zoroastrisme a simplement, pour Sraoša, remplacé la protection de la nationalité arya par celle de la communauté mazdéenne, de l'Église ; et, pour Aši, ajouté à la distribution des biens temporels une autre distribution, ou plutôt rétribution, plus importante à ses yeux : celle des mérites, avant et après la mort du fidèle.

On a souvent noté que les Indiens védiques se montraient relativement peu soucieux de ce qui suit la mort : les représentations en sont contradictoires et affleurent rarement dans ces hymnes, éclatants de vitalité et d'ambition temporelle. Peut-être était-ce là, par rapport à l'état de choses indo-iranien, un appauvrissement. Il est en effet remarquable que ni les hymnes ni les rituels ne disent rien de ce qui est, au contraire, le principal, presque le seul office d'Aryaman dans l'épopée – qui, on le sait, conserve parfois des conceptions prévédiques que les Védas n'avaient pas retenues : là, Aryaman continue sa mission jusque dans l'autre monde, où il est le roi d'une catégorie d'ancêtres d'ailleurs mal définis, « les Pères », et le chemin qui mène vers eux, réservé aux hommes qui pendant leur vie ont exactement pratiqué les rites (par opposition aux ascètes, à qui s'ouvre un autre chemin), est appelé « chemin d'Aryaman ». Or, le zoroastrisme, occupé de l'au-delà au point de déséquilibrer à son profit les espérances du fidèle, donne semblablement à l'Entité dérivée d'Aryaman un rôle essentiel auprès des « bons » morts : c'est Sraoša qui accompagne et garde l'âme dans le périlleux voyage qui la conduit devant le tribunal de ses juges, dont il est membre. Cette rencontre précise confirme que, dans des milieux non proprement védiques, s'est conservée chez les Indiens, attendant de s'exprimer à la faveur de l'épopée, une conception prévédique qui faisait d'Aryaman le roi et le protecteur de la collectivité des Arya morts autant que celle des Arya vivants.

À Rome, j'ai signalé une association comparable de deux auxiliaires à Jupiter. Ces divinités ne sont malheureusement connues que dans le culte capitolin, en un temps donc où, Optimus et Maximus, Jupiter concentrait sur lui les deux aspects, « mitrien » et « varunien », de la souveraineté : le grand dieu loge dans son temple *Juuentas* et *Terminus*, l'une protectrice de la classe la plus importante de Romains pour la vitalité de la ville, les *iuuenes*, l'autre protecteur de la juste délimitation des propriétés foncières. En outre, Juuentas garantit à Rome l'éternité et Terminus la permanence dans l'espace, sur son site. Encore moins curieux de l'au-delà de la vie que leurs cousins védiques, attachés au concret, dévoués à leur Ville, le seul « avenir indéfini », dont les Quirites aient confié le soin à une divinité est bien celui de Rome, et d'eux-mêmes, les Romains, mais des Romains successivement présents sur la terre, dans les vagues de vie sans cesse renouvelées qui forment la puissante et concrète marée nationale.

Si les poètes védiques parlent peu de l'au-delà et n'y engagent pas leur Aryaman, ils ne laissent pas non plus paraître, à propos de leur Bhaga et de la répartition des biens, ni d'ailleurs à propos d'autres dieux, ce qu'on pourrait appeler une théorie du destin.

Bhaga, en particulier, n'est pas l'accusé du procès qu'ouvre vite la réflexion en cette matière : comment interpréter la fréquente injustice, le scandale même des « parts », le caprice ou l'insouciance du « distributeur » ? Bhaga est invoqué par les poètes des hymnes avec une visible confiance, autre marque de la vitalité et de l'optimisme qui caractérisent leur religion. En était-il de même partout, dans toute la société, chez tous les penseurs ? Non, sans doute, à en juger par une expression d'apparence proverbiale, peut-être populaire, que les livres rituels ont conservée et qu'ils expliquent à leur façon, mais qui se suffit à elle-même : « Bhaga est aveugle. » Bhaga fait partie d'un petit groupe de dieux mutilés, volontiers rapprochés dans les récits étiologiques, et dont la mutilation est aussi paradoxale que celle d'Óđinn, voyant parce que borgne, de Týr, patron des chicanes du þing, après avoir été amputé de sa dextre dans une procédure de garantie : Bhaga, qui distribue les « parts » et qui est aveugle, voisine avec Savitr̥, l'Impulseur, qui met toutes choses en mouvement et qui a perdu ses deux mains ; avec Pūṣan aussi, protecteur de la « viande sur pied » que sont les troupeaux, et qui, ayant perdu ses dents, ne peut manger que de la bouillie. Il est probable que, dans le cas de Bhaga, cette expression que les Brāhmaṇa citent comme un dicton n'a pas d'autre sens que l'image occidentale qui met un bandeau sur les yeux de Tychè ou de Fortuna, distributrices des sorts.

B. ESCHATOLOGIE INDO-IRANIENNE ET MAHĀBHĀRATA

Il est un dernier groupe de problèmes que la réflexion des hymnes ne se pose pas : ceux de l'eschatologie, de la fin du monde, ou du moins du monde présent. Les poètes parlent constamment des êtres démoniaques, sous des noms variés, mais c'est toujours dans le passé ou dans le présent, pour célébrer les victoires des dieux et en obtenir, dans l'immédiat, de nouvelles.

Les Brāhmaṇa systématisent souvent cette représentation, opposant les dieux et les démons comme deux peuples rivaux bien qu'apparentés, racontant maint épisode de leur permanent conflit ; mais ils ne parlent jamais de « la fin », qu'aucun rituel n'envisage, ne prépare. De plus, nulle part, aucun personnage n'est présenté comme le « chef » des forces démoniaques, qui agissent anarchiquement, en ordre dispersé. On sait que le zoroastrisme a construit au contraire son dogme, sa morale et son culte sur un sens tragique, obsédant de la lutte que les puissances du Bien soutiennent contre celles du Mal. Dans l'Avesta, les deux partis sont organisés, hiérarchisés, chacun sous un commandement unique ; leur symétrie est même poussée à l'extrême : chaque être « bon », Ahura Mazdā comme les Entités qui l'assistent – et en qui se prolongent, moralisées, les figures des dieux des trois fonctions de l'ancien polythéisme –, a son adversaire propre, sa réplique « mauvaise ». B. Geiger (1916) a bien montré, par des études de vocabulaire, que cette grandiose conception s'est formée d'éléments que n'ignore pas le R̥gVeda et que, en particulier, les deux mots *Aša* et *Druǰ*, « Ordre », et « Mensonge », qui expriment l'essentiel du bien et du mal dans le langage zoroastrien, ont même fonction et même articulation (*r̥ta, druh*) dans le langage védique ; simplement, dans les hymnes, ces mots restent à l'état libre, se heurtent dans des formules, mais ne soutiennent pas, sur leur affrontement, toute une structure religieuse. De plus, comme il a été dit, le zoroastrisme appuie son souci et son effort sur l'avenir, non sur le passé ni le présent, et cela dans le cas de l'individu, qui doit sans cesse préparer son salut, comme dans celui de l'univers, qui un jour se libérera des puissances mauvaises, aujourd'hui trop égales à celles du bien. Au moment de la résurrection, dit le *Grand Bundahišn*,

> Ohrmazd saisira le Mauvais Esprit, Vohuman saisira Akoman, Aša-Vahišt Indra, Šatrivar Sauru, Spendarmat Taromat, c'est-à-dire Nåṇhaiθya, Xurdat et Amurdat saisiront Taurvi et Zairi, la parole véridique la parole mensongère et Srōš (c'est-à-dire Sraoša) Aēšma (démon de la fureur). Alors resteront deux « druǰ », Aharman et Az (démon de la concupiscence). Ohrmazd viendra en ce monde, lui-même comme prêtre zôt avec Srōš comme prêtre ráspí, et tiendra la

ceinture sacrée à la main. Le Mauvais Esprit et Az s'enfuiront dans les ténèbres, repassant le seuil du ciel par lequel ils étaient entrés... Et le dragon Gōčīhr sera brûlé dans le métal fondu qui coulera sur l'existence mauvaise, et la souillure et la puanteur de la terre seront consumées par ce métal, qui la fera pure. Le trou par lequel était entré le Mauvais Esprit sera fermé par ce métal. Ils chasseront ainsi dans les lointains la mauvaise existence de la terre, et il y aura renouveau dans l'univers, le monde deviendra immortel pour l'éternité et le progrès éternel.

XXXIV, 27-32 ; éd. et trad. B.T. Anklesaria, 1956, p. 290-293

Cette vision eschatologique, ce bonheur définitif succédant à la grande crise, est-ce une création *ex nihilo* du mazdéisme, ou bien les Indo-Iraniens rêvaient-ils déjà de ce grand jour où le Bien prendra une revanche absolue et totale des mille épreuves que lui imposent les puissances du Mal ? Jusqu'à des temps très récents, la seconde hypothèse paraissait exclue, mais un article de vingt-deux pages a renversé la probabilité.

En 1947, un savant suédois, Stig Wikander, a fait une découverte qui modifie profondément les perspectives de l'histoire des religions de l'Inde. On savait depuis quelque temps que la grande épopée du Mahābhārata conte parfois, en *excursus*, sous un costume rajeuni, des légendes que les Védas ne mentionnent pas, mais dont les Iraniens ou d'autres peuples indo-européens offrent d'autres versions : telle, entre autres, celle de la fabrication et du morcellement du géant Ivresse, qui a été analysée dans le premier de nos chapitres [1]. On sait maintenant davantage : les héros centraux du poème, avec leurs caractères et leurs rapports, prolongent eux aussi une structure idéologique indo-iranienne, sous une forme en partie plus archaïque que ne font les hymnes et l'ensemble de la littérature védique. Ces héros, cinq frères, les Pāṇḍava ou pseudo-fils de Pāṇḍu, sont en réalité les fils de cinq dieux qui, avec et sous Varuṇa, constituaient la plus vieille liste

1. Ci-dessus, pp. 100-107.

canonique des dieux des trois fonctions : Dharma « la Loi » (rajeunissement transparent de Mitra), Vāyu et Indra (deux variétés indo-iraniennes de guerriers), les deux jumeaux Nāsatya ou Aśvin (« troisième fonction ») ; l'ordre des naissances se conforme à la hiérarchie des fonctions et le caractère, le comportement de chaque fils à la définition fonctionnelle de son père. Seul Varuṇa n'a pas de représentant dans la liste, mais il a été facile de montrer qu'il n'est pas absent du poème : avec quelques-uns de ses traits les plus spéciaux, il a été transposé à la génération antérieure dans le personnage de Pāṇḍu, père putatif des Pāṇḍava.

La transposition ne se borne pas à ce père et à ces fils. Les auteurs de l'immense poème ont expliqué systématiquement au début du premier livre et maintes fois rappelé dans la suite que les héros qui s'y affrontent ou s'y concertent ne sont des hommes qu'en apparence : soit fils, soit incarnations totales ou partielles les uns de dieux, les autres de démons, ce sont des intérêts cosmiques, c'est le drame même du Grand Temps mythique qu'ils représentent, gèrent ou jouent, par une sorte de projection, en un point de notre espace et à un moment de notre temps, traduisant en histoire passée ce que le mythe distribue entre le passé, le présent et l'avenir. Lu dans cette perspective, traduit avec cette clef que fournissent les auteurs eux-mêmes et que confirment des analyses dont les Indiens ne pouvaient plus avoir conscience, l'épopée retrace d'abord les épreuves, les injustices et les spoliations que les puissances du Mal, aux ordres d'un astucieux inspirateur, d'un « héros-démon », font endurer aux puissances du Bien, aux « héros-dieux » que sont les Pāṇḍava ; elle narre ensuite la bataille finale (ce qui serait, en langage mythique, la bataille eschatologique) dans laquelle ceux-ci, prenant leur revanche, anéantissent leurs ennemis ; elle dépeint enfin, conséquence de cette terrible mêlée, le règne idyllique de l'aîné des Pāṇḍava. J'ai fait ailleurs, de ce point de vue, l'examen de la trame du poème [1],

1. Esquissée dans *IIJ* (1959), pp. 1-16, l'étude a été développée dans la première partie (pp. 33-257) de *ME* 1, 1978 (5e éd., avec des notes complémentaires, 1986).

je n'en résume ici que les résultats. Voici d'abord la succession des événements, dans leurs apparences humaines.

À une certaine génération de la dynastie des Bhārata, naissent successivement trois frères, marqués chacun d'une déficience, bénigne pour le deuxième, exclusive de la royauté pour les deux autres. Dhr̥tarāṣṭra, l'aîné, est aveugle ; Pāṇḍu, qui vient ensuite, est maladivement pâle ; Vidura enfin est un sang-mêlé, sa mère étant une esclave substituée secrètement à la reine. Pāṇḍu devient donc roi. Après un règne bref, marqué par des triomphes et des conquêtes inouïs, il est frappé d'une malédiction qui lui interdit l'acte sexuel, et il se fait faire ses cinq fils par des dieux : le juste et bon Yudhiṣṭhira par Dharma ; Bhīma, le géant à la massue, par Vāyu ; le chevaleresque guerrier Arjuna, par Indra ; enfin, par les deux Nāsatya ou Aśvin, les humbles jumeaux Nakula et Sahadeva, serviteurs de leurs frères. Quand il meurt, son frère Dhr̥tarāṣṭra devient le tuteur de ses fils, encore jeunes, en attendant que l'aîné, Yudhiṣṭhira, puisse être roi. Mais Dhr̥tarāṣṭra a des fils dont l'aîné, Duryodhana, respire une haine et une jalousie monstrueuses. Sans scrupules à l'égard de ses cousins les Pāṇḍava, il entend bien les dépouiller de leur héritage. Pendant leur jeunesse commune (ils sont élevés ensemble), à plusieurs reprises, il leur fait des farces désagréables, essayant même de les faire périr [1] ; ils n'échappent que grâce aux avis secrets que leur fait tenir leur oncle Vidura, dévoué à la justice, à la modération, à la bonne entente familiale ; en revanche, Dhr̥tarāṣṭra, tout en aimant ses

1. *Mbh.* I, 128 (trad. de P. Ch. Roy), Duryodhana essaie d'empoisonner, puis de noyer Bhīma, que sauvent les *naga* ; 129, nouvelle tentative d'empoisonnement, inefficace ; 143, début du complot qui conduira à l'incendie de la maison de laque où les Pāṇḍava périraient sans l'avis de Vidura ; 203, Duryodhana envisage sept stratagèmes pour affaiblir les Pāṇḍava (provoquer la désunion des aînés et des jumeaux, corrompre leurs ministres et leurs beaux-frères pour qu'ils les abandonnent ; les inciter à rester chez leur beau-père Drupada ; susciter la jalousie dans leur cœur ; brouiller Draupadī avec ses maris ; tuer Bhīma ; tenter les Pāṇḍava avec de jolies femmes). En sens inverse, II, 46, Duryodhana est victime des illusions du palais de Yudhiṣṭhira : il tombe habillé dans l'eau ou, au contraire, se déshabille pour traverser une surface de cristal qu'il prend pour de l'eau. C'est seulement en II, 47 que Śakuni propose de vaincre Yudhiṣṭhira aux dés.

neveux, dont il reconnaît et déclare les droits, fait preuve d'une extrême faiblesse devant son fils, ne lui résiste que pour céder un peu plus tard et permet en gémissant ses initiatives criminelles.

Ne réussissant pas à tuer les Pāṇḍava, Duryodhana imagine un autre procédé. L'aîné des cinq, le roi désigné, Yudhiṣṭhira, excelle aux dés, au point que nul joueur humain ne peut le vaincre ; Duryodhana demande donc à son père la permission de faire provoquer Yudhiṣṭhira à une partie qu'il devrait normalement gagner, mais qu'il perdra, l'adversaire disposant de moyens surnaturels. L'aveugle résiste, hésite longtemps entre les sages et honnêtes adjurations de Vidura et les instances violentes de son fils. Finalement, il cède et donne l'ordre aux uns d'organiser la fatale partie, à Yudhiṣṭhira de s'y rendre. Yudhiṣṭhira perd tous les enjeux successifs : ses biens, la royauté, la liberté de ses frères et la sienne, sa femme même – qu'une outrance de Duryodhana sauve cependant de justesse. Privés de tout, les Pāṇḍava doivent s'exiler pour une longue période – douze ans dans la forêt, une treizième année dans un pays quelconque, mais dans l'incognito – au bout de laquelle ils pourront revenir réclamer leur héritage. Mais une irrémédiable hostilité est désormais établie entre les groupes de cousins et chacun des Pāṇḍava, avant de quitter le palais, se choisit d'avance l'ennemi qu'il abattra le jour de la revanche.

Le délai expiré, Yudhiṣṭhira fait valoir ses droits. Dhr̥tarāṣṭra voudrait encore rétablir la justice, arriver du moins à un compromis entre les prétentions rivales, mais son fils l'accable de récriminations et d'insolences et, la mort dans l'âme, il répond négativement aux ambassades de ses neveux. C'est la guerre. Tous les rois de la terre se partagent entre les deux camps et il s'ensuit une énorme et meurtrière bataille, longtemps balancée, au cours de laquelle les Pāṇḍava, tenant parole, tuent les adversaires qu'ils se sont distributivement fixés. Duryodhana, notamment, tombe sous les coups de l'herculéen Bhīma. Tous les fils de Dhr̥tarāṣṭra, tous les « méchants » périssent, mais, de l'armée des « bons », seuls survivent les Pāṇḍava et quelques rares héros.

Sur cette ruine, aussitôt, un ordre nouveau se fonde. Yudhiṣṭhira règne enfin, vertueux, juste, bon. Ses deux oncles sont dorénavant ses conseillers et ses ministres : l'aveugle Dhṛtarāṣṭra, dont la seule faiblesse a causé tout le malheur, et le champion de la concorde Vidura, qui n'a cessé de vouloir éviter, puis limiter ce malheur. La merveille de ce règne dure jusqu'aux morts successives des héros : de Dhṛtarāṣṭra d'abord que consume l'incendie allumé par son feu sacrificiel ; puis de Vidura, qui, littéralement, se transfuse dans Yudhiṣṭhira ; de Yudhiṣṭhira enfin et de ses frères, qui tombent l'un après l'autre dans le « grand voyage » vers la solitude et qui retrouvent au ciel ceux qu'ils ont aimés ou combattus.

Tel est l'aspect « historique » de la narration. Sous ce drame des hommes, s'en joue un autre, immense, celui des êtres divins et démoniaques qu'ils incarnent ou représentent. De même que les pseudo-fils de Pāṇḍu sont les fils (un passage dit : « les incarnations partielles ») des grands dieux des trois fonctions, axe central de la mythologie indo-iranienne, de même que Pāṇḍu se conforme au type de Varuṇa (figuré, lui aussi, dans certains rituels, comme maladivement pâle ; frappé, lui aussi, dans une tradition, d'impuissance sexuelle), de même l'animateur des complots, le responsable des mauvais desseins qui aboutissent d'abord au malheur des Pāṇḍava, puis à l'extermination de presque tous les « bons » en même temps que de tous les « méchants », Duryodhana, est le démon Kali incarné – le démon qui porte le nom du mauvais âge du monde, le quatrième, dans lequel nous vivons. Quand il est né, les signes les plus sinistres, les bruits les plus lugubres ont averti les hommes, mais son père, malgré les avis des sages, a ouvert la série de ses faiblesses en refusant de l'immoler au bien public. C'est donc, en filigrane, un grand conflit cosmique qui se livre, avec trois « époques » : le jeu truqué, par lequel le Mal triomphe pour un long temps, écartant de la scène les représentants du Bien ; la grande bataille où le Bien prend sa revanche, éliminant définitivement le Mal ; le gouvernement des bons.

C. DHṚTARĀṢṬRA ET VIDURA

Deux personnages, dans cette perspective, sont particulièrement importants : l'aveugle Dhṛtarāṣṭra et le sang-mêlé Vidura qui, frères de Pāṇḍu, traversent avec des attitudes bien différentes le long conflit des cousins, pour devenir finalement les collaborateurs étroitement unis de Yudhiṣṭhira dans son règne idyllique. Il a été possible de montrer que, de même que Pāṇḍu et Yudhiṣṭhira, les deux rois successifs, représentent dans le jeu épique le Varuṇa et le Mitra védiques et prévédiques (celui-ci rajeuni en Dharma), de même les « presque-rois » Dhṛtarāṣṭra et Vidura représentent les deux souverains mineurs védiques et prévédiques Bhaga et Aryaman. Vidura, dit le poème, est une incarnation de ce même Dharma dont Yudhiṣṭhira est le fils, ou, lui aussi, une incarnation partielle et, quand il mourra, son être rentrera, se jettera, se fondra dans celui de Yudhiṣṭhira : traduction épique excellente du lien particulièrement intime, confinant parfois à l'identité, qui existe dans les hymnes entre Mitra et Aryaman. Son caractère, son action sont ce qu'on attend d'Aryaman : il montre un souci constant à la fois de la justice et de la bonne entente entre les membres du *kula*, de la grande famille ; il ne peut que contrarier pour un temps les machinations fratricides de Duryodhana ; même reconnus excellents, ses avis ne sont pas suivis et, pendant la bataille, il ne dit plus rien, ne se manifeste plus ; il ne reparaît qu'après la fin du conflit, pour collaborer étroitement avec ce Yudhiṣṭhira qui est presque lui, et appliquer enfin les règles de justice et de bonne entente qu'il a toujours préconisées. De Dhṛtarāṣṭra, par une lacune étrange ou une exception presque unique, le poème ne fait le fils ou l'incarnation d'aucun dieu ; mais, tout le long du drame, dans les paroles qu'il prononce comme dans les propos de ses interlocuteurs, est établie et cent fois répétée sa correspondance avec le destin (*daiva, kāla*, etc.) ; car cet aveugle est lucide ; il déclare lui-même que ses neveux ont raison, il sait (Vidura le lui dit, et il acquiesce) que la malice de Duryodhana ne peut produire qu'une catastrophe ; mais finalement, par manque de caractère, il prend, quant au jeu, quant à la guerre, les décisions que lui suggère ce triste inspirateur. Il est, dans tout cela, une image de la fatalité. Ses hésitations, ses capitulations, ses décisions grosses de malheurs copient le comportement du destin, déconcertant comme lui : « Bhaga est aveugle... » Vidura et Dhṛtarāṣṭra ne sont jamais en opposition que par leurs discours, à propos des conseils que le second demande au premier, qu'il approuve et n'applique pas. Mais il n'y a pas entre eux d'hostilité et ils trouveront leur vraie vocation dans « l'après-bataille », quand ils collaboreront tous deux, côte à côte, à la royauté rénovée de Yudhiṣṭhira.

Il est intéressant de noter ici, dans les trois frères de la première génération, Dhṛtarāṣṭra, Pāṇḍu et Vidura, un nouvel exemple de la curieuse représentation, plusieurs fois signalée ici, des mutilations ou déficiences qualifiantes : le premier, qui devra prendre les plus lourdes décisions du poème, qui, dans les circonstances les plus graves, pour un bref moment, aura le choix, la liberté d'endiguer le mal ou de le déchaîner, bref le répondant épique de Bhaga, naît aveugle. Le deuxième, Pāṇḍu, qui aura la plus glorieuse descendance, « les Pāṇḍava », est frappé d'interdiction sexuelle et, de plus, roi des Aryas basanés, naît maladivement pâle. Le troisième, dévoué de toute son âme au salut et à la cohésion interne de la noble race, est un bâtard, un sang-mêlé. Mais c'est surtout l'articulation des grands rôles que je veux ici retenir : au premier des « temps » décisifs de l'action, Duryodhana[-Démon] amène l'aveugle Dhṛtarāṣṭra[-*Destin], malgré les mises en garde de Vidura[-*Aryaman], à organiser la partie de jeu où, normalement, Yudhiṣṭhira[-*Mitra] devrait être invincible et où, cependant, par le truquage surnaturel des instruments du jeu, il sera vaincu et, par suite, et pour longtemps, obligé de disparaître. Dans le second « temps » décisif, Duryodhana[-Démon] lance contre Yudhiṣṭhira[-*Mitra], contre ses frères et ses alliés, une formidable coalition, et, dans la bataille qui s'ensuit, les Pāṇḍava[-dieux fonctionnels] tuent chacun l'adversaire de son rang, y compris Duryodhana. Enfin, dans le renouveau qui succède à cette crise, l'aveugle Dhṛtarāṣṭra[-*Destin] et le juste Vidura[-*Aryaman], entièrement réconciliés, assurent l'œuvre que couvrent le nom et l'esprit de Yudhiṣṭhira[-*Mitra]. Ajoutons qu'une tradition latérale attestée par un Jātaka bouddhique économise le personnage de Yudhiṣṭhira et fait de Vidura même, appelé « Vidhura », l'enjeu de la partie de dés truquée (*Vidhura Pāṇḍita Jātaka* = V. Fausböll, VI, pp. 329-355 ; J. Dutoit, VI, pp. 316-339).

J'ai signalé ailleurs de remarquables analogies entre des parties de ce tableau et « la fin du monde » selon Zoroastre : dans le mazdéisme, la longue lutte du Bien et du Mal et les succès du Mal sont suivis, quand les temps sont révolus, d'une liquidation totale des forces de ce Mal, au cours de laquelle, notamment, les Archanges, transposition théologique des anciens dieux indo-iraniens des trois fonctions comme, dans l'Inde, les Pāṇḍava en sont une transposition épique, « saisissent » et éliminent chacun l'Archidémon qui lui est opposé. Mais c'est avec le drame scandinave de Baldr – la vie inefficace et le meurtre de Baldr, la bataille eschatologique, le renouveau du monde sous Baldr roi – que la comparaison du mythe indien sous-jacent à l'intrigue du Mahābhārata est particulièrement éclairante.

D. RAGNARÖK

La société des dieux scandinaves comporte un personnage extrêmement intéressant : Loki. Intelligent, astucieux au plus haut degré, mais amoral, aimant faire le mal, en petit et en grand, pour s'amuser autant que pour nuire, il représente, parmi les Ases, un véritable élément démoniaque. Plusieurs des assaillants du futur Ragnarök, le loup Fenrir, le grand Serpent, sont ses fils, comme est sa fille Hel, la présidente du sinistre séjour où vont les morts que n'accueille pas la Valhöll d'Óđinn.

D'autre part, entre les fils d'Óđinn, se détachent les deux figures diversement tragiques de Baldr et de Höđr. Du second, une seule action est connue, le meurtre involontaire de Baldr, et un seul trait : il est aveugle ; non pas borgne et, par une suite paradoxale, « mieux voyant », comme son père, mais bien aveugle, et incapable de se gouverner par lui-même. Le premier rassemble sur lui l'idéal d'une vraie justice et d'une bonté sans détour et cette soif d'« autre chose » qu'aucun des grands Ases ne satisfait plus, puisque Týr est passé à la ruse, à la violence et « n'est point pacificateur d'hommes ». Auprès de ce Mitra scandinave dégénéré, c'est Baldr qui relève la fonction. La *Gylfaginning* de Snorri (chap. XV et XI : *Sn. E.*, p. 33 et 29-30) définit ainsi ces deux frères[1] :

> XV. Il y a un Ase qui s'appelle Höđr. Il est aveugle. Il est fort, mais les dieux voudraient bien qu'il n'eût pas à être nommé, car l'acte de ses mains sera longtemps gardé en mémoire chez les dieux et chez les hommes.
>
> XI. Un second fils d'Óđinn est Baldr, et, de lui, il y a du bien à dire. Il est le meilleur et tous le louent. Il est si beau d'apparence et si brillant qu'il émet de la lumière ; et il y a une fleur des champs si blanche qu'on l'a comparée avec les cils de Baldr : elle est la plus blanche de toutes les fleurs des champs – et, d'après cela, tu peux te représenter sa beauté à la fois de cheveux et de corps. Il est le plus sage des Ases et le plus habile à parler et le plus clément. Mais cette condition de nature lui est attachée, qu'aucun de ses jugements ne peut se réaliser. Il habite la demeure qui a nom « Largement Brillante », qui est au ciel. En cet endroit, il ne peut rien y avoir d'impur.

Un intéressant complément sur la nature de Baldr se déduit de ce qui est dit un peu plus loin, au chapitre XVIII (*Sn. E.*, p. 33-34), de son fils, Forseti : « Il habite dans le ciel une demeure appelée Gritnir et tous ceux qui s'adressent à lui dans des querelles de droit s'en retournent réconciliés. C'est le meilleur tribunal pour les dieux et les hommes. » Tels sont les acteurs principaux du drame, dont voici les principales scènes, encore d'après la *Gylfaginning* (chap. XXXIII-XXXV : *Sn. E.*, p. 63-68)[2] :

1. Ci-dessus, pp. 126-127.
2. Ci-dessus, p. 61.

Cette histoire commence par ceci, que le bon Baldr eut des songes graves qui menaçaient sa vie. Quand il raconta ces songes aux Ases, ils délibérèrent entre eux et l'on décida de demander sauvegarde pour Baldr contre tout danger. Frigg [l'épouse d'Óđinn, mère de Baldr] recueillit des serments garantissant que le feu ne lui ferait aucun mal, ni l'eau ni aucune sorte de métal ni les pierres ni la terre ni les bois ni les maladies ni les animaux ni les oiseaux ni les serpents venimeux. Quand tout cela fut fait et connu, Baldr et les Ases s'amusèrent ainsi : il se tenait sur la place du þing et tous les autres ou bien tiraient des traits contre lui ou lui donnaient des coups d'épée ou lui jetaient des pierres ; mais, quoi que ce fût, cela ne lui faisait aucun mal. Et cela semblait à tous un grand privilège.

Quand Loki, fils de Laufey, vit cela, cela lui déplut. Il alla trouver Frigg aux Fensalir sous les traits d'une femme. Frigg lui demanda si elle savait ce qu'on faisait sur la place du þing. La femme répondit que tout le monde lançait des traits contre Baldr, mais qu'il n'en recevait aucun mal. Frigg répondit : « Ni armes ni bois ne tueront Baldr : j'ai recueilli le serment de toutes les choses. » La femme dit : « Tous les êtres ont-ils juré d'épargner Baldr ? » Frigg répondit : « Il y a une jeune pousse de bois qui grandit à l'ouest de la Valhöll et qu'on appelle *mistilteinn*, "pousse de gui" ; elle m'a semblé trop jeune pour que je réclame son serment. »

La femme s'en alla – mais Loki prit la pousse de gui, l'arracha et alla au þing. Höđr se tenait là, tout en arrière du cercle des gens, parce qu'il était aveugle. Loki lui dit : « Pourquoi ne tires-tu pas sur Baldr ? » Il répond : « Parce que je ne vois pas où est Baldr et, de plus, parce que je suis sans arme. » Loki dit : « Fais comme les autres, attaque-le, je t'indiquerai la direction où il est. Lance ce rameau contre lui ! » Höđr prit la pousse de gui et, guidé par Loki, la lança sur Baldr. Le trait traversa Baldr qui tomba mort sur la terre. Ce fut le plus grand malheur qu'il y ait eu chez les dieux et chez les hommes.

Quand Baldr fut tombé, tous les Ases furent sans voix et incapables de le relever. Ils se regardaient l'un l'autre et tous étaient irrités contre celui qui avait fait la chose, mais personne ne pouvait le punir : car c'était là un grand lieu de sauvegarde. Quand les Ases voulurent parler, ils éclatèrent d'abord en larmes, de sorte qu'aucun ne pouvait exprimer à l'autre sa douleur avec des mots. Mais Óđinn souffrait le plus de ce malheur, parce qu'il mesurait mieux le dommage et la perte qu'était pour les Ases la mort de Baldr.

Ce drame, comme il ressort bien de la structure même de la *Völuspá*, est la clef de voûte de l'histoire du monde. Par lui, la médiocrité de l'age actuel est devenue sans remède. Certes, la bonté et la clémence de Baldr étaient jusqu'alors inefficaces, puisque, par une sorte de mauvais sort, « aucun de ses jugements ne tenait, ne se réalisait » ; du moins existait-il, et cette existence était protestation et consolation.

Après sa disparition, Baldr vit de la vie des morts, non pas dans la Valhöll de son père (il n'était pas guerrier, il n'était pas mort à la guerre), mais dans le domaine de Hel – et sans retour possible par l'effet d'une méchanceté supplémentaire de Loki [1]. À un envoyé d'Óđinn qui lui demandait de libérer le dieu, Hel avait répondu :

> qu'il fallait vérifier qu'il était aussi aimé qu'on disait. « Si toutes choses au monde, dit-elle, vivantes et mortes, le pleurent, il retournera chez les Ases ; mais il restera avec Hel si quelqu'un refuse et ne veut pas pleurer. »... Aussitôt [connue cette réponse], les Ases envoyèrent des messagers dans le monde entier pour prier tous les êtres de tirer Baldr par leurs larmes du pouvoir de Hel. Tous le firent, les hommes et les animaux et la terre et les pierres et les arbres et tous les métaux... Alors que les messagers revenaient après avoir bien rempli leur mission, ils trouvèrent dans une caverne une sorcière qui se nommait Þökk. Ils lui demandèrent de pleurer pour tirer Baldr du pouvoir de Hel. Elle répondit :
>
> Þökk pleurera avec des larmes sèches la crémation de Baldr !
> Vif ni mort, je n'ai pas profité du fils de l'homme :
> que Hel garde ce qu'elle a !
>
> Mais on devine que c'était Loki, fils de Laufey, lui qui a fait tant de mal aux Ases.

Du moins les dieux réussissent-ils à saisir Loki et à l'enchaîner, malgré ses ruses. Il restera là, supplicié, jusqu'à la fin des temps. Car les temps finiront (*Gylfaginning*, chap. XXXVII-XXXVIII et XLI : *Sn. E.*, p. 70-73 et 75). Un jour viendra où toutes les forces du Mal, tous les monstres, Loki lui-même, échapperont à leurs liens

1. Ci-dessus, p. 64.

et, des quatre orients, attaqueront les dieux. Dans des duels terribles, chacun des « dieux fonctionnels » succombera, abattant parfois son adversaire ou vengé par un autre dieu : Óđinn sera dévoré par le loup Fenrir, que déchirera à son tour Víđarr, fils d'Óđinn. Le chien Garmr et Týr s'entretueront. Þórr pourfendra le grand Serpent, mais tombera aussitôt empoisonné par le venin que crache la bête. Le démon Surtr tuera Freyr. Enfin, le dieu primordial Heimdallr et Loki s'affronteront et se détruiront l'un l'autre. Alors Surtr lancera le feu sur l'univers, le soleil s'obscurcira, les étoiles tomberont, la terre s'enfoncera dans la mer.

Mais au désastre succédera un renouveau : la terre émergera de la mer, verte et belle, et, sans semailles, le grain y poussera. Les fils des dieux morts reviendront dans l'Enclos des Ases, ceux de Þórr reprenant le Marteau de leur père. Baldr et Höđr sortiront ensemble du domaine de Hel. Tous les dieux parleront amicalement du passé et de l'avenir et les tables d'or qui avaient appartenu aux Ases seront retrouvées dans le gazon...

E. RAGNARÖK ET MAHĀBHĀRATA

La tragédie de Baldr et le personnage de Loki d'une part, ce « destin des dieux » d'autre part (ou, comme on dit par une méprise que les Scandinaves païens avaient déjà légitimée, ce « Crépuscule des dieux ») ont été l'objet d'études et d'hypothèses innombrables. Quant au second, plusieurs savants ont admis une influence de l'eschatologie iranienne, zoroastrienne. Quant à « Balder the Beautiful », généralement interprété dans l'école de Mannhardt comme un dieu mourant et ressuscitant de rituel agraire, on a parfois supposé une influence des Attis, des Adonis de la Méditerranée orientale. La présentation d'ensemble qui a été faite, au début de ce chapitre, des données indo-iraniennes suggère une tout autre vue. Un fait capital saute aux yeux : *plus que la version iranienne de ces événements cosmiques, c'est l'ensemble mythique para- et prévédique conservé en transparence dans l'intrigue de l'épopée indienne qui se découvre parallèle à l'ensemble mythique scandinave* ; comme pour les histoires de Kvasir et de Mada, étudiées au chapitre II, c'est ici encore, paradoxalement, Snorri et le Mahābhārata qui présentent les concordances les plus précises. Cette localisation géographique de la meilleure analogie exclut l'emprunt. C'est donc à partir de données déjà indo-européennes que Germains et Indo-Iraniens ont organisé leurs récits de la grande lutte, et, parmi ces derniers, les Iraniens que nous connaissons, ceux d'après la réforme zoroastrienne qui a dû repenser et sublimer ces récits comme tous les autres, n'ont pas été les plus fidèles. Précisons cette impression générale.

Considérons d'abord les acteurs. Óđinn a près de lui deux dieux, ses deux fils, l'un sage et clément, père du dieu conciliateur, mais dont, personnellement, les sentences restent sans effet ; l'autre aveugle, dont il n'est rien dit d'autre et qui n'intervient à travers toute la mythologie (comme intervient aussi sa transposition épique « Hatherus » à la fin de la saga de « Starcatherus ») que dans cette occasion unique, pour un meurtre, où il est visiblement l'incarnation de l'aveugle destinée. Il est probable que nous avons ici l'aboutissement scandinave des deux souverains mineurs qui ont donné, chez les Indo-Iraniens, les dieux Aryaman et Bhaga, puis leurs transpositions épiques indiennes, les deux frères Vidura et Dhr̥tarāṣṭra. Dans les hymnes védiques, Bhaga et Aryaman sont les auxiliaires de Mitra plutôt que de Varuṇa ; dans le Mahābhārata, Vidura et Dhr̥tarāṣṭra sont bien frères du personnage transposé de Varuṇa, Pāṇḍu, mais c'est comme auxiliaires de Yudhiṣṭhira, transposé de Mitra, qu'ils réalisent pleinement leurs personnages ; dans la mythologie scandinave enfin, où Týr, l'homologue de Mitra, est non seulement dégénéré dans sa définition, mais déchu en importance, Óđinn restant en fait le seul « dieu souverain », c'est à Óđinn, comme ses fils, que sont directement rattachés Baldr et Höđr. Quant à Loki, avec une coloration particulière à la Scandinavie, il est l'homologue de l'inspirateur des grands malheurs du monde, de l'esprit démoniaque, que connaissaient sans doute certains récits des Indo-Iraniens, bien que les Védas l'ignorent, puisque le zoroastrisme l'a amplifié dans son Aṇra-Mainyu et que les auteurs du Mahābhārata l'ont transposé en Duryodhana, incarnation du démon de notre âge cosmique.

La dégradation de Týr fait, en outre, qu'il ne joue pas de rôle dans la tragédie, sauf accessoirement lors de la bataille finale, et que c'est Baldr qui concentre en lui les essences de Mitra et d'Aryaman, les rôles que le Mahābhārata distribue entre Yudhiṣṭhira et Vidura. Mais on sait à quel point Mitra et son principal collaborateur étaient proches dès les temps védiques et prévédiques et l'on a vu que le Mahābhārata va jusqu'à faire de Yudhiṣṭhira et de Vidura une sorte de dédoublement du même dieu, Dharma, dédoublement que la mort du second par « rentrée » dans le premier ramène à l'unité.

Considérons maintenant le drame lui-même, dans ses trois temps :

1°/ Le démoniaque Loki se sert de l'aveugle Höđr pour éliminer – ici : envoyer, par la mort, dans le long exil de Hel – le bon Baldr. Et il utilise un jeu que Baldr, en principe invulnérable, a toutes raisons de croire inoffensif, mais où il est tué par l'unique arme restée dangereuse pour lui, découverte par Loki et maniée par l'aveugle Höđr, sous la direction de Loki. Le ressort est parallèle à celui qui aboutit à la provisoire élimination, au long exil de Yudhiṣṭhira : le démoniaque Duryodhana arrache à l'aveugle Dhṛtarāṣṭra l'autorisation de monter le scénario qui perdra Yudhiṣṭhira. Et ce scénario est un jeu qui est apparemment sans danger pour Yudhiṣṭhira, meilleur que tous les joueurs, mais où son partenaire, complice de Duryodhana, fait des tricheries surnaturelles qui le réduisent, vaincu, à l'exil. Les deux principales différences sont et les spécifications diverses des jeux (dés, dans l'Inde, où les dés sont en effet le jeu type ; jeu beaucoup plus spectaculaire et romanesque en Scandinavie), et le degré inégal de culpabilité d'une part de l'aveugle indien, qui sait à quel malheur aboutira son action et l'accomplit pourtant par faiblesse, d'autre part de l'aveugle scandinave, instrument entièrement involontaire, inconscient, de la ruse du méchant ; en sorte que les responsabilités se répartissent simplement en Scandinavie entre Loki *ráđbani*, « meurtrier par le plan », instigateur, et Höđr, l'aveugle *handbani*, « meurtrier par la main », agent purement matériel, mais plus complexement dans l'Inde entre un *ráđbani*, Duryodhana, et deux *handbani* qui participent consciemment à son *ráđ*, l'aveugle Dhṛtarāṣṭra et le partenaire tricheur de Yudhiṣṭhira. Ces différences laissent subsister le parallélisme essentiel, mais seraient suffisantes s'il était par ailleurs possible de la former, pour écarter l'hypothèse d'un emprunt ou même d'une influence littéraire de l'Inde sur la Scandinavie.

2°/ La scène du jeu fatal ouvre, dans les deux récits, une longue période sombre : tout le cours du monde actuel chez les Scandinaves, et, dans l'Inde, seulement le temps que Yudhiṣṭhira et ses frères sont en exil, temps réduits à quelques années par les nécessités du cadre épique, mais qui, dans le mythe originel, devait aussi être la partie finale d'un âge cosmique, puisque le responsable, le démoniaque Duryodhana, est justement Kali, l'incarnation du mauvais génie de l'âge actuel. Cette période d'attente finit, de part et d'autre, par la grande bataille où sont liquidés tous les représentants du Mal et la plupart des représentants du Bien. De cette bataille les circonstances introductrices sont différentes, puisque, en Scandinavie, elle est engagée par les forces du Mal jusqu'alors enchaînées – y compris Loki, en conséquence du meurtre de Baldr – et brusquement relâchées, tandis que, dans le Mahābhārata, elle est engagée par les bons héros, reparaissant après leur exil temporaire et réclamant leurs droits. Une autre divergence est que, dans le Mahābhārata, les survivants d'entre les « bons » sont les Pāṇḍava, Yudhiṣṭhira et ses frères, dont chacun a tué son adversaire particulier sans périr lui-même, tandis que, dans le mythe nordique, les homologues des Pāṇḍava, les dieux fonctionnels, périssent aussi bien que leurs adversaires et que les survivants ou renaissants sont, avec Baldr et Höđr, les fils des dieux.

3°/ Cette différence est atténuée par le fait que les homologues indiens de Baldr et de Höđr, Vidura et Dhṛtarāṣṭra, qui n'ont pas plus qu'eux pris part à la grande bataille, survivent comme eux et reçoivent, dans la renaissance qui suit, de nouveaux rôles : leur ancien désaccord terminé, ils sont, dans une union complète et confiante, les deux organes du gouvernement parfait de Yudhiṣṭhira. Ainsi, dans le monde qui renaît, purifié, délivré du Mal, après la bataille eschatologique et le cataclysme, Baldr et Höđr réconciliés sont à la place des souverains – Baldr tenant à la fois, comme il a été dit, les rôles de Yudhiṣṭhira et de Vidura.

L'ampleur et la régularité de cette harmonie entre le Mahābhārata et l'*Edda* règlent, je pense, les problèmes de Baldr, de Höđr, de Loki et du Ragnarök, qu'on a eu tort de morceler. Et, ce problème en réalité unique, elles le règlent d'une manière inattendue, écartant, sauf pour quelques détails accessoires et tardifs, les solutions fondées sur l'emprunt, iranien, caucasien ou chrétien, et mettant au jour un vaste mythe sur l'histoire et le destin du monde, sur les rapports du Mal et du Bien, qui devrait être constitué déjà, avant la dispersion, chez une partie au moins des Indo-Européens.

Ainsi se complète la comparaison du mythe de Loki et de Baldr et de la légende ossète de Syrdon et de Soslan. Les Ossètes, on le sait, sont les derniers descendants des peuples scythiques qui, dès avant le temps d'Hérodote et jusqu'au Moyen Âge, ont occupé de vastes territoires dans le sud de l'actuelle Russie. Les Scythes étaient un rameau du tronc iranien, tôt détaché, et qui n'a pas subi profondément l'influence du zoroastrisme. Il n'en est que plus précieux de retrouver chez eux, en forme épique encore, dans un folklore noté au XIXe et au XXe siècle, un proche parallèle, sinon de l'ensemble qui vient d'être découvert (effacées par le christianisme ou par l'Islam [1], l'eschatologie, la grande bataille n'y sont pas représentées), du moins de l'épisode du meurtre de Baldr : Soslan est lui aussi tué, à l'instigation du méchant Syrdon, vrai Loki, et, selon un groupe de variantes (tcherkesses), dans un jeu qui rappelle de très près celui où succombe Baldr. Le héros est invulnérable, sauf – c'est un secret – aux genoux. Syrdon, ou la sorcière qui le remplace, découvre ce secret. Il engage donc les

1. Même sous ce revêtement, Syrdon joue un rôle important dans ce qui tient lieu d'eschatologie dans l'épopée ossète : « La fin des Nartes », ci-dessus, n° 17, p. 198.

Nartes à organiser un jeu d'apparence inoffensive : ils se placent tous sur le sommet d'une montagne, et le héros au pied ; d'en haut, ils lancent sur lui la Roue tranchante, et il la leur renvoie, en la faisant rebondir sur la partie de son corps que lui désignent leurs cris. Que risque-t-il, puisque ni son front, ni sa poitrine, ni ses bras, ni presque rien de lui-même ne peut être entamé ? Mais bientôt, dans la chaleur du jeu, il oublie la seule lacune de son privilège et quand, d'en haut, on lui crie : « Avec les genoux ! », il oppose ses genoux à la Roue qui dévale, et elle les lui tranche. Il est probable que nous lisons ici le dernier débris de la version scythique du récit dont nous avons parcouru les versions scandinave, indienne et – dans le remaniement zoroastrien – iranienne [1].

1. Il faudra sans doute introduire dans le dossier comparatif les fins des Âges ou des Races successifs dans les traditions grecques et irlandaises.

HEUR ET MALHEUR
DU GUERRIER

Aspects mythiques de la fonction guerrière
chez les Indo-Européens

à la mémoire de Stig WIKANDER,
près d'un demi-siècle après Der arische Männerbund

Introduction

Ce recueil est le troisième état, considérablement transformé, d'un livre vieux de près de trente ans. Il s'est d'abord intitulé *Aspects de la fonction guerrière chez les Indo-Européens* et formait le fascicule LXVIII de la bibliothèque de l'École pratique des hautes études, section des sciences religieuses (PUF, 1956). Il présentait ce qui est ici la matière des deux premières parties : une confrontation de « l'histoire » du roi guerrier de Rome, Tullus Hostilius, et des mythes de l'Indra védique ; la mise au jour, dans la mythologie d'Indra et dans les vies légendaires du héros scandinave Starkaðr et du héros grec Héraclès, d'un même cadre, « les trois péchés du guerrier ».

En 1969 (PUF, collection « Hier »), sous le titre que je conserve, *Heur et malheur du guerrier* (simultanément *The Destiny of Warrior*, University of Chicago Press), ces deux études ont été amplifiées et complétées par une troisième, moins unitaire, qui sera ici la quatrième.

Depuis lors, la recherche a beaucoup progressé. S'il n'y a pas eu de changement important dans la première partie, la deuxième a subi un « moins » et bénéficié d'un « plus ». Dès 1971, dans un autre ensemble, *Mythe et Épopée* II (Gallimard, 2e éd., 1977), j'ai poussé plus loin les analyses et élargi la comparaison par un document nouveau très important, la légende du héros indien Śiśupāla ; en conséquence, je ne fais ici que résumer cet exposé des « trois péchés » tel qu'il se trouve dans l'étude de 1971 : c'est le « moins ». Le « plus » est l'utilisation de trois autres témoignages jusqu'à présent négligés : un romain, un ossète, un gallois. En outre, comme troisième partie, je reproduis en l'améliorant un vieil article du *Journal asiatique* (1953) sur l'articulation des figurants divins de la mythologie guerrière chez les Indo-Iraniens et je montre que, *mutatis mutandis*, c'est la même articulation qui s'observe dans les sacerdoces romains occupés de la guerre et dans la théologie guerrière des Scandinaves. La dernière partie du livre de 1969 a été peu modifiée.

On s'étonnera peut-être que cette mise en place de l'idéologie guerrière ait tant tardé. Mais peut-on parler de mise en place ? La matière s'y prête-t-elle ?

Dès 1938, une fois reconnu le caractère indo-européen commun du cadre idéologique des trois fonctions – administration du sacré, du pouvoir et du droit ; de la force physique ; de l'abondance et de la fécondité –, on a entrepris d'étudier comparativement, chez les divers peuples de la famille, l'économie interne des expressions théologiques et mythiques de chacune d'elles. Les bilans sont inégaux.

Pour la première, qui touchait de près les hommes de savoir et de pouvoir, les prêtres et les chefs, il a été très vite possible d'obtenir un tableau simple et entièrement cohérent, dont l'Inde védique, contrôlée par l'Iran, fournit, avec son Varuṇa et son Mitra, un exemplaire théologique bien conservé et dont Rome a laissé un exposé très complet dans l'« histoire » de ses deux fondateurs, Romulus et Numa. Avec des évolutions propres à chacune, la Scandinavie, l'Irlande ont confirmé cette première vue. Puis, à côté des deux aspects et personnages principaux de la souveraineté, ont été dégagés les services et les figures des dieux souverains mineurs dont les Indo-Iraniens, les Romains, les Scandinaves présentent des « réalisations » diverses, mais de même sens. Si quantité de points doivent être observés de plus près, il ne semble pas qu'il reste beaucoup à ajouter à ces lignes maîtresses.

À l'inverse, un des caractères les plus immédiatement sensibles de la troisième fonction est son morcellement en de très nombreuses provinces dont les frontières sont imprécises : fécondité, abondance en hommes (masse) et en biens (richesse), nourriture, santé, paix, volupté, etc., sont des notions qui se conditionnent les unes les autres, qui se déversent les unes dans les autres par mille capillaires, sans qu'il soit possible de déterminer entre elles un ordre simple de dérivation. Un autre caractère de la même fonction est son étroite liaison avec la base géographique, topographique, ethnique aussi de chaque société particulière et avec la forme, les organes variables de chaque économie. En conséquence, si la comparaison des dieux ou des héros jumeaux, les moins engagés dans le détail des *realia*, a permis de repérer un certain nombre de traits et de thèmes communs à plusieurs peuples indo-européens, aucune structure générale n'est apparue jusqu'à présent et l'on peut douter que l'avenir en découvre une.

La deuxième fonction, la force, et d'abord, naturellement, l'usage de la force dans les combats, n'est pas pour le comparatiste une matière aussi désespérée, mais elle n'a pas bénéficié chez les divers peuples indo-européens d'une systématisation complète comme la souveraineté religieuse et juridique : soit que les penseurs, les théologiens responsables de l'idéologie n'aient pas réfléchi avec autant de soin sur des activités qui n'étaient pas proprement les leurs, soit que les réalités non plus du sol, mais des événements, aient contrarié la théorie. Aussi la comparaison a-t-elle dégagé ici moins une *structure* que des *aspects*, qui ne sont même pas tous cohérents. Mais, de chacun de ces aspects pris à part, des réseaux de correspondances précises et complexes entre l'Inde (le plus souvent les Indo-Iraniens) et Rome ou le monde germanique attestent l'antiquité. La seule ambition du présent livre est de préciser quelques-uns de ces réseaux.

J'ai laissé à ces études leur forme d'esquisses, n'y marquant que l'essentiel et réduisant les références et les notes, les discussions aussi, au strict nécessaire : les faits utilisés sont du domaine public et la nouveauté n'est que dans les rapprochements ou dans la mise en ordre. Aux allusions de certaines phrases, le lecteur informé reconnaîtra que tout ce qui n'est pas cité ou discuté n'est pas forcément ignoré. Encouragé par plusieurs expériences heureuses et malgré de plus nombreuses déconvenues, je continue à souhaiter que, sur chaque province indo-européenne, des spécialistes mieux armés que le comparatiste, mais sensibles aux raisons comparatives qui ont conduit à l'image qui leur est soumise, reprennent à leur compte le traitement de la partie qui les concerne, en précisent les détails, et aussi l'explorent plus complètement, lui découvrent des prolongements qui, donnant matière à de nouvelles enquêtes comparatives, pourraient déboucher sur de nouvelles propositions indo-européennes.

La méthode ressortira suffisamment des exposés eux-mêmes : il est inutile d'en faire ici la théorie. Je me borne à souligner un parti pris qui n'est pas un postulat, mais la conclusion de beaucoup de recherches, et qui se trouve sous-jacent aux sections indiennes de tous les développements qu'on va lire. Le R̥gVeda, la littérature védique dans son ensemble ne livrent pas la totalité de la mythologie que l'Inde avait héritée de son passé indo-iranien ou indo-européen ; souvent ce qui se lit dans les épopées, soit pour des mythes déjà védiques, soit pour des mythes absents du R̥gVeda, prolonge sous une forme rajeunie une tradition paravédique, prévédique ; les données des hymnes ne sont donc pas les seules utilisables dans les comparaisons, ni même, parfois, les meilleures. La démonstration d'ensemble a été donnée en 1947 par Wikander dans son article « La légende des Pāṇḍava et le fonds mythique du Mahābhārata » (en suédois, dans *Religion och Bibel*, VI, p. 27-39) que la première partie de *Mythe et Épopée* I (p. 31-257) n'a fait que développer. Jusqu'à présent, peu de védisants paraissent la connaître. Elle existe pourtant, et l'avenir est à ceux qui en tiendront compte.

Ce n'est d'ailleurs là qu'un cas particulier d'une plus large nécessité. Dans l'Inde comme ailleurs, il faut souvent renoncer à déterminer, parmi les rédactions attestées d'un récit mythique, celle dont toutes les autres, contemporaines ou postérieures, seraient dérivées : dès les plus anciens temps, il a certainement coexisté des variantes aussi légitimes les unes que les autres. De même, entre des récits sur des sujets voisins, mais distincts – je pense aux divers combats d'Indra –, il a dû, maintes fois et dès avant les premiers documents, se constituer des formes mixtes plus ou moins stables comme en rencontrent de nos jours ceux qui étudient les contes et généralement les traditions orales vivantes : en sorte que de tels dossiers relèvent, certes, de la philologie, mais quant aux dérivations, osmoses, confusions, contradictions, etc., appellent davantage le genre d'observation et d'analyse que les folkloristes ont mis au point sur leurs matières.

Des problèmes généraux qui ne concernent rien de moins que le travail inconscient, collectif et continu de l'esprit d'une société à travers les générations, et aussi la part des initiatives, des créations individuelles, des « projets », dans ces changements, sont sous-jacents aux trois premières parties du livre et parfois, dans la rédaction, affleurent. Mais ils ne sont pas mûrs. Notre rôle n'est que de défricher, de dégager le plus grand nombre possible de faits comparatifs sur lesquels nos successeurs, que j'espère à la fois philologues et philosophes, réfléchiront. Sans prétendre aboutir à formuler des lois, ils détermineront sans doute des constantes et des tendances, bref le minimum d'ordre requis pour qu'on ose parler de science.

Georges DUMÉZIL,
Paris, le 4 mars 1985.

Première partie

La geste de Tullus Hostilius et les mythes d'Indra

Un pays qui n'a plus de légendes, dit le poète, est condamné à mourir de froid. C'est bien possible. Mais un peuple qui n'aurait pas de mythes serait déjà mort. La fonction de la classe particulière de récits que sont les mythes est en effet d'exprimer dramatiquement l'idéologie dont vit la société, de maintenir devant sa conscience non seulement les valeurs qu'elle reconnaît et les idéaux qu'elle poursuit de génération en génération, mais d'abord son être et sa structure mêmes, les éléments, les liaisons, les équilibres, les tensions qui la constituent, de justifier enfin les règles et les pratiques traditionnelles sans quoi tout en elle se disperserait.

Ces mythes peuvent appartenir à des types divers. Quant à l'origine : les uns sont tirés d'événements et d'actions authentiques plus ou moins stylisés, enjolivés et proposés comme des exemples à imiter ; les autres sont des fictions littéraires incarnant dans des personnages les concepts importants de l'idéologie et traduisant les liaisons de ces concepts dans les rapports de ces personnages. Quant au décor aussi, et quant aux dimensions cosmiques des scènes, les unes se situent hors du court espace et des quelques siècles de l'expérience nationale, garnissent un passé ou un avenir lointains et des zones inaccessibles du monde, se jouent entre dieux, géants, monstres, démons ; les autres se contentent d'hommes ordinaires, de lieux familiers, de temps plausibles. Mais tous ces récits ont une fonction, la même fonction, vitale.

L'exploration comparative des plus vieilles civilisations indo-européennes, poursuivie depuis une cinquantaine d'années, a dû tenir compte et de cette unité fonctionnelle des mythes et de cette variété des types mythiques. En particulier, il est apparu très vite que les Romains ne sont pas le scandale qu'on se plaît encore à signaler dans les manuels, un peuple sans mythologie, mais simplement que, chez eux, la mythologie, et une mythologie très ancienne, héritée pour une bonne part des temps indo-européens, si elle a été radicalement détruite au niveau de la théologie, a prospéré en forme d'histoire. La preuve a pu être faite sur plusieurs cas particulièrement importants où des récits et des types de personnages, des ensembles mêmes de récits et de personnages, que les Indiens ou les Germains rapportent, exclusivement ou pour l'essentiel, au monde divin, se sont retrouvés à Rome avec la même structure et la même leçon, mais exclusivement rapportés à des hommes, et à des hommes qui portent des noms usuels, appartiennent à des gentes *authentiques. L'idéologie romaine s'offre ainsi à l'observateur sur deux plans parallèles, qui n'ont plus que de rares et minces communications : d'une part une théologie, simple et nette sur tous les points où nous sommes un peu informés, définissant abstraitement, hiérarchisant aussi et groupant d'après ces définitions des dieux puissants, mais sans aventures ; d'autre part, une histoire des origines développant les aventures significatives d'hommes qui, par leur caractère et par leur fonction, correspondent à ces dieux.*

I
Mythe et épopée

Considérons, par exemple, le motif central de l'idéologie indo-européenne, la conception d'après laquelle le monde et la société ne peuvent vivre que par la collaboration harmonieuse des trois fonctions superposées de souveraineté, de force et de fécondité. Dans l'Inde, cette conception s'exprime à la fois en termes divins et en termes humains, dans un ensemble théologique et dans un ensemble épique ; mais, des dieux non moins que des héros, sont contées des aventures pittoresques, ou du moins des œuvres, des interventions, qui manifestent leurs essences, leurs tâches et leurs rapports.

Au premier niveau de la théologie védique, les deux principaux dieux souverains, le magicien tout-puissant Varuṇa et Mitra, le contrat personnifié, ont créé et organisé les mondes, avec leur plan et leurs grands mécanismes ; au deuxième niveau, Indra, le dieu fort, est engagé dans beaucoup de duels éclatants, de conquêtes, de victoires ; au troisième niveau, les jumeaux Nāsatya sont les héros de toute une imagerie dont les scènes menues et précises mettent en relief leur qualité de donneurs de santé, de jeunesse, de richesse, de bonheur. Parallèlement, dans la matière épique du Mahābhārata, qui ne s'est fixée que plus tard, mais dont Stig Wikander a montré [1] qu'elle prolonge une tradition très

1. « Pāṇḍavasagan och Mahābhāratas mytiska förutsättningar », *Religion och Bibel*, VI, 1947, p. 27-39 ; développé dans *ME* I, p. 53-102.

ancienne et partiellement prévédique, Pāṇḍu et ses cinq fils putatifs développent, par leur caractère, par leurs actions et leurs aventures, la même idéologie des trois fonctions : Pāṇḍu et l'aîné des Pāṇḍava, Yudhiṣṭhira, tous deux et eux seuls rois, incarnent les deux aspects, varuṇien et mitrien, de la souveraineté ; le deuxième et le troisième Pāṇḍava, Bhīma et Arjuna, incarnent deux aspects, brutal et chevaleresque, de la force guerrière que le R̥gVeda réunit sur le seul Indra ; les quatrième et cinquième fils, les jumeaux Nakula et Sahadeva, incarnent plusieurs des qualités des jumeaux divins : bonté, humilité, serviabilité, habileté aussi dans le soin des vaches et des chevaux.

L'Inde présente ainsi, de l'idéologie trifonctionnelle, une double expression mythique, et dans les aventures des dieux et dans celles des héros. L'étude des rapports de ces deux mythologies ne fait que commencer, mais on sait déjà qu'elles se recouvrent en partie. Ainsi, sept ans après la découverte de Wikander, on a pu montrer qu'un des exploits védiques du dieu guerrier Indra, son duel contre le dieu Soleil, a un correspondant précis dans un des exploits épiques du héros guerrier Arjuna [1] : de même qu'Indra, dans ce duel, est vainqueur parce qu'il « détache » ou « enfonce » une des roues du char solaire, de même Arjuna, fils d'Indra, au VIIIe livre du Mahābhārata, ne vient à bout de Karṇa, fils du Soleil, que parce qu'une des roues du char de celui-ci s'enfonce miraculeusement dans le sol. Cinq ans plus tard, c'est tout l'état-major védique de la souveraineté qui a été reconnu, transposé dans les personnes du roi Yudhiṣṭhira, de son père et de ses deux oncles [2].

À Rome, l'évolution a abouti à un tableau, à une documentation d'une autre forme. Théologiquement, les trois fonctions sont

1. « Karṇa et les Pāṇḍava », *Orientalia Suecana*, III, 1954 = *Mélanges H.S. Nyberg*, p. 60-66 : complété (notamment par le thème des deux mères, commun au Soleil et à Karṇa) dans *ME* I, p. 125-144.
2. La transposition des dieux souverains mineurs en héros dans le Mahābhārata, *IIJ*, III, 1959, p. 1-16. L'enquête constamment étendue (à Bhīṣma, aux « précepteurs », à Kr̥ṣṇa, aux Draupadeya, etc.), a abouti à la première partie de *ME* I, p. 31-257.

bien exprimées et patronnées, avec leur hiérarchie, dans les dieux de la triade précapitoline, qui sont ceux des flamines majeurs. Mais quand on a constaté que Jupiter et sa variante Dius Fidius représentent les deux côtés, « puissance » et « droit », de la souveraineté, que Mars est le dieu fort et guerrier, et que Quirinus exprime et garantit directement ou dessert par son flamine certains aspects importants de la troisième fonction (masse sociale organisée en curies et paix vigilante ; prospérité agricole), on a épuisé ce qui peut être dit de ces figures divines. Tout leur rapport tient dans leur hiérarchie – cet *ordo sacerdotum* qui ne saurait être tardif, comme on l'a parfois soutenu –, tout leur être dans leurs définitions, et ces définitions ne donnent lieu à aucun récit.

Les développements imagés qui manquent aux dieux forment, au contraire, la trame de l'épopée, d'une épopée qui se présente, que Tite-Live avec réticence, Plutarque avec dévotion, acceptent pour de l'histoire, l'histoire des origines de Rome, l'histoire des premiers rois. Histoire successive, car Rome n'a pas rassemblé ses « héros trifonctionnels », comme fait le Mahābhārata, en un groupe de contemporains, de frères hiérarchisés dont le premier seul est roi et dont les autres sont les auxiliaires spécialisés du roi. Comme l'a fait aussi très tôt l'épopée iranienne [1], comme l'ont fait les histoires anciennes de plusieurs peuples germaniques et aussi, on l'a reconnu depuis peu, celle de l'Arménie [2], elle les a distribués dans le temps, en une suite de rois dont chacun, par son caractère, par ses fondations, par toute sa vie, exprime et ajoute à l'œuvre commune une des fonctions, ou un aspect d'une des fonctions nécessaires au bon état de la société.

Bien que ce caractère significatif et structuré des premiers règnes ait été plusieurs fois étudié depuis près d'un demi-siècle [3], il convient ici de le considérer sommairement à nouveau, parce

1. Stig Wikander, « Sur le fonds commun indo-iranien des épopées de la Perse et de l'Inde », *La Nouvelle Clio*, VII, 1950, p. 310-329.
2. Stepan Ahyan, « Les débuts de l'histoire d'Arménie et les trois fonctions indo-européennes », *RHR*, CIC, 1982, p. 251-271.
3. En dernier lieu, *ME* I, p. 271-274.

qu'un de ces règnes, celui de Tullus, va faire l'objet de notre nouvelle recherche.

Mais notons d'abord – on ne l'a pas assez fait – que le « système » formé par les premiers rois de Rome n'est pas une découverte de nos études ; les Romains le comprenaient, l'expliquaient, l'admiraient en tant que système et y voyaient l'effet de la bienveillance divine : nous n'avons eu qu'à prendre garde à leur sentiment [1]. Florus (*Epitome*, I, 8), dans sa « Récapitulation » de l'histoire royale, avant de caractériser chaque règne d'une phrase, dit fort justement que cette première croissance de Rome s'est faite sous des personnages *quadam fatorum industria tam uariis ingenio ut rei publicae ratio et utilitas postulabat*. Avant lui le Laelius du *De republica* (II, 21) avait remarqué, s'autorisant de Caton : *perspicuom est quanta in singulos reges rerum bonarum et utilium fiat accessio.*

Rome donc imaginait ses débuts, les âges préétrusques, comme une formation progressive en plusieurs temps *(accessio)*, la sollicitude des dieux ou des destins suscitant chaque fois un roi d'un caractère nouveau, fondateur d'institutions nouvelles, conformes

1. Le passage du sixième chant de l'*Énéide* où Anchise présente à Énée les futurs premiers rois de Rome contient d'excellentes définitions de ces fonctions, avec de véritables mots clefs. Romulus (v. 781-782) : *En huius, nate,* auspiciis *illa inclita Roma /* imperium *terris, animos aequabit Olympo* (« C'est sous ses auspices, mon fils, que cette illustre Rome égalera son empire à la terre, son âme à l'Olympe », trad. de Maurice Rat, comme pour les autres citations latines de cette note) ; Numa Pompilius (808-811) : *Quis procul ille autem ramis insignis oliuae /* sacra *ferens ? Nosco crines incanaque menta / regis Romani, primam qui* legibus *urbem / fundabit*... (« Qui est au loin cet homme que signalent des rameaux d'olivier et qui porte des objets sacrés ? Je reconnais sa chevelure et la barbe chenue du roi romain, qui assiéra la Rome primitive sur des lois ») ; Tullus Hostilius (812-815) : ... *Cui deinde subibit / otia qui rumpat patriae residesque mouebit / Tullus in* arma *uiros et iam desueta triumphis / agmina* (« Celui qui lui succédera, Tullus, interrompra le repos de sa patrie et appellera aux armes des soldats engourdis dans la paix et des troupes déjà déshabituées des triomphes ») ; Ancus Martius (815-816) : *Qui iuxta sequitur iactantior Ancus / nunc quoque iam nimium gaudens* popularibus auris (« Voici, tout à côté, son successeur plein de jactance, Ancus, trop sensible, déjà même, à la faveur populaire »). Pour Romulus et Numa, v. en dernier lieu *DSIE*, p. 158-168.

au besoin du moment, et l'on a montré que ces étapes correspondent à l'aspect varuṇien, puis à l'aspect mitrien de la fonction de souveraineté – puissance créatrice et terrible, droit organisateur et bienveillant ; à la fonction de force guerrière ; à certains côtés de la complexe troisième fonction. Ces rois sont en effet : 1. Romulus, le demi-dieu aux enfances mystérieuses, bénéficiaire des premiers auspices, créateur de la ville, roi redoutable accompagné des haches, des verges et des liens ; 2. Numa le sage, le religieux et tout humain fondateur des cultes, des prêtres, des lois ; 3. Tullus Hostilius, le chef exclusivement guerrier, offensif, qui donne à Rome l'instrument militaire de la puissance ; 4. Ancus Marcius, le roi sous qui se développent la masse romaine et la richesse commerciale et qui ne fait la guerre que contraint, pour défendre Rome.

Cette interprétation fonctionnelle des premiers rois a été généralement acceptée pour les trois premiers : l'antithèse évidemment voulue de Romulus et de Numa, recouvrant les deux aspects opposés et pourtant nécessaires de la première fonction, le caractère tout guerrier de Tullus, ne prêtent guère à discussion [1]. Il en a été autrement pour le quatrième roi, Ancus Marcius : malgré des anachronismes depuis longtemps reconnus dans l'œuvre qui lui est attribuée, on ne peut, en effet, se défendre de l'impression que c'est avec lui que l'authentique commence à peser d'un poids appréciable dans les récits ; qu'il représente, dans la série des rois, le terme où se fait la soudure entre une histoire purement fictive, à intentions démonstratives, et une histoire retouchée et repensée, certes, mais d'abord vécue et enregistrée. Cette sorte d'atterrissage des spéculations que fait un peuple ou une dynastie sur son passé est toujours, pour le critique, un point délicat : sur

1. C'est pourtant un groupement sans cadre qu'admet encore Jacques Heurgon, *Rome et la Méditerranée occidentale*, 1969, p. 231-235 : la légende de Numa se serait formée en milieu sacerdotal, celle de Tullus dans des *carmina conuiualia* comparés pour la circonstance aux chansons de geste. L'auteur demande (p. 231, I, 3) pourquoi l'on date la fixation de la vulgate de l'histoire royale de 380 à 270 : tous les faits réels « vieillis » qu'on y décèle sont de cette époque. Sur ce qui est dit des Sabins aux origines de Rome (p. 90-92), v. *RRA*^{2}, p. 23-25, 76-77, 176, et la seconde partie de *ME* I.

quel terme ordinal, par exemple, de la série des Ynglingar – ces descendants du dieu Freyr qui deviennent peu à peu les rois très réels de l'Upland suédois, puis de la Norvège méridionale – faut-il mettre pour la première fois l'étiquette humaine ? On en discute *mutatis mutandis*, il en est de même pour Ancus, en sorte que l'on hésite, que certains répugnent à reconnaître, fût-ce dans une partie de son « histoire » ou de son caractère, un fragment, le dernier, d'une pseudo-histoire d'origine mythique destinée à illustrer l'apparition successive des trois fonctions [1].

Quoi qu'il en soit de l'expression épique de la troisième fonction, dont les problèmes sont toujours compliqués et parfois fuyants parce qu'elle est elle-même multiforme et liée étroitement à une géographie particulière (relief, climat, économie...), l'interprétation des deux premières et de leurs représentants, les deux fondateurs Romulus et Numa et leur successeur immédiat Tullus, est assurée. Cela seul est utile au problème que nous allons poser.

Dans un petit livre qui, démesurément loué par certains, dénoncé par les autres comme un scandale, soutient encore, en tout cas, plus d'un quart de siècle d'autocritique, la « fonction militaire » du roi Tullus a été suivie en détail, dans son caractère, dans ses institutions, dans sa carrière. *Horace et les Curiaces* présente ainsi le personnage :

> Le chapitre de l'*Epitome* de Florus qui le concerne et qui ne retient que l'essentiel (I, 3) commence en ces termes : « Le successeur de Numa Pompilius fut Tullus Hostilius, à qui la royauté fut conférée par égard pour son courage. C'est lui qui fonda tout le système militaire et l'art de la guerre. En conséquence, après avoir exercé d'une manière étonnante la *iuuentus* romaine, il osa provoquer les Albains, peuple de poids et qui avait depuis longtemps la primauté... » Tite-Live (I, 22, 2) dépeint le roi lui-même comme le type du *iuuenis* : « Loin de ressembler à son prédécesseur (le pacifique Numa), Tullus fut encore plus impétueux *(ferocior)* que Romulus ; son âge, sa vigueur, et aussi

1. Les aspects de troisième fonction d'Ancus ont été exposés dans *Tarpeia*, 1947, p. 176-182 (« Ancus, la guerre, la paix et l'économique »), 182-189 (« Ancus et la plèbe »), 189-193 (« Ancus et la troisième fonction ») ; cf. *ME* I, p. 280-281. La question sera reprise, si le temps m'en est donné.

la gloire de son aïeul (le compagnon le plus prestigieux de Romulus) aiguillonnaient son esprit ; il croyait que, par la paix, la ville devenait sénile… » Tullus est tellement le spécialiste de la guerre et plus précisément de la vie militaire et de la formation militaire que, dit encore Tite-Live (I, 31, 5), même alors que la maladie affaiblissait les Romains, « aucune trêve d'armes ne leur était accordée par ce roi belliqueux, qui croyait que la santé physique des *iuuenes* rencontrait de meilleures conditions dans les camps que dans leurs foyers ». Enfin tout son éloge funèbre tient en une phrase : *magna gloria belli regnauit annos duos et triginta*. Quatre siècles plus tard, faisant à vol d'oiseau l'histoire du monde, le chrétien Orose résumera en trois mots cette tradition constante : *Tullus Hostilius, militaris rei institutor*[1]…

Fort de cette définition fonctionnelle du troisième roi de Rome, le livre de 1942 a entrepris d'interpréter l'épisode le plus célèbre du règne de Tullus, le duel des Horaces et des Curiaces, dans l'éclairage comparatif de mythes, de légendes et de rituels liés, chez d'autres peuples indo-européens, à la même fonction, à la fonction guerrière[2]. Il nous est apparu que ce petit drame en trois scènes – le duel contre trois adversaires frères auquel survit seul, mais vainqueur, un des trois champions de Rome ; la scène cruelle où le guerrier, dans l'ivresse et la démesure du triomphe, tue aux portes de la ville sa sœur coupable de manifester devant lui une faiblesse de femme amoureuse ; le jugement enfin et les expiations qui gardent à Rome cette jeune gloire et cette jeune force tout en effaçant cette souillure – est l'adaptation romanesque, ramenée aux catégories usuelles de l'expérience, vidée de son ressort mystique et colorée, suivant la mortalité romaine, d'un scénario comparable à celui qui, dans la légende de l'Ulster irlandais, constitue l'histoire du premier combat, du combat initiatique, du célèbre héros Cúchulainn : tout jeune encore, Cúchulainn se rend sur la frontière de son pays, provoque et défait successivement les trois frères fils de Nechta, ennemis constants des Ulates ; puis, hors de lui, dans un effrayant et dangereux état de fureur mystique né du combat, il revient à la capitale, où des femmes essaient de le calmer par la plus franche des exhibitions sexuelles ; Cúchulainn

1. *HC*, p. 79-81.
2. V. ci-dessous, p. 500-502.

méprise l'objet, mais, tandis qu'il détourne les yeux, les Ulates réussissent à le saisir et le plongent dans des cuves d'eau froide qui, littéralement, l'éteignent ; dorénavant, il gardera en réserve, pour le ranimer dans les besoins des combats et sans péril pour les siens, ce don de fureur qui le rend invincible et qui est le précieux résultat de son initiation [1].

La confrontation du récit irlandais et des réalités rituelles qu'il recouvre avec le roman purement littéraire d'Horace est le sujet de l'étude de 1942, où a été proposé un « modèle » d'évolution, qui permet de comprendre le passage d'un style à l'autre : une fois ravalé au profit de la discipline légionnaire, le *furor* qui devait être le sauvage idéal et le grand moyen des guerriers italiques de la préhistoire comme il est resté celui des guerriers de l'épopée celtique et germanique [2], les scènes du récit, tout en gardant leur ordre de succession, se sont articulées autrement, se sont armées d'un autre ressort, les passions de l'âme faisant la relève des forces mystiques, une colère justifiée et presque raisonnable, provoquée de l'extérieur et après l'exploit, se substituant à l'exaltation physique et spontanée de tout l'être au cours de l'exploit, et surtout l'affrontement de la virilité combative et de la féminité déchaînée quittant les régions troubles du sexe pour s'exprimer dans l'émouvant conflit moral du frère meurtrier et de la sœur veuve.

Ce n'est qu'en conclusion du livre que, dépassant cette comparaison limitée, on a noté que l'exploit de Cúchulainn et celui d'Horace sont deux variantes, à beaucoup d'égards deux formes voisines d'une même variante, de l'exploit rituel ou mythique dont les littératures de plusieurs peuples indo-européens donnent

1. Contre une étrange interprétation (Herbert J. Rose) de la légende des Horaces et des Curiaces, du rapport de cette légende avec les lieux-dits (Tigillum Sororium, Pila Horatia, etc.), de l'adjectif *sororius* même (par la racine de l'allemand *schwellen*), v. dans l'édition allemande de *AFG* (1964), p. 21-22, une note que je ne reproduis pas ici, mais qui reste entièrement valable : cf. *ME* III, p. 308-312.

2. Le *furor* guerrier (irlandais *ferg*. homérique μέος, etc.) est l'objet du premier chapitre de *Horace et les Curiaces*, p. 11-33. Mais voir les réserves ultérieures dans *Esq*. 40, p. 139-146, et 44, p. 181-191.

d'autres exemples : le combat, lourd de conséquences, d'un dieu ou d'un héros contre un adversaire doué d'une forme variable de triplicité. La tradition indo-iranienne, notamment, dans le duel ici d'Indra ou d'un héros qu'il protège, là du héros Θraētaona contre le monstre à trois têtes, connaît d'autres expressions, proches pour le sens, du même thème [1].

Ces résultats sont valables. Il reste vrai que l'affabulation irlandaise, humaine et pseudo-historique comme l'affabulation latine, est la plus apte à en expliquer d'importants détails, notamment tout ce qui relève, ou a relevé dans une forme préhistorique probable du récit, de la notion de *furor*. Cependant, moins frappantes au premier regard parce que moins pittoresques, il existe entre la défaite du Tricéphale indien et celle des Curiaces des correspondances qui éclairent l'une et l'autre d'un jour plus philosophique et ouvrent sur la fonction guerrière de plus vastes perspectives que n'a fait la comparaison de la légende de Cúchulainn. En outre, de proche en proche, c'est presque toute la geste du roi Tullus Hostilius que nous serons conduits à mettre en parallèle avec les plus fameux exploits du dieu Indra. Ainsi s'étendra, entre Rome et l'Inde, au second niveau cosmique et social la remarquable identité profonde, dans l'idéologie et dans l'expression mythique de l'idéologie, qui a d'abord été observée au niveau de Romulus et de Varuṇa, de Numa Pompilius et de Mitra.

Reprenons donc, en la confrontant à une série structurée de faits indiens, l'aventure du jeune Horace, vainqueur de l'adversaire triple.

1. La tradition scandinave aussi, v. ci-dessous, p. 524-531.

II

Les « Horatii » et les « Āptya »

Dans tous les autres épisodes de sa geste guerrière, le premier rôle appartient, comme il se doit, à Tullus, le roi guerrier, le maître guerrier, celui qui a donné à sa jeune armée une admirable instruction militaire. Contre les Véiens, contre les Sabins, il mènera le jeu, et déjà dans le règlement définitif du sort d'Albe. Il ne s'efface qu'une fois, mais à l'un des moments les plus graves : c'est le survivant des trois Horaces qui donnera à Rome, au roi de Rome, l'Empire latin.

Certes, Tullus négocie avec le chef albain le combat des triplets, le substitue à une bataille générale, en règle les conditions, accompagne les trois combattants et les encourage ; après la victoire, il reçoit Horace vainqueur, l'aide à échapper à la conséquence de son excès meurtrier, célèbre un triomphe et recueille, avec la soumission d'Albe, le bénéfice politique de la victoire. Mais ce n'est pas lui qui se bat. *Ferocior Romulo*, il ne livre pourtant pas un duel de chefs, comme celui qui orne la légende de Romulus et produit les premières dépouilles opimes.

Denys d'Halicarnasse paraît avoir ici ressenti quelque difficulté puisque, dans l'entrevue au cours de laquelle se prépare le combat des Horaces et des Curiaces, il prête au roi romain la proposition suivante (III, 12, 2) :

> Tullus voulait que la décision de la guerre se fît en engageant le moins d'hommes possible et que le plus distingué des Albains combattît seul à seul avec le plus brave des Romains. Lui-même se disait tout prêt à livrer le duel, invitant le chef albain à s'opposer à lui dans le même désir de gloire. Il exaltait la beauté des combats singuliers que deux généraux ennemis se livrent pour gagner l'empire et la puissance, et où la gloire du vaincu égale celle du vainqueur ; il citait tous les généraux, tous les rois qui s'étaient ainsi exposés pour l'intérêt public, n'acceptant pas d'avoir la plus grande part dans les honneurs et la plus petite dans les risques.

Si donc nous n'assistons pas à une réplique du duel de Romulus et du roi de Caenina, la faute n'en est pas à Tullus, mais à son interlocuteur (*ibid.*, 3) :

> Le chef albain répondit qu'il approuvait l'idée de régler la querelle des deux États par le péril d'un petit nombre, mais non point celle d'un combat singulier ; lorsqu'il s'agit pour les généraux, disait-il, de gagner l'empire à leur profit personnel, il est bon, il est nécessaire qu'ils se rencontrent dans un duel ; mais quand ce sont deux cités qui rivalisent pour la primauté, une telle procédure serait non seulement dangereuse, mais encore déshonorante, tant pour les vainqueurs que pour les vaincus...

La controverse, les arguments sont du Grec Denys. Mais ils soulignent bien le trait qui leur donne lieu : dans ce cas, et seulement dans ce cas à travers l'histoire royale et spécialement sous le règne du roi typiquement guerrier, un avantage militaire important est acquis pour Rome par un autre combattant que le roi. À côté du roi, délégué et encouragé par lui, intervient le champion.

Mutatis mutandis, l'Inde présente une situation analogue, le rapport du roi et du champion étant seulement remplacé par celui du dieu et du héros, parce que la victoire sur l'adversaire triple, sur le fils tricéphale de Tvaṣṭṛ, y relève non de l'« histoire », mais de la mythologie divine. Comme il arrive souvent, les hymnes védiques se contredisent, attribuant parfois l'exploit au seul Indra, parfois à Indra aidé de Trita Āptya, et parfois paraissant traiter les deux noms comme des synonymes [1]. Mais ce doit être là l'effet d'un impérialisme divin dont il y a d'autres exemples, le poète reportant volontiers sur la divinité qu'il loue ou qu'il prie l'accomplissement total de performances où, d'abord, elle n'avait qu'une part. Le mouvement inverse, la dépossession du dieu au profit d'un héros, se concevrait en tout cas moins bien. En sorte que ces variations ne sauraient diminuer la valeur de textes comme X, 8, 8, même si la strophe immédiatement suivante remet à Indra lui-même l'acte final, la décapitation du monstre :

> Trita Āptya, connaissant les armes paternelles et poussé par Indra, combattit contre l'être à trois têtes, à sept brides, et, le tuant, enleva les vaches du fils de Tvaṣṭṛ.

Ainsi le principal mérite de cet acte si nécessaire au salut des dieux et du monde revient à un héros, Trita, seulement « poussé par Indra », *índreṣitaḥ*. Le trait est ancien, indo-iranien, puisque l'Avesta attribue aussi l'exploit à un homme, non à un dieu : Aži Dahāka aux trois têtes (le Zōhak de l'épopée) est tué par Θraētaona (le Ferīdūn de l'épopée), dont le nom dérive (avec un *ao* toujours embarrassant) de Θrita, forme iranienne du védique Trita. Tout ce qui, dans l'acte, revient à l'équivalent iranien du dieu Indra Vṛtrahan, c'est le fait que Θraētaona se soit assuré la victoire en participant à la puissance de *vərəθrağna* – pouvoir de rompre la défense – et d'*ama* – force d'attaque – (*Yašt* XIV, 40), c'est-à-dire, comme l'ont noté E. Benveniste et L. Renou [2], que le

1. Qu'il s'agisse de Trita, de Namuci, des péchés d'Indra, etc., nous ne devons pas perdre de vue qu'il n'existait certainement pas une tradition unique, standard, mais, dès les temps védiques, des variantes d'autant plus nombreuses que la matière était plus célèbre et plus importante. Par-delà l'indispensable traitement philologique des données védiques, en vers ou en prose, elles doivent être examinées *aussi* comme il est usuel pour les dossiers ethnographiques et folkloriques. Pour l'éventail des variantes concernant Trita et ses rapports avec Indra, après Abel Bergaigne, *La Religion védique*, II, 1883, p. 326-330, et Hermann Güntert, *Der arische Weltkönig und Heiland*, 1923, p. 28, v. Émile Benveniste et Louis Renou, *Vṛtra et Vṛθragna*, 1935, p. 106, n. 1, et cf. ci-dessous, p. 310, note 2 et p. 318, note 2.
2. *Op. cit.*, p. 193 ; v. ci-dessous, p. 479-481.

héros « tire du dieu *Vərəθrağna* la force offensive qui abattra le dragon ». Mais c'est lui-même, et non le dieu, qui combat.

Les noms indien et iranien du héros qui tue l'adversaire triple sont remarquables : *Trita, Θraētaona.* Dès le R̥gVeda, *Tritá* – à l'accent près, le même mot que le grec τρίτος – est compris « troisième ». Les Brāhmaṇa font de lui le troisième de trois frères, aux noms artificiels, *Ekata, Dvita, Trita,* « Unième, Deuxième (cf. *dvitī́ya*, av. *bitya*, v.-pers. *dūvitīya*), Troisième », et déjà *R̥V,* VIII, 47, 16, l'associe au moins à Dvita. Fērīdūn, de son côté, dans sa marche contre le Tricéphale, est accompagné par ses deux frères et, dans le ŠāhNāmeh, le ministre du monstre décrit ainsi à son maître leur approche fatale : « Trois hommes puissants sont venus d'un pays étranger avec une armée. Le plus jeune se tient au milieu des aînés ; sa stature est celle d'un prince, sa figure celle d'un roi ; il est plus jeune d'âge mais plus grand en dignité et prend le pas sur ses aînés [1]. »

Les tentatives de quelques critiques modernes pour justifier une autre étymologie du nom Trita (p. ex. *Trita* comme « Kurzname » pour **Tri-tavan* : Jacob Wackernagel ; *contra* : Jacques Duchesne-Guillemin) [2] n'ont pas été heureuses et la majorité des auteurs se tient au sens de « troisième ». On a reconnu ici une application épique d'un motif folklorique fréquent dans les contes de tous les continents : le plus jeune de trois frères réussit là où ses aînés ont échoué ou n'ont pas osé ou, plus généralement, se distingue devant ses aînés. Cette interprétation est d'autant plus probable que souvent, dans les contes, les deux premiers frères, jaloux du dernier, cherchent à le faire périr et que justement, dans un *itihāsa* sur lequel est déjà fondé un hymne védique, Trita est précipité ou abandonné dans un puits par ses deux aînés [3], comme, dans le ŠāhNāmeh, les deux frères de Fērīdūn, tandis qu'ils se rendent avec lui chez le Tricéphale, essaient d'écraser le héros sous un énorme rocher. Il faut seulement ajouter que ce trait devait avoir

1. Jules Mohl, *Le Livre des Rois*, I, 1838, p. 105.
2. *IF*, LIV, 1935, p. 205 ; Manfred Mayrhofer, *Kurzgefasstes etymologisches Wörterbuch des Altindischen*, I, 1956, p. 534-535, s. v. : « wohl "der Dritte" ».
3. En dernier lieu, *ME* I, p. 199-201.

une particulière importance chez le vainqueur indo-iranien de l'adversaire triple, puisqu'il lui a donné son nom.

À Rome, sans qu'il porte ainsi son rang dans son nom, c'est néanmoins un « troisième », le troisième Horace, survivant des trois frères entrés dans le combat, qui tue à lui seul l'adversaire triple, détriplé lui-même en trois frères.

Bornons-nous à consigner, sans chercher à l'interpréter, la formule qui soutient l'intrigue romaine comme l'intrigue indienne et iranienne : « Le troisième tue le triple [1]. »

La légende indienne ne se contente pas de nommer le héros « Troisième », et éventuellement ses frères « Deuxième » et « Unième ». Elle joint à ces désignations une sorte de nom de famille commun. Le Trita védique est *Tritá Āptyá* ; les Brāhmaṇa appellent Ekata, Dvita et Trita « les *Āptya* » ou, plus rarement, « les *Āpya* ». Ce trait, lui aussi, est indo-iranien puisque le héros avestique Θraētaona est dit *Āθwyani*, qu'il est du clan ou de la famille des *Āθwya*. Quelle que soit la divergence des formes, on ne peut séparer, aucun critique n'a séparé *Āptya* et *Āθwya*.

1. Dans le cas du héros irlandais Cúchulainn, dont « l'initiation guerrière » se fait aussi par un combat contre l'adversaire triple (type romain : trois frères, les trois fils de Nechta : v. ci-dessus, p. 301 et ci-dessous, p. 499), le caractère « troisième » est présent sous une forme remarquable : la conception de ce héros, comprise comme une incarnation du dieu Lug, se fait en trois temps (Ernst Windisch, *Irische Texte*, I, 1880, p. 138-140, seconde version). Sa mère Dechtire met au monde un garçon qui meurt très vite ; puis, au retour des funérailles, elle avale en buvant une « petite bête » qu'un songe lui révèle être l'enfant qu'elle a perdu, une seconde forme de Lug, mais elle vomit aussitôt ce germe et redevient vierge ; enfin, de son mari, elle a un troisième enfant, ou plutôt une troisième forme du même, Setanta, qui prendra plus tard le nom de Cúchulainn, Chien de Cúlann. D'où l'expression du récit : « Et il était l'enfant des trois années » *(ocus ba he mac na teoru m-bliadan in sin)*. Dans le cas du héros grec Héraclès, vainqueur de l'adversaire triple (type indien : Géryon a trois têtes), le caractère « troisième » s'exprime sous une forme voisine, mais qui tourne à la triplicité ; il faut, pour sa conception, non trois essais et trois années, mais une nuit trois fois plus longue que les nuits ordinaires (v. ci-dessous, p. 387-388 ; Diodore, IV, 9, 2). – Sur Starcatherus réduit au tiers de sa forme initiale (quant aux paires de bras), v. *ME* II, p. 31 ; sur Bödvar troisième (deux aînés partiellement animaux, lui purement humain), v. ci-dessous p. 511-512.

Les Indiens comprennent *Āptyá* comme dérivé du thème de *ap* « eau », *ā́paḥ* « eaux ». Le complexe suffixe archaïque *-tya* sert surtout en védique à former des adjectifs et des substantifs à partir d'adverbes (*nítya* « parent », *níṣṭya* « étranger », *ápatya* « postérité », *sánutya* « éloigné », *āvíṣṭya* « manifeste », *amā́tya* « appartenant à la même maison »), ce qui n'est pas ici le cas ; mais l'argument ne suffit pas à écarter une étymologie que confirment au contraire les actes rituels, sûrement anciens, dans lesquels sont mentionnés ces personnages et qui reposent, en effet, sur l'usage et les vertus de l'eau. Quant à l'avestique *Āθwya*, qui est sans étymologie directe, il doit se comprendre comme la déformation d'un *Āptya* dont le sens n'était plus perçu[1]. Si l'on ne peut accepter les vues trop exclusives et trop naturalistes de Kasten Rönnow sur « Trita Āptya als Wassergottheit », la défense qu'il a faite, contre Hermann Güntert notamment, de l'explication indienne d'Āptya est aussi satisfaisante que sa critique du sens « troisième » de Trita l'est peu[2]. Or, dans la répartition indo-iranienne des concepts et des éléments entre les trois fonctions hiérarchisées de souveraineté, de force et de fécondité, les eaux, fécondantes, nourricières, guérisseuses, nettoyeuses, appartiennent aussi fondamentalement que la terre à la troisième fonction. Je rappellerai seulement que Haurvatāṯ, sublimation zoroastrienne d'un des deux jumeaux Nāsatya, a pour « élément associé » les

1. Si l'on adoptait l'improbable explication de Jacob Wackernagel (Wackernagel-Debrunner, *Altindische Grammatik*, II, 2, 1959, p. 700, § 513 g, Anm. ; cf. Hanns Oertel, *Syntax of Cases*, 1926, p. 328, avec tableau des dérivations supposées, faisant état d'une suggestion de Wackernagel), qui dérive véd. *Āptyá* et avest. *Āθwya* d'un indo-iranien **Ātpya*, il n'en resterait pas moins dans les *faits* le rapport rituel certain des Āptyá et de l'eau, qui aurait favorisé la transformation du nom en un dérivé apparent de *ắp-* « eau(x) ». Mais le mot supposé **Ātpya* est de forme étrange et sans signification ; Manfred Mayrhofer, *Kurzgefasstes etymol, Wörterbuch*, I, 1956, *s. v.*, dit bien : « Wahrscheinlich ist *āptyá* von *ā́paḥ* beeinflusst, wenn nicht direkt (trotz manchen Schwierigkeiten in Iran) als *āp-tyá* von diesem hergeleitet… Gegen Trennung von *ắp-* (die Wackernagel bei Oertel 328 gefordert hatte) vgl. mit richtigen Gründen Lommel, *Festschrift Schulring*, 31, Anm. 2 (auch zu aw. *āθwya*). »

2. *Trita Āptya, eine vedische Gottheit*, I = *Uppsala Universitets Årsskrift*, 1927, 5, p. XIX-XX.

eaux, et que, dans la titulature trifonctionnelle de la déesse trivalente *Arədvī Sūrā Anāhitā*, « l'Humide, la Forte, l'Immaculée », c'est *Arədvī*, « l'Humide », qui donne différentiellement la note « troisième fonction [1] ».

Dans l'Iran, où le rapport du nom avec les eaux est oublié et **Āptya* déformé en *Āθwya*, l'appartenance de Θraētaona, des Āθwya, à la troisième fonction est cependant conservée. Une tradition dont nous reparlerons raconte comment, après un péché grave, la Gloire, le *x^varənah*, abandonna Yima en trois fois ou en trois tiers, chaque *x^varənah* ou chaque tiers s'incarnant ensuite dans un personnage. Suivant *Yašt* XIX, 34-38, ces personnages sont Miθra, « Θraētaona du clan *(vīs)* des Āθwya, qui tua le Tricéphale », et le héros Kərəsāspa. James Darmesteter a donné des raisons de reconnaître ici des représentants de la première (Miθra), de la troisième (Θraētaona) et de la deuxième (Kərəsāspa) fonction [2]. L'attribution est claire en effet pour Miθra et pour Kərəsāspa. Pour Θraētaona, Darmesteter a été gêné par sa constante qualité, mentionnée dans ce passage même, de vainqueur du Tricéphale, qui paraît bien le ranger dans la fonction guerrière, au même titre et avec d'autres nuances que Kərəsāspa, plutôt que dans la troisième. Le savant commentateur a plaidé [3] que « la famille des Āθwya semble avoir été avant tout une famille d'agriculteurs, car la plupart de ses membres portent des noms composés avec le nom du bœuf ». Il avait raison. Une autre variante de la tripartition de la Gloire de Yima, plus homogène et plus satisfaisante à divers égards, provenant d'une partie perdue de la compilation avestique, a été conservée dans le Dēnkart [4], et, cette fois, c'est le texte lui-même qui déclare l'interprétation trifonctionnelle. Or, voici, dans la traduction qu'avait bien voulu me communiquer Marijan Molé, le destin du tiers de Gloire qui relève de la troisième fonction (§ 25) :

1. *Tarpeia*, 1948, p. 58-59.
2. *Le Zend Avesta*, II, 1892, p. 624-626 et n. 50-56.
3. *Ibid.*, note 55.
4. VII, I, 20-36 ; Edward W. West, *Pahlavi Texts*, V = *SBE*, XLVII, 1897, p. 9-15. V. maintenant M. Molé, *La Légende de Zoroastre selon les textes pehlevis*, 1967 (posthume), p. 8-10 (trad. p. 9-11).

> Elle (: la « transmission de la parole ») revint, à une autre époque, du lot attribué par le partage de la « Gloire » de Yam à la fonction religieuse *(dēn pēšak)* de l'agriculture, à Frētōn de la famille des Āswyān (nom pehlevi de « Θraētaona du clan des ĀΘwya »), lorsque celui-ci se trouvait dans les entrailles de sa mère, et il en devint victorieux.

Et, après avoir mentionné la victoire sur le Tricéphale (§ 26), le texte continue (§ 27) :

> Par l'agriculture, troisième fonction religieuse, il enseigna aux hommes la médecine du corps qui permet de déceler la peste et de chasser la maladie.

Nous comprendrons mieux plus tard cette mobilisation, dans l'œuvre combattante, de la troisième fonction par la seconde, cette association au dieu guerrier d'un héros également guerrier, mais nommé d'après un concept de la zone de la fécondité et plongeant encore dans cette zone. Pour l'instant, le fait seul importe, car il se retrouve dans la légende romaine.

Si Tite-Live en effet (I, 24, 1) rapporte qu'on débattait entre historiens qui, des Horaces et des Curiaces, avaient été les champions de Rome, il se range au parti que l'unanimité de nos sources a préféré : Rome a été représentée par les *Hŏratii*, sauvée par le troisième *Hŏratius*. Or, ce nom est dérivé, par le suffixe complexe *-tius*, de *Hŏra* [1], lui-même nom de la déesse jointe en couple, comme « épouse », à Quirinus, c'est-à-dire de l'entité féminine qui exprime simplement l'essence, l'une des essences, de Quirinus, comme *Nerio* exprime une des essences de Mars – et Quirinus, on le sait, figure dans la triade archaïque comme le dieu canonique de la troisième fonction. Nous verrons bientôt que, dans la société romaine, l'office religieux de la *gens Horatia* recouvre un important service mythique et liturgique des Āptya indiens, et un service d'assainissement qui, en tant que tel, rejoint en effet la troisième fonction.

1. Sur *Hora Quirini*, v. *Esq.* 43, p. 171-180.

La tradition indienne de toute époque voit dans le meurtre du Tricéphale, fils de Tvaṣṭr̥, un acte ambigu : justifié, nécessaire soit pour des risques imprécis qui menaçaient les dieux, soit à cause de dommages nettement spécifiés et considérables ; mais en même temps contraire à une convenance, étant donné soit le rang du Tricéphale dans la société des êtres surhumains, soit les liens qui l'unissaient au meurtrier.

Les Brāhmaṇa et la littérature épique retiennent surtout le crime de brahmanicide, un des plus graves qui soient : le Tricéphale était, en effet, brahmane. Et non seulement brahmane, malgré ses affinités démoniaques, mais chapelain des dieux. C'est justement dans cette fonction et grâce à elle qu'il les trahissait : « Publiquement, dit la *Taittirīya-Saṃhitā*, II, 5, 1, c'est aux dieux qu'il affectait le bénéfice du sacrifice, mais, secrètement, il l'affectait aux démons » – et seule compte, liturgiquement, l'affectation secrète [1].

Mais, fils de Tvaṣṭr̥, il avait avec les dieux un autre rapport qui diminue l'étrangeté du précédent : ce chapelain des dieux était leur neveu, leur « fils de sœur », *svasriya* ; il était lui-même un de ces êtres qu'une double parenté unit aux deux grands partis qui se disputent le sacrifice et le monde, les asura et les deva, les démons et les dieux.

Le R̥gVeda ne prononce pas de mots si précis, mais la théologie des hymnes admet bien une alliance entre Tvaṣṭr̥ et les dieux, et le résultat est le même : le meurtre du fils de Tvaṣṭr̥ perpétré par Trita à l'instigation d'Indra, ou par Indra lui-même, s'accomplit en violation de liens qui auraient dû l'exclure. *R̥V*, II, 11, 19 s'adresse en ces termes à Indra :

> [À nous] qui souhaitons l'emporter (optatif) [aujourd'hui] en vainquant tous les ennemis, les barbares, avec tes aides, avec l'arya, – à nous [tu as jadis livré en mains] le fils de Tvaṣṭr̥ Viśvarūpa, – tu as livré à Trita (c.-à-d. : à l'un de nous, à un homme comme nous) [le fils] de l'être lié d'amitié [2].

1. « Deux traits du monstre Tricéphale indo-iranien », *RHR*, CXX, 1939, p. 7-11.
2. On pourrait aussi comprendre la seconde moitié de la strophe, en ne donnant pas la même direction au datif qui ouvre le vers 3 et à celui qui termine le vers 4 : « C'est *pour* nous, à notre profit, que tu as livré en mains *à* Trita Viśvarūpa, le

Ce dernier mot, *sākhyá*, adjectif d'appartenance dérivé de *sakhyá* « amitié », concerne probablement Tvaṣṭr̥, à la fois apparenté par alliance aux dieux, et pourtant leur rival. La traduction « amitié » est d'ailleurs insuffisante, mais il est difficile de préciser la variété de rapport social que note le mot *sákhi* – de même racine sans doute que latin *socius*.

Outre le fait qu'Albe est métropole et Rome colonie, ce qui présente une certaine *pietas*, la légende romaine, on le sait, comporte un trait parallèle. Dans Tite-Live, les Horaces et les Curiaces ne sont signalés que comme futurs beaux-frères, l'un des Albains étant fiancé à la sœur des Romains. Mais Denys d'Halicarnasse, et il n'y a pas de raison de penser que ce soit là son invention, double cette alliance d'une consanguinité : les trois Horaces et les trois Curiaces sont cousins germains, leurs deux mères étant sœurs, filles de l'Albain Sicinius ; les Curiaces sont, pour leurs adversaires romains, des êtres ambigus représentant et soutenant la puissance ennemie de Rome, et cependant unis à eux privément, du côté des femmes, par la plus proche parenté.

Les suites de cette situation naturelle et sociale, dans l'Inde, sont graves. Le R̥gVeda, livre d'éloges et d'invocations, ne souligne pas, ne pouvait souligner ce côté fâcheux du nécessaire exploit accompli ou patronné par Indra : comment l'allusion au *sakhyá* du meurtrier et de sa victime, dans II, 11, 19, s'alourdirait-elle d'un blâme, puisque l'auteur de l'hymne ne mentionne l'exploit de Trita que pour demander à Indra un secours de même forme ? Mais toute la littérature postérieure en est d'accord : la victoire d'Indra, ou d'Indra et de Trita, produit une souillure.

La légende romaine, dans le récit du troisième livre de Denys, évite élégamment, mais de justesse, cette conséquence. Ce texte subtil mérite d'être goûté, malgré la verbosité du langage. Lorsque

fils de Tvaṣṭr̥, [le fils] de l'être lié [avec toi] d'amitié. » – L'autre construction et l'autre sens proposés pour *sākhyásya* (… « à Trita, [membre] du groupe d'amitié ») sont improbables ; *sākhyásya*, au vers 4, se rattache plutôt au génitif inclus dans le patronymique *tvāṣṭrám* du vers 3 et, ainsi détaché, mis en vedette, suggère l'idée : « *bien qu*'il fût fils d'un être lié avec toi d'amitié ».

le dictateur d'Albe Mettius Fuffetius dit à Tullus que la providence divine a préparé aux deux cités, pour être leurs champions, ces deux groupes de cousins trijumeaux, égaux par la beauté, la force et le courage, le roi romain répond que l'idée est bonne, mais rencontre une objection de principe : cousins, nourris du même lait, il ne serait pas conforme à la loi divine, ὅσιον, qu'ils prissent les armes les uns contre les autres ; et si leurs chefs respectifs les contraignent à ces meurtres sacrilèges, μιαιφονεῖν, la souillure produite par le sang familial, τὸ ἐμφύλιον ἄγος, τὸ συγγενὲς μίασμα, retombera sur les responsables. Mettius Fuffetius a prévu la difficulté : pour éviter la souillure aux chefs et aux cités, il faut et il suffit que les combattants soient volontaires ; il a donc déjà consulté les Curiaces, qui ont accepté d'enthousiasme (15, 3-4). Tullus, à son tour, s'adresse aux Horaces, les laissant entièrement libres. Ils soumettent la question à leur père, qui leur remet également le choix. Alors l'aîné des trois Romains fait cette réflexion : « Ce sont les Curiaces, et non pas nous, qui, les premiers, ont défait le lien familial à l'égard de cousins ; maintenant que le destin a voulu qu'il fût défait, nous accepterons ; puisque les Curiaces ont attaché moins de prix à la parenté qu'à la gloire, les Horaces ne regarderont pas la famille comme un bien plus précieux que la vaillance » (17, 4-5). Ainsi, en dernière analyse, les seuls porteurs de l'ἐμφύλιον ἄγος, ce sont les Curiaces. Non seulement Rome et son roi, en ne forçant pas leurs champions, mais les champions eux-mêmes, en constatant juridiquement que le lien a déjà été rompu par le choix de leurs partenaires, échappent à la souillure. Ce qui n'empêche d'ailleurs pas la foule spectatrice, moins habile aux sophismes, de blâmer les chefs (18, 3), au moment où les champions s'avancent, pour « avoir clos le conflit des cités au prix d'un sang familial et d'un sacrilège contre la parenté (εἰς ἐμφύλιον αἷμα καὶ συγγενικὸν ἄγος), alors qu'il était possible de confier à d'autres la décision du combat ».

On sait quelle revanche, dans la suite de l'histoire, trouvera le sang familial. Vainqueur, le jeune Horace tuera sa sœur, coupable autant que le Tricéphale indien d'un comportement ambigu, romaine de race et de nom, albaine de cœur, de paroles et de larmes : μισάδελφε καὶ ἀναξία τῶν προγόνων, « ennemie de tes frères, indigne de tes ancêtres », (21, 6), lui dira le justicier en la perçant de son épée. Cet épisode est sans correspondance dans l'affabulation indienne. Il fait intervenir un élément d'ailleurs étranger à l'action de Trita, la colère, l'indignation, elle-même transposition psychologique et romanesque sans doute, comme il a été rappelé plus haut, du *furor* à la fois physique et surnaturel que le combat faisait naître, aux temps indo-européens, dans les guerriers d'élite, et dont Indra, dont ses compagnons les Marut ont l'expérience et l'usage en d'autres circonstances, mais non pas ici. Le conflit du frère et de la sœur, de la femme aimante et du guerrier triomphant, la provocation de l'une et la violence excessive de l'autre sont à Rome l'aboutissement d'un autre « thème de deuxième fonction », associé à celui, juridico-religieux, que nous sommes en train d'analyser, et ce thème second a déplacé, fixé sur lui la notion de souillure inhérente au premier : le jeune Horace est conduit au jugement (Denys, 22, 3) « comme rendu impur à l'égard du sang familial par le meurtre de sa sœur », ὡς οὐ καθαρὸν αἵματος ἐμφυλίου διὰ τὸν τῆς ἀδελφῆς φόνον, et non pas pour avoir, en pleine justice, tué ses cousins.

La souillure veut expiation, purification. Et c'est ici, sans doute, que la correspondance fonctionnelle de Trita et des Āptya d'une part, du troisième Horace et de toute sa *gens* d'autre part, se montre dans son aspect le plus suggestif. Par-delà l'épisode particulier du meurtre du Tricéphale ou des trijumeaux albains, et non plus mythiquement, mais rituellement, ici dans la liturgie ordinaire du sacrifice et là dans une cérémonie annuelle, Āptya et Horatii sont chargés durablement, itérativement, ici au profit des sacrifiants, là de l'État romain, de nettoyer la souillure inévitablement causée et sans cesse renouvelée ici par le sang des sacrifices (et, analogiquement, par d'autres causes), là par le sang des combats.

On sait la fin de l'histoire du jeune Horace : condamné d'abord à périr pour ce meurtre familial qui, non puni, contaminerait la cité complice et par conséquent mérite bien d'être qualifié *perduellio*, le héros en est finalement quitte pour une purification :

> Afin d'effacer malgré tout ce crime patent par une expiation, *aliquo piaculo*, dit Tite-Live (I, 26, 12-13), on ordonna au père de purifier son fils aux frais de l'État, *pecunia publica*. Après certains sacrifices expiatoires qui sont restés traditionnels dans la *gens Horatia*, le père plaça une poutre en travers de la rue, voila la tête de son fils et le fit ainsi passer comme sous le joug. Cette poutre existe encore aujourd'hui, constamment restaurée aux frais de l'État ; on l'appelle la Poutre de la Sœur, *sororium tigillum*.

Nous ne connaîtrons jamais le détail de ces expiations conservées par la *gens Horatia*, sans doute jusqu'à son extinction. Denys dit seulement (22, 6) que ce furent celles qui nettoient régulièrement les meurtres involontaires, οἷς νόμος τοὺς ἀκουσίους φόνους ἁγνίζεσθαι καθαρμοῖς. Dans la lumière de l'histoire, l'État romain les a prises en charge, entretenant la Poutre, y offrant un sacrifice une fois l'an. Chaque 1er octobre, un sacrifice public était en effet célébré au *tigillum sororium* près des autels de Janus Curiatius et de Juno Sororia. Les anciens rapprochaient le passage d'Horace sous la Poutre du passage sous le joug qui affranchissait après capitulation les captifs de guerre et j'ai noté moi-même, en 1942, que ce rite rappelle des moyens connus de désacralisation, de transfert d'un monde à l'autre, de retour du surnaturel ou de l'exceptionnel à l'ordinaire et à l'humain. D'autre part, la date du 1er octobre est remarquable : de même que les *feriae Martis* du 1er mars ouvrent le mois des *Equirria*, des fêtes saliennes, du *tubilustrium*, et, dans la pratique, le mois de l'entrée des armées en campagne, la cérémonie horatienne du 1er octobre ouvre le second mois militaire de l'année, celui de l'*October equos*, de l'*armilustrium*, le mois du retour des armées. Ces courtes, mais précieuses, indications rituelles donnent à penser que la légende d'Horace vainqueur, furieux, criminel et purifié, a servi de mythe à la cérémonie annuelle qui marquait la fin de la saison militaire, et où les guerriers de la Rome primitive repassaient du domaine de Mars déchaîné au « Mars qui praeest paci » qu'est Quirinus, et pour cela se désacralisaient, se nettoyaient aussi des violences, non pas « involontaires », mais du moins nécessaires, de la bataille. Sans doute la *gens*

Horatia – dont le nom, on l'a vu [1], dérive de celui de l'épouse-essence de Quirinus – était-elle dépositaire de l'efficace secret de ce nettoyage.

Les liturgistes de l'Inde, qui sont ici nos seuls informateurs, ont autrement appliqué le privilège de purification que possèdent Trita et ses frères, les Āptya : ce qui intéresse cette classe d'auteurs, ce n'est pas la guerre, mais le sacrifice, la casuistique des techniques sacrificielles qui, comme celles de la guerre, admettent qu'il y a des destructions, des violences, qu'il y a des meurtres nécessaires. À la fin du dernier siècle, Maurice Bloomfield a consacré à « Trita, the scape-goat of the gods » un pénétrant article [2], que Kasten Rönnow [3] a justement apprécié et renforcé et qui reçoit aujourd'hui, dans notre perspective, sa pleine valeur. Purifiants, chargés des expiations, Trita, les Āptya, le sont doublement : une fois, dans le lointain passé du Grand Temps, dans le mythe du meurtre du Tricéphale ; aujourd'hui encore, dans la suite indéfinie des sacrifices.

Les deux formes, la mythique introduisant et justifiant la liturgique, et précédées toutes deux d'une « naissance » des Āptya, se trouvent réunies dans le texte suivant du *ŚatapathaBrāhmaṇa*, I, 2, 3 :

> 1. Primitivement, Agni était quadruple. Le premier Agni que les dieux choisirent comme prêtre *hotṛ* disparut. Celui qu'ils choisirent en second disparut, celui qu'ils choisirent en troisième disparut. Aussi celui qui est le feu de notre temps se cacha-t-il, pris de peur. Il entra dans les eaux. Les dieux, l'ayant découvert, le tirèrent de force des eaux. Il cracha sur les eaux, disant : « Vous êtes encrachées, vous qui êtes un mauvais refuge, vous d'où ils me tirent contre mon gré ! » De là naquirent les dieux Āptya : Trita, Dvita, Ekata.
>
> 2. Ils marchèrent avec Indra, comme un brahmane marche à la suite d'un roi. Quand il tua *(jaghāna)* Viśvarūpa, le fils tricéphale de Tvaṣṭṛ, ils surent que celui-ci allait être tué. Et immédiatement Trita

1. Ci-dessus, p. 312.
2. *AJP*, XVII, 1896, p. 430-437.
3. *Op. cit.*, p. 25-36.

devint le meurtrier [par transfert mystique de la faute] (encore *jaghana*, m. à m. : le tua). Indra fut à coup sûr libéré [du péché], car il est un dieu.

3. Et les gens dirent : « Que soient coupables du péché ceux qui surent que [la victime] allait être tuée ! – Comment ? demandèrent-ils. – Que le sacrifice essuie sur eux [le péché qu'il comporte] ! » C'est pourquoi le sacrifice essuie sur eux [la souillure que comporte l'immolation], quand on jette pour eux l'eau avec laquelle le plat sacrificiel a été rincé et les mains [du prêtre *adhvaryu*] lavées.

4. Et les Āptya dirent : « Jetons [cette souillure] loin de nous ! – Sur qui ?, demandèrent les gens. – Sur celui qui fera un sacrifice sans donner d'honoraires aux prêtres officiants », dirent-ils. Aussi ne doit-on pas faire de sacrifice sans donner d'honoraires, parce que le sacrifice [normal] essuie [sa souillure] sur les Āptya et que les Āptya l'essuient sur celui qui offre un sacrifice sans donner d'honoraires…

5. … [Cette eau de rinçage, le prêtre] la verse [pour chaque Āptya] séparément : ainsi il fait qu'elle ne soit pas matière à lutte entre eux. Il la chauffe [d'abord, en y plongeant un charbon] : ainsi elle devient bouillie pour eux. Il la jette en disant : « Toi pour Trita ! Toi pour Dvita ! Toi pour Ekata !… »

Ce texte sacerdotal, où le rôle meurtrier de Trita dans l'épisode du Tricéphale a été évidemment transformé en une sorte de péché d'intention, ou plutôt de prescience, permet d'entrevoir une forme plus ancienne – du niveau des allusions des hymnes – où Trita, tuant bel et bien le Tricéphale pour le compte et avec l'encouragement d'Indra, contractait à sa place la souillure du sang et devait s'en décharger, la transférer. Quant à ce transfert, auquel deux hymnes de l'*AtharvaVeda* (VI, 112 et 113) font des allusions précises, d'autres textes brāhmaṇiques le présentent comme une opération à termes multiples dont les Āptya sont le premier. Ainsi *MaitrāyaṇīSaṃhitā*, IV, 1, 9, qui de plus – et cela doit être plus près de la forme mythique originelle, puisque la vocation désinfectante des Āptya se manifeste d'abord à l'occasion d'un meurtre, du sang versé du Tricéphale – précise la « souillure sacrificielle », qu'essuient les Āptya : c'est l'acte de faire saigner dans le sacrifice, c'est « la partie ou l'aspect sanglant » (*krūra*) du sacrifice :

Les dieux ne trouvaient personne sur qui ils pussent essuyer d'eux-mêmes la partie sanglante du sacrifice. Agni dit : « Je créerai pour vous l'être qui essuiera de vous la partie sanglante du sacrifice. » Il jeta un charbon sur les eaux, il en naquit Ekata ; [il en jeta] un second, il en [naquit] Dvita ; [il en jeta] un troisième, il en [naquit] Trita... Les dieux s'essuyèrent sur [eux]. Eux [à leur tour] s'essuyèrent sur celui qui a été surpris [endormi] par le soleil levant ; celui-là s'essuya sur celui qui a été surpris [endormi] par le soleil couchant ; celui-là sur celui qui a les dents gâtées ; celui-là sur celui qui a les ongles malades ; celui-là sur celui qui a épousé une sœur cadette avant que l'aînée fût mariée ; celui-là sur le frère aîné dont le cadet s'est marié avant lui ; celui-là sur le frère cadet qui s'est marié avant son aîné ; celui-là sur celui qui a tué un homme ; celui-là sur celui qui a fait un avortement : le péché ne va pas plus outre [1].

Ainsi les Āptya sont, non pas tant les « boucs émissaires » des dieux sacrificateurs et des prêtres qui les imitent, que des sortes de techniciens à la fois passifs et actifs de la purification, qui ne se chargent de la souillure sacrificielle que pour « l'essuyer » d'eux-mêmes à leur tour, pour la transférer, à travers plus ou moins d'intermédiaires, sur des criminels indignes de pitié et de toute façon perdus.

Il semble que, du mythe du Tricéphale et de l'usage rituel qui lui correspond, cette qualité de technicien de la purification se soit très tôt étendue à d'autres sortes de souillures et même à d'autres périls de l'homme : péchés, mauvais présages, maladies. *R̥V*, VIII, 47, prie les dieux d'éloigner sur Trita Āptya « ce qui, ouvertement et en secret, a été fait de mal », *duṣkr̥tám* (str. 13), puis demande à l'Aurore d'emporter vers Trita Āptya les mauvais songes, *duṣvápnyam* (str. 14-18). Les parties conservées de l'Avesta ne connaissent Θrita – l'équivalent onomastique exact de Trita – (*Vidēvdāt*, XX, 1-4) que comme le premier des hommes

1. V. en dernier lieu, à propos du texte parallèle de *TaittirīyaBrāhm.*, III, 2, 8, 9-12, Paul-Émile Dumont, *JAOS*, 76, 1956, p. 187-188. Dans l'épopée, la « division de la souillure » d'Indra (Trita n'apparaissant pas) est contée de diverses manières, v. Edward W. Hopkins, *Epic Mythology*, 1915, p. 130-132. Appliquée au « guerrier terrible » Batradz, qui a conservé certains traits de l'Arès scythique (*ME* I, p. 570-575, et ci-dessous, p. 504-505), elle se trouve dans l'épopée narte du Caucase du Nord : v. mes *LN*, 1930, p. 73 (variante *f*).

qui, grâce aux centaines, milliers et myriades d'herbes médicinales que lui donna Ahura Mazdā, repoussa la maladie, la mort, les variétés de fièvres, la contagion, tous fléaux créés contre les hommes par Aṅra Mainyu. On se rappelle d'ailleurs[1] que, suivant *Dēnkart*, VII, 1, 27, Θraētaona (Frētōn), une fois pourvu du tiers de la Gloire de Yima relatif à l'état d'agriculteur, non seulement vainquit le Tricéphale, mais « enseigna aux hommes la médecine du corps qui permet de déceler la peste et de chasser la maladie[2] ».

1. V. ci-dessus, p. 312.
2. C'est sans doute un dérivé de Θrita que le « Srīt » de plusieurs textes pehlevis, « le septième de sept frères », guerrier et serviteur du roi fabuleux Kayūs (Kai Us : av. *Kavi Usan*, véd. *Kavi Uśanā*). Kayūs lui commande d'aller tuer le bœuf merveilleux qui montrait avec justice, à chaque litige, la vraie frontière entre Iran et Turan et qui, en conséquence, le gênait pour ses annexions indues. Le bœuf sermonne sévèrement le missionnaire du roi et lui annonce que, plus tard, Zaratušt, « le plus avide de justice parmi les êtres », publiera sa mauvaise action. Srīt hésite et revient auprès du roi pour se faire confirmer l'ordre. Le roi confirme. Alors il tue le bœuf. Mais son âme est aussitôt envahie de détresse et il se présente encore une fois devant le roi, lui demandant de le tuer. « [Pourquoi] te tuerais-je, dit le roi, alors que ce n'est pas toi qui l'as décidé ? – Si tu ne me tues pas, c'est moi qui te tuerai, répond Srīt. – Ne me tue pas, dit le roi, car je suis le souverain du monde *(dēhpat i gēhān)*. » Les plaintes de Srīt se poursuivent jusqu'à ce que le roi lui dise : « Va à tel endroit, il y a là une sorcière à forme de chien, elle te tuera. » Srīt va au lieu indiqué, frappe la sorcière qui aussitôt se dédouble. Et ainsi de suite. Quand elles sont un millier, elles le tuent et le lacèrent (*Zātspram*, XII, 8-25 [9-26 de l'édition de Behramgore T. Anklesaria, 1954] ; traduction dans M. Molé, *La Légende de Zoroastre selon les textes pelhevis*, 1967, p. 165-167 ; cf. *Dēnkart*, VII, 2, 62-66 ; Molé, *op. cit.*, p. 24-26, trad. p. 25-27). On reconnaît ici le *scape-goat* qui tue par ordre, comme Trita dans le mythe du Tricéphale et qui, prenant sur lui le péché du roi comme Trita celui d'Indra, l'expie à sa place (mais sans pouvoir le transmettre : il n'est même pas dit que le péché passe sur les sorcières). Ce qu'il expie, c'est le meurtre du bœuf comme, dans le rite, Trita (avec ses frères) expie l'élément sanglant, cruel, de tout sacrifice animal ; simplement l'acte est plus grave en Iran que dans l'Inde, puisque le meurtre du bœuf, même sacrificiel, est condamné par le zoroastrisme et puisque le bœuf que tue Srīt est, en outre, un véritable *iudex*, « montre le droit ». Enfin Srīt est toujours défini comme le plus jeune d'un groupe de frères, mais l'étymologie de son nom, transcrit de l'avestique, n'étant plus transparente en pehlevi, il est dit « le septième de sept » ; v. mon article « Les transformations du Troisième et du Triple », *Cahiers pour l'analyse* publiés par le Cercle d'épistémologie de l'École normale supérieure, 7, 1967, p. 39-42.

Il ne sera pas inutile de fixer dans un double tableau, au risque de les appauvrir et de les durcir, d'une part l'enchaînement logique des moments du drame, d'autre part les concordances et les divergences de l'affabulation indienne et de l'affabulation romaine.

Inde	**Rome**
1.	1.
a) Dans la grande rivalité des dieux et des démons, la vie ou la puissance des dieux étant menacée par le Tricéphale,	*a)* Pour régler entre Romains et Albains la rivalité *de imperio*, les trijumeaux Horatii se battront contre les trijumeaux Curiatii,
b) qui est le « fils d'ami » (R̥V) ou le cousin germain (Br) des dieux et en outre brahmane et chapelain des dieux (Br),	*b)* qui sont leurs cousins germains (DHal), ou du moins leurs futurs beaux-frères (TL, DHal),
c) Trita, le « troisième » des trois frères Āptya, poussé par Indra (R̥V), ou Indra aidé de Trita (R̥V), ou Indra seul (R̥V, Br)	*c)* Resté seul vivant des trois frères, le troisième Horatius, champion de Tullus,
d) tue le Tricéphale et sauve les dieux.	*d)* tue les trijumeaux Curiatii et donne l'empire à Rome,
2.	2.
a) Ce meurtre comportant souillure en tant que meurtre de parent ou brahmanicide,	*a)* sans encourir de souillure, grâce à un artifice dialectique annulant les devoirs de la parenté (DHal),
	a') mais, dans sa fureur orgueilleuse de jeune vainqueur, le troisième Horatius tue sa sœur, fiancée désolée d'un des Curiatii ; ce meurtre d'une parente comportant crime et souillure,

b) Indra s'en décharge sur Trita, sur les Āptya (Br) qui liquident rituellement la souillure (Br).	*b)* Tullus organise la procédure qui évite le châtiment juridique du crime et fait assurer par les Horatii mêmes la liquidation rituelle de la souillure.
3. Depuis lors, les Āptya reçoivent sur eux et liquident rituellement la souillure que comporte, par le sang versé, tout sacrifice (Br) et, par extension, les autres souillures ou menaces mystiques (ṚV, AV, Br).	3. Depuis lors, tous les ans, à la fin de la saison guerrière, aux frais de l'État, les Horatii renouvellent la cérémonie de purification (sans doute au profit de tous les combattants romains « verseurs de sang »).

Des questions importantes se forment à la lecture d'un tel tableau : quelle est la portée des concordances et des divergences ? le sens même, la « leçon » de la structure mise en évidence ? Ajournons-les, car il est possible d'établir un second tableau qui, par analogie, les précisera et les orientera vers leur solution.

III
Mettius Fuffetius et Namuci

Les concordances qui viennent d'être relevées entre les formes indienne et romaine du meurtre de l'adversaire triple engagent à étendre la confrontation du roi guerrier Tullus et du dieu guerrier Indra à d'autres moments de leurs carrières. Mais ces carrières ne sont pas de même mesure ni de même richesse : alors qu'Indra est le héros et le vainqueur d'un grand nombre de combats, Tullus, après la guerre réglée par le combat des Horaces et des Curiaces, n'a plus dans son avenir que la liquidation définitive d'Albe, fort pittoresque, et une guerre sabine, terne et sans incident remarquable. Par une chance qui n'en est peut-être pas une, mais plutôt l'indice que la voie que nous suivons est bonne, la liquidation d'Albe se prête à une analyse du même type que la précédente et à une comparaison avec un autre exploit d'Indra, le second, semble-t-il, en importance et en célébrité, la liquidation de Namuci.

Maurice Bloomfield a souligné, il y a près d'un siècle, que le R̥gVeda contient d'indiscutables allusions à deux traits significatifs des récits connus par les Brāhmaṇa [1] : d'une part Indra, y lit-on,

1. « Contributions to the interpretation of the Veda, I, The story of Indra and Namuci », *JAOS*, XV, 1893, p. 143-163.

« fait partir la tête de Namuci avec de l'écume » (VIII, 14, 13 = *Vāja-san.Saṃh.*, XIX, 71) ; d'autre part Sarasvatī et les Aśvin aident Indra quand il a bu, à en être malade, de la mauvaise boisson alcoolique qu'est la *súrā* (X, 131, 4-5 = *V.S.*, X, 33-34 ; XX, 76-77). Ces indications – sur lesquelles il est plus qu'imprudent de reconstruire, comme a fait Karl F. Geldner, toute une version – suffisent du moins à attester que, lors de la rédaction de ces hymnes, le mythe du meurtre de Namuci était bien connu ; il l'était sans doute sensiblement sous la forme traditionnelle assez constante attestée à partir des Brāhmaṇa, dont voici l'analyse.

Dès le R̥gVeda, Namuci est qualifié de démon (*ásura*, *āsurá* ; *dā́sa* ; *māyín*) et nommé dans des groupes de démons. « Pourtant, note Bloomfield [1], à côté de ces faits qui le placent nettement dans la position d'un ennemi naturel qu'Indra devra finalement tuer, des témoignages certains établissent que, pour une raison ou pour une autre, un accord amical, de la nature d'une alliance, d'une trêve, ou d'un pacte, a d'abord existé entre eux. » Dans son commentaire à *Vājasa-neyiSaṃhitā*, X, 34, Mahīdhara dit par exemple que l'asura Namuci était *indrasya sakhā* « le *socius* d'Indra » et dans le Mahābhārata, IX, 42, 30 [2], Indra qui, au śloka précédent, a fait amitié, société avec lui *(tenendraḥ sakhyam akarot)*, l'appelle *asuraśreṣṭha sakhe* « le meilleur des asura, mon *socius* ». Leur entente est fondée sur une convention : Indra et Namuci, disent beaucoup de textes, *sam adadhātām* « ont fait convention » (*sam dhā-* : cf. grec συντίθεσθαι εἰρήνην, φιλίαν ; συνθήκη). Par exemple *MaitrāyaṇīSaṃhitā*, IV, 3, 4, dit que tous deux se sont d'abord battus, ou plutôt qu'Indra a essayé d'attraper Namuci sans y réussir et que Namuci a proposé : *sakhāyā asāva* « Soyons tous deux des *socii* ! » En suite de quoi Indra promet : « Je ne te tuerai pas *(nā'haṃ haniṣyāmi)* ! » Et il ajoute : « Je vais convenir une convention avec toi *(saṃdhām te saṃdadhai)* ; que je ne te tue ni de jour ni de nuit, ni avec du sec ni avec de l'humide *(yathā tvā na divā hanāni na naktaṃ na śuṣkena nārdreṇa)* ! » Telle est la forme courte, et sans doute primitive, de l'engagement. Elle a tôt foisonné :

1. *Art. cit.*, p. 147.
2. Le Mahābhārata est cité dans les divisions de l'édition de Poona, mais d'autres variantes ont été parfois préférées.

dans *Śatapatha-Brāhmaṇa*, XII, 7, 3, 1, par exemple, Indra raconte qu'il est tenu par serment (*śepāno' smi*) à ne tuer Namuci ni de jour ni de nuit, ni avec le bâton ni avec l'arc, ni avec la paume ni avec le poing, ni avec du sec ni avec de l'humide. Quant aux circonstances qui précèdent le pacte, elles sont variables : ou bien, comme on vient de voir, il y a eu lutte, et c'est Namuci qui, étant le plus fort, a fait la proposition ; ou bien, dans l'épopée, c'est Indra qui, se voyant inférieur, a pris l'initiative. En tout cas, les deux personnages sont dorénavant liés par leur accord.

Namuci abuse un jour de la confiance qui résulte de cet accord, et c'est à quoi faisait déjà allusion *R̥V*, X, 131, 4-5. Profitant de ce qu'Indra a été mis en état d'infériorité par Tvaṣṭr̥, irrité du meurtre de son fils le Tricéphale, il semble qu'il l'achève à l'aide de la mauvaise liqueur *surā* et le dépouille de tous ses avantages : force, virilité, soma, nourriture (*ŚatapathaBrāhmaṇa*, XII, 7, 1, 10-11).

Dans cette détresse, Indra s'adresse aux divinités canoniques de la troisième fonction, de la fonction de santé, de fécondité et d'abondance, aux deux jumeaux Aśvin et à la déesse Sarasvatī, et c'est à quoi faisait aussi allusion *R̥V*, X, 131, 4-5. Ces divinités interviennent doublement : d'une part les Aśvin, qui sont médecins, et Sarasvatī « la médecine » même, soignent Indra et lui rendent sa force, en suite de quoi ils demandent un salaire, et c'est l'origine du sacrifice de trois animaux dit *sautrāmaṇī* [1] ; d'autre part, informés par Indra de la convention qui le lie et protège Namuci, les mêmes divinités, jouant le rôle du *klugen Rätsellöser* des contes, lui enseignent le moyen de ne pas la respecter tout en la respectant : il peut assaillir Namuci à l'aube, qui n'est ni le jour ni la nuit, et avec de l'écume, qui n'est ni du sec ni de l'humide. Ou bien c'est elles-mêmes qui fabriquent l'arme d'écume, par exemple dans *ŚatapathaBrāhm.*, XII, 7, 3, 3 : « Les Aśvin et Sarasvatī versèrent en forme de foudre l'écume des eaux et dirent : ce n'est ni du sec ni de l'humide… »

1. V. *Tarpeia*, 1947, p. 123-124, et *RRA*², p. 248-250.

Muni de cette arme étrange, « à la sortie de la nuit, mais avant la montée du soleil » (*Śat.Brāhm., ibid.*), Indra tue Namuci à l'improviste, « en se promenant avec son *socius* », dira le Mahābhārata. La convention est ainsi tournée, non violée. Et, pour bien souligner qu'elle est respectée, l'acte du meurtre est noté de préférence, dès le R̥gVeda, par des verbes inusuels, propres à cette aventure : « baratter » (*manth-* : *R̥V,* V, 30, 8 ; VI, 20, 6), « faire tourner » (causatif de *vr̥t-* : V, 30, 7 ; avec préverbe *ud* : VIII, 14, 13). Il est difficile de se représenter ce barattement, ce tournoiement, mais, remarque Bloomfield avec humour[1] : « Pourquoi pas ? L'acte d'enlever une tête avec l'écume des eaux n'est pas moins inusuel. Si la tête a été barattée, enlevée par barattement dans une masse d'écume, le procédé est après tout aussi naturel que le serait n'importe quelle autre manière d'enlever la tête avec de l'écume. »

Indra est ainsi débarrassé de son perfide ennemi. A-t-il bien agi ? La conscience exigeante de ses fidèles, des prêtres, s'est posé la question et l'a résolue dans un sens sévère, qui peut surprendre. Bloomfield remarque encore judicieusement[2] : « En lisant cette histoire, un Occidental ne se défendra pas facilement de l'impression que l'habile plan conçu par les dieux, de tuer Namuci avec l'écume des eaux, était un moyen permis de tourner le pacte – permis du moment que Namuci n'avait pas joué *fair play* avec Indra. Mais quelques Brāhmaṇa et le Mahābhārata saisissent l'occasion pour moraliser, accusant Indra d'avoir tué un ami. » De fait, le blâme sur le dieu est devenu un lieu commun de la littérature. Dans le *TaittirīyaBrāhmaṇa*, I, 7, 8, la tête coupée de Namuci exprime l'opinion courante quand, poursuivant le meurtrier, elle lui crie : « *Mitradruh*, menteur, traître à l'amitié ! » Dans l'épopée, je ne vois guère que l'odieux Duryodhana qui, pour décider son père à tendre un piège, sous couleur d'amitié, aux vertueux Pāṇḍava, tire argument de la conduite d'Indra à l'égard de Namuci et affirme effrontément qu'elle reçoit

1. *Art. cit.*, p. 157.
2. *Art. cit.*, p. 160.

l'approbation universelle (Mahābhārata, II, 50, 20). Mais Duryodhana n'est pas une autorité en matière de morale.

Tels sont les trois moments de ce qu'on n'ose appeler une victoire, victoire en tout cas bien différente de la victoire sur le Tricéphale. Le récit est entièrement organisé autour de la notion de *saṃdhā*, de « convention ». Il expose une casuistique du pacte distinguant, en conformité avec les meilleurs modèles diplomatiques de tous les temps, la lettre et l'esprit. Il l'expose dans un petit drame où Indra, d'abord victime d'une déloyauté caractérisée, ne dénonce pas cependant le pacte, s'y tient au contraire, pour mieux surprendre son partenaire sans défiance et l'exécuter.

C'est la même casuistique du pacte qui soutient, après l'histoire d'Horace et des Curiaces, le second épisode de la carrière de Tullus Hostilius : la « liquidation » du dictateur d'Albe et d'Albe même. Le récit est entièrement organisé autour d'une sorte de dépravation de la *fides* et du *foedus* et expose dramatiquement une théorie de la duplicité légitime. En voici l'analyse.

Le dictateur d'Albe, Mettius Fuffetius[1], est celui-là même qui, par une convention conclue avec Tullus, a préparé le duel des Horaces et des Curiaces et en a accepté les conséquences : après la défaite des champions albains, conformément à la convention, il s'est mis aux ordres du roi romain, qui l'a confirmé dans son rang et lui a ordonné de se tenir prêt, disant qu'il lui demanderait son aide en cas de guerre contre Véies (Tite-Live, I, 26, 1).

À partir de ce moment, Mettius Fuffetius change de caractère. Tite-Live (I, 27, 1-2 ; cf. Denys, III, 23, 3) le montre cherchant à regagner la popularité qu'il a perdue auprès des siens pour avoir joué sur trois hommes le sort de l'État. Les *recta consilia* ne lui ayant pas réussi, il se tourne vers les *praua*. Il veut *in pace bellum*, un état de choses mixte, particulièrement haïssable au pays des fétiaux, au pays qui distingue soigneusement Mars et Quirinus ; il adopte une

1. Mon interprétation est incompatible avec celle de H.S. Versnel, « *Sacrificium lustrale* : the Death of Mettius Fuffetius (Livy I, 28). Studies in Roman Lustration-ritual, I » (*Med. Nederlands Inst. te Rome*, XXXVII, 1975, p. 1-18). Je lis, p. 14, n. 8 : « *I find it impossible to discover even a single point of similarity between the two mythical characters* [Mettius F. et Namuci]. » Ce n'est pas de cela qu'il s'agit : v. ci-dessous, p. 345-351.

attitude politique où il gardera l'apparence d'un *socius* tout en préparant une trahison, *suis per speciem societatis proditionem reseruat*. Après avoir poussé en sous-main les Fidénates et les Véiens à la guerre contre Rome, lui-même rejoint l'armée romaine, avec les dehors d'un allié loyal. Sur le champ de bataille, où il tient la droite du front, face aux Fidénates, que va-t-il faire ? Il trahit sans trahir, en pensant, comme on dit, que cela ne se voit pas : il se retire sur une hauteur et observe le cours des événements, mettant Tullus et les Romains dans un péril mortel et se réservant de se rallier au vainqueur (Tite-Live, *ibid.*, 5-6 : *Albano non plus animi erat quam fidei. Nec manere ergo nec transire aperte ausus, sensim ad montes succedit. Inde ubi satis subisse sese ratus est, erigit totam aciem, fluctuansque animo, ut tereret tempus, ordines explicat : consilium erat, qua fortuna rem daret, ea inclinare uires*).

Tullus sauve la situation par sa présence d'esprit, ordonnant à ses cavaliers de lever leurs lances pour masquer aux fantassins le mouvement des Albains qui les eût démoralisés, criant en outre très fort pour effrayer l'ennemi que Mettius a agi par son ordre, en vue d'un mouvement tournant. Mais il s'adresse aussi à des dieux : il promet de fonder un nouveau collège de Saliens, ceux de Quirinus, et de bâtir des temples à Pavor et Pallor (Tite-Live, I, 27, 7 : l'authenticité de Pavor et Pallor est à bon droit suspectée). Denys d'Halicarnasse qui, pour des raisons d'équilibre littéraire, semble-t-il, transporte ce vœu dans une guerre ultérieure qui, sans lui, serait ce qu'elle est dans Tite-Live, dépourvue de tout pittoresque, est plus explicite et plus satisfaisant quant aux noms des dieux (III, 32, 4 ; cf. II, 70, 1-2) : Tullus promet de fonder les *Salii Agonales*, c'est-à-dire ceux de Quirinus, par opposition à ceux de Mars censément créés sous Numa [1], et d'établir des fêtes publiques à Saturne et à Ops : toutes divinités qui patronnent clairement des aspects divers de la troisième fonction [2]. Et Tullus, les Romains sont sauvés.

1. V. l'important article de Lucien Gerschel, « Saliens de Mars et Saliens de Quirinus », *RHR*, CXXXVIII, 1950, p. 145-151.
2. « Les cultes de la *Regia*, les trois fonctions et la triade Jupiter-Mars-Quirinus », *Latomus*, XIII, 1954, p. 129-139 ; *RRA*², p. 183-186.

Devant l'évidence de la victoire romaine et croyant que Tullus n'a pas remarqué sa trahison, Mettius fait redescendre ses troupes (Tite-Live, I, 28, 1). Suivant Denys (III, 26, 1), il se rend même odieux à la fin du combat en redoublant de zèle contre les Fidénates vaincus. En tout cas, Tullus feint d'avoir été dupe, félicite l'Albain, lui parle avec amitié *(gratulatur, alloquitur benigne)*. C'est à son tour de jouer la comédie de la *fides* : il réunit les deux armées alliées dans un seul camp, en vue du sacrifice lustral du lendemain ; dès l'aube, *ubi illuxit*, il les fait convoquer pour une *contio* ; curieux, sans défiance et sans armes, les Albains viennent au premier rang et les Romains armés, dont les centurions ont reçu des ordres, les entourent (Tite-Live, I, 28, 2-3). Dans Denys (III, 27, 3), la mise en scène de la *fides* est encore soulignée : Tullus fait venir près de lui, comme pour les honorer, le dictateur albain et ses principaux officiers. Puis il prend la parole.

Alors éclate le coup vengeur. Tullus dénonce la trahison de Mettius, le fait saisir et lui dit : « Si tu pouvais apprendre à observer la *fides* et les traités, je te laisserais la vie sauve et me ferais ton instituteur. Mais, puisque ta nature est irréformable, que du moins ton supplice apprenne à la race humaine à tenir pour sacré ce que, toi, tu as violé. En conséquence, de même que, tout à l'heure, tu as tenu ton âme ambiguë *(ancipitem)* entre les intérêts de Fidènes et ceux de Rome, de même, à présent, c'est ton corps que tu vas livrer à la dislocation » (Tite-Live, I, 28, 9). Mettius périt en effet dans un affreux supplice, symboliquement conforme à sa conduite : son corps est déchiré entre deux attelages tirant en sens contraires (Tite-Live, *ibid.*, 10). Puis une armée romaine va raser Albe.

Tullus, et par lui Rome, sont ainsi débarrassés d'un perfide ennemi. Mais Tullus a-t-il bien agi ? Quant au principe de l'action, l'annalistique romaine n'hésite pas à répondre : il n'y a qu'un traître dans l'affaire, et c'est l'Albain ; la ruse par laquelle Tullus l'a neutralisé, saisi, puni, est légitime ; Rome ne peut que se féliciter d'avoir eu un chef si habile, et Mettius n'est qu'un impudent quand, livré aux bourreaux, il s'indigne, pousse de hauts cris et invoque le pacte qu'il a lui-même annulé en le violant (Denys, III, 30, 5 : τὰς συνθήκας ἀνακαλούμενον, ἃς αὐτὸς ἐξηλέγχθη παρασπονδῶν). Le blâme encouru par Tullus ne porte que sur un détail somme toute accessoire : Tullus a péché, mais tout à fait à la fin, par excès de cruauté, dans la forme odieuse de la peine infligée à Mettius. Tite-Live écrit (*ibid.*, 11) : « Tous détournaient les yeux de cet horrible spectacle. Ce fut la première et la dernière fois que fut employé à Rome ce supplice qui méconnaît les lois de l'humanité. Dans les autres circonstances, nous avons le droit de nous vanter qu'aucun peuple n'a montré plus d'humanité dans les châtiments. »

Quant au sens de l'*exemplum* qu'est ce morceau d'épopée, on voit que, d'un bout à l'autre, les deux chefs rivalisent de duplicité, rusent avec la *fides* : duplicité diplomatique de Mettius, installant *in pace bellum*, associant ces contraires autrement, mais aussi tristement que l'ont fait de nos jours certains épisodes de la « guerre froide » ; duplicité militaire du même Mettius, qui s'éloigne de son poste sans passer à l'ennemi, *nec manere nec transire aperte ausus, fluctuans animo* ; en réponse, duplicité protocolaire, cérémonielle de Tullus, prodiguant les marques d'honneur et d'amitié à celui qui l'a secrètement trahi et qu'il va surprendre et faire périr ; duplicité matérielle et symbolique enfin d'un supplice qui déchire en deux le corps à l'imitation de l'âme.

Est-il besoin de souligner l'étroit parallélisme de structure et de sens entre cet épisode et le mythe de Namuci, entre ces variations sur la *fides* ou la συνθήκη et les variations indiennes sur la *saṃdhā* ?

Inde	**Rome**
1.	1.
Après de premières hostilités, Indra et Namuci font une convention. Ils seront *sakhāyaḥ*, amis. Indra contracte à cette occasion l'obligation particulière de ne tuer Namuci « ni de jour ni de nuit, ni avec du sec ni avec de l'humide ».	Après de premières hostilités, conformément à une convention antérieure, Tullus et Mettius sont *socii*. Tullus confirme Mettius comme chef des Albains et celui-ci reçoit l'ordre particulier d'aider Tullus dans une bataille prochaine.

2.	2.
a) Grâce à la familiarité confiante née de cet accord, par surprise, à la faveur de l'ivresse, Namuci enlève à Indra toutes ses forces.	*a)* À la faveur de cet accord, surprenant la confiance de Tullus en pleine bataille, Mettius lui enlève la moitié de ses forces militaires et le met dans un péril mortel.
b) Indra s'adresse aux divinités canoniques de la troisième fonction, la déesse Sarasvatī et les jumeaux Aśvin, qui lui rendent sa force,	*b)* Tullus s'adresse aux divinités canoniques de la troisième fonction, Quirinus [Ops et Saturne], qui lui donnent apparemment le moyen de rétablir la situation et de remporter la victoire.
	3.
c) et lui expliquent le moyen de surprendre ou de tuer Namuci à la faveur de l'accord et sans violer l'accord (« écume », « aube ») ; ce qu'il fait.	*a)* Faisant semblant de respecter l'accord et de le croire respecté, Tullus surprend, saisit Mettius désarmé et le fait tuer.
3.	
Par une technique bizarre, reposant sur des ambiguïtés, une seule fois employée, et adaptée à l'instrument qui permet à Indra de tourner l'accord (barattement, tournoiement de la tête dans l'écume), Namuci est décapité.	*b)* Par une technique horrible, une seule fois employée à Rome, et qui transporte sur son corps la duplicité avec laquelle il a abusé de l'accord, Mettius est étiré, divisé en deux.

Insistons encore sur un point. De part et d'autre, il y a péché, mais, entre le récit des Brāhmaṇa et le récit romain, on remarque la même différence qui a déjà été notée à propos du meurtre de l'adversaire triple : dans l'Inde, on se le rappelle, c'est ce meurtre même qui cause la souillure d'Indra et de Trita, alors qu'il laisse Horace et Tullus innocents et que c'est ensuite le meurtre supplémentaire de sa sœur qui souille le jeune héros.

Il en est de même ici : le péché d'Indra, reconnu et déploré par les docteurs indiens, est dans la ruse même par laquelle Indra tourne la convention, dans l'acte même de la tourner. Ces docteurs sont moins sensibles, comme on a vu que le notait Bloomfield, au fait que Namuci a trahi le premier qu'au fait qu'Indra a pris un engagement qui n'a de sens que s'il équivaut à une inconditionnelle et totale renonciation à la violence. Or, il a tué.

Le péché de Tullus, reconnu et regretté par Tite-Live, n'est pas là : Tullus a eu raison à tous égards, même moralement, de punir un traître et de répondre à la duplicité par la duplicité. Son tort n'a commencé qu'avec la cruauté, lorsqu'il a infligé au coupable un supplice excessif, inhumain.

Ainsi à Rome ce n'est pas de l'essentiel, du centre de l'épisode que surgit la faute, mais d'un détail supplémentaire, périphérique, idéologiquement inutile. Si l'on pense, comme il me paraît, que les récits indiens sont sur ce point plus satisfaisants, de teneur plus simple et plus forte, on admettra qu'il y a eu, à Rome, décalage du point d'application de la faute. Peut-être, aussi bien pour le vainqueur des Curiaces que pour le meurtrier de Mettius, cette retouche résulte-t-elle du caractère national, nationaliste même, pris par l'épopée : Rome ne pouvait considérer comme des péchés qui l'eussent souillée elle-même deux meurtres commis dans son intérêt le plus évident ; il fallait que l'exploit d'Horace et la ruse de Tullus fussent, dans la mesure où ces deux personnages servaient et représentaient Rome, choses entièrement « bonnes ». La notion de « péché » que sans doute la tradition attachait aux prototypes, aux formes préromaines de ces deux actes, n'a pas été perdue pour cela ; elle a été seulement déportée sur des points où ni Horace ni Tullus n'engageaient Rome, où l'un cédait à son orgueil et à sa colère, où l'autre s'abandonnait à sa cruelle nature et transformait une exécution nécessaire en une torture révoltante.

Dans l'histoire du règne de Tullus, il y a non seulement succession, mais lien causal, entre l'épisode des Curiaces et celui de Mettius : c'est parce que les triplets Curiaces et, à travers eux, Albe, ont été vaincus par le troisième Horace que commencent, entre Mettius et Tullus, ces tricheries sur la *fides* qui finiront par la perte de Mettius et, à travers lui, d'Albe. L'articulation des deux épisodes est que Mettius veut une revanche de la défaite des Curiaces. L'Inde répond-elle aussi à cet ensemble ?

Dès qu'il s'agit d'ensemble, le témoignage des hymnes védiques se dérobe. Le R̥gVeda n'est pas, ne pouvait pas être narratif ; supposant connue la tradition – disons les *itihāsa*, le « cinquième Veda » –, les auteurs des poèmes qui font l'éloge d'Indra tantôt multiplient les mentions des points les plus divers de cette tradition, tantôt exaltent un point particulier, mais ne se soucient pas de présenter un épisode au complet, ni de mettre, entre leurs allusions à plusieurs épisodes, un ordre logique ou chronologique ; ils ne se lient même pas, on vient de le voir à propos de Trita, à une seule variante et, dans le même hymne, ne craignent pas la contradiction : qu'importe, puisque toutes les versions de ces grands événements concourent à la gloire, au « gonflement » du dieu ? Il ne faut pas demander à un type de document les indications qu'il ne peut pas donner.

Malgré leur date plus tardive, les Brāhmaṇa et les épopées sont à cet égard de meilleurs textes. Certes le décor, le détail, l'esprit, la pointe des aventures peuvent y être rajeunis, mais, entendant faire des exposés dogmatiques ou dramatiques, les auteurs sont attentifs, dans un épisode et parfois entre plusieurs, à l'articulation causale, et certaines de ces « trames » reviennent avec trop de constance à travers des variantes pourtant sensiblement différentes pour ne pas reposer sur une tradition authentique, que le pointillisme naturel des hymnes ne laisse pas apparaître mais n'autorise pas non plus à nier. Est-ce le cas pour l'ensemble qui nous occupe ?

La tradition brāhmaṇique n'établit pas régulièrement de liaison entre les épisodes du Tricéphale et de Namuci : ils sont souvent racontés chacun pour soi. Néanmoins, certains textes déclarent une consécution logique : dans le récit du ŚatapathaBrāhmaṇa cité plus haut (XII, 7, 1, 1-9 et 10-13) [1], si Namuci peut dépouiller de ses forces son « ami » Indra, c'est à la faveur d'un affaiblissement préalable procuré par Tvaṣṭr̥, le père même du Tricéphale, qui

1. Cf. *Tarpeia*, 1948, p. 123-124.

veut venger son fils. Dans les nombreuses utilisations épiques et purāṇiques du second épisode, la victime d'Indra tantôt garde le nom de Namuci, tantôt reçoit celui de Vṛtra [1]. Or, dans ce dernier cas, le conflit est très fréquemment présenté comme une suite logique plus directe encore de la défaite du Tricéphale : furieux du meurtre de son fils, Tvaṣṭṛ procrée ou suscite magiquement pour le venger un être très fort, Vṛtra, et c'est avec Vṛtra qu'Indra conclut le pacte, le même pacte qu'avec Namuci, souvent enrichi de nouvelles clauses pittoresques qu'il tournera de la même manière. Nous retrouverons bientôt cette corrélation dans un ensemble plus vaste encore. Est-il permis de penser que, sous une forme ou sous une autre, la plus vieille mythologie indienne établissait déjà une succession temporelle et causale entre ces deux grandes et graves initiatives d'Indra et que les deux leçons s'y complétaient comme elles le font dans la geste du roi guerrier de Rome ?

1. Cf. déjà Léon Feer, « Vritra et Namoutchi dans le Mahābhārata », *RHR*, XIV, 1886, p. 291-307.

IV

Rapports de la fonction guerrière et des deux autres

De la lecture des « vies parallèles » d'Indra et de Tullus, de l'observation des tableaux qui les résument, naissent des questions de divers ordres, dont il ne sera retenu ici que les principales.

On n'insistera pas, notamment, sur le rapport des *faits* et des *fables* dans ce morceau de la légende romaine des origines : peu d'auteurs, semble-t-il, se sont montrés enclins à chercher un fond historique à la guerre albaine et généralement au règne de Tullus ; même des interprètes fort éloignés de la méthode et des vues ici proposées ont remarqué qu'il n'était pas vraisemblable que, si proches de leurs débuts, les « Romains » du Germal et du Palatual aient été en situation de prendre la tête de la politique latine, de provoquer, d'humilier, de détruire, de remplacer la vieille métropole. Faut-il donc penser que le fond de ces récits vient d'événements postérieurs, simplement vieillis de quelques générations, transposés au règne légendaire de Tullus ? Peut-être, mais ce n'est qu'une hypothèse invérifiable, et d'ailleurs peu importe : la matière fournie par ce fond historique, si elle a existé, aura été en tout cas si bien repensée et coulée suivant les lignes de l'idéologie traditionnelle de deuxième fonction, elle-même liée constitutionnellement à la figure épique de Tullus, qu'elle n'a plus pour nous d'intérêt que comme expression dramatique de cette structure idéologique et que c'est donc cette structure, en tant que telle, qu'il faut avant tout interpréter [1].

Le sens d'ensemble des deux épisodes, à Rome comme dans l'Inde, apparaît le plus clairement et le plus simplement quand on se place au point de vue des rapports que les personnages de deuxième fonction y soutiennent avec les concepts directeurs, les règles ou les personnages de la première et de la troisième.

Dans le meurtre du Tricéphale et dans celui de Namuci, nous l'avons dit, la littérature indienne postvédique – l'intention des hymnes ne permet pas de connaître l'opinion complète de leurs auteurs – salue deux actes nécessaires et dénonce deux souillures : après le second, Indra est *mitradruh* « traître à l'amitié », après le premier, *brahmahan* « brahmanicide », et en même temps meurtrier d'un parent ou d'une variété de *socius*. On voit immédiatement que ces diverses notes signalent des atteintes à la « moitié Mitra » de la souveraineté : le brahmane, le chapelain sont des hommes de Mitra, lui-même prototype du prêtre, à côté de Varuṇa, roi cosmique ; de même les liens sociaux, la parenté par le sang ou par alliance comme les pactes et l'amitié, toutes les notions clefs de ces deux récits ressortissent au domaine de Mitra ou de son plus proche adjoint, Aryaman.

Toutes déportées qu'elles sont sur des points périphériques des deux récits, les fautes que commettent le jeune Horace dans le premier, le roi Tullus dans le second, appartiennent à la même province idéologique : l'un, s'il n'est plus coupable en versant le sang de ses cousins, le devient en versant le sang d'une parente encore plus proche ; l'autre, s'il n'est plus blâmable pour avoir répondu par la trahison à la trahison de Mettius, le devient pour lui avoir infligé un supplice excessif et affreux, c'est-à-dire pour avoir abusé du *droit* et offensé l'*humanité*, deux valeurs fondamentalement « mitriennes » et, à Rome, « pompiliennes », – l'articulation du juste et bon Numa Pompilius et du terrible, de l'impulsif Romulus recouvrant, on le

1. Cf. *ME* I, p. 9-10, 261-262, 281-282, 432.

sait, sur le plan légendaire l'articulation védique des dieux Mitra et Varuṇa.

À l'arrière-fond du second récit romain, d'ailleurs, il y a une faute plus générale et plus grave, sur laquelle les historiens romains se sont gardés d'insister, mais qui a gêné parfois des consciences, celles-là qui ressentaient aussi le sac de Corinthe : *Roma interim crescit Albae ruinis*, Rome, sous le règne de Tullus, et Tullus, pour le compte de Rome, ont détruit Albe, mère de Rome. Assurément le discours par lequel, dans Denys, Mettius justifie à ses officiers la trahison qu'il prépare est rempli de rhétorique et de conceptions grecques : lorsqu'il dit, par exemple, que c'est Rome qui la première a violé plus que des conventions, plus que des serments, à savoir les fondements de la loi naturelle, « commune aux Hellènes et aux barbares », qui veut que les pères commandent aux enfants et les métropoles à leurs colonies (III, 23, 19). Mais il n'est pas douteux que, dès avant l'époque où s'est définitivement fixé le canon de l'histoire royale, sans doute entre 350 et 270, et peut-être par un souvenir ténu mais ferme d'une réalité historique, les Romains faisaient venir d'Albe leurs ancêtres, les premiers campeurs du Palatin, et prenaient soin, politiquement et religieusement, dans la confédération latine, de se présenter comme les héritiers naturels des Albains. L'affabulation rassurante, presque généreuse, de l'annalistique apaisait les scrupules, mais laisse intact le fait. Le Tullus de Tite-Live peut bien dire, du haut de son tribunal (I, 28, 7) :

> Pour le bien, la sauvegarde et la prospérité du peuple romain, de moi-même et de vous aussi, Albains, j'ai décidé de transporter à Rome tout le peuple albain, de donner le droit de cité à sa plèbe, à ses nobles le rang de patriciens, et de n'avoir plus qu'une seule ville et un seul État ; comme elle s'est divisée jadis pour former deux peuples, que la substance albaine retrouve maintenant l'unité.

Il n'en reste pas moins que, au chapitre suivant, un *silentium triste*, une *tacita maestitia* accueille, dans Albe condamnée, l'arrivée des escadrons unificateurs. Ce n'est pas un hasard si la légende royale a remis à Tullus cette mission pénible et, quoi qu'on dît, quelque peu *impia* ; l'anachronisme se justifie idéologiquement ; une telle entreprise ne pouvait être attribuée ni à Ancus Martius, le roi des guerres défensives, ni au pieux et pacifique Numa, et n'allait-elle pas à l'encontre même de l'esprit de Romulus qui, avant de partir pour l'aventure du Palatin, avait rétabli son grand-père sur le trône d'Albe ? Il y fallait vraiment le pur guerrier, le peu religieux Tullus.

Cette opposition du dieu ou du héros de deuxième fonction à la moitié Mitra (ou Dius Fidius) de la souveraineté double une opposition bien attestée par d'autres mythes à la moitié Varuṇa (ou Jupiter). Des hymnes du R̥gVeda, dont les historicistes ont tiré d'imprudentes conclusions sur l'âge respectif des deux dieux, alors qu'ils exposent simplement et poussent à l'extrême en forme de drame l'antithèse des fonctions, montrent Indra en contraste avec le souverain magicien, de la même manière qu'un poème eddique dialogué, dont on a tiré sans plus de raison des conséquences chronologiques, les *Hárbarđsljóđ*, n'est qu'un assaut de défis et d'ironies entre le souverain magicien Óđinn et le dieu champion nordique, Þórr. Peut-être une tradition du même genre a-t-elle conduit les réformateurs zoroastriens à faire d'Indra l'archidémon opposé nommément à l'archange Aša Vahišta, « l'Ordre Très Bon », c'est-à-dire à la sublimation morale de *Varuna[1]. À Rome, c'est la fin de la geste de Tullus qui conserve la trace de cet antagonisme, dans la terrible revanche que le maître des grandes magies, Jupiter, prend sur le roi guerrier qui l'a longtemps défié (Tite-Live, I, 31, 5-8) :

> Peu après, une épidémie éprouva les Romains. Bien qu'ils eussent alors perdu le goût de se battre, aucune trêve ne leur était accordée par ce roi belliqueux, qui croyait que la santé des *iuuenes* rencontrait de meilleures conditions dans les camps que dans leurs foyers – jusqu'au jour où il contracta lui-même une longue maladie. Son âme impétueuse fut brisée avec ses forces physiques : lui qui, jusqu'alors, avait considéré que rien n'est moins digne d'un roi que d'appliquer son esprit aux choses du culte, soudain il s'abandonna à toutes les

1. V. *IR*, p. 193-207 ; sur Tullus « réformé », p. 206.

superstitions, grandes et petites, et propagea même dans le peuple de vaines pratiques. Déjà la voix publique réclamait qu'on restaurât la politique de Numa, dans la conviction que le seul moyen de salut pour les corps malades était d'obtenir la clémence et le pardon des dieux. On dit que le roi lui-même, en consultant les livres de Numa, y trouva la recette de certains sacrifices secrets en l'honneur de Jupiter Elicius. Il se cacha pour les célébrer. Mais, soit au début, soit au cours de la cérémonie, il commit une faute de rituel, en sorte que, loin de voir apparaître une figure divine, il irrita Jupiter par une évocation mal conduite et fut brûlé par la foudre, lui et sa maison.

Tels sont, dans la mise en scène des mythes, les rapports des représentants canoniques de la fonction guerrière avec ceux de la souveraineté : méconnaissance ou mépris. Le service des mythes étant de définir sensiblement, en les grossissant, les caractères distinctifs des concepts de l'idéologie et des figures de la théologie, il est naturel et usuel que les antagonismes de concepts ou de fonctions y donnent ainsi lieu à des heurts, voire à des guerres, comme les ressemblances ou les affinités logiques à des alliances ou à des filiations. Mais qu'on se garde de penser que ces définitions mouvementées épuisent la connaissance que les usagers ont de leurs dieux. Elles n'en sont même pas l'essentiel.

Quand les mythes ont ainsi rudement enseigné qu'Indra, par exemple, est « tout autre chose » que Mitra et que Varuṇa et que les contrats, les lois ne sont pas son affaire propre, la piété pratique, la stratégie rituelle s'empressent de remettre les choses en place, c'est-à-dire de faire collaborer au mieux des intérêts du monde, de la société et de l'individu, des divinités heureusement si diverses. Citons une fois de plus les belles strophes de *R̥V*, X, 89, qui éclairent de ce jour rassurant l'inquiétant Indra des mythes du Tricéphale et de Namuci :

> 8. Toi, Indra, l'habile poursuiveur des dettes [1], comme l'épée les membres, tu tranches les faussetés de qui viole les règles de Mitra et de Varuṇa comme les gens violent l'alliance de l'amitié.

1. Ou « des fautes », *r̥ṇá* a les deux valeurs : Louis Renou, *Études védiques et pāninéennes*, XVI, 1967, p. 123.

9. Contre les méchants qui violent Mitra, et les pactes, et Varuṇa, contre ces ennemis-là, ô mâle Indra, aiguise un meurtre fort, mâle, rouge !
12. … Comme la pierre lancée du ciel, frappe de ta plus brûlante fureur celui qui trompe l'amitié !

Être *dróghamitra* comptait déjà pour l'un des plus grands péchés des Indo-Iraniens et, dans l'Avesta, le *miθrō.druǰ* est à la fois celui qui ment à Miθra et celui qui rompt les pactes. Voilà l'objet justement désigné aux violences vengeresses d'Indra. Nous sommes loin du mythe où c'est Indra même que la tête coupée de Namuci peut flétrir du nom de *mitradruh*.

Les réflexions qui précèdent préparent à comprendre la convenance inverse qui fait que, dans leur double difficulté, Indra et Tullus aient recours à des auxiliaires de troisième fonction.

On se rappelle la valeur essentielle des héros Āptya, Horatii, qui font pour le compte du dieu ou du roi l'acte comportant ou entraînant souillure et qui ensuite, passivement et activement, ont la tâche de la nettoyer et de continuer à nettoyer, à travers toute l'histoire, les souillures sœurs de celle-là : les Āptya portent les vertus de l'eau dans leur nom, leurs répondants iraniens les Āθwya sont des représentants de la prospérité rurale, et la *gens Horatia* tire son nom de *Hora*, parèdre du dieu canonique de troisième fonction, Quirinus.

D'autre part, dans le second épisode, à l'heure de la détresse, quand ils ont perdu l'un ses propres forces physiques, l'autre la moitié de ses forces militaires, Indra et Tullus se tournent pour rétablir la situation l'un vers Sarasvatī et vers les Aśvin, l'autre vers Quirinus (et si l'on restitue à la guerre albaine le vœu que Denys d'Halicarnasse a transporté dans la guerre sabine, à Ops aussi et à Saturne), c'est-à-dire de nouveau aux dieux canoniques de la troisième fonction. Dans un cas assez semblable, c'est à Jupiter que la légende avait adressé Romulus[1].

L'essentiel sur cette convenance a déjà été dit, en 1947, dans l'essai consacré au sacrifice romain des *suouetaurilia* (un verrat,

1. Dans la bataille du Forum : vœu à Jupiter Stator.

un bélier, un taureau offerts à Mars) et au sacrifice védique parallèle de la *sautrāmaṇī* (un bouc offert aux Aśvin, un bélier à Sarasvatī, un taureau à Indra), auquel l'aventure de Namuci sert précisément de mythe d'origine [1]. Dans la perspective plus complète où nous sommes aujourd'hui placés, nous pouvons orienter plus précisément ces remarques et les résumer en quelques mots : dans les mêmes circonstances où il viole les règles de la première fonction et en ignore les dieux, le dieu ou le roi de deuxième fonction mobilise à son service les dieux de la troisième ou des héros nés dans la troisième ; purificateurs, guérisseurs, donneurs de substance, voire de paix tranquille, c'est par eux qu'il compte échapper et échappe, en effet, aux conséquences fâcheuses de ses actes utiles mais condamnables, ou récupère les forces perdues par la duplicité d'un faux allié. Autrement dit, dans ces situations ambiguës, la troisième fonction, sans souci, elle non plus, de la première, est mise ou se met au service de la seconde, conformément à son rang et à sa nature.

1. V. *Tarpeia*, p. 154-158 ; *RRA*², p. 248-250.

V

Héritage indo-européen

Une autre question, moins aisée à définir, concerne la portée qu'il faut reconnaître aux correspondances relevées entre la légende de Tullus et la mythologie d'Indra, le point jusqu'auquel on est en droit de supposer un héritage indo-européen commun.

Il est difficile de penser que le hasard ait réuni, sur les personnages fonctionnellement homologues d'Indra et de Tullus, deux épisodes complexes qui, ici et là, présentent une direction, un enseignement et tant d'éléments communs. Tout s'explique aisément au contraire si l'on admet qu'Indiens et Romains, ici comme dans les conceptions des dieux souverains Varuṇa et Mitra d'une part, des rois fondateurs Romulus et Numa d'autre part, ont conservé une même matière idéologique, la traitant les uns en scènes du Grand Temps, de l'histoire cosmique et suprahumaine, les autres en moments du temps romain, en événements des annales nationales.

« Matière idéologique » plutôt que « mythique ». En effet c'est par l'idéologie que les correspondances que nous avons notées sont rigoureuses et frappantes, et par la leçon qui se dégage des scènes, non par le détail des affabulations qui, de part et d'autre, sont fort différentes. Mettius n'a certainement jamais été un démon comme Namuci, non plus que les Curiaces un monstre tricéphale ! Ce que les docteurs indiens et romains ont gardé avec précision c'est :

1° L'idée d'une nécessaire victoire, d'une victoire en combat singulier, que, animé par le grand maître de la fonction guerrière et pour le compte de ce grand maître (roi ou dieu), « un héros troisième remporte sur un adversaire triple » – avec souillure inhérente à l'exploit, avec purification du « troisième » et de la société dans la personne du « troisième », qui se trouve ainsi être comme le spécialiste, l'agent et l'instrument de cette purification après avoir été un champion ;

2° L'idée d'une victoire remportée non par combat, mais par une surprise qui répond elle-même à une trahison, trahison et surprise se succédant à l'abri et dans le moule d'une solennelle convention d'amitié, en sorte que la surprise vengeresse comporte un aspect inquiétant.

Voilà la science, morale et politique, voilà le morceau d'idéologie de la deuxième fonction, que les administrateurs indo-européens de la mémoire et de la pensée collectives – une catégorie de prêtres sans doute – et leurs héritiers védiques et latins n'ont cessé de comprendre et d'exposer dans des scènes dramatiques. Dans ces scènes, les personnages, les lieux, les intérêts, les ornements pouvaient se renouveler, et les niveaux littéraires aussi, tantôt épopée ou histoire, tantôt fantasmagorie. Le ressort restait le même. Et c'est d'une collection de tels ressorts bien agencés qu'est faite partout la conscience morale des peuples.

Nous retrouvons ici une situation comparable à celle qui a été plusieurs fois analysée, mais qui peut être encore éclairée avec profit, à propos des formes sous lesquelles nous est connu, à Rome et en Scandinavie, le couple du Borgne et du Manchot [1]. Dans les deux cas, la société, humaine ou divine, est dans un péril mortel. Elle est sauvée par le jeu successif de ces deux personnages.

En Scandinavie [2] : les Ases, voyant la rapide croissance du petit Loup qui les détruira, ont essayé deux fois de l'immobiliser par

1. En dernier lieu, *ME* III, p. 268-283.
2. En dernier lieu, *Esq.* 73.

des liens de plus en plus forts, qu'il a rompus sans peine. Il est donc déjà tard pour parer au danger. Alors entrent en scène les deux dieux souverains. D'abord Óđinn, « le Père de tout » : en vertu du savoir qu'il a acquis en choisissant d'être borgne, exactement en déposant un de ses yeux dans la source de Mímir, il donne aux Ases la recette d'un matériau tout nouveau. Il y faut un attirail de haute magie : il envoie un messager prescrire aux Elfes noirs de mélanger six choses : le bruit du pas d'un chat, la barbe des femmes, les racines des montagnes, les tendons de l'ours, la voix des poissons et le crachat des oiseaux. Résultat : un lien tout menu, lisse et doux comme un fil de soie, mais incassable. C'est ensuite le tour de Týr : le petit Loup se méfie et n'accepte de se laisser passer, en manière de jeu, ce lien d'apparence trop inoffensive que si l'un des dieux met un bras dans sa gueule « en gage que la chose se fera sans fraude ». Aucun dieu ne se dévoue, sauf Týr. Pris au piège, neutralisé jusqu'au Ragnarök, le petit Loup mord du moins le gage qui l'a fallacieusement convaincu, les dieux sont sauvés, et Týr reste dorénavant *ein-hendr*, manchot.

À Rome : la Ville est presque prise d'assaut par l'armée de l'Étrusque Porsenna. Alors intervient Horatius dit Cocles, ou « le Cyclope » parce qu'il a perdu un œil dans une circonstance antérieure ou parce que ses yeux ont l'air de n'en faire qu'un. Ce n'est pas par magie, par science, qu'il agit (nous sommes chez les très positifs *quirites*), mais par un prestige et par une chance extrêmes. Dans la débâcle générale (Tite-Live, II, 10), il se précipite à la tête du pont qui donne accès à Rome et que les Romains, profitant de ce répit, commencent à démolir. Il frappe les ennemis de stupeur par cette merveille d'audace *(ipso miraculo audaciae obstupefecit hostes)*, puis, resté seul devant le pont, il promène sur les chefs des Étrusques des regards terribles et menaçants *(circumferens truces minaciter oculos)*, les interpellant individuellement, les injuriant collectivement. Longtemps nul n'ose s'en prendre à lui. Puis ils font pleuvoir sur lui une nuée de javelots, mais tous les traits restent plantés dans son bouclier et lui, obstinément, il occupe le pont en l'arpentant à grands pas. À la fin, les Étrusques veulent se ruer vers lui, mais déjà le pont se brise et Cocles n'a plus qu'à regagner la porte à la nage sous une grêle de traits qui ne l'atteignent pas. Ainsi le Cyclope a mené tout le jeu par ses grimaces terrifiantes qui paralysent l'ennemi et par une chance incroyable qui le met à l'abri des coups. Rome n'est donc pas prise d'assaut, mais elle reste dans un péril mortel. C'est le tour de Mucius – qui n'est pas encore *Scaeuola*, « le Gaucher ». Plusieurs variantes coexistent mais le ressort en est le même (Tite-Live, II, 12 ; Denys d'Halicarnasse, V, 29 ; Plutarque, *Publicola*, 17) : il se rend dans le camp de Porsenna pour le tuer et, ayant échoué, devant le roi, étend sa main droite sur un brasero, affirmant (avec échange de serments : Denys) que trois cents jeunes Romains sont prêts à essayer successivement de réussir le coup qu'il a manqué. La crainte et surtout l'admiration que cette affirmation appuyée par ce geste inspire au roi – *prope attonitus miraculo rex* – l'amènent à conclure la paix qui sauve Rome. Et Mucius est devenu manchot.

Entre le fabuleux mythe nordique et « l'histoire » romaine, simplement étonnante (Tite-Live dit deux fois *miraculo*), tous les détails sont différents, y compris la forme de collaboration des deux personnages : en Scandinavie, Óđinn prépare *magiquement* le lien que Týr fera accepter par le Loup ; au cours du même siège, Cocles empêche la Ville d'être prise, gagne du temps, grâce à quoi Scaeuola gagne la paix qui la sauve. Mais le ressort est le même : Óđinn utilise le savoir transcendant acquis par sa mutilation antérieure comme Cocles, borgne antérieurement, terrifie les Étrusques par ses *truces oculi* (s'agissant d'un borgne, ce pluriel ne peut signifier que les regards du seul œil qui lui reste), Týr et Scaeuola sacrifient leur bras comme gage de la véracité d'une fausse déclaration qui décide l'ennemi, ici à se laisser lier, là à renoncer à une victoire certaine.

La portée des aventures, ici et là, est aussi fort inégale. À Rome, ce ne sont que des faits divers illustres, sans valeur symbolique déclarée, sans autre intérêt que de propagande patriotique, et d'abord sans autre suite pour les jeunes gens qui en ont été les héros que des honneurs une fois décernés et des mutilations qui les ont si bien rendus inaptes à tout service et à toute magistrature que dès lors il ne sera plus, il ne peut plus être question d'eux.

En Scandinavie au contraire, les deux mutilations, clairement symboliques, sont ce qui crée d'abord et manifeste ensuite paradoxalement la qualité durable de chacun des dieux, le maître du grand savoir et le garant des accords, du Þing ; elles sont l'expression sensible du théologème hérité des Indo-Européens, qui fonde la coexistence des deux plus hauts dieux, à savoir que l'administration souveraine du monde se divise en deux grandes provinces, celle de l'inspiration et des prestiges, celle du contrat et de la chicane, ou, pour être bref, la magie et le droit.

D'autre part l'analogie des récits romain et scandinave est de celles qui excluent à la fois qu'ils soient indépendants et que l'un dérive de l'autre. Il s'agit en effet d'un thème complexe et fort rare : depuis 1940, depuis le moment où la correspondance a été signalée pour la première fois, bien des chercheurs ont fouillé les mythologies de l'Ancien et du Nouveau Monde pour y retrouver, avec son double ressort fonctionnel, ce couple du Borgne et du Manchot ; seule la littérature d'un autre peuple apparenté aux Germains et aux Italiques, l'épopée irlandaise, a présenté quelque chose de comparable, bien que sensiblement plus lointain. Et pourtant les affabulations romaine et scandinave sont trop différentes pour qu'on suppose un passage, un emprunt direct ou indirect de l'une à l'autre : l'emprunt eût conservé le cadre des scènes avec des détails pittoresques et laissé plutôt perdre le sens, le principe idéologique de la double intrigue, alors que c'est ce principe – le lien des deux mutilations et des deux modes d'action – qui subsiste de part et d'autre dans des scènes qui n'ont plus par ailleurs de rapport. La seule explication naturelle est donc de penser que Germains et Romains tenaient de leur passé commun l'idée de ce couple original.

En outre, comme ce couple est plus riche de valeur quand il opère sur le plan mythique, soutenu par la théologie de la souveraineté, il est probable que c'était là sa forme première et que Rome l'a ramené du ciel sur la terre, des dieux aux hommes, chez *ses* hommes, dans son histoire gentilice et nationale : le double événement sauveur garde une importance décisive, mais ce n'est plus aux débuts de l'Univers, ni dans la société des immortels, ni pour fonder une conception bipartie de l'action dirigeante ; c'est aux débuts de la République, dans la société des Brutus, des Valerius Publicola, des Horatii, des Mucii et pour susciter à travers les siècles, par un échantillonnage de dévouements extraordinaires, d'autres dévouements patriotiques.

Le détail de l'opération nous échappe et nous échappera toujours, mais l'opération est certaine. Elle reste même sensible dans la gêne qu'éprouve un Tite-Live à raconter l'invraisemblable histoire du légionnaire Cyclope et dans la manière sournoise dont il lui restitue, au détour d'une phrase, un pluriel *oculos* que démentent son surnom et toute la tradition.

On oppose parfois à de telles réflexions qu'il n'est pas licite de traiter ainsi les mythes, d'en extraire des « schémas » qui prétendent en résumer la substance et qui, trop facilement, les déforment. Distinguons bien le droit et la pratique. Que, dans des applications particulières, l'analyste se trompe, retenant comme caractéristiques des traits secondaires et négligeant des traits authentiquement capitaux, il se peut, et l'on devra reconsidérer tout cas dans lequel cet abus aura été diagnostiqué avec des arguments sérieux. Mais sur l'opportunité, sur la nécessité de dégager le ressort et par conséquent le sens, la raison d'être sociale d'un mythe, comment céder ? Pour une société croyante, nous l'avons rappelé en commençant, un mythe, la mythologie entière ne sont pas une production gratuite et fantaisiste, mais le réceptacle d'un savoir traditionnel ; ils servent aux adultes des générations successives, et en bien plus ample, et sur bien plus de plans, comme les fables d'Ésope et tout ce qui en dérive servent aux éducateurs des jeunesses d'Occident ; comme de ces fables, il faut en comprendre la leçon, laquelle coïncide avec la marche de l'intrigue : avec le « schéma ». C'est donc simplement affaire de tact, à la fois de docilité devant la matière et d'exigence, de sincérité envers soi-même ; et l'on peut espérer, les études progressant et le principe recevant des applications de plus en plus nombreuses, que l'on risquera de moins en moins l'erreur et la subjectivité, grâce au contrôle que chaque progrès impose aux résultats antérieurs.

Si examens et discussions confirment la validité des deux schémas ici dégagés, on reconnaîtra que leur complexité, que leur réunion, à Rome et chez les Indiens, dans la carrière de deux personnages qui occupent le même rang dans la même structure fonctionnelle, rendent peu probable qu'il s'agisse d'inventions indépendantes, et que l'explication par l'héritage idéologique des Indo-Européens reste la plus satisfaisante.

Deuxième partie

LES TROIS PÉCHÉS DU GUERRIER

La fonction guerrière occupe, dans les mythologies et dans les épopées des peuples indo-européens, un personnel nombreux, mais moins fermement organisé que celui de la fonction souveraine.

Pour ne considérer que les Indo-Iraniens, deux orientations générales s'y découvrent[1]*, non pas complémentaires et donc inséparables comme sont « la moitié Mitra » et « la moitié Varuṇa » du premier niveau : d'une part celle du dieu Vāyu et des héros de son type (tels que son fils Bhīma dans le Mahābhārata), c'est-à-dire des combattants d'une taille et d'une force prodigieuses, sommairement armés (Bhīma, comme Héraclès, est le héros à la massue), agissant le plus souvent dans la solitude ou en avant-garde ; d'autre part celle d'Indra et des héros de son type (tel Arjuna son fils, dans le Mahābhārata), plus humains physiquement et plus sociables, qui entraînent volontiers des groupes de compagnons, des armées, et sont équipés des armes usuelles, simplement plus merveilleuses. Je m'empresse d'ajouter qu'il s'agit plutôt de tendances que de définitions rigoureuses et que les formes mixtes sont nombreuses*[2]*.*

Les deux types sont exposés à commettre des fautes. Le premier est surtout sujet à des colères qui, étant donné sa force, donnent lieu à des

1. Paradoxalement, un des plus clairs diptyques se trouve dans l'épopée médiévale française, dans le cycle des Narbonnais : Joël H. Grisward, *Archéologie de l'épopée médiévale*, 1981, p. 183-228 (Aïmer et Guillaume).
2. Cas typique : les trois excès du Narte Batradz, *RSA*, p. 50-58.

excès, à des violences injustifiées. Le second – mais, encore une fois, il y a des formes mixtes[1] *– est exposé à des périls plus variés : engagé dans la hiérarchie sociale, en charge de la sécurité des dieux ou des royaumes, il arrive qu'il ait à vaincre et à éliminer des adversaires que leur nature, leur état civil, ne lui permettent pas de tuer sans qu'il en soit souillé, voire criminel. En second lieu, pour accomplir ses exploits, il doit disposer, par rapport aux normes admises dans « sa » société, d'une autonomie qui risque de se retourner contre elle. À quoi il faut ajouter que, plus que tout autre, le héros, sinon le dieu de deuxième fonction, peut être entraîné à des actions coupables, à des faiblesses contraires à l'idée, au principe de sa fonction, soit par le destin, soit par un dieu, ou encore se trouve pris comme enjeu – c'est la pire situation – dans le conflit de deux divinités antagonistes.*

La première partie de ce livre a présenté des exemples clairs du premier risque. Nous parlerons plus tard longuement du troisième. Voici d'abord quelques réflexions sur le deuxième, l'autonomie.

1. À commencer par Héraclès, que beaucoup de traits rattachent au « type Vāyu », mais dont les trois péchés sont du « type Indra » (non pas excès, mais manquements).

I

SOLITUDE ET LIBERTÉ

Les couples dont Indra forme le premier terme ne manquent pas, ils surabondent plutôt : alors que Varuṇa ne se rencontre au double duel qu'avec Mitra et – justement – avec Indra, alors que les Nāsatya ne s'associent jamais en un mot composé avec aucune divinité, sauf – justement – Indra, le R̥gVeda contient, outre cet *Índrāváruṇā* et cet *Indranāsatyā*, les composés *Indrāgnī́*, *Índravāyū́*, *Índrāsómā*, *Índrābŕ̥haspátī*, *Indrābrahmanaspatī*, *Índrāvíṣṇū*, *Índrā-pūṣáṇā*, *Indrāparvatā*, *Indrāmarutaḥ*. En vérité, aucun autre dieu n'est aussi friand de compagnie et ces diverses liaisons sont fort précieuses pour la connaissance d'Indra même et l'exploration de son ministère [1]. Mais la surabondance des associations et l'instabilité du second terme révèlent que la forme n'est pas fondamentale.

De fait, le plus souvent, Indra décide et agit seul. Quand il n'est pas seul, quand les Marut par exemple, ou Viṣṇu, l'accompagnent, c'est presque toujours lui qui accomplit le principal de l'action, ses (ou son) compagnons ayant pour rôle de le louer, de l'incanter, de le « faire croître », de lui ouvrir l'espace, tout au plus de lui donner l'aide d'un moment ; ils ne constituent pas ensemble un couple

1. Ci-dessous, p. 435-440.

équilibré, à termes égaux, comme ceux que nous avons précédemment observés : dans l'association fréquente d'Indra et des Marut, Indra est le capitaine, les Marut sont la troupe. D'autres associations, *Índrāváruṇā* et *Indranāsatyā*, expriment un rapport, une affinité interfonctionnels, soit entre l'aspect terrible, magique, etc., de la souveraineté et le service guerrier, soit entre des personnages différemment, mais également secourables aux individus humains. Une autre encore, *Indrāgnī́*, a plusieurs valeurs suivant les contextes, Agni lui-même signifiant beaucoup de choses. Mais le fait essentiel demeure que, si Indra peut entrer dans tant de liaisons, c'est qu'aucune ne résulte nécessairement de sa définition. Il y a d'autre part des données négatives. L'une des plus remarquables est l'absence de toute articulation entre Indra et Rudra qui, à certains égards, est aussi actif sur le deuxième niveau, mais avec des caractères autres que ceux d'Indra, avec des plongées profondes et mystérieuses dans le troisième et des montées dans le premier. Les sections de ce deuxième niveau ne forment donc pas structure comme celles du premier.

La seule exception pourrait être la liaison que signale le composé *Índravāyū́*. Au cours de la première partie du présent livre, il a été rappelé avec quelque détail que, dans l'épopée indienne, comme dans la scandinave et la grecque, la fonction guerrière s'est réalisée en deux types de héros que les noms d'Héraclès et d'Achille caractérisent suffisamment. Les travaux des savants d'Upsal, Henrik S. Nyberg, Geo Widengren, Stig Wikander, ont rendu probable que cette distinction, aux temps prévédiques, s'étendait au monde des dieux et s'y exprimait dans les personnes de Vāyu et d'Indra. Mais, dans la théologie védique, Vāyu paraît avoir été dépossédé de cette ancienne province et, s'il y est associé étroitement à Indra, c'est plutôt dans son autre fonction, celle de « dieu premier », du moins de dieu d'avant-garde [1], par laquelle il rend à Indra pour le temps un service analogue à celui que Viṣṇu lui rend dans l'espace [2]. Dans ces conditions, le composé *Índravāyū́* ne suffit pas à prouver que, à l'époque prévédique où l'un et l'autre patronnaient encore deux

1. *ME* I, p. 47-48.
2. *Ibid.*, p. 210-211, 234-237.

conduites guerrières, Indra et Vāyu étaient étroitement associés en tant que tels dans un diptyque comparable à celui de Mitra et de Varuṇa au niveau supérieur. Ce serait d'autant plus étonnant que les héros du type Vāyu, les Héraclès, les Bhīma, sont plus volontiers, plus constamment solitaires que les Achille, les Arjuna, héros du type Indra.

Enfin, une forme de couple inégal, tellement inégal qu'il n'en est plus un, est celle qui associe parfois le dieu combattant à un de ses protégés ou employés humains. Généralement, Indra excite le héros, lui donne les moyens matériels ou moraux de vaincre, mais il arrive qu'ils collaborent de plus près : c'est le cas, sur lequel nous nous sommes longuement étendus, du héros Trita [1]. Sans doute s'agit-il là d'une représentation très ancienne. Elle rappelle en tout cas le statut du dieu scandinave Þórr dans plusieurs mythes [2], et jusque sur les figures des tambours lapons, tel que l'a déterminé le mythographe danois Axel Olrik dans son étude célèbre, « Le dieu du tonnerre et son valet [3] ». Mais cette forme déséquilibrée du couple n'est pas plus stable, plus essentielle au dieu que celle qui rapproche Indra de Viṣṇu ou des Marut.

En bref, même lorsqu'il est engagé dans le cadre du couple, Indra n'est pas lié par une nécessité profonde à son partenaire du moment. C'est la liste des dieux de Mitani, dans sa brièveté, qui dit l'essentiel : Indra, au fond, est seul. De ce théologème, le vocabulaire du R̥gVeda donne une expression saisissante : le mot *éka* « un », dans tous les sens du mot (« seul en face de plusieurs » ; « seul parmi... » ; « seul, sans aide » ; « unique, éminent ») est employé 75 fois dans l'hymnaire à propos de divinités ; or, 63 passages concernent Indra, sans compter les deux composés *ekavīrá* (X, 103, 1), « héros unique » et *ekarā́j* (VIII, 37, 3) « roi unique », hapax qui tous deux qualifient Indra [4].

1. V. ci-dessus, p. 307, note 1.
2. V. ci-dessous, p. 527-528.
3. « Tordenguden og hans dreng », *Danske Studier*, II, 1905, p. 129-146.
4. Cf. Bernfried Schlerath, *Das Königtum im Rig- und Atharvaveda*, 1960, p. 28, 32, 49.

> Il ne veut pas s'associer avec cinq, avec dix, il ne s'allie pas à qui ne presse pas le soma, fût-il opulent. Il le défait plutôt, comme cela, ou le tue en grondant, tandis qu'au pieu il donne un lot dans l'enclos des vaches.
>
> Le très fort, qui bloque les roues dans le combat, hostile à qui ne presse pas le soma, accroissant qui le presse, Indra, dompteur de tous, terrible, l'arya, mène le barbare à sa fantaisie. (R̥V, V, 34, 5-6.)

Yathāvaśám, « selon son vouloir ». Indépendant jusque dans les alliances qu'il paraît contracter, Indra est en outre maître de ses desseins. Il n'est pas plus restreint quant à ses buts que borné quant à ses compagnons. Il est seul et il est libre. Témoin les strophes célèbres de R̥V, VI, 47, 15-18, qui ne rappellent le *Magnificat* que par quelques belles images et où les changements capricieux de sa faveur sont mis sur le même plan que son pouvoir de métamorphose, caractère essentiel et nécessaire de la fonction guerrière :

> ... Portant en avant, comme deux pieds, tantôt l'un, tantôt l'autre, il met le second en tête par ses puissances.
>
> On entend dire que le héros dompte tantôt un fort, tantôt un autre, et conduit au sommet tantôt l'un, tantôt l'autre...
>
> Il abandonne ses amitiés pour les premiers et, par relève, il va avec d'autres...
>
> Il s'est fait conforme tantôt à une forme, tantôt à une autre : telle est sa forme, à le contempler. Par ses magies, Indra va, multiforme, car dix centaines de chevaux bais sont attelés pour lui...

Cette instabilité et cette gratuité de la faveur du dieu guerrier, son élément même, la bataille les rappelle sans cesse aux plus confiants. *Mars caecus*, disent les Romains. Indra libre, pensent plus religieusement les Indiens. Quand s'affrontent deux partis qui, l'un et l'autre arya, l'invoquent également et mettent également leur espoir en lui, librement, il choisit (R̥V, V, 34, 8) :

> Quand il faudrait que le généreux Indra favorisât deux peuples, riches en biens, [qui vont se battre] avec toute leur bande guerrière pour l'enjeu de vaches brillantes [1], de l'un des deux il fait son ami,

1. Karl F. Geldner ; malgré Sāyaṇa, c'est le sens probable de *sáṃ yád... ávet*.

lui, le terrible, et, grondant, verse sur lui la richesse en troupeaux, avec les braves.

Indra et généralement les guerriers, et notamment la troupe d'Indra, la grande compagnie des Marut, sont libres, plus précisément « auto-nomes ». *R̥V*, III, 45, 5, le proclame en triplant l'expression, en la soulignant d'un comparatif :

> Tu es, Indra, indépendant *(svayúḥ)*, roi par toi-même *(svarā́j)*..., plus glorieux par toi-même [qu'aucun autre] *(sváyaśastaraḥ)* [1]. Accru en force, ô très loué, sois pour nous le plus attentif.

Indra et les Marut, dans le R̥gVeda, attirent sur eux la plupart des épithètes formées du préfixe *sva-* « auto-[2] » et d'un nom abstrait : sur 4 exemples de *svákṣatra* « qui a puissance par soi-même », 2 vont à Indra, 1 aux Marut ; sur 12 de *svátavas* « fort par soi-même », 2 vont à Indra, 6 aux Marut ; sur 7 de *svábhānu* « lumineux par soi-même », 5 vont aux Marut ; sur 3 de *svápati* « son propre maître », 2 vont à Indra, etc. Et les contextes sont significatifs. Par exemple, entre beaucoup :

> Autonome *(svákṣatram)*, audacieux est ton esprit, meurtrière d'un seul coup, ô Indra, ta force de mâle.
>
> V, 35, 4.

et :

> Fort par lui-même *(svátavān)* comme une montagne, né depuis toujours pour la victoire, l'héroïque, le vigoureux Indra [perce le démon Vala]...
>
> IV, 20, 6.

1. Geldner : « *Indra, du bist dein eigener selbständiger Herr,... gar selbstherrlich.* »
2. Dans la plupart des cas, il n'y a pas de raison de chercher dans *sva-*, non le réfléchi, mais une variante du *su-* « bon, bien ». Sur les relations sociales exprimées par des composées de **swe-*, v. Émile Benveniste, *Vocabulaire des institutions indo-européennes*, I, 1969, p. 328-333.

Un des termes les plus intéressants dans cet ensemble [1] est le substantif *svadhā́* « qualité, nature, volonté propre [2] ». Le terme apparaît avec son sens précis une soixantaine de fois dans le R̥gVeda, appliqué rarement aux hommes, quelquefois à des notions telles que les énigmes, le rituel funéraire, mais surtout à des dieux tels que l'Aurore, le Soleil, Apāṃ Napāt, Agni, etc. Considéré par rapport aux dieux des deux premières fonctions, il donne lieu à une statistique éloquente : jamais il ne concerne, collectivement ni individuellement, les dieux souverains ; au contraire, vingt et une fois, soit un tiers du nombre total des emplois, il concerne Indra ou les Marut. Quelques exemples donneront le ton :

> Par tes forces, tu passes les extrémités du Ciel, Indra, l'espace terrestre ne te tient pas, tu t'es accru par ta *svadhā́*...
>
> VIII, 88, 5.

à Indra encore :

> Si ma liqueur te réjouit, si tu prends plaisir à ma louange, viens de loin, selon ta *svadhā́*.
>
> VIII, 32, 6.

---

1. Naturellement Indra est par excellence le *svarā́j* « roi par lui-même » : le mot lui est appliqué 10 fois dans le R̥V sur les 16 emplois au singulier (en outre, 1 fois sans doute à un protégé d'Indra, 1 fois sans doute au roi lors de la consécration ; 1 fois à Parjanya, qui est par nature associé à Indra dans l'œuvre de la pluie ; 1 fois sans doute au nouveau mort allant prendre sa place dans l'au-delà ; 1 fois à Varuṇa, seulement nommé « Āditya » ; un quinzième exemple n'est pas clair ; – au pluriel, le mot qualifie 1 fois les Marut, 1 fois des chevaux mythiques, 1 fois les Āditya désignés par le nom *rā́jānaḥ* « les rois »). Le substantif abstrait correspondant *svarā́jya* est appliqué en refrain à Indra dans deux hymnes (16 fois dans I, 80, 1-16 ; 3 fois dans I, 84, 10-12) et une fois encore à Indra (en outre, 1 fois à Savitr̥, le dieu « impulseur » ; 1 fois à Mitra-Varuṇa : 1 dernier texte est sans doute corrompu). Enfin et surtout, une seule fois *svarā́j* apparaît à côté de *samrā́j* « roi universel », dans une distinction qui vaut définition théologique : or le *sv.* est Indra, le *sa.* est Varuṇa. V. à ce sujet une discussion de méthode avec Bernfried Schlerath : SCHL... *Das Königtum im Rig- und Atharvaveda*, 1960, p. 132-133 ; Dum., *Journal asiatique*, CCXLIX, 1961, p. 430.
2. Sur ce mot, V. Émile Benveniste, *Origines de la formation des noms en indo-européen*, I, 1935, p. 199 ; Louis Renou, *Études védiques et pāṇinéennes*, XVI, 1967, p. 11 (« le seul sens avéré pour *s.* dans le R̥gVeda est « autonomie ») ; la définition de Philippe Colinet, « Étude sur le sens du mot *svadhā́* dans le Rig Véda »,

À vos épaules, ô Marut, sont fixées des boucles, sur vos poitrines des plaques d'or... Ils étincellent comme l'éclair par les pluies, avec des armes selon leur *svadhā́*.

VII, 56, 13.

Nature et comportement individuel, et aussi sans doute, comme dans le dernier exemple cité, comportement « de classe ». Les effets de la *svadhā́* collective des Marut, de celle même d'Indra ne sont pas entièrement imprévisibles : ils agissent en guerriers [1]. Et l'on ne peut oublier ici, par-delà des mots apparentés à *svadhā́* que le grec, le germanique connaissent au sens d'« habitude », de « mœurs », le dérivé latin *sodālis*, qui désigne le membre d'un petit groupe autonome contenu dans la société et qui parfois s'oppose à elle : confrérie, corporation, cabale politique, association secrète ou illicite, bande de débauchés.

Cet avertissement du vocabulaire latin nous conduit au seuil d'un immense problème. L'autonomie dont les guerriers sont fiers, que les poètes reconnaissent emphatiquement aux dieux combattants lorsqu'ils les invoquent, est lourde de tentations et de risques pour qui la possède, inquiétante aussi pour l'ordre social ou pour l'ordre cosmique. *Svadhā́*, pas plus que *sodalitas*, ne s'ajuste complètement à l'ensemble social. Une fois au moins, parlant d'hommes, le R̥gVeda a éclairé ce versant dangereux, mauvais, du concept. VII, 104, contient un groupe de strophes qui jettent la malédiction sur le menteur. À la strophe 9 (cf. *AV*, VIII, 4, 9), nous lisons :

Ceux qui, par leurs voies *(évaiḥ)*, faussent la déclaration droite, ou ceux qui tournent au mal le bien par leurs *svadhā́*, que Soma les livre au serpent ou les pose dans le sein de l'anéantissement !

Mélanges Sylvain Lévi, 1911, p. 172 (« manière habituelle, propre, habitude, coutume »), est insuffisante.

1. Dans certaines formes du dualisme iranien, le concept *x^v at-dōšakih* (« vouloir propre ») est caractéristique de la partie de la deuxième fonction qui relève de la mauvaise création : Robert Ch. Zaehner, *Zurvan*, 1955, p. 374-381 (extraits Z 11 et Z 12 du Dēnkart).

Jamais les hymnes n'envisagent ainsi la *svadhā́* des dieux guerriers, ni d'aucun dieu : prières, éloges, ils n'admettent pas d'ombres dans leurs tableaux. Mais les ombres existent. Elles sont dans la mythologie, riche entre toutes, du niveau guerrier, à laquelle les hymnes ne font que de lyriques allusions, mais dont les exposés discursifs des Brāhmaṇa, des épopées et des Purāṇa nous informent complètement. L'antiquité de ces mythes est d'ailleurs garantie par le parallélisme qui se remarque entre plusieurs d'entre eux et les traditions d'autres peuples indo-européens.

À travers un de ces cadres hérités de leur lointaine préhistoire commune, nous allons suivre le dieu guerrier de l'Inde, le modèle des champions scandinaves, le plus pathétique des héros de la fable grecque, d'autres encore jusqu'au terme logique de leur solitaire liberté : dans leurs fautes, dans leurs malheurs.

II
INDRA PÉCHEUR

Dans les Brāhmaṇa, dans les épopées, Indra est un pécheur, mais il n'est pas signalé comme tel dans le R̥gVeda. Les efforts qu'a faits Hanns Oertel en 1898 [1] pour découvrir, dans quelques passages des hymnes, la trace d'un blâme, une allusion à ce qui sera plus tard dénoncé comme criminel ou scandaleux, n'ont rien produit de vraisemblable.

Quand *R̥V*, VI, 47, 16-17, montre Indra enclin à aider tantôt l'un et tantôt l'autre, se séparant de ses premiers amis pour aller avec d'autres, il suffit de se reporter au contexte, on l'a vu [2], pour comprendre que le poète ne sent là qu'une manifestation, qu'il enregistre sans la blâmer ni la déplorer, de l'*indépendance*, de l'*autonomie* nécessaire et saine du dieu guerrier. Il est artificiel de rapprocher un tel texte, comme fait Oertel, de la violation de la parole que nous avons rencontrée, au niveau des Brāhmaṇa, dans l'histoire du meurtre de Namuci.

Quand VI, 46, 3, appelle Indra *sahásramuṣka* « aux mille testicules », cette épithète fait certainement allusion à la supervirilité que tous les peuples attribuent volontiers aux hommes et aux

1. « Indrasya kilbiṣāṇi », *JAOS*, XIX, p. 118-125.
2. V. ci-dessus, p. 75.

dieux guerriers : les chansons de soldats, de siècle en siècle, associent constamment les divers offices du mâle, et l'avestique Vərəθrağna, dieu de la victoire, en partie homologue d'Indra Vr̥trahan, est invoqué aussi pour obtenir *ərəzōiš xā̊, fontes testiculorum*. Mais rien n'autorise à chercher ici, avec Sāyaṇa, une référence précise aux péchés sexuels, aux adultères d'Indra dont la littérature épique sera friande.

Quant à V, 34, 4, la strophe ne dit sans doute pas ce que Oertel et beaucoup d'auteurs lui font dire. La symétrie engage à traduire au dernier vers *kílbiṣāt* comme un ablatif objectif, se référant non à une faute d'Indra à laquelle rien, dans le reste de l'hymne, ne ferait écho, mais à la faute d'un homme avec qui Indra, malgré cette faute, entre en relations. Le sens y gagne en force et en beauté :

> Celui dont, fort, il a tué le père ou la mère ou le frère, de celui-là il ne s'écarte pas ; faisant un arrangement, il recherche même ses offrandes. De la faute il ne s'écarte pas, lui, le donneur de biens [1].

« De la faute », c'est-à-dire « de l'homme fautif ». L'intention de ce vers comme de toute la strophe est de rappeler qu'Indra, à la différence de Varuṇa, par exemple, ne tient pas des comptes rigoureux, ne connaît pas les impasses du droit, ne s'arrête pas dans ses relations avec les hommes là où s'arrêtent forcément les dieux souverains : ce dieu fort, et qui tue à l'occasion (c'est sa mission), se réconcilie avec les fils ou frères des ennemis qu'il a dû tuer et n'excommunie pas non plus le pécheur.

Reste, dans l'hymne des « enfances » douloureuses d'Indra (IV, 18), le fameux vers où il est dit qu'il a tué son père (str. 12, v. 4). Ce serait très grave, en effet, si l'on savait de quoi il s'agit. Mais cet énorme crime a fait fort peu de bruit, ce qui paraît étrange, quand on pense au zèle avec lequel les Brāhmaṇa et les épopées recueillent les pires et les moindres cancans sur Indra. De plus, dans la strophe où il est mentionné, le crime se présente dans de

1. Autrement Karl F. Geldner : « *Der Mächtige geht dem nicht aus dem Wege, dessen Vater, dessen Mutter, dessen Bruder er erschlagen hat. Er fordert sogar noch Geschenke von ihm, wenn er einen Vergleich macht. Er scheut vor keinem Unrecht zurück, der Verschenker des Gutes.* »

telles conditions qu'il y fait incohérence, non-sens. La tentation est forte de corriger la personne du verbe : en changeant une lettre, on retomberait sur un thème de conte et de roman clair et connu, celui du futur héros – tel le Batradz des Osses – persécuté de toutes manières à sa naissance et notamment rendu orphelin. Le poète, plein de commisération, demande au pauvre petit :

> Qui a fait de ta mère une veuve ?
> Qui voulait te tuer, toi, couché ou marchant ?
> Quel dieu était en compassion de toi[1]...

et, avec le texte que nous lisons, le quatrième vers dit, contre toute attente :

> ... quand tu faisais périr ton père, en l'empoignant par les pieds ?

L'étrangeté de la dernière question saute aux yeux : à quel titre l'enfant pouvait-il attendre la pitié des dieux pendant qu'il commettait le pire des meurtres ? On a supposé une persécution par le père, une histoire du même type que celle des Ouranides. C'est gratuit, et la question posée d'abord au premier vers suggère plutôt que le persécuteur « qui a fait la mère veuve » est étranger à la famille et que le père a été la victime du même ou des mêmes ennemis que la mère et l'enfant. L'étrangeté disparaît si, au quatrième vers, « on » lui tuait son père comme « on » voulait, au vers 2, le tuer lui-même. Il suffit de lire, en ce vers 4, *ákṣiṇan* (3 pl.) « ils (les ennemis) faisaient périr », ou *ákṣiṇāt* (3 sg.) « il (le persécuteur désigné par « qui ? » aux vers 1 et 2) faisait périr », au lieu de *ákṣiṇāḥ* « tu faisais périr ». Quelque scrupule qu'on ait à toucher à la tradition textuelle védique, il faut parfois s'y résigner[2].

1. Geldner : « *Welcher Gott fand Gnade vor dir...* » Cette interprétation de *te* paraît contredire l'attitude des dieux envers Indra, telle qu'elle ressort du deuxième vers de la strophe précédente, bien rendu par Geldner (paroles de la mère d'Indra enfant) : « *Mein Sohn, jene Götter lassen dich in Stich.* » En outre, partout ailleurs dans le R̥gVeda, les dieux sont donneurs, non bénéficiaires, de *mārdīkā* « pitié, grâce, faveur » (rac. *mr̥d-* « pardonner, épargner, être favorable »).
2. Il est vrai qu'on peut déduire de ces considérations qu'il faut au contraire conserver *ákṣiṇāḥ*, puisque c'est la *lectio difficilior.* Si l'on choisit ce parti, il reste qu'aucun autre passage de l'hymnaire ne mentionne le parricide d'Indra et que cet énorme crime ne figure sur aucune des listes de péchés consignées dans la littérature védique en prose.

Ainsi, dans le R̥gVeda, Indra n'a pas de casier judiciaire. Mais qu'on n'aille pas conclure qu'il était alors innocent et que le bruit de ses fautes est une invention des hommes qui vinrent ensuite. Si Oertel n'a pas réussi dans son enquête, il en avait du moins dès la première page sagement réduit l'importance : « Que les hymnes védiques, disait-il, nous fournissent à cet égard peu de données, cela tient au caractère même des poèmes, à leur genre littéraire ; ce sont des invocations et des louanges, des demandes de secours et l'exaltation d'une grandeur que l'éloge, selon l'expression de VIII, 3, 13, n'atteint pas, n'épuise pas. Dans de telles adresses, l'allusion à une conduite blâmable, l'insinuation d'une culpabilité seraient évidemment déplacées, et par conséquent non moins déplacé, dans nos déductions, un *argumentum ex silentio* fondé sur leur absence. »

C'est tout à fait vrai : les poètes védiques ne pouvaient donner un mauvais rôle au dieu qu'ils considéraient – la statistique le montre assez – comme le plus utile. Courageusement, en bons serviteurs, ils auraient assumé plutôt avec lui les plus contestables responsabilités. Notre précédente étude a mis en valeur un exemple de cette attitude : dans toute la littérature ultérieure, le meurtre du Tricéphale comportera souillure, ce monstre étant à la fois brahmane, chapelain des dieux, ce qui est probablement une affabulation postvédique, et leur cousin germain, ce qui doit être archaïque. Or, on a vu comment, une seule fois, et d'une touche légère, d'un seul mot, le R̥gVeda mentionne entre le meurtrier et le meurtri des relations sociales qui rendent le meurtre juridiquement discutable. Indra, dit II, 11, 19, a livré en mains à Trita le fils de Tvaṣṭr̥, le fils de « l'homme uni [à lui] par des liens d'amitié », *sākhyásya*. On chercherait vainement dans le contexte l'ombre d'un blâme : c'est à nous les hommes, *asmábhyam*, en la personne de Trita, qu'Indra a fait cette livraison, et si le poète la rappelle, c'est pour demander au dieu de persévérer dans cette bonne conduite, car la syntaxe inversée de la phrase revient à dire : « Puissions-nous triompher, vaincre tous les ennemis, les barbares, avec ton aide, avec l'arya (c.-à-d. sans doute, avec toi, le dieu des arya), nous à qui jadis tu as livré..., etc. ». Quand on fait sa cour au dieu frappeur, on ne va pas discuter la manière dont il frappe.

Le silence du R̥gVeda étant ainsi expliqué, et du même coup éliminée l'objection qu'on en pourrait tirer quant à l'antiquité de la représentation, on ne peut que constater avec Oertel l'ampleur et l'importance que revêt, dès les Brāhmaṇa et les traités rituels, le théologème d'Indra pécheur, et même la systématisation de ses péchés : les auteurs disposent, en effet, de listes de fautes qui se retrouvent dans les textes des diverses écoles avec de légères variantes et qui font allusion à des aventures que nous ne connaissons qu'en partie. Oertel cite *Aitareya-Brāhmaṇa*, VII, 28 :

> Quand les dieux s'éloignèrent d'Indra en disant : « Il a fait une machination contre Viśvarūpa, fils de Tvaṣṭr̥ (c.-à-d. le Tricéphale) ; il a tué Vr̥tra ; il a donné les Yati aux loups *sālāvr̥ka* ; il a tué les Arurmagha ; il a coupé la parole à Br̥haspati (chapelain des dieux) », alors Indra fut exclu de la consommation du soma.

Dans *KauśitakīUpaniṣad*, III, 1, c'est Indra lui-même qui énumère ses mauvaises actions :

> J'ai tué le fils tricéphale de Tvaṣṭr̥, j'ai donné les Arunmukha, les Yati aux loups *sālāvr̥ka* ; transgressant beaucoup de conventions *(bahvīḥ saṃdhā atikramya)*, j'ai frappé dans le ciel les Prahlādīya, dans l'atmosphère les Pauloma, sur la terre les Kālakāñja.

Oertel a joint un plus long passage (II, 134) de ce précieux JaiminīyaBrāhmaṇa dont il publiait alors beaucoup d'extraits et faisait une particulière étude :

> Les créatures condamnèrent Indra en disant : « Il a tué le fils tricéphale de Tvaṣṭr̥, il a donné les Yati aux loups *sālāvr̥ka* ; il a tué les Arurmukha ; il a coupé la parole à Br̥haspati ; transgressant la convention qu'il avait convenue *(saṃdhāṃ saṃhitām atītya)*, il a coupé la tête de l'asura Namuci. »
>
> À la suite de ces péchés contre les dieux *(etebhyo devakilbiṣebhyaḥ)* il s'en alla dans la forêt, ne descendant pas (?) chez les dieux.
>
> Il dit aux dieux : « Sacrifiez pour moi ! – Non, dirent-ils, tu as transgressé ces conventions, tu as commis ces péchés contre les dieux, nous ne sacrifierons pas pour toi ! »
>
> Or, Agni peut être dit le meilleur ami d'Indra. Alors, parmi les dieux, [Indra] dit à Agni : « Sacrifie pour moi ! – Oui, dit Agni, mais

je désire quelqu'un parmi les dieux avec qui je puisse sacrifier pour lui [Indra]. »

Il ne trouva personne parmi les dieux avec qui il pût sacrifier pour lui. Il dit : « Je ne trouve aucun parmi les dieux avec qui je puisse sacrifier pour toi. – Alors sacrifie seul pour moi. – Oui. »

Agni, à lui seul, réussit. Il accomplit l'*agniṣṭut*. Avec ce [rituel] il sacrifia pour lui ; tout son mal, il le brûla...

Texte intéressant à plusieurs égards, notamment parce qu'il dit à sa façon que seul le feu a pu nettoyer, expier cette carrière où les péchés s'entremêlent aux services : version optimiste de ce qu'enseignent aussi, avec des nuances diverses, le bûcher d'Héraclès, l'incendie allumé par Jupiter où périt l'impie Tullus, et, dans l'Iran, la pathétique discussion à la fin de laquelle Zoroastre obtient difficilement du Feu, dans l'autre monde, la grâce de l'Hercule iranien, Kərəsāspa [1].

Plus encore que les Brāhmaṇa, l'épopée fera complaisamment état des péchés du dieu Indra, mais un type particulier y tiendra une plus grande place : le péché sexuel, l'adultère, et spécialement l'adultère commis par séduction, surprise ou tromperie avec la femme d'un brahmane, regrettable exploit dont le prototype est sûrement l'aventure du dieu avec Ahalyā. De cela les Brāhmaṇa parlent peu, mais ici encore l'*argumentum ex silentio* serait illégitime, car, dès 1887, Albrecht Weber a remarqué que, dans d'importantes formules rituelles, celles par lesquelles le sacrifice de soma de tel jour est annoncé aux dieux *(subrahmaṇyā)* et qui désignent notamment Indra par une série de vocatifs faisant allusion à ses qualités ou à ses aventures, on lit entre autres ceux-ci : *Ahalyāyai jāra, Kauśika brāhmaṇa, Gautama bruvāṇa* « époux pour Ahalyā, brahmane Kauśika, dit Gautama ». Il est donc certain qu'à l'époque sûrement fort ancienne où s'est fixé ce rituel on

1. Henrik S. Nyberg, « La légende de Kərəsāspa », *Oriental Studies in hon. of Cursetji Erachji Pavry*, 1933, p. 336-343, repris dans *Monumentum H.S. Nyberg* IV = *Acta Iranica*, 1975, p. 245-252, (cf. *Esq.*, 71) ; dans le premier texte publié (*Dēnkart*, IX, analyse de *Sūtkar Nask*, 14), K. se repent « d'avoir tué des hommes sans nombre », mais son principal péché, que lui reproche Ōhrmazd et pour lequel le dieu Feu réclame la peine de l'enfer est d'avoir « battu le feu ». V. maintenant *Esq.* 71 dans *L'Oubli*..., p. 244-245.

connaissait l'histoire d'Ahalyā, femme du brahmane Kauśika Gautama, qu'Indra approcha, comme Zeus Alcmène, en se faisant passer pour son mari. Si les Brāhmaṇa ne l'incorporent pas à la liste canonique des péchés du dieu, c'est pour des raisons dont une au moins se laisse découvrir. Littérature sacerdotale, à la différence de l'épopée, ils évitaient sans doute d'attirer l'attention sur une conduite qui, déclarée pécheresse, mais couverte pourtant par un auguste précédent divin, risquait d'être d'un fâcheux exemple pour les puissants de ce monde. Il semble qu'un des soucis de la classe brahmanique, à ses débuts comme classe, a été de protéger ses femmes contre les entreprises des princes et de la classe guerrière : qu'on se reporte à *R̥V*, X, 109.

Même si l'on n'avait pas la garantie que donnent les formules *subrahmaṇyā*, on ne douterait guère de l'antiquité de ce type d'excès : partout, le guerrier prend des libertés avec les codes par lesquels les *seniores* prétendent discipliner l'ardeur des jeunes gens, partout il se reconnaît des « droits non écrits » sur la femme d'autrui, sur la vertu des filles. Stig Wikander, dans les deux premiers chapitres de son livre *Der arische Männerbund* (1938), a établi que, dès les temps indo-iraniens, cette note sexuelle chargeait le concept de *márya*, « jeune homme de deuxième fonction », et qu'elle est pour beaucoup dans la condamnation dont l'a frappé la réforme zoroastrienne (avestique *mairya*, pehlevi *mērak*) [1]. Dans le reste du monde indo-européen, au niveau des légendes, que l'on songe aux viols de la Vestale Ilia par Mars, de Lucrèce par le soudard Tarquin, aux scandales qui remplissent les histoires des *berserkir* scandinaves comme celles des *contubernales* du roi Frotho (Saxo Grammaticus, V, 1, 11), aux innombrables bâtards semés par Héraclès.

1. Après de nombreuses discussions, souvent malveillantes, cette interprétation de *márya*, comme la thèse générale du livre, s'impose : Manfred Mayrhofer, *Kurzgef. etymol. Wörterbuch des Altindischen*, II, 1957, s. v., p. 596-597. Louis Renou qui, dans ses *Études védiques et pāṇinéennes*, IV, 1958, p. 49, définissait bien *márya* « terme mi-érotique mi-guerrier » (ad *R̥V*, VIII, 54, 13), a eu tort de vouloir supprimer le second élément, *ibid.*, X, 1962, p. 64 (ad *R̥V*, I, 64, 2).

III

LES TROIS PÉCHÉS ET LES PERTES D'INDRA DANS LE MĀRKAṆḌEYA-PURĀṆA

Portons maintenant notre attention sur un texte relativement tardif, où la théorie des péchés d'Indra a reçu une forme remarquable : le cinquième chant du Mārkaṇḍeya-Purāṇa.

Au début de ce Purāṇa, Jaimini, disciple de Vyāsa, va trouver Mārkaṇḍeya pour qu'il lui résolve plusieurs difficultés qu'il a concernant le Mahābhārata. Le sage le renvoie à certains oiseaux aussi éminents par l'intelligence que par la sainteté et c'est ainsi que, au quatrième chant, nous lisons les quatre points qui embarrassent Jaimini à propos de la grande épopée : Comment Janārdana, c'est-à-dire Viṣṇu, a-t-il été amené à prendre forme humaine ? Comment Kr̥ṣṇā, c'est-à-dire Draupadī, est-elle devenue la femme collective des cinq frères Pāṇḍava, héros principaux du poème ? Comment Baladeva, c'est-à-dire le troisième Rāma, frère de Kr̥ṣṇa, fit-il expiation pour le meurtre d'un brahmane ? Comment les fils de Draupadī moururent-ils tous avant de s'être mariés ? Dès la fin du quatrième chant, nous sommes éclairés sur les incarnations de Viṣṇu, et le cinquième aborde le problème en effet délicat du mariage polyandrique de Draupadī [1].

1. Ce texte a été utilisé autrement du point de vue de Draupadī et en liaison avec *Mahābh.*, I, 189, 1-40 (= Calc. 197, 7275-7318), dans *ME* I, p. 103-124.

Il a été fait plus haut allusion [1] à la découverte publiée en 1947 par Stig Wikander dans son article mémorable « La légende des Pāṇḍava et la substructure mythique du Mahābhārata ». Ces cinq frères, qui ont été engendrés successivement par les dieux fonctionnels dans le sein des deux femmes de Pāṇḍu, forment eux-mêmes une équipe fonctionnelle hiérarchisée et leurs comportements respectifs, en de nombreux passages de l'épopée, définissent excellemment, chacune en elle-même et ensemble dans leurs articulations, les trois fonctions qui sont à la base de l'idéologie védique, indo-iranienne, indo-européenne. En sorte que, d'une manière entièrement indépendante du système des *varṇa* ou classes étanches (brahmanes, *kṣatriya, vaiśya*) – qui est une formation proprement indienne, un durcissement de la structure sociale sur le principe des trois fonctions –, avec des traits plus iraniens, en tout cas plus indo-iraniens que védiques (par exemple le rôle de Vāyu dans la fonction guerrière, à peu près effacé dans les Veda), de longues sections du Mahābhārata se présentent comme une série de variations sur le thème des trois fonctions et comme une projection, sur le plan humain, dans des aventures héroïques, de l'idéologie qui animait l'équipe divine des Indo-Iraniens : les souverains Mitra-Varuṇa, les guerriers Vāyu et Indra, les bienfaisants jumeaux Nāsatya.

L'aîné, Yudhiṣṭhira, est le fils du dieu Dharma, « la Loi, l'Ordre », rajeunissement du concept de Mitra. Seul, dans l'équipe, il est roi, un roi foncièrement juste et vertueux.

Viennent ensuite deux guerriers, mais bien différents : Bhīma, fils de Vāyu, « le Vent », est un Hercule brutal et pas très intelligent, volontiers solitaire, armé souvent d'une simple massue, mais surtout de sa force colossale ; Arjuna, fils d'Indra, est le guerrier-chevalier, chef d'armée, expert à l'arc et à toutes les armes classiques.

Le groupe se complète par deux jumeaux, Nakula et Sahadeva, fils des deux jumeaux Nāsatya ; ceux-là, beaux, aimables, serviteurs dévoués de leurs frères, sont aussi – ils le montrent dans un épisode caractéristique – spécialistes du soin des vaches et des chevaux.

---

1. V. ci-dessus, p. 295-296.

On commence seulement d'inventorier, pour l'interprétation du Mahābhārata, pour l'histoire de la pensée indienne, pour la caractérisation détaillée de l'idéologie indo-iranienne et même, par contrecoup ou par analogie, pour l'étude du Livre des Rois persan, les conséquences de cette découverte qui, une fois faite, est évidente et que personne pourtant n'avait pressentie avant Wikander[1]. Quant au scandale – au point de vue arya – du personnage de Draupadī, femme collective des cinq frères, Wikander a pu, immédiatement et pour la première fois aussi, en proposer une explication simple et satisfaisante. Dans la mythologie indo-iranienne, à en juger par les faits védiques et avestiques conservés, l'équipe des dieux fonctionnels se complétait par une déesse unique qui, elle, idéologiquement, ne se cantonnait pas dans une seule des trois fonctions, mais se situait et opérait dans toutes, caractère synthétique que veut sans doute signaler le curieux nom triple que l'Avesta a donné à une telle déesse, « L'Humide (troisième fonction), la Forte (deuxième), la Pure (première) », Arədvī Sūrā Anāhitā[2]. L'épopée indienne a exprimé cette idée fondamentale dramatiquement, sur le plan humain, en assortissant l'équipe trifonctionnelle des cinq Pāṇḍava mâles d'une femme unique, qui est leur épouse à tous.

C'est à cette théorie archaïque des trois fonctions, exprimée dans le groupe des Pāṇḍava, que nous allons voir le Mārkaṇḍeya-Purāṇa associer, ajuster la théorie des péchés et des peines d'Indra, présentant du même coup celle-ci sous une forme systématique et trifonctionnelle. Voici la version littérale de ce texte peu poétique, mais fortement construit, que je divise dans ses sections naturelles, indiquant aussi le numéro des vingt-quatre distiques :

1. C'est la matière de la première partie de *ME* I, p. 31-257.
2. V. ci-dessus, p. 310.

1. – Les péchés

A. Le premier péché

1. Jadis, quand il eut tué le fils de Tvaṣṭṛ (c.-à-d. le Tricéphale), ô brahmane, la majesté *(tejaḥ)* d'Indra, accablée par ce brahmanicide, subit une diminution considérable ;

2. Elle entra dans le dieu Dharma, cette majesté de Śakra (= Indra), à cause de cette faute ; et Śakra se trouva privé de majesté *(nistejāḥ)*, quand sa majesté s'en fut allée dans Dharma.

B. Le deuxième péché

3. Alors, Tvaṣṭṛ, maître des créatures, apprenant que son fils avait été tué, arracha un de ses chignons d'ascète et dit :

4. « Que les trois mondes avec leurs divinités voient aujourd'hui ma force ! Qu'il la voie, le brahmanicide aux mauvaises pensées, le punisseur du démon Pāka (= Indra).

5. par qui a été tué mon fils, dévoué à son devoir ! » Ayant ainsi parlé, les yeux rouges de colère, il mit son chignon en offrande sur le feu.

6. De là surgit Vṛtra, le grand asura, avec des guirlandes de flammes, avec une grande stature et de grandes dents, semblable à une masse de collyre broyé.

7. Ennemi d'Indra, d'une essence non mesurable, fortifié par l'énergie (ou majesté : encore *tejaḥ*) de Tvaṣṭṛ, chaque jour il s'accrut d'une portée d'arc, lui, l'être à la grande force.

8. Voyant que ce grand démon Vṛtra était destiné à le tuer, Śakra, souhaitant la paix, malade de peur *(bhayāturaḥ)*, lui envoya les sept Sages,

9. lesquels firent, entre lui et Vṛtra, amitié *(sakhyam)* et conventions *(samayān)* – eux, les Sages à l'âme béate, dévoués au bien de tous les êtres.

10. Quand, en violation de la convention *(samayasthitim ullaṅghya)*, Vṛtra eut été tué par Śakra, alors, de celui-ci, accablé par le meurtre [commis], la force physique *(balam)* se défit.

11. Cette force physique, échappée du corps de Śakra, entra dans Māruta (autre nom du Vent, Vayu) qui pénètre tout, invisible, divinité suprême de la force physique *(balasya... adhidaivatam)*.

C. Le troisième péché

12. Et lorsque Śakra, ayant revêtu l'apparence *(rūpam)* de Gautama, eut violé Ahalyā, alors, lui, l'Indra des dieux, fut dépouillé de sa beauté (même mot que pour « forme, apparence » : *rūpam*) :

13. la grâce de tous ses membres, qui charmait tant les âmes, quitta l'Indra des dieux, souillé, et entra dans les deux Nāsatya.

2 – DÉTRESSE DU MONDE

14. Ayant appris que le roi des dieux était abandonné de sa justice et de sa majesté *(dharmeṇa tejasā tyaktam)*, privé de force physique *(balahīnam)*, sans beauté *(arūpinam)*, les [démons] fils de Diti firent un effort pour le vaincre.

15. Désireux de vaincre l'Indra des dieux, les Daitya, extrêmement forts, ô grand muni, naquirent dans des familles de rois à la vigueur démesurée.

16. À quelque temps de là la Terre, oppressée par son fardeau, alla au sommet du mont Meru, où est le séjour des habitants du ciel.

17. Écrasée par tant de fardeaux, elle leur conta l'origine de sa peine, causée par les Daitya, fils de Danu :

18. « Ces asura à la vaste force, qui avaient été abattus par vous, sont tous venus naître dans le monde des hommes, dans des maisons de rois ;

19. leurs armées sont nombreuses et, affligée par leur poids, je m'enfonce. Faites donc en sorte, vous, les Trente (= les dieux), que je trouve soulagement. »

3 – Naissance des héros

20. Alors, avec des parties de leur énergie *(tejaḥ)*, les dieux descendirent du ciel sur la terre, pour le service des créatures et pour enlever le fardeau de la Terre.

A) 21. La majesté (encore *tejaḥ*) qui lui était venue du corps d'Indra, le mâle (= Dharma) la libéra lui-même et, en Kuntī (la reine, femme de Pāṇḍu), naquit le roi Yudhiṣṭhira à la grande majesté *(mahātejaḥ)*.

B, B′) 22. Le Vent alors libéra la force physique *(balam)* et Bhīma naquit ; et de la moitié de [ce qui restait de] la vigueur *(vīryam)* de Śakra, naquit Pārthi Dhanañjaya (c'est-à-dire Arjuna).

C) 23. Vinrent au monde les deux jumeaux *(yamajau)* (Nakula et Sahadeva, engendrés par les Nāsatya) dans [le sein de] Madrī (deuxième femme de Pāṇḍu), doués de la beauté *(rūpam)* de Śakra, ornés d'un grand éclat ;

D) 23 *(suite)*. Ainsi le bienheureux Śatakratu (c'est-à-dire Indra) descendit (et s'incarna, *avatīrṇaḥ*) en cinq parties,

24. et son épouse très fortunée Kr̥ṣṇā (c'est-à-dire Draupadī), naquit du Feu : [par conséquent] elle fut l'épouse du seul Śakra et de nul autre.

Quel qu'en soit l'auteur, à quelque époque qu'elle ait été constituée, cette histoire complexe est admirablement trifonctionnelle.

Les valeurs fonctionnelles des cinq Pāṇḍava, reconnues par Wikander, y sont exprimées non seulement par les noms des dieux leurs pères, mais par des substantifs abstraits qui caractérisent bien l'essence de chaque fonction : *tejas*, terme assez vague et pris ici même dans des acceptions diverses, mais qui indique toujours, par opposition à la force du corps, une puissance de l'âme, est en corrélation avec le dieu et le héros de première fonction, Dharma, Yudhiṣṭhira ; deux variétés de force physique, *bala* et *vīrya*, la première certainement plus athlétique et plus brutale, sont attribuées aux deux dieux et aux deux héros de deuxième fonction, Vāyu et Indra lui-même, Bhīma et Arjuna ; la beauté, *rūpa*, à travers les deux jumeaux divins Nāsatya, vient orner les deux jumeaux humains Nakula et Sahadeva.

Mais ces divers éléments, ces pouvoirs dont l'harmonieuse incarnation produit l'équipe des Pāṇḍava, les dieux pères n'ont fait ici que les transmettre aux héros fils : ils les avaient eux-mêmes reçus d'une sorte de décomposition en trois temps d'Indra, consécutive à trois péchés, et le substrat des trois fonctions n'est pas moins net dans ces trois péchés et dans les trois pertes qui les suivent :

1° La perte du *tejas*, force spirituelle ou majesté, est provoquée par un sacrilège et par une atteinte à la structure sociale dans ce qu'elle a de plus haut : un *brahmanicide* ;

2° La perte du *bala*, force physique, est provoquée par un péché qui, tout en restant un manquement au pacte conclu, est d'abord considéré comme *lâcheté*, la peur devant une force supérieure ayant provoqué la conclusion du pacte et le recours à la ruse ;

3° La perte du *rūpa*, beauté de la forme, est provoquée par un *adultère* commis à l'aide de la supercherie honteuse d'un changement de forme.

Brahmanicide, peur entraînant un procédé contraire à l'honneur, adultère : les trois péchés, comme leurs sanctions, se situent respectivement dans les domaines de l'ordre religieux, de l'idéal guerrier, de la fécondité réglée.

Étant donné le genre littéraire dans lequel elle apparaît, on est porté à voir dans cette systématisation des fautes d'Indra l'arrangement tardif, fait par un auteur intelligent, des vieilles traditions, moins organisées, sur les péchés d'Indra. C'est possible. Mais alors il faut reconnaître que cet arrangement, imaginé à une époque où l'Inde arya ne méditait plus sur les *fonctions* comme telles et ne connaissait plus que la morale de ses trois *classes sociales*, présente pourtant, au troisième niveau, une conception qui relève de la troisième fonction indo-iranienne, indo-européenne, mais non plus de la troisième classe sociale indienne : la beauté n'a été, par aucun docteur indien, sentie comme caractéristique de la classe des éleveurs-agriculteurs, des vaiśya, non plus d'ailleurs que la volupté avec les péchés qu'elle peut entraîner. Au contraire, aux temps indo-européens et encore aux temps védiques (les Aśvin comme « maîtres de beauté »), la troisième fonction comportait, à côté de la richesse et de la fécondité, d'autres spécifications, entre autres la beauté et la volupté, avec ses conditions et ses conséquences [1], que les Scandinaves Freyr et Freyja, par exemple, n'ont pas perdues ; l'Aphrodite fonctionnelle qui, dans une légende célèbre, est la compétitrice d'Héra, donneuse de souveraineté, et d'Athéna, donneuse de victoire, n'offre de même à Pâris que « la plus belle femme [2] » ; dans la légende même des Pāṇḍava – et c'est un des traits qui, comme le caractère et l'importance qui y sont donnés au dieu Vāyu, enracine directement cette légende dans l'indo-iranien ou l'indo-européen – la beauté est aussi, autant que la compétence en matière d'élevage et l'aptitude au « service », la caractéristique des jumeaux. Nous devons donc penser, pour le moins, que l'auteur tardif de l'arrangement a dépassé l'idéologie de ses contemporains et reconstitué la riche « troisième fonction » des anciens temps.

Son traitement du deuxième péché – la violation du pacte conclu avec Vṛtra (substitué ici, comme souvent dans l'épopée, à Namuci) – n'est pas moins archaïque. Il met en évidence un élément que les formes anciennes de l'épisode ne pouvaient pas ne pas contenir, puisqu'il en est le fondement, mais qu'elles indiquaient à peine : si Indra a conclu avec ce démon ce pacte initial et cette amitié douteuse au lieu de le traiter dès l'abord comme le dieu guerrier doit traiter tout démon, c'est qu'il ne s'est pas senti de taille, c'est qu'il a eu peur. Tout ce qui suit n'est que la conséquence de ce manquement à la vocation essentielle du guerrier, à la force et à la bravoure pures. L'auteur de notre texte rend explicite cet élément : dès le début de la scène il dit (distiques 8-9) : « Voyant que ce grand démon était destiné à le tuer, Indra, souhaitant la paix, malade de peur, lui envoya les sept Sages,

1. Dans une scène sûrement archaïque du rituel de l'*aśvamedha*, le sacrifice védique du cheval, la liaison de cause à effet entre *beauté* et *fécondité* est mise en évidence, *Śat. Brāhm.*, XIII, I, 9, 6 ; cf. *ME* I, p. 59 (et p. 491 et n. 2, 560 : richesse et volupté).

2. « Les trois fonctions dans quelques traditions grecques », *Éventail de l'histoire vivante* (= *Mélanges Lucien Febvre*, II, 1953, p. 25-32) ; v. en dernier lieu *ME* I, p. 580-586, et les faits parallèles, p. 586-601, et, sur une question de méthode, « L'idéologie tripartie, MM. W. Pötscher et M. Van den Bruwaene », *Latomus*, XX, 1961, p. 524-529 ; cf. *Esq.* 51.

lesquels firent, entre lui et Vṛtra, amitié et conventions... » Et le châtiment frappe Indra dans cette force physique, *bala*, à laquelle, pour une fois, il n'a pas osé se confier.

Ces traitements archaïques, fossiles même, du troisième et du deuxième niveau se comprennent mieux si l'on suppose que le thème des trois péchés commis successivement par le guerrier dans les trois fonctions préexistait au parti qu'en a tiré l'auteur du Purāṇa, à l'application qu'il en a faite à Indra.

Quant à l'idée qui dirige ici tout le développement, à savoir que le guerrier, par ses faiblesses actuelles, perd ses puissances virtuelles, et que, de ces puissances perdues, naissent des êtres, elle est ancienne : dans l'histoire de Namuci précisément, en tant que mythe justificatif de la *sautrāmaṇī*, le ŚatapathaBrāhmaṇa place une décomposition analogue, si ce n'est que les puissances perdues par Indra sont fécondes dans les règnes animal, végétal et minéral, et ne produisent ni dieux ni hommes[1].

Une césure sépare d'ailleurs, en gravité, et surtout quant à la responsabilité d'Indra, les deux premiers péchés du troisième : le résultat des deux premiers pour la société divine ou pour le monde est bénéfique ; il était nécessaire, quels que dussent être les inconvénients de l'acte pour qui l'accomplirait, que le Tricéphale et, après lui, Vṛtra (tenant ici la place du Namuci védique) fussent détruits. Au contraire le troisième péché, sexuel, n'a pas d'excuse, en sorte que c'est Indra seul, mais tout Indra, qui le commet. Il y a même progression de sa responsabilité, à mesure qu'il pèche dans la hiérarchie des niveaux fonctionnels. Nous dirions volontiers qu'elle est nulle dans le meurtre du Tricéphale, et d'ailleurs les variantes qui font intervenir Trita, qui chargent Trita de la faute et en déchargent Indra prouvent que, sans pousser aussi loin, la réflexion des théologiens indiens allait en ce sens. Dans le meurtre de Vṛtra-Namuci, si la nécessité n'est pas contestable, c'est la manière dont Indra l'accomplit, ruse et mensonge, au lieu de bravoure et de combat loyal, qui constitue une faute d'autant plus grave que, guerrier, il pèche contre l'essentiel de sa fonction : il cède à la peur.

1. V. *Tarpeia*, p. 123.

Une dernière remarque. Indra agit en guerrier, comme, dans l'histoire d'Horace et des Curiaces et dans celle de Mettus Fuffetius qui ont été précédemment rapprochées des deux premiers péchés de la liste indienne, Tullus agit en tant que commandant en chef des armées. Cependant, l'Indra du Mahābhārata est *aussi* le roi des dieux, les dieux souverains de la mythologie védique, les Āditya, s'étant presque effacés de la mythologie, et Tullus, à Rome, est *rex*, un *rex* tout occupé de la guerre, mais un *rex*. S'agit-il donc, dans les tableaux que nous étudions, de « péchés du guerrier » ou de « péchés du roi » ? Les deux peut-être, mais, dans les mythes ou dans les légendes où un roi pèche en tant que roi, son péché est unique, et d'un type différent : sous une forme ou sous une autre, en général, l'orgueil[1]. C'est ce qui ressort dans l'épopée iranienne, de la déchéance du roi Yima et, dans le Mahābhārata, de celle du roi Yayāti. Ne nous occupons que du premier, le plus prestigieux des héros primordiaux qu'Arthur Christensen appelle « les premiers rois » de l'Iran. Aussitôt après avoir présenté Yima dans sa majesté et dans sa puissance, le Yašt XIX – le « Yašt de la Terre », en réalité presque tout consacré à l'éloge du signe mystique du pouvoir souverain qu'est le *x^{v}arənah*, signe susceptible de formes diverses, qui apparaît sur le prince désigné par Dieu, l'accompagne dans ses actions et le quitte quand il a démérité – nous avertit, dès la fin du verset 33, que ce bonheur ne dura que jusqu'à ce que Yima commençât à s'adonner « à la parole trompeuse et fausse ». Yima, en effet, pèche gravement, mais une fois, par une seule pensée et dans une seule phrase. Cette faute, dans l'Avesta, c'est le mensonge, péché majeur du mazdéisme ; dans les textes ultérieurs, c'est l'orgueil et la révolte contre Dieu, ou même l'usurpation des titres divins, tous actes contraires aux règles et convenances de la *première* fonction[2]. Mais cette unicité n'empêche pas les conséquences du péché de former, elles, une structure triple et une structure qui, dans les deux variantes connues, est aussi clairement trifonctionnelle que celle des incarnations des puissances perdues par Indra.

1. Ici encore, on observe des formes mixtes : v. ci-dessous, p. 393, 396.
2. V. *ME* II, p. 274-275, 282-289.

Selon *Yašt* XIX, 34-38, les trois *x^{v}arənah* de Yima se logent l'un dans Miθra « maître-de-pays de tous les pays, qu'Ahura Mazdā a fait, de tous les *yazata* du monde des esprits, le plus propre au *x^{v}arənah* » ; le deuxième dans Θraētaona, « fils du clan des Āθwya », qui tua le « Tricéphale » ; le dernier dans « Kərəsāspa à l'âme héroïque », « le plus fort des hommes forts », l'Hercule iranien, dont les travaux sont, ici comme souvent, complaisamment énumérés. Il est clair, comme l'a reconnu Darmesteter, que Miθra et Kərəsāspa représentent respectivement la première et la deuxième fonction ; l'attribution de la troisième – prospérité agricole – à Θraētaona faisait une difficulté que Darmesteter avait commencé de lever, que nous avons, dans notre précédente étude, entièrement supprimée [1], mais qui, en tout cas, ne pouvait prévaloir contre l'affirmation explicite de la seconde variante, celle de *Dēnkart*, VII, 1, 25-32-36, qui dit que le tiers du *x^{v}arr* (forme pehlevi de l'avestique *x^{v}arənah*) de Yam relevant de l'agriculture passa en Frētōn (Θraētaona) – qui aussitôt élimina par traitement médical la peste et la maladie –, le tiers relevant de l'état guerrier en Karšāsp (Kərəsāspa), et le tiers restant – celui de la « fonction souveraine », bien que le mot, cette fois, ne soit pas écrit – en Ōšnar (Aošnara), qui est présenté en ces termes :

> À la même époque elle (= la « transmission de la parole ») revint, grâce à la Gloire de Yam, à Ōšnar qui fut très sage, lorsqu'il se trouvait dans le sein de sa mère. Parlant du sein de sa mère, il lui enseigna plusieurs merveilles. À sa naissance, il frappa le Mauvais Esprit et réfuta les propositions *(frāsnān)* du *mar* Fračya, adorateur des *dēv.*
>
> Il devint ministre de Kai Us et administra, sous son règne, les sept continents. Il découvrit [et] enseigna l'art d'ordonner la parole et plusieurs autres sciences utiles aux hommes ; et les non-Arya furent vaincus dans la discussion. Il prodigua les conseils les plus sages aux pays arya.
>
> §§ 36-37, trad. de Marijan Molé [2].

1. V. ci-dessus, p. 311.
2. Molé a légèrement modifié cette traduction dans la forme : *La Légende de Zoroastre selon les textes pehlevis*, 1967, p. 11.

On voit que les trois fonctions se présentent clairement, régulièrement, dans l'ordre ascendant, la fonction agricole et la fonction guerrière dûment étiquetées, la première fonction abondamment décrite et unissant à l'intelligence et à la science la haute administration, et aussi certains aspects plus précis de cette classe des « scribes » qui a souvent essayé de se faire une place avantageuse dans la hiérarchie des états sociaux. L'épreuve d'intelligence dans laquelle le démon argumenteur est vaincu par Ōšnar rejoint des pratiques védiques attestées, entre prêtres, par les importantes joutes d'énigmes sur lesquelles Louis Renou a appelé l'attention, et, dans le Mahābhārata, l'épreuve par questions à laquelle Dharma, invisible, soumet les Pāṇḍava et à laquelle seul, naturellement, son propre fils, « le Pāṇḍava de première fonction », Yudhiṣṭhira, peut répondre [1].

1. *ME* I, p. 62.

IV

Les trois péchés de Śiśupāla, de Starcatherus, d'Héraclès

Ce texte du MārkaṇḍeyaPurāṇa a été le point de départ d'une enquête qui, commencée dans *Aspects*... en 1956, a été développée d'une manière qui me paraît encore satisfaisante, dans la première partie de *Mythe et Épopée* II [1]. Trois cas de ce qu'on a pris l'habitude d'appeler depuis lors, dans nos études, « les trois péchés du guerrier » ont été analysés et confrontés. Partout il s'agit, malgré la singularité de plusieurs de leurs traits, de héros humains, l'Indien Śiśupāla, le Scandinave Starkaðr, le Grec Héraclès, qui, à la différence de l'Indra du Purāṇa, ne sont pas entièrement comptables de leur conduite : chacun est « l'enjeu du jeu des dieux », exactement de deux divinités antagonistes, une favorable, l'autre hostile, en sorte que leurs carrières sont irréprochables sauf dans trois circonstances (dont deux dédoublées dans le cas de l'Indien) où ils commettent successivement, comme Indra, trois fautes relevant chacune d'une des fonctions, dans l'ordre I II III ou II I III. Pour finir, au moment même où la dernière faute (ou, dans le cas de l'Indien, une faute supplémentaire) cause leur mort, « le bien » a une revanche inattendue.

1. Sous la réserve du deuxième péché d'Héraclès, v. ci-dessous, p. 388-389.

Śiśupāla, tiraillé entre une hérédité démoniaque et la bienveillance sereine de Kṛṣṇa-Viṣṇu, fait une carrière brillante de généralissime mais : en l'absence de Kṛṣṇa, il brûle sa capitale puis surprend, pendant un divertissement, les kṣatriya de Bhoja et les emmène prisonniers (II) ; il rend impossible le sacrifice du Cheval du père de Kṛṣṇa (I) ; il violente une princesse et prend, près d'une autre, l'apparence de son mari (III). Alors un « péché de plus » permet à Kṛṣṇa de le tuer, mais, décapité, il découvre qu'il a toujours aimé ce Kṛṣṇa et, littéralement, déverse son être en lui.

Starkađr (Starcatherus dans Saxo), sur qui pèse la rivalité d'Óđinn et de Þórr, est un magnifique champion, un redresseur de torts, mais : il se fait l'auxiliaire d'Óđinn dans un sacrifice humain dont le roi norvégien qu'il sert est la victime (I) ; le roi suédois qu'il sert ensuite ayant été tué dans une bataille, il fuit lâchement au lieu de rallier les troupes ébranlées (II) ; contre une somme d'argent, il tue son dernier maître, un roi danois (III). Alors il se fait décapiter par un jeune héros à qui, en toute bienveillance, il veut transmettre sa force.

Héraclès, pris entre la malveillance d'Héra et la faveur d'Athéna, fait la glorieuse et généreuse carrière héroïque que l'on sait, mais : il désobéit à l'ordre de Zeus en refusant de servir Eurysthée et, devenu fou, en châtiment tue ses enfants (I) ; il tue déloyalement, par ruse et non en combat, le fils d'Eurytos et, en châtiment, devient malade (II) ; marié à Déjanire, il cède à sa passion pour Iole, ce qui entraîne, par tunique de Nessos interposée, une souffrance intolérable (III). Alors, sur le bûcher qu'il fait allumer par le jeune Philoctète, il rejoint les Olympiens et, adopté enfin par Héra, devient l'un d'eux.

D'autres singularités, communes aux trois biographies ou à deux d'entre elles, ont été signalées : je ne puis que renvoyer à *Mythe et Épopée* II, p. 18-132, qu'il n'est pas possible de résumer ici. Je me bornerai à exposer dans son ensemble le cas d'Héraclès, le développement sur le second péché ayant disparu par une inadvertance que je ne m'explique pas. Voici ce que j'en avais dit dans la première édition de *Heur et Malheur*... (p. 89-93).

... Avec la crainte et le tremblement que comporte une telle indiscrétion, je signalerai seulement que le cadre le plus général des légendes d'Héraclès, dans les deux exposés systématiques que nous en lisons (Diodore de Sicile et le pseudo-Apollodore d'Athènes), s'éclaire et devient plausible par comparaison avec celui des légendes de Starkaðr pécheur, d'Indra pécheur et mehaigné, et généralement par référence au thème épique que nous avons dégagé. La carrière d'Héraclès se divise, en effet, en trois parties et trois seulement, ouvertes chacune par un grave péché qui exige une expiation et dont le groupe d'aventures qui suit immédiatement est présenté comme la conséquence ; le contrecoup de ces péchés atteint le héros, la première fois dans sa santé mentale, la deuxième fois dans sa santé physique, la troisième dans sa vie même ; ces péchés enfin correspondent aux trois fonctions suivant l'ordre hiérarchique décroissant, puisqu'il s'agit successivement d'une hésitation devant l'ordre de Zeus, du meurtre lâche d'un ennemi surpris, d'une passion amoureuse coupable. Suivons le récit de Diodore en son quatrième livre.

1. Origine et valeur fonctionnelle d'Héraclès (9)

Avant même sa naissance, Héraclès – qui n'aura pas trois vies, mais dont il a fallu trois nuits pour préparer la conception – est officiellement classé héros de deuxième fonction par opposition à la première. Juste avant l'enfantement d'Alcmène, Zeus, qui l'a engendré à Tirynthe, déclare devant les dieux que l'enfant qui va voir le jour sera roi des Argiens. Héra retarde en conséquence la délivrance d'Alcmène et fait naître Eurysthée avant terme. Donc l'enfant d'Alcmène ne sera pas roi. En compensation, Zeus promet qu'après avoir servi Eurysthée dans douze travaux, il recevra l'immortalité. Dans la scène qui suit la naissance, la protection que l'enfant reçoit d'Athéna et l'hostilité que lui témoigne Héra – Héra la reine, Athéna la guerrière : qu'on pense au « problème trifonctionnel » qu'Héra, Athéna et Aphrodite posent ailleurs au malheureux Pâris [1] – confirment le sens « deuxième fonction » de ce destin.

1. *ME* I, p. 581-586.

2. Le premier péché (10, 6 et 11, 1)

Héraclès est à Thèbes. Les immenses services qu'il a rendus ont décidé le roi à lui donner en mariage sa fille Mégara.

Cependant Eurysthée, le roi d'Argos, à qui le renom croissant d'Héraclès donnait de l'ombrage, le fit appeler et lui commanda d'accomplir des travaux. Héraclès n'obéissant pas, Zeus l'engagea à partir et à se soumettre aux volontés d'Eurysthée. Héraclès se rendit à Delphes et consulta le dieu sur cette difficulté. L'oracle qu'il reçut disait que la volonté des dieux était qu'il accomplît douze travaux commandés par Eurysthée et qu'ensuite il jouît de l'immortalité. Devant cet ordre, Héraclès tomba dans un profond abattement. Si, d'un côté, il estimait tout à fait indigne de sa propre valeur de servir en esclave un être qui lui était inférieur, il n'en regardait pas moins comme périlleux, et même impossible, de désobéir à Zeus qui était son père. Comme il se trouvait dans ce pénible embarras, Héra lui insuffla une fureur frénétique (λύτταν) [1], et, malheureux comme il était, il tomba dans un accès de folie furieuse (εἰς μανίαν ἐνέπεσε)...

C'est alors le meurtre de ses enfants que, dans son délire, il perce de flèches ; le pénible retour à la raison ; la soumission à la volonté des dieux ; les douze travaux accomplis sur l'ordre d'Eurysthée, avec maints sous-travaux ajoutés par les circonstances ; toute une longue série d'exploits, enfin, à travers le monde.

3. Le deuxième péché (31, 1-4)

Ayant accompli les Travaux, Héraclès fit épouser sa femme Mégara à Iolaos parce que, après l'accident de ses premiers enfants, il redoutait qu'elle n'en mît d'autres au monde. Mais pour s'assurer une postérité, il rechercha une nouvelle femme sur qui ne pesât pas la même inquiétude. Il se déclara donc prétendant d'Iole, fille

1. V. de fines remarques sur la Λύσσα de l'*Héraclès* d'Euripide, comparée à l'Alecto du septième chant de l'*Énéide* (moins nuancée, « das Böse an sich ») dans Vinzenz Buchheit, *Vergil über die Sendung Roms*, 1963, p. 101-102.

d'Eurytos qui régnait à Oechalie. Mais Eurytos, que les malheurs de Mégara rendaient prudent, répondit qu'il délibérerait sur ce mariage. Ayant échoué, pour se venger de l'affront, Héraclès enleva les juments d'Eurytos. Le fils du roi, Iphitos, soupçonnant l'auteur du vol, partit à la recherche des animaux et se rendit à Tirynthe. Héraclès le fit monter sur une haute tour et lui dit de regarder si les juments n'étaient pas en train de paître quelque part. Iphitos n'ayant rien pu découvrir, Héraclès lui déclara qu'il l'avait injustement accusé et le précipita du haut de la tour. À cause de cette mort, Héraclès tomba malade (νοσήσας...).

Nélée refusant de le purifier, il obtient que Déiphobe fasse la cérémonie, mais son mal ne disparaît pas. Il consulte pour la seconde fois l'oracle d'Apollon qui répond « qu'il se délivrerait aisément de son mal si, après s'être vendu lui-même comme esclave, il remettait aux enfants d'Iphitos la somme d'argent qu'il aurait légitimement retirée de ce marché ». Et c'est la vente à Omphale, l'esclavage en Lydie, et une nouvelle série d'exploits.

Dans cet épisode, le récit de Diodore atténue la faute d'Héraclès : il a bien tendu un piège à Iphitos, son hôte, en le faisant monter sur la tour d'où il pourra aisément le précipiter, mais, au moment de le précipiter, il l'avertit, ne serait-ce que par les reproches qu'il lui fait, et la surprise n'est plus complète. Dans les *Trachiniennes*, le messager Lichas justifie mieux la sévérité du châtiment divin (269-280) :

... Un jour qu'Iphitos était venu à la colline de Tirynthe, cherchant à la trace ses juments errantes, au moment où son attention était ailleurs, Héraclès, qui gardait rancune de ces affronts, le jeta du haut de la montagne escarpée.

À cause de cet acte, le roi, Zeus Olympien, père de tous les êtres, s'irrita, l'expulsa et le fit vendre, *ne pouvant supporter que seul de tous les hommes [qu'Héraclès avait tués], il eût tué celui-ci par ruse*, δθουνεκ' αὐτὸν μοῦνον ἀνθρώπων δόλῳ | ἔκτεινεν. S'il s'était vengé ouvertement, ἐμφανῶς [évidemment par rapport à l'adversaire], Zeus aurait pardonné à une violence justifiée, car les dieux, eux non plus, n'aiment pas l'outrage.

Ainsi la faute d'Héraclès est d'avoir exceptionnellement, contre sa pratique constante, violé le devoir et l'honneur du Fort en remplaçant le duel par un traquenard, en tuant par surprise un homme qui pouvait se croire en sûreté à Tirynthe, couvert par le pacte non écrit de l'hospitalité : on sent combien cette situation est proche de l'épisode de Namuci (ou Vr̥tra) dans les légendes d'Indra.

4. Le troisième péché et la mort (37, 4 – 38, 2)

Héraclès a enfin trouvé en Déjanire l'épouse légitime qu'il cherchait et qui lui avait été refusée depuis qu'il s'était séparé de Mégara. Mais le Centaure Nessos a donné à Déjanire un peu de son sang qu'avait empoisonné la flèche trempée dans le venin de l'Hydre. Il lui a dit que le contact d'une étoffe imprégnée de ce philtre suffirait, s'il en était un jour besoin, à lui rendre l'affection de son mari. Bientôt le héros oublie qu'il est marié.

> Il partit d'Iton et, passant par la Pélasgiotide, y rencontra le roi Orménos, auquel il demanda en mariage sa fille Astydamie. Mais comme il avait déjà pour épouse légitime Déjanire, fille d'Oenée, elle lui fut refusée. Il attaqua alors Orménos, prit sa ville, le tua et emmena captive Astydamie, dont il eut un fils, Ctésippos. Après cette expédition, il partit en guerre contre Oechalie, pour se venger sur les fils d'Eurytos du refus de la main d'Iole. Avec l'aide militaire des Arcadiens, il prit la ville, tua les trois fils d'Eurytos, emmena Iole captive et s'en alla en Eubée, sur le promontoire qu'on appelle Cénée.
>
> Là, désirant offrir un sacrifice, il envoya Lichas à Trachis où se trouvait sa femme Déjanire, pour lui demander la tunique et le manteau dont il se servait habituellement dans ces solennités. Instruite par Lichas de la passion que son mari nourrissait pour Iole et désirant regagner sa préférence, Déjanire frotta la tunique avec le philtre que le Centaure lui avait malignement donné. Ignorant ce qu'elle avait fait, Lichas apporta les vêtements. Mais quand Héraclès revêtit la tunique, la vertu de la drogue mortelle opérant peu à peu, il tomba dans le plus affreux malheur : sous l'action de la chaleur, l'étoffe, chargée du venin de l'Hydre que lui avait communiqué la flèche,

attaqua la chair, torturant Héraclès (... τοῦ χιτῶνος διὰ τὴν θερμασίαν τὴν σάρκα τού σώματος λυμαινομένου, περιαλγὴς γενόμενος δ' Ἡρακλῆς...).

En proie à des souffrances croissantes (ἀεὶ δὲ μᾶλλον τῇ νόσῳ βαρυνόμενος, 38, 3), intolérables, le héros envoie faire une troisième et dernière consultation à Delphes. Apollon répond : que l'on porte Héraclès sur le mont Oeta, avec toutes ses armes, et qu'on dresse en ce lieu un grand bûcher ; pour le reste, qu'on s'en remette à Zeus. Et c'est le bûcher, le service du jeune et pur Philoctète, la foudre de Zeus, la disparition de toute trace terrestre du grand homme entré dans l'immortalité.

Tel est le drame en trois actes – trois péchés, trois maladies, scandés par les trois oracles delphiques – qui se développe, dans l'ordre hiérarchique descendant, à travers les trois fonctions [1]. Si

1. Dans la *Bibliothèque* d'Apollodore (II, 4, 8-7, 7), la « scansion » de la masse des exploits d'Héraclès par trois péchés et trois maux (μανῆναι, 4, 12 ; δεινῇ νόσῳ, 6, 2 ; δ τῆς ὕδρας ἰὸς τὸν χρῶτα ἔσηπε, 7, 7) est très voisine, sous quelques réserves dont la plus considérable porte sur la nature du premier péché et son rapport avec la première maladie : 1° la folie dans laquelle il tue ses enfants est envoyée à Héraclès (ou plutôt, encore à « Alcide ») par Héra non plus après (et à la faveur de la dépression produite par) un premier péché, mais simplement κατὰ ζῆλον, par jalousie ; tout involontaire qu'il est, c'est le meurtre des enfants qui constitue le premier péché, et un « péché de première fonction », puisqu'il attente aux liens sacrés du sang ; 2° du même coup, la première consultation de Delphes est déplacée : elle vient, comme il est naturel, après ce qui est ici la faute, donc *après* le meurtre sacrilège des enfants (et non plus après une désobéissance à un ordre divin, *avant* le meurtre) ; la question que « Alcide » pose à la Pythie est « où il devra habiter », et c'est la Pythie, en lui donnant le nom de « Héraclès », qui lui commande d'aller servir Eurysthée pendant douze ans, pour dix travaux (qui seront douze) ; 3° les deux autres péchés et les deux maux correspondants se présentent comme dans Diodore, mais il n'y a de consultation de Delphes qu'après les deuxièmes, non après les troisièmes : c'est de lui-même que Héraclès, écorché vif, construit son bûcher (après avoir enjoint à son fils légitime Hyllos d'épouser, quand il serait grand, sa concubine Iole, matière de sa troisième faute et cause du malheur : ce qui souligne le caractère sexuel de cette faute). – On notera que, ni dans Apollodore ni dans Diodore, aucune des autres violences que commet Héraclès dans sa longue carrière, pas même l'odieuse mutilation des κήρυκες, des hérauts du roi des Minyens (Diod., IV, 10, 2 ; Apollod., II, 4, 11), n'est considérée comme une

le début de l'épopée d'Héraclès (le rôle des divinités de première et de deuxième fonction) et aussi la fin (la mort, valant suicide, après le troisième péché ; la demande du geste meurtrier au jeune homme pur) rappellent l'épopée de Starcatherus, les spécifications du deuxième (Iphitos) et du troisième (Iole) péché fonctionnel sont plus proches du deuxième (Namuci) et du troisième (Ahalyā) péché d'Indra ; en particulier le péché de troisième fonction est de concupiscence sexuelle, comme celui d'Indra, non de vénalité, comme celui de Starcatherus [1]. Également voisin de la conception indienne (Indra) est le thème des « pertes » variables qui sont la conséquence et le châtiment des trois péchés : la perte du *tejas*, puis du *bala* d'Indra (force psychique, force physique), après les péchés de première et de deuxième fonction, est de même sens que la perte de la santé mentale puis de la santé physique d'Héraclès après les péchés de même rang. Simplement, chez Indra, les trois pertes, irréparables, s'additionnent pour donner par leur somme progressive l'équivalent d'un anéantissement, tandis que, chez Héraclès, les deux premières pertes se réparent et c'est la troisième, à elle seule, *ab integro*, qui doit entraîner la mort. Ne concluons rien cependant de ces rencontres partielles : sur un même cadre épique, la matière suggérant facilement certaines oppositions et certaines liaisons causales, Indiens, Germains, Grecs ont pu broder quelques variations convergentes. Mais il y fallait d'abord le cadre, et notre actuel propos n'est que d'en constater l'existence sur ces trois domaines. Malgré les variantes, malgré le foisonnement de variantes que la Grèce présente ici comme en toutes ses légendes, malgré notamment les déplacements sensibles qu'on observe parfois de l'épisode d'Iphitos (deuxième péché) dans la carrière du héros, les hellénistes voudront peut-être retenir ce nouvel élément d'explication et penser que, fondamentalement, de tout temps, avant ses développements, l'histoire d'Héraclès était jalonnée par

faute, n'entraîne de châtiment divin, maladie ou autre. Sur la mort et les dernières volontés d'Héraclès, v. *Esq*. 56.

1. V. un couple analogue de variantes dans *Tarpeia*, p. 280-281 (Tarpeia trahit par amour de l'or ou pour l'amour de Tatius) ; cf. *ME* I, p. 428-430 ; cf. p. 491 et n. 2, et 560.

ces trois épisodes idéologiquement solidaires, sous leur forme connue ou sous d'autres formes équivalentes. Il est plus difficile en tout cas de comprendre comment des compilateurs tardifs auraient réinventé un tel cadre à une époque où le souvenir était assurément perdu de l'antique, de la préhistorique structure trifonctionnelle.

Ainsi reconnu dans trois grandes épopées géographiquement trop distantes et avec des spécifications trop particulières pour qu'un jeu complexe d'emprunts puisse être envisagé, le thème des « trois péchés fonctionnels du guerrier » pouvait, dès 1969, être considéré avec vraisemblance comme hérité des temps indo-européens. Depuis lors, le dossier s'est enrichi. Non seulement la sagacité de Daniel Dubuisson l'a reconnu dans la carrière du héros de la seconde grande épopée indienne, le Rāmāyana, mais il est attesté à Rome, chez les Ossètes, au pays de Galles. La version romaine associe d'une manière originale « le péché du roi » – la *superbia* – et les trois péchés fonctionnels du guerrier. Les deux autres versions ne font pas un tel alliage mais ont en commun la particularité de faire pécher le héros à travers les fonctions dans l'ordre ascendant, III, II, I.

V

Les derniers Tarquins, père et fils

À Rome, il s'agit des fautes qui ont scandé le règne de Lucius Tarquin et dont la dernière lui a été fatale. Mais deux autres thèmes se sont combinés dans ce cadre général. D'une part, les annalistes ont profité de l'occasion pour mettre en valeur, ou plutôt au pilori, un des traits que les Latins réprouvaient dans la morale étrusque : l'autonomie des fils à l'égard de leurs pères, aboutissant à une sorte de cogestion, de coresponsabilité familiale. D'autre part ils ont fondu et condamné dans une réprobation unitaire les deux thèmes dont, à propos de Yima et de Yayāti, nous avons souligné à la fois la parenté et la différence : *le* péché du roi, qui est l'orgueil, *les trois* péchés du guerrier, qui se distribuent sur les trois fonctions. Sur le premier point, je renvoie à ma note « La piété filiale », publiée dans *Mariages indo-européens*, 1979, p. 299-301. Voici pour le second.

Le dernier Tarquin est *Superbus* et les auteurs multiplient les justifications de ce surnom, toutes, d'ailleurs, relatives aux affaires intérieures de Rome, aux rapports du roi et des citoyens. Il est le type du tyran, de l'ὑβριστής. Pour nous en tenir à Tite-Live, les indices abondent. Dès I, 46, 2, c'est sa *spes adfectandi regni*, son ardeur, *animus* ; en 46, 8, en 47, 2-6, c'est l'appétit de régner qu'excitent les *furiae* de sa femme Tullia et, pour culminer, en 48, l'assassinat de Servius et l'usurpation. En 49, il est roi :

> Alors commença le règne de Lucius Tarquin, que sa conduite fit surnommer le Superbe, parce que, gendre, il refusa la sépulture à son beau-père sous prétexte que Romulus lui-même n'avait pas été inhumé, et parce qu'il mit à mort les principaux des Pères qui avaient, croyait-il, tenu le parti de Servius. Puis, conscient que l'exemple de son usurpation pouvait se retourner contre lui, il se fit entourer d'hommes armés [...]. N'espérant rien de l'attachement des citoyens, il n'avait que la crainte pour assurer son règne et, afin d'effrayer davantage, il jugeait lui-même, seul, sans conseil, dans les causes capitales, ce qui lui permettait de tuer, d'exiler, de dépouiller non seulement des suspects ou des ennemis, mais ceux aussi dont il ne pouvait que convoiter les biens. Après avoir ainsi réduit le nombre des sénateurs, il décida de n'en pas admettre de nouveaux afin de discréditer leur ordre par son insignifiance et de prévenir ses revendications. Il fut en effet le premier des rois à cesser de consulter le Sénat sur toute matière. C'est chez lui, avec des collaborateurs de son choix, sans en référer au peuple ni au Sénat, qu'il faisait et défaisait toutes choses.

Un peu plus tard, un chef latin, victime de l'insolence de Tarquin, justifie ainsi son *cognomen* (50, 2) : « *An quicquam superbius esse quam ludificari sic omne nomen Latinum ?* » Et l'indignation de ce Latin a justement pour occasion les rapports du père et de son fils. Mais déjà, à la *superbia*, se mêle un autre type de faute.

Dès le début de son règne, Tarquin convoque les chefs des alliés latins près du bois sacré de Ferentina. Il est en retard de tout un jour au rendez-vous et l'un des présents, le représentant d'Aricie, Turnus Herdonius, s'indigne, proteste avec véhémence. Sur le soir, Tarquin arrive. « Le silence se fit », dit Tite-Live (50, 8-9), et ceux qui l'entouraient lui conseillèrent d'expliquer son retard. Il déclara que, choisi pour arbitre entre un père et un fils, le soin de les réconcilier l'avait retenu et que, la journée ayant été prise par cette affaire, il remettait au lendemain ce qu'il avait à leur dire. Même cette excuse, rapporte-t-on, ne fit pas taire Turnus. Il dit que rien n'était plus rapide à régler qu'un différend entre un père et un fils et que cela ne demandait que quelques mots : « Si le fils n'obéit pas au père, il lui en cuira ! » Ainsi, Superbe à

Rome, Tarquin ne l'est pas moins aux yeux des Latins, avec cette note supplémentaire qu'il applique une morale domestique opposée à la leur.

L'affaire n'en reste pas là. Et, dès ce moment, c'est dans la « politique étrangère », à l'égard des Latins, que vont s'accomplir les trois péchés. Tarquin commettra seul le premier, contre Turnus Herdonius ; il collaborera avec son fils dans le deuxième et son fils commettra seul le troisième, entraînant la chute de son père et la rapide disparition « des Tarquins ».

Trois péchés fonctionnels, répétons-le, bien que, d'un roi, le modèle indo-iranien n'en fasse attendre qu'un, la *superbia* qu'il porte dans son *cognomen*. Cette confusion des deux thèmes s'explique en partie par la double nature attribuée au personnage.

Tarquin certes est roi, un roi irrégulier, *iniussu populi ac senatus*, mais un roi. Son aspect « Superbus », ce sont d'abord et surtout les Romains qui en souffrent dans le gouvernement de leur ville, dans les constructions somptueuses pour lesquelles ils sont requis. Pour la « politique étrangère », il accomplit de grandes œuvres et poursuit l'œuvre de ses prédécesseurs avec un tel succès que ses victimes romaines elles-mêmes y trouvent consolation, en sont fières et ne songent pas à se révolter, Tite-Live le dit expressément (53, 1) :

> Si, comme roi, dans la paix *(rex in pace)*, Tarquin ne respectait pas le droit *(iniustus)*, il ne fut pas mauvais comme chef de guerre *(dux belli)*. Il eût même, par ce talent, égalé les rois qui l'avaient précédé si les vices qu'il montrait dans les autres choses n'avaient, du même coup, offusqué ce mérite.

Et Tite-Live énumère (53, 2-3) : la guerre volsque, d'abord, qu'il commence et que l'historien considère évidemment comme nécessaire ; la prise de Suessa Pometia dont le butin va lui permettre de construire « un temple digne du roi des dieux et des hommes, digne de l'Empire romain, digne aussi de la *maiestas* du lieu ». Ainsi, en Tarquin, ce n'est pas le *rex* qui appelle la louange, c'est le *dux*, dans la guerre et dans ce qui, dès l'Antiquité, la préparait ou la continuait, la diplomatie. Aussi, autant et plus que le *rex*, est-ce le *dux* qui va s'engager dans la série de péchés où il sera bientôt rejoint par son fils

Sextus, lequel n'apparaît d'ailleurs que dans deux décors guerriers où, en tant qu'officier, il est plus actif que son père, ou seul actif. L'autonomie que la morale étrusque reconnaissait au fils a ici pour résultat paradoxal d'associer étroitement les deux générations dans le mal et d'en faire un coupable à deux têtes.

PREMIER PÉCHÉ, COMMIS PAR LE ROI LUCIUS TARQUIN SEUL, À PROPOS DES RAPPORTS ENTRE PÈRE ET FILS (TITE-LIVE, I, 50-52) :

Ce péché est la conséquence immédiate de la vive altercation qu'il vient d'avoir avec Turnus d'Aricie. Piqué au vif par la leçon d'autorité paternelle que celui-ci lui a donnée, il décide de le perdre. Pendant la nuit, avec la complicité d'Ariciens qui lui sont acquis et d'un esclave soudoyé, il fait introduire secrètement des armes dans le logement de Turnus. Le lendemain, dans l'assemblée des Latins, il l'accuse d'avoir comploté contre sa vie et contre les représentants des autres cités pour s'emparer de tout le Latium. On décide de fouiller chez lui, ce qu'il accepte volontiers puisqu'il est innocent. Mais la perquisition découvre des armes. Indignée, l'assemblée le condamne sans l'entendre. Suivant les uns, il est enterré vif (Denys d'Halicarnasse), suivant d'autres noyé *nouo genere leti*, sous une claie chargée de pierres (Tite-Live, I, 51). Dans l'émotion générale, Tarquin n'a pas de peine à faire non seulement renouveler, mais renforcer à son avantage les conventions passées avec les Latins par les rois légitimes qui l'ont précédé et il crée aussitôt, par amalgame, une armée de manipules mixtes de Romains et de Latins, organisée à la romaine.

Ainsi, dans l'ordre de la souveraineté, il a gagné un avantage, mais, moralement, à quel prix : accusation mensongère, soutenue par des preuves truquées, jugement inique, peine cruelle, traité extorqué par une émotion sans fondement. Il est *mitradruh* sur toute la ligne « *fides* » de la première fonction : la morale, le droit réel et formel sont bafoués.

Deuxième péché, commis par Lucius Tarquin et par son fils Sextus (Tite-Live, I, 53-54) :

Dans les guerres qui commencent aussitôt après, si Suessa Pometia, capitale des Volsques, a été facilement et honorablement prise, Gabies, ville latine située à trois lieues de Rome, résiste. Un assaut a été repoussé et le roi Tarquin hésite à en faire le siège.

> C'est alors, dit Denys (IV, 55, 1) que son fils aîné, nommé Sextus, après avoir communiqué à son père, et à lui seul, le plan qu'il avait conçu et qui, tout audacieux et périlleux qu'il était, ne lui paraissait pas irréalisable, reçut de son père pleine liberté de l'entreprendre (Tite-Live I, 53, 5 résume : *ex composito*).

Suivant un thème du folklore des guerres déjà utilisé par Hérodote, Sextus feint d'être persécuté par son père. Il se présente aux Gabiens comme transfuge, couvert de cicatrices, tandis que Tarquin fait mine d'abandonner la guerre pour se consacrer à la construction du temple capitolin et à d'autres grands travaux. À Gabies, « il se plaint des cruautés d'un père qui, non content de dépeupler la Curie, s'en prend maintenant à sa propre famille. Après avoir échappé aux traits de son père, il ne voyait de sûreté pour lui que chez les ennemis de Lucius Tarquin ». L'abandon de la guerre, ajoutait-il, n'était qu'une feinte et tôt ou tard, ils auraient à subir de nouveaux assauts. Les Gabiens se laissent persuader, toucher même : ils ont si mauvaise opinion du roi des Romains qu'ils ne s'étonnent pas de le voir s'en prendre à son fils. Ils se félicitent de l'arrivée de Sextus, persuadés que, grâce à lui, la guerre serait bientôt transportée des portes de leur ville sous les murailles de Rome.

Admis à l'assemblée, il s'y conduit adroitement, se ralliant sur toutes les autres questions que la guerre aux avis des anciens qui, disait-il, avaient plus d'expérience, mais se réservant les conseils sur la guerre où sa connaissance directe des deux parties lui donnait, disait-il encore, une compétence supérieure. D'accord avec son père, il multiplie, avec des troupes de jeunes Gabiens, des escarmouches et des razzias qui se terminent toujours victorieusement. Tant et si bien qu'on lui remet la direction des opérations et que tous, vieux et jeunes, citoyens et soldats, ne jurent plus que par lui : Tarquin le père n'était pas plus puissant à Rome que le fils à Gabies.

Parvenu à une telle influence, il semble que Sextus peut tout régler facilement : il est maître de l'armée et de la ville. Mais l'annalistique a corsé l'événement, sans doute pour alourdir la responsabilité des Tarquins, en démarquant un autre morceau de folklore grec : Sextus envoie un messager à son père pour lui demander ses ordres. Le roi ne répond rien, mais, tout en se promenant à travers des jardins avec le messager, il casse avec son bâton les têtes des pavots les plus élevés. Le messager croit qu'il a manqué sa mission et rentre à Gabies. Sextus, lui, sait interpréter la scène (Tite-Live, I, 54, 8-10) :

> Lisant en clair, sous ces gestes sans paroles, la volonté et les ordres de son père, Sextus fit périr les premiers citoyens, les uns en les accusant devant le peuple, les autres en profitant de leur impopularité. Beaucoup furent tués officiellement, d'autres, qu'il était moins facile de faire condamner, le furent secrètement. D'autres partirent d'eux-mêmes, d'autres furent contraints à l'exil. Les biens de tous, exilés ou mis à mort, furent divisés en lots. Ces distributions, ce butin, firent que, l'attrait de l'intérêt privé émoussant le sentiment des malheurs publics, un beau jour, Gabies se trouva livrée au roi de Rome sans aucun combat.

Le récit de Denys d'Halicarnasse, très délayé, est de même sens, mais l'historien y insère un doublet de l'histoire de Turnus Herdonius – nous y reviendrons – et souligne l'habileté avec laquelle Tarquin use de cette honteuse victoire : il ne se livre à aucune violence, signe avec les Gabiens un traité de paix et se retire, après avoir établi Sextus roi.

Ainsi, Tarquin et son fils ont gagné un deuxième avantage, important pour eux et pour Rome, et cette fois dans la guerre, dans la deuxième fonction. Mais ils ne l'ont pas fait par les moyens francs et directs de la morale guerrière. Ils ont substitué des tromperies à la bataille qu'ils ne pouvaient gagner : Gabies s'est trouvée prise de l'intérieur sans que son armée ait eu à faire son office. Cet épisode est une claire illustration de ce que l'honneur militaire interdit : vaincre par tromperie et trahison, remplacer la force et la vaillance par une ruse déloyale. Dans plusieurs des réalisations déjà inventoriées des « trois péchés du guerrier », c'est la forme que revêt le péché de deuxième fonction : Indra fait un pacte d'amitié avec

Namuci et, à la faveur de ce pacte, en en déviant les clauses, il le décapite ; Héraclès tue Iphitos en détournant son attention et en le précipitant du haut d'une tour. Certes, la faute est quelquefois différente : Starcatherus, au moment où son roi vient d'être tué dans la bataille, se mêle aux fuyards au lieu d'organiser la résistance. Mais tout cela appartient à la même catégorie : refus du combat d'égal à égal ou fuite sont des formes de lâcheté. Quant au détail, peu importe que la scène de Gabies soit faite de morceaux pris à la tradition grecque, comme le remarque Denys lui-même : comme dans tous les cas analogues, les morceaux grecs ont été choisis parce qu'ils répondaient à moindre frais à ce qu'on pourrait appeler « l'appel du schéma », illustraient, joints ou opposés à d'autres épisodes, la leçon qu'il s'agissait de donner, ou complétaient le tableau qu'il s'agissait de dresser.

Troisième péché, commis par Sextus Tarquin seul, mais solidaire de la dynastie (Tite-Live, I, 57, 60) :

Peu de temps après, c'est contre Ardée, ville latine des confins étrusques, que se porte la convoitise de Tarquin parce qu'elle est riche et qu'il a épuisé son trésor en constructions fastueuses. Il assiège donc Ardée. Sextus, tout roi qu'il est à Gabies, se trouve dans l'armée de son père. Selon Tite-Live, envoyé avec d'autres officiers à Collaties, il est reçu dans la maison d'un de ses cousins, Tarquin Collatin. Quelques jours plus tard, en l'absence de celui-ci, il y retourne seul et, pendant la nuit, quand tout dort, il va dans la chambre de son hôtesse. Elle refuse, résiste, jusqu'au moment où, par chantage, il menace de la tuer et de placer près d'elle le corps d'un esclave pour faire croire au plus honteux adultère. Elle cède donc, mais on sait la suite : Brutus entre en scène, *exeunt* les Tarquins, et Porsenna, enthousiasmé par la bravoure romaine, renonce à les restaurer.

Si l'on met à part « Tarquin dans Rome », c'est-à-dire sa tyrannie et ses fondations, ces trois épisodes, en succession, forment toute l'histoire du règne.

À l'identification que j'y fais du cadre trifonctionnel, on peut objecter que, quelle que soit l'interdépendance des pères (P) et des fils (F), notamment de ces deux Tarquins, scandale pour les Romains, le pécheur n'est pas physiquement le même dans les trois épisodes : P d'abord, puis P + F, enfin F. Je ne pense pas que cette difficulté soit réelle. Le récit a soin de rendre le fils virtuellement présent dans la première faute par la matière même du débat général qui la provoque et le père est d'autant plus présent dans la troisième que c'est lui qui en subit les premières conséquences. D'autre part, dépassant les personnes, ce sont unitairement les Tarquins que Rome entend rejeter, y compris, bientôt, le mari de Lucrèce, le Tarquin qui, après avoir été la victime de son cousin Sextus, a contribué autant que Brutus à l'abolition de la royauté. En sorte que le thème des trois péchés et de la sanction finale semble bien avoir été appliqué « aux Tarquins ».

Il se peut, certes, qu'il ait existé une variante où le pécheur était, les trois fois, le fils, seul ou presque seul. Du moins est-ce qu'on est d'abord tenté de proposer quand on voit Denys d'Halicarnasse (IV, 57) introduire dans l'affaire de Gabies – péché contre la morale guerrière – un acte de Sextus qui n'est qu'un doublet de l'affaire de Turnus Herdonius – péché contre la vérité et contre l'humanité : après la consultation énigmatique de son père, il fait en effet tomber les têtes des hommes les plus distingués de la ville, mais, si l'on peut dire, il en remet : contre le plus illustre, Antistius Petro, il monte une machination ; il fabrique une fausse correspondance entre son père et celui-ci, la scelle du sceau de son père, puis la fait découvrir au domicile du malheureux. Surpris, incapable de se justifier, Antistius Petro est lapidé. Sextus Tarquin fait alors occuper les portes par des hommes à lui sous prétexte d'empêcher les conjurés de s'enfuir et, passant de maison en maison, ses *satellites* massacrent les meilleurs citoyens. Alertés par un messager, Tarquin et les Romains franchissent les portes opportunément ouvertes et occupent la ville sans coup férir. On pourrait penser que, dans une variante ancienne, le premier péché, sous cette forme, et le deuxième, sous la principale responsabilité de Sextus, ont été réunis dans un même épisode, mais il est peu probable que ce soit le cas : ce type de mélange, de confusion même entre deux des trois épisodes est contraire à la notion de structure, de cadre trifonctionnel. On admettra plutôt que c'est Denys, pour allonger et dramatiser encore son récit verbeux, qui aura démarqué, afin d'en faire un incident majeur du deuxième péché, le premier péché, celui que la tradition réservait au père.

On peut ainsi mettre en parallèle, par exemple, le tableau des péchés d'Indra (ci-dessus p. 322 et 332-333) et celui des péchés des Tarquins :

Indra :	Les Tarquins : *le père*	*le fils*
	superbia	
1. Contre la religion et la morale : meurtre d'un parent-brahmane.	**1.** Contre le droit et la morale : meurtre d'un chef latin qui lui fait un juste reproche.	
2. Contre l'honneur guerrier : combat loyal remplacé par une tromperie.	**2.** Contre l'honneur guerrier : attaque loyale remplacée par une tromperie.	
3. Contre l'honnêteté sexuelle : viol d'Ahalyā	**3.**	Contre l'honnêteté sexuelle : viol de Lucrèce.
Conclusion : Indra presque anéanti.	Conclusion : La royauté des Tarquins détruite.	

À quoi s'articulent aussi les tableaux de ce qui suit cet anéantissement :

Naissances successives des cinq Pāṇḍava fonctionnels à partir des morceaux d'être perdus successivement par Indra.	En conséquence de l'expulsion des Tarquins, apparition successive des grands Romains fonctionnels (*ME* III, p. 283-291) pendant la guerre de Porsenna, culminant dans l'exploit de la Romaine Clélie (cf. *Esq*. 52).
Mariage des cinq Pāṇḍava avec une seule femme : Draupadī, qui bientôt le sauvera.	

VI

Les trois péchés de Soslan et de Gwynn

Toutes les réalisations mythologiques ou épiques du thème des trois péchés fonctionnels qui ont été analysées jusqu'à présent, avec ou sans rachat ou salut final, se sont déroulées à travers les fonctions dans le sens I II III, le péché de troisième fonction, sous forme de vénalité (Starcatherus) ou de faute sexuelle (Indra, Śiśupāla, Héraclès, Sextus Tarquin) achevant le récit. Celles qui nous restent – provisoirement – à examiner procèdent dans l'ordre inverse, III II I, culminant ainsi dans le péché que la hiérarchie des fonctions semble en effet devoir marquer de la plus haute note de gravité : à une faute sexuelle de même type que celle d'Indra ou de S. Tarquin, succède un combat déloyal ou abusif et, pour finir, un sacrilège.

L'épopée populaire des Ossètes du Caucase, derniers descendants des Scytho-Sarmates de l'Antiquité, contient à la deuxième génération deux héros qui correspondent, en gros, au type Vāyu-Bhīma et au type Indra-Arjuna. Tous deux multiplient les exploits contre les géants et défendent leur société, celle des Nartes. Si l'un, Batradz, s'abandonne, comme Bhīma, à quelques excès dans l'usage de son lot, la force[1], l'autre, Soslan (ou Sosyryko,

1. Cf. *RSA*, p. 50-60.

Sozryko) est un modèle, non certes de ce que nous appellerions un chevalier, mais d'un preux. On pourra lire l'essentiel de son cycle dans mon *Livre des héros*, 1965, p. 69-147, traduit des *Narty Kaǰǰytæ*, Orǰonikidzé, 1946 (2ᵉ éd. 1949).

Or, ce héros, dont la mémoire des Ossètes – car le peuple ne doute pas qu'il n'ait existé – et aussi, par emprunt, celle de leurs voisins Tcherkesses et Abkhaz s'enorgueillissent encore, commet exceptionnellement une série de fautes inexcusables. Mon recueil *Légendes sur les Nartes* résume trois variantes, dont la première, recueillie dès 1871 par ǰantemir Šanaev, s'arrête avant le troisième épisode (1930, p. 92-93). Je reproduis celle du *Livre des héros*, p. 102-110 :

PREMIER PÉCHÉ : SOSLAN RÉCLAME LA SŒUR DE TOT(Y)RADZ.

Alymbeg, de la famille des Alægatæ, avait sept fils et une seule fille. Six de ses fils avaient péri comme lui-même, de la main de Soslan, et il ne restait, avec sa fille, qu'un petit garçon au berceau. C'est Syrdon qui donna un nom à l'enfant ; il l'appela Totyradz, fils d'Alymbeg. Or, Totyradz avait tout le devant du corps d'acier pur et grandissait d'une paume durant le jour, d'un empan durant la nuit. Soslan décida d'exterminer cette famille. Il convoqua le crieur et lui dit :

« Va annoncer ceci à tous les Nartes : “Dans une semaine, le prochain vendredi, nous jouerons sur la Place des Jeux et toute famille qui n'enverra pas de joueur se verra prendre, pour punition, une fille en esclavage.” »

Le crieur fit son annonce aux trois parties du village :

« Dans une semaine, le prochain vendredi, la jeunesse jouera sur la Place des Jeux et toute famille qui n'enverra pas de joueur se verra prendre, pour punition, une fille en esclavage. »

Quand la mère de Totyradz, encore vêtue de deuil, entendit la nouvelle, elle versa de lourdes larmes et vint s'asseoir près du berceau où dormait l'enfant.

« Que Dieu ne te pardonne pas, Soslan ! Tu sais qu'il n'y a plus dans la maison d'Alymbeg de garçon en état de marcher ! Ce que tu veux, c'est la tête du dernier petit qui me reste ! »

L'enfant s'éveilla :

« Qu'y a-t-il, maman ? Pourquoi pleures-tu ?

— Pour rien, mon fils chéri », répondit-elle, car elle ne voulait pas lui dire la vérité.

Mais l'enfant insista.

« Comment ne pleurerais-je pas, mon pauvre petit ? Tout ce que j'avais de fils avant toi a péri, ainsi que ton père, de la main de Soslan. Il ne me restait que toi et ta sœur, et il a décidé, vous aussi, de vous dévorer. Vendredi prochain, annonce-t-il, toute maison qui n'enverra pas de joueur sur la Place des Jeux se verra, pour punition, prendre une fille en esclavage. Comme il n'y a plus chez nous de garçon en état de marcher, ton unique sœur nous sera enlevée.

— N'aie pas peur, mère, j'irai jouer avec les puissants Nartes sur la Place des Jeux. Je n'accepte pas cette honte : donner en amende ma sœur unique !

— Mon soleil, si tu étais en âge d'aller aux jeux des Nartes, mes jours ne seraient pas si sombres !

— Qu'on ne m'appelle plus le fils de mon père si je donne en amende ma sœur unique ! Est-ce pour rien que Syrdon, fils de Gætæg, m'a nommé Totyradz, fils d'Alymbeg ? »

(Suit, longuement développé, le thème folklorique usuel du bébé qui fait éclater les planches de son berceau, bondit, exige de sa mère qu'elle lui montre où se trouvent le cheval, les armes de son père. Alors :)

Totyradz fouetta son cheval, qui l'emporta d'un bond par-dessus la clôture, puis il fit demi-tour et, d'un nouveau coup de fouet, le ramena dans la cour. Il le mit au galop.

« Attends, mon petit, ne pars pas si vite, cria sa mère. Il faut que je te dise comment reconnaître, quand tu l'auras devant toi, l'homme qui a dévoré tes frères et ton père. En arrivant sur la Place des Jeux, regarde bien ceux qui s'y trouvent et prends garde à celui qui a les jambes torses, les yeux grands comme des cerceaux de crible, deux prunelles dans un œil, et la barbe pareille à des piquants de hérisson : c'est lui qui a dévoré ton père et tes frères ! »

L'enfant sortit du village en faisant de la voltige sur son cheval.

Le vendredi fixé pour les jeux des Nartes arriva. Toute la jeunesse s'assembla sur la Place des Jeux ; seule la maison d'Alymbeg n'avait envoyé personne.

Les jeux commencèrent. Les jeunes Nartes rivalisaient d'adresse, mais le cavalier noir, Soslan, était toujours vainqueur. Soudain que voient-ils ? Un globe de nuée noire sort du village, et des corneilles noires volent au-dessus d'elle... Les Nartes s'arrêtèrent, étonnés. Syrdon regarda de tous ses yeux et dit :

« Ce que vous prenez pour un globe de nuée, ce n'est pas une nuée, mais le cheval gris d'Alymbeg, de la famille des Alægatæ, qui vient vers vous, soufflant de la bouche et des naseaux. Ce que vous appelez des corneilles noires, ce ne sont pas des corneilles, mais les mottes de terre que ses sabots lancent au-dessus de lui.

— C'est étrange : le cheval vient tout seul, on ne voit pas de cavalier...

— Il y a un cavalier, leur répondit Syrdon, et vous ne tarderez pas à l'apercevoir ! »

Leur étonnement grandit quand ils découvrirent un cavalier qui n'était pas plus haut que l'arçon de la selle. Comment ose-t-il monter, se disaient-ils, l'illustre cheval d'Alymbeg ?

Cependant le cavalier arrivait. Il les salua.

« Paix et bonheur à vos jeux, fière jeunesse narte !

— Bon jour à toi, Totyradz, fils d'Alymbeg, des Alægatæ ! » répondit Syrdon, qui lui avait donné son nom.

Totyradz se promena à cheval à travers la jeunesse narte, cherchant son partenaire. Son regard se posa sur Soslan et il reconnut celui que sa mère lui avait décrit.

« Eh bien, Soslan, lui dit-il, à nous de jouer – toi et moi !

— Chien, fils de chien ! Le lait te coule encore de la bouche et tu veux que je joue contre toi ? Que dirait-on de moi, si l'on voyait pareil spectacle ?

— Tu joueras contre moi, il le faut !

— Que chantes-tu, fils d'Alymbeg ? Je distribuerai ta chair aux oiseaux et tes os aux chiens ! »

Totyradz ne l'écoutait pas.

« Peu importe, jouons !

— Tu l'as voulu ! »

Et Soslan monta sur son cheval.

La lutte ne fut pas plus tôt engagée que le cheval de Soslan trébucha et tomba. Sans perdre de temps. Totyradz harponna Soslan du bout de sa lance. À ce spectacle, ce fut une débandade, chacun ne pensant qu'à se sauver d'une mort qu'il voyait certaine. Jusqu'au soir, toujours à cheval, Totyradz promena Soslan suspendu au bout de sa lance, sans le laisser une fois toucher le sol : « Tu as tué mon père et mes frères, lui disait-il, à moi maintenant de te tuer, tu ne m'échapperas pas ! »

Quand vint le soir, Soslan se mit à le supplier :

« Tu dois me tuer, je le sais, mais épargne-moi cette fois et donne-moi le temps de revoir ma famille. Dans une semaine, le prochain vendredi, retrouvons-nous à Nord-Sec, dans l'Arrière-Village, sur le tertre où l'on rend la justice, et nous nous battrons homme contre homme. »

Ils se donnèrent leur parole et Totyradz libéra Soslan : « Je t'accorde ce délai », lui dit-il, et, fouettant son cheval, il rentra chez lui.

Deuxième péché : Soslan vainqueur par une ruse déloyale.

La tête basse dans les épaules hautes, Soslan alla trouver Satana et se jeta si furieusement sur son siège que les quatre pieds se cassèrent.

« Que t'arrive-t-il donc, mon fils que je n'ai pas enfanté ? As-tu reçu un affront ? Es-tu malade ? lui demanda Satana.

— Hélas ! je suis bien puni de mon outrance ! Tout le long du jour le petit garçon d'Alymbeg m'a ridiculisé, m'a promené au bout de sa lance sans me laisser toucher le sol. Comment viendrai-je jamais à bout de lui, puisqu'il est déjà plus fort que moi ? S'il grandit, c'en est fait de moi.

— Et tu dois de nouveau le rencontrer ? demanda Satana.

— Vendredi prochain : je lui ai donné ma parole. Nous devons nous retrouver à Nord-Sec, dans l'Arrière-Village, sur le tertre où l'on rend la justice, et nous battre homme contre homme. Je ne manquerai pas à ma parole et il me tuera.

— N'aie donc pas peur. Puisque nous avons ce temps devant nous, je saurai te tirer d'affaire. Lève-toi vite et va me chercher ce qu'il faut de peaux de loups fraîchement arrachées pour faire une pelisse, puis monte au ciel chez Kurdalægon et prie-le de te forger cent clochettes et cent grelots. Quand tu auras trouvé tout cela, tu n'auras plus rien à craindre. »

Soslan partit et bientôt rapporta à Satana assez de peaux de loups fraîchement arrachées pour faire une pelisse. Elle les tanna fortement et son aiguille en fit une pelisse pour Soslan. Puis il alla trouver

Kurdalægon et Kurdalægon lui forgea cent clochettes et cent grelots, sonnant chacun d'un son différent, qu'il remit aussi à Satana.

Quand vint le jour de la rencontre, Satana attacha à la crinière du cheval les cent clochettes et les cent grelots, garnis de lambeaux d'étoffes de toute forme et de toute couleur, elle fit revêtir à Soslan la pelisse en peaux de loups, le poil à l'extérieur, et lui dit :

« Va dès maintenant où tu dois aller, afin d'arriver le premier, et poste ton cheval derrière le tertre. Je susciterai autour de toi un nuage épais qui te couvrira et te rendra invisible. Quand le fils d'Alymbeg arrivera à son tour, il s'arrêtera en haut du tertre et ne voyant rien d'autre qu'un nuage, criera : “Eh, Soslan, où es-tu ? C'est aujourd'hui que nous avons rendez-vous, viens te battre !” Ne te montre pas, car, à ce moment, la tête de son cheval sera tournée vers toi. Il attendra quelque temps et criera de nouveau : “Eh, maudit parjure, où es-tu ? C'est aujourd'hui que nous avons rendez-vous, viens te battre !” Ne te manifeste pas encore, car à ce moment il se présentera de flanc et tu ne pourras rien contre lui. Il criera une troisième fois : “Et ton serment, Soslan ? Tu n'as pas osé venir, tu as menti à ta parole !” Et il tournera son cheval face au village. Alors, mets en jeu, sans réserve, toute ta force. Comme son cheval a été nourri chez les diables, il a peur des peaux de loups, et quand ton cheval à toi surgira soudain près de lui avec son bariolage de chiffons et le tintement de ses grelots et de ses clochettes, personne ne pourra le retenir, il emportera son cavalier au galop devant toi. Frappe ton ennemi dans le dos, car il est de pur acier par-devant, et invulnérable. »

Soslan fut bien en avance au lieu du rendez-vous. Il se cacha derrière le tertre et Satana le couvrit d'un nuage épais qui le rendit complètement invisible du sommet. Totyradz arriva ensuite. Tourné vers le nuage, il cria :

« Viens te battre, Soslan, c'est aujourd'hui que nous avons rendez-vous ! »

Ne voyant ni Soslan, ni personne, il attendit un bon moment puis, présentant le flanc au nuage, il cria de nouveau :

« Eh, Soslan, où es-tu ? C'est aujourd'hui que nous avons rendez-vous, viens te battre ! »

Soslan ne se montra pas. L'autre attendit encore un moment puis, tournant son cheval face au village :

« Et ton serment, Soslan ? C'est aujourd'hui que nous devions nous battre, et tu as menti à ta parole. Tu seras désormais parjure au su de tous les Nartes ! »

Et il partit. Alors Soslan, tel qu'un milan surgissant des hautes herbes, sortit du nuage et cria à Totyradz :

« Me voici ! Je n'ai pas menti à ma parole ! Attends-moi ! »

Le fils d'Alymbeg voulut tourner son cheval, mais dès que l'animal vit la pelisse en peaux de loups et les chiffons bariolés et qu'il entendit le concert des cent clochettes et des cent grelots, il emporta son cavalier comme un fou... Totyradz veut l'arrêter, mais il n'en est plus maître. Il tire de toutes ses forces sur la bride, et la bride se casse. Il saisit la crinière, et elle lui reste dans les mains, sans que le cheval s'arrête. Il se penche en avant, empoigne les deux oreilles, et la peau du cheval s'arrache jusqu'à l'arçon de la selle. Et le cheval galope toujours.

« Vilaine bête, lui crie son maître, où cours-tu, puisque moi, je n'ai pas peur de lui ? »

Se penchant plus en avant encore, il le saisit par la mâchoire inférieure. Elle aussi s'arrache jusqu'au poitrail, et le cheval ne ralentit pas...

Mais déjà la flèche de Soslan perce le dos de Totyradz, puis la lance le touche entre les épaules. Il roule à terre et rend l'âme, tandis que Soslan rentre chez lui au petit trot.

TROISIÈME *PÉCHÉ* : SOSLAN SACRILÈGE.

(Après une émouvante scène d'honneur et de deuil – la mère, voyant la blessure dans le dos du cadavre, croit d'abord qu'il a fui, puis voit, sur le cheval, les traces multiples des efforts qu'il avait faits pour le retenir – Totyradz est rituellement mis en terre.)

Ils portèrent le cadavre au cimetière et l'ensevelirent parmi les autres morts. Pendant toute l'année, sa mère lui fit les offrandes d'usage [1] : chaque vendredi soir, elle allait à la tombe avec le plateau du festin. Par un jour de grand froid, Soslan rejoignit la malheureuse et lui dit :

« J'ai grand soif, donne-moi un peu de tes boissons ! »

À travers ses larmes, elle jeta sur son ennemi un sombre regard :

1. Les offrandes au mort (ossète *xistitœ*), repas servis sur la tombe, étaient particulièrement nombreuses et onéreuses dans l'année qui suivait son décès ; des familles s'y ruinaient, *LN*, p. 158 ; *RSA*, p. 249-251.

« Malheur à ton insolence ! Que ta force soit brisée ! Tu les as dévorés eux-mêmes et tu viens maintenant manger les mets que je leur apporte ! »

Du flanc de son cheval. Soslan heurta la femme, renversa les vases, dispersa les mets et s'en alla en riant.

Elle se coucha le visage sur la tombe et sanglota :

« Jamais la terrible force de Soslan ne sera brisée, mon fils ! Il s'en est servi ce soir pour disperser les mets que je venais t'offrir... »

Mais les larmes de la mère creusèrent un trou dans la tombe et ce fut la lumière du soleil qui s'offrit au petit Totyradz, fils d'Alymbeg.

Pour ce troisième épisode, il existe des variantes moins navrantes, mais sûrement « retouchées », puisque la mort de Soslan-Sozyryko, dans de tout autres circonstances, est un épisode stable de la tradition. Voici le résumé de l'une de ces variantes (*Légendes sur les Nartes*, 24 b, p. 92-93, résumé de *Pamjatniki narodnago tvorčestva Osetin*, 1. *Nartovskie narodnye skazanija*, Vladikavkaz, 1925, n° 20, p. 100-113) :

Pendant toute l'année, aux jours d'usage, la mère de Totradz va faire les offrandes et gémir sur la tombe de son fils. Le dernier jour, Sozyryko passe par là, insulte la pauvre femme et disperse les offrandes. Dans un discours émouvant, la mère se plaint au mort.

Totradz obtient du Chef des Morts, Barastyr, la permission de sortir entre le lever et le coucher du soleil. Il va aussitôt trouver sa mère et lui dit : « Dieu a entendu ta prière, arme-moi ! » Elle lui donne flèches et armure, il remonte sur son cheval diabolique – qu'il n'a pas autant défiguré, lors du premier duel, que dans la variante précédente – et il pique droit sur Sozyryko. Ils échangent des défis : « Non, Sozyryko, dit le revenant, tout n'est pas fini ! – En ce cas, tant pis pour toi ! » Après une longue lutte, d'un coup de flèche, Totradz tue Sozyryko ; il lui coupe le bras droit et le porte à sa mère : « Voici le bras de celui qui a bu mon sang et qui t'a insultée ! »

Sa mère, dans un chant de joie, lui promet de lui faire des offrandes comme à un mort et de le prier comme un *zäd* (ange) ; puis elle lui dit : « Maintenant, rapporte ce bras au cadavre de Sozyryko : telle est la coutume des Nartes, mon soleil ; on n'enterre pas les morts avec un corps incomplet. Je suis contente de toi. »

Totradz rapporte le bras au cadavre, puis rentre chez les morts. Comme le soleil est déjà presque couché, Barastyr fait quelques diffi cultés pour le recevoir. Mais Totradz prie Dieu d'arrêter le soleil et Dieu l'exauce. Totradz est maintenant chez les morts, jusqu'au jour du grand jugement.

CONCLUSION.

« Jusqu'au jour du grand jugement... » Ces derniers mots doivent faire allusion à une conclusion plus lointaine : que se passera-t-il au Jugement dernier ? La variante traduite dans *Le livre des héros* répond :

> Comme c'est par tromperie que Soslan l'a surpris et tué, un jour viendra où, chez les morts, le duel recommencera entre Totyradz, fils d'Alymbeg, des Alægatæ, et le héros d'acier Soslan, des Æhsærtæggatæ. Et ce ne sera pas un duel ordinaire. Les morts se presseront à ce spectacle. Pour mieux voir, ils monteront sur les cibles qu'on aura dressées dans leurs jeux funéraires, sur les pierres dont on aura orné leurs tombes, sur les chevaux qui auront couru en leur honneur.

Le caractère fonctionnel de chacun de ces péchés n'a pas besoin de commentaire. Et la valeur trifonctionnelle de l'*ensemble* est propre aux Ossètes, puisque les variantes aussi bien tcherkesses qu'abkhaz, par une altération parallèle à celle que l'on constate chaque fois que les trois fonctions encadrent ou scandent un récit emprunté par ces peuples non indo-européens, n'en gardent aucune trace[1]. Voici, à titre d'exemple, une variante tcherkesse occidentale (abzakh) publiée au début du siècle (*Légendes sur les Nartes*, n° 24 c, de A.N. D'jačkov Tarasov, *Abadzexi (Zapiski kavkazskago otdela imp. russk. geografičeskago obščestwa*, 22, Tiflis, 1903, p. 32-34, « Le Narte Sausuruk », – à lire « *Sawsərəq̊a* ») :

> En cinq vers, au début, Satanaj demande à son fils Sausuruk : « Que se passe-t-il dans le monde ? » Il répond grossièrement, en prose : « Occupe-toi de tes ciseaux, mère ; ce n'est pas l'affaire des femmes

1. *ME* I, p. 462-484.

de savoir ce qui se passe dans le monde. » Satanaj s'offense : « Je t'ai nourri du lait des loups, je t'ai chauffé de bois de chêne, et tu me fais de telles injures ! » Elle prend ses ciseaux pour se couper la gorge, mais Sausuruk crie : « Ciseaux, changez-vous en plomb, et toi, mère, deviens dure comme chêne ! » Ayant ainsi sauvé sa mère, il a honte de l'avoir rudoyée et il lui raconte sa triste aventure : il a rencontré un Narte qui s'est jeté sur lui, l'a renversé de cheval et allait le tuer, quand lui, Sausuruk, a demandé un délai. « Les Nartes ne refusent jamais un délai, a répliqué l'autre ; trouve-toi demain, à midi, au mont Sober Uaša… »

Satanaj se désespère ; elle va d'abord pour tuer le cheval de Sausuruk, qu'elle tient pour responsable : « Ne me tue pas, dit le cheval ; mets sur la poitrine de ton fils ton talisman brillant comme le soleil et recouvre-le d'une étoffe pour qu'il ne paraisse pas tout d'abord. À ma tête, sur ma crinière et sur ma queue, attache cent grelots. Si demain nous ne t'apportons pas la tête du Narte étranger, décapite-nous tous les deux. »

Satanaj suit les conseils du cheval. Le lendemain, en arrivant au rendez-vous, Sausuruk voit son adversaire ; il découvre son talisman-soleil, son cheval secoue ses grelots ; le cheval du Narte étranger s'effraie, et Sausuruk peut tuer le cavalier, dont il apporte la tête à sa mère. « Malheur, s'écrie Satanaj, qu'as-tu fait ? Cette tête est celle de ton cousin : c'est le fils unique de ma sœur, son père était Al'bedz, renommé dans le monde pour sa force et sa vaillance. »

Puis avec ses proches et de riches présents. Satanaj va trouver sa sœur. Le même jour arrivent deux bardes ambulants, qui commencent à chanter ; la sœur de Satanaj les arrête et leur demande s'ils savent quelque chose de son fils : alors ils lui racontent tout, et partent. La pauvre mère se précipite derrière eux, mais Satanaj la retient. Elle pleure longtemps, longtemps elle couvre de malédictions Satanaj et Sausuruk ; puis elle se calme et Satanaj rentre chez elle.

On voit que le troisième épisode, le sacrilège sur la tombe avec ses conséquences immédiates et eschatologiques a disparu et que le premier a été remplacé – toute référence à la « sœur » éliminée – par la rencontre fortuite de deux Nartes dont l'un a une vendetta à exercer. Seul subsiste, altéré lui aussi, l'épisode des grelots attachés au cheval.

Les variantes abkhaz, visiblement dérivées des tcherkesses, éliminent aussi l'épisode final, mais en outre amplifient la différence dans l'épisode initial « Altar Tolymbek » – tel est ici le nom de Totreš-Tot(y)radz ossète, *aldar* = « noble, seigneur ») – est un cavalier géant qui, par deux fois, sur la route, ne répond pas au salut que lui donne poliment Sasrəq̊a. À la troisième fois, il daigne prendre garde à lui, mais c'est pour le mettre dans sa poche et accrocher le cheval du héros, jambes liées, à son arçon. Puis il va sous un grand arbre au pied duquel il a coutume de se reposer. Après une courte conversation, il relâche son captif avec son cheval. Sasrəq̊a revient chez sa mère Sataney-Guaša (en tcherkesse, *g̊ašie* « dame »), qui lui conseille d'aller se cacher dans une fosse près de l'arbre où le géant reviendra sûrement se reposer, mais d'accrocher d'abord mille clochettes au caparaçon de son cheval, et, quand son ennemi arrivera, de surgir dans un tintamarre inouï. (Il s'agit d'ailleurs de clochettes merveilleuses, que Sataney fait fabriquer par « le forgeron aux mains d'or avec le métal du grand chaudron des Nartes… ».) Elle lui recommande, après avoir ainsi humilié le géant et l'avoir mis à sa merci, de le laisser partir sans le tuer. Sasrəq̊a exécute ses instructions de point en point. (*Priključenija Narta Sasrykvy i ego devjanosta devjati bratiev*, Moscou, 1962, p. 194-200).

Cette revue confirme que seuls au Caucase les Ossètes, chez qui l'idéologie trifonctionnelle est restée active, ont conservé jusqu'à nos jours une application claire du thème des trois péchés du guerrier. Mais un nouveau problème se pose quand on prend garde que, sous la forme qu'ils lui ont donnée, ils rejoignent curieusement, chez les Celtes insulaires, un épisode épique, dont nous n'avons malheureusement qu'un sommaire inséré dans le roman arthurien *Kullwch et Olwen*. Je transcris la traduction de J. Loth (*Les Mabinogion*, 1913, I, p. 331-332) en y plaçant des sous-titres qui en marquent le plan.

– *Premier péché* : enlèvement de la femme d'un autre.

… Kreiddylat, la fille de Lludd Llaw Ereint, s'en était allée comme femme avec Gwythyr fils de Greidiawl. Avant qu'il ne couchât avec elle, survint Gwynn fils de Nudd, qui l'enleva de force.

– *Deuxième péché :* capture des nobles chefs dans une bataille injuste (v. Conclusion).

Gwythyr fils de Greidiawl rassembla une armée et vint se battre avec Gwynn, fils de Nudd. Celui-ci fut victorieux et s'empara de Greit fils de Glinnen fils de Taran, de Gwrgwet Letlwm, de Dyvnarth son fils ; il prit aussi Penn fils de Nethawc, Nwython et Keledyr Wyllt son fils.

– *Troisième péché :* crime impie

Il tua Nwython, mit son cœur à nu et força Keledyr à manger le cœur de son père ; c'est à la suite de cela que Keledyr devint fou.

– *Conclusion* :

Arthur, à ces nouvelles, se rendit au Nord, fit venir Gwynn fils de Nudd, lui fit relâcher les nobles captifs (v. deuxième péché) et rétablit la paix entre lui et Gwythyr fils de Greidiawl, à cette condition que la jeune fille resterait dans la maison de son père sans qu'aucun des deux rivaux usât d'elle (v. premier péché).

Chaque premier jour de mai jusqu'au jour du Jugement, il y aurait bataille entre Gwynn et Gwythyr et celui qui serait vainqueur le jour du Jugement prendrait la jeune fille.

Seul, on le voit, le troisième péché n'est pas puni, mais l'enchaînement logique suggère que c'est lui qui a provoqué l'intervention d'Arthur et privé Gwynn du résultat de ses deux premiers forfaits. Sanction qui peut nous paraître insuffisante, mais sanction.

Peut-être Gwynn réservait-il un mauvais sort à tous les princes captifs, comme semble l'indiquer, pour l'un deux, le troisième péché. En ce cas on pensera, dans la légende indienne de Śiśupāla, à la cruauté de son maître le roi Jārasandha, qui attendait d'avoir cent rois prisonniers pour les sacrifier (*ME* II, p. 96-108).

On notera, dans cet épisode, un grand nombre de personnages mythiques héroïcisés : *Lludd « à la main d'argent »* et *Nudd* portent le premier un surnom qui rappelle l'aventure, le second le nom même de l'irlandais Nuadu ; *Gwynn* est resté jusque dans le folklore moderne une sorte de démon ; *Taran* est le tonnerre, le Taranis gaulois. D'autre part, la mention de « tous les premiers de mai jusqu'au jour du Jugement » suggère un support rituel au récit.

Enfin l'épisode devait être célèbre puisqu'il paraît dans un autre épisode (p. 284) avec une précision nouvelle. Dans l'énumération des femmes porteuses de colliers d'or auxquelles Kullwch demande un présent figure « Kreiddylat, fille de Llydd à la main d'argent, la jeune fille la plus brillante qu'il y ait eu dans l'île des Forts et dans les trois îles adjacentes ; c'est à cause d'elle que Gwythyr fils de Greidiawl et Gwynn fils de Nudd se battent et se battront, chaque premier jour de mai, jusqu'au jour du Jugement ».

Un tableau permettra de faire saillir les correspondances.

Indra (I II III)	Soslan (III II I)	Gwynn (III II I)
tue un parent-brahmane	exige la livraison d'une jeune fille	enlève une femme mariée
gagne un combat déloyal	gagne un combat déloyal	gagne un combat injuste et excessif
possède une femme mariée	saccage les offrandes funéraires de sa victime	fait manger à un fils le cœur de son père, ce qui le rend fou
est presque anéanti	est tué par sa victime revenue des Enfers	est puni par Arthur
	duel au Jugement	duel annuel jusqu'au Jugement

VII

Fatalités de la fonction guerrière

De manière de plus en plus précise et pressante, les pages qu'on vient de lire ont cerné un enseignement : même dieu, le guerrier est exposé par sa nature au péché ; de par sa fonction et pour le bien général, il est contraint de commettre des péchés ; mais il dépasse vite cette borne et pèche contre les idéaux de tous les niveaux fonctionnels, y compris le sien. Notre vue ne sera cependant complète et proportionnée que si nous examinons la notion de péché dans ses rapports avec les dieux de chacune des trois fonctions. (Je dis : les dieux, car, sur terre, tous les genres d'hommes pèchent, à commencer par le roi.) La singularité du dieu guerrier n'en apparaîtra que mieux : Mitra, Varuṇa, par définition, ne pèchent pas ; les Aśvin ne songent pas à pécher ; sur Indra seul se rencontrent et la tentation et les moyens de mal faire.

Comment Mitra, Varuṇa, comment les autres Āditya pécheraient-ils ? Ils font corps avec le *ṛtá*, l'ordre moral aussi bien que cosmique et rituel, qu'ils ont créé, qu'ils conservent, qu'ils vengent. Plus doux, plus nuancé et plus rassurant avec Mitra, plus rigoureux, terrible même avec Varuṇa, c'est toujours le *ṛtá* qui est le principe d'action de ces dieux et, s'agissant de Varuṇa, on dirait presque sa passion. Ils sont moins dans le *ṛtá* que le *ṛtá* n'est en eux. Or, le péché ne se définit que par rapport au *ṛtá*, dont il est violation, négation *(ánṛta)* [1]. Si surprenantes qu'elles paraissent parfois à la conscience moderne, les actions de ces dieux sont conformes au *ṛtá*. Les violences, les prises soudaines, les châtiments impitoyables de Varuṇa et tout ce qui l'apparente, lui le grand asura, aux asura démoniaques ne sont pas des péchés.

Comment les Aśvin, au troisième niveau, pécheraient-ils ? Toute leur fonction, toute leur nature est d'être bienveillants et bienfaiteurs, σωτῆρες, comme les jumeaux grecs. Les hymnes qu'on leur adresse ne sont que des catalogues, des allusions successives aux nombreux services qu'ils ont rendus, des sortes de feuilles d'images d'Épinal dont nous n'aurions malheureusement gardé que les édifiantes et courtes légendes. D'autre part, pour pécher, il faut s'opposer au *ṛtá* et l'attentif Abel Bergaigne a déjà remarqué, dans la belle étude qu'il a consacrée à « l'idée de Loi », que ces dieux si utiles s'intéressent peu à l'ordre du monde [2]. Ils ne connaissent que d'humbles cas particuliers, Tel, et Tel, et Tel encore en proie à une difficulté précise. Ni le poète ni le lecteur ne songent à débattre s'ils opèrent ou non conformément au *ṛtá*. Sans doute, puisqu'ils sont bons, mais c'est sans importance : le plan de leur activité, comme celui des bons saints thaumaturges de nos légendes occidentales, est plutôt celui de la charité que celui de la justice.

Indra, lui, et ses guerriers, ont reçu un poste cosmique ou social bien différent. Ils ne peuvent ignorer l'ordre, puisque leur fonction est de le garder contre les mille et une entreprises démoniaques ou hostiles. Mais, pour assurer cet office, ils doivent d'abord eux-mêmes posséder, entretenir des qualités qui ressemblent beaucoup aux défauts de leurs adversaires. Dans la bataille même, sous peine de sûre défaite, ils doivent répondre à

1. Cf. Sten Rodhe, *Deliver us from Evil, Studies on the Vedic Ideas of Salvation*, 1946. Mais le roi humain peut pécher (orgueil, mépris des dieux, tyrannie…).
2. *La Religion védique*, III, 1883, p. 250.

l'audace, à la surprise, aux feintes, aux traîtrises, par des opérations du même style, seulement plus efficaces ; ivres ou exaltés, ils doivent se mettre dans un état nerveux, musculaire, mental, qui multiplie et amplifie leurs puissances, qui les transfigure, mais aussi les défigure, les rend étranges dans le groupe qu'ils protègent ; et surtout, consacrés à la Force, ils sont les triomphantes victimes de la logique interne de la Force, qui ne se prouve qu'en franchissant des limites, même les siennes, même celles de sa raison d'être, et qui ne se rassure qu'en étant non seulement forte devant tel ou tel adversaire, dans telle ou telle situation, mais forte en soi, la plus forte – superlatif dangereux chez un être du deuxième rang. Les révoltes des généraux et les coups d'État militaires, les massacres et les pillages de la soldatesque et de ses chefs sont choses plus vieilles que l'histoire. Et voilà pourquoi Indra, comme dit bien Sten Rodhe, est « the sinner among the gods ».

Rappelons cependant le point, considérable, où les fatalités du guerrier reprennent un avantage : quand le *ṛtá* est en soi dur, inhumain, ou quand l'application stricte du *ṛtá* tourne au *summum ius* de la maxime occidentale, s'opposer au *ṛtá*, le réformer ou le violer est, certes, un péché dans la perspective de Varuṇa, mais, dans le langage des hommes, un progrès. Dans un chapitre de *Mitra-Varuṇa* (VI, « Nexum et mutuum ») où certains faits juridiques romains (§ 3) ont été légèrement traités, mais où le reste, et la direction générale sont valables, on a étudié cette opposition bénéfique d'Indra à Varuṇa (§ 4), de la morale du Héros à la morale du Souverain (§ 5), notamment les traditions indiennes qui attribuent à Indra le mérite d'avoir sauvé *in extremis* des victimes humaines, ou même d'avoir substitué le rituel où ne périt qu'un cheval au vieux rituel varuṇien de consécration royale qu'entachait la pratique ou le souvenir des sacrifices humains. « On ne s'étonnera pas, écrivai-je alors, que le dieu des sociétés d'hommes, qui sont pourtant terribles à tant d'égards, apparaisse dans la fable indienne, en opposition au Lieur magicien, comme un dieu miséricordieux, comme le dieu qui délie les victimes régulières, les victimes humaines de Varuṇa : le guerrier et le sorcier ou, sur un autre plan, le soldat et le policier attentent également, quand il le faut, à la liberté et à la vie de leurs semblables, mais chacun opère selon des procédés qui répugnent à l'autre. Et surtout le guerrier, par le fait qu'il se met en marge ou au-dessus du code, s'adjuge le droit d'épargner, le droit de briser entre autres mécanismes normaux celui de la justice rigoureuse, bref le droit d'introduire dans le déterminisme des rapports humains ce miracle : l'humanité. »

VIII

Autres récits

Dans les pages qui précèdent, je n'ai présenté que mon propre travail. Mais d'autres chercheurs ont fait des découvertes non moins importantes, qui prouvent combien le thème des trois péchés fonctionnels était répandu dans l'ancien monde indo-européen.

M. Daniel Dubuisson l'a reconnu dans l'intrigue du Rāmāyaṇa. Un livre qui sera publié prochainement – sa thèse de doctorat d'État – développera la démonstration dont un article, *Annales E.S.C.*, 34, 1979, p. 464-489, a tracé l'esquisse.

M. David J. Cohen l'a reconnu dans un récit épique de l'Irlande (*Celtica*, XII, 1977, p. 113-124). Voici le résumé et le commentaire que Jaan Puhvel a faits de cette heureuse trouvaille dans son introduction à la traduction anglaise de la première partie de *Mythe et Épopée* II (*The Stake of the Warrior*, Univ. of California Press, 1983), p. XVII :

> Suibhne Geilt, héros du récit *Buile Suibhne*, est un guerrier irlandais, itinérant et poète, dont la vie est dramatiquement marquée par l'outrage gratuit qu'il fait à saint Rónán (I), par son étrange fuite lors de la bataille de Magh Rath (II) et par sa mort violente dans la maison de saint Moling sur l'accusation (bien que fausse) d'adultère (III), – mort qu'accompagnent les derniers sacrements administrés par

saint Moling : celui-ci avait dès longtemps prévu la venue de Suibhne, prédestiné qu'il était à l'assister au terme de sa vie.

Rónán, bâtisseur d'églises, personnage « constructeur » en relation avec les rois, tient clairement ici le rôle de « culture god » et la haine que lui porte Suibhne ressemble fort à celle de Śiśupāla à l'égard de Kṛṣṇa. De son côté, Moling recueille cette âme perdue dans des conditions qui rappellent comment Óđinn s'arrange pour que Starcatherus lui revienne : réconciliation du poète guerrier avec son dieu plutôt que salut par transfusion de l'être [comme dans le cas de Śiśupāla], en accord donc avec les récits scandinave et grec plutôt qu'avec le récit indien.

Par une remarquable rencontre, MM. David Cohen et Daniel Dubuisson ont reconnu en même temps une autre utilisation du schéma sous forme inversée, avec détriplement du pécheur, ou de celui qui risque de pécher : M. Cohen dans l'article de *Celtica* qui vient d'être cité, M. Dubuisson dans « The Apologues of Saint Columba and Solon or the "third function" denigrated », *The Journal of Indo-European Studies*, 6, 1978, p. 232-234.

Aed, roi de Tara, demande à Columba combien, parmi les rois qu'il a rencontrés, iront au ciel. Le saint lui en nomme trois :

1) Daimín Dan-argait, roi d'Oriel : « Nul clerc n'essuya de lui un refus et il n'adressa de reproche à aucun, ne fit jamais tort à église ni sanctuaire, et donna beaucoup au Seigneur. »

2) Ailill Ìnbanna, roi de Connaught : mis en déroute à la bataille de Cúil Conairi et voyant son armée menacée d'extermination, il accomplit une sorte de *deuotio* ; il donna l'ordre à son cocher de lancer son char face à l'ennemi, car, dit-il, « si je suis mis en pièces et tué, un grand nombre sera sauvé ».

3) Feradach, roi d'Oesory : il avait passé sa vie à amasser par tous les moyens objets d'or et d'argent. Tombé gravement malade, il fit poser tout ce trésor près de son lit ; mais ses ennemis ayant assailli sa maison, il se repentit soudain et empêcha ses fils de mettre le trésor à l'abri : « J'ai tourmenté beaucoup d'hommes à cause de ces objets précieux, dit-il, je veux maintenant me tourmenter moi-même à cause d'eux pour l'amour de Dieu ; qu'elles soient prises par mes ennemis et que le Seigneur ne me tourmente pas dans l'au-delà ! »

« Et moi ? demanda Aed à saint Columba, obtiendrai-je la merci de Dieu ?

— Non, tu ne saurais l'obtenir... »

Comme dit bien Puhvel *(loc. cit.)*, « ici les risques auxquels échappent les deux premiers rois "sauvés" correspondent aux deux premiers péchés de Suibhne, alors que la manière dont Feradach s'affranchit à son dernier moment de l'*auri sacra fames* montre comment Starcatherus aurait pu éviter son troisième péché, le meurtre mercenaire, à prix d'or, du roi Olo ».

TROISIÈME PARTIE

LE PERSONNEL DIVIN DE LA FONCTION GUERRIÈRE

Les deux études réunies sous ce titre visent à faire sentir un certain parallélisme entre les représentations que les Indo-Iraniens, les Romains et les Scandinaves se faisaient du personnel mythique de la fonction guerrière. Même sur ces domaines, elles ne prétendent pas être exhaustives.

Pour les autres parties du monde indo-européen, notamment pour les Grecs et pour les Celtes, dans des perspectives comparatistes plus générales, je renvoie à des études bien connues, où l'on trouvera une riche bibliographie.

Grecs : l'ouvrage collectif de M. Jean-Pierre Vernant, Problèmes de la guerre dans la Grèce ancienne *(1968), avec un très clair exposé de M. Francis Vian, « La fonction guerrière dans la mythologie grecque ».*

Celtes : de Mme *Françoise Le Roux, « Aspects de la fonction guerrière chez les Celtes »,* Ogam, *17 (1965), p. 175-188 ; de F. Le Roux et Christian Guyonvarc'h, Mórrígan-Bodb-Macha,* La Souveraineté guerrière de l'Irlande *(1983, Ogam-Celticum) et quantité de notes dans les* Textes mythologiques irlandais, *I (1980) et dans le volume de commentaire (sous presse).*

Pour le Mars romain, notamment le soi-disant Mars agraire, RRA^2 *(1974), p. 215-266, à quoi je n'ai rien à changer.*

I

Le personnel divin de la fonction guerrière dans le Ṛgveda et dans l'Avesta[1]

Depuis 1945, je propose un moyen d'explication de la réforme zoroastrienne, non certes dans ce qui en fait la valeur humaine, ni dans son intention, mais dans sa forme, dans les dogmes où elle s'exprime : les Entités qui, avec le Dieu unique, sont seules à peupler – confusément – les Gāthā et que les textes postérieurs présentent sous des traits, dans des groupements et avec une hiérarchie plus clairs et plus fermes, sont, je crois, la sublimation abstraite, ordonnée à la morale et à l'eschatologie de la nouvelle religion, des dieux mêmes du polythéisme indo-iranien qu'il s'agissait de détruire et de remplacer.

Les six abstractions, notamment, que l'Avesta postgāthique montre réunies et classées comme *Aməša Spənta* « Immortels Efficaces », sortes d'archanges, sont la sublimation des anciens dieux canoniques des trois fonctions cosmiques et sociales[2] ; *Vohu*

1. Cette étude est reprise de *JA*, 1953, p. 1-25. Elle avait bénéficié des remarques du R.P. Jean de Menasce et de M. Geo Widengren.

2. L'analyse comparative, donnée d'abord dans *Naissance d'archanges* (1945), complétée, pour Ārmaiti, dans *Tarpeia* (1947), p. 38-66, a été améliorée progressivement. En dernier lieu, v. *DSIE* (1977, 2e éd. 1980), p. 40-51.

Manah « Bonne Pensée » et *Aša Vahišta* « Ordre très bon » correspondent aux deux dieux souverains védiques, le bienveillant *Mitrá* et *Váruṇa*, le garant du *ṛtá*, de l'Ordre ; *Xšaθra* « Puissance » correspond au dieu guerrier *Índra*, maître du deuxième niveau, du domaine du *kṣatrá* et des *kṣatríya* ; *Ārmaiti* « Pensée Pieuse », mais surtout génie de la Terre et modèle de la Femme iranienne, correspond à la déesse multivalente, mais d'abord fécondante, dont *Sárasvatī* est, dans le R̥gVeda, l'expression la plus archaïque, et près d'elle *Haurvatāt̲* et *Amərətāt̲* « Santé » et « Non-mort », génies des eaux et des plantes, presque toujours nommés ensemble et solidaires dans leur action, correspondent aux deux jumeaux *Nāsatya*, guérisseurs, donneurs de longue vie et de prospérité.

De même le couple des *Mainyu* « Esprits », premières créatures ou émanations de Dieu, qui, au début des temps, ont choisi, l'un le bien, l'autre le mal, orientant par ce choix premier toute l'histoire du monde, correspond à *Vāyú* « Vent », dieu « premier » des liturgies védiques et des mythes qui les justifient – à ce *Vāyú* que l'Avesta postgāthique et les textes pehlevis rétabliront sous son nom, *Vayu*, mais lui aussi (et lui seul des dieux restaurés) partagé en une bonne et une mauvaise moitié, ou même dédoublé en un « bon *Vayu* » et un « mauvais *Vayu* [1] ».

Enfin les deux dernières entités mentionnées dans les Gāthā, *Sraoša* « Obéissance » ou « Discipline », patron de l'Église mazdéenne, et *Aši* « Rétribution », correspondent aux deux souverains mineurs que le R̥gVeda associe étroitement à *Mitrá* : *Aryamán*, patron de la nationalité « arya », et *Bhága* « Part », surveillant de la juste répartition des biens entre Aryas [2].

Ainsi se trouve entièrement expliqué, et d'une seule explication, non pas, encore une fois, la pensée et les intentions de Zoroastre, mais la figuration, la mythologie pâlie et désincarnée qui lui sert de langage. Cette explication, cette clef de la réforme, qu'il a fallu retrouver au XXᵉ siècle, quand avait-elle été perdue ? Très tôt sans doute, mais non pas immédiatement après Zoroastre.

1. *Tarpeia*, p. 66-94.
2. *DSIE*, p. 136-148.

Dès 1945, j'ai signalé plusieurs faits qui indiquent que les héritiers infidèles de Zoroastre [1], ceux qui, tout en gardant au premier rang les Entités comme *Aməša Spənta*, ont restauré ou fabriqué, comme *Yazata* « Êtres dignes de sacrifice », un grand nombre de dieux personnels, et aussi, comme « démons », un grand nombre d'ennemis personnels des dieux, n'avaient pas perdu le sens, oublié le mécanisme des transpositions zoroastriennes.

Un de ces indices est que la liste des archidémons, opposés aux archanges, contient les noms de trois dieux fonctionnels indo-iraniens, dont deux avaient été justement sublimés, par Zoroastre, en archanges : *Índra, Saurva* (Atharva Veda : *Śarvá*), *Nåṅhaiθya* (véd. *Nā́satya*) [2].

Un autre indice, plus troublant parce qu'il est de date très tardive et qu'il concerne non seulement la théologie, mais la mythologie, est que la tradition arabe connaissait encore au temps de Mahomet, appliqué aux substituts sublimés des Nāsatya, Haurvatāṯ-Amərətāṯ (sous les formes *Hārūt* et *Mārūt*) un mythe qui, dans l'Inde, est justement attribué aux Nāsatya [3].

Dans ces conditions, il paraît légitime et nécessaire de rechercher si les docteurs que je qualifiais tout à l'heure de « zoroastriens infidèles », en recomposant la mythologie qui remplit l'Avesta postgāthique et où figurent, à côté de vieux dieux indo-iraniens, beaucoup de personnalités nouvelles, désignées par des noms abstraits du même type que ceux des archanges, n'ont pas, en fait, continué parfois d'appliquer le procédé de Zoroastre, c'est-à-dire n'ont pas remplacé, terme à terme, des séries d'êtres païens par des substituts homologues simplement purifiés,

1. *Ibid.*, p. 86-114. « Héritiers infidèles » est plus qu'approximatif, dans ces deux termes. En fait, on ne sait pas ce qui, historiquement, « événementiellement », s'est passé entre l'une et l'autre forme de théologie.
2. *DSIE*, p. 42-43.
3. *Naissance d'archanges*, p. 158-170 (voir notamment les réflexions de la page 169) ; complété et amélioré dans J. de Menasce, « Une légende indo-iranienne dans l'angélologie judéo-musulmane, à propos de Hārūt-Mārūt », *Études asiatiques* (revue de la Société suisse d'études asiatiques), 1 (1947), p. 10-18 ; résumé par H.-Ch. Puech, *RHR*, CXXXIII (1947-1948), p. 221-225.

conformés à l'esprit de la vraie religion : en sorte que le personnel divin du polythéisme ancestral, déjà partiellement sublimé dans le système des Gāthās (les archanges, les deux Mainyu, Sraoša et Aši), l'aurait été une seconde fois, moins profondément mais plus largement, dans le panthéon postgāthique.

Une telle hypothèse de travail rencontre naturellement beaucoup de difficultés, mais aussi, immédiatement, quelques indices favorables. Par exemple *Gəuš Tašan (Gəuš Urvan)* et *Drvāspā*, le « fabricateur (l'âme) du bœuf » et la « maîtresse de chevaux bien portants » sont étroitement unis : ils patronnent conjointement le quatorzième jour de chaque mois (*Sīh rōčak* I et II, 14) ; le Yašt IX, entièrement consacré à Drvāspā, est appelé par la tradition indifféremment *Gōš Yašt* ou *Drvāsp Yašt* ; et, de fait, les deux premiers versets concernant, l'un le bétail (gros et petit), l'autre les chevaux, mettent la santé des uns et des autres sous le patronage de la seule Drvāspā : cette association, impliquant à la fois entre les deux personnages une répartition du bœuf et du cheval et pourtant une équivalence foncière, rappelle le statut original des Nāsatya ou Aśvin de l'Inde, tel que Stig Wikander le décèle à partir d'allusions védiques, mais surtout à partir de la transposition épique des Nāsatya – leurs fils – dans l'équipe trifonctionnelle des frères Pāṇḍava : des deux jumeaux Nakula et Sahadeva, indifférenciés et équivalents à plusieurs égards, l'un est pourtant, dans un épisode où chacun des Pāṇḍava révèle par un déguisement sa vraie nature, bouvier et vétérinaire des bovins, l'autre palefrenier et vétérinaire des chevaux [1]. Peut-être donc le couple postgāthique Gəuš Urvan–Drvāspā restaure-t-il, prolonge-t-il, le

1. « Pāṇḍava-sagan och Mahābhāratas mytiska förütsättningar », *Religion och Bibel*, VI (1947), p. 36 ; traduit dans mon *Jupiter Mars Quirinus IV* (1948), p. 48 (cf. p. 59). Wikander a ensuite retrouvé une transposition épique iranienne des deux jumeaux, contenant aussi *-aspa* dans leur nom comme Drvāspā (*Luhrāsp* et *Guštāsp*) : « Sur le fonds commun indo-iranien des épopées de la Perse et de l'Inde », *Nouvelle Clio*, VII (1950), p. 316-319. Que la transposition d'un des « Aśvin » indo-iraniens, Drvāspā, soit une entité féminine ne fait pas difficulté : Haurvatāṯ et Amərətāṯ aussi sont du féminin (mais Hārūt-Mārūt sont des anges bel et bien mâles, sensibles à la beauté féminine) ; cf. la remarque judicieuse de J. Darmesteter, *Le Zend Avesta*. II (1892), p. 432 bas.

couple indo-iranien des Nāsatya, déjà sublimé par Zoroastre lui-même dans les deux derniers archanges, et aussi, sous son vieux nom Nåṅhaiθya, et au singulier, ravalé au rang d'un archidémon.

Dans ce qui suit, je voudrais examiner de ce point de vue, dans l'Avesta postgāthique, le personnel divin de la deuxième fonction, de la fonction guerrière, et proposer quelques explications, toujours du même type, à ceux des iranisants qui ont été sensibles aux précédentes.

La fonction guerrière est celle qui a pâti le plus durement de la réforme zoroastrienne : les principaux « résistants » devaient en effet être là, avec leur ivresse, leurs inévitables excès, leurs violences fatales à l'ami autant qu'à l'ennemi, leur particularisme foncier, si opposé à l'uniformité morale que Zoroastre voulait imposer. Dès 1938, en étudiant surtout le vocabulaire, S. Wikander a montré l'ampleur de la correction [1] : un des démons les plus injuriés par les mazdéens n'est-il pas *Aēšma* « Furor », fléau de la vie sociale, dont le nom est le substantif abstrait correspondant à ce qui est au contraire, dans le R̥gVeda, une épithète élogieuse des Marut, projection céleste (ou plutôt atmosphérique) des bandes de jeunes guerriers arya : *iṣmín* « ardent, déchaîné [2] » ? Moi-même, à plusieurs reprises, depuis 1945, notamment en étudiant l'archange Xšaθra, substitué à Indra et orienté, animé tout autrement, j'ai insisté sur ce point, particulièrement révélateur de l'esprit de la réforme [3].

Dans le R̥gVeda, où Vāyu n'est pas resté un personnage spécifique de la deuxième fonction, la théologie de cette fonction s'analyse, en gros, de la manière suivante :

1. *Índra* est de même niveau que, au pluriel, les dieux *Rudra*, deuxième terme de l'énumération, également trifonctionnelle des groupes *Ādityá, Rudrá, Vásu*. Au singulier, Rudra est un personnage complexe, autrement orienté (*RRA*², p. 120-121), devenu

1. *Der arische Männerbund, Studien zur indo-iranischen Sprach- und Religionsgeschichte*.
2. *Ibid.*, p. 58-60.
3. *Naissance d'archanges*, p. 97-98 et 137-146 ; cf. « Des archanges de Zoroastre aux rois romains de Cicéron », *Journal de psychologie*, XLIII (1950), p. 449-463 ; repris dans *IR*, 1969, p. 195-207.

plus tard, avec *Sarva* et quelques autres, une des composantes de l'inquiétant Śiva. On a décelé en lui des traits qui le rapprochent du souverain scandinave Óđinn.

2. *Índra*, guerrier typique, est à la fois un solitaire et le dieu le plus apte à toutes sortes d'associations : solitaire, parce qu'il accomplit seul l'essentiel de ses exploits ; apte aux associations, parce que ces exploits peuvent pourtant être facilités, à telle ou telle phase, par des dieux très divers. Dans la liste trifonctionnelle des dieux arya des « para-Indiens » de Mitani, il est nommé, seul de son espèce, résumant toute sa fonction, entre le couple Mitra-Varuṇa et les jumeaux Nāsatya ; seul encore, dans la liste trifonctionnelle des dieux invoqués lors de l'ouverture du sillon préliminaire à l'établissement de l'autel du feu [1]. Mais il est aussi, dans la langue védique, à la différence des autres dieux, le premier terme d'un grand nombre de composés au double duel [2].

3. Les principaux de ses associés sont : les deux dieux liturgiques, qui confèrent par conséquent à leur allié la force inhérente à l'action liturgique, *Agní* et *Sóma*, le Feu et la Boisson sacrificielle ; puis *Vāyú*, le Vent, en tant que « dieu premier », entraînant souvent Indra en tête, dans les cérémonies ou les hymnes dédiés à plusieurs divinités, et aussi en tant que dieu rapide [3], et encore en tant que dieu atmosphérique et violent, c'est-à-dire appartenant à la zone cosmique et à la nature profonde de la deuxième fonction [4] ; enfin deux dieux dont je ne donne ici que le nom et que nous retrouverons bientôt, *Víṣṇu* et les *Marút*.

1. En dernier lieu, *DSIE*, p. 26-27.

2. Outre celles qui vont être énumérées, on trouve des combinaisons d'Indra avec des dieux des deux autres niveaux fonctionnels : *Índrā-váruṇā* (fréquent), *Indrābṛ́haspatī* (un hymne) et *Índrābráhmaṇaspatī* (une fois) ; *Índrānā́satyā* (une fois), *Índrāpūṣáṇā* (3 hymnes) et une combinaison avec la montagne personnifiée, *Índrāpárvatā* (2 fois). Cf. ci-dessus, p. 357-361.

3. Sur Vāyu « dieu premier » et dieu rapide, voir *Naissance d'archanges*, p. 47-48, et *Tarpeia*, p. 67-68, 71-72.

4. Le Vāyu indo-iranien était non seulement violent, mais guerrier, d'une manière différente de celle d'Indra : cf., dans l'épopée indienne, son fils Bhīma en face d'Arjuna, fils d'Indra ; voir S. Wikander, *Pāṇḍava-sagan*... (ci-dessus, p. 434), p. 33-36 (p. 44-48 de ma traduction dans *Jupiter Mars Quirinus IV*). Sur le caractère guerrier du Vāyu iranien et des autres dieux de l'atmosphère, voir

Si l'on compare cette théologie védique à celle du zoroastrisme postgāthique, on constate ceci :

1. Comme il a été rappelé, *Indra* et *Saurva* (c'est-à-dire Śarva, Rudra) figurent encore sous leurs noms, mais dans la liste des archidémons et donc condamnés sans recours ni sublimation.

2. Dans la deuxième fonction corrigée, assagie, aucun dieu n'occupe la place marginale de Śarva-Rudra : les réformateurs ont donc renoncé à sublimer cette partie inquiétante du domaine, de même que, au niveau souverain, alors qu'ils restauraient *Miθra* et *Airyaman*, ils n'ont rien restauré de la « moitié Varuṇa [1] ».

3. Indra a été au contraire sublimé comme dieu sous le nom de *Vərəθrağna*, nom transparent, puisqu'il correspond au védique *Vṛtrahán*, épithète d'Indra, « briseur de résistance », génie de la victoire offensive [2]. Vərəθrağna présente plusieurs des traits caractéristiques d'Indra, notamment les affinités, les transformations animales (Yašt XIV) [3].

4. Mais le véritable substitut d'Indra, le vrai patron de la fonction guerrière, est autre : c'est *Miθra* qui manie le *vazra*, comme l'Indra védique manie le *vájra* « la foudre », et Vərəθrağna n'est plus qu'un de ses officiers [4]. Le long Yašt de Miθra (Yt. X) montre que, tout en restant le dieu souverain du droit et de la loyauté, le protecteur juridique de la société pastorale [5], c'est lui qui a

---

G. Widengren, *Hochgottglaube im alten Iran* (1938), p. 188-234 ; S. Wikander, *Vayu*, I, *Texte* (1941). En dernier lieu, *ME* I, p. 47-55, 112.

1. *Varuna a sans doute fourni à Zoroastre beaucoup de traits d'Ahura Mazdāh, mais a été aussi, dans la liste des archanges, « sublimé » par le prophète en Asā, comme *Mitra l'était en Vohu Manah (*DSIE*, p. 115-121). Plus tard, alors que Miθra revient sous son nom, *Varuna ne reparaît pas.

2. É. Benveniste et L. Renou, *Vṛtra et Vṛθragna* (1934).

3. Dans l'Inde postérieure, une partie – et le principe – de ces incarnations est passée à Viṣṇu ; voir Jarl Charpentier, *Kleine Beiträge zur indoiranischen Mythologie* (1911), p. 25-68 (II. « Die Inkarnationen des Vərəθraγna ») ; É. Benveniste et L. Renou, *op. cit.*, p. 32-40, 194-195 ; *Tarpeia*, p. 123. Ci-dessous, p. 507.

4. Sur le problème de l'évolution de Miθra dans la perspective des trois fonctions, voir en dernier lieu, *DSIE*, p. 121-137.

5. C'est l'aspect sur lequel a insisté A. Meillet dans un article qui fait date : « Le dieu indo-iranien Mitra », *JA*, 1907, 2, p. 143-159 ; cf. le composé *Miθra.Ahura* du Yašt X (*Mihr Yašt)*, 113. Sur le sens à donner à « contrat » dans cette traduction, v. *DSIE*, p. 82-85.

assumé pleinement la conduite et le contrôle des guerres mythiques et réelles [1]. L'intention de la réforme apparaît ici clairement : il n'y a de guerres acceptables qu'au nom, selon les principes et dans l'intérêt de la société fidèle, de l'Église ; la guerre et les guerriers ne se justifient que comme croisade et croisés. Quel plus sûr moyen d'aligner la « morale » des combattants sur celle des prêtres et des juristes, que de leur donner pour chef, modèle et protecteur, le dieu même du droit religieux ?

5. La plupart des associations védiques d'Indra se retrouvent, mais reportées elles aussi sur Miθra. Seul le Vent reste directement attaché à Vərəθrağna, et même à la place d'honneur : il est (« le Vent hardi ») la première des dix manifestations de ce dieu à métamorphoses [2], en souvenir sans doute du couple Indra-Vāyu qui, je l'ai dit, passe aisément, partout, « en premier ». Mais le Vent accompagne aussi Miθra [3], comme fait Vərəθrağna lui-même (dans une autre de ses incarnations : en sanglier) [4], et aussi *Ātar* « le Feu » [5] ; et *Haoma* « la Boisson sacrificielle », fortifie Miθra par le sacrifice [6].

Peut-être les correspondants prézoroastriens de Viṣṇu et des Marut n'ont-ils pas été non plus perdus de vue par les minutieux réformateurs.

A. Bergaigne a fort bien dit que la légende de Viṣṇu, dans l'hymnaire, « peut se résumer dans ces deux traits essentiels : « Viṣṇu a traversé en trois pas l'univers ; Viṣṇu est le fidèle allié d'Indra [7]. » Mais c'est H. Oldenberg qui a, je crois, interprété le mieux cet exploit et cette alliance [8] : Viṣṇu est l'arpenteur de l'espace, il en

1. Dans le Yašt X, voir p. ex. les versets 8-9, 11, 36, 112 ; les versets 17-21, 37-43, 48, unissent étroitement les deux aspects de Miθra ; dans 11, les *raθaēštar* (nom technique des hommes de deuxième fonction dans la classification avestique) lui rendent un culte pour obtenir sa protection guerrière ; dans 112, c'est Miθra lui-même qui reçoit cette qualification.
2. Yašt XIV *(Bahram Yašt)*, 2-5.
3. Yt. X, 9.
4. Yt. X, 70, 127 ; cf. 67, 80.
5. Yt. X, 127, fin.
6. Yt. X, 88.
7. *La Religion védique d'après les hymnes du Rig-Véda*, II (1883), p. 415.
8. *Die Religion des Veda*, 2ᵉ éd. (1917), p. 230-231 ; je reproduis ci-dessous la traduction française de V. Henry (1903), p. 192-193. Tous les textes du R̥V

rend les diverses parties accessibles ; par conséquent c'est lui qui introduit le dieu combattant là où son action est nécessaire.

À vrai dire, le service des trois pas a quelquefois un autre bénéficiaire qu'Indra : l'humanité ou Manu son ancêtre, et les « trois pas » ne sont alors que trois pas sur la terre [1] ; mais dans le cas, de beaucoup le plus fréquent, où Viṣṇu sert Indra, ou encore lorsque l'arpentage qu'il a fait permet aux hommes, après la mort, de gagner le séjour céleste des bienheureux, et aussi lorsque le grand marcheur Viṣṇu est mentionné et loué pour lui-même, les trois pas, certainement ou probablement, sont, si l'on peut dire, superposés, traversant la terre, l'atmosphère et le ciel, ou bien l'atmosphère (ou la terre), le ciel et un au-delà mythique du ciel.

> L'adjectif *urú* « vaste », dit Oldenberg, et surtout le préfixe qui implique séparation en étendue, *vi-*, reviennent avec une fréquence caractéristique chaque fois qu'il est question de Viṣṇu. La notion sur laquelle on insiste, ce n'est pas qu'il ait donné la terre aux hommes pour demeurer, mais qu'il a mesuré les étendues de la terre en vue de l'habitat humain ; ce n'est pas qu'il séjourne dans les hauteurs, mais que la hauteur suprême est le but atteint par son troisième pas...
>
> Si l'on admet cet ensemble de prémisses, l'alliance conclue entre Viṣṇu et Indra s'y accorde parfaitement. – « Alors Indra, s'apprêtant à tuer Vṛtra, dit : Ami Viṣṇu, fais tes larges pas ! (ṚgV, IV, 18, 11). – Ami Viṣṇu, fais tes larges pas. Ciel, fais place, et que sur toi s'étaie la foudre ! À nous deux nous allons tuer Vṛtra, et faire couler les rivières : sous la poussée d'Indra puissent-elles librement aller leur chemin ! » (VIII, 89, 12). – La fonction de Viṣṇu est ici bien visible : ce n'est qu'à la faveur d'une assimilation superficielle à Indra qu'il devient meurtrier de Vṛtra et libérateur des rivières ; mais, comme les poètes védiques se plaisent à établir une relation entre les actes qui ont ordonné l'Univers, procuré aux hommes la vie et le bien-être, et la défaite de Vṛtra, il a bien fallu que Viṣṇu prît part à cet exploit en accomplissant l'acte qui partout le caractérise. *Il fait ses trois pas et crée ainsi pour Indra le vaste champ de bataille qui sera le théâtre de leur victoire* [2].

---

concernant Viṣṇu sont déjà recueillis dans J. Muir. *Original Sanskrit Texts*, IV (1863), p. 54-83.

1. ṚV, VI, 49, 13 ; VII, 100, 4.
2. C'est moi qui mets en italique cette excellente définition.

Je ne ferai qu'une légère retouche à l'exposé d'Oldenberg. Il ne faut pas dire, comme il fait par une sorte de survivance du naturalisme, que « le motif dominant dans la conception de Viṣṇu, c'est l'infinité de l'espace » : c'est plutôt la prise de possession active ou le don non moins actif de l'espace, considéré dans sa division exhaustive en trois parties.

L'étymologie du nom de Viṣṇu est discutée. L'élément *vi-*, impliquant « mouvement par séparation [1] », s'y trouve presque sûrement, puisque les deux verbes usuels qui expriment l'action du dieu sont *ví cakrame (vi kram-)*, *ví māme (vi mā-)* « il a enjambé, il a mesuré séparativement… », mais cette particule *vi* ne saurait avoir produit directement un adjectif par le suffixe *-snu (-ṣṇu)*, suffixe rare et joint seulement dans le R̥gVeda à quelques racines ou thèmes verbaux.

L'explication qui me paraît le plus probable est de voir dans *Víṣṇu*, à l'accent près, un adjectif du type de *dhr̥ṣṇú-* « audacieux », *gr̥dhnú-* « avide », c'est-à-dire où un suffixe *-nu-* a été substitué à une ancienne finale *-u-* (grec θρασύς, lituanien *drąsùs* « audacieux » ; lituanien *gardùs* « appétissant ») [2]. Or, la langue védique connaît un thème *viṣu-*, sans doute dérivé de *vi-*, qui ne subsiste plus comme adjectif [3], mais qui a donné de nombreux dérivés, au sens de « tourné, allant, agissant *de deux côtés divergents* ou *opposés*, ou *de tous côtés* [4] ». Cela exprime fort bien l'essence de Viṣṇu, qui est de prendre possession séparément, par ses pas, de toutes les parties de l'espace.

1. En dehors de l'indo-iranien, **vi-* n'a produit de dérivés qu'en germanique : il est à la base de l'allemand *weit* « loin(tain) », *wider* « contre » et *wieder* « de nouveau » (cf. le comparatif védique *vi-tarám* « plus outre »).

2. On a supposé que le *-nu-* de *dhr̥ṣṇú-* était analogique du thème de conjugaison *dhr̥ṣ-ṇu-* (impératif 2e sg. *dhr̥ṣ-ṇu-hi*, R̥V, I, 80, 3) ; cette explication, peu vraisemblable en elle-même, est écartée : 1° par l'existence de *gr̥dhnú*, puisqu'il n'y a pas de conjugaison en *-nu-* de la racine *gr̥dh-* ; 2° par les faits iraniens cités ci-dessous, note 3, p. 447.

3. On rapproche le grec ἴσος « égal » (crétois *Fί̣σFος*, éolien ἴσσος…).

4. *Viṣūvát* « ayant les divers côtés autour de soi > central ; zénith, équinoxe » ; *víṣvañc* « orienté de deux côtés divergents ou opposés, ou de tous côtés » ; *víṣuṇa* « divers, instable ; contraire » ; *viṣurūpa* « aux formes opposées », etc.

Si une telle notion, une telle puissance s'exprimaient déjà dans un dieu indo-iranien – ce qui est indémontrable, mais plausible – on sent combien ce *Višnu appelait surveillance et correction de la part des docteurs zoroastriens : le dieu guerrier indo-iranien **Indra*, son allié, recevait de lui une part de son inquiétante autonomie, de son excessive liberté d'action. « Aller partout », cela pouvait se maintenir, certes, devait se maintenir même, au profit de la vraie religion, mais non pas n'importe comment, capricieusement : à ce pouvoir de mouvement total, mais désordonné, ne fallait-il pas substituer un pouvoir de mouvement également total, mais fermement orienté, et mettre l'accent plutôt sur cette orientation que sur cette totalité ? Il me semble que c'est d'une telle convenance qu'est né le personnage avestique de *Rašnu* « Rectus » : il assume en effet, en les corrigeant, les offices de *Víṣṇu* « Diversus ».

Comme Viṣṇu est surtout l'allié d'Indra, de même Rašnu est surtout l'auxiliaire, le principal compagnon de Miθra[1]. Il est à son côté dans ses épiphanies du Yašt X, tantôt à sa gauche (100), tantôt à sa droite (126). De même que, par la volonté des réformateurs, Miθra opère à la fois sur le plan de la souveraineté et de la religion et sur le plan de la guerre, mettant celle-ci au service de celles-là, de même Rašnu est « le droit » tantôt au figuré (rectitude morale), tantôt au propre (rectitude spatiale). Les restaurateurs postgāthiques de la mythologie semblent avoir eu le goût de ces doubles valeurs, physique et morale, dont le réformateur avait donné d'ailleurs la formule en associant à chacun des archanges un être matériel (Ārmaiti est « Pensée pieuse », et protège la terre, etc.)[2]. La spéculation védique ne se partageait pas ainsi, et c'est

1. Yašt XIII, 3, tous les manuscrits donnent *Miθrō.Rašnuča* et Darmesteter note qu'il s'agit d'un dvandva ; Bartholomae corrige en *Miθra Rašnuča*, à tort sans doute.
2. Les Gāthā font déjà des allusions claires à ces éléments matériels joints aux archanges : voir *Naissance d'archanges*, p. 70-72, après H. Gray, *Arch. f. Rel.-Wiss.*, VII (1904), p. 349, 354, 360, 365, et H. Lommel, *Die Religion Zarathustras* (1930), p. 123-127. En dernier lieu, *DSIE*, p. 44-48.

naturellement par sa valeur spatiale – et guerrière – que Rašnu me paraît être le correspondant de Viṣṇu.

Le Yašt X, au verset 41, montre les ennemis traqués entre Miθra qui les met en fuite d'un côté, Rašnu qui les renvoie en sens inverse, et Sraoša qui les empêche de s'éloigner de cette ligne fatale : jeux de guerriers associés ; mais, de cette alliance, les versets 79 et 81 révèlent le principe :

> Nous adorons Miθra... à qui[1] Rašnu a donné le *maēθana*, à qui Rašnu l'a remis pour une longue association.

Maēθana est un mot bien iranien – purement iranien[2] – qui désigne le lieu – quelles qu'en soient les dimensions – où quelque chose de précis doit se faire, où un être précis doit vivre ou agir ; la meilleure traduction est peut-être « emplacement » : pour les hommes, c'est la terre (*Yasna*, XVI, 10), pour Ahura Mazdā et les élus c'est le plus haut ciel (*Vidēvdāt*, XIX, 32), pour chaque Fravaši, c'est la maison ou le coin de terre qu'elle patronne spécialement (Yašt XIII, 67). Or, quel est le *maēθana* de Miθra ? Son Yašt a répondu d'avance (v. 44) : « Miθra... dont le *maēθana* est large comme la terre, *zəm.fraθah*[3] », – et cette ampleur n'est-elle pas naturelle puisque, justicier ou guerrier, Miθra agit partout où il y a des hommes ?

Ainsi Rašnu rend à Miθra le service précis qu'Indra sollicite aussi de Viṣṇu avant, pour ses exploits : il lui donne l'espace nécessaire à son action, l'accès aux zones où il doit agir. L'analogie est même renforcée par une coïncidence de vocabulaire : pour lui demander de « faire plus outre les pas séparateurs », Indra s'adresse à Viṣṇu en l'appelant *sákhi*, mot qu'il est bien insuffisant de traduire par « ami » et qui doit désigner une forme

1. Il y a une erreur de cas dans le texte, mais la correction (*yahmāi* pour *yō*, d'après la seconde proposition relative) est évidente.

2. Emprunt turc *meydan* « place » : *at meydant* « l'Hippodrome ». On ne cite, comme apparenté, que le slave *mĕsto* « lieu ».

3. Et en outre « large, au vaste établissement », *pərəθu, vouru.aštəm* ; cf., en 95, Miθra même est dit (après le coucher du soleil) « celui qui vient, large comme la terre » *(yō zəm.fraθō avayāiti)* ; « il touche en les effleurant les deux extrémités de cette vaste terre, aux bornes lointaines » ; « il voit tout ce qui se trouve entre terre et ciel ».

(contractuelle ?) d'entente que nous ne savons malheureusement préciser[1] :

sakhe viṣṇo vitarám vi kramasva !

Le verset avestique précise de son côté que Rašnu a remis l'emplacement à Miθra « pour une longue entente » – l'entente étant désignée par un dérivé du mot avestique correspondant à *sákhi, haxəδra*.

L'homologie des fonctions est claire, mais, au lieu que ce soit le « divers » Viṣṇu qui oriente le dieu guerrier, c'est « le droit » Rašnu qui oriente le dieu à la fois juste et guerrier. Si l'on doute encore de la spécification et de l'importance de ce service – orientation et ouverture d'accès – qu'on se reporte au verset 126 du Yašt de Miθra, où le souverain combattant apparaît encadré, à sa droite, par Rašnu, à sa gauche par Čistā. Qu'est-ce que Čistā ? Benveniste a brillamment élucidé[2] le sens de cette Entité, qui partage d'ailleurs avec Rašnu, et avec lui seul, le qualificatif de *razišta* « le très droit, la très droite » :

> Ses vertus morales, intelligence, habileté et promptitude à l'ouvrage, ont moins de relief que ses aptitudes physiques. On vante son agilité, et toujours – trait essentiel – en insistant sur ses rapports avec les routes : *hupaθmanya-*, *hutačana-*, *hvāyauna-*, *hvāyauzda-*. Ou cette allusion constamment répétée n'a aucun sens, ou elle indique que Čistā est la déesse de la voie, celle qui guide sur les routes terrestres ou dans les chemins de la croyance. Cette définition explique les prières qu'on lui adresse[3]. Que lui demande Zaraθuštra dans sa pittoresque supplique ? « Si tu me précèdes, attends-moi ; si je t'ai devancée, rejoins-moi. » Le réformateur veut l'avoir pour compagne au long de son voyage. Quand le prêtre itinérant souhaite son appui, c'est bien parce qu'il doit propager la religion en terre lointaine et sur des chemins ardus. C'est vers elle, qui est dite *hvāyaunā* « aux

1. Le mot est apparenté à latin *socius* « allié » (cf. *secus* « séparément ») ; sur ces mots, voir É. Benveniste, *Les Mages dans l'ancien Iran* (1938), p. 10, 11 (et n. 1), 12 (et n. 2). Ce rapprochement, sans réserve, mais sans explication, est mentionné dans *Le Vocabulaire des institutions indo-européennes*, I, 1969, p. 337. V. ci-dessus, p. 326.
2. É. Benveniste et L. Renou, *Vṛtra et Vṛθragna*, p. 62-63.
3. Dans le Yašt XVI.

bons chemins », qu'on se tourne pour que les montagnes, forêts et fleuves deviennent faciles à franchir. D'autre part on a vu que Čistā donne aussi cette qualité nommée *āxšta* qui paraît se confondre avec l'énergie de la santé. Elle ne guide pas seulement ; elle insuffle la force de continuer le trajet : Zaraθuštra attend d'elle « la force des pieds » ; le chef de la province, la prospérité pour son territoire et la force pour lui-même ; Hvagvī, la faveur de suivre *(anu-)* la loi. Par là se précise le nom de Čistā qui, étymologiquement vague, désigne « l'instruite, l'éclairée [1] » : elle est informée de la route à suivre, au propre et au figuré, et son épithète de *razištā* « très droite » se rapporte sans doute à cette double fonction.

Cette excellente dissection d'une double nature éclaire l'autre compagnon de Miθra, l'autre *razišta* [2], et l'on comprend la triple association du verset 126 : Miθra s'avance entre le dieu qui lui ouvre *l'espace* et la déesse qui lui fait *les routes* [3], espace et routes étant conçus matériellement d'abord, mais avec une allusion au domaine moral, comme « très droits ».

J'ai rappelé plus haut que, dans le R̥gVeda, Viṣṇu et ses pas intéressaient l'humanité d'un point de vue particulier : si pauvres en renseignements que soient les hymnes sur notre destin *post mortem*, on sait que l'une au moins des conceptions représente le séjour des bienheureux comme situé fort haut dans le monde, et que l'on doit s'y rendre par une ascension. A. Bergaigne définit bien le service qu'à cet égard nous a rendu Viṣṇu [4] :

> Des trois places que Viṣṇu occupe successivement quand il fait ses trois pas, l'une, la plus haute, est invisible... : VII, 99, 1 : « Nous

1. De *kaēθ-* « instruire (des choses religieuses) ».
2. Cette qualification de *razišta* souligne – dans le sens de la réforme – l'essence « droite » de *Rašnu* comme *urukramá, urugāyá* « aux larges pas, à la large marche » expriment celle de Viṣṇu.
3. Dans le R̥gVeda, à des points de vue divers, les principaux patrons des routes sont *Pūṣán* (matériellement) et *Aryamán* (socialement) ; la strophe I, 90, 5 invoque conjointement Pūṣan et Viṣṇu qualifié de *evayā́van* « qui va vite » et la strophe précédente nomme expressément des dieux – dont Pūṣan – en tant que patrons des routes ; cf. les deux noms rapprochés VI, 17, 11 ; 21, 9 ; VII, 35, 9 ; 44, 1 ; VIII, 27, 8 ; X, 66, 5.
4. *La Religion védique*, II, p. 414-415 ; je remplace seulement le mot « vers » par « strophe ».

pouvons de cette terre connaître deux de tes espaces ; toi seul, Viṣṇu, connais ton séjour suprême. » Les deux espaces que l'homme aperçoit sont naturellement le ciel et la terre (cf. les strophes 3 et 4). C'est évidemment la même idée qui est exprimée à la strophe I, 155, 5. À la vérité il y est dit seulement que « les oiseaux ailés ne peuvent, dans leur vol, atteindre le troisième pas de Viṣṇu » ; mais l'opposition du premier hémistiche, « le mortel se met en mouvement quand il aperçoit deux des pas de Viṣṇu (ou plutôt deux de ses séjours, le ciel et la terre, au lever du soleil) », ne permet guère de douter qu'ici aussi la troisième place soit conçue comme invisible.

Cette troisième place est le séjour propre de Viṣṇu. Nous lisons en effet à la strophe VII, 100, 5 qu'il habite dans un lieu éloigné de l'espace, et à la strophe III, 55, 10 qu'il garde le séjour suprême. Son séjour est aussi celui des bienheureux après la mort. Aussi l'auteur de l'hymne I, 154 souhaite-t-il à la strophe 5 (cf. 6) d'atteindre la place suprême de Viṣṇu « où est l'urne de la liqueur » et où s'enivrent les hommes qui ont honoré les dieux. À la strophe I, 22, 20, un autre poète promet à ses bienfaiteurs qu'ils verront toujours la place suprême de Viṣṇu et rappelle le lien mystérieux qui rattache leur œil aux sources de la lumière (cf. à la strophe X, 15, 3 le rapprochement des pitṛs et du pas, ou plutôt du séjour de Viṣṇu).

H. Oldenberg a rapproché de ces représentations védiques un usage et des croyances avestiques [1]. Il a rappelé, après J. Darmesteter [2], que le *Dēnkart* (IX, 43, 7, résumant le *Varštmānsar Nask*, perdu) explique les trois pas que fait le prêtre, en se dirigeant vers le feu, à un certain moment du Yasna, comme une imitation des « trois pas que les Amšaspand, à la fin de toutes leurs conférences avec Zoroastre, ont faits de la terre à la station du soleil, en traversant les zones de Bonne Pensée, Bonne Parole, Bonne Action », c'est-à-dire, comme l'a noté E. W. West d'autre part [3], « les trois niveaux inférieurs du ciel, intermédiaires entre la terre et la Meilleure Existence ou Ciel Suprême *(Garōδmān)*, et situés respectivement dans les stations des étoiles, de la lune et du soleil (*Arda*

1. *Die Religion des Veda*, 2e éd., p. 229, n. 1 : trad. française de V. Henry, p. 190, n. 2.
2. *Le Zend Avesta*, I (1892), p. 401.
3. *Pahlavi Texts*, IV (= *SBE*, XXXVII, 1892), p. 293, n. 2. Cf. H. Güntert, *Der arische Weltkönig und Heiland* (1923), p. 402 (et p. 303, n. 2).

Virāf Namak, VII-X ; *Mēnōk i Xrat*, VII, 9-12) ». Plus récemment, H. Güntert a montré que l'accord du R̥gVeda et du zoroastrisme était encore plus précis, puisque cette indication est donnée justement dans le *Mēnōk i Xrat* à propos de l'ascension de l'âme vers le paradis, après la mort (cf. *Dātastān i Dēnīk*, XXIV, 6).

Il est naturel, certes, par l'aspect moral de sa « droiture », que Rašnu s'intéresse à l'âme après la mort ; que ce soit lui par exemple qui, lors du jugement individuel, pèse les actes du défunt dans la balance d'or. Mais il fait davantage. Alors que, pendant les trois premières nuits, l'âme étant censée rester à côté du cadavre, c'est à Sraoša, protecteur du monde des corps, que les survivants adressaient de continuelles offrandes et prières [1], à partir de l'aube du troisième jour, l'âme se mettant en mouvement pour le voyage qui l'amènera d'abord au pont Činvat, on s'adresse à d'autres protecteurs : d'abord à Rašnu et à Arštāt̰ « la Rectitude », substantif tiré de la même racine que l'adjectif Rašnu, et aussi au Bon Vent, Vāyu (qui disputera l'âme au Mauvais Vent sur le Pont), puis à l'espèce d'ange gardien qu'est la Fravaši du mort [2].

Il est même probable que Rašnu a rendu une fois pour toutes aux âmes des Zoroastriens le même service que Viṣṇu aux âmes des généreux Arya : il a dû ouvrir la voie ascensionnelle qui mène les Fidèles au séjour souhaité ; en tout cas il y préside. C'est là l'explication la plus vraisemblable du fait embarrassant que, dans l'Avesta, le Yašt de Rašnu (Yt. XII), après quelques versets de généralités impersonnelles et de louange peu caractérisée (1-8) [3], se réduit, sauf encore une invocation dans le verset final, à une longue énumération des parties superposées de l'Univers (9-37), toutes introduites par la formule « même si tu te trouves dans... ». On voit ainsi défiler :

a. Les sept cantons de la terre (9-15) ; le lac mythique Vourukaša avec son arbre merveilleux et la rivière extrême, la Raṅhā (16-19) ;

1. *Šāyast nē šāyast*, 17.
2. *Dātastān i dēnīk*, XXX.
3. Le verset 8 qualifie *Rašnu* : « toi qui accompagnes le mieux, quand tu n'es pas offensé ».

la fin de la terre, le milieu de la terre, n'importe quel point de la terre (20-22) ; puis les trois plus hautes montagnes (23-25) ;

b. La zone des diverses étoiles maîtresses (26-32), de la lune (33) et du soleil (34) ;

c. Trois cieux ou super-cieux : « l'espace lumineux *(raočah)* sans commencement et impérissable » (35), « le meilleur séjour des fidèles, lumineux, qui donne toutes les jouissances » (36) ; « la lumineuse maison de louange » *(garō.nmāna)*, le Paradis suprême (37).

L'analyse pointilleuse qu'a faite l'auteur n'empêche pas de reconnaître dans sa description trois zones homogènes, terre, ciel des astres, cieux mythiques : se réduisant à cette « cosmographie montante », le Yašt XII suggère que Rašnu est bien l'homologue de Viṣṇu, le dieu de l'ascension cosmique en trois pas [1].

S'il en est ainsi, la forme même de son nom se comprend mieux : il exprime, dans son radical, la correction apportée au concept indo-iranien de *Višnu et, dans son suffixe, la volonté d'un exact remplacement.

Rašnu [2] est un des rares adjectifs avestiques formés par le suffixe *-nu*, lui-même, on l'a vu, très rare en védique [3]. Il est constitué sur le radical *raz-*, forme alternante (cf. superl. *razišta*) de *ərəz-* qui a donné un adjectif en *-u-*, *ərəzu* « droit », en général appliqué aux chemins (sanscrit *ṛjú* « droit » – le plus souvent appliqué aux chemins, – superl. *rájiṣṭha)* ; la racine est celle de sanscrit *ṛj-*, *raj-* *(ṛjyati* « il tend, dirige », *rají* « direction »), de latin *rego, rectus*, etc.

1. L'explication de J. Darmesteter, *Le Zend Avesta*, II, p. 491, paraît insuffisante : « Comme témoin universel, il est en tous lieux et par suite l'appel du fidèle le suit d'un bout à l'autre du monde, de sorte que le Yašt est constitué essentiellement par une énumération de toutes les parties du monde. » Pourquoi la forme « ascensionnelle » de cette énumération ?

2. En dehors du nom propre *Rašnu*, cet adjectif est employé une fois au pluriel, au sens « les justes ».

3. Comme adjectifs, je ne vois que *zōišnu* (écrit *zōišənu* en gāthique) « tremblant » à côté de *zaēša* « qui fait trembler », et *hiγnu* « libre de » (étymologie ?). Comme substantifs, noter *bąšnu* « hauteur, profondeur » à côté de l'adjectif véd. *bahú* « épais, fort, abondant », (superlatif *báṃhiṣṭha*), grec παχύς « épais » ; *pąsnu* « poussière », à côté de védique *pāṃsú* « id. », vieux slave *pěsŭ-kŭ* « sable » ; cf. ci-dessus, p. 440, note 2.

(irlandais *recht* « loi », gotique *raihts* « recht, droit »)[1] : Rašnu est donc à *ərəzu* « rectus » ce que Viṣṇu est à **viṣu* « diversus ».

La langue védique, qui n'a pas d'occasion ni de raison d'opposer les deux « pouvoirs » (Indra va « droit » à l'occasion, comme il va aussi « dans tous les sens »), a du moins traité ces deux mots de manière parallèle : avec le suffixe des adjectifs de direction, un dérivé *ṛjv-áñc* qualifie les chevaux du Feu « qui vont tout droit » (IV, 6, 9) comme *víṣv-añc* qualifie les chemins « divergents » de la Nuit et du Jour (III, 55, 15), les traits qui volent « de tous côtés » dans la bataille (X, 38, 1), le char du soleil « qui va partout » (IX, 75, 1)[2] ; un poète demande aux dieux souverains de le diriger *ṛju-nītí* « avec une conduite droite » (I, 90, 1), tandis qu'un autre demande à Indra de mépriser l'engeance *víṣu-ṇa* « qui va dans toutes les directions, instable, infidèle » (VIII, 21, 5).

Ces données linguistiques, qui concordent entièrement avec les données mythologiques, confirment et éclairent la substitution de *Rašnu* à un prézoroastrien **Višnu*[3].

L'antiquité, le caractère prévédique du concept de *Marút* (les *Marútaḥ*) est directement prouvé par l'existence de *Ma-ru-ut-ta-aš*, chez les « para-Indiens » cassites : comme *šu-ri-ia-aš (Sū́ryaḥ)* est donné pour l'équivalent du dieu babylonien « soleil », *Marutaš (Maratаš)* est mis dans le vocabulaire cassite-accadien du British Museum en équation avec Nin-urta, dieu de l'ouragan, de la guerre, de la chasse[4]. Une telle valeur explique assez que le nom ait été banni du vocabulaire zoroastrien : les Marut védiques sont, dans la mythologie, les *márya* par excellence, des jeunes gens excessifs, du

1. Sur cette racine, v. Benveniste, *Le Vocabulaire des institutions*..., I, p. 9-14.
2. Quand ces adjectifs sont rapprochés de leurs contraires, *ṛjú* « droit » s'oppose à *vṛjiná* « courbe » et *víṣvañc* « divergent » à *sadhryáñc* « convergent, uni ».
3. Et renforcent l'étymologie de *Viṣṇu* comme substitué à *viṣu-*. H.S. Nyberg a interprété Rašnu autrement, comme dieu de l'ordalie : *Die Religionen des alten Iran* (1938), p. 64-65.
4. Voir mon article « Dieux cassites et dieux védiques, à propos d'un bronze du Louristan », *Revue hittite et asianique*, XI, fasc. 52 (1950), p. 18-37, que je compte reprendre et compléter dans une prochaine *Esquisse*.

type de ceux que, sous le même nom, *mairya*, l'Avesta a condamnés, voués au mépris et à l'abomination des fidèles.

Les caractères distinctifs des Marut dans le ṚgVeda sont les suivants[1] :

1. Ils forment une bande – *śardháḥ, gáṇa* – plus ou moins nombreuse selon les textes ; ils sont toujours désignés, au pluriel, par leur nom commun et agissent collectivement, sans aucune différence ni volonté particulière ; ils sont tous frères, du même âge, sans aîné ni cadet, nés au même endroit ; ils sont appelés les « jeunes gens *(máryāḥ)* du ciel », les « hommes *(vīrā́ḥ)* du ciel », les « fils du ciel » ; ils sont jeunes et ne vieillissent pas.

2. Ils sont essentiellement les associés, les alliés d'Indra dans les combats ; quelques textes mentionnent, dans telle ou telle occasion, des griefs, une rivalité entre eux et le dieu, mais ce ne sont que de rarissimes exceptions : ils sont *índrajyeṣṭha* « ayant Indra à leur tête », et l'association est si étroite que parfois les exploits, les victoires d'Indra leur sont attribués.

3. Ils sont richement parés, avec des guirlandes, des anneaux de bras et de chevilles, et fortement armés, de lances surtout, et aussi de haches, parfois d'arcs et de flèches, avec des casques d'or et des plaques d'or sur la poitrine.

4. Ils ont une forte coloration naturaliste, traversant bruyamment l'atmosphère comme une sorte de « chasse fantastique », lançant les éclairs *(vidyút)*, ébranlant la terre, les montagnes, les deux mondes, ployant et brisant sous leur course les arbres des forêts. Ils sont comparés aux vents furieux, ils ont attelé les vents comme coursiers à leur timon et le vent s'appellera plus tard Māruta. Aussi leur principale fonction est-elle d'être *sudā́navaḥ*, de verser la pluie ; de faire couler les eaux qui sont dites, pour cela, *marútvatīḥ* : ils apportent l'eau et mettent la pluie en mouvement (V, 58, 3), ou les pluies les suivent (V, 53, 10) ; ils arrosent les deux mondes avec les pluies (VIII, 7, 16), font l'obscurité, même de jour, avec les nuages chargés de pluie (I, 38, 9) ; ils sont vêtus de pluie (V, 57, 4), obscurcissent leur éclat avec la pluie

1. Voir par exemple les relevés de A.A. Macdonell, *Vedic Mythology* (1897), p. 77-81, toujours excellent.

(V, 59, 1) ; ils vident les seaux célestes (V, 53, 6 ; 59, 8) et précipitent les torrents des montagnes (V, 59, 7) ; quand ils s'élancent, les eaux se gonflent (V, 58, 6) ; une rivière terrestre est appelée *marúdvṛdhā* « accrue par les Marut » (X, 75, 5)...

Parmi les figures mythiques de l'Avesta, une et une seule se conforme, sur beaucoup de points, à ce signalement : celle des *Fravaši*.

Certes, les Fravaši sont aussi autre chose, comme toutes les entités substituées par le zoroastrisme aux anciens dieux ; pour se justifier dans le nouveau système de représentation, il faut bien qu'elles « servent » dans les deux domaines ouverts ou approfondis par la réforme : la morale unitaire du Dieu unique, la participation des âmes à la lutte cosmique, avec la rétribution méritée *post mortem*. Rašnu, par exemple, on vient de le voir, ne s'est plus borné à arpenter, à jalonner comme Viṣṇu la piste qui permet de monter aux cieux suprêmes ; il s'occupe de chaque mort, pèse ses actions et le juge dans le tribunal où il siège avec Miθra et Sraoša.

La troupe immense des Fravaši revêt donc, elle aussi, un uniforme zoroastrien. La *Fravaši* de chaque être humain [1] tient à la fois de l'ange gardien, de l'âme et de l'Idée. Elle préexiste, elle est immortelle. Après la mort, disent les livres pehlevis, l'âme proprement dite, *urvan*, s'attachant étroitement à la Fravaši, échappe à la destruction où se perdent les autres éléments de l'être, le corps, la vie, la forme. Par suite, tout un aspect du culte des Fravaši a la valeur d'un culte des morts : leur grande fête, qui dure dix jours à la fin de l'année, est une sorte de *Parentalia*, avec nourriture exposée et fumigations dans les chambres des morts et sur les toits des maisons, et une formule célèbre du *Yasna*, LXXI, 23, dit expressément *iristanąm urvąnō... y ā̊ ašaonąm fravašayō* « les âmes des morts, qui sont les Fravaši des Fidèles ».

1. L'étymologie du mot **fra-vr̥ti-* est très discutée et je n'ai pas qualité pour en juger. Sur les *fravaši* voir toujours les livres de N. Söderblom, *Les Fravashis* (1899) et *La Vie future d'après le mazdéisme* (1901), et celui de J.H. MOULTON, *Early Zoroastrianism* (1913), p. 254-285.

Mais cette application, cette sorte d'incarnation humaine n'était pas une nécessité de leur nature : elle n'est qu'une phase, une manœuvre de la guerre cosmique qui oppose Dieu et le Mal. Au début des temps, dit le *Bundahišn*, I, 8, quand Ōhrmazd connut l'existence d'Ahriman, il prépara la défense, créa ses futurs auxiliaires, et notamment les Fravaši – apparemment en une fois, et toutes semblables – qui restèrent trois mille ans sans mouvement, d'une existence purement spirituelle. Plus tard, quand la guerre fut imminente, Dieu leur proposa le choix : ou se laisser défendre passivement, comme un enjeu, ou participer à la défense en descendant elles-mêmes dans le monde corporel, pour ne jouir que plus tard d'un bonheur plus assuré ; elles décidèrent de combattre et c'est ainsi que chaque homme a sa Fravaši (II, 10-11).

Cette différence fondamentale reconnue, les analogies avec les Marut n'en apparaissent pas moins considérables :

1. L'individualisation de chaque Fravaši ne les empêche pas de former, mythologiquement, une masse une et homogène, désignée par le pluriel constant *ašaonąm fravašayō* « les Fravaši des Fidèles », et agissant unanimement en tant que masse, au point que l'observateur oublie et que la mythologie paraît oublier que, sous les Fravaši ou près d'elles, il y a les hommes : les *ašaonąm fravašayō*, indistinctes et sans âge, sont indifféremment les Fravaši des hommes du passé, du présent et de l'avenir.

2. Elles sont, dans le grand combat, les fidèles alliées de Dieu qui lui-même, au début de leur Yašt (XIII), se plaît à reconnaître le service guerrier qu'elles lui rendent dans l'atmosphère « entre terre et ciel » :

> 12. Car si les fortes Fravaši des Fidèles ne m'avaient pas prêté secours, il n'y aurait pas ici pour moi animaux ni hommes, [ces deux espèces d'êtres] qui sont les meilleurs de leurs genres ; la Druǰ aurait en propre la force, l'empire [1], le monde des corps ;

1. *Aojar, xšaθra* : deux vieux mots de deuxième fonction.

13. entre la terre et le ciel s'installerait celui des deux Esprits qui tient pour la Druǰ ; entre la terre et le ciel vaincrait celui des deux Esprits qui tient pour la Druǰ...

Beaucoup d'autres versets de leur Yašt les montrent en effet dans le combat [1] :

33. Nous adorons les bonnes, puissantes et saintes Fravaši des Fidèles, – les vaillantes, braves, combattantes, effrayantes, qui abattent, qui anéantissent les attaques de tous les ennemis, démons et hommes, qui à l'assaut défont les adversaires selon leur propre désir et vouloir...

35. Nous adorons (etc.) ... – les illustres gagneuses de batailles, les très fortes...

37. Nous adorons (etc.) ... – qui forment une nombreuse armée, ceintes d'armes, avec bannière déployée, les brillantes...

Et le Yašt mentionne nommément des héros, des familles, qu'elles ont aidés dans le combat (37-38), pour reprendre ensuite l'éloge général :

39. Nous adorons (etc.) ... – qui brisent les deux ailes des lignes de bataille déployées, qui enfoncent le centre...

40. Nous adorons (etc.) ... – les gagneuses de batailles, fortes, partout victorieuses, combatives...

Avec une telle nature et une telle mission [2], de même que les Marut sont *índrajyeṣṭha*, elles ne peuvent que suivre le nouveau généralissime zoroastrien de la guerre, Miθra, et son état-major :

1. Kaj Barr a utilisé le rôle différentiellement, classificatoirement combattant des Fravaši, bien définies « stridsånder imod de onde magter », sur un cas privilégié, celui de Zoroastre (*Dēnkart*, VII ; *Zātspram*, V-VI) : « Irans profet som τέλειος ἄνθρωπος », *Festskrifttil L.L. Hammerich*, 1952, p. 26-36. Les composantes soigneusement préparées de la personnalité de Zoroastre sont : le *x*^{v} *arr (x*^{v} *arənah)*, marque de la puissance souveraine et religieuse ; la *fravahr (fravaši)* ; le *tan gōhr (*tanu.gavaθra)* « matière crescible du corps », préparée dans les eaux et plantes salutaires par les archanges « Santé et Non-mort » : Zoroastre se trouve ainsi équipé, pour son œuvre, aux trois niveaux fonctionnels.

2. Elles sont si essentiellement guerrières que l'Avesta laisse survivre en hapax, quand il s'agit d'elles, une importante notion védique et prévédique partout ailleurs éliminée, celle de sanscrit *vā́ja* « force violente », « élan vers le butin » : elles sont (23), et elles seules, *vazārətō* (**vaza-* + racine *ar-* « se mettre en mouvement »),

47. Celle des deux [armées en présence] qui en premier les prie, avec esprit attentif et cœur croyant, du côté de celle-ci se tournent les fortes Fravaši des Fidèles, ensemble avec Miθra et Rašnu et le fort Dāmōiš Upamana (?)[1], ensemble avec le Vent victorieux.

48. Elles abattent les pays..., là vers où les fortes Fravaši des Fidèles se tournent ensemble avec Miθra et Rašnu, et le fort D.U. (?), ensemble avec le Vent victorieux.

3. Plus austère que les Marut païens, la bande des Fravaši ne se signale par aucune coquetterie, aucune parure, ni guirlande, ni anneaux, et leurs casques ne sont pas d'or ; mais elles sont bien armées :

45. Nous adorons (etc.) ... – qui combattent dans les combats lumineux avec des casques de métal *(ayō.xaoδā)*, avec des armes offensives de métal *(ayō.zayā)*, avec des armes défensives de métal *(ayō-verəθrā)*, qui portent des poignards brandis pour massacrer mille démons.

4. Les Fravaši ne sont pas la « chasse fantastique », brutale et aveugle, qu'étaient les Marut ; du moins vient-on de voir que le Vent les accompagne aux versets 47-48, et le verset précédent disait : « Quand parmi elles le vent vient soufflant *(yat̲ hīš antarə vātō fravāiti)* qui leur apporte le fumet des combattants... » C'est peu de chose, mais les convenances zoroastriennes expliquent la perte de cette figuration naturaliste. En revanche, le rapport des Fravaši avec la pluie reste essentiel, aussi fortement marqué que le rapport des Marut avec la pluie. Les averses célestes, dans l'Avesta, dépendent matériellement de deux étoiles, Tištriya « Sirius » et Sata.vaēsa « Aldébaran ? l'étoile aux cent valets » ; ce sont les Fravaši qui manient la seconde :

43. Elles envoient entre terre et ciel Sata.vaēsa, qui fait tomber l'eau, qui entend l'appel, qui fait pousser les plantes, pour la protection du bétail et des hommes, pour la protection des pays arya...

---

comme elles sont *(ibid.)*, et elles seules – autres mots caractéristiques de deuxième fonction – *uγrārətō* (*uγra* « fort »), *taxmārətō* (*taxma* « héroïque »).

1. H.S. Nyberg, *Die Religionen des alten Iran*, p. 76, remarque que ce *Dāmōiš Upamana* (« parèdre de Dāmi, du Créateur ») n'apparaît qu'associé au Vent et pense que *Dāmi* a été antérieurement une appellation du vent.

53. Nous adorons les bonnes, puissantes et saintes Fravaši des Fidèles qui, aux eaux créées par Dieu, montrent les belles routes, [aux eaux] qui, auparavant après qu'elles eurent été créées, étaient restées [immobiles] au même endroit, pendant un long temps, sans couler vers l'avant ;

54. mais maintenant elles coulent sur la route créée par Dieu, au lieu fixé par les dieux, prescrit, riche en eau.

Les versets 65-68 les montrent s'affairant d'une manière bien pittoresque :

65. Quand les eaux, ô Spitama Zaraθuštra, coulent en sortant du lac Vourukaša, avec la Gloire créée par Dieu, alors s'activent les fortes Fravaši des Fidèles, nombreuses, par centaines, par milliers, par myriades,

66. pour chercher l'eau, chacune pour sa famille, pour son clan, pour son district, pour son pays, en disant : « Notre pays doit-il périr, se dessécher ? »

67. Les Fravaši combattent dans les batailles pour leur lieu et demeure, là où [chacune ?] a pris lieu et emplacement pour y demeurer : on dirait un héros guerrier qui combat, ceint de son armure, pour sa propriété bien amassée [1] ;

68. et celles d'entre elles qui gagnent l'eau l'apportent chacune à sa famille, à son clan, à son district, à son pays, disant : « Notre pays doit prospérer, croître. »

Le service des eaux reste donc bien une partie importante de la mission des Fravaši. Mais on a pu noter la différence, attendue d'ailleurs, entre une telle description et les expressions védiques sur la pluie des Marut : les Fravaši ne sont pas des génies naturalistes, tumultueux, et la pluie n'est plus l'effet mécanique de leur violence désordonnée ; ces héritières zoroastriennes des jeunes gens atmosphériques sont des sortes de ménagères, qui s'affairent près du réservoir cosmique, soucieuses chacune de ravitailler les siens, des sortes de Marthes bien dressées dans le monde de Dieu où, malgré Ahriman, il y a autant d'administration que de guerre : *satagebat*...

1. Écho des mythes indo-iraniens de libération des eaux atmosphériques par une bataille ?

Une telle correspondance entre les deux bandes, dans la représentation et dans le service, me paraît prouver la réalité de la substitution : la mythologie de l'Avesta postgāthique reproduit encore, dans ses lignes essentielles, *mutatis mutandis*, l'analyse que le paganisme indo-iranien faisait du personnel de la fonction guerrière.

II

Le personnel de la fonction guerrière à Rome et en Scandinavie

Le personnel védique de la fonction guerrière, la manière dont il s'organise autour du dieu canonique de ce niveau, Indra, fournit une intéressante matière au comparatiste qui, après l'Inde, porte son regard sur d'autres parties du monde indo-européen, et d'abord sur Rome.

On sait combien la mythologie proprement romaine est pauvre. La théologie, les formules classificatoires, les relations entre les divinités des diverses fonctions et des divers niveaux sont claires, plus claires même que dans d'autres religions apparentées – la grecque, l'irlandaise, par exemple – où la charpente des définitions qui soutient la structure est comme écrasée sous la masse des récits : jusqu'à l'intervention de Zeus, tout ce que les Romains racontent de Jupiter tient en quelques rapports entre lui et les premiers rois de la ville. Et de même pour les autres provinces de la théologie.

J'espère avoir montré, par de nombreux exemples, que la mythologie n'a pas disparu pour autant : elle s'est constituée en histoire. Ce ne sont pas des dieux, mais des héros des premiers temps qui, par leur caractère, leurs aventures, leurs rapports, font la démonstration des valeurs que reconnaît la société et la conception qu'elle a d'elle-même et de sa place dans le monde. Tout cela a été en grande partie formé par un transfert sur l'espace romain et dans le temps romain (les seuls qui intéressent Rome) de ce qui, chez les Indiens ou chez les Scandinaves, se passe dans l'Univers et dans le Grand Temps. Avec les règnes de Tullus Hostilius, de Tarquin le Superbe, le présent livre a offert au lecteur plusieurs de ces transpositions.

Mais l'histoire n'est pas le seul réceptacle de cette mythologie en quelque sorte fermentée que les annalistes ont fait couler dans nos mémoires comme un miel savoureux d'événements significatifs et exemplaires. L'organisation sacerdotale la plus ancienne, notamment, se conforme aux mêmes structures et aux mêmes images : l'*ordo sacerdotum*, le groupement libre mais strictement hiérarchisé des trois *flamines maiores*, autant et plus que les définitions différentielles de leurs dieux Jupiter, Mars et Quirinus (notamment de Quirinus), a été le point de départ de tout le travail comparatif accompli depuis cinquante ans. Il en est de même pour la fonction guerrière.

Avant de devenir le fils de Jupiter et le père de Romulus, Mars, lui non plus, n'a pas de mythologie. D'autre part, il ne semble pas que Rome ait distingué, dans ses patronages divins, ce qui était, chez les Indo-Iraniens, l'aspect Vāyu (Bhīma) et l'aspect Indra (Arjuna) [1]. Mars est seul à son niveau, avec une Bellōna qui, à en juger par la structure de son nom et par ses offices, a pour mission de faire que les Romains sortent en bon état d'une guerre, voire de substituer à la guerre la diplomatie [2]. Il est aussi articulé à Quirinus, mais Quirinus, en dehors des dérives qu'a causées ou facilitées son assimilation à Romulus, ne s'occupe que des militaires entre deux campagnes, des Quirites, des civils toujours prêts à se mobiliser et vivant dans une paix vigilante, et l'essentiel de ses rapports avec Mars est dans leur commune participation, dans des postes complémentaires et inégaux, à la structure non pas bi-, mais trifonctionnelle Jupiter, Mars, Quirinus. Mais on

1. Ci-dessus, p. 296, 437.
2. *RRA*², p. 394-396.

chercherait vainement, près de Mars, l'équivalent de Viṣṇu et des Marut.

Au contraire, le personnel sacerdotal attaché à la guerre, en dehors du *flamen Martialis*, consiste en deux sodalités dont les offices correspondent à ceux de Viṣṇu et des Marut. Simplement, comme nous sommes à Rome, fondamentalement juriste et procédurière, et peu confiante dans les purs miracles, la première de ces deux sodalités a transporté au droit international, à la zone d'action de Jupiter, ce qui, dans la mythologie de Viṣṇu, n'est que magique. Il s'agit des *fetiales* d'une part, des *Salii* d'autre part.

Dans *Idées romaines* (1969), p. 63-78 (et p. 304), une étude à laquelle je n'aurais rien d'important à changer a longuement traité du *ius fetiale* : j'y renvoie le lecteur. En gros, les *fēti-ales* sont les prêtres chargés de donner à une guerre éventuelle le fondement (cf. sanscrit *dhắtu*) moral qui en fait un *bellum pium*. Matériellement, ils font plus : ils légitiment la marche que fera l'armée romaine en territoire ennemi, si ennemi il y a, c'est-à-dire si le peuple contre lequel Rome a des griefs n'a pas donné la réparation demandée. Et cela, le fétial désigné pour cet office, le *pater patratus*, et son auxiliaire l'accomplissent en trois étapes, par un équivalent rituel des trois pas par lesquels Viṣṇu fournit à Indra l'espace de son exploit [1]. Voici le passage de mon étude de 1969 qui, complétant sur un point l'article de 1953 d'où est tirée la précédente section, concerne directement notre problème (p. 73-75).

> Viṣṇu, par ses trois pas, ouvre à l'action guerrière d'Indra la zone de l'espace où elle doit se dérouler et quand, en trois pas, il arpente « pour Indra » les trois mondes, c'est l'univers entier qu'il lui rend accessible. Il fait matériellement, par ses pas, ce que le fétial romain fait, mystiquement, par son rituel : il procure au guerrier une marche et un champ de bataille assurés. On a vu plus haut des raisons de

1. Dans certains rituels indiens, un des officiants fait aussi « les pas de Viṣṇu ». Cf., dans l'épopée Kṛṣṇa et Arjuna, *ME I*, p. 211-212 (« les pas de Kṛṣṇa »).

penser que le trait est ancien, indo-iranien : dans l'Avesta postgāthique, le dieu guerrier, Miθra, substitué en cette fonction à l'*Indra indo-iranien, a près de lui un auxiliaire, Rašnu, dont le nom consonne avec celui de Viṣṇu, et qui présente avec Viṣṇu d'autres analogies ; or, comme Viṣṇu à Indra, ce Rašnu continue à donner à Miθra l'espace nécessaire à ses exploits (*Yašt* X, 41). Si Rašnu est une « réforme » zoroastrienne d'un *Višnu indo-iranien, comme je l'ai proposé, son nom indique suffisamment le sens de la réforme : il est « le droit », aussi bien et plus au moral qu'au propre, et sa présence auprès de Miθra, comme, d'ailleurs, la substitution même de Miθra au dieu guerrier indo-iranien, suppose que le mazdéen ne fait que des guerres « droites », c'est-à-dire justes, et surtout dans l'intérêt de la vraie religion. Mais peut-être cet aspect du service était-il déjà, avec d'autres nuances, contenu dans les représentations indo-iraniennes : l'hymne védique, cité plus haut (*Vāl.*, 4, 3), qui dit que « c'est pour Indra que Viṣṇu a fait ses trois pas », ajoute aussitôt *úpa mitrásya dhármabhiḥ*, « conformément aux lois de Mitra [1] », du Mitra qui n'est toujours, dans la religion védique, sans rien de guerrier, qu'un dieu souverain, garant bienveillant de l'ordre sous toutes ses formes, cosmique, social, liturgique et moral [2].

Le rituel des fétiaux paraît contenir un élément de même forme, à valeur à la fois morale et matérielle. On connaît la procédure par laquelle ces prêtres, exactement celui qui a été choisi comme *pater patratus* et son compagnon, vont demander réparation et, s'il doit y avoir *bellum*, assurer aux Romains un *bellum pium* [3] : en trois marches, ils se rendent depuis la frontière du peuple coupable jusqu'au forum de sa ville. En territoire romain d'abord, à proximité de la frontière, puis encore sur la frontière, le *pater patratus* invoque les dieux, affirme sous imprécation la justice de la cause romaine et expose ce dont Rome se plaint, puis, avec son

1. Geldner traduit « nach den Pflichten des Freundes », ce qui est bien improbable : le rapprochement du terme *dhárman* et du nom *mitrá* engage à reconnaître ici le dieu, comme dans l'expression analogue de V 81, 4, où Geldner traduit bien : Mitra.
2. Dans le Mahābhārata, Kṛṣṇa est l'incarnation et la transposition épique de Viṣṇu (*ME* I, p. 208-237) ; son rôle d'ambassadeur, de véritable fétial, à la veille de la guerre, à travers tout le cinquième chant *(Udyoga-Parvan)*, devra être considéré à la lumière de la présente étude.
3. Tite-Live, I, 32, 6-8 ; Denys d'Halicarnasse, II. 72.

compagnon, il commence sa marche sur le territoire virtuellement ennemi en refaisant trois fois ce discours : 1. Au premier passant qu'il y rencontre, 2. En arrivant à la porte de la ville, 3. Sur le forum, devant les magistrats. Si le peuple ainsi sommé demande un délai, il accorde trente jours.

Un tel scénario semble indiquer que la procédure combinait primitivement la préparation juridique du *bellum pium* et une préparation plus matérielle : non pas encore une prise de possession [1], mais l'ouverture ou, pour garder l'image de **fēti-*, la « fondation » mystique du champ où l'armée romaine s'avancera ensuite, protégée par les dieux. De la frontière au premier passant, de celui-ci à la porte, de la porte au forum, aux trois points, l'un mobile, les autres fixes, qui jalonnent entièrement ce monde étranger, le fétial « pose » le droit de Rome et, par là même, les qualifie, eux et le pays qu'ils résument, comme « base » pour l'action guerrière qui suivra. Du moins est-ce l'explication littérale que suggère cette marche en trois étapes, cette sorte d'incantation progressive de tout le terrain [2].

À la différence des *fetiales*, dont l'intervention est commandée par les circonstances, les *Salii* opèrent à dates fixes, dans des fêtes que prescrit le plus ancien calendrier : ils ouvrent en mars, ferment en octobre la saison des guerres [3]. Leur service est de parcourir les rues de Rome en dansant une danse contorsionnée qu'ils scandent en frappant de leurs javelines des boucliers archaïques, c'est-à-dire le bouclier-talisman envoyé du ciel par Jupiter à Numa et les copies qui en avaient été faites. Ils opèrent

1. Cette interprétation est confirmée par celle que donnent les Romains eux-mêmes de la scène rituelle d'entrée en campagne, où ce ne sont plus les prêtres, mais le général qui agit : il jette une lance sur le sol ennemi et, par ce geste, *prend mystiquement possession d'un emplacement* pour son camp (Servius II, *Comment. à l'Énéide*, IX, 52 : *Varro in Caleno ita ait : duces cum primum hostilem agrum introituri erant, ominis causa prius hastam in eum agrum mittebant, ut castris locum caperent)*. Les fétiaux n'ont pas à prendre une possession symbolique du territoire ennemi, mais à y préparer mystiquement les voies de l'armée qui viendra après eux.

2. Sur une légende irlandaise homologue, v. *IR*, p. 75-79 et 304.

3. *RRA*², p. 177-178, 581-582.

sous la direction d'un chef de danse *(praesul)* dont ils reproduisent les figures et, en même temps, dirigés par leur *uates*, ils chantent un *carmen* devenu peu intelligible à l'époque classique. Ils sont divisés en deux équipes de douze, les *Salii Palatini* et les *Salii Agonenses* ou *Collini*, ayant chacune son *magister*. La première appartient à Mars, la seconde à ce « Mars tranquille », à ce « Mars qui préside à la paix » qu'est Quirinus. Denys d'Halicarnasse les présente ensemble comme « danseurs et chanteurs des dieux en armes » (II, 70, 2). Ce n'est pas ici le lieu de traiter de Quirinus et de ce qui explique son glissement vers un statut de dieu guerrier, étranger à l'idéologie qui soutient les actions connues de son flamine [1]. Il suffit ici de souligner que Rome confie le succès de ses légions à des prêtres danseurs qui font bruyamment parade de leurs armes. Ils sont, dit le commentateur de Virgile (Servius, *ad Aen.*, VIII, 663) *in tutela Jouis Martis Quirini*, ce qui est conforme à l'origine céleste, diale, des boucliers et aux affections des moitiés de la sodalité [2]. Enfin, des prêtresses nommées *Saliae uirgines*, dont il faut bien penser qu'elles doublaient les *Salii* et « dansaient » comme eux, ne sont signalées qu'à l'occasion d'un sacrifice annuel, offert sans doute à la chapelle de Mars dans le Regia [3].

On sent combien, par leur nature et leur rituel, ces Salii sont proches des Marut (et donc, peut-être, les Saliae des Fravaši) : les uns et les autres font étalage d'un riche armement et les uns et les autres dansent, puisque seuls Indra et les Marut (et une fois les Aśvin, autres jeunes gens) reçoivent dans les hymnes la qualification de *nṛtú* « danseurs [4] ».

Il faut ici rappeler un autre rituel guerrier de Rome, celui de la purification, le 1er octobre, au *tigillum sororium*, que l'on rattachait au « péché » commis par le troisième Horace après son combat contre les trois Curiaces : dans la première partie du présent livre,

1. J'examinerai ailleurs les articles consacrés à Quirinus par M. Radke et Mme Porte dans *ANRW*.
2. Lucien Gerschel, « Saliens de Mars et Saliens de Quirinus », *RHR*², CXXXVIII, 1950, p. 145-151.
3. Festus, 419 L², *RRA*², p. 185 ; *ME* II, p. 368 *(cum apicibus paludatae)*.
4. Cf. *ME* I, p. 71-73, à propos du déguisement d'Arjuna en maître de danse.

il a été montré que la légende justificative de ce rituel établi sous le roi guerrier Tullus Hostilius rappelait le mythe védique où Indra a pour auxiliaire Trita, « le Troisième ». Ainsi le recours à la mythologie védique du niveau guerrier permet d'entrevoir comment des corps sacerdotaux et des actes rituels qui, à Rome, sont dispersés, prolongent un *ensemble* cohérent de représentations remontant aux temps indo-européens [1].

Tout n'est pas encore éclairci, dans les religions germaniques, sur la théologie et la mythologie du niveau guerrier. Un fait du moins, souligné dès 1939, domine le dossier : si ce qui est dans l'Inde le « type Vāyu-Bhīma » subsiste clairement en la personne du dieu Þórr, le « type Indra-Arjuna », et généralement tout le reste du personnel divin de la fonction guerrière a si bien pénétré la fonction souveraine qu'elle a paru aux observateurs, dès l'Antiquité et jusqu'à l'extinction du paganisme, en former l'essentiel. C'est par « Mars », entre Mercure et Hercule, que les informateurs de Tacite ont traduit **Tiwaz*, et c'est comme dieu de la guerre, au XIIe siècle, que Snorri présente *Týr* [2]. Parallèlement, dans la triade d'Upsal que des voyageurs hanséatiques ont décrite à Adam de Brême – Óđinn, Þórr, Freyr » (*Wodan, Thor, Fricco*) – les fonctions des dieux sont réduites à l'essentiel, du moins à ce qui les a le plus frappés [3] :

> Thor est le maître de l'atmosphère et gouverne le tonnerre et la foudre, les vents et les pluies, le beau temps et la moisson ;
> Wodan, c'est-à-dire la Fureur, dirige les guerres et fournit à l'homme la vaillance contre l'ennemi ;
> le troisième, Fricco, procure aux mortels la paix et le plaisir.

Ainsi, ce que nous savons par ailleurs d'Óđinn et qui est en réalité dominant, à savoir son caractère de souverain du monde, de « père universel » et de magicien tout-puissant par son savoir,

1. Cf. une structure comparable à propos des mythes de l'Aurore védique et des rites de la fête romaine de l'Aurore (*Matralia*) *ME* III, p. 305-330.
2. *DG*, p. 57-76 ; *Esq.* 73, où l'on trouvera les références et les discussions utiles.
3. A. de Brême, *Gesta Hammaburgensis Ecclesiae pontificum*, IV, 26-27.

n'est pas retenu, alors que sa participation aux guerres n'est qu'une application privilégiée de cette valeur générale : il gouverne le sort des batailles, choisit les morts héroïques qu'il se réserve, bien plutôt qu'il ne se bat.

Quant à Týr, qui ne paraît pas dans la triade d'Upsal, Snorri (*Gylfaginning*, 13) le définit « très intrépide et très courageux » et dit qu'il a « grand pouvoir pour la victoire dans les batailles », enfin qu'il est bon que les hommes vaillants l'invoquent, – ce qui est très proche de la part d'Óđinn dans la seconde partie du témoignage d'Adam de Brême :

> ... Si la peste ou la famine menace, c'est à l'idole Thor qu'ils sacrifient ; pour la guerre, à Wodan ; et si des noces doivent être célébrées, à Fricco.

Ce n'est pas ici le lieu de montrer que la part de Týr et celle d'Óđinn dans la guerre et dans la victoire ne sont pas les mêmes, ni de compléter, de rectifier la définition que Snorri donne de Týr qui, au civil comme au militaire, au Þing de justice comme au Þing des armes qu'est la bataille, préside aux rapports le plus souvent difficiles et violents des hommes : le travail est fait depuis longtemps et le lecteur peut se reporter à mes *Dieux souverains des Indo-Européens*, p. 183-203 et, en dernier lieu, à la discussion que j'ai récemment soutenue contre M. R.I. Page, dans l'*Esquisse* 73 (*L'Oubli de l'homme*..., p. 278-301). Je rappellerai seulement le glissement qui peut être très schématiquement résumé [1], pour les deux fonctions supérieures, dans un tableau comme celui-ci :

Inde védique		*Scandinavie*	
souveraineté	Varuṇa Mitra	Óđinn Týr	souveraineté et combat d'armée
combat	d'armée : Indra		
	solitaire : Vāyu	Þórr :	combat solitaire

1. Trop schématiquement, donc inexactement, mais il faut bien disposer d'« étiquettes » brèves. Cf. ma discussion avec M. Gonda à propos de telles étiquettes pour les dieux souverains (Varuṇa, Mitra), *DSIE*, p. 77-79.

Pour l'essentiel, c'est donc Óđinn qui assume les fonctions d'Indra. Osmose naturelle, sans doute, entre le niveau souverain et le niveau guerrier puisque, pour des raisons différentes, l'Indra postvédique est devenu le souverain des dieux (Varuṇa et Mitra s'étant presque effacés) tout en restant le guerrier par excellence, et que l'Iran zoroastrien, dans le temps qu'il rejetait l'Indra traditionnel parmi les archidémons, a transféré sa mission, retouchée dans la nouvelle morale, à Miθra qui, sous Ahura Mazdā, garde beaucoup de ses traits de dieu souverain.

La plus notable différence est que, dans l'aspect naturaliste de la fonction guerrière, Óđinn ne s'est pas approprié la foudre (comme l'ont fait ailleurs les souverains Zeus et Jupiter sans pourtant descendre à la deuxième fonction) : de même que, dans l'Inde, c'est Indra, au deuxième niveau, qui manie le *vájra*, l'arme céleste qui symbolise la foudre, c'est Þórr, au deuxième niveau aussi mais dans la « partie Vāyu » de ce niveau, qui a pour arme le marteau qui ébranle l'atmosphère. Il est d'ailleurs remarquable que, chez les Germains, ce soit ainsi le coup de tonnerre plutôt que la foudre, le bruit plutôt que la lumière, qui ait été mis en vedette dans l'arme (le marteau) comme dans le nom même du dieu *(* Þun(a)raz)*.

Pour à peu près tout le reste, c'est bien Óđinn qui a amassé sur lui l'équivalent de la dotation d'Indra. Notamment son entourage : les équivalents, *mutatis mutandis*, de Viṣṇu et des Marut sont au service d'Óđinn.

Pour le premier, Víđarr, la démonstration a été donnée en 1965 et reprise dans *Mythe et Épopée*, I, 1968, p. 230-237, à l'occasion de la transposition de Viṣṇu en Kr̥ṣṇa dans le Mahābhārata. Je n'ai rien à y modifier.

Quant aux Marut, dès 1953, les équivalents scandinaves ont été désignés. Dans l'hypothèse que j'ai reproduite tout à l'heure – sublimation zoroastrienne des Marut dans les Fravaši – un trait important de celles-ci manque à ceux-là : l'élément « âmes des morts » ou « anges gardiens associés aux âmes » reste inexpliqué, puisque les Marut ne sont pas conçus comme tels et ne semblent pas avoir de rapports avec la mort ni l'après-mort (encore qu'il faille ici rappeler que de tels rapprochements sont certains chez le complexe Rudra dont les liens avec les Marut sont multiples). Mais il se peut que sur ce point les hymnes du R̥gVeda, peu intéressés par le destin de l'homme après sa vie terrestre, aient appauvri une représentation indo-iranienne, indo-européenne, qui reparaîtrait dans les deux religions qui, au contraire, se sont fait une image riche et efficace de la survie dans l'au-delà, l'iranienne, la scandinave.

Il y a, d'une part, les *Einherjar* d'Óđinn et ses *Valkyrjur*, étroitement solidaires. Les premiers, élus d'Óđinn que les secondes vont chercher sur le champ de bataille, sont les guerriers morts héroïquement et le folklore moderne des pays scandinaves et de l'Allemagne du Nord reconnaît les morts dans la Chasse Fantastique qui suit Oden-Wotan dans ses chevauchées bruyantes sur la terre ou dans l'air. Les *Einherjar* sont très vraisemblablement conçus à l'image des bandes, des Männerbünde des vieilles sociétés germaniques. C'est ce que suggère leur nom *(*aina-harijar)* [1], dont le second élément n'est autre que le nom d'un vieux peuple de la Germanie continentale, les *Harii*, chez lequel Tacite (*Germanie*, 43, 6) a décrit une telle société, très convenablement, semble-t-il, bien qu'il n'en comprît pas tout le mécanisme [2] : « Les Harii, dit-il, surpassent en force les peuples que je viens d'énumérer ; farouches, ils augmentent leur sauvagerie naturelle en se servant d'artifices, et en utilisant le temps qu'il fait : boucliers noirs ; corps barbouillés ; pour les combats, ils choisissent des nuits épaisses et, par l'horreur qu'inspire ainsi dans l'ombre cette armée funèbre *(feralis exercitus)*, ils portent l'épouvante ; nul parmi les ennemis ne soutient ce spectacle étrange et comme

1. Pour *ein-*, v. ci-dessus, p. 359 *(éka)* et cf. Erik, **Ein-ríkr* « l'unique puissant », nom de plusieurs rois dont l'un, légendaire sinon mythique, a les honneurs du chapitre 20 de l'Ynglingasaga et de Saxo V, x (cf. all. *Ainarich, Einrih*) ; v. Arwid Johansson, *Arkiv för Nordisk Filologi*, XLIX, 1933, p. 234-237.
2. On a même parfois pensé que *Harii* n'était pas le nom d'un peuple, mais d'une société de guerriers ; leur nom a peut-être survécu dans celui des frères *Herilunga, Harlunge* de l'épopée allemande ; cf. Ludwig Weniger, « Exercitus Feralis », *Archiv für Religionswissenschaft*, IX, 1906, p. 201-247 (avec des comparaisons grecques) et le commentaire de Rudolf Much dans son édition de la *Germania*, 1937, p. 382-386.

infernal *(nouum ac uelut infernum aspectum)*, car, dans tout combat, les yeux sont les premiers vaincus. »

Quant aux Valkyries, les Fravăsi, comprises comme il vient d'être proposé, n'ont pas d'analogue plus proche. Elles participent à l'action d'Óđinn dans la bataille, dans l'autre monde ; elles sont à la fois les gardiennes et les psychopompes des guerriers et leurs partenaires féminins dans la Valhöll ; les sabots de leurs chevaux projettent grêle et rosée, etc. [1].

Par Víđarr d'une part, les Einherjar et les Valkyrjur d'autre part, Óđinn dispose donc, sur les lignes propres à une idéologie et à une imagerie bien différentes, des mêmes auxiliaires que sont, pour Indra, Viṣṇu et les Marut, pour Miθra, Rašnu et les Fravaši. Ils ne nous réduisent pas au ras de terre comme font à Rome, platement, leurs homologues sacerdotaux, *fetiales* d'une part, *Salii* et *Saliae uirgines* d'autre part.

1. Sur les Valkyrjur, v. Jan de Vries, *Altgermanische Religionsgeschichte*[2], §§ 193, 582.

QUATRIÈME PARTIE

ASPECTS DE LA FONCTION GUERRIÈRE

Cette dernière partie groupe des études relatives à quelques points plus particuliers, qui se prêtent à la comparaison « génétique ». Il y en a beaucoup d'autres. Je n'en citerai que trois, sur lesquels il m'est arrivé de travailler dans d'autres enquêtes.

D'abord l'existence de « sociétés de guerriers », agents efficaces de la conquête. Les mariannu, *combattants de char, qui, au II*[e] millénaire *avant notre ère, ont semé l'effroi parmi les nations du Proche-Orient, en sont sans doute les plus anciens témoins directs, et les Marut de la mythologie védique, si souvent qualifiés* máryāḥ, *transposent ce type d'organe social dans l'autre monde. L'étude en a été entreprise en 1938 et du premier coup poussée fort loin par Stig Wikander, dans son livre* Der arische Männerbund, *auquel on commence à rendre pleinement justice (dans les sciences dites humaines, le refus du progrès pendant vingt-cinq ou trente ans est de pratique usuelle, sinon recommandable). Les Germains de l'Antiquité et du haut Moyen Âge ont connu de ces* Männerbünde *; mais la double valeur, souveraine et guerrière, assumée par leur patron Óđinn a fait qu'ils présentent, eux aussi, des caractères des deux niveaux, constituant un type original ; peu avant le livre de Wikander, en 1935, Otto Höfler en avait traité dans le premier tome, seul paru, de ses* Kultische Geheimbünde der Germanen. *Des articles parfois courts, mais pleins de substance, ont récemment ouvert de nombreuses avenues sur ce domaine, et dans des directions très diverses : rapports des guerriers et du roi, mystique des* *guerriers, etc. ; ainsi Andreas Alföldi, « Königsweihe und Männerbund bei den Achämeniden »,* Schweiz. Archiv für Volkskunde, *47, 1951, p. 11-16 ; Lucien Gerschel, « Coriolan »,* Hommage à Lucien Febvre, *II, 1953, p. 33-40 ; et, dans la ligne des beaux livres de J. W. Hauer (*Der Vrātya, *1927 ;* Der Yoga, *1958), Herbert Fischer, « Indogermanischer Kriegeryoga »,* Festschrift Walter Heinrich, *1953, p. 65-97. Des savants français ont particulièrement étudié les faits homologues chez les anciens Grecs, Francis Vian, notamment, qui a repris le problème, à l'occasion des gigantomachies, au point où l'avait amené Henri Jeanmaire dans ses* Courètes : La Guerre des géants *(1952),* Les Origines de Thèbes, Cadmos et les Spartes *(1964).*

Puis les rapports de la mythologie naturaliste et de la mythologie sociale sur ce second niveau, ou plus simplement, quant à l'Inde, la double valeur d'Indra et des Marut, à la fois modèles des combattants terrestres et divinités de la foudre et de l'orage, des manifestations terribles et des heureuses conséquences de l'orage. S'il est erroné de voir centralement dans Indra un dieu de la fécondité, comme l'a fait en 1937 Johann J. Meyer, dans sa savante mais confuse Trilogie altindischer Mächte und Feste der Vegetation *(v. en dernier lieu Jan Gonda, « The Indra Festival according to the Atharvavedins »,* Journal of the American Oriental Society, *87, 1967, p. 413-429), une pesanteur logique l'a constamment entraîné dans cette direction, comme d'ailleurs le Þórr norvégien, « le bonhomme Þórr », « Þórr le paysan » (le « Hora galles » des Lapons) – et, dans une moindre mesure, le Jupiter fulgurant des viticulteurs romains, car un autre problème, que je ne formule qu'en passant parce qu'il reste spécial (avec des solutions diverses) à quelques sociétés, est le passage de la foudre, ou de l'arme mythique qui lui correspond, aux mains d'un dieu du premier niveau : Miθra, Zeus, Jupiter. Bref, Indra est un dieu complexe, dont l'esquisse du regretté Herman Lommel,* Der arische Kriegsgott, *1939, donne une juste idée. Je n'ai pour ma part rencontré ce type de problème que sur un cas particulier, mais frappant, celui du héros Batradz dans les légendes nartes des Ossètes, qui a certainement hérité d'une partie de la mythologie de l'Arès scythique et dont les traits de génie de l'orage – depuis sa naissance jusqu'à sa mort en passant par mainte épiphanie – sont évidents (*Légendes sur les Nartes, *1930, note III, p. 179-189, « Mythes d'orage » ; cf.* Mythe et Épopée I, *1968, p. 570-575).*

En troisième lieu, les rapports de la fonction guerrière et de la jeunesse, de ces iuuenes, *à la fois classe d'âge dans une société et dépositaires des chances de durée ou de renouvellement de cette société, dont Émile Benveniste, en 1937, a établi le rapport étymologique avec les notions de « force vitale », védique* ấyu(s), *grec* αἰών, *et d'« éternité », latin* aeuom (Bulletin de la Société de linguistique de Paris, *38, p. 103-112). Les traditions de beaucoup de villes d'Italie qui se donnaient pour fondateurs une bande de* iuuenes *conduits par un animal de Mars, des légendes germaniques comme celle de l'origine des Lombards, donnent à penser que l'opposition des classes d'âge a joué fréquemment un rôle dans l'expansion des Indo-Européens. Abordée en 1939 dans* Mythes et dieux des Germains *(chapitre V, « Conflits d'âges et migrations », p. 65-78), la question est à reprendre dans son ensemble.*

I

Les moments d'une carrière héroïque

Les essais qui forment les deux premières parties de ce livre ont mis en relief les périls de l'exploit, la souillure qu'il sécrète parfois, l'outrance et les péchés qu'il favorise. Il n'en reste pas moins que, dans toutes les civilisations, l'exploit est un bon placement. Militaire ou sportif, scénique ou parfois même intellectuel, accompli au profit ou sous les couleurs de la collectivité, il fait, de notre temps encore, un héros national ; accompli hors cadre, il fait du moins un champion, une vedette, un lauréat, dont la vie devient du jour au lendemain glorieuse et parfois luxueuse. L'exploit est comme un concours réussi, qui assure promotion.

Il n'en était pas autrement dans les sociétés archaïques, notamment sur les sentiers de la guerre. Bien avant Plutarque et ses grands capitaines, une carrière de guerrier n'était qu'une suite de promotions fondées sur une suite d'exploits. Et une suite, en son fond, monotone. Le dernier exploit même, la mort au combat, que les anciens Germains n'étaient pas seuls à exalter, ne différait essentiellement des autres ni dans ses gestes ni par ses effets : s'il ne donne plus lieu, aujourd'hui, qu'à quelques discours que préparent de jeunes secrétaires faméliques et que des hommes politiques déclament en série devant des monuments standard, il ouvrait jadis dans l'au-delà une nouvelle vie, semblable à la première, où les mêmes jeux se continuaient avec moins de périls.

Dans la demeure fabuleuse d'Óđinn, la Valhöll, vivent à jamais les hommes qui, depuis le début du monde, sont morts sur les champs de bataille [1]. Foule immense et sans cesse grossissante. Mais elle peut grossir encore [2], sa subsistance est assurée : le sanglier Sæhrímnir, dévoré chaque jour, renaît chaque soir pour repasser dans le chaudron Eldrímnir par les mains du cuisinier Anđrímnir ; les pis de la chèvre Heiđrún remplissent chaque soir d'hydromel un immense bassin – car seul Óđinn consomme du vin, luxe entre les luxes dans l'ancienne Scandinavie. Et tout le temps que les élus ne consacrent pas à cette chère prodigieuse, ils le donnent à ce qui fut leur passion sur la terre : chaque matin, ils prennent leurs armes, sortent et combattent jour après jour [3]...

Blessé à mort à la fin de la bataille de Kurukṣetra, Duryodhana qui, dans son malheur mérité, montre du moins jusqu'au bout quelques-unes des qualités du *kṣatriya*, voit dans le coup qui le frappe tout autre chose qu'un destin déplorable [4] :

1. Gustav Neckel, *Walhall. Studien über germanischen Jenseitsglauben*, 1913.
2. Karl Helm, « Die Zahl der Einherjar », *Arkiv för Nordisk Filologi*, XLII, 1926, p. 314-319. L'interprétation de Magnus Olsen, suivant laquelle l'image de la Valhöll et des Einherjar aurait été suggérée par le Colisée de Rome et les gladiateurs (μονο-μάχοι), n'est qu'une ingénieuse et jolie construction. « Valhall med de mange dörer », *Acta Philologica Scandinavica*, VI, 1931-1932, p. 151-170 (repris dans les *Norrøne Studier*, 1938) ; cf. Jan de Vries, *Altgermanische Religionsgeschichte*^{2}, II, 1957, § 582, p. 378-379.
3. Telle est la description de l'Edda de Snorri, *Gylfaginning*, 38-41 ; autre présentation dans l'Edda en vers, *Grimnismál*, st. 8-23 (où apparaît la bière). À ces festins des Einherjar, on doit peut-être comparer les célèbres repas que faisaient les Salii, au soir de leurs journées de danses armées.
4. IX, 4, 29-37, notamment : 30. *gr̥he yat kṣatriyasyāpi nidhanaṃ tad vigarhitam adharmaḥ sumahān eṣa yac chayāmaraṇam gr̥he*. Cf. XI, 26, 12-13. Edward W. Hopkins, *Epic Mythology*, 1915, p. 109 : les r̥ṣi expliquent à Rāma que les tués de la bataille de Kurukṣetra n'iront pas au royaume des morts, chez Yama, mais directement au ciel (IX, 52, après 16, rejeté en note par l'édition de Poona : *yamasya viṣayaṃ te tu na drakṣyanti kadācana)* : raison (18) : soulevée par le vent, la poussière du champ de bataille les purifiera, même pécheurs, et les portera au ciel.

> Ce qui vaut ici-bas d'être obtenu, c'est la gloire, et elle ne peut l'être que par le combat. Finir dans sa maison est chose blâmable pour un *kṣatriya* ; mourir chez soi, couché, c'est manquer grandement au devoir. L'homme qui rejette son corps soit dans la forêt [comme ascète] soit dans la bataille, après avoir célébré de grands sacrifices, celui-là va à la gloire... Abandonnant les diverses jouissances, je puis maintenant, par ce combat bien livré, aller jusqu'au monde d'Indra, la meilleure destination pour les morts. Le ciel est le séjour des héros à la noble conduite, qui ne tournent pas le dos dans les batailles... Les troupes joyeuses des Apsaras les contemplent [1] maintenant dans le combat, maintenant les Pères les regardent, honorés, dans l'assemblée des dieux, prenant leur plaisir au ciel en compagnie des Apsaras. Par le chemin que suivent les immortels, les héros qui ne reviennent pas du combat, nous aussi nous allons monter...

Il n'est pas jusqu'au Cicéron de la quatorzième *Philippique*, déjà marqué pour un autre départ, qui ne confie au dieu éponyme les quelques morts de la *legio Martia*, héros d'une escarmouche victorieuse [2] :

> Dans la fuite, la mort est honteuse, glorieuse dans la victoire : d'une armée qui se bat, Mars en personne a coutume de revendiquer pour lui les plus braves. Alors que les impies que vous avez tués subiront même dans les enfers le châtiment des parricides, vous, qui avez rendu votre dernier souffle dans la victoire, vous avez gagné le séjour des hommes pieux...

Si le dernier exploit, pareil aux autres mais éclairé par ces espérances, fait paradoxalement figure d'épreuve initiatique pour la vie de l'au-delà, le véritable premier exploit, celui qui ouvre au jeune guerrier sa carrière terrestre, n'est pas non plus différent de ceux qu'il accomplira ensuite jusqu'à sa mort : ce moment

1. Śl. 35 : *mudā nūnaṃ* prapaśyanti *yuddhe hy apsarasāṃ gaṇāḥ*, cf. *Énéide*, VII, 813, les jeunes gens et les femmes qui « suivent des yeux » la cavalière Camille : ...*iuuentus / turbaque miratur matrum et* prospectat *euntem / attonitis inhians animis*...

2. § 32 : *Vos uero patriae natos iudico, quorum etiam nomen a Marte est, ut idem deus urbem hanc gentibus, uos huic urbi genuisse uideatur. In fuga foeda mors est, in uictoria gloriosa. Etenim Mars ipse ex acie fortissimum quemque pignerari solet. Illi igitur impii, quos cecidistis, etiam ad inferos poenas paricidii luent, uos uero, qui extremum spiritum in uictoria effudistis, piorum estis sedem et locum consecuti.*

singulier, au fond, n'a pour originalité que de mettre un terme à une sorte de minorité généralement occupée par un minutieux entraînement. C'est pourquoi, lorsqu'on a à comparer les mythes et légendes qui illustrent chez divers peuples la fonction guerrière, on constate souvent que des scènes homologues, par exemple une lutte contre un genre d'adversaire particulièrement fort ou effrayant, ont été employées sans grande variation ici dans un récit d'« initiation », à la gloire du héros novice, là dans un récit de « confirmation » ou de « promotion », à la gloire d'un héros déjà éprouvé. C'est ainsi, on l'a vu [1], que la victoire de Cúchulainn sur les trois fils de Nechta est le modèle même du combat initiatique, un des *macgnímrada* que l'enfant accomplit en échappant pour la première fois à la surveillance de ses précepteurs, alors que le vainqueur des trois Curiaces n'a été choisi avec ses frères pour la rencontre décisive que parce qu'on les savait d'expérience *feroces suopte ingenio* : Rome n'a pas confié ses chances à des conscrits. Les deux scènes n'en sont pas moins deux affabulations voisines du même thème, simplement affectées à deux moments différents de la montée vers la gloire. L'exégète ne doit pas oublier cette donnée élémentaire et se gardera de généraliser les notions de *Jünglings-* ou de *Kriegerweihe*.

Je me propose de montrer que plusieurs des exploits d'Indra, dans la mythologie des hymnes et des Brāhmaṇa, et plus encore dans celle des épopées qui prolonge si souvent une matière paravédique aussi ou plus ancienne que celle du R̥gVeda, s'éclairent par la comparaison des scènes soit d'initiation, soit de promotion, présentées comme telles dans les mythes ou légendes d'autres peuples de la famille.

1. V. ci-dessus, p. 301, et ci-dessous, p. 500.

II

Vṛtrahán, Vərəθrağna, Vahagn

Le premier problème qui s'impose à l'attention est celui des rapports de l'Indra *Vṛtrahán* védique et du dieu iranien *Vərəθrağna*. Du livre important qu'Émile Benveniste et Louis Renou lui ont consacré [1], il y a maintenant un tiers de siècle, l'épreuve du temps a confirmé les analyses linguistiques et philologiques. Elle a aussi montré que, pour l'intelligence des réalités religieuses qui sont derrière les textes et qui les soutiennent, il faut ajouter d'autres observatoires et d'autres moyens à ceux auxquels, par principe, les auteurs se sont limités.

L'un des principaux résultats du livre de 1934 a été d'établir le caractère secondaire du démon Vṛtra : les hymnes védiques le présentent en termes vagues et il n'existe même pas comme tel en Iran, ni dans l'Avesta ni dans les traditions latérales. Ce qui est consistant, vivant, c'est son adversaire, le « tueur (ou destructeur) de *vṛtrá* », le *vṛtrahán*, le *vərəθragan* [2], ou bien « la destruction du *vərəθra* » qu'est le neutre *vərəθrağna*, secondairement personnifié au masculin dans le dieu du même nom. De plus, conformément à l'étymologie, le *vṛtrá* neutre, que seule l'Inde a

1. *Vṛtra et Vṛθragna = Cahiers de la Société asiatique*, III, 1934.
2. Nominatif *vərəθrajå*, etc.

explicité en démon, est proprement « la résistance », masse imposante mais passive, objet des coups de l'assaillant, et opposée à l'*áma*, force offensive qui anime celui-ci.

La personnification du *vərəθrağna* en divinité est sûrement liée à la vaste réforme qui, à partir du polythéisme indo-iranien, a produit le monde divin du zoroastrisme, entièrement dominé par Ahura Mazdā, et plus précisément à la véritable révolution qui a dégradé en archidémon un des dieux les plus considérables des bandes conquérantes. La théologie indo-iranienne juxtaposait des fonctions et des dieux fonctionnels qui, pour des groupes humains différents, justifiaient des morales différentes, parmi lesquelles celle des guerriers était par essence inquiétante à la fois pour les prêtres et pour les éleveurs-agriculteurs. À ces *márya* volontiers excessifs, notamment dans leurs rapports avec les femmes, devait s'appliquer ce qu'on a dit des *berserkir* scandinaves : plus qu'utiles au combat, ils étaient, pendant la paix, « aufdringlich und bösartig » et, en conséquence, généralement haïs [1]. Cette fatalité de nature, le polythéisme la consacrait, on l'a vu, dans le comportement d'êtres divins, dont le principal était Indra, le pécheur Indra : la violence qu'il gouvernait, dont il donnait l'exemple, ne contribuait pas moins à l'équilibre social et cosmique que la bonne tenue diversement patronnée par Varuṇa et par Mitra, ni que l'inconditionnelle, l'inépuisable serviabilité des Jumeaux [2]. Le mazdéisme a changé tout cela et substitué à un assortiment de morales la loi uniforme, universelle, d'un grand dieu. Théologiquement comme sans doute socialement, l'attaque la plus vigoureuse et la plus difficile des réformateurs a dû se porter sur les guerriers traditionnels, hommes et dieux : le problème était de les enrégimenter au seul service de la bonne religion, c'est-à-dire de leur garder la force et la vaillance tout en leur ôtant l'autonomie [3]. L'opération ne pouvait assurément se faire sans peine et la principale victime fut Indra. La « fonction

1. Finnur Jónsson, *Egils saga Skallagrímssonar*, 1894, p. 30, note à 9, 3.
2. V. ci-dessus, p. 419-420.
3. « Les archanges de Zoroastre et les rois romains de Cicéron, retouches homologues à des traditions parallèles », *Journal de psychologie*, 43e année, 1950, p. 449-465, repris avec des modifications dans *IR*, 1969, deuxième partie, chapitre IV.

guerrière » purifiée, avec l'héritage domestiqué de celui qui n'était plus désormais qu'un des pires auxiliaires du Mauvais Esprit, se trouva répartie entre un dieu de « première fonction », Miθra, que sa nature avait permis au contraire d'utiliser aisément dans le nouveau système sous son nom traditionnel, et une nouvelle abstraction personnifiée, Vərəθrağna, génie de la victoire offensive, d'ailleurs subordonnée à Miθra : c'est Miθra qui lança dorénavant le *vazra* contre les infidèles et les révoltés, et c'est Vərəθrağna qui utilisa contre eux un autre don de l'ancien champion céleste, celui des métamorphoses animales. Tous deux assurèrent à la communauté des croyants ce qu'Indra avait assuré jusqu'alors aux tribus des Arya : le succès des armes, la conquête.

Sous ce nom à peine modifié par le passage à l'abstrait, *Vərəθrağna* relevait certainement un des titres populaires de l'Indra indo-iranien. Il n'y a pas de raison de penser que les Védas aient innové en faisant de *Vr̥trahán* l'une des épithètes, la plus prestigieuse, de ce dieu.

Certes, il n'en a pas le monopole. On la trouve affectée à tout ce qui est victorieux par nature ou dans une circonstance particulière [1], à des divinités multivalentes, plus précisément trivalentes, comme Soma, Agni, Sarasvatī, à Manyu, personnification du *furor* du combattant, à des concepts ou à des représentations mythiques liés au combat, tels que la force, l'ivresse ou le *vájra*, arme d'Indra. Mais elle est aussi conférée à un simple mortel, *Trasádasyu*, proprement « Celui qui fait trembler les ennemis (ou les démons) », intéressant pour nos problèmes parce que plusieurs textes le présentent comme un guerrier extraordinaire, et aussi parce qu'il porte dans son nom une des rares attestations védiques de la racine *tras-*, celle du latin *terrēre*, sûrement importante dans l'idéologie comme dans les techniques des guerriers

1. Renou, *op. cit.*, p. 115-116 ; exceptionnellement les Aśvin sont dits *v.*, *R̥V*, VIII, 8, 9 et 22 ; sur cette attribution aux Aśvin, sur le caractère trifonctionnel donné aux Aśvin par quelques hymnes du huitième livre, v. « Les trois fonctions dans le R̥gVeda et les dieux indiens de Mitani », *Bulletin de l'Académie royale de Belgique, Classe des Lettres*, 5e série, vol. XLVII, p. 265-298 (cf. *DSIE*, p. 213-265).

indo-européens[1]. *R̥V*, IV, 38, 1, par exemple, l'appelle *kṣetrāsā́m... urvarāsā́ṃ ghanā́ṃ dásyubhyo abhíbhūtim ugrám* « conquérant des terres habitables, conquérant des terres cultivables, destruction pour les ennemis, supérieur, fort ». En tant que tel, il est l'objet des prévenances d'Indra (VIII, 36, 7) : *prá Trasádasyum āvitha tvám éka ín nr̥ṣā́hya índra* « tu as, toi seul, aidé Trasadasyu dans la bataille d'hommes, Indra ». Or, ce personnage est qualifié dès sa naissance, dans deux strophes consécutives de IV, 42, 8 et 9, de *índraṃ ná vr̥tratúram ardhadevám* « vainqueur de Vr̥tra comme Indra, demi-dieu », puis, équivalemment, de *vr̥trahánam... ardhadevám* « destructeur de Vr̥tra, demi-dieu ». La dernière épithète, hapax dans le R̥gVeda, l'élève rhétoriquement au-dessus de la condition humaine, bien que son père et sa mère, plusieurs fois mentionnés, soient humains ; il est remarquable qu'elle se trouve ainsi jointe, en second, à l'autre, *vr̥trahán*, ou à son synonyme *vr̥tratúr(a)*[2], comme si l'exploit ou la série d'exploits que note *vr̥trahán* avait pour suite naturelle une ascension dans la hiérarchie des êtres. L'emploi que fait l'Avesta de l'adjectif *vərəθragan* n'est pas différent[3]. Dans des contextes belliqueux, il s'applique aux entités combattantes et au Sauveur (Vāta, Sraoša, Saošyant), plusieurs fois à Haoma comme dans le R̥gVeda à Soma, aux prières qui sont l'arme la plus efficace dans la lutte du Bien contre le Mal. Des héros aussi en sont gratifiés : « D'avoir tué le monstre Dahāka, écrit É. Benveniste, vaut à Θraētaona le titre de *vərəθrajā̊ taxmō Θraētaonō* (*Yašt* V, 61) » et son arme participe à ce privilège (*Yašt* XIX, 92).

Il n'en reste pas moins que, dans le R̥gVeda, c'est Indra qui est le *vr̥trahán* par excellence, modèle des autres, et que ce titre lui est valu par une victoire sur un être démoniaque, d'apparence incertaine mais de nom précis, le « serpent (ou dragon) Vr̥tra », la Résistance personnifiée. Quelques textes disent en clair que cette

1. Ombrien *Tursa*, *Latomus* XX. 1961, p. 253-257 : *Mariages indo-européens*, 1979, p. 134-138.
2. Cf. avest. *vərəθrataurva* joint à *vərəθragan* dans *Yašt* XIV, 57, Benveniste, *op. cit.*, p. 20.
3. Benveniste, *op. cit.*, p. 20-22.

victoire a entraîné, dans la vie du dieu, une promotion plus substantielle. Ainsi VI, 20, 2 :

À toi, Indra, fut conférée (rac. *dhā-*) par les dieux la qualité d'*ásura*, comme celle du Ciel [= *ásura* divin typique], quand, – ? – [= épithète obscure [1]], associé à Viṣṇu, tu eus tué le serpent Vr̥tra *(vr̥trám*... rac. *han-).*

Si imprécise que soit dans le R̥gVeda la notion d'*ásura*, réservée parmi les dieux à un petit nombre, et quelles que soient les allusions des hymnes à d'autres façons dont l'*asuryá* aurait été conféré à Indra ou conquis par Indra, ce texte-ci établit un lien de succession et de causalité entre le meurtre d'un être démoniaque, désigné comme Vr̥tra, et la collation au meurtrier d'une qualité et d'une puissance nouvelles.

En 1948, dans deux documents, l'un parsi, l'autre pehlevi, fondés sur des parties perdues de la compilation avestique, le P. Jean de Menasce a rencontré la preuve que Vərəθraǧna – Vahrâm ou Bahrâm dans cet état de langue – avait lui aussi bénéficié d'une promotion après avoir, par le plus grand exploit concevable, sauvé la bonne création [2].

---

1. *r̥jīṣín*, épithète d'Indra, « vordringend, gerade drauf los eilend » (Grassmann), « Trinker des Trestersafts » (Geldner), « der weisse Labung habende » (Thieme). Autres formes de promotion d'Indra, liées dans les hymnes à (pour, ou après) la victoire sur Vr̥tra, v. Bernfried Schlerath, *Das Königtum*, 1960, p. 56, 58-59 ; il n'y a rien de systématique dans les nombreuses allusions à un « avancement » d'Indra.
2. « La promotion de Vahrām », *RHR*, CXXXIII, 1947, p. 5-18. On ne saurait trop méditer l'avertissement final : « Nous commençons à soupçonner l'importance des épurations que les mobeds ont pu faire subir à une tradition religieuse, dont la diversité et l'exubérance nous sont révélées au hasard des recherches et des découvertes. Mais il serait erroné de compter sans les pertes fortuites qui ont pu survenir, indépendamment de toute tendance, avant la fixation écrite du canon (cf. Stig Wikander, *Feuerpriester in Kleinasien und Iran*, 1946, p. 170-176). Des traditions oubliées ou excentriques ont pu se conserver, même en milieu orthodoxe. On voit, en tout cas, le parti qu'on peut encore tirer des manuscrits pehlevis, facilement accessibles, mais qu'on néglige d'éditer ; d'autres, dont on connaît les titres par les catalogues de bibliothèques indiennes, paraissent aussi pleins de promesses. Il faut souhaiter qu'on se hâte d'enrichir notre trop maigre collection de données iraniennes. »

Le premier de ces textes, fragment parsi de la Rivāyat de Munich, avait été publié par Christian Bartholomae, mais n'avait pas été utilisé par les historiens du mazdéisme. Le voici intégralement, dans la traduction du P. de Menasce.

Question au sujet du septième Amšasfand, Bahrām Yazad[1] le victorieux (*pīrūzgar*), destructeur de l'adversaire (*dušman zadār*). Réponse : le maudit Ahriman fit une fois une grande attaque. Ormizd le créateur parla aux six Amšasfand : « Allez et amenez-moi, lié, l'impur Ahriman. » Tous les six Amšasfand s'en furent et cherchèrent longtemps Ahriman sans parvenir à le saisir. Et Bahman, Ardībehišt, Šahravīr, Asfandarmat, Xūrdād et Amurdād s'en retournèrent et vinrent dire à l'Omniscient : « Nous avons longtemps cherché Ahriman, mais il n'est pas tombé entre nos mains. » Alors l'Omniscient dit à Bahrām Yazad : « Toi que j'ai créé victorieux dès l'origine (*az awwal*), fais acte de victoire ; va avec les six Amšasfand et amène-moi Ahriman lié. » Bahrām Yazad s'en fut avec les six Amšasfand et amena devant Ormizd l'impur Ahriman lié. Ormizd lui dit : « Cet impur, lié spirituellement, enferme-le, la tête en bas, dans l'enfer. » Alors Bahrām Yazad emmena l'impur Ahriman dans l'enfer et l'y enfonça, la tête en bas ; il revint devant Ormizd en disant : « J'ai enfoncé cet impur dans l'enfer. » Ormizd le créateur se réjouit et dit : « Dès l'origine je t'ai déclaré victorieux, maintenant tu as acquis la victoire ; je te confère le titre d'Amšasfand, car tu as accompli ce que n'ont pu accomplir les six Amšasfand. » C'est pourquoi ils disent que Bahrām Yazad est le septième Amšasfand.

Le texte pehlevi, quelque peu délayé, se réfère expressément à un passage de l'Avesta et présente le récit comme une réponse d'Ōhrmazd même à deux questions de Zoroastre : « Qui est le septième Amarhaspand ? », puis « Pourquoi le septième Amarhaspand, Vahrām Yazat, est-il plus que tous les autres Amarhaspand, et l'as-tu fait meilleur, plus grand et plus puissant que les autres ? » L'enseignement est sensiblement le même que dans la

1. Avest. *yazata* « digne de culte », désignation des dieux subordonnés à Ahura Mazdā (*daēva* étant devenu le nom générique des démons) ; les *y.* sont en dignité au-dessous des Aməša Spənta « Immortels Efficaces (Bienfaisants) », dans lesquels le zoroastrisme a sublimé les anciens dieux canoniques des trois fonctions et la déesse qui leur était jointe. M. Kellens pense que ce nom ne s'appliquait qu'à un nombre limité de divinités.

Rivāyat, avec peu de précisions nouvelles. La plus intéressante se trouve au début, dans la description du péril que le Mauvais Esprit, appelé ici Gannak Menok, fait courir d'abord à la création spirituelle *(mēnōk)*, mais aussi à la matérielle *(gētīk)* :

> Au temps, dit Ōhrmazd, où le maudit Gannak Mēnōk allait de par le monde, toutes sortes de souffrances, de peines et d'adversités s'étaient abattues sur celui-ci. Une fois qu'il allait de par le ciel, il se rompit en trois [1], sur quoi ce maudit malfaisant, parmi les Amarhaspand du *mēnōk* qui étaient dans le lieu *mēnōk*, devint plus redoutable, plus nocif et plus méchant. Alors tout le monde des êtres du *mēnōk* vint se plaindre auprès d'Ōhrmazd : « ... À présent le maudit Gannak Mēnōk est en mesure de faire dans le monde toutes sortes de méchancetés, auxquelles personne ne trouve de remède. Puisque tu es l'Omniscient, tu dois pouvoir mettre en jeu un moyen de faire tomber le maudit Gannak Mēnōk, la tête en bas, dans le lieu de l'enfer. »

Après l'exploit, la récompense de Vahrām est motivée de la même manière que dans l'autre document et le commentaire que Dieu en fait ensuite à l'usage du prophète est intéressant, parce qu'il lie fermement cette scène à la théologie de Vərəθraγna :

> C'est pourquoi Ōhrmazd lui dit : « Je t'ai créé au premier jour comme victorieux, mais à présent tu as obtenu la victoire et tu as assuré la protection du *mēnōk* et du *gētīk*. En raison de cette action, je te nomme à présent Amarhaspand, puisque cette action n'a pu être accomplie par les six Amarhaspand... Je te nomme le septième Amarhaspand, Vahrām Yazat, le destructeur de l'adversaire, du mien, à moi qui suis Ōhrmazd. Et c'est ainsi que te nommera Zartušt quand il – ? – l'homme du *gētīk*. » – Ô Zartušt, fils de Spitama, je vais te dire encore une autre chose qui est dite à la louange de Vahrām Yazat dans ce même passage de l'Avesta et du Zand, à savoir que la vaillance de Vahrām Yazat a été créée plus puissante que les autres Yazat. Cette victoire sera à la Résurrection et au temps du Corps-à-venir, lorsqu'il liera le Gannak Mēnōk avec les *dēv* et les *druǰ*. De ce Vahrām Yazat que tu nommes victorieux, dans l'Avesta et le Zand il est dit qu'il va dans le *mēnōk* et le *gētīk* avec plus de bienfait et plus de gloire, c'est-à-dire qu'il prête attention aux deux mondes, et qu'il va en prenant

1. Le Mauvais Esprit prend ainsi forme et valeur d'« adversaire triple », v. ci-dessous, p. 518-524.

> dix formes [qui sont énumérées ; puis :] Et Ōhrmazd dit : « Ô Zartušt, en se transformant de ces dix manières parmi les créatures d'Ōhrmazd, par cet acte il écarte des hommes et éloigne d'eux les maux, souffrances et douleurs. »

Une différence très importante se remarque entre les conceptions indienne et iranienne de l'exploit qui vaut au personnage divin sa promotion. Indra n'obtient le surnom de *Vr̥trahán*, en même temps que cette promotion, que par l'exploit qui a consisté, en effet, à détruire Vr̥tra ou une forme symbolique de « résistance » ; jusqu'alors, quels que fussent ses succès, on pouvait douter s'il serait victorieux dans ce cas majeur. Pour Vərəθragna, la question ne se pose pas : « il a été créé victorieux », *pērōzgar* – ce qui n'est qu'une glose de son nom, tel que la tradition postavestique le comprenait [1] –, il l'est donc « dès le début », par essence, et Ahura Mazdā le sait mieux que personne, qui s'adresse à ce spécialiste (pour la première fois, à en juger par ses paroles) après l'échec des Aməša Spənta – échec qui d'ailleurs n'est pas humiliant puisqu'ils n'ont été ni vaincus ni incapables de vaincre l'Ennemi, mais simplement de le découvrir. Si donc Ahura Mazdā le promeut au grade supérieur, c'est parce qu'il a répondu à la définition que d'avance énonçait son nom : à peu près comme les soldats de Rome, après une victoire, acclamaient du titre d'*imperator* celui qui, du point de vue de la *res publica*, était leur *imperator* depuis leur rassemblement sur le Champ de Mars. Le mazdéisme a certainement innové sur ce point : en substituant à Indra un dieu pour qui *vərəθragan* n'était pas un surnom, mais le radical même de son nom, la théologie réformée se condamnait à cette articulation de concepts et d'images moins simple et moins satisfaisante que n'est la védique et que n'était sans doute l'indo-iranienne.

Dans la pratique, cette petite complication n'avait d'ailleurs pas de conséquence. L'Arya védique qui priait Indra, avec ou sans la qualification de Vr̥trahan, attendait de lui la victoire, avec les vigoureux moyens et les effets plantureux de la victoire. Le Yašt de Vərəθragna se termine sur la même espérance (XIV, 57-65) : il

1. Benveniste, *op. cit.*, p. 26.

y est dit que le dieu inspire des incantations et des rites qui donnent la victoire, qu'il ruine et détruit l'armée ennemie et prive de l'usage de leurs armes ceux qui manquent à Miθra. Le P. de Menasce a rappelé à ce propos certaines bénédictions attestées en bas-avestique et en pehlevi [1]. L'*Afrīn i Paigambar Zartušt* et le *Vištāsp Yašt* font connaître des formules comme celles-ci :

> Puisses-tu être très bienfaisant, comme Mazdā !
> Victorieux, comme Θraētaona !...
> Vainqueur de tes ennemis, comme Vərəθrağna !

Enfin, les Arméniens qui avaient emprunté ce dieu aux Parthes avec quelques autres, déformant son nom en *Vahagn* [2], attendaient de lui le même service. Nous avons à cet égard un texte précieux. Au début de la lettre-édit par laquelle Tiridate cherche à affermir le polythéisme, il souhaite à ses sujets, par la grâce des principaux dieux, un certain nombre de qualités ou d'avantages dont chacun correspond à la vocation du dieu mentionné avec lui. Et voici ce qu'on lit quand vient le tour de Vahagn [3] :

1. *Art. cit.*, p. 5-6. Les formules ne demandent pas en clair que les dieux mentionnés donnent les privilèges désirés ; du moins font-elles de ces dieux les étalons de mesure de ces qualités.
2. De **Varhragn* < **Varθragna*, Benveniste, *op. cit.*, p. 82. Le dieu est nationalisé arménien sous ce nom ; quand il s'agit du dieu iranien comme tel, les auteurs arméniens écrivent *Vram*, Wikander, *Feuerpriester*..., p. 96, 101.
3. Agathange, 12 : *k'ajut'iwn hasc'ē jez i k'ajn Vahagnē*, ἀρετὴ ὑμῖν φθάσῃ ἀπὸ τοῦ ἐναρέτου Ἡρακλέους. L'humaine vaillance demandée ici à Vahagn comme à la source de toute vaillance rejoint le thème central de Yašt XIV. D'autant plus que la vertu désignée par les mots *k'ajut'iwn*, ἀρετή, est une vertu active, offensive, tout comme le complexe de qualités que recouvre le nom de Vərəθrağna ; cf. le cri des guerriers arméniens tuant les soldats de Sapor, « Pour le *k'aj* Aršak (leur roi, que Sapor retient prisonnier depuis de longues années) ! », dans Fauste de Byzance, V, 5, et la formule, vraiment « vərəθragnienne », que Moïse de Khorène, I, 8, attribue à un autre Aršak, roi des Perses et des Parthes : *sahmank' k'ajac' zēnn iwreanc'*, « les frontières des vaillants (ce sont) leurs armes, les vaillants ne connaissent d'autres frontières que celles de leurs conquêtes ». Dans l'Arménie préchrétienne, il semble que *K'ajk'* ait désigné une sorte de Männerbund ; ils ont survécu dans le folklore comme une race de génies plutôt démoniaques ; ils ont été empruntés par les Géorgiens (ils jouent un rôle dans « L'homme à la peau de tigre ») et par les Ossètes ; pour les premiers (*K'aji*), v. Georges Charachidzé, *Le Système religieux de la Géorgie païenne*, 1968, section

Que la vaillance vous échoie, venant du vaillant Vahagn !

Vahagn était, en effet, le modèle céleste des guerriers vainqueurs. L'historien arménien Moïse de Khorène (I, 31) a encore connu des chants qui le présentaient sous des traits qui ne sont pas strictement avestiques, qui le montrent plus proche en tout cas de l'Indra Vr̥trahan védique que n'est le Vərəθraγna du Yašt XIV[1] : y étaient contés, dit-il, les combats (kṙuel) de Vahagn contre les dragons (ənd višapac‘) et ses victoires (yałtel), et généralement des choses fort semblables aux exploits d'Héraclès.

Comme il est fréquent, les auteurs des hymnes védiques ont laissé dans l'ombre un aspect de la victoire d'Indra sur Vr̥tra qui n'avait guère sa place dans les invocations-éloges ni dans les prières, mais que la littérature plus narrative des Brāhmaṇa et surtout de l'épopée a recueilli et développé, et dont l'antiquité est *a priori* probable, puisqu'il correspond à un trait fréquent des récits de combats mythiques ou légendaires, dans le monde indo-européen et ailleurs.

D'autres exploits nécessaires d'Indra, nous l'avons longuement rappelé, comportent souillure ou péché (le R̥gVeda a aussi négligé ces prolongements désagréables) et il arrive, dans l'épopée, que le meurtre de Vr̥tra soit de ceux-là. Mais la conséquence fâcheuse de l'exploit peut être d'une autre sorte.

Des *berserkir* scandinaves, guerriers d'élite qui faisaient la terreur de l'ennemi, la croyance du Moyen Âge disait que, tant que durait leur *berserks gangr*, leur « fureur de *berserkr* », ils étaient tellement forts que rien ne pouvait leur résister, mais que, passé cette crise, ils devenaient faibles, impuissants (*ómáttugr*), au point d'avoir à se coucher avec l'équivalent d'une maladie[2]. Le

---

VII, chap. 2 (« Saint Georges chez les Kadzhi »), p. 515-543 ; chap. 3 (« Retour de saint Georges et ses conséquences »), p. 545-557 ; pour les seconds (*Kadzitœ*), v. mon *LH*, 1965, p. 195-196, 202-204.
1. Moïse a créé un roi préhistorique Tigrane dont Vahagn est un des trois fils, divinisé (*astuacac‘eal*). Sur cet arrangement, v. Heinrich Gelzer, *Die Anfänge der armenischen Kirche*, 1895, p. 107.
2. *Egils saga Skallagrímssonar*, 27, 13 :*... en fyrst, er af var gengit, Þá váru Þeir ómátkari, en at vanda.*

meurtre du Serpent, de Vr̥tra, a eu cet effet sur le vainqueur. Avant de jouir pleinement de son nouveau titre, il a connu une terrible dépression, tantôt attribuée à une frayeur *post cuentum*, tantôt considérée comme le choc en retour de l'effort physique et moral qu'il venait d'accomplir. Le R̥gVeda ne fait allusion qu'une fois (I, 32, 14) à cet état lamentable du dieu, mais avec une remarquable précision sur l'itinéraire de sa fuite, sinon sur le lieu de son refuge :

> Qui as-tu vu comme vengeur du Serpent, Indra, pour que la peur soit entrée dans ton cœur après l'avoir tué, et que, les quatre-vingt-dix-neuf cours d'eau, tu les aies traversés comme un faucon apeuré (traverse) les espaces ?...

Ce ne sont évidemment pas ces quatre vers qui ont pu produire l'abondante tradition ultérieure sur la fuite du dieu vainqueur : ils constituent bien plutôt un affleurement, unique dans tout l'hymnaire, d'une donnée mythique plus gênante qu'utile. Parmi les récits circonstanciés qu'on lit dans l'épopée, la variante la mieux garantie – elle se présente comme reproduisant une antique tradition, un *itihāsa* – est dans un épisode célèbre du cinquième chant du Mahābhārata, où, conformément à l'état épique de la mythologie, Indra fonctionne non seulement comme dieu fulgurant et combattant, mais comme roi des dieux [1]. Après avoir conté le meurtre du démon Vr̥tra, le poète suit le meurtrier d'abord dans sa déchéance, puis, et cela est autrement important pour les hommes, dans la glorieuse restauration qui lui permet de se prévaloir en toute sécurité du titre qu'il a gagné.

Vainqueur, Indra s'enfuit au bout des mondes, où il vit caché dans les eaux, comme un serpent rampant. L'Univers, Terre et

1. V, sections 14 à 18. Publié par Adolf Holtzmann en 1841 dans *Indravidschaya, eine Episode des Mahābhārata*. V. les autres versions épiques, les unes proches de celle-ci, d'autres d'un type différent, avec de nombreux points communs, dans Adolf Holtzmann, « Indra nach den Vorstellungen des Mahābhārata ». *Zeitschrift der deutschen morgenländischen Gesellschaft*, XXXII, 1878, p. 305-311, et dans Edward W. Hopkins, *Epic Mythology*, 1915, p. 129-132. Il y a des versions très voisines dans les Purāṇa : ainsi *Bhāgavata-Purāṇa*, II, 13, 10-17 (Indra, « dont Agni est le messager », habite pendant mille ans au milieu des fibres d'une tige de lotus, 15).

Ciel, hommes et dieux, sont dans une immense détresse. Menacée par les exigences du « roi temporaire » Nahuṣa que les dieux ont fini par se donner, l'épouse d'Indra entreprend de trouver et de ramener son mari. Elle s'adresse à une espèce de voyante divine, Upaśruti [1], qui la guide vers la cachette. Avec elle, elle franchit monts et forêts, passe l'Himalaya, puis :

> [Upaśruti] alla à l'Océan, large de nombreux *yojana*, et parvint à une grande île couverte de toutes sortes d'arbres et de plantes rampantes. Elle y vit un beau lac céleste, couvert d'oiseaux, large de cent *yojana* et long d'autant. Là, par milliers, se trouvaient des lotus célestes, de cinq couleurs, bourdonnant d'abeilles, épanouis. Or, au milieu de ce lac s'étendait un beau grand champ de lotus que dominait un haut lotus jaune à la tige dressée. Ayant fendu la tige, elle entra avec sa compagne et vit Indra, inséré dans les fibres [2]. Voyant son seigneur revêtu d'une forme toute menue, la déesse se donna, elle aussi, une forme menue, et Upaśruti fit comme elle...

La femme d'Indra expose ses propres périls, exhorte le dieu tueur de démons à se manifester pour ce qu'il est, à retrouver son *tejas*, son énergie. Mais Indra répond que « ce n'est pas le temps de la valeur », que Nahuṣa est le plus fort et, pour gagner du temps, lui conseille une ruse. La malheureuse repart et s'adresse au dieu-brahmane, le chapelain des dieux, Bṛhaspati. Celui-ci évoque Agni, le Feu, et le charge de retrouver Indra – une deuxième fois, par une de ces incohérences, fréquentes dans les récits épiques, qui prouvent que les poètes n'ont pas voulu laisser perdre une variante, précieuse à d'autres égards, de ce qu'ils venaient déjà de narrer [3]. Rapide comme la pensée, « dans le temps d'un clin d'œil », Feu explore toutes les parties de la terre

1. Proprement « Rumeur » ; « boon-granting Rumor, an evil spirit in Sūtras » (HOPKINS, *op. cit.*, p. 130) ; « Divination » (Pr. Ch. ROY) ; « sorte d'oracle prédisant l'avenir » (Renou-Stchoupak-Nitti, *s. v.*).

2. V, 14, 9 : *padmasya bhittvā nālañ ca viveśa sahitā tayā / visatantupraviṣṭañ ca tatrāpaśyac chatakratum.*

3. Holtzmann, *art. cit.*, p. 309-310, ne doute pas, et il a raison, que la « quête » du Feu, sur l'initiative de Bṛhaspati, ne soit la forme ancienne de l'épisode, et la « quête » d'Upaśruti, liée à l'histoire de Nahuṣa, une forme retouchée. Mais la variante avec Upaśruti reparaît au chant XII, 343.

ferme et de l'air : point d'Indra. « Entre dans les eaux », ordonne Bṛhaspati. Feu se défend : l'eau est le seul élément où il ne puisse entrer, il mourra... Bṛhaspati insiste, l'incante par des louanges et réitère son ordre. Feu n'hésite plus : « Je te ferai voir Indra *(darśayiṣyāmi te śakram)* », dit-il, et il se précipite dans l'Océan, puis dans le lac où Indra est caché :

> Et fouillant les lotus, il y découvrit Indra au milieu des fibres [1]. Il revint précipitamment et rapporta à Bṛhaspati que le seigneur était réfugié dans une fibre de lotus, le corps réduit à la dimension d'un atome.

Bṛhaspati se rend aussitôt au lieu indiqué et incante Indra par l'éloge de ses exploits passés *(purāṇaiḥ karmabhiḥ devaṃ tuṣṭava balasūdanam)*, éloge qui va crescendo (Namuci, Śambara, Bala, « tous les ennemis ») pour culminer dans le vers :

> ... C'est par toi que Vṛtra a été tué, roi des dieux, maître du monde [2] !

La conclusion tombe, toute naturelle :

> Protège les dieux et les mondes, grand Indra, obtiens la force !

L'incantation opère :

> Ainsi couvert de louanges, il [= Indra] s'accrut peu à peu *(so' vardhata śanaiḥ śanaiḥ)* [3] ; il prit son propre corps et se munit de force.

Son premier mot est pour demander : « Quel besoin nouveau vous presse, maintenant que j'ai tué le grand Asura fils de Tvaṣṭṛ (= le Tricéphale) et Vṛtra au grand corps qui menaçait les mondes de mort ? » Alors a lieu, entre Indra et les dieux qui accourent pour l'aider, ou plutôt d'Indra aux dieux, une distribution de récompenses au cours de laquelle l'ordre du monde s'établit : l'un reçoit la maîtrise des eaux, un autre des richesses, un autre

1. V, 16, 11 : *atha tatrāpi padmāni vicinvan bhāratarṣabha*
anvapaśyat sa devendraṃ visamadhyagataṃ sthitam.
2. *Ibid.*, 16 : *tvayā vṛtro hataḥ pūrvaṃ devarāja jagatpate* (*pūrvam* « antérieurement » ; ici à peu près « vient d'être tué » ?).
3. Renou, *op. cit.*, 159, après Abel Bergaigne, sur le « rôle immense » de la racine *vṛdh-* « croître » en rapport avec Indra.

de l'au-delà. Le Feu, qui a joué dans toute l'affaire un si grand rôle, obtient la récompense majeure : l'institution d'un type de sacrifice où il sera inséparable d'Indra lui-même. Mais, au moment où le dieu revigoré va partir pour détruire l'usurpateur Nahuṣa, le sage Agastya arrive et annonce que Nahuṣa a été perdu, précipité par sa propre *hybris*. Il ne reste donc place que pour une sortie pacifique du dieu, d'ailleurs grandiose : escorté de tous les dieux, « Indra, meurtrier de Vr̥tra » (*śakro vr̥tranisūdanaḥ*[1]), reprend possession du gouvernement des trois mondes. Le poète n'a plus qu'à spécifier l'avantage que cette antique tradition assure à qui la récite pieusement : c'est celui qu'on attend, en effet, du Victorieux par excellence, celui que le Vištāsp Yašt associait au nom de Vərəθrağna, celui que l'Arménien Tiridate demandait à Vahagn[2] :

> (Celui-là) rencontre toujours la victoire, jamais la défaite.

Autant il serait absurde d'attribuer à l'*itihāsa* tous les détails de ce petit roman, autant il serait imprudent de ne pas prêter attention au cours général de l'événement. Le R̥gVeda qui ne fait qu'une allusion (mais combien claire !) à la disparition d'Indra[3] ne dit rien de son « invention » ; l'une pourtant entraînait inévitablement l'autre et l'« invention » avait plus d'importance pour l'avenir du monde, pour les hommes, que la disparition. L'*itihāsa* utilisé dans le Mahābhārata résout en somme une difficulté capitale : comment le titre de *Vr̥trahán* a-t-il pu devenir glorieux et bon, alors que le ou les exploits que ce titre enregistre ont d'abord fait sentir au vainqueur leur influence mauvaise ? La retraite d'Indra déprimé dans la tige au milieu du lac, la « quête » d'Agni, les louanges incantatoires, la guérison du dieu assurent en quatre étapes ce retournement nécessaire de la situation. On pourrait, certes, penser que la réponse ainsi donnée est une trouvaille de

1. Sur ces synonymes de Vr̥trahan, v. Renou, *op. cit.*, p. 117.
2. V. 18, 20 : *sarvatra jayam āpnoti na kadācit parājavam.*
3. Il s'agit d'un épisode bien différent des « peurs » qui saisissent tant de dieux et de héros indiens (parfois Indra lui-même), iraniens (Ātar, Tištriya), grecs, etc., *avant* l'exploit (à la vue du formidable adversaire) ou *au cours* de l'exploit (après un premier échec).

l'Inde, et de l'Inde postvédique, sensible avant nous à la même difficulté. Mais un heureux hasard a sauvé, parmi les traditions arméniennes sur Vahagn, un épisode qui garantit que la pittoresque renaissance d'Indra Vr̥trahan prolonge une représentation indo-iranienne.

La gent des mythographes gourmandera éternellement Moïse de Khorène pour n'avoir cité que si peu de chose des « chants » auxquels il avait encore accès. Ce qu'il a sauvé mérite reconnaissance. Il s'agit de l'apparition, de la naissance de Vahagn[1].

1. *Erknēr erkin ew erkir,*
erknēr ew cirani cov,
erkn i covun unēr z-karmrik elegnikn.
ənd ełegan p'oł cux elanēr,
ənd ełegan p'oł boc' elanēr.
ew i boc'ovn patanekik vazēr.
na hur her unēr.
[apa t'ē :]
boc' unēr murus,
ew ač'kunk'n ēin aregakunk'.
On a souvent corrigé et recoupé ce chant de manière à obtenir des vers plus réguliers : notamment Mkritč' Emin, *Vēpk' hnoyn Havastani*, 1880, p. 26 ; Eruand Lalayean, *Azkakragan hantēs*, I, 1895, p. 22 (qui souligne le procédé du « parallélisme dans cette technique poétique, et compare le cantique d'*Exode*, 15). Lukas Patrubány, *Beiträge zur armenischen Ethnologie*, I, 1897 (cf. *Hantēs Amsoreav*, 1897, col. 123-124) ; Louis H. Gray, *Revue des études arméniennes*, VI. 1926, p. 160, 162 ; le P. Nerses Akinean, *Hantēs Amsoreav*, 1929, col. 320 et 698 (discussion avec le P. Kerovpe Sarkisean, *Pazmavēb*, 1929, p. 211). On admet généralement que, à (avant) la huitième ligne, *apa t'ē* « ensuite, que » est une formule de liaison introduite par l'auteur ou par un copiste (mais Gray : « vraiment »). Aram Raffi, *Armenia, its epics, folk-songs and mediaeval poetry*, 1916 (appendice à Zabel C. Boyadjian, *Armenia, legends and poems*), p. 139-140, a étudié divers aspects du fragment (les diminutifs ; *cirani*, qui signifierait *variegated*). Depuis la première édition du présent livre, de nombreux articles ont traité de ce texte, mais ils concernent des points de linguistique et de métrique : v. les indications bibliographiques données par V.V. Ivanov, « Zametki posravritelino-istoričeskoj indoevropejskoj poëtika » dans *To Honor Roman Jakobson*, III, p. 977-984. Sur Vahagn dans la littérature arménienne, v. R.W. Thomson, *Agathangelos* (Albany), 1976, p. LXIII et p. 444, n. 122-124 (cf. du même auteur, la traduction du poème dans *Moses Xorenac'i, History of Armenians*, 1978, p. 123). Sur J.R. Russell, « Zoroastrian Problems in Armenia : Mihr and Vahagn », dans Th. J. Samuelian, *Classical Armenian Culture*, 1982, p. 1-7, v. J.-P. Mahé, *Revue des Études arméniennes*, 17, p. 682.

> En travail étaient ciel et terre,
> en travail aussi pourpre mer,
> le travail dans la mer tenait le roseau rouge.
> Par le col du roseau fumée montait,
> par le col du roseau flamme montait,
> et, de la flamme, un petit adolescent s'élançait.
> Cheveux de feu il avait,
> de flamme il avait moustaches,
> et ses petits yeux étaient soleils.

Moïse ne cite pas au-delà de ces vers. Mais c'est assez pour authentifier l'épiphanie du dieu dans l'*itihāsa* indien [1]. Parmi les efforts des trois mondes, un petit adolescent, futur tueur de dragons, éclatant de feu, précédé de fumées et de flammes, sort du creux d'un roseau qui se trouve dans la mer : c'est Vahagn. Un ancien et futur tueur de démons et de dragons, sous un corps menu, est caché dans une tige de lotus dressée au-dessus du lac qu'enceint l'immense Océan ; le Feu va le chercher à travers les trois mondes, le trouve ; des incantations lui rendent sa vigueur première ; il sort de la tige, accordant au Feu de partager son culte, et reprend la tête des trois mondes : c'est Indra Vṛtrahan. Rencontre fortuite ? Mais ni l'un ni l'autre de ces récits ne conte une histoire « banale » de naissance végétale : Vahagn sort du roseau par une véritable pyrotechnie et Indra Vṛtrahan, caché dans la tige, trouvé dans la tige par le Feu, n'est pas un de ces « dieux hindous ou chinois » sereinement assis sur des lotus ou tranquillement nés de lotus, auxquels pensait, à propos d'ailleurs du dieu arménien, le P. Ghevond Ališan [2]. De plus, les noms coïncident comme les événements : ces deux scènes si voisines sont attachées aux formes arménienne et indienne du même personnage indo-iranien. L'attitude la plus simple, la plus respectueuse des données, n'est pas de supposer la convergence merveilleuse de deux fantaisies tardives et indépendantes ; c'est de penser que l'Arménie iranisée nous a transmis, proche encore du dieu indo-iranien, une forme vivante et populaire de Vərəθrağna qui, à l'abri

1. L'essentiel de ce qui suit est repris de mon article « Vahagn », *Revue de l'histoire des religions*, CXVII, 1938, p. 152-170.
2. *Hin hawatk' kam het'anosakan krōnk' Hayoc'*, 1895, p. 294.

des exigences de la théologie moralisante, a dû longtemps survivre dans plus d'une partie de l'Iran, tout comme l'*itihāsa* qui est la source des récits épiques indiens aura, en marge du R̥gVeda, conservé la même matière.

Ainsi mis à sa place dans le dossier indo-iranien du dieu de la victoire, le poème arménien mérite d'être examiné de près [1] ; peut-être est-il moins éloigné qu'il ne semble de la tradition avestique elle-même.

On retiendra d'abord le seul mot qui décrit l'attitude, l'allure de Vahagn dans sa manifestation : *vazēr*, « il bondissait, il s'élançait [2] ». Les dix épiphanies de Vərəθragna – car c'est bien comme des épiphanies successives devant Zoroastre que le Yašt XIV décrit les incarnations du dieu, dont la sixième est celle d'un « jeune homme de quinze ans », un vrai *patanekik* – ne mettent pas la seule force physique en valeur ; l'agilité étant un avantage essentiel du guerrier et, non moins que la force, le moyen des victoires offensives, le mythe présente le dieu sous beaucoup de formes (six sur dix) adaptées à la course ou au vol foudroyant : la vitesse est en effet l'un des facteurs communs du Vent « impétueux » (I), du Cheval (III), du Chameau bon « marcheur [3] » (IV), du Sanglier « rapide [4] » (V), sans doute du Jeune Homme de quinze ans « au talon fin » (VI), sûrement de l'oiseau Vāragna, du faucon [5], « qui est parmi les oiseaux

1. Il n'y a naturellement rien à retenir, sinon une leçon, de la tentative de Grigor Khalatianz, *Armjanskij épos v istorii Armenii Moiseja Xorenskago, opyt kritiki istočnikov*, 1896, I, p. 201-208 ; II, p. 51 : l'auteur pensait que le passage de Moïse relatif à Vahagn, y compris le fragment du chant, était un savant puzzle composé de « formules » prises à la Bible (*Job*, XLI, 18-23 : « *ses yeux* sont comme l'étoile du matin…, *une fumée monte* de ses narines…, *une flamme monte* de sa bouche » ; I *Rois*, XVII, 12 *(sic)* : « *un petit jeune homme* blond, David ») ; à l'Apocalypse (IX, 2 : « *une fumée montait* du puits… » ; IX, 17 ; XIX, 11-15 : « et *ses yeux* étaient une *flamme de feu* » ; X, 1 : « et sa face *comme le soleil* ») ; à Eusèbe, à quelques textes d'Agathange, de Philon, de la Chronographie de Širakacʿi.

2. En arménien moderne, *vazel* est le mot ordinaire pour « courir » ; dans l'ancienne langue, il signifiait « bondir, sauter ».

3. Cf. le rapide chameau, incarnation de Vayu, « Vent » (*Dēnkart*, IX, 23), dont Benveniste, *op. cit.*, p. 35, rapproche le chameau incarnation de Vərəθragna.

4. Cf. le sanglier « … qui devance son adversaire », incarnation de Vərəθragna comme compagnon de Miθra au Yašt X : Benveniste, *op. cit.*, p. 35.

5. La valeur « faucon » est démontrée par le mot sogdien apparenté, Benveniste, *op. cit.*, p. 34.

le plus prompt et vole avec le plus de hâte » (VII). C'est dans la même ligne que doivent sans doute s'interpréter les rapports, les osmoses entre la liturgie de Vərəθrağna et celle de Čistā, entité dans laquelle É. Benveniste a reconnu la patronne des routes et de la libre circulation [1] rapports équivalents à ceux qui existent dans le R̥gVeda entre Indra Vr̥trahan et Viṣṇu *urukramá* « aux larges pas ». Quand Vahagn « s'élance », il se conforme donc à la meilleure tradition iranienne. À une plus vieille encore : le même trait, à en juger par des formules védiques, appartenait en effet aux légendes indiennes et ce doit être une mise en scène tardive que la pesante et processionnelle épiphanie qui, dans le Mahābhārata, termine le récit : primitivement Indra Vr̥trahan sortait plutôt de la tige, derrière le Feu ou le dieu incantateur, avec la même rapidité qu'il avait mise à s'y retirer (cf. R̥V, I, 32, 14) [2]. Les analyses de Renou donnent toute sa valeur à cette remarque : l'affrontement du dieu agile et rapide et de son ou de ses lourds adversaires-obstacles exprimait en images, dans les formes anciennes du mythe, l'opposition fondamentale des concepts dégagée par É. Benveniste : le dieu de l'offensive triomphait de la résistance.

En second lieu, le chant arménien confère à l'épiphanie de Vahagn un caractère cosmique : les trois parties de l'Univers sont en travail, Ciel, Terre, Mer, bien qu'un seul roseau finisse par enfanter. On peut penser, certes, qu'il s'agit d'une amplification épique, sans valeur mythique. La considération des faits indiens, « l'échelle » des événements et interventions qui précèdent et accompagnent la réapparition d'Indra Vr̥trahan ne recommandent pas cette interprétation. On a vu Feu explorer successivement, en un clin d'œil, la Terre et le Ciel, puis la Mer, avant de trouver la tige d'où va renaître le dieu. Au début de l'*itihāsa*, la disparition d'Indra est un véritable malheur cosmique : Ciel et Terre, dieux et hommes craignent cette destruction des mondes que le meurtre de Vr̥tra avait justement pour objet de leur éviter. Au moment de sortir de la tige, Indra distribue des quartiers du monde à ses

1. *Op. cit.*, p. 62-63, et ci-dessus p. 443-444.
2. Dans le Mahābhārata, ce sont les explorations de Feu dans le Ciel, sur la Terre et dans les Eaux qui seules gardent cette vertigineuse vitesse.

alliés, tout comme Zeus à Poséidon et à Pluton avant de partir en guerre contre Kronos. Enfin, sans parler des hymnes, toujours suspects d'amplification rhétorique, des textes védiques en prose font déjà intervenir Terre et Ciel lors de l'exploit même du dieu. Constatation parallèle dans le mazdéisme : un groupe de versets du Yašt XIV, systématiquement construit, n'assure point, certes, à Vərəθrağna la collaboration du Ciel, de la Terre et des Eaux (qui n'apparaissent d'ailleurs pas en triade divine dans l'Avesta) pour des exploits ou pour une restauration dont le texte ne parle pas, mais atteste fermement sa maîtrise dans les trois régions du monde : maîtrise d'un type particulier, visuelle, qu'il transmet à son adorateur Zoroastre, mais qui n'est pas moins utile à la « victoire offensive » que la force et la vitesse, et qui n'est à vrai dire qu'une forme de la vitesse, celle-là même qui permet à Feu, dans l'*itihāsa*, non seulement de parcourir en un clin d'œil les trois régions, mais de découvrir Indra Vr̥trahan sans hésitation ni délai : à Zoroastre qui lui sacrifie par trois fois, il donne par trois fois la même liste de privilèges, mais chaque fois avec une nuance dans le dernier, qui concerne les yeux ; il lui donne d'abord la vue du poisson Kara qui voit sans limite sous les eaux, puis celle de l'étalon qui voit tout sur la Terre, enfin celle du vautour qui voit tout du haut du Ciel. C'est là une autre affabulation de la « cosmicité » du dieu, qui est pour lui un attribut nécessaire puisque, d'une part, il n'est de victoire que totale et que, d'autre part, l'Univers, étant intéressé à la victoire du dieu assaillant, ne peut qu'y contribuer tout entier.

Enfin l'étroite liaison du feu et de Vahagn, de Feu et d'Indra Vr̥trahan dans l'*itihāsa*, celle-ci confirmée par des textes de l'Atharva-Veda et des Brāhmaṇa que Renou a mentionnés et par des faits rituels bien connus, conseille de ne pas voir un développement tardif ni secondaire dans la liaison que l'Iran mazdéen établit aussi entre le feu, le dieu Feu (Ātar), le « feu des guerriers », d'une part, Vərəθrağna d'autre part [1].

1. Benveniste, *op. cit.*, p. 39, 72, 84 n. 4 ; Wikander, *Feuerpriester...*, 1946, p. 106-111, 166-167. On ne saurait trop faire attention à ce thème indien et arménien du « feu dans l'eau » ; Hermann Güntert, *Der arische Weltkönig und Heiland*, 1923, p. 20, n. 1, l'a bien mis en valeur, rapprochant le séjour de l'Agni

Il y a cependant une grande différence entre l'*itihāsa* et le chant arménien [1]. Le premier présente Indra adulte, livrant ce combat après beaucoup d'autres, traversant d'abord une dépression et sortant seulement ensuite de la tige dans une sorte de « renaissance » glorieuse. Le second, au contraire, décrit, avant tout exploit, sans antécédent heureux ni fâcheux, l'apparition initiale, la « naissance » même de Vahagn en forme de petit adolescent. Cette différence recouvre celle qui a été signalée à propos de la promotion d'Indra et de celle de Vahrām et s'explique comme elle : le Vərəθrağna, le dieu réformé que les Arméniens ont emprunté sous une forme plus populaire que celle de l'Avesta mais cependant, comme le nom, bien mazdéenne, n'avait pas à traverser d'épreuve, n'avait pas à se qualifier dans un « combat contre un **vərəθra* » : « dès le début », dit bien l'écrit pehlevi cité par le P. de Menasce, il avait été « créé victorieux ». Il semble donc que la mythologie populaire iranienne, tout en conservant l'équivalent du récit de l'épiphanie d'Indra « devenu » Vr̥trahan, l'a transporté « au début » de la carrière de Vərəθrağna et, d'une

védique dans l'eau (et dans le suc des plantes) de ce que le chant arménien dit de la naissance de Vahagn (sur Apām Napāt, le feu en tant que résidant dans les eaux, v. *ME* III, p. 21-27). Déjà Mkrtič' Emin avait senti l'importance de ces rapports : c'est une des parties qui restent utiles de son travail *Vahagn-Višapak'ał armjanskoj mifologii est' Indra-Vritrahan Rig-Vedy*, 1873, repris dans le recueil des *Izslĕdovanija i stat'i*... de l'auteur, 1896, p. 61-83 (Vahagn et Agni, p. 82-83) ; cet article d'Emin provoqua une riposte-pamphlet de Kerovpe Patkanean (1873), à quoi Emin répondit (1874) ; dans l'ensemble, Patkanean a raison (Emin niait que Vahagn fût emprunté aux Iraniens, l'expliquait par un composé « *veh* + un nom de feu » recouvrant sanscrit *agni*, traduisait mal *erkn... unēr* dans le troisième vers du fragment, etc.).

1. Cela répond à l'objection d'Ugo Bianchi, *Zamān i Ōhrmazd*, 1958, p. 36 ; la discussion des p. 35-39 ne porte que si l'on admet (Louis Renou, 1934 ; moi-même en 1938) que *Vr̥trahán* a d'abord été le nom d'un personnage divin ou héroïque distinct d'Indra, mais non si l'on considère, comme il est fait ici, *Vr̥trahán* comme une épithète, un titre, dont Indra est le bénéficiaire exemplaire ; de même *Vərəθrağna* n'est pas un titre comme *Vr̥trahán, vərəθragan*, mais, tiré de ce titre, le nom d'un dieu imaginé par les réformateurs pour recevoir une partie de la mission purifiée d'Indra. Quant aux critiques faites, p. 39-40, à des passages du *Festin d'Immortalité* et du *Problème des Centaures*, je les accepte d'autant plus volontiers que j'ai plusieurs fois dit, et bien avant 1958, mon sentiment sur ces livres de jeunesse : v. en dernier lieu *ME* I, p. 11-15.

renaissance après anéantissement, a fait une naissance sans préalable [1]. De tels déplacements ne sont pas sans exemple et ne déprécient pas le résultat des comparaisons. Je ne rappellerai ici qu'un exemple, d'ailleurs apparenté au cas que nous étudions, relatif au « premier combat » du héros irlandais Cúchulainn et à la « naissance » du héros ossète Batradz [2].

1. Il se peut qu'il y ait un vestige, très élaboré, du thème du roseau marin servant d'abri à un héros vainqueur (ou futur vainqueur), dans le Grand Bundahišn : éd. B.T. Anklesaria. *Zand Ākāsīh, Iranian or Great Bundahišn*, Bombay, 1956, XXXV, 38 : « Elle [la Révélation, l'Écriture...] dit aussi : le *x^varrah* de Frētōn [= le *x^varənah* de Θraētaona, le vainqueur du Tricéphale, v. ci-dessus, p. 96] repose dans la mer Frax^{v}kart, dans la tige d'un roseau. » Suit une singulière histoire : « Nōtarga, ayant par sorcellerie fait une vache *pat būzdat* (c.-à-d. sans doute : ayant transformé une vache en bouc sauvage (?), J. de Menasce, communication personnelle ; cf. le bouc sauvage comme neuvième incarnation de Vərəθrağna ?), pendant un an il lui donna des roseaux moissonnés : ayant ramené la vache et l'ayant traite, il donna de son lait à ses trois fils... » (v. aussi Harold W. Bailey, *Zoroastrian Problems in the Ninth Century Books*, 1943, p. 27, n. 2, d'après le manuscrit, moins bon, publié en 1908 par B.T. Anklesaria ; Edward W. West, *SBE*, V, p. 138). L'étroite liaison du *x^varənah* et de Vərəθrağna est établie, v. Benveniste, *op. cit.*, p. 7, 31, et surtout 49-50 : « L'épithète de *barō.x^varəna-* [...] n'est donnée à nul autre que Vərəθrağna [...]. Mais *barō.x^varəna-* n'est pas un simple doublet de *x^varənahvant* [...]. Le premier membre *barō-* doit se comprendre avec son sens concret, de même que *x^varənah* évoque l'image également concrète du nimbe royal. Vərəθrağna passait donc pour le « porteur de *x^varənah* ». De quelle manière il faut l'entendre, la tradition pehlevi l'indique [...]. On figurait le *x^varənah* par une bannière que portait Vərəθrağna. » Un passage du Grand Bundahišn y fait écho : Vahrān est le porte-étendard des Izeds [= *yazata*, ci-dessus, p. 108, n. 2] célestes : il n'en est pas de plus victorieux que lui, tenant toujours l'étendard pour la victoire des dieux. » Il est remarquable, dans ces conditions, qu'il soit dit que le *x^varənah* de Θraētaona (héros victorieux, directement animé par Vərəθrağna) soit placé, comme Vahagn, dans une tige de roseau qui se trouve elle-même dans une mer. Comme il est arrivé pour d'autres mythes prémazdéens, le thème a été transporté – sans le roseau, vraiment propre à Θraētaona – sur Zoroastre et ses fils, *Grand Bundahišn* (1956), XXXIII, 36 (cf. Bailey, *l. c.*), le *x^varrah* de Zoroastre est conservé dans la mer Kayansah, à la garde du *x^varrah* des eaux, et servira à féconder les mères des trois fils posthumes du prophète, des Sauveurs.

2. Ce qui suit transcrit quelques passages de *Horace et les Curiaces*, 1942 (v. ci-dessus, p. 300), p. 37-38, 41-44, 58-59. Je remercie la direction des Éditions Gallimard de m'avoir autorisé à reproduire ce texte.

Après la victoire qu'il a remportée à la frontière de l'Ulster, sa patrie, sur les trois frères, fils de Nechta, l'enfant Cúchulainn et son cocher regagnent Emain Macha, la capitale, apportant les trois têtes. Dans la ville, la sorcière Leborchann signale avec inquiétude son approche : « Un guerrier arrive en char, dit-elle, sa venue est effrayante... Si l'on ne se met pas en garde contre lui cette nuit, il tuera les guerriers de l'Ulster. » Le roi Conchobar renchérit : « Nous connaissons ce voyageur qui arrive en char, c'est le petit garçon, fils de ma sœur. Il est allé jusqu'aux frontières de la province voisine, ses mains sont toutes rouges de sang ; il n'est pas rassasié de combat et, si l'on n'y prend garde, par son fait périront tous les guerriers d'Emain. » Et voici, conclut le texte, la décision que prirent Conchobar et son conseil : « Faire sortir des femmes, les envoyer au-devant du petit garçon, trois fois cinquante femmes, ou dix en sus de sept fois vingt, impudiques, toutes nues (mot à mot : rouges-nues), avec leur conductrice Scandlach à leur tête, pour lui montrer leur nudité et leur pudeur » :

> La jeune troupe des femmes sortit donc et elles lui montrèrent leur nudité et leur pudeur. Mais lui se cacha le visage en le tournant contre la paroi du char afin de ne pas voir la nudité et la pudeur des femmes. Alors on le fit sortir du char. Pour calmer sa colère, on lui apporta trois cuves d'eau froide. On le mit dans la première cuve, et il donna à l'eau une chaleur si forte qu'elle brisa les planches et les cercles de la cuve comme on casse une coque de noix. Dans la seconde cuve, l'eau fit des bouillons gros comme le poing. Dans la troisième cuve, la chaleur fut de celles que certains hommes supportent et que d'autres ne peuvent supporter. Alors la fureur *(ferg)* du petit garçon diminua et on lui passa ses vêtements [1].

1. Telle est la version du Book of Leinster. Celle du Yellow Book of Lecan et du Lebor na h-Uidre est sensiblement concordante : les divergences sont relevées dans Rudolf Thurneysen, *Die irische Helden- und Königsage*, I, 1921, p. 125-139 ; pour la partie citée ici : c'est le guetteur du roi qui donne l'alerte ; le jeune Cúchulainn, sur le point de pénétrer dans Emain Macha, jure « par le dieu par lequel jurent les Ulates » que, si aucun guerrier ne vient lui offrir le combat, il versera le sang de tous ceux qui sont dans la ville. Le roi ordonne alors aux femmes de se mettre nues devant le garçon ; elles obéissent, conduites non par Scandlach, mais par la propre femme de Conchobar, la reine Mugain : « Voici, dit Mugain (variante : Férach) au héros en lui montrant ses seins, voici les

Le texte décrit alors les célèbres « formes » *(delba)* monstrueuses que, pour la première fois, se donne ou subit Cúchulainn et dont la tradition a gardé plusieurs listes, en gros concordantes. Nous en reparlerons.

Le sens de cette opération est clair. Le « combat exemplaire », précisé ici en combat initiatique, n'a pas pour première conséquence, comme dans le cas d'Indra Vr̥trahan, de déprimer le vainqueur et de le dérober à la société qui a besoin de ses services futurs, mais au contraire de le porter à un état d'exaltation tel qu'il met à son tour en péril la société qu'il a servie et devra servir. Dans les deux cas pourtant, le ressort de l'action est au fond le même : l'exploit ne produit son effet bénéfique, pour l'intéressé et pour les siens, qu'à travers une phase mauvaise, où la puissance acquise par le héros est comme déréglée, soit par une diminution valant anéantissement, soit par un excès insupportable. L'état où l'exploit a mis Cúchulainn, cette fureur transfigurante est en soi une bonne chose : c'est elle, une fois produite, ou plutôt c'est la faculté de la retrouver avec certaines des « formes » où elle s'exprime, qui fera la valeur incomparable du héros et lui permettra de vaincre ses ennemis comme il a vaincu d'abord les trois fils de Nechta. Mais cette *ferg* est embarrassante autant qu'elle est précieuse : l'enfant n'en est pas maître, c'est elle qui le possède. Revenant à sa ville, avant d'exercer sa nouvelle qualité de protecteur, il constitue un danger public. Il faut donc le refroidir et c'est à quoi servent les deux médications que le roi lui fait appliquer : le spectacle des femmes nues d'abord, qui le contraint à baisser les yeux [1], puis l'immersion dans les cuves, qui le calme.

---

guerriers qui vont combattre contre toi... » Pudique, Cúchulainn se couvre le visage. Les hommes d'Emain profitent de ce mouvement pour le saisir et le tremper dans les trois cuves. Quand il est calmé, Mugain lui passe un vêtement magnifique, et il prend place aux pieds de Conchobar.

1. La signification du geste des femmes est controversée : v. *Horace et les Curiaces*, p. 44-50 ; Jacques Moreau, « Les guerriers et les femmes impudiques », *Annuaire de l'Institut de Philologie et d'Histoire Orientales et Slaves* (Bruxelles), XI (= *Mélanges Henri Grégoire*, III), 1951, p. 283-300 (republié dans *Scripta minora, Annales Univ. Saraviensis, Philos. Fac.*, I, 1964, p. 200-211) ; Françoise Le Roux, « Pectore nudo », *Ogam*, XVIII, 1966, p. 369-372. Sur la « chaleur » de Cúchulainn, v. Alwyn et Brinley Rees, *Celtic Heritage*, 1961, p. 248-249, et généralement, p. 244-258 (« Youthful Exploits »).

À vrai dire, quand on a compris la liaison des éléments, l'interprétation de chacun ne laisse plus grande marge à la fantaisie du commentateur. Mais indiquons tout de suite la raison comparative qui nous engage à voir dans ce récit non pas une invention littéraire, mais la transposition romancée d'un authentique scénario d'initiation : l'épisode des cuves rejoint un usage attesté ailleurs dans des circonstances et avec une destination analogues. Nous ne citerons qu'un exemple, très clair, celui de la médication qui, chez les Kwakiutl de la région de Vancouver, termine l'initiation du jeune homme admis parmi les « Cannibales », cette terrible société qui, pour les cérémonies de l'hiver, prend la tête de toute la tribu.

Bien atténuée au contact des Européens et réduite à des simulacres, l'initiation comportait récemment encore toute la férocité qu'annonce un tel nom. Le novice faisait d'abord une retraite de trois ou quatre mois dans la brousse, avec les esprits initiateurs, et pendant ce temps il ne reparaissait qu'une fois au village, afin d'enlever une femme de son parentage destinée à lui préparer sa nourriture. Puis il faisait une rentrée tumultueuse, attaquant tous ceux qu'il rencontrait, les mordant aux bras et à la poitrine et dévorant des morceaux de leur chair. On le satisfaisait autant que possible en tuant à son usage des esclaves. Aujourd'hui, on ne lui fournit plus que des « cadavres naturels » dont il avale des lambeaux sans les mâcher, aidé par les vieux Cannibales qui s'assemblent autour de lui, nus et tout excités, dit un ethnographe, comme des vautours sur une charogne. Interviennent alors ceux qu'on appelle les « Soigneurs », *heliga*, qui assurent héréditairement une délicate fonction : chacun saisit un des Cannibales par la tête, le traîne vers un bassin d'eau salée et l'y plonge par quatre fois ; à chaque fois le Cannibale se débat, éclabousse et crie de façon menaçante « Hap ! Hap ! » c'est-à-dire « Mange ! ». Mais le dernier bain le calme et il peut rentrer dans sa maison où il se fait d'abord vomir en buvant de grandes rasades d'eau salée. Non seulement le paroxysme de sa fureur est passé, mais, au cours des danses des nuits suivantes, il a l'air abattu, penaud, et ne pousse plus son cri. Il lui reste d'ailleurs à observer pendant quelque temps une longue liste de règles sévères, notamment, pour toute une année, l'interdiction des relations sexuelles avec sa femme[1]. Comme Cúchulainn, le nouvel initié Cannibale fait ainsi sa rentrée chez les siens dans un état d'exaltation qui prouve que l'initiation n'a pas été vaine. Cet état, Cúchulainn l'a pris dans un combat contre trois adversaires, le Cannibale l'a pris dans la retraite sauvage qu'il vient de faire, et l'a d'abord « nourri » dans les scènes de meurtre et d'anthropophagie qui ont marqué son retour : différence qui tient aux destinations et aux formes des deux initiations, le Cannibale n'étant pas un guerrier.

Comme Cúchulainn encore, le Cannibale n'a pas le contrôle de son état. Il est pour son village un fléau, un danger permanent. Il ne peut, il ne sait mettre un terme à sa crise. Apprenti sorcier, il menace de dévaster par le charme qui le possède le groupe humain qu'il devrait servir. C'est alors qu'apparaissent les Soigneurs : de même que Conchobar fait plonger successivement son terrible neveu dans trois cuves dont la première éclate, dont la deuxième bout encore à gros bouillons, mais dont la troisième tiédit seulement, de même le Cannibale, par les quatre plongeons successifs que les Soigneurs lui imposent, redevient traitable, inoffensif et, très littéralement, se refroidit. On ne s'étonnera pas de rencontrer ici et là cette équivalence entre la chaleur et la fureur : le *tapas* indien, mainte métaphore de nos langues et, semble-t-il, l'opinion même de la Faculté donnent raison aux liturgistes barbares. Mais ce qui nous importe ici, c'est la garantie de réalité que le rituel kwakiutl fournit à la médication des Ulates : les aèdes irlandais n'ont fait que romancer un authentique usage.

Or – et c'est pourquoi nous avons longuement rappelé cette légende irlandaise – le thème des cuves se retrouve sous une forme très proche dans une autre partie de l'ensemble indo-européen, chez les Ossètes, à propos de Batradz, un héros des

1. Franz Boas, *The Social Organization and the Secret Societies of the Kwakiutl Indians*, 1897, p. 437-446 ; Id., « Sixth Report on the North-Western Tribes of Canada », dans *Report of the Sixtieth Meeting of the British Association for the Advancement of Science* (Leeds, 1890), 1891, p. 63-66 (= p. 615-618 de l'ensemble) ; James G. Frazer, *Totemism and Exogamy*, III, 1910, p. 521-526, a donné un bon résumé et quelques extraits de la documentation.

légendes nartes qui, si l'on se fie à des indices graves, a pris sur lui et conservé une partie de la mythologie de l'« Arès scythique », lui-même en dernier ressort héritier de l'*Indra indo-iranien [1]. Batradz naît miraculeusement. Alors que sa mère le porte dans son ventre, elle se juge un jour offensée. Avant de quitter pour toujours le pays des Nartes et de se retirer chez ses parents, elle crache sur le dos de son mari Xæmyts et transfère ainsi l'embryon dans un abcès qui se forme entre les épaules de l'homme. Satana, la sage maîtresse de maison des Nartes et en outre sœur de l'infortuné père, surveille la croissance de l'abcès et compte les jours. Quand le temps est venu, elle prend un coutelas d'acier et conduit Xæmyts au sommet d'une tour de sept étages au pied de laquelle elle a fait placer sept chaudrons pleins d'eau. Puis elle ouvre l'abcès. Comme une trombe, emplissant tout de flamme, l'enfant, un enfant d'acier brûlant, se précipite en bas, où les sept chaudrons d'eau ne suffisent pas à le refroidir. « De l'eau, de l'eau, s'écrie-t-il, pour que mon acier se trempe ! » Sa tante Satana court, avec dix cruches, pour puiser de l'eau à la source, mais elle tarde à revenir car le diable ne consent à lui laisser prendre de l'eau que si elle se livre à lui, ce qui demande quelque temps. Elle revient enfin, arrose l'enfant, à qui le Narte Syrdon peut alors donner un nom : Batradz. L'enfant vivra dorénavant au ciel, d'où il descendra en trombe, incandescent comme à sa naissance, quand un péril ou un scandale menacera les siens. Dans un autre récit tout proche, le petit Batradz réclame aussi de l'eau, mais ce n'est pas pour tremper son acier : « Plus vite, plus vite ! Couvrez-moi d'eau ! Je sens en moi une flamme de feu, un incendie inextinguible qui me dévore... » Et la bonne Satana va, comme précédemment, à la source, où elle doit se prostituer, non pas au diable, mais à un dragon à sept têtes qui prend successivement les formes peu appétissantes d'un chien puis d'un vieillard. Calmé, Batradz peut commencer sa carrière héroïque.

On voit immédiatement la différence importante qui sépare ces récits de celui des enfances de Cúchulainn : la « flamme de feu »

1. Sur Batradz, v. mes *Légendes sur les Nartes*, 1930, p. 50-74, 179-189 ; *Le Livre des héros*, 1965, p. 173-235 ; *ME* I, 1968, p. 460-462, 485-496, 570-575.

qui possède et dévore physiquement Batradz, qui fera sa force dans les combats et qui lui donnera une apparence de masse incandescente non moins singulière que les « *delba* » et notamment que la « forme » de boule pourpre que revêt Cúchulainn ; l'« incendie » auquel correspond d'ailleurs, au moral, un état permanent de fureur frénétique, est congénital : il ne se forme pas, il n'est pas puisé, comme la *ferg* de l'enfant irlandais, dans l'exploit initiatique lui-même. Exactement, il n'y a pas d'exploit initiatique : l'ardeur qui consume Batradz n'étant pas pour lui une acquisition, mais sa définition, il est tel avant tout exploit, dès le premier moment de sa vie.

On reconnaît la situation de la naissance de Vahagn par rapport à la restauration d'Indra Vr̥trahan.

III

Guerriers et formes animales

Il vient d'être incidemment rappelé que le dieu avestique de la Victoire offensive, Vərəθragna, a la particularité de se présenter sous dix apparences, dont sept sont des formes animales. Dans l'ordre du Yašt XIV, ce sont : le Vent (Vāta) ; le bœuf portant sur ses cornes *ama*, la force assaillante ; un étalon qui porte aussi *ama* ; un chameau en rut ; un sanglier impétueux ; un jeune homme de quinze ans ; l'oiseau Vāragna, le plus rapide des oiseaux de proie ; un bélier sauvage ; un bouc sauvage ; un guerrier armé pour le combat.

Ces métamorphoses ont été souvent commentées. Quant aux rangs, la place du Vent en tête de la liste prolonge un théologème indo-iranien : dans l'association Vāyu-Indra du R̥gVeda et des rituels, c'est Vāyu qui passe le premier, et ce privilège est justifié par le fait que, seul des dieux, confiant dans sa rapidité, Vāyu a osé sortir en éclaireur dans « l'affaire Vr̥tra [1] ». Symétriquement, la place du guerrier adulte à la fin de la liste rappelle que, quelles que soient ses autres formes, Vərəθragna est dans la pratique le modèle et le protecteur du guerrier humain, tandis que la place du jeune homme de quinze ans à peu près au milieu de la liste, en sixième, laisse peut-être entendre que les termes de deux à neuf sont une sorte de préparation au dixième – préparation qui n'exclut pas, bien entendu, le

1. *ŚatapathaBrāhmaṇa*, IV, 1, 3, 1-4.

retour aux formes ainsi traversées : on sait, par exemple, que c'est comme sanglier que le Yašt de Miθra (X, 70) présente Vərəθrağna : celui-ci précède le grand dieu [1] « sous la forme d'un sanglier prêt au combat, aux défenses aiguës, d'un sanglier qui tue d'un coup, inapprochable quand il est irrité, au museau tacheté, vaillant, aux pieds de fer, aux pattes de fer, aux muscles de fer, à la queue de fer, aux mâchoires de fer ; qui devance son adversaire, animé de fureur ; qui, avec la Vaillance virile, anéantit celui qui le combat (il ne croit pas l'avoir frappé, il ne lui semble pas avoir porté un coup, tant qu'il ne lui a pas rompu les vertèbres, colonne de la vie, les vertèbres, source de la force), qui brise tout en pièces et répand pêle-mêle sur le sol les os, les poils, la cervelle et le sang de ceux qui trompent Miθra ».

Le nombre dix est-il ici une donnée primitive ou le résultat d'une systématisation postérieure ? Les dix incarnations de l'indien Viṣṇu, parmi lesquelles figure en bonne place un sanglier, sont-elles une utilisation parallèle du même thème ? Dans cette aptitude à changer de formes, Viṣṇu a-t-il pris la place d'Indra qui, dans le R̥gVeda, non seulement se trouve associé au dieu Vent dans les conditions qui viennent d'être rappelées, mais se fait aussi taureau et bélier ? Au point où sont aujourd'hui ces trois débats, le « oui » rencontre des arguments et des objections [2]. Mais le plus important n'est pas douteux : parmi les dieux iraniens, Vərəθrağna se distingue par cette abondance, par cette mise en liste aussi, de métamorphoses dont la présentation occupe plus du tiers de son Yašt. Ce caractère n'est pas suffisamment justifié par « une théorie générale et spécifiquement iranienne de la création », par la faculté qu'a tout être spirituel « de passer à une forme corporelle », même si l'on joint la remarque que, « tandis que les êtres terrestres se manifestent sous l'aspect qui répond à leur nature, les êtres célestes apparaissent sous des espèces variées et multiples ». Si tout dieu peut, en effet, revêtir à l'occasion des

1. Benveniste, *op. cit.*, p. 35, dont je reproduis la traduction.
2. V. l'état de la question (depuis Jarl T. Charpentier, *Kleine Beiträge zur indoiranischen Mythologie*, 1911, p. 25-68, 2 : « Die Inkarnationen des Vərəθrağna ») dans Benveniste, *op. cit.*, p. 32, 194-195.

formes surprenantes, Vərəθragna est le seul qui, outre le Vent et deux formes humaines, revêt pour son office, et en série, sept formes animales qui toutes, par un ou plusieurs traits, correspondent à des aspects, à des conditions de la victoire.

Il est probable que ce théologème, lui aussi, dérive d'une croyance archaïque dont les mythologies germaniques et celtiques conservent d'autres attestations : soit à la faveur d'un don de métamorphose, soit par une hérédité monstrueuse, le guerrier éminent possède une véritable nature animale [1].

Les *berserkir* scandinaves, dont le nom signifie « à enveloppe *(serkr)* d'ours », sont ici l'exemple classique. Répondants terrestres des *einherjar* dont Óđinn reste entouré dans l'autre monde, les premiers *berserkir* mythiques le servaient quand il gouvernait l'Upland suédois. Le sixième chapitre de l'Ynglingasaga les décrit en ces termes :

> Quant à ses hommes, ils allaient sans cuirasse, sauvages comme des chiens et des loups. Ils mordaient leurs boucliers et étaient forts comme des ours et des taureaux. Ils massacraient les hommes et ni le fer ni l'acier ne pouvait rien contre eux. On appelait cela « fureur de *berserkr* ».

Herman Güntert [2] et le grand interprète des légendes danoises, Axel Olrik [3], ont excellemment commenté les nombreuses traditions sur cet organe des vieilles sociétés nordiques, et Mme Lily Weiser [4], puis M. Otto Höfler [5] l'ont situé, et par conséquent en grande partie expliqué, par rapport aux « sociétés d'hommes » observées en grand nombre chez les demi-civilisés. Le texte de l'Ynglingasaga qui vient d'être cité dit beaucoup, mais ne dit pas assez : les *berserkir* d'Óđinn ne ressemblaient pas seulement à des loups, à des ours, etc., par la force et par la férocité ; ils étaient à

1. Pour des comparaisons plus larges, v. Geo Widengren, *Der Feudalismus im alten Iran*, 1969, p. 150-151. On pensera aussi aux cinq enseignes animales de l'armée romaine avant Marius ; la plupart des espèces utilisées se retrouvent parmi les incarnations de Vərəθragna.
2. *Über altisländische Berserkergeschichten, Program des heidelbergischen Gymnasiums*, 1912.
3. *Danmarks Heltedigtning*, I, 1903, chap. II.
4. *Altgermanische Jünglingsweihen und Männerbünde*, 1927, p. 43-82.
5. *Kultische Geheimbünde der Germanen*, I, 1934.

quelque degré ces animaux mêmes. Leur fureur extériorisait un être second qui vivait en eux, et les artifices de costume (cf. les *tincta corpora* des Harii), les déguisements auxquels font peut-être allusion le nom de *berserkir* et son équivalent *úlfheđnar* (« hommes à peau de loup[1] ») ne servaient qu'à aider, à affirmer cette métamorphose, à l'imposer aux amis et aux ennemis épouvantés (cf. encore Tacite, *Germanie*, 38, 4, à propos du *terror* que cherchent à inspirer les Suèves).

Comme beaucoup de peuples, il semble que les anciens Germains n'aient vu aucune difficulté à attribuer à un même homme diverses « âmes » et que, d'autre part, la « forme extérieure » ait été considérée comme la caractéristique la plus nette de la personnalité. Un mot nordique – qui a des équivalents en vieil-anglais et en vieil-allemand – introduit d'emblée dans l'essentiel de ces représentations : *hamr* désigne 1° un « vêtement » ; 2° « la forme extérieure » ; 3° (plus souvent le dérivé *hamingja*) « un esprit attaché à un individu » (qui est en réalité une de ses âmes ; cf. *hamingja* « la chance ») ; il y a des hommes, peu intéressants, déclarés *ein-hamr* : ils n'ont qu'un seul *hamr* ; d'autres, à côté de leur *heim-hamr* (« enveloppe propre, fondamentale »), peuvent en revêtir d'autres, par une action que désigne le verbe réfléchi *hama-sk* ; ils sont capables de courir transformés (*hamhleypa*). Or, le *berserkr* est par excellence l'homme *eigi einhamr*, « l'homme qui n'est pas d'un seul *hamr* ». Nombreux sont les passages des sagas de toutes classes où la *hamingja* d'un guerrier, ou bien – notion presque synonyme – sa *fylgja*, apparaît soudain, en songe, en vision, ou dans la réalité, sous forme animale. Avec le temps le mot *berserkir* n'a plus désigné que des guerriers exceptionnellement puissants. Du moins la croyance a-t-elle subsisté que ni le fer ni le feu ne pouvait les blesser et leurs accès de « fureur animale » sont restés célèbres.

Ces accès leur prenaient surtout le soir. L'Egilssaga Skallagrímssonar, par exemple, 1, 2-8, décrit l'existence d'un *berserkr* « retraité », Úlfr, qui après de glorieuses campagnes s'est marié, fait valoir son bien, s'occupe diligemment de ses champs, de ses bêtes, de ses ateliers, et se fait apprécier de tout le voisinage par les

1. Sur Heđinn, v. Höfler, *op. cit.*, p. 167-168.

bons conseils qu'il distribue libéralement. « Mais parfois quand le soir tombait, il devenait ombrageux *(styggr)* et peu de gens pouvaient alors converser avec lui, il somnolait le soir *(var hann kveldsvæfr)*, le bruit courait qu'il était *hamrammr* (c'est-à-dire qu'il se métamorphosait et errait la nuit) ; il avait reçu le nom de Kveldúfr, le Loup du soir. » Ainsi les horrifiants Harii, aux corps teints, étaient-ils les guerriers des nuits noires.

Quant à la méthode des métamorphoses du somnolent Úlfr, elle est celle-là même que l'Ynglingasaga attribue au maître des premiers *berserkir*, à Óđinn : il avait le pouvoir de changer à volonté d'apparence et de forme (chap. 6) ; son corps restait alors étendu, comme endormi ou mort, tandis que lui-même était un oiseau ou un animal sauvage ou un poisson ou un serpent (chap. 7) : à ceci près que les *berserkir*, dont la compétence est moins large que celle du dieu [1] et réduite aux actions du combat, ne se montrent qu'en forme de quadrupèdes sauvages, leur puissance et leur technique sont bien celles-là.

Úlfr n'est loup que par son nom et, sur ses vieux jours, par sa réputation de loup-garou. Chez d'autres guerriers légendaires, l'animal est à la fois plus profondément et plus ouvertement enraciné. L'un des plus fameux est Böđvar Bjarki, parangon des champions du roi Hrólfr Kraki, le Charlemagne du Nord [2]. Lui aussi se métamorphose : à l'avant-dernier chapitre de la Hrólfssaga Kraka, on le voit – ce sera son dernier effort – combattre devant son maître sous l'apparence d'un ours énorme, tandis que son corps sommeille quelque part à l'arrière. En cela, il ne fait que revenir

1. Naturellement, les guerriers ne sont pas seuls à se métamorphoser : les sorciers et leurs dieux, et ceux qui leur ressemblent (dans le Nord, Óđinn, Loki, etc.), prennent toutes sortes de formes. Celles que revêtent les guerriers, *berserkir* ou Vərəθrağna, sont commandées plus strictement par leur fonction ; v. Jan de Vries, *Altgermanische Religionsgeschichte*[2], I, 1956, p. 454, 492-496 ; II, 1957, p. 95-99.

2. Sur tout ceci, v. Lucien Gerschel, « Un épisode trifonctionnel dans la saga de Hrólfr Kraki », *Collection Latomus*, XLV (= *Hommages à G. Dumézil*), 1960, p. 104-116. Il s'agit des chapitres 17-29 de la saga. L'auteur a reconnu, entre les goûts et les vocations des trois frères, une disposition selon les trois fonctions (brigand avide de richesse ; roi ; pur guerrier).

à sa vraie nature. Il était né d'un Björn (« Ours »), qu'une méchante reine avait effectivement métamorphosé en ours à mi-temps, animal le jour, homme la nuit. Sa mère était une femme, mais portait le nom de Bera (« Ourse »). Björn ayant été tué sous sa forme d'ours, la méchante reine avait obligé Bera à manger un morceau entier de sa chair et une petite partie d'un second. En conséquence, des trois garçons qu'elle mit ensuite au monde, l'aîné, Elgr (l'élan), était une sorte de centaure nordique, élan à partir de la ceinture ; le second avait des pieds de chien ; seul le troisième, Böđvar, était un parfait exemplaire d'homme... Ses frères suivent des voies diverses, l'un comme brigand très fort, l'autre comme roi souvent victorieux, mais, en dépit de sa forme purement humaine, c'est Böđvar qui devient le plus puissant, le vrai champion, le guerrier type, comme si ses deux aînés n'avaient été que des ébauches. On reconnaît ici le thème du « troisième frère », étudié plus haut dans les traditions indienne sur Trita, iranienne sur Θraētaona, romaine sur le vainqueur des Curiaces ; mais on reconnaît aussi une séquence à trois termes, « animal, animal, homme de guerre », qui rappelle la formule à dix termes du Vərəθrağna avestique, « animaux successifs aboutissant au guerrier en armes », au guerrier qui, outre ses qualités humaines, possède celles des quadrupèdes et de l'oiseau qui l'ont précédé.

Les Celtes connaissaient aussi de telles traditions. Le Mabinogi de Math, fils de Mathonwy [1], en donne une variante d'autant plus intéressante qu'elle s'insère dans une plus vaste structure. Les principaux héros, dérivés de figures mythiques, en sont le groupe désigné sous le nom collectif d'« Enfants de Don », qui se distribuent sur les trois fonctions indo-européennes d'une façon plus

1. Sur ce Mabinogi, il existe un livre très savant, qui rassemble une abondante matière folklorique, philologique, comparative, mais dont la méthode est fondamentalement erronée : William John Gruffydd, *Math vab Mathonwy*, 1928. Malgré cet auteur et quelques autres, il n'y a pas lieu d'attribuer à l'Irlande la matière du récit. V. maintenant mon *Esq.* 59, « La quatrième branche du Mabinogi et la théologie des trois fonctions. »

complète que les chefs des « Tribus de la déesse Dana » irlandaises, auxquels ils correspondent. Les mâles sont Gwydion, Eveidd, Gilvathwy, Govannon, Amaethon, auxquels est jointe une sœur unique, Aranrhod, mère elle-même de l'illustre Lleu – le Lug irlandais, le Lugus des Gaulois. Les « fonctions » du premier et des deux derniers des cinq frères sont claires : en toute circonstance, dans ce Mabinogi et ailleurs, Gwydion est un grand sorcier, tandis que Govannon et Amaethon, conformément à leurs noms[1], sont le Forgeron et le Laboureur. D'Eveidd il n'est dit qu'une chose : en compagnie de Gilvathwy, c'est lui qui remplace le roi Math dans les visites à travers le pays que comporte le rang royal, ce qui donne à ces deux personnages, entre le sorcier d'une part, l'artisan et l'agriculteur d'autre part, un rôle noble, le plus proche de la royauté dans ses tâches temporelles. De Gilvathwy, nous savons davantage. Le roi Math devait toujours, sauf en temps de guerre, avoir les pieds posés dans le giron d'une fille pucelle. Gilvathwy tomba un jour amoureux fou de la jeune fille pour lors en service. Son frère Gwydion, le sorcier, le voyant dépérir, suscita par fantasmagorie une guerre cruelle avec un pays voisin ; laissant la pucelle dans son palais, le roi partit avec l'armée et Gilvathwy put satisfaire sa passion avant de l'y rejoindre. Informé de l'attentat dès son retour, le roi Math, lui-même sorcier, imposa aux deux complices un châtiment remarquable : de deux coups de sa baguette magique *(hudlath)*, il transforma Gilvathwy en biche, Gwydion en cerf, et les condamna à vivre en couple dans les bois pendant un an. Au bout de ce temps, les deux bêtes revinrent à la cour en compagnie d'un faon vigoureux. Deux nouveaux coups de baguette transformèrent la biche en sanglier, le cerf en laie, tandis que Math donnait au faon la forme humaine et le faisait baptiser sous le nom de Hyddwn (dérivé de *hydd* « cerf »). Au

1. *Amaeth* « laboureur », *gov* (pl. *govaint*) « forgeron » (*govaniaeth* « art du forgeron »), encore en gallois moderne (orthographié *gof*, etc.). Les noms des autres enfants de Don n'ont pas d'étymologie certaine. *Gilvathwy* (variantes *Gilvaethwy, Cilv.*) contient peut-être un premier terme apparenté à irl. *gilla* « garçon, knight » : Gruffydd, *op. cit.*, p. 205. Il existe d'autres listes, postérieures et visiblement altérées, des Enfants de Don. Sur ce groupe, v. Alwyn et Brinley Rees, *Celtic Heritage*, 1961, p. 50-53.

terme de l'année, le couple reparut avec un marcassin dont le roi fit un garçon qu'il nomma Hychtwn (dérivé de *hwch* « porc »), et le sanglier fut transformé en louve, la laie en loup. Après un an de vie sauvage, les deux animaux revinrent avec un beau louveteau. Cette fois, non seulement le petit fut fait homme sous le nom de Bleiddwn (dérivé de *blaidd* « loup »), mais ses père et mère, « suffisamment punis, selon le roi, par la grande honte d'avoir eu des enfants l'un de l'autre », se retrouvèrent Gwydion et Gilvathwy comme trois ans auparavant. Un tercet inséré dans le Mabinogi révèle la finalité de cette triple naissance [1] :

> Trois fils du pervers Gilvaethwy :
> trois vrais guerriers éminents,
> Bleiddwn, Hyddwn, Hychtwn le long.

L'hapax *cenrysseddat (cynrhyseddad)* est traditionnellement traduit « combattants » (lady Guest), « champions » (Ellis-Lloyd), « guerriers éminents » (Loth) « Krieger » (Buber, Mülhausen), et, bien que l'étymologie en soit obscure, il n'y a pas de raison de récuser ce sens [2]. Ainsi dans le groupe des Enfants de Don, la

1. *Tri meib Gilvaethwy en(n)wir,*
tri chenrysseddad kywir,
Bleiddwn, Hyddwn, Hychtwn hir.

2. Gruffydd, *op. cit.*, p. 320, a cherché sans vraisemblance dans *cen-(cyn-)* le nom du chien et traduit… « wolf-men ». L'élément *-dwn* des trois noms propres n'est pas clair non plus. À propos des métamorphoses, Gruffydd écrit, p. 315 : « *The three sons of Gilvaethwy, born as animals from human parents in animal form, and afterwards transformed into human shape, have analogies, as we have seen, in other lands. In other instances, however, these human animals remain in their animal forms, and become famous in legend as the best animals of their species* [p. ex. le chien Guinaloc, le sanglier Tortain, le cheval Loriagor, dans « Caradoc et le serpent », publié par Gaston PARIS, *Romania*, XXVIII, 1899, p. 214-231, – matière sûrement galloise]. *I know of no story in which these human animals are transformed into human shape.* » P. 276-277, Gruffydd cite la naissance du « Half-Slim Champion » : un homme est transformé en loup par sa femme et poursuivi par une meute qu'elle lance contre lui ; il s'échappe et se réfugie dans une île, au milieu d'un lac. En dehors de lui, il n'y a dans cette île qu'une louve, c'est-à-dire une femme qui a été aussi transformée en louve à une semaine de mettre un enfant au monde – et son fils ne pourra naître normalement que si elle est rendue à la forme humaine ; un jour, affamés, épuisés, ils se rencontrent ; à demi endormi, il rêve qu'il a près de lui un agneau ; il le saisit, s'éveille, et voit qu'il a ouvert

fonction guerrière est assurée, à travers Gilvathwy (car c'est lui, et non Gwydion, qui est à l'origine des méfaits, et, dans le tercet, Bleiddwn, Hyddwn et Hychtwn sont dits ses fils, non ceux de Gwydion), par ces trois vigoureux jeunes gens dont les affinités animales ne sont pas métaphoriques, mais congénitales. On remarquera que deux des types de quadrupèdes compromis dans cette aventure rappellent plusieurs des incarnations de Vərəθragna, notamment la plus fameuse (sanglier, bouc et bélier sauvages), et que la troisième évoque le nom des Scandinaves *úlfhednar* « hommes à peau de loup ». On soupçonne aussi, dans ces accouplements qui sont inhabituels même dans les légendes [1], le souvenir de liaisons homosexuelles comme en connaissent souvent les sociétés de guerriers ; qu'on pense non seulement aux pratiques d'éducation doriennes, crétoises, mais aussi, dans le monde germanique, à ce qu'Ammien Marcellin, XXXI, 9, 5, dit des Taifali, avec une indignation qui l'empêche sans doute de comprendre la vraie valeur de l'usage dont il parle : chez ce peuple guerrier, les jeunes gens déjà pubères servent au plaisir des guerriers, apparemment sans autre limite que la durée de leurs charmes – *aetatis uiriditatem in eorum pollutis usibus consumpturi* – « sauf celui qui, tout seul, capture un sanglier ou tue un ours énorme et qui se trouve alors affranchi de cette souillure, *conluuione liberatur* ». Ammien interprète les faits dans la perspective morale des vertueux hypocrites de son temps, mais on peut penser, d'après la généralité de la pratique et l'épreuve qui y met fin, que, dans ces couples de mâles, l'un récupérait en protection et en formation ce qu'il donnait en plaisir et que l'autre, sous sa responsabilité, préparait son jeune partenaire à rencontrer dignement *aprum* ou *ursum immanem*. Les sociétés d'hommes germaniques et celtiques devaient parfois comporter ainsi un élément sexuel

le flanc de la louve ; devant lui se tient un petit garçon qui, en un instant, atteint la taille d'un homme : ce sera le « Half-Slim Champion ».

1. Gruffydd, *op. cit.*, p. 290, n. 27 : « *It must be remembered that the transformation of a pair – a man and a woman – into animals is common in folklore, and the transformation of two men into animals of different sexes (as far as I am aware) unknown.* »

que les convenances n'ont pas permis aux auteurs chrétiens d'exprimer, mais qu'on est tenté de restituer sous certaines camaraderies, sous certaines liaisons généreuses d'aînés et de cadets.

L'épopée indienne a maintes fois utilisé le théologème qui invite le guerrier à puiser dans une ou plusieurs espèces animales les qualités que ses mandants attendent de lui, et d'abord la force et la vitesse. Une des expressions les plus frappantes se trouve dans un des innombrables récits du troisième chant du Mahābhārata[1]. Pour venir à bout de l'homme-démon Rāvaṇa – celui-là a dix têtes – Brahmā envoie Viṣṇu s'incarner en Rāma, puis il invite Indra et tous les dieux à s'incarner aussi, non pour combattre eux-mêmes, mais pour engendrer des combattants ; mais ils ne s'adresseront pas à des femmes : « Pour accompagner Viṣṇu, dit Brahmā, engendrez de toutes parts dans des ourses, dans des femelles de singes, des fils héroïques, doués de force et du pouvoir de prendre toutes formes à volonté ! » Indra en tête, les dieux exécutent l'ordre, utilisant « les épouses des meilleurs des singes et des ours » (variante : « des femmes d'ours et de singes »). Les produits sont ce qu'attendait le dieu suprême : ces jeunes gens ont une force inouïe, capable de fendre les cimes des montagnes ; ils ont le corps compact comme le diamant ; experts dans la bataille, ils se donnent autant de force qu'ils désirent ; ils ont la puissance de l'éléphant et la rapidité du vent ; les uns habitent où ils veulent (variante : volent comme des oiseaux), les autres sont les hôtes des forêts (variante : du ciel).

1. III, 260, 7-13, notamment :

7. viṣṇoḥ sahāyān r̥kṣīṣu vānarīṣu ca sarvaśaḥ janayadhvaṃ sutān vīrān kāmarūpabalānvitān.

11. śakraprabhr̥tayaś caiva sarve te surasattamāḥ vānararkṣavarastrīṣu janayām āsur ātmajān.

IV

Scénarios et accessoires

J'ai rappelé plus haut comment Benveniste et Renou ont rendu probable, à propos du surnom ou du nom du dieu de la victoire (véd. *Vr̥tra-hán-*, avest. *Vərəθra-ǧn-a-*), que ce qui était tué ou détruit dans l'exploit (véd. *han-*) était primitivement plutôt un neutre, « la Résistance », qu'un masculin ; que cette Résistance, dans nos textes, reste soit un concept abstrait (Iran), soit, passant secondairement au genre masculin, une sorte de masse peu animée, passive, à peine armée (R̥gVeda), en sorte que les allusions des hymnes ne permettent même pas de se représenter concrètement la rencontre. Cet exploit qui a de telles conséquences, qui vaut à Indra un tel renom et une telle puissance, semble n'avoir pas même été difficile, n'avoir pas pris la forme d'un duel aux risques partagés : Indra a frappé Vr̥tra, c'est tout. Et il l'a frappé de son foudre comme on frappe un arbre (II, 14, 2), comme la hache (abat) les arbres (X, 89, 7 ; cf. X, 28, 7-8). La racine verbale qui caractérise usuellement la position de Vr̥tra soit avant le combat, soit après sa mort, est *śī-*, celle du grec κεῖσθαι, « être couché ». En somme, cette grosse chose inerte menaçait la vie du monde plutôt économiquement que belliqueusement : il avait « barré les eaux » (*apó vavrivā́ṃsaṃ vr̥trám*, II, 14, 2, ou l'équivalent), « les rivières avaient été dévorées par le serpent » *(síndhūṃr áhinā jagrasānā́n*, IV, 17, 1)[1].

Ces justes remarques reçoivent tout leur poids si on les rapproche des précisions que donnent les Brāhmaṇa et l'épopée : le monstre à trois têtes, puis Vr̥tra, qu'Indra doit vaincre successivement, sont les fils, mais plus encore les « ouvrages » du dieu-artisan, du charpentier Tvaṣṭr̥. Ce personnage, mal discernable d'un autre artisan de l'autre monde, Viśvakarman, « le faiseur de toutes choses », a pour seule raison d'être de « faire », animés ou non, les accessoires, les êtres dont ont besoin les dieux et, éventuellement, leurs ennemis les démons : palais, chars, talismans, armes, y compris les plus prestigieuses (le foudre d'Indra, l'épée de Śiva, le disque de Viṣṇu), et encore Tilottamā, la Pandore de la fable indienne, et Sītā, une autre femme qui n'est pas comme les autres. Les grands adversaires d'Indra, même si le Vr̥tra épique est parfois plus actif et plus généralement dévorant que le védique, rentrent dans cette liste de chefs-d'œuvre.

Le Tricéphale est particulièrement remarquable. Qu'on se reporte à l'un des passages où le Mahābhārata décrit l'exploit d'Indra, celui du cinquième chant (section 9, 3-40). Dans son hostilité contre Indra *(indradrohāt)*, Tvaṣṭr̥ vient de créer un être à trois têtes, extrêmement fort, qui convoite aussitôt la place du dieu. Ses trois visages brûlent comme le Soleil, la Lune et le Feu. Avec une bouche, il récite les Veda et boit le *soma* réservé aux dieux ; avec une autre, il boit la liqueur alcoolique, la *surā* ; et il regarde toutes les directions du monde, les *diśaḥ*, avec une telle expression d'avidité qu'il semble prêt à les boire, elles aussi, par sa troisième bouche.

Indra s'inquiète. Il a d'abord recours au procédé par lequel les dieux viennent souvent à bout d'un grand ascète ou d'un être trop vigoureux : il charge des Apsaras, femmes célestes, de séduire le monstre et de le débiliter dans le plaisir ; mais les Apsaras reviennent bientôt, déconfites. Alors Indra doit se résigner à

1. Renou, *op. cit.*, p. 118-120 : le préverbe *vi*, impliquant ouverture par séparation en deux, est caractéristique de la manière dont Indra tue Vr̥tra ; p. 127 : un seul passage du R̥gVeda présente Vr̥tra comme provocateur ; un seul dit qu'il s'élance ; p. 130-133 : Vr̥tra est sans armes.

donner de sa personne. Dans un grand effort, sans d'ailleurs que l'adversaire réagisse, il lance son *vajra*. Le Tricéphale, touché, tombe à terre comme la cime d'une montagne *(parvatasyeva śikharaṃ praṇunnaṃ medinītale)*. À le voir ainsi, Indra se sent mal à l'aise et ne trouve pas d'abri, brûlé qu'il est par la splendeur du cadavre, car celui-ci, bien que tué, émet toujours son éclat, avec l'apparence d'un vivant *(hato 'pi dīptatejāḥ sa jīvann iva ca dr̥śyate)*. Par chance, un charpentier *(takṣā)* passe, Indra l'aperçoit et lui demande de couper en hâte les trois têtes *(kṣipraṃ chindhi śirāṃsy asya)*. Le charpentier a des objections, de fait et de principe : sa hache n'est pas de taille, ce serait un péché... Indra trouve réponse à tout : sur son ordre, la hache deviendra forte comme son *vajra*, et il prendra le péché sur lui. Le charpentier résiste, cependant, jusqu'à ce que le dieu lui fasse une intéressante proposition : dorénavant, dans tout sacrifice qu'offriront les hommes, la tête sera la part des gens de sa profession *(śiraḥ paśos te dāsyanti bhāgaṃ yajñeṣu mānavāḥ)*. L'ouvrier s'exécute aussitôt, sans nulle peine et sans fâcheuse conséquence. Simplement, de chacune des trois têtes coupées s'échappe un oiseau ou une troupe d'oiseaux : de celle qui lisait les Veda et buvait le *soma*, des *kapiñjala*, ou perdrix ; de celle qui buvait la *surā*, des *kalaviṅka*, ou moineaux ; de celle qui menaçait de boire les quatre Orients, des *tittira*, ou cailles. Soulagé, joyeux, Indra regagne le ciel, tandis que le charpentier rentre tranquillement chez lui.

Disons le mot : ce monstre si facile à tuer mais qui, une fois tué, reste *jīvann iva*, « comme s'il vivait », comme si le coup n'avait rien changé à ses trois visages brûlants ni à ses trois bouches diversement dévorantes, donne l'impression d'un mannequin. Qu'Indra, après l'avoir « tué » d'un coup de son *vajra*, soit obligé de demander à un charpentier qui revient de son travail de trancher les trois têtes avec sa hache, que ces têtes se révèlent alors être creuses et lâchent en l'air divers oiseaux, ces deux singularités permettent de préciser : tout se passe comme si le Tricéphale était un assemblage de pièces de bois et ses têtes des boîtes, justiciables de l'outil d'un ouvrier humain après avoir été « montées » par l'ouvrier des dieux. Les enjolivements littéraires n'ont rien changé d'essentiel à ces deux détails que, bien entendu, les hymnes ignorent, mais que connaissent les Brāhmaṇa et dont l'un même a sa garantie dans une règle rituelle[1] : quand un animal est sacrifié, prescrivent déjà des textes comme *MaitrāyanīSaṃhitā*, II, 4, 1 et *Kāṭhaka*, XII, 10, la tête est attribuée comme part « au charpentier[2] » ; et plusieurs passages des Brāhmaṇa, deux notamment dans le *Śatapatha* (I, 6, 3, 1-5 ; V, 5, 4, 2-6), font déjà sortir les trois sortes d'oiseaux des bouches du Tricéphale abattu et expliquent même une particularité de chacune (couleur, cri) par l'ancienne spécialité de la bouche qui lui donne issue.

Ce fossile nous reporte loin dans le passé : Indra a assumé, comme mythe d'une de ses principales victoires, un scénario d'initiation de jeune guerrier. On n'oserait être à ce point affirmatif si un autre groupe social, étranger au monde indo-européen et expert en initiations, n'avait réalisé dans la même forme plusieurs de ses cérémonies.

Le lieu du monde où, par un accord dont l'explication nous échappe, les légendes indo-iraniennes sur le Tricéphale s'éclairent le mieux est en effet la Colombie-Britannique, la côte occidentale du Canada. Sous le nom de *Sīsiutl* chez les Peaux-Rouges de la Bella Coola et chez les Kwakiutl, sous le nom de *Senotlke* chez les riverains de la Thompson River, un grand rôle est joué et dans les mythes et dans les rites par le « monstre à trois têtes[3] ». C'est

1. P. 123-124 de Willem Caland, « Kritisch-exegetische Bemerkungen zu den Brāhmaṇas », *Wiener Zeitschrift für die Kunde des Morgenlandes*, XXVI, 1912, p. 107-126. Après avoir rapproché les vieux textes et le Mahābhārata, Caland écrit : « *Die Vorschrift, dass der Zimmermann, der ja beim Tieropfer zur Anfertigung des Opferpfahles beteiligt ist, den Kopf des Opfertieres erhält, ist mir aus keiner anderen Quelle bekannt.* » Une donnée rituelle voisine, dans le mythe étiologique de laquelle intervient l'ouvrier divin ou son fils le Tricéphale, est l'interdiction de manger la cervelle : v., avec une concordance iranienne, « Deux traits du monstre tricéphale indo-iranien », *Revue de l'histoire des religions*, CXX, 1939, p. 5-20 (encore valable, sauf les p. 17-20, dont les perspectives ont été modifiées par le chapitre V de *Naissance d'archanges*, 1945).

2. Ce qui suit est pris de *Horace et les Curiaces* (v. ci-dessus, p. 300-301, note. 1), p. 128-130.

3. Le monstre à trois têtes nord-américain est en général appelé dans la littérature « double-headed snake » ; dans les mythes, il est, en effet, bicéphale ; dans les rituels, il est bi- ou tricéphale comme mannequin, tricéphale comme masque ;

un être ambivalent, tantôt protecteur bienveillant, plus souvent démoniaque adversaire, qui a beaucoup d'utilisations et de destinations, dans les recettes de médecine magique et dans les mythes de libération des eaux notamment, mais qui intervient surtout lors des initiations, initiation de sorcier ou de chef, initiation de chasseur ou de guerrier, soit qu'il suffise au héros d'avoir la chance de le rencontrer, soit plutôt qu'il doive le combattre et ramener ses dépouilles. Le lien de ce monstre avec les guerriers est particulièrement fort : chez les Indiens de la Bella Coola, le Sīsiutl est le serpent propre à la Grande Dame qui porte le nom

---

un beau masque kwakiutl se trouve reproduit, d'après Boas, dans Hartley B. Alexander, vol. X *(North American)* de *The Mythology of All Races*, 1916, pl. XXXI, 2, entre les pages 246 et 247, avec le commentaire : *« The face in the middle represents the "man in the middle of the serpent", with his two plumes ; at each end are plumed serpent heads with movable tongues, which by means of strings can be pulled back and out. The two sides of the mask* [= les deux têtes de serpent] *can be folded forward and backward. »* Gottfried W. Locher, *The Serpent in Kwakiutl Religion*, 1932, est quelque peu confusionniste, mais contient beaucoup de faits (bibliographie, p. 115-118). Le *double-headed snake* n'est qu'un cas particulier des serpents mythiques qui jouent un si grand rôle dans les représentations des Indiens de l'Amérique du Nord, notamment dans l'ensemble siou (lutte du Serpent et de l'Oiseau-Tonnerre, etc.) ; il rappelle le serpent à (trois) plumes du Mexique, le serpent à cornes des tribus des Pueblos. Les documents utilisés ici sont : Bella-Coola : Franz Boas, « The Mythology of the Bella-Coola Indians », dans *The Jesup North Pacific Expedition*, I, 1900, p. 28, 44-45 : – Kwakiutl : Boas, « Sixth Report on the North-Western Tribes of Canada », dans *Report of the Sixtieth Meeting of the British Association for the Advancement of Science* (Leeds, 1890), 1891, p. 67-68 (= p. 619-620 de l'ensemble) ; ID., *Indianische Sagen von der Nord-Pacifischen Küste Amerikas*, 1895, p. 160 ; ID., *The Social Organization and the Secret Societies of the Kwakiutl Indians*, 1897, p. 370-374, 482, 514, 713 ; F. Boas and G. Hunt, « Kwakiutl Texts », I, dans *The Jesup Expedition...*, III, 1905, p. 60-63 ; ID., « Kwakiutl Texts », II, dans *The Jesup Expedition...*, X, 1, 1905-1908, p. 103-113, 192-207 ; – Utamqt, Squamish, Comox : Boas, *Indianische Sagen...*, 1895, p. 56-61, 65-68 ; James A. Teit, « Mythology of the Thompson River », dans *The Jesup Expedition...* VIII, 2, 1913, p. 269. Voici quelques données :

Présentation générale du Sīsiutl, ambivalent, des Kwakiutl (Boas, *Social Organization...*, p. 371-372) : *« Perhaps the most important among these [fabulous monsters] is the Sīsiutl, the fabulous double-headed snake, which has one head at each end, a human head in the middle, one horn on each terminal head, and two on the central human head. It has the power to assume the shape of a fish. To eat it and even to*

de « Guerrier » ; chez les Kwakiutl, la danse du Sīsiutl est celle du chef guerrier et le rituel du Tōq'uit, que le Sīsiutl domine, figuré par un échafaudage, est mis formellement en rapport avec la préparation des guerriers aux expéditions militaires. Sur la rivière Thompson, les récits squamish et utamqt sont aussi nets que possible à cet égard : c'est en cherchant, en poursuivant, en tuant et en dépouillant le Senotlke que le jeune homme devient : 1° tireur infaillible ; 2° chef de guerre invincible, disposant notamment de cette arme suprême qu'on retrouve à la disposition des *berserkir* de l'antique Scandinavie comme du vainqueur grec de la Méduse,

---

touch or to see it is sure death, as all the joints of the infortunate one become dislocated, the head being turned backward. But to those who enjoy supernatural help it may bring power ; its blood, wherever it touches the skin, makes it as hard as stone ; its skin used as a belt enables the owner to perform wonderful feats, it may become a canoe which moves by the motions of the Sīsiutl fins ; its eyes, when used as sling stones, kill even whales. It is essentially the helper of warriors. »

Résumé (fait par Alexander, *op. cit.*, p. 243), d'un mythe squamish : « *A Squamish myth* [Boas, Ind. S., p. 58-61] *tells of a young man who pursued the serpent Senotlke for four years, finally slaying it ; as he did so, he himself fell dead, but he regained life and, on his return to his own people, became a great shaman, having the power to slay all who beheld him and to make them live again – a myth which seems clearly reminiscent of initiation rites.* »

Description de la danse Tōq'uit des Kwakiutl (Boas, *Report...*, p. 619) : « *Tōq'uit is danced by women, the arms of the dancer being raised high upward, the palms of her hands being turned forward. The upper part of the dancer's body is naked ; hemlock branches are tied around her waist. She has four attendants, who always surround her. The dance is said to have been originally a war-dance. The warriors, before going on an expedition, went into the woods in order to meet the double-headed snake, the Sīsiutl, which gives them great strength and power. After returning from the woods, they engage a woman to dance the Tōq'uit. Very elaborate arrangements are made for this dance. A double-headed snake, about twenty feet long, made of woods, blankets and skins, is hidden in a long ditch, which is partly covered with boards. Strings are attached to it, which pass over the beams of the house and are worked by men who hide in the bedrooms. As soon as the dancer appears, the people begin to sing and to beat time. In dancing the woman acts as though she were trying to catch something ; and when she is supposed to have got it, she throws back her hands and the Sīsiutl rises from out of the ground moving his heads [...] Finally the snake disappears in the ditch.* » À un autre moment du rituel (p. 619-620), une figure monstrueuse surgit derrière les spectateurs : « *It consists of a series of flat carved boards, which are connected on their narrow sides by plags, which are passed through rings of cedar ropes. It has two or three points on top and is ornamented with mica. It is intended to represent the Sīsiutl.* »

la pétrification de l'adversaire, c'est-à-dire, sous sa forme la plus pure, la victoire immédiate à distance, rêve de tous les combattants.

Dans les rites, dans les danses initiatiques notamment, le monstre est diversement figuré : c'est en général un homme muni d'un masque qui encadre une face humaine, sur la droite et sur la gauche, par deux têtes de serpent, mobiles, qui lui sont reliées et qui débordent au-dessus des épaules ; parfois, dans certains rituels kwakiutl, c'est toute une lourde construction de planches et d'étoffes émergeant d'un bosquet et animée par des machinistes invisibles. Dans les mythes, où il est souvent le partenaire non seulement d'un héros terrestre mais de l'Oiseau-Tonnerre, le Sīsiutl est plus librement imaginé mais, bien entendu, ces images reflètent les figurations rituelles.

Ainsi avertis par l'analogie de ces représentations nord-américaines avec celles de l'Inde, nous décelons aussi en Iran des traces de l'origine rituelle du Tricéphale. À travers les textes épiques, ce monstre, qui porte encore le nom de l'avestique Aži Dahākā (Aždahak, Ḍahāk, Zohak...), lequel contient le mot *aži* « serpent » suivi d'un appellatif obscur, n'est qu'à peine un monstre : il fut d'abord un homme comme les autres, à qui il poussa un jour sur chaque épaule une tête de serpent [1] ; rien ne donne à penser que cette conception soit secondaire par rapport à celle de l'Avesta, d'ailleurs très vague, mais plus éloignée de l'humain, ou par rapport à celle du R̥gVeda : il suffit de parcourir le dossier américain que nous venons d'entrouvrir pour constater qu'un seul et même peuple pratique concurremment et sans aucune gêne plusieurs types, parfois bien différents, de « serpent à trois têtes » ; mais Aždahak, avec ses têtes de serpent surgies des épaules et encadrant sa tête humaine, concorde avec la figuration la plus fréquente du Sīsiutl dans les rituels. D'autre part, l'Iran semble confirmer les deux traits de l'histoire du Tricéphale indien

1. La version la plus circonstanciée est dans Al Tha'ālibī, *Histoire des rois de Perse*, éd. et trad. par Hermann Zotenberg, 1900 (rééd. photogr., Téhéran, 1963), p. 18-23 ; v. « Deux traits... » (ci-dessus, p. 520, note. 1), p. 12.

qui nous ont orientés vers l'interprétation en mannequin : la liaison du monstre avec des oiseaux, l'intervention d'un ouvrier humain dans la victoire. Le héros iranien qui va tuer le tyran à trois têtes est, en effet, conduit, exhorté par un forgeron et le « palais » du tyran s'appelle, d'un nom inexpliqué mais qu'on ne peut négliger, « le palais de la Cigogne [1] ».

Il semble donc que les mythes indo-iraniens de la victoire sur le Tricéphale gardent le souvenir précis de rituels où la victime du héros était un être de l'autre monde matériellement figuré dans celui-ci : homme richement masqué ou imposante machine de planches. Bien moins archaïques, évidemment, sont les récits occidentaux où le héros triomphe de trois frères : sans doute représentent-ils une libre variation littéraire, rationalisée et historicisée, sur le thème de l'adversaire triple.

Mais ce sont les Germains du Nord qui apportent directement la preuve que de tels monstres-mannequins ont bien été utilisés, dans notre vieux monde, lors de cérémonies d'initiation ou de promotion. Deux documents sont ici à considérer : le récit romancé du premier combat d'un jeune guerrier ; le récit du premier « duel régulier » du dieu Þórr.

Nous avons déjà rencontré, pour sa naissance étrange de troisième frère et pour son dernier combat en forme d'ours, le champion du roi Hrólfr, Böđvar Bjarki. Il opère aussi comme initiateur dans une histoire célèbre [2].

Saxo Grammaticus, II, VI, 9, n'en donne qu'un bref schéma ; la Hrólfssaga Kraka, au chapitre 23, la développe au contraire longuement et un poème en l'honneur de Bjarki, les Bjarkarímur, fournit une troisième variante.

1. J'ai jadis pensé à interpréter d'une manière analogue le *Tarvos Trigaranos*, le « taureau à trois grues » de deux monuments gaulois (Lutèce, Trèves), *Horace et les Curiaces*, 1942, p. 133. Depuis ce temps, d'autres explications, mieux appuyées dans les faits proprement celtiques, ont été proposées.
2. Ce qui suit est repris de *MDG*, 1939, p. 93-98. Les textes sont commodément réunis dans Raymond W. Chambers, *Beowulf* [3], 1959, p. 132-133, (Saxo), 138-146 (saga), 182-186 *(rimur)*.

Dans le récit danois, le héros Biarco est présent à un festin de noces où des guerriers briment son voisin, Hialto ; il prend Hialto sous sa protection et tue les plus insolents. Peu après, Biarco abat d'un coup d'épée un ours gigantesque ; il fait boire à Hialto le sang qui coule de la blessure afin qu'il devienne plus vigoureux : « On croyait, en effet, en ces temps-là, qu'une telle boisson accroissait la force du corps [1]. »

Dans la saga, Böđvar Bjarki, champion ambulant, prend en effet sous sa protection le jeune Höttr, souffre-douleur terrorisé des hirđmenn, des « gardes du corps » du roi Hrólfr [2] et tue l'un d'eux. Au lieu de le punir, Hrólfr, qui apprécie les hommes forts, lui offre la place du mort et Böđvar Bjarki accepte, à condition que le pauvre Höttr restera avec lui et sera traité comme lui. Et voici que, aux approches de la fête de la mi-hiver *(jól)*, tout le monde devient sombre : Höttr explique à son protecteur que, depuis deux ans, à *jól*, un énorme monstre ailé apparaît, ravage le pays, et qu'il a tué les meilleurs champions du roi ; « Ce n'est pas un animal, achève Höttr, c'est le plus grand troll » *(Þat er ekki dýr, heldr er Þat hit mesta troll)*. La veille de *jól*, Hrólfr défend à ses hommes de sortir. Mais Böđvar sort secrètement, emmène avec lui Höttr tout effrayé. En voyant le monstre, Höttr hurle, s'écrie qu'il va être dévoré. Son aîné le jette dans la boue où il reste avec sa peur, sans oser retourner à la maison royale. Puis Böđvar s'avance vers l'animal, apparemment immobile, dégaine et d'un coup, sans combat, lui perce le cœur : l'animal tombe raide. Böđvar va repêcher Höttr et le contraint à boire deux grosses gorgées de sang et lui fait manger un morceau de cœur, puis, se

1. *Ursum quippe eximiae magnitudinis obuium sibi inter dumeta factum iaculo confecit [Biarco] comitemque suum Hialtonem, quo uiribus maior euaderct, applicato ore egestum beluae cruorem haurire iussit : creditum namque erat, hoc potionis genere corporei roboris incrementa praestari*. La pratique est attribuée aux *berserkir* (cf. Achille chez le Centaure Chiron, les Luperques, ou du moins leurs prototypes dans le mythe étiologique...) : ils mangeaient de la viande crue et buvaient du sang. Le motif, littérarisé, est fréquent dans les traditions du Nord et d'autres pays, V. James G. Frazer, *The Golden Bough*[3], V, *Spirits of the Corn and of the Wild*, II, 1912, chap. XII (p. 138-168). « Homoeopathic magic of a flesh diet » ; cf. ma *Saga de Hadingus*, 1953, p. 44 et n. 4.

2. Où Axel Olrik voit avec raison le souvenir romancé de troupes de *berserkir*.

tournant contre lui, engage un duel qui dure longtemps : Höttr est vraiment devenu fort et courageux.

Mais ici le récit rebondit. « Bien fait, camarade Höttr ! dit Böđvar, allons, redressons l'animal et disposons-le de telle sorte que les autres croient qu'il est vivant » *(reisum upp dýrit ok búum svá um, at ađrir ætli at kvikt muni vera)*. Le lendemain, les observateurs du roi signalent que le monstre est toujours là, près du château. Le roi s'avance avec sa troupe et dit : « Je ne vois pas de mouvement dans l'animal : qui veut prendre sur lui de l'affronter ? » Böđvar propose Höttr qui, à la surprise du roi, accepte. « Tu as beaucoup changé en peu de temps ! » dit le roi *(mikit hefir um Þik skipaz á skammri stundu !)*. Höttr, qui n'a pas d'armes, demande au roi son épée Gullinhjalti (« garde d'or ») avec laquelle il « tue » sans peine le cadavre du monstre. Le roi n'est pas dupe, il dit à Böđvar qu'il se doute de la vérité et ajoute : « Ce n'en est pas moins une belle œuvre à toi d'avoir fait un autre champion de ce Höttr qui ne paraissait pas destiné aux grandes choses. » Enfin, il change le nom de Höttr pour consacrer la métamorphose : le nouveau champion s'appellera Hjalti, d'après l'épée Gullinhjalti.

Dans le thème de l'animal mort et redressé comme un mannequin, Axel Olrik ne voulait voir qu'une finesse de l'auteur de la saga, et rappelait quelques faits plus ou moins analogues dans la littérature nordique. On voit mal quel serait l'intérêt de cette « finesse », puisque le roi n'en est pas dupe, et qu'elle n'ajoute rien au mérite, à la vigueur, aux chances futures de Höttr. Il est plus probable qu'un antique scénario initiatique affleure ici, gardant la naïveté apparente qu'ont nécessairement les gestes par lesquels l'homme prétend diriger les forces invisibles, agir sur le sacré. Car si l'on s'étonne qu'une scène qui ne trompe, qui ne peut tromper personne, ni les acteurs ni les spectateurs, suffise à donner au jeune Danois ou au jeune Kwakiutl une vaillance ou des pouvoirs qu'il n'avait pas, on fait en réalité le procès de tous les rituels. Par le seul fait qu'il est partie prenante à une cérémonie, un mannequin devient un être vivant, comme le masque, porté cérémoniellement, incarne une personnalité nouvelle dans le corps du danseur.

Mais le mannequin de Böđvar Bjarki a un répondant plus considérable en Scandinavie même [1].

Snorri, au chapitre 17 des *Skáldskaparmál*, raconte comment, Þórr étant occupé, au loin, à tuer des monstres, entre un jour chez les Ases un hôte indésirable, le géant Hrungnir, en pleine « fureur de géant » *(Hrungnir hafđi svá mikinn jötunmóđ...)*. Les Ases ne peuvent que l'inviter à leur banquet, où il les terrorise, menaçant d'emporter dans son pays la Valhöll, de tuer tous les dieux, d'emmener avec lui les déesses Freyja et Sif et – tandis que Freyja lui emplit sa coupe – de boire toute la bière des Ases. Alors les Ases prononcent le nom de Þórr et aussitôt Þórr apparaît dans la salle, furieux. Hrungnir, inquiet, fait remarquer à « ÁsaÞórr » qu'il recueillerait peu de gloire à tuer un adversaire désarmé, et il lui propose une rencontre, seul à seul, à Grjótúnagarđr, « sur la frontière ». Þórr met d'autant plus d'empressement à accepter ce rendez-vous que c'est la première fois qu'il lui est donné d'aller *til einvígis*, à un duel régulier, avec lieu fixé d'avance, *hólmr (Þórr vill fyrir öngan mun bila at koma til einvígis, er hónum var hólmr skorađr, Þviat engi hafđi hónum Þat fyr veitt)* [2].

Ici se présente, au moins en apparence, une incohérence, mais significative : les géants, mesurant l'importance du duel et ne voulant pas que Hrungnir succombe, « firent à Grjótúnagarđr un homme d'argile haut de neuf lieues et large de trois sous les bras » *(Þá gerđu jotnar man af leiri, ok var hann. ix. rasta hár, en Þriggja breiđr undir hand)* ; ils ne trouvèrent pas de cœur assez grand à lui mettre, sauf un cœur de jument – encore Þórr arriva-t-il trop tôt. Nous attendrions que ce « mannequin » fût substitué au véritable Hrungnir, et pourtant celui-ci vient au rendez-vous et se poste simplement près du mannequin. Il est vrai que lui-même est une sorte de statue : il avait un cœur fait de pierre dure, « avec trois

1. Ce qui suit est repris de *MDG*, 1939, p. 99-105. Deux articles de la *Festschrift Felix Genzmer, Edda, Skalden, Saga*, 1952, ont été consacrés à l'épisode de Hrungnir : Hermann Schneider, « Die Geschichte vom Riesen Hrungnir », p. 200-210 ; Kurt WAIS, « Ullikummi, Hrungnir, Armilus und Verwandte. » p. 211-261 (sur quoi v. Jan de Vries, *Altgermanische Religionsgeschichte*², II, 1957, p. 136, n. 2).
2. Jan de Vries, *ibid.*, p. 430-431.

cornes, de la forme qui est devenue ensuite celle du signe runique qu'on appelle le Cœur de Hrungnir[1] » ; il avait aussi tête de pierre, bouclier de pierre, et, pour arme offensive, une pierre à aiguiser *(hein)*. Lui et l'homme d'argile attendent au lieu de rendez-vous, Hrungnir tenant son bouclier devant lui, l'homme d'argile si effrayé que, dit-on, il pisse quand il voit Þórr.

Þórr est victorieux, mais en partie grâce à une ruse de son « valet » et compagnon Þjalfi. Celui-ci arrive le premier et, se donnant les apparences d'un traître, prévient Hrungnir que Þórr compte surgir de dessous la terre : c'est par conséquent sous ses pieds, et non devant sa poitrine et son visage, qu'il doit placer son bouclier. À peine Hrungnir a-t-il adopté cette garde insolite que, du ciel, avec éclairs et tonnerre, apparaît Þórr : son marteau brise la pierre à aiguiser (dont un morceau vient se fixer dans la tête du dieu) et fracasse le crâne de Hrungnir qui tombe sur son vainqueur et, dans sa chute, lui prend le cou sous un de ses pieds. Cependant Þjalfi, de son côté, attaquait l'homme d'argile, « qui tomba avec peu de gloire ». Þjalfi essaie de dégager le cou de son maître, mais le pied de Hrungnir est trop lourd. Les Ases, apprenant que Þórr est tombé, tâchent aussi de le délivrer : impossible. Il faut faire appel alors au propre fils de Þórr, Magni (« la Force »), un bambin âgé de trois nuits qui rejette sans peine le pied. En récompense de quoi Þórr lui donne le cheval de Hrungnir, ce qui lui vaut une semonce d'Óđinn : Þórr, suivant Óđinn, aurait dû donner le butin non à son fils, mais à son père.

Beaucoup de détails de ce récit ont embarrassé les commentateurs et l'on s'est souvent tiré d'affaire en déclarant que tout cela, y compris l'homme d'argile, n'était que des enjolivements littéraires de quelque vieux mythe d'orage. C'est peu probable. Le bonhomme d'argile renversé en un duel mineur par le « second » de Þórr est sans doute à interpréter littéralement, et explique par contrecoup le géant de pierre tué par Þórr lui-même : cible lourde, immobile, « Résistance » renversée sans aucune peine par l'agilité, par l'offensive « fulgurante » du dieu. Þjalfi est-il ici « l'élève » de Þórr, autrement

1. Un trait vertical avec, dans le haut, partant du milieu de ce trait et plus courts de moitié, deux traits obliques divergents ; ce signe vaut *hr*.

dit son duel contre un mannequin présenté comme tel double-t-il simplement le duel de son maître, comme tout *rituel* double le *mythe* qui le justifie ? Peut être : nous aurions ainsi un récit à deux plans, « l'initiation » guerrière de Þjalfi reproduisant sous une forme réaliste, terrestre – un peu ridicule aussi, comme celle de Höttr-Hjalti –, le fabuleux et presque cosmique exploit guerrier de Þórr. Peu importe : cet exploit fabuleux de Þórr (son premier « duel régulier ») est suffisamment parallèle à l'exploit du dieu *Vr̥trahán*, vainqueur du Tricéphale et de la Résistance. De même que le Tricéphale, avec ses trois bouches, menaçait de boire toutes les liqueurs des dieux et les points cardinaux, de même que la Résistance menaçait de détruire les dieux et le monde, Hrungnir au cœur tricornu menace de boire toute la bière des Ases, de massacrer les dieux et de transporter chez lui leur demeure. Comme le dieu foudroyant, après avoir abattu Vr̥tra, est d'abord presque anéanti par son exploit, au grand désespoir des dieux, et ne retrouve force et gloire que par l'incantation de l'un d'eux, Þórr qui avait foudroyé Hrungnir est – matériellement – captif de son exploit, immobilisé, cet accident émeut les dieux, et n'est réparé que par l'intervention de l'un d'eux.

Enfin comme le *Triśirah̥* a *trois* têtes, Hrungnir est *triple*, a un cœur à *trois* cornes ; la « triplicité » du monstre adversaire du nouveau champion, du Victorieux type, est si générale dans le monde indo-européen qu'on est tenté d'y voir un détail hérité de la préhistoire commune. Cette triplicité s'exprime de façons différentes, dont on a plusieurs fois rencontré dans ce livre les principales : tantôt il s'agit d'un être à trois têtes (Inde, Iran) ou à trois corps (Geryon grec), tantôt ce sont trois êtres jumeaux, trois « frères » (les trois fils de Nechta, fléaux des Ulates et adversaires du jeune Cúchulainn le jour de son premier exploit ; les trois Curiaces), tantôt enfin ce sont des êtres dont le cœur, particulièrement périlleux, est triple de quelque façon. Tel est le cas par exemple, en Irlande, de l'adversaire d'un certain Mac Cecht, qui est probablement le champion du grand roi Conaire [1] : le Dindṡenchas de

1. Voir *Revue celtique*, XV, 1894, p. 304. *Cecht* est traduit par Cormac (« pouvoir ») ; le mot se retrouve dans le nom du médecin des Tuatha Dé Danann, Dian Cecht. Dans une note à ce paragraphe du Dindṡenchas, l'éditeur, Whitley Stokes,

Rennes, § 13, 1, écrit, sommairement mais clairement : « Meche, fils de la Morrígan (une des déesses de la guerre), avait en lui trois cœurs, jusqu'à ce que Mac Cecht le tuât dans la Plaine de Meche qui, jusqu'alors, s'était appelée Plaine de Fertaig. Ses cœurs étaient tels : avec les formes de trois serpents à travers eux *(amlaidh badar na cride sin, co ndelbaid tri nathrach treithib)*. Si la mort n'était pas venue frapper Meche, ces serpents auraient grandi et ceux qu'ils auraient laissés vivants en Irlande auraient été détruits *(meni torsed dano bas do Mechi arforbertais na nathracha ind ocus focnafed ana faigbet béo i nHérinn)* [1]. »

À la fin du récit de Snorri, Þórr encourt un blâme d'Óđinn parce qu'il a manqué d'égards envers son père, gratifiant le « jeune » au lieu du « vieux » : il n'y a aucune raison de considérer comme une adjonction tardive un trait d'outrecuidance qui est si bien à sa place dans un mythe de la fonction guerrière.

Rapproché de l'épisode *humain* de Höttr-Hjalti et des scènes analogues d'autres mythologies indo-européennes, le duel de Þórr et de Hrungnir, doublé du duel de Þjalfi et de l'homme d'argile, s'interprète donc littéralement, de point en point, comme un souvenir des rituels et des mythes d'initiation ou de promotion guerrière [2]. Cela ne l'empêche pas, bien entendu, d'avoir été aussi, et même congénitalement, un mythe d'orage : c'est le destin des dieux-combattants, patrons des combattants terrestres, d'être aussi des dieux fulgurants, ou de tendre à se confondre avec les dieux fulgurants ; Þórr, « le Tonnerre », avec

écrit : *« Mac Cecht, one of the Tuatha Dé Danann, or, more probably, Conaire's champion. »*

1. Après la mort de Meche, Mac Cecht brûle les cœurs et jette la cendre dans une rivière qui se met à bouillir et où tous les poissons meurent. Plaine et rivière reçoivent alors de nouveaux noms.

2. Déjà une indication dans un sens voisin est donnée par Christianus C. Uhlenbeck, *Acta Philologica Scandinavica*, I, 1926, p. 299 (à propos de Gudmund Schütte, *Dänisches Heidentum*, p. 134) : *« Die Geschichte des artifiziellen Riesen Mökkurkálfi beruht vielleicht auf wirklich geübten Zauberbrauch. Die Herstellung artifizieller Tiere um Feinde zu töten findet sich bei den grönländischen Eskimo* (s. H[einrich] J[ohannes] Rink, *Tales and Traditions of the Eskimos*, S. 53, 151 f., 201 f., 414 ff., 457 f.). »

son marteau, comme Indra avec son foudre, a une valeur naturaliste évidente ; l'histoire de Hrungnir est, dans Þjóðólfr et dans Snorri, l'une de celles où Þórr est le plus « surhumain » : il apparaît instantanément dans le hall des Ases, il attaque non moins brusquement le géant, parmi les éclairs et les grondements du ciel…

V.
Signes sur le héros

Un trait du mythe de Hrungnir confirme la valeur « initiation » ou « promotion » de ce duel fameux : depuis lors, est-il dit, Þórr porte dans sa tête, comme un certificat gênant de sa victoire, le morceau de la pierre à aiguiser *(hein)*, arme du géant, qui était venu s'y fixer [1]. Il s'agit d'une représentation authentique, populaire, que les Lapons n'ont pas manqué d'emprunter. Il y a trois siècles, dans sa *Laponia*, Scheffer décrivait ainsi l'idole de leur dieu Hora galles, « le bonhomme Þórr » : *in capite infigunt clauum ferreum, cum silicis particula, ut si uideatur ignem Thor excutiat*. L'explication vaut ce qu'elle vaut, mais le fait est là, l'idole du Þórr lapon a un morceau de silex fixé dans la tête par un clou [2].

Ce « signe » consécutif à la victoire du dieu dans son premier *einvígr* rejoint un des signes – nombreux, excessifs, souvent monstrueux – qui apparurent sur le jeune Cúchulainn après son premier combat et dont les uns semblent s'être aussitôt installés, stabilisés, tandis que d'autres ne devaient reparaître ensuite que dans ses

1. Cf. mon article « Horwendillus et Aurvandill ». *Du mythe au roman*, 1970, p. 173-177.
2. Jan de Vries, *Altgermanische Religionsgeschichte*², II, 1957, p. 389 : l'auteur rapproche aussi les clous *(reginnaglar)* des « poteaux du siège d'honneur » *(öndvegissúlur)*.

crises de fureur guerrière[1]. Mentionné dans l'épisode des *Macgnímrada* de la Tain Bó Cuailnge, comme « s'élevant du sommet de son crâne », il est décrit avec plus de précision dans l'épisode *In carpat serda* : « La lune de héros sortit de son front, aussi longue, aussi épaisse que la pierre à aiguiser d'un guerrier, aussi longue que le nez. » Des figures représentées sur certaines monnaies gauloises ont de même une émanation qui leur sort du front, parfois en forme de clou à tête ronde ; sans doute attestent-elles que le même stigmate de vaillance était connu des Celtes du continent.

Parmi les « formes » apparues sur Cúchulainn vainqueur et dont la plupart, je le répète, sont fantastiques, certaines ne sont peut-être que l'exagération d'une grimace héroïque. Celle-ci notamment : « Il ferma un de ses yeux, au point qu'il n'était pas plus large qu'un chas d'aiguille et il écarquilla l'autre, au point qu'il était aussi grand que l'ouverture d'une coupe d'hydromel », lit-on dans l'épisode des *Macgnímrada* ; et dans *In carpat serda* : « Il avala un de ses yeux dans sa tête, au point qu'à peine un héron sauvage aurait réussi à l'amener du fond de son crâne à la surface de sa joue, l'autre saillit et alla se placer sur sa joue, à l'extérieur[2]. » Sans se permettre de telles distorsions, les aventuriers vikings, dans les circonstances graves, prenaient des attitudes et faisaient des grimaces assez singulières, qui établissaient leur rang, leur dignité et, si l'on peut dire, appuyaient leurs exigences – en quoi sans doute ils maintenaient une tradition plus

1. Ces signes ont été étudiés, comparativement avec des figures de monnaies gauloises, par Marie-Louise Sjoestedt-Jonval, « Légendes épiques irlandaises et monnaies gauloises, recherches sur la constitution de la légende de Cúchulainn », *Études celtiques*, I, 1936, p. 1-77 (avec planche, p. 42-43). La thèse est sûrement fausse : les particularités de l'Irlandais Cúchulainn n'ont pas été produites par d'ingénieuses interprétations de figures gauchement tracées par des Celtes du continent ; mais l'idée du rapprochement est bonne et la documentation précieuse ; la « lune de héros » est traitée p. 11-12, 14-16.

2. Cf., sur des monnaies gauloises, M.-L. Sjoestedt, *art. cit.*, p. 19 : « Le développement monstrueux de l'œil, qui est de plus déplacé vers le bas, au point de se trouver vers le milieu de la joue, à la hauteur de l'aile du nez, est une des caractéristiques les plus frappantes de diverses séries de pièces armoricaines de style bas, attribuées aux Curiosolites *[références]*, ainsi que des monnaies des îles anglo-normandes. Il arrive même que l'œil du côté opposé soit indiqué par un point (« aussi petit qu'un chas d'aiguille »), le profil apparaissant alors comme légèrement tourné vers les trois quarts *[références]*. »

ancienne. Reçu en plein banquet par le roi Aðalsteinn dont il est en droit d'attendre une forte rétribution, Egill, le scalde guerrier, s'assied de l'autre côté de la salle, sur le siège d'honneur, en face du roi [1]. Il garde son casque sur sa tête, pose son bouclier à ses pieds et son épée sur ses genoux, la tirant à moitié et la renfonçant alternativement dans le fourreau. Il se tient, raide et droit, et refuse toute boisson. En outre, il fait descendre un de ses sourcils jusqu'à son menton tandis que l'autre monte jusqu'à la racine de ses cheveux, et cela aussi alternativement. L'effet doit être impressionnant, car il a les sourcils contigus au-dessus de ses yeux noirs [2]... Alors le roi se lève, passe un très précieux anneau au bout de son épée nue, marche vers le viking et lui tend son présent par-dessus le foyer. Le viking se lève à son tour, l'épée nue, s'avance de l'autre côté du foyer et reçoit l'anneau sur le bout de son épée. Tous deux regagnent leurs sièges. Egill passe l'anneau à son doigt. Alors seulement ses sourcils reviennent à leur place ordinaire [3]. Il dépose casque et épée et accepte la coupe qu'on lui avait jusqu'alors vainement offerte.

L'Inde n'ignore pas les signes corporels, souvent monstrueux. Elle en a même fait la théorie, plusieurs théories, mais dans une autre direction : ses *lakṣaṇa* sont des signes congénitaux et permanents qui désignent un garçon pour un bel avenir : *mahāpuruṣa* « grand homme », *cakravartin* « celui qui fait tourner la roue cosmique », c'est-à-dire héros, roi ou sage exceptionnel suivant les milieux et les époques. Cependant, une brève allusion du Mahābhārata est peut-être à verser à notre dossier.

---

1. *Egils saga Skallagrímssonar*, 45, 6-11.
2. § 9 *Þá hleypði hann annarri brúninni ofan á kinnina, en annarri upp í hárrœtr. Egill var svarteygr ok skolbrúnn*. Le sens de ce dernier mot est discuté, v. la note de Finnur Jónsson à son édition (1894), p. 160 ; il se rallie à l'interprétation « cui supercilia contigua sunt » (contre « aux sourcils bruns » ; « aux sourcils obliques »).
3. § 11 : *En er Egill settiz niðr, dró hann hringinn á hönd sér, ok Þá fóru brýnn hans í lag*. Sur les « attitudes de parade » des Vikings, v. Paul Herrmann, *Die Heldensagen des Saxo Grammaticus*, 2, *Teil, Kommentar : Erläuterungen zu den ersten neun Büchern der Dänischen Geschichte*, 1922, p. 126 et n. 2.

Arjuna, on le sait, représente l'idéal des guerriers. Fils ou incarnation partielle d'Indra, il a toutes les qualités de ce dieu, auxquelles il ajoute une distinction et parfois un contrôle de soi qu'on regrette de ne pas trouver dans son modèle. Non seulement les maîtres d'armes humains l'ont préparé à son inégalable carrière, mais les dieux eux-mêmes, lors de visites qu'il leur a faites dans l'autre monde, ont pris soin de le pourvoir d'armes merveilleuses. La rançon de ce privilège est qu'il vit sans trêve dans les fatigues et les dangers. Même après la dure bataille de Kurukṣetra, il ne connaît pas le repos : son aîné, le roi Yudhiṣṭhira, ayant décidé de célébrer la cérémonie impériale par excellence, le sacrifice du cheval *(aśvamedha)*, c'est lui qui, selon la règle consignée dans les livres liturgiques, escorte la future victime pendant toute une année dans sa libre course à travers les royaumes de l'Inde, livrant bataille sur bataille pour la défendre. C'est à la fin de cette dure mission que se place, entre Yudhiṣṭhira et l'omniscient Kṛṣṇa, un curieux dialogue [1].

Kṛṣṇa avertit le roi que, par ses informateurs, il sait que le cheval et son escorte approchent et qu'il est temps de préparer le sacrifice. Arjuna, ajoute-t-il, revient fort amaigri par la fatigue de tant de batailles. Ces mots avivent dans le cœur du chef des Pāṇḍava un souci qu'il a depuis longtemps : pourquoi, demande-t-il, ce garçon a-t-il été toujours privé de tranquillité et de confort ? Son destin n'est-il pas pitoyable ? Son corps ne porte-t-il pas tous les signes favorables ? Quel autre signe peut-il y avoir sur lui qui le voue à ces peines et à ces fatigues, à cette « part excessive de malheur » ? Kṛṣṇa répond [2] :

1. XIV, 89, 2-8. Sur la répartition des tâches entre les cinq Pāṇḍava, suivant leurs « natures fonctionnelles », pendant les préparatifs du sacrifice du cheval (Wikander), v. *ME* I, p. 101-102.
2. Śl. 7-8 :
na hy asya nṛpate kiñcid aniṣṭam upalakṣaye
ṛte puruṣasiṃhasya piṇḍike' syādhike yataḥ.
tābhyāṃ sa puruṣavyāghro nityam adhvasu vartate.
na hy anyad anupaśyāmi yenāsau duḥkhabhājanam.
Nombreuses variantes : à *aniṣṭam* (Poona) : *saṃkliṣṭam, saṃśliṣṭam, saṃhṛṣṭam* ; à *piṇḍike 'syādhike yataḥ : piṇḍike 'syātikāyataḥ* (Poona), *-kāyake, -kāyike* (« excessivement développées ») ; à *duḥkhabhājanam* (« réceptacle de malheur ») : *duḥkhab-*

Je ne vois en lui aucun trait physique non souhaitable, ô roi, si ce n'est que, chez ce lion des hommes, les deux pommettes sont trop hautes : c'est à cause d'elles que ce tigre des hommes est toujours en marche sur les chemins, car je ne vois rien d'autre en lui qui le voue à une vie de malheur.

Cette disgrâce physique, ces pommettes un peu trop remontées ou trop développées condamnent donc Arjuna à l'agitation, aux expéditions, aux fatigues (car c'est bien de cela, et de cela seul, qu'il s'agit : *adhvasu vartate* éclaire, limite *duḥkham*), bref à la carrière du guerrier. Elles sont, sur sa figure, le signe de sa vocation. Je ne sais si la littérature de l'Inde mentionne ailleurs un tel rapport. Ne serait-il pas simplement la stylisation en *lakṣaṇa*, en signe congénital, d'un *delb* à la manière irlandaise, d'une « forme » apparaissant sur le guerrier éprouvé et l'éloignant de l'apparence humaine ordinaire, c'est-à-dire, sans doute, à l'origine, d'une contorsion héroïque traditionnelle ?

---

hāgjayaḥ (Poona) ou *bhavet* (« il faut qu'il soit ») ; *piṇḍikā* désigne toute protubérance arrondie, mais a sûrement ici le sens de « cheek-bone, pommette ». Draupadī, la femme commune des cinq frères Pāṇḍava, qui a une préférence pour Arjuna (cf. XVII, 2, 6, *pakṣapāta*), supporte mal cette sorte de contestation de la beauté parfaite du héros et lance un mauvais regard à Kṛṣṇa – lequel, dans son affection pour Arjuna, se réjouit de cette réaction féminine.

MYTHES ET DIEUX DES INDO-EUROPÉENS

Textes réunis et présentés par Hervé Coutau-Bégarie

Présentation

La vie de Georges Dumézil constitue une aventure intellectuelle fantastique par son ampleur et sa continuité. Dès la préface de sa thèse, *Le Festin d'immortalité*, on trouve posé le problème qui l'occupera à titre principal pendant toute sa vie, celui de la découverte de la mythologie indo-européenne. Même si la démonstration qui suit est fausse, le programme esquissé dans cette préface restera valable jusqu'à la fin. En 1928, quatre ans seulement après *Le Festin d'immortalité*, l'article « Amirani et son chien » ouvre la série des études caucasiennes qui vont constituer l'autre grand volet de l'activité scientifique et des publications de Georges Dumézil jusqu'à sa mort et même au-delà, si l'on ose dire, puisque les Cahiers de textes oubykhs continueront à paraître pendant plusieurs années.

Exemplaire par sa continuité, l'œuvre l'est également, et surtout, par son ampleur. Ampleur du résultat, puisque le catalogue de ses œuvres compte près de cinq cents titres, dont une soixantaine de livres et trois cents articles de revues, mais aussi ampleur de la documentation : tous les peuples indo-européens, à l'exception des Baltes qui n'ont laissé de leur mythologie que des traces à peine visibles, ont été mis à contribution. Deux mythologies ont fourni le noyau central, celle des Romains et celle des Indiens. Mais les Iraniens sont eux aussi constamment présents (c'est par le groupe indo-iranien que Dumézil a eu en 1930 la première intuition de la trifonctionnalité), et la mythologie germanique a également fourni un champ d'études considérable : François-Xavier Dillmann rappelle qu'« à côté de travaux essentiellement consacrés à la mythologie germanique tels que *Mythes et dieux des Germains* (1939), *Loki* (1948), *La Saga de Hadingus : Du mythe au roman* (1953 et 1970) et *Les Dieux des Germains* (1959), Georges Dumézil n'a pratiquement jamais manqué d'utiliser avec profit la leçon de mythes scandinaves au cours de ses grandes études comparatives indo-européennes ». Il n'est pas une seule langue du groupe indo-européen que Georges Dumézil n'ait explorée à un moment ou à un autre pour les besoins de son enquête.

Quant à l'ampleur de sa documentation caucasienne, autre grande passion de sa vie, elle est sans équivalent, puisqu'il a été pratiquement le seul linguiste au monde à avoir une connaissance directe et poussée de plusieurs langues de chacun des trois grands groupes linguistiques du Caucase (du Nord-Est, du Nord-Ouest et du Sud). Sa tendresse particulière pour la langue oubykh, qu'il a sauvée de l'oubli, ne l'a pas empêché d'apporter une contribution notable à l'étude des autres langues : il a ainsi fait connaître le dialecte besleney (du tcherkesse), et l'étymologie dont il était le plus fier était celle du nom du ciel en arménien, qu'il avait réussi à faire reconnaître après quelques joutes épiques. Sous son titre modeste, *Le Verbe oubykh* constitue l'esquisse d'une véritable grammaire comparée des langues caucasiennes du Nord-Ouest.

Il faut également mentionner des études « accessoires » sur le quechua (langue des Indiens du Pérou) qui ont abouti à de curieux rapprochements entre les noms de nombres en turc et en quechua, ainsi que des « fantaisies mythologiques », dont la plus célèbre est *« Le Moyne noir en gris dedans Varennes... »* qui a suscité un étonnement à la mesure de l'originalité du propos. À la fin de sa vie, il avait le projet d'un ouvrage du même genre au titre délicieux : *Les Sept Femmes de Barbe-Bleue*.

Il faudrait considérer tout cela pour saisir l'œuvre de Georges Dumézil dans sa totalité. Une biographie intellectuelle serait à cet égard passionnante. Il en avait un moment caressé l'idée puisqu'il avait annoncé dans la préface de *Mythe et Épopée I* un livre retraçant, « pour l'instruction des étudiants, le cheminement de la recherche, les difficultés rencontrées, les erreurs commises et les considérations qui les ont corrigées ». Cette belle résolution n'a pas tenu longtemps. Partant du principe que « lorsqu'une œuvre d'art est terminée on ne regarde pas les échafaudages », il s'est toujours refusé à écrire ses Mémoires, même si de multiples annotations dispersées fournissent une ample matière que l'on pourra exploiter un jour.

S'orienter dans cette œuvre foisonnante, même réduite à son aspect central, n'est pas facile pour le non-initié, qui pourra être dérouté par la dispersion de la matière dans de multiples livres qui s'entrecroisent. Lui-même s'était expliqué sur cette apparente anarchie que lui reprochait vertement un contradicteur.

> Je sais bien que M. Page s'impatiente de me voir souvent reprendre la même matière. Dès la première note de son article, il avertit le lecteur : « Les écrits de Dumézil tendent à la répétition et à la refonte et il n'est pas toujours aisé de décider quel texte il faut citer. » En fait, ce qu'il appelle mes répétitions sont de trois ordres. Ou bien, dans quelques présentations d'ensemble, du type « bilan », je résume, plus ou moins longuement, sans progrès, ce qui me paraît être l'état actuel de l'étude sur telle ou telle partie de cet ensemble ; ou bien je reproduis ou je résume, au maximum sans changement, une proposition ou une démonstration antérieure parce qu'elle va servir à éclairer, sur un autre domaine, un nouveau fait homologue qui n'avait pas été reconnu comme tel auparavant ; ou bien je reprends une proposition ou une démonstration antérieure pour l'améliorer par des corrections ou des compléments, un éclairage mieux réglé, bref, comme dit M. Page, *by recasting it*. Je reconnais que cette conduite de mon travail n'est pas confortable pour le lecteur pressé. Mais il faut que ce lecteur admette qu'une « science en train de se faire », comme nous disons volontiers au Collège de France, tirée du néant il y a soixante ans et continuée sans relâche depuis lors à travers bien des difficultés intellectuelles et temporelles, voire des tempêtes, ne pouvait produire une série, dès le début planifiée, d'écrits *ne varietur* s'additionnant sans se chevaucher comme doit l'être un bon exposé d'une « science faite ».

Dumézil était donc parfaitement conscient de cette difficulté. Pourtant, de même que les druides « n'avaient pas voulu immobiliser dans des signes morts une science qu'ils considéraient comme sans cesse renaissante », il a toujours montré la plus grande répugnance à condenser dans des synthèses le résultat de ce qu'il appelait ses « chantiers de fouille ». En 1983, il condamnait fermement « la tentation du manuel » :

> Récemment, un de ces simplificateurs, me donnant à lire son projet de compilation, le commentait en disant : « Il faut que ce soit au point, parce que, dorénavant, c'est à cela qu'on se référera. » Je ne puis que recommander plus de patience et plus de modestie. Les résultats acquis ne sont encore ni assurés, ni organisés à ce point, la recherche est en plein développement, des éléments inattendus sont chaque année dégagés, dont la somme obligera sans doute à rééquilibrer l'ensemble. Et, surtout, une familiarité attentive avec la progression difficile, avec les méandres et les impasses des enquêtes est plus formative, plus excitante même que la lecture d'un manuel prématuré.

À vrai dire, son refus s'expliquait aussi par des raisons personnelles : à plus de quatre-vingts ans, ne sortant plus guère de son appartement de la rue Notre-Dame-des-Champs, il avait l'impression de ne plus être en contact assez étroit avec les nouvelles directions de la recherche et il ne se sentait plus le courage d'entreprendre un livre neuf. Il avait en revanche accepté le principe d'un petit recueil de textes, dont il avait voulu confier l'élaboration à quelqu'un qui ne fût pas spécialiste de la mythologie comparée : « Comme ça, vous ne serez pas tenté de privilégier un champ d'études particulier. »

À sa mort survenue en octobre 1986, le travail d'organisation du volume était tout juste commencé. Il m'avait cependant fixé quelques principes directeurs : ne pas prétendre à l'exhaustivité, mais plutôt essayer de dégager la logique de l'œuvre ; prendre, dans la mesure du possible, des extraits assez longs et sans coupures, de manière que les passages ne soient pas abusivement coupés de leur contexte.

C'est à ces principes que j'ai essayé de me tenir. Il est bien entendu que le choix des textes relève de ma seule responsabilité. Il est probable que Georges Dumézil aurait donné au volume une autre architecture. Le lecteur devra toujours se souvenir que ce recueil ne saurait en aucun cas se substituer aux « originaux » : il n'est, et ne veut être, qu'un *livre d'initiation*. J'espère simplement n'avoir pas été indigne de la confiance qu'il m'a témoignée, et que cet ouvrage permettra à de nouveaux lecteurs de découvrir une œuvre immense qui est, à la fois, une leçon de méthode (même s'il avait horreur du terme) et une fondation sur laquelle les historiens des religions et des mythes devront longtemps s'appuyer.

Hervé COUTAU-BÉGARIE, 1992.

Introduction

Leçon inaugurale

Georges Dumézil n'a jamais eu beaucoup de goût pour la vulgarisation : son immense bibliographie ne contient guère de synthèses destinées à un grand public « cultivé » mais peu averti de ses recherches. Même une mise au point comme *L'Idéologie tripartie des Indo-Européens* suppose de la part du lecteur un minimum de connaissances sur les Indo-Européens ou les principes de la méthode comparative, préliminaires sur lesquels Dumézil n'éprouvait pas le besoin de s'attarder. En 1949 pourtant, à quelques mois d'intervalle, il avait publié deux textes destinés à présenter ses travaux à un cercle plus large que celui de ses lecteurs réguliers : le chapitre premier, « Matière, objet et moyens de l'étude », de *L'Héritage indo-européen à Rome*, livre primitivement destiné à un public anglo-saxon, et la leçon inaugurale prononcée au Collège de France le 1er décembre 1949. C'est le second de ces textes qui est reproduit ici.

Monsieur l'Administrateur, Mes chers collègues, Mesdames, Messieurs,

Les recherches que le Collège de France a bien voulu accueillir s'annoncent sous un titre qui peut tromper. On ne traite pas de la « civilisation indo-européenne » comme on traite de la civilisation des Assyriens, des Chinois ou des Romains, c'est-à-dire par observation directe et description.

Sur quoi se fonderait-on ? On n'a pas d'archives, pas de documents littéraires, pas de monuments. Ou du moins, des *realia* indo-européens qui subsistent peut-être, on ne peut pas, on ne voit même pas comment on pourrait un jour affirmer qu'ils proviennent du groupe humain qui, il y a à peu près cinq mille ans, parlait la langue commune d'où les langues dites indo-européennes sont dérivées, comme, plus tard, les langues romanes devaient naître du latin. Nous voyons bien – justement par la comparaison des langues – que les hommes de ce groupe savaient modeler, tisser, coudre, conduire un char, un bateau, puisque les mots latins *fingo, neo, suo, veho, navis*, comme bien d'autres, ont des correspondants précis depuis l'indo-iranien jusqu'au germanique ; de l'accord de ces trois groupes de parlers historiquement éloignés, l'indo-iranien, le germanique, le latin, nous concluons que les Indo-Européens traitaient un métal qui devait être une variété de bronze ; etc. Mais sur aucune céramique, sur aucune pièce de char ou de barque, sur aucun objet de bronze exhumé par les préhistoriens, nous ne mettons le mot « Indo-Européen ».

L'accord du latin *ensis* et du sanscrit védique *asiḥ* permet d'affirmer qu'une variété d'épée était déjà appelée quelque chose comme **n̥sis* par les Indo-Européens ou une partie d'entre eux. Un musée d'Europe centrale ou orientale recèle peut-être dans une vitrine une épée que son possesseur, trois mille ans avant J.-C., désignait, en effet, usuellement de ce nom. Mais aucun procédé rationnel ne permet de rapprocher cette arme et ce substantif. Plus généralement, entre les belles et croissantes moissons faites sur les champs de fouilles par les archéologues préhistoriens et la notion de « peuple indo-européen » qui ressort, elle, comme une conclusion nécessaire, d'études linguistiques vieilles de près de cent cinquante ans et de plus en plus précises et pressantes, entre cette collection concrète de faits relevant des civilisations matérielles et cette entité nationale, aucune liaison valable ne s'établit. Aussi bien n'est-ce pas de ces traces non identifiables que nous nous occuperons. Nous nous occuperons d'ailleurs fort peu des Indo-Européens.

En réalité, comme tout ce qui se couvre du nom d'« indo-européen », notre étude ne concerne pas la préhistoire, mais l'histoire, la plus vieille histoire accessible de chacun des peuples dont on sait qu'ils contenaient un élément indo-européen assez fort pour avoir imposé sa langue. On s'irrite parfois de ce terme d'« indo-européen », contre lequel on ne peut plus rien ; on souligne comme il est mal formé, puisqu'il fait référence aux habitats terminaux des peuples dérivés et non pas à l'habitat primitif du peuple ancêtre ; et aussi puisqu'il a l'air de mettre en équilibre la seule Inde, d'une part, en Asie, et toute l'Europe unie, de l'autre. C'est vrai. Mais, à tout considérer, cette inadéquation de l'étiquette à son objet est justement ce qui la recommande : elle se trahit pour ce qu'elle doit être, c'est-à-dire un signe *conventionnel*, attribuant à certains faits indiens ou iraniens et à certains faits germaniques, italiques, etc., une communauté d'origine ; un signe avertissant que c'est l'hypothèse d'une communauté d'origine ; d'un héritage commun, qui est l'explication la plus probable des correspondances qu'on remarque entre ces faits historiques si dispersés sur le terrain.

Et tel est bien le but limité que, linguistes ou autres, se proposent les comparatistes : ils savent que la reconstruction vivante, dramatique, de ce qu'était la langue ou la civilisation des ancêtres communs est impossible, puisqu'on ne remplace par rien les documents, et qu'il n'y a pas de documents. Ils se donnent seulement, pour première tâche, de repérer, dans l'Inde, à Rome, en Scandinavie, etc., des faits homologues, et entre lesquels l'homologie soit telle qu'elle suggère, comme son explication la plus vraisemblable, une commune origine ; ils se donnent aussi, comme deuxième tâche, inséparable de la première, de travailler sur ces correspondances, d'y reconnaître des rapports d'un nouvel ordre, permettant de les classer, de les relier, en un mot d'en comprendre le « système », car tout, dans les représentations humaines, ou du moins tout l'essentiel, est système, implicite ou explicite, maladroit ou vigoureux, naïf ou subtil, mais système ; et le meilleur moyen d'altérer de telles représentations en les étudiant, c'est, sous prétexte de prudence et d'objectivité, de ne pas en chercher *le* ou *les* systèmes.

L'idée que des correspondances systématiques entre faits indiens, romains, etc., existent et qu'elles forment un champ d'études, ce n'est d'abord qu'une hypothèse de travail. Le travail avançant, l'hypothèse se vérifie et l'affirmation se fonde, dès lors, comme dans toute science à partir d'un certain moment, sur l'observation, sur une constatation sans cesse renouvelable et contrôlable. Il y a longtemps que la linguistique comparative indo-européenne a franchi ces degrés ; on a même oublié les incompréhensions, les ironies, les indignations dans lesquelles ont baigné ses débuts.

Au contraire, pour ce qui nous occupera, c'est-à-dire pour les faits de civilisation non matérielle, pour les représentations collectives et les institutions, pour le culte, les légendes, la structure sociale des peuples indo-européens, cette heureuse unanimité n'est pas atteinte. Sans doute, d'abord, parce que les faits à observer, et leurs liaisons, sont ici plus complexes. Certainement aussi parce que l'étude a pris trop tôt son départ, et un mauvais départ, et qu'il en est résulté un préjugé défavorable. Car cette province d'enquête comparative n'est guère moins ancienne que l'autre : dès que la parenté des langues a été reconnue, on s'est précipité sur les textes ; les Védas, Homère, Virgile, l'Edda ont été rapprochés, par les mêmes hommes qui rapprochaient grammaires et vocabulaires, et l'on a cru pouvoir, plus vite même que pour le langage, reconstituer les modes de pensée, de pensée religieuse notamment, des Indo-Européens. Ce fut un feu de paille. Trop d'*a priori*, pas de sens historique, une ignorance à peu près complète des données de l'ethnographie, l'absence de la sociologie, des mirages littéraires comme la mythologie solaire ou fulgurante généralisée, une confusion perpétuelle des faits de langue et des faits de civilisation, qui sont liés, mais distincts, plus d'enthousiasme, enfin, que de critique, expliquent cet échec.

Mais l'échec est incontestable : il y a plus de cinquante ans qu'on en est tombé d'accord.

Depuis lors et jusqu'à une époque récente, on a assisté à une réaction, et la réaction, légitime, comme vous voyez, dans son principe, s'est manifestée de diverses manières. La linguistique a mieux affirmé ses limites, répudié, du côté des mythes et des institutions, non pas une solidarité qui est évidente, mais une confusion, un impérialisme compromettants. D'autre part, pour chaque province du monde indo-européen, les savants spécialistes, philologues traitant les textes et historiens penchés sur les peuples, non seulement ont considéré comme nuls et non avenus les résultats des premières générations de comparatistes, en quoi ils avaient en général raison, mais encore ont déclaré vaine et dangereuse toute nouvelle aventure comparative. C'est encore un état d'esprit très répandu. Un savant suédois qui a consacré une longue et fertile carrière à l'étude de la religion grecque, M. Martin P. Nilsson, invité, en 1932, à l'Institut allemand de Rome, à parler sur les religions des deux peuples classiques, commençait en ces termes :

> Ces deux religions (grecque et romaine) sont issues d'une même souche, comme le sont les deux peuples. On cite souvent pour preuve l'identité des noms du dieu atmosphérique (« *des Wettergottes* »), Zeus, Jupiter, qui, chez ces deux peuples, est devenu le plus grand dieu ; malheureusement, cela renseigne peu, et ce qu'on peut produire d'autre n'est pas considérable. Hestia-Vesta atteste le culte du foyer, propre à la famille patriarcale. *On ne se trompera pas en admettant que la religion que les envahisseurs ont apportée avec eux en Grèce et en Italie était une* Naturreligion *peu développée, comme nous en rencontrons chez les peuples primitifs, et que nous pouvons facilement nous représenter.*

Voilà le verdict que rendait, il y a dix-sept ans, un des maîtres les plus justement écoutés de la philologie classique, celui qui fut, jusqu'aux exclusives hitlériennes, l'un des deux directeurs de l'*Archiv für Religionswissenschaft* et dont on admire encore l'actif éméritat. Ces quelques lignes montrent bien les composantes de l'état d'esprit qui règne depuis cinquante ans. L'héritage indo-européen est théoriquement reconnu (avec excès même, car je ne pense pas qu'on doive dire que, dans leur ensemble, les deux religions, grecque et romaine, soient « *einer gemeinsamen Wurzel entsprungen*[1] »). Mais, de cet héritage, l'appareil de preuves et de conséquences est aussitôt ramené à presque rien : quelques noms de divinités sans substance. Toute mention d'un peuple indo-européen autre que les deux peuples classiques est évitée. Et surtout nous apprenons que, pour prendre une idée de la religion indo-européenne, nous n'avons pas à perdre un temps précieux à confronter les états anciens des religions historiquement pratiquées ni, par le repérage de coïncidences, à tâcher de déterminer des éléments hérités ; nous dirons simplement et facilement que les Indo-Européens avaient une religion de peuples primitifs – le texte nous suggère même, « *la* religion *des* peuples primitifs », comprenons : celle que des écoles de théoriciens ont fabriquée, par le brassage des descriptions ethnographiques les plus diverses, avec un agréable dosage de *mana*, d'arbres et de sources sacrés, de *Waldgeister*, de *Reinigungen* et naturellement de *Zauber*, de magie.

Le résultat de ce verdict, c'est, sur chaque province indo-européenne, pour les spécialistes, à la fois une simplification du problème des origines et une liberté totale pour le résoudre. Partout, en matière religieuse, le problème se formulera ainsi : « Comment, sur cette *Naturreligion* qu'on veut bien nous dire indo-européenne, mais qui n'a rien de distinctif, qui est moins un héritage particulier qu'une sorte de minimum vital de toute société, comment, à partir de ce niveau inférieur et indifférencié, les Indiens védiques, ou les Grecs, ou les Latins, comment chaque groupe a-t-il *créé*, de toutes pièces, indépendamment, la forme très précise de religion que ses documents écrits nous présentent ? »

Nous suivrons ici d'autres voies. Il nous paraît que, après les illusions des anciens comparatistes, la réaction, d'abord saine, a dépassé le point d'équilibre et tracé de nouvelles illusions. Nous

1. « Jaillies d'une racine commune » (Note de H. C.-B.).

ne nous sentons pas le droit de régler la question de l'héritage indo-européen à si peu de frais, en l'identifiant sommairement à une *Naturreligion* moyenne. Ce n'est pas là une matière, s'il y en a jamais, qui puisse se traiter *a priori, die wir uns leicht vorstellen können* [1] ! Cette facilité même nous inquiète : ce qu'on acquiert bon marché ne fait pas d'usage. Nous préférons observer, comparer tout ce qui, historiquement, ici et là, a chance d'être mêlé à du passé indo-européen, sans décider d'avance ce que nous trouverons, ce qui restera en facteur commun, ni à quel niveau de complexité se situera ce résidu. Il ne s'agit pour nous que de bien organiser et de bien interpréter l'observation.

L'observation se fait par *comparaison*, c'est-à-dire en tenant sous un même regard analytique des données primaires fournies par diverses sociétés ; elle dégage ces données secondaires qu'on appelle « faits comparatifs », c'est-à-dire des *concordances sur un fond de différences* ; ces concordances et ce fond différentiel, à leur tour, doivent recevoir *l'explication* la plus plausible. Confronter, mesurer et limiter les concordances, les expliquer, ce sont les trois étapes de toute démarche comparative, y compris la nôtre. Je ne les considérerai pas toutes les trois devant vous, mais la dernière : je n'ai pas le temps, je me suis d'ailleurs plusieurs fois expliqué sur les deux premières, et il m'a semblé qu'on admet assez volontiers qu'il est possible – en dehors de Zeus-Jupiter et de Hestia-Vesta – de comparer certains faits, d'établir certaines concordances entre des traits d'organisation sociale ou familiale, ou entre des mythes ou légendes des Indiens ou des Indo-Iraniens, d'une part, des Italiques, des Germains, etc., d'autre part. Mais que signifient, que prouvent ces concordances ?

En principe, les concordances relevées entre deux sociétés historiquement séparées (je dis « deux » pour simplifier) peuvent s'expliquer de *quatre* manières : soit par le hasard, soit par une nécessité naturelle, soit par l'emprunt direct ou indirect, soit par une parenté génétique, celle-ci pouvant être ou bien filiation de l'une des parties à l'autre, ou bien fraternité sur un même niveau,

1. « Que nous pouvons nous représenter facilement » (H. C.-B.).

héritage des deux à partir d'une même troisième société antérieure. Notons tout de suite que, dans les cas qui nous intéressent, la dernière explication, par une parenté génétique, ne pourra être que de la variété « héritage commun », et non « filiation » : de même que, pour les langues, le grec, le latin, etc., ne sont pas sortis du sanscrit, mais en sont des langues sœurs, de même aucune des sociétés, donc des civilisations indo-européennes que nous utiliserons, n'est, par filiation, sortie d'aucune autre. Notons aussi que cette explication des concordances par une parenté génétique, ainsi précisée en explication par un « héritage commun », se trouve, d'avance, permise, même recommandée, par le fait que les sociétés dont les civilisations seront comparées parlent des *langues* issues d'une même langue mère, et que plusieurs de ces langues, notamment, ont en commun, riche et cohérent, un vocabulaire religieux, politique, juridique, moral ; or, entre les notions de « langue » et de « civilisation », à ces époques anciennes plus que de nos jours, les rapports sont étroits. Pourtant, malgré cette présomption favorable, il sera de bonne méthode de ne proposer l'explication par « héritage commun » que si les trois autres explications – par le hasard, par la nécessité naturelle, par l'emprunt – sont moins probables ou même improbables. Ce sera affaire d'appréciation dans chaque cas particulier, compte tenu du plus ou moins de solidarité des divers cas. En gros, on peut dire que les correspondances seront d'autant moins attribuables au hasard qu'elles seront plus nombreuses et surtout mieux liées en système ; et elles seront d'autant moins attribuables à la nécessité naturelle qu'elles seront, en soi, plus originales et aussi, en fait, géographiquement et historiquement, plus strictement limitées au domaine indo-européen, soit jusque dans leur principe, soit au moins dans la forme particulière qu'elles y revêtent. Je discuterai rapidement, de ce point de vue, quelques faits développés dans des travaux antérieurs.

La rencontre onomastique de Zeus et de Jupiter n'a, en effet, que peu d'intérêt ; peu d'intérêt même la situation de l'un et de l'autre comme « *höchster Gott*[1] » en tête de deux panthéons très différents. Mais, si nous laissons la Grèce, où l'héritage indo-européen est sûrement mince, écrasé sans doute sous l'apport des brillantes civilisations préhelléniques de la mer Égée, si, laissant la Grèce, et laissant aussi les noms propres qui, en matière de structure religieuse, de théologie comparée, n'ont pas l'importance qu'on leur attribue souvent, nous confrontons le système théologique des plus vieux Romains à celui des Indo-Iraniens, les analogies qui se remarquent entre les plus hauts dieux des uns et des autres s'inscrivent, cette fois, dans tout un contexte.

Le type de grand dieu, céleste et souverain, que ces analogies signalent, occupe, ici et là, non pas seulement, vaguement, la tête de tout le reste, mais une place exactement homologue en tête d'un système triparti de dieux hiérarchisés, dont les deux autres niveaux – un niveau guerrier et un niveau populaire et producteur – sont encore, à Rome et chez les Indo-Iraniens, les mêmes (à Rome, vous savez à quoi je fais allusion : à la plus vieille triade divine, à celle que desservent, hiérarchisés, les trois flamines majeurs).

Regardant alors de plus près comment, à Rome, la vieille théologie, le vieux culte et les légendes analysaient et utilisaient le plus grand dieu, on le voit développé dans deux directions : d'une part, les *Jupiter* de Romulus, c'est-à-dire l'auteur des *auspicia*, le *Stator*, faiseur de miracles violents, le *Feretrius*, donneur de victoires royales ; et, d'autre part, le *Dius*, qui a donné son nom au plus exact, au plus ritualiste des prêtres romains, au *flamen dialis*, le Dius des serments, Dius *Fidius*, parent de cette Fides qui est, avec Terminus, dieu des limites et de la propriété, la divinité de prédilection de Numa ; donc, un Jupiter spécifié en dieu magicien, fatal et violent, et un Dius juriste et statique. En se transportant à nouveau chez les Indo-Iraniens, on constate que, là aussi, la théologie place au premier niveau de sa hiérarchie triple, non pas un dieu, mais deux dieux souverains étroitement associés, l'un plus cosmique, plus magicien, plus terrible, l'autre, dont le

1. « Plus grand dieu » (H. C.-B.).

nom même signifie « Contrat », plus orienté vers l'homme, plus juriste, plus bienveillant.

Poursuivant la même division sur un autre plan de représentations collectives, non plus dans la théologie, mais dans l'épopée, on constate, aussi bien dans les récits sur les origines de Rome que dans les récits sur l'antiquité fabuleuse de l'Inde, une bipartition, de même sens, du « héros fondateur » : Purûravas, le roi violent, outrancier, un peu démoniaque, fils du dieu guerrier, ancêtre de la dynastie lunaire, équilibre Manu, le calme et pieux législateur Manu, ancêtre, lui, de la dynastie solaire ; de la même manière s'opposent et s'équilibrent à Rome les deux pères de la ville, le Luperque, l'excessif Romulus, fils de Mars, et le grave et religieux législateur Numa.

Faisons déjà une halte. Que l'idée d'une tripartition de la société, et même du monde, en un niveau sacerdotal, un niveau guerrier et un niveau producteur, ne soit pas le monopole des Indo-Iraniens et des Romains, c'est certain ; mais ce n'est pas non plus un fait universel. Dans ce qu'on sait de l'ancien monde en particulier – y compris les grandes sociétés rayonnantes, les Égyptiens, les Sémites occidentaux, les Babyloniens et, à en juger par leur action sur les Hellènes historiques, les Préhellènes, et les lointains Chinois – une telle tripartition, théorique ou pratique, n'est attestée que chez des peuples indo-européens, ou chez quelques autres, mais après des contacts précis avec des Indo-Européens identifiés. De même, l'autre représentation, l'idée que la Souveraineté est double, qu'elle a deux faces, l'une plus cosmique, plus magique, plus terrible, l'autre plus humaine, plus juridique, plus pieuse, rappelle – d'assez loin cependant – des types de bipartition connus dans le monde : royauté double, par exemple, avec un roi gouvernant et un roi prêtre, ou avec un roi de la paix et un roi de la guerre.

Mais, d'abord, les formes que revêtent, chacune prise à part, l'une et l'autre de ces représentations, à Rome et dans l'Inde védique précoce, sont particulièrement nettes : d'un côté, triades hiérarchisées, et bien liées, de dieux fortement caractérisés ; de l'autre, couples de figures divines antithétiques et articulées, doublés de couples de héros fondateurs dont la personnalité, simple de formule, est richement illustrée. Et surtout, ces deux représentations, à Rome comme dans l'Inde, ne se montrent pas à nous indépendantes, dans deux cadres différents ; par une fusion de la Souveraineté et du niveau religieux de la hiérarchie tripartite, elles sont imbriquées l'une dans l'autre, ajustées, le couple des Souverains complémentaires formant et formant seulement le premier terme de la hiérarchie tripartite.

Ajoutez à cela que, à Rome comme dans l'Inde, des récits racontent comment s'est constituée la société tripartite, ici divine, là humaine, et que ces récits sont de même sens, racontant d'abord un dur conflit entre les représentants des deux niveaux supérieurs et ceux du troisième, non encore associés, séparés même par le mépris, puis une paix brusque aboutissant à une union totale, que plus rien ne troublera. Ajoutez, sur le premier niveau, celui de la Souveraineté religieuse, soit directement attestés dans la pratique, soit projetés dans des figures mythiques, des couples de corps sacerdotaux à caractères opposés comme le sont les deux dieux souverains eux-mêmes : à Rome, Luperques de Romulus, flamines de Numa ; dans l'Inde, Gandharvas de Varuṇa, brahmanes couverts par Mitra – flamines et brahmanes, d'une part, Luperques et Gandharvas, d'autre part, présentant d'ailleurs, dans leurs signalements ou dans leurs statuts, d'impressionnantes rencontres. Ajoutez bien d'autres traits qui ont été collectionnés et que je ne puis ici rappeler. Je ne crois pas, bien qu'ayant souvent cherché, qu'en aucun point du monde autre que l'Inde (ou plutôt les Indo-Iraniens) et Rome, et d'autres provinces indo-européennes dont je vais parler, on rencontre, avec ces précisions et ces prolongements conceptuels, épiques, etc., la même charpente complexe. En rencontrerait-on quelques cas dans des lieux éloignés (car, dans l'ancien monde, sur le pourtour et dans les enclaves du domaine indo-européen historique, je viens de le dire, la vérification est facile, est faite, et négativement concluante) que, même alors, l'héritage commun, à Rome et chez les Indo-Iraniens, resterait pourtant l'explication la plus vraisemblable, plus vraisemblable qu'une double fabrication indépendante, et cela pour la raison suivante.

Outre Rome et les Indo-Iraniens, une autre province du domaine indo-européen préchrétien présente la même structure idéologique. Ce sont les Scandinaves, les seuls justement, avec les peuples classiques de l'Europe et de l'Asie, qui nous aient laissé des renseignements systématiques et clairs sur leur pensée.

Là encore, dans des formules, dans des légendes, s'observe un groupement de dieux qui, avec des glissements, les uns propres à tout l'ensemble germanique (comme la généralisation des préoccupations guerrières), d'autres propres à la Scandinavie ou à telle partie de la Scandinavie ou de la société scandinave, s'établissent en tout cas, en gardant leurs distances et leurs rapports, aux trois mêmes niveaux : le souverain-magicien Óđinn, puis le frappeur solitaire Þórr, puis les dieux de la richesse et de la fécondité, Freyr, ou bien Njörđr et Freyr. Ce groupement n'est pas une vue de l'esprit : c'est celui, par exemple, qu'un voyageur allemand chrétien a vu, avec indignation, figurer, fonctionner dans le temple païen d'Upsal ; celui qui garantit dans les sagas des formules de malédiction ; celui qui intervient dans le récit mythique sur les joyaux divins, dans la grande bataille de l'eschatologie, etc. Et c'est le système triparti dans toute sa pureté.

Ce n'est pas tout. Au premier niveau, Óđinn n'est pas seul ; il a près de lui un autre dieu qui, lui, porte le nom même du Zeus et du Jupiter méditerranéen, Týr, un dieu qui est orienté vers la guerre comme le magicien Óđinn lui-même, comme toute chose chez les Germains anciens, mais qui reste néanmoins, à l'assemblée du thing, dans les serments, à la guerre même, un dieu des procédures.

Ajoutez que le récit sur la formation mouvementée de la société divine tripartite, déjà signalé dans l'Inde et, transporté sur la société humaine, à Rome, se retrouve ici, constituant l'histoire de la guerre, puis de la fusion des dieux Ases et des grands dieux Vanes, c'est-à-dire des dieux du niveau d'Óđinn et de Þórr et des dieux Njörđr, Freyr, Freyja. Ajoutez que des symbolismes très précis, sur lesquels je ne puis m'étendre, se retrouvent à ce niveau, aussi bien chez les Scandinaves que chez les Romains : chez les Scandinaves, Óđinn, le magicien paralysant, est *borgne* et le procédurier Týr, en rançon d'un faux serment héroïque, nécessaire au salut des dieux, devient *manchot* ; chez les Romains, des deux sauveurs de la République naissante, l'un, le terrorisant Cocles, *n'a qu'un œil* – et il est terrorisant parce qu'il est « cocles », Cyclope – et l'autre, le jureur héroïque Scaevola, le Gaucher, devient gaucher, *manchot*, à l'occasion de son serment (et de ce symbolisme, l'Inde a au moins des traces).

Ainsi se dessine une troisième fois, enrichie même de nouvelles concordances, la structure idéologique complexe que Rome et les Indo-Iraniens avaient en commun. Il était peu probable qu'elle se fût constituée deux fois. Mais trois ? Et justement trois fois chez des peuples parlant des langues indo-européennes, alors que non seulement les peuples non indo-européens du vieux monde que j'ai mentionnés au Sud, Égyptiens, Babyloniens, etc., mais, en outre, les peuples non indo-européens du Nord, les Finno-Ougriens et les peuples de Sibérie, ne présentent à aucun moment rien de tel ? Je crois donc qu'on peut dire que la rareté de la structure, et le fait qu'elle n'apparaît que dans les idéologies de peuples parlant des langues indo-européennes, empêche d'attribuer l'accord constaté aussi bien à une pente ordinaire de l'esprit humain ou de la vie collective qu'à un caprice du hasard. Reste l'héritage commun – ou l'emprunt, dont j'ai fait, jusqu'à présent, abstraction.

L'emprunt est une explication qui séduit, qui paraît économique, qui s'insère en tout cas dans un vaste groupe de faits observables, incontestables. Les sociétés humaines, en paix et en guerre, ne cessent de s'emprunter, d'imiter les voisins. L'histoire des littératures et des arts est en grande partie l'étude d'influences ; l'étude de la circulation de thèmes, d'inspirations, de genres, de styles ; l'étude, aussi précise que possible, d'intermédiaires, dans le temps et dans l'espace. Dès avant l'histoire, avec ou sans migrations de peuples, il est certain que les techniques, les figures décoratives, ont fait de longs voyages, et aussi, déjà, des motifs de contes, tel celui de Polyphème ; des foyers, comme tout ce qui dépend de Babylone, ont rayonné par ondes grossièrement concentriques ; à toute époque, des hommes bien doués, individus ou groupes, ont su couvrir d'immenses itinéraires, se faisant bien voir parce qu'ils enseignaient ou racontaient des choses nouvelles et intéressantes. Alors, ces imposantes rencontres entre les idéologies de l'Inde, de l'Iran, de Rome, de la Scandinavie, ne seraient-elles pas dues, toutes ou quelques-unes, à une telle circulation ? La structure, ou de gros fragments, ou des détails à partir desquels le reste pouvait aisément se reformer, auraient été constitués une fois, en un lieu, par une société particulière, et de là, par les voies imprévisibles de l'emprunt, auraient atteint et intéressé telle et telle autre société qui les aurait adoptés.

C'est un grand débat qui s'ouvre ici. Je me garde de nier globalement la validité de toute explication de ce genre dans les problèmes que j'étudie ; je reconnais, au contraire, que, soit entre peuples indo-européens historiquement voisins (non seulement la Grèce et Rome, mais Iraniens et Grecs, Indiens et Iraniens), soit même entre peuples historiquement à la fois séparés par de grands espaces et rapprochés d'une certaine manière par une humanité mouvante, nomade (comme l'étaient les Scandinaves et les Iraniens du Nord au Moyen Âge), de multiples actions d'influences se sont exercées. Mais de telles actions ont-elles vraiment pu, à l'époque où il faudrait les reporter, produire des rencontres comme celles que j'ai tout à l'heure brièvement signalées ?

Il y a d'abord le contexte linguistique, qui rend l'emprunt peu probable : personne, que je sache, ne proposerait d'admettre que les mots latins *rex, pater, jus, lex, deus, credo, fides, purus, castus, voveo*, et d'autres, qui expriment des notions fondamentales ou importantes dans la vie politique ou religieuse, aient été empruntés des Indo-Iraniens, chez qui ces mots existent et désignent les mêmes notions ou des notions très voisines : tout le monde, pour les mots, admet l'héritage commun. Or, plusieurs de ces mots (*rex* lui-même, *credo, fides*...), et leurs correspondants indiens, sont fortement engagés, aux mêmes places précises, dans la structure idéologique dont nous débattons l'origine : le héros de la *fides*, c'est Numa, ce n'est pas, ne peut pas être Romulus ; le héros de la *çraddhâ* (qui est la notion indienne étymologiquement apparentée à *credo* et donc sémantiquement superposable à *fides*) est, de même, Manu, ce n'est pas, ce ne peut pas être Purûravas : nous avons ici le même morceau de la structure d'ensemble, noté par le même mot. Dira-t-on que le vocabulaire serait hérité des deux côtés, mais que le système de représentations auquel il est techniquement lié aurait été ensuite fortuitement emprunté d'un des deux côtés ? C'est peu vraisemblable.

Il y a ensuite des difficultés quant aux intermédiaires. À moins de tout attribuer au voyage heureux et à l'action merveilleusement efficace d'un individu ou d'une équipe, entre l'Inde védique ou l'Iran archaïque et la Rome royale, quelle est la voie régulière, quels sont les groupes humains perméables qui auraient pu assurer la transition ? Justement la société grecque, non plus que la langue grecque, ne participe presque pas aux analogies en question, ni les autres peuples navigateurs non indo-européens de la Méditerranée. Quant à la Scandinavie, dans l'ossature de son paganisme attardé du IXe ou du XIe siècle de notre ère, elle offre des analogies non pas avec les structures religieuses de l'Inde ou de l'Iran ou de la Rome de la même époque (époque à laquelle des influences orientales et occidentales ont certainement agi), mais avec l'ossature de la partie la plus ancienne, et périmée dès avant notre ère, de la religion védique et de la religion romaine. Pour ne parler que de ce qui peut venir de l'Orient, pas de bouddhisme, pas de Brahmâ-Viṣṇu-Śiva, pas de philosophie, pas de mazdéisme, pas de manichéisme : c'est au groupement védique et prévédique « Mitra-Varuṇa, Índrā, Nâsatyas », attesté épigraphiquement 1 400 ans avant notre ère, attesté dans plusieurs hymnes et rituels védiques, mais déjà, dès lors, passé d'actualité, que fait penser, 2 500 ans plus tard, le système scandinave « Tyr, Óđinn, Þórr, Njörđr, Freyr ».

On ne peut certes pas démontrer qu'il n'y a pas eu, 1 500 ou 1 000 ans avant J.-C., soit contact, soit communication par intermédiaire, entre les Indiens ou futurs Indiens et les futurs Scandinaves, ou entre ceux-ci et les envahisseurs de l'Italie. Mais alors on est obligé d'admettre, après cet emprunt très ancien, une très longue et très bonne conservation solitaire – cette conservation même qui paraît être ce qui gêne certains esprits quand on leur parle d'« héritage indo-européen » et qu'il faudrait au moins que l'hypothèse de l'emprunt, pour être supérieure à l'autre, permît d'écarter ; je ne vois donc pas comment l'emprunt précoce, préhistorique, suivi de cette longue conservation, serait, en soi, plus plausible que l'héritage. Je vois, au contraire, contre l'emprunt, une difficulté supplémentaire, celle qui a déjà été utilisée tout à l'heure contre les explications par le hasard ou par la nécessité naturelle, mais qui est, ici encore, décisive : il faudrait admettre que ces représentations circulantes, quel qu'en ait été le véhicule, ne se sont accrochées, en tout cas, électivement, qu'*à des peuples parlant des langues indo-européennes*, à l'exclusion des peuples parlant finno-ougrien, ou sémitique, ou égyptien, ou caucasique ; admettre aussi que, sur ce terrain indo-européen, elles se sont si bien acclimatées qu'elles se sont deux ou trois fois installées au centre, en *charpente*, je le répète, de l'idéologie. Cette affinité pour les Indo-Européens, cette option automatique, cette sélection infaillible et ces réussites très localisées, seraient bien étranges et contraires à ce qu'on voit dans tous les cas connus de circulation, d'influence, d'emprunt, où des peuples de toutes langues, de toute origine, sont intéressés.

En répétant le mot « charpente », je viens de toucher un troisième ordre de difficultés qui rend intenable l'explication générale par l'emprunt. Ce n'est pas peu de chose qui aurait circulé, c'est l'idéologie, et c'est gros. Il y a bien eu, plus tard, de grands mouvements prosélytes, bouddhisme, christianisme, manichéisme, islam. Mais ces annexions intellectuelles et morales prenaient appui sur des livres saints, sur des bibliothèques qui se traduisaient en mainte langue, en toute langue ; rien de tel aux hautes époques qui nous concernent. Or, en dehors de cette véritable marée idéologique que fut chaque fois l'expansion d'une religion à Écritures, ce qu'on observe, au temps des Croisades, et plus tard, et plus tôt, c'est surtout la circulation de thèmes littéraires, de thèmes qui se transforment peu, s'adaptent peu, justement parce que, ne s'accrochant nulle part à l'essentiel de la vie des peuples, restant des ornements, des *minora*, d'agréables leçons ou délassements, ils peuvent garder leur caractère, au besoin leur étrangeté.

Mais nous, nous avons affaire à une explication du monde, qui soutient la structure sociale, qui fournit les légendes des origines et, par conséquent, les modèles sur lesquels se règle la vie collective et même individuelle ; une idéologie qui donne à Rome Romulus et Numa, Cocles et Scaevola aussi bien que ses plus grands prêtres et ses plus grands dieux, Jupiter, Mars, et le patron des *Quirites*, et d'autres encore. Cette idéologie présente, des hommes, des choses et de leurs rapports, une analyse précise, maîtresse d'elle-même, et suppose le maniement de multiples sortes d'abstractions. Bref, il s'agit non de balbutiements primitifs, prélogiques, prédéistiques, « manaïques », mais d'une vraie philosophie, à expression à la fois symbolique et discursive, plus intéressée par les questions de l'*ordre* que par les questions de la *nature* ou de l'*être*, réservées aux penseurs de l'avenir, mais une philosophie cohérente, dont les usagers avaient certainement conscience et qui ne fait pas si piètre figure à côté de ses cadettes, les inventions de l'Ionie, de la Grande-Grèce et du Gange. Si la Rome royale avait emprunté ce qu'on voit, dans son idéologie et dans tout ce qui en dépend, d'homologue à l'idéologie indo-iranienne, il ne faudrait plus parler d'emprunt, mais de conversion, de métamorphose. Considérera-t-on une telle métamorphose préhistorique, accomplie sous une influence plus ou moins lointaine, comme un phénomène plus pensable que ne l'est la conservation, dans plusieurs branches d'Indo-Européens séparées par leurs migrations, de l'essentiel de leur commun patrimoine – alors qu'on sait d'avance, par les langues, que ce patrimoine a existé ? Je ne crois vraiment pas.

Pour me résumer, il me paraît que l'hypothèse de coïncidences fortuites et celle de plusieurs fabrications similaires commandées par les conditions de l'esprit humain ou de la vie collective ne correspondent pas à l'ampleur, à la cohérence, à l'originalité des correspondances ; et que l'hypothèse de l'emprunt, dans le cas général, n'est pas ajustée à l'importance vitale des systèmes concordants, ni au fait qu'ils s'observent exclusivement chez des peuples parlant des langues dérivées de l'indo-européen. L'explication qui soulève le moins de difficulté, c'est l'héritage.

Mais, au moment où j'achève cette justification, je dois revenir, insister sur un point : nous ne reconstituerons pas ici, nous n'aboutirons jamais à décrire pour lui-même un fait ou un système de faits « du temps » des Indo-Européens. Pas de *leichte Vorstellungen* [1] ! Comme font les historiens, nous travaillerons sur les documents, et sur les mêmes documents qu'eux, et nous n'en dépasserons pas les enseignements ; simplement, grâce aux procédés comparatifs, avec les moyens et les garanties qu'ils donnent, nous irons un peu plus loin – je ne dis pas « jusqu'au bout » : qui sait où est le bout des choses ? – mais nous irons un peu plus loin dans la lecture des documents. Aux dimensions où l'œil, même armé de verres, ne voit plus directement, les physiciens modernes prolongent quelque temps l'équivalent d'une vision par l'artifice des ultramicroscopes ; de même, nous gagnerons dans le passé la trace, mais une trace précise, de quelques faits antérieurs à ceux qu'on connaissait, et cela en ajoutant aux procédés ordinaires l'observation comparative, la comparaison interprétée que je viens rapidement d'illustrer devant vous. Nous ne disputerons pas la préhistoire aux préhistoriens qui ont leurs problèmes à eux, et leurs techniques. Nous aiderons les historiens des civilisations romaine, indienne, iranienne, etc., à allonger un peu leur histoire, à clarifier surtout la pénombre du début. Ce sera, si vous voulez, sur chacun de ces domaines, de l'*ultrahistoire*.

Je ne vous exposerai pas un programme de travaux à entreprendre dans les années qui viennent : une recherche comme celle-ci doit être libre, à l'affût des occasions imprévues. Mais je puis vous donner une idée des types d'enquêtes et de problèmes qui se présentent.

D'abord, nous continuerons l'établissement des concordances indo-européennes en tant que telles. C'est, je pense, notre vocation

1. « Représentations superficielles » (H. C.-B.).

principale. Elle comporte deux mouvements : explorations nouvelles et retours en arrière, car ce qui a été trouvé doit sans cesse être révisé, en soi, et en liaison avec ce qui se découvre ensuite.

Puis, forts de ce que nous avons déjà trouvé, forts de ce point de départ situé un peu au-delà de l'histoire courante, nous pouvons, nous devons, pour chacune des anciennes sociétés indo-européennes, nous retourner franchement sur l'histoire, nous occuper autant des différences que des concordances, c'est-à-dire préciser comment ce que nous avons reconnu héritage a été pourtant retouché, soit développé, soit desséché, ou autrement éclairé, ou pénétré d'un nouvel esprit, ou associé ou incorporé à d'autres systèmes de représentations ou d'institutions ; déterminer aussi, quand c'est possible, les facteurs de ces évolutions précoces ou tardives : vrais problèmes d'histoire, vous le voyez. À propos de la formation des légendes romaines royales, à propos de la formation de la théologie zoroastrienne, ce type de recherches différentielles a déjà été abordé. Il faut poursuivre et quand, au détour d'une question, un accès favorable apparaîtra, il faudra essayer de procéder de même pour d'autres parties du domaine.

Corrélativement, nous accomplirons une tâche de discussion, de critique. En l'absence de considérations comparatives indo-européennes, les latinistes, les indianistes, les scandinavistes, etc., se sont fait des origines « ultra-historiques » des sociétés qu'ils administrent certaines images. Ils ont résolu à leur manière ce problème des origines, parce qu'il s'impose. Mais, comme toute solution chiffrée donnée à un problème indéterminé, ces images contiennent forcément une grande part d'arbitraire : chacun a adopté, pour l'élément inconnu « héritage indo-européen », une valeur de son choix, en général presque nulle, négligeable (rappelez-vous le texte de M. Nilsson), et calculé ensuite sur cette base les autres éléments, et déduit de ces premiers résultats maintes conséquences. Or, nos études, si elles n'achèvent pas de déterminer le problème (il reste des éléments inconnus, et d'abord le mystère des substrats), contribuent du moins à le déterminer davantage : la quantité « héritage indo-européen », en gros, se fixe. Nous devons donc, aussi aimablement qu'on nous permettra de le faire, et respectueux d'efforts savants et intelligents, nous devons pourtant rétablir un énoncé moins incomplet, donc moins incorrect, des problèmes fondamentaux et de tous ceux qui en découlent, reposer certaines questions qui ont été trop vite éliminées, éliminer, au contraire, de faux problèmes nés des hypothèses initiales arbitraires.

Cette discussion a, pour les philologies elles-mêmes, pour l'appréciation des sources, des suites faciles à prévoir. En général, les constructions arbitraires auxquelles je viens de faire allusion rencontrent des obstacles dans les documents eux-mêmes, indiens, scandinaves, latins, etc. Aussi, depuis cinquante ans, dans toutes les philologies, enregistre-t-on une tendance à suspecter, à annuler la valeur de ces témoins gênants, qui sont les grands témoins : ce sont, nous dit-on, des artistes, qui ont purement et simplement inventé, sans malice ; ou des mosaïstes, qui ont combiné ; ou des esprits bornés, qui n'ont rien compris ; ou des penseurs, qui ont tout changé ; ou même des faussaires – du XVIIIe siècle ; les Brāhmaṇa, les gâthâs avestiques, Snorri, Saxo, Tite-Live, Varron, Servius ne tiennent pas devant une savante critique qui n'a ni frein sur elle, ni barrière devant elle ; qui, de livre en livre, d'article en article, bat ses propres records. Or, les positions que nous occupons maintenant un peu au-delà de l'histoire sont un commencement de barrière, et les faits comparatifs dont nous disposons, un commencement de frein : nous pouvons critiquer la critique. En fait, dans presque tous les cas, ce contrôle aboutit à une restauration, à rendre la vigueur aux victimes et l'honneur aux suspects. Le premier livre de Tite-Live, si l'on a compris une fois la forme et la mesure de ce qu'il donne, est une source excellente. L'Ovide des *Fastes* est un folkloriste et un mythographe de grande classe. Snorri, l'artiste Snorri, a été aussi un collecteur consciencieux. Les gâthâs de Zoroastre ne sont pas des catacombes sans clef ni soupirail. Les spéculations des Brāhmaṇa, les légendes des épopées de l'Inde sont souvent conservatrices, etc. Dès cette année, le samedi, avec le premier livre de l'*Histoire danoise* de Saxo Grammaticus, nous ferons appel d'un de ces jugements.

Un autre type de problèmes concerne les unités intermédiaires qui ont subsisté quelque temps entre l'unité indo-européenne et les sociétés historiquement connues. Dans l'état de la documentation, la plus importante est l'indo-iranienne. Il y en a d'autres : les Latins du VIIIe siècle émergent à peine de l'ensemble italique ; la Scandinavie tient par bien des fibres à l'ensemble germanique. Il faut préciser ces unités en les observant par les deux bouts, par ce qui a suivi et par ce qui avait précédé. Ces considérations conduiront sans doute à retoucher souvent nos premières images – les retouches seront naturellement les bienvenues. Dès cette année, le jeudi, nous aborderons une étude de cet ordre : prolongeant les vues exposées, il y a dix ans, à propos des deux principaux dieux souverains, Mitra et Varuṇa, c'est tout le collège des dieux souverains védiques, des Âdityas, groupés autour de ces deux dieux majeurs, que nous examinerons pour en dégager le système, et, par la considération de représentations iraniennes reconnues homologues, nous tâcherons de déterminer dans quelle mesure ce système est indo-iranien, et dans quelle mesure proprement indien.

Enfin, nous nous éloignerons quelquefois des Indo-Européens : tels phénomènes étudiés dans la forme particulière qu'ils revêtent sur tout ou partie de ce domaine se comprendront mieux quand on les comparera, non plus pour établir une parenté génétique, mais pour les classer dans leur type, à des phénomènes plus ou moins homologues signalés sur d'autres domaines, près ou loin d'eux. Ce travail, je le sais, me dépasse. Mais tant que cette maison n'aura pas retrouvé l'enseignement fondé par M. Mauss, rendu à la sociologie comparative, à l'école française de sociologie, un siège digne du renom dont elle jouit à l'étranger, il faudra bien que ceux qui ne sont pas sociologues, mais qui savent ce qu'ils doivent à l'enseignement, à l'exemple, à l'impulsion d'un Marcel Mauss, d'un Henri Hubert, d'un Marcel Granet, rappellent au moins, de temps en temps, l'existence de ces matières capitales.

Voilà, messieurs, les cinq ou six cages qui entourent cet enseignement et où grondent des problèmes mal dénombrables, sûrement nombreux. Samedi, jeudi, nous en saisirons deux, ou ils nous saisiront. À ces duels, comme il convient dans une discipline naissante, nous apporterons hardiesse et humilité, résignés à tomber parfois dans l'erreur, mais résolus, dès que nous la reconnaîtrons ou qu'on nous la fera reconnaître, à la rendre féconde par l'examen des conditions qui l'auront permise ou favorisée. Par le choix généreux d'hommes qui représentent ici des sciences déjà avancées, mais toujours conquérantes, ces murs vont assister une fois de plus, non pas à l'impeccable exposition d'un savoir raffiné, mais à des tâtonnements, à des repentirs, à des approximations successives, à l'horrible naissance de ce qui sera plus tard, beaucoup plus tard, dans les manuels, d'inoffensives, de petites vérités.

Première partie

LE TRAVAIL DE L'ŒUVRE

On l'a déjà dit, la question mythologique qui a préoccupé Georges Dumézil du début à la fin n'a pas varié : c'est la restitution de la mythologie indo-européenne, mythologie dont on n'a aucun témoignage direct et qui ne peut être reconstituée que par la comparaison de ses rejetons dispersés du monde indien à l'extrême Occident irlandais et de la Scandinavie à l'Empire hittite. Mais ce cheminement ne s'est pas fait sans heurts : « Dieu écrit droit sur des lignes courbes », et Georges Dumézil n'est parvenu à dégager les principes directeurs de sa recherche qu'après une longue période de tâtonnements jusqu'à la découverte capitale de 1938, qui a ouvert la voie à l'étape des explorations, à laquelle a succédé à la fin de sa vie la période des bilans.

Georges Dumézil avait vraiment la vocation de la mythologie puisque, dès son plus jeune âge, il se régalait de la lecture d'Héraclès ou des contes de Perrault et que, dès le secondaire, il s'initiait au sanscrit. Pourtant, il a failli hésiter à la fin de l'enseignement secondaire entre les sciences et les lettres. Il a souvent raconté l'effet prodigieux qu'avait eu sur lui la lecture du livre de Jean Perrin *Les Atomes* (1913) : « On sentait vraiment qu'un monde basculait. » En même temps que Normale Supérieure, il trouvera encore le temps de suivre une classe de maths spé. Mais la vocation est trop forte et les lettres l'emportent définitivement.

Reçu à l'École normale supérieure en 1916, il n'y reste que quelques mois avant d'être mobilisé l'année suivante. Il a raconté à la fin de sa vie ce que l'épreuve de la guerre avait représenté pour lui, comment il avait dû abandonner les péripéties du siège de Syracuse pour être plongé dans la guerre en train de se faire. Après l'armistice il retourne à Normale Sup, passe avec succès l'agrégation des lettres et est nommé en 1920 professeur au lycée de Beauvais, mais il n'a pas la vocation de l'enseignement secondaire. Au bout de six mois, il se fait mettre en congé. Il est lecteur à Varsovie pendant quelques mois, puis, tout en vivant d'expédients (il écrit des discours pour un député, corrige des épreuves, est correspondant d'un journal roumain...), il commence la rédaction de sa thèse qu'il soutiendra en 1924 et qu'il fera publier, grâce à la protection d'Antoine Meillet alors tout-puissant, dans la collection des annales du musée Guimet.

Le Festin d'immortalité essaie de reconstituer une mythologie de la boisson sacrée chez les peuples indo-européens : l'ambroisie chez les Occidentaux, l'*amrta* chez les Indiens. Dès 1939, Georges Dumézil prendra ses distances par rapport à ce livre, dans lequel « un problème important avait été entrevu mais mal posé ». Le mythe indien est tardif. Quant au mythe germanique de l'hydromel, il est en fait inventé de toutes pièces pour les besoins de la démonstration. Pourtant, ce livre, malgré ses défauts, constitue le point de départ de tout ce qui va suivre, car si la partie démonstrative ne tient pas, le programme esquissé dans la préface ne sera plus remis en cause.

Durant les années qui suivent, Dumézil persiste à reprendre les anciens problèmes posés, avec un résultat peu concluant, par la mythologie comparée du XIXe siècle, dans une optique inspirée à la fois par le naturalisme de James George Frazer (dont le monumental *Rameau d'or* domine toute la recherche mythologique et folklorique de cette période) et par la linguistique : le point de départ de la recherche demeure, comme chez ses précurseurs malheureux du XIXe siècle, des équations onomastiques. De même que *Le Festin d'immortalité* partait de l'équation ambroisie-*amrta*, le livre suivant, *Le Problème des Centaures*, est fondé sur l'équation *kentauros-gandharva* à laquelle Meillet lui a suggéré d'adjoindre *februus*. Suivront deux volumes plus petits, mais inspirés par la même démarche, *Ouranos-Varuna* (1934) et *Flamen-Brahman* (1935). Par la suite, Georges Dumézil a répudié ces ouvrages inspirés par une méthode erronée dans son principe. Dans *Le Problème des Centaures*, des éléments documentaires sont à la rigueur utilisables, mais la thèse est erronée. *Ouranos-Varuna* et *Flamen-Brahman* ne valent pas mieux, mais ils ont tout de même joué un rôle en maintenant l'attention de Dumézil sur l'idéologie royale.

L'accueil reçu par ces reconstructions hasardeuses est pour le moins réservé, et même souvent franchement hostile. Nilsson, qui domine alors l'histoire de la religion grecque, fait un compte rendu très critique du *Festin d'immortalité*. Meillet lui-même, qui a d'abord imposé Georges Dumézil, prend progressivement ses distances, car l'entreprise de son jeune disciple lui paraît de plus en plus hasardeuse et il ne veut pas compromettre son statut de chef d'école en favorisant la répétition des impasses du XIXe siècle. Il fait un compte rendu très prudent du *Festin d'immortalité* et conseille à Dumézil de poursuivre sa carrière hors de France car il n'y a pas de place pour lui dans l'université française.

En 1925, Dumézil est nommé professeur d'histoire des religions à l'université de Constantinople : Mustafa Kemal Atatürk a entendu dire que l'histoire des religions était un puissant moyen de sécularisation et il l'a imposée au programme de toutes les disciplines, y compris les sciences. Dumézil, qui n'a pu obtenir le poste de lecteur à l'université d'Upsal (le titulaire d'alors s'y trouve tellement bien qu'il s'y fait renouveler tous les deux ans et refuse de rentrer), a accepté cette solution de rechange. Il passera à Constantinople six années, « les plus heureuses à tous égards de ma vie ». C'est là qu'il commence à étudier la linguistique caucasienne. En 1931 il publiera *La Langue des Oubykhs*, peuple que l'on croyait disparu depuis son grand exode consécutif à la conquête russe à la fin du XIXe siècle et qui n'était connu que par les travaux très fragmentaires et imparfaits de l'Allemand Adolf Dirr qui les avait redécouverts. De 1931 à 1933, il est enfin lecteur à l'université d'Upsal où il s'initie aux langues scandinaves.

Rentré en France, il se trouve dans une situation difficile. Sur un plan institutionnel, un élève abandonné par son maître, surtout quand celui-ci a la stature d'un Meillet, n'a plus guère d'espoir de faire une carrière dans l'université ; sans poste, il travaille pendant quelques mois pour le quotidien *Le Jour*, dans lequel il tient une chronique de... politique étrangère. Sur un plan scientifique, ses recherches mythologiques ont abouti à un échec et il songe à se vouer entièrement à la linguistique caucasienne et arménienne à laquelle il consacre neuf livres entre 1931 et 1938.

Deux hommes providentiels vont le sortir d'affaire. Sylvain Lévi le prend sous sa protection à l'École pratique des hautes études et l'impose comme chargé de conférences en 1933, puis comme directeur d'études en 1935. Sur un plan scientifique, il va suivre pendant trois ans les conférences du sinologue Marcel Granet qui lui apprend « à trente-cinq ans passés ce que doit être une explication de texte ». Va pouvoir s'ouvrir à partir de 1938 la deuxième période de la recherche dumézilienne.

En 1930, dans un article du *Journal asiatique*, Georges Dumézil avait mis en évidence une structure sociale commune aux Indiens, aux Iraniens et aux Scythes, fondée sur une tripartition de la société. Mais la hiérarchie des trois classes n'était pas encore fixée (chez les Scythes, les guerriers l'emportent sur les magiciens), et surtout Dumézil n'avait absolument pas conscience de l'importance de la division qu'il venait de mettre en évidence : « Il devait circuler dans tout le vieux monde indo-iranien un certain nombre de légendes d'un même type (peu ambitieux) pour expliquer la division (peu importante) de la société. » Deux ans plus tard, dans la même revue, le linguiste Émile Benveniste reprenait la démonstration et lui donnait plus d'ampleur en montrant qu'il ne s'agissait pas seulement de structure sociale, mais d'une conception du monde présente dans tous les secteurs de la société indo-iranienne. Mais à ce moment-là, Dumézil se concentrait encore sur l'idéologie royale et il n'avait songé à aucun rapprochement avec les Indo-Européens occidentaux.

Le déclic va se produire seulement à la fin de 1937 ou au printemps 1938, lors de la préparation d'un de ses cours à l'École pratique des hautes études. Dumézil a soudain l'intuition de l'existence, « à côté de l'organe double que forment le *rex* et le *flamen dialis*, d'un autre ensemble : la hiérarchie, sous le *rex* et au-dessus du *pontifex maximus*, des trois *flamines maiores* et par conséquent des dieux qu'ils servent, Jupiter, Mars, Quirinus ». Cette triade sacerdotale lui paraît faire le pendant des triades « sociales » observées chez les Indo-Européens orientaux, et il en tire la conclusion que cette tripartition des activités ou des catégories sociales est le reflet d'un panthéon et, plus généralement, d'une vision du monde qu'il appellera plus tard une idéologie. Cette découverte est présentée d'abord à ses auditeurs (très peu nombreux) de la cinquième section des Hautes Études en avril 1938, puis exposée dans deux conférences en mai et en juin à la société Ernest-Renan et à l'Institut français de sociologie. L'accueil des sociologues est d'emblée très favorable : Marcel Granet adhère au schéma proposé, de même que Marcel Mauss. Chez les philologues, Benveniste, qui, comme les autres élèves de Meillet, avait réagi négativement aux premiers écrits de Dumézil, se rallie peu après. En revanche, la réaction des historiens est plus circonspecte : Piganiol exprime une réserve qui se transformera bientôt en hostilité militante. Le texte de la conférence à la société Ernest-Renan est publié dans le dernier fascicule de 1938 de la *Revue d'histoire des religions*. Les circonstances vont empêcher que cet article rencontre un large écho. Mais à l'étranger, certains lecteurs qui deviendront illustres adoptent le schéma proposé dès qu'ils en ont connaissance : le celtisant Myles Dillon en Irlande et surtout l'iranisant Stig Wikander en Suède, qui apportera une contribution capitale en 1947 en montrant la structure trifonctionnelle de la grande épopée indienne, le Mahābhārata.

Une fois sa découverte faite, Dumézil entreprend de la vérifier dans les différents secteurs de la mythologie indo-européenne. La mythologie germanique est la première à bénéficier de cette relecture, non point de propos délibéré, mais pour une raison conjoncturelle : Paul-Louis Couchoud lui avait commandé pour sa collection « Mythes et religions » un livre sur les Germains et l'ouvrage était quasiment terminé lors de la découverte de 1938. Dumézil l'a remanié après coup pour y introduire la tripartition fraîchement mise en évidence. C'est ce qui explique le caractère quelque peu décousu de l'ouvrage et la présence de développements qui n'ont rien de triparti.

Le premier cours qui entreprend d'appliquer le schéma triparti en 1938-1939 est consacré à la première fonction, celle de la souveraineté. Un tel choix est dicté non seulement par la hiérarchie fonctionnelle, mais aussi par la familiarité acquise avec la souveraineté lors des travaux antérieurs de Dumézil, notamment *Ouranos-Varuna* et *Flamen-Brahman*. En 1934, Sylvain Lévi « avait accueilli notre *Ouranos-Varuna*, mais il soulevait une difficulté : "Et Mitra ?" Au début de 1938, discutant à la société Ernest-Renan la communication où nous avions confronté la hiérarchie romaine des trois flamines majeures et la tripartition brahmanique de la société, M. Jean Bayet tirait de l'appellation même du *flamen dialis* une difficulté semblable : "Et Dius Fidius ?" » À partir de ces deux objections, Dumézil va montrer le caractère double de la fonction souveraine avec les couples Jupiter-Dius Fidius à Rome, Mitra-Varuna en Inde... C'est ce dernier couple qui donne son titre à l'ouvrage commencé dès 1937, avant la découverte de la trifonctionnalité, et publié à un très petit nombre d'exemplaires en mai 1940, alors que son auteur est mobilisé, dans la « Bibliothèque des Hautes Études ». Vite épuisé, il ne pourra être réédité avant 1948.

Dès le départ de l'enquête sur la trifonctionnalité, le parti de Georges Dumézil est fixé et il n'en variera pas pendant près de vingt ans : malgré toutes les critiques que suscitera une telle démarche, il va multiplier les explorations sur des domaines bien délimités, remettant à plus tard l'esquisse d'une synthèse, ainsi qu'il l'écrit en 1940 : « Il nous paraît de plus en plus que le comparatiste, au point où en sont nos études, ne doit pas prétendre à ce "fini" qu'on requiert justement du philologue ; il doit rester souple, mobile et prêt à profiter des critiques. » Une circonstance heureuse va faciliter ce dessein : Dumézil est lié avec Brice Parain, directeur littéraire aux éditions Gallimard, qui lui accorde une large hospitalité dans sa maison. Les parutions se succèdent donc à un rythme très rapide. Les petits livres des années 1940 et 1950 ne sont que les conclusions de ses cours aux Hautes Études et au Collège de France rédigés dans des délais étonnamment courts. Le record appartiendra à *Horace et les Curiaces* écrit en moins de trois semaines.

Dans tous ces livres, les trois fonctions occupent évidemment la première place, mais celle-ci n'est pas pour autant exclusive, contrairement à ce que soutiendront plusieurs critiques. Dumézil s'est quelquefois agacé de voir son travail ramené à une seule formule. À côté de ce thème essentiel, l'enquête met progressivement en évidence d'autres aspects de l'idéologie indo-européenne : le caractère double de la souveraineté, l'existence d'une déesse multivalente, les guerres de fondation, les rituels de l'Aurore... L'histoire s'enrichit ainsi d'une frange d'« ultra-histoire » ; de vieilles questions passionnément débattues par les historiens et les philologues reçoivent un éclairage nouveau, qu'il s'agisse d'un problème aussi fondamental que l'histoire des origines de Rome ou d'un point particulier comme le refus des druides de mettre leur savoir par écrit. De telles relectures suscitent naturellement des oppositions véhémentes : « Vous ouvrez des fenêtres, alors forcément, ça fait des courants d'air », lui déclare un des maîtres de l'Université. Mais elles reçoivent aussi des appuis de poids : outre Benveniste, l'helléniste Louis Robert, le latiniste Jean Bayet... En 1948, Dumézil entre au Collège de France.

À la fin des années 1950, les « rapports de fouilles » presque annuels s'arrêtent, concurrencés par un retour en force de la linguistique caucasienne quelque peu délaissée depuis la guerre : en 1954, Dumézil a retrouvé des Oubykhs parlant leur langue (la nation oubykh, réfugiée en Turquie, trop peu nombreuse pour conserver son identité en exil, s'est fondue dans l'ensemble tcherkesse), et il a fébrilement entrepris de compléter et corriger ses descriptions trop « impressionnistes » d'avant-guerre ; en dix ans, de 1957 à 1967, paraîtront sept volumes et des dizaines d'articles, l'œuvre étant couronnée par *Le Verbe oubykh*, paru en 1975, « somme descriptive et comparative, portant sur la caucasique du Nord-Ouest dans son ensemble, mais aussi chef-d'œuvre d'analyse syntaxique et sémantique » (Charachidzé), cosigné par son informateur Tevfik Esenç, le dernier des Oubykhs à parler correctement sa langue.

La mythologie indo-européenne subit logiquement le contrecoup de cette activité linguistique : plusieurs titres annoncés (*Jupiter Mars Quirinus V*; *Janus : Essai sur la fonction initiale chez les Indo-Européens occidentaux*; *Les Dieux souverains mineurs des Indo-Européens*) ne verront pas le jour. Entre 1959 et 1966, aucun livre de mythologie indo-européenne ne paraît. Mais ce temps d'arrêt correspond aussi à la préparation de la troisième phase de l'œuvre dumézilienne : « Averti par la sagesse étrusque, je surveillais l'approche de la onzième hebdomade, seuil au-delà duquel il n'est plus permis à l'homme de solliciter la générosité des dieux. Le temps venu, j'ai donc entrepris d'établir un tableau ordonné, et une fois encore contrôlé, de ce que cette multiple quête me paraissait avoir dégagé de probable. » Les bilans sont des livres beaucoup plus gros que leurs prédécesseurs, destinés « à fournir à l'autopsie un cadavre aussi propre que possible ». Entre 1966 et 1979, douze bilans paraissent, entièrement nouveaux ou refondant des études antérieures.

Dans les années 1980, Dumézil améliore encore un ouvrage ancien, ainsi que l'un de ses tout premiers bilans. Pris par le temps, il renonce à mettre en chantier de nouveaux ouvrages et se « résigne à publier en forme d'esquisses des projets, des dossiers qui méritent mieux sans doute, mais auxquels je ne puis plus consacrer les mois, les années qu'il faudrait. D'autres écoliers s'en inspireront peut-être, ou du moins les mettront à l'épreuve ». Trois volumes d'esquisses paraîtront entre 1982 et 1985. Georges Dumézil travaillait au quatrième volume lors de sa mort, le 11 octobre 1986.

Le texte qui suit ne peut donner qu'une faible idée du chemin parcouru entre le point de départ et le point d'arrivée. C'est pourtant l'historique le plus complet (on devrait dire : le moins sommaire) que Dumézil ait daigné consacrer à son itinéraire.

Chapitre premier

À LA RECHERCHE DE L'« IDÉOLOGIE » DES INDO-EUROPÉENS

La toujours jeune étude comparative des langues indo-européennes fêtera bientôt son troisième demi-siècle : cent cinquante années d'évolution, coupées de mutations, qui ont bien transformé son premier visage. Les pionniers n'avaient pas entièrement renoncé à rêver sur l'origine du langage, sur la « langue primordiale », et même ceux qui insistaient avec le plus de force sur le fait que le sanscrit, parmi les membres de la famille, n'était pas la mère, mais une sœur, restaient comme envoûtés par une langue qui se présentait à eux non pas dans la fraîcheur d'une matière première, mais déjà analysée, autopsiée presque par des grammairiens plus perspicaces que ceux de la Grèce et de Rome : deux générations de linguistes ont donc attribué à l'indo-européen, contre le témoignage de la plupart des autres langues, le vocalisme simplifié du sanscrit. L'objet même de la nouvelle science ne s'est pas facilement défini : longtemps on voulut atteindre, recréer l'indo-européen, *un* indo-européen académique, celui qui se parlait, pensait-on, « au moment de la dispersion », et ce n'est que petit à petit que l'on comprit qu'il fallait, dès la préhistoire commune, admettre des différences dialectales ; que les mouvements de peuples dont nous ne constatons que les aboutissements avaient été séparés par des intervalles de temps parfois considérables ; et surtout que l'important n'était pas de reconstituer un prototype, ni de s'attarder sur la partie invérifiable des évolutions, mais d'en expliquer comparativement les parties connues. Du moins, à travers ces changements de perspective et de méthode qui étaient tous d'évidents progrès, la « grammaire comparée » n'a-t-elle jamais douté de sa légitimité ni de sa continuité. Tel n'a pas été le destin d'un autre ordre de recherches qui, né presque en même temps qu'elle, avait reçu le nom jumeau de « mythologie comparée ».

Dès le début de leur enquête, en effet, mesurant l'étendue et la précision des correspondances qu'ils découvraient entre les langues indo-européennes, les grammairiens et les philologues firent la réflexion très juste qu'une telle concordance témoignait de plus que d'elle-même. La communauté de langage pouvait certes se concevoir, dès ces temps très anciens, sans unité de race et sans unité politique, mais non pas sans un minimum de civilisation commune, et de civilisation intellectuelle, spirituelle, c'est-à-dire essentiellement de religion, autant que de civilisation matérielle. Des vestiges plus ou moins considérables d'une même conception du monde, de l'invisible comme du visible, devaient donc se laisser reconnaître d'un bout à l'autre de l'immense territoire conquis, dans les deux derniers millénaires avant notre ère, par des hommes qui donnaient le même nom au cheval, les mêmes noms au roi, à la nuée, aux dieux. Avec confiance, enthousiasme même, on se mit donc à la besogne. « On », c'est-à-dire les linguistes et les indianistes : qui pouvait l'entreprendre avec plus de moyens ? La sociologie, l'ethnographie n'existaient pas et la religion appartenait aux philosophes. Il se trouva malheureusement que les moyens mêmes qui paraissaient les qualifier les condamnaient d'emblée à trois graves erreurs d'appréciation.

Sur la matière de l'étude, d'abord. On fit vraiment de la « mythologie comparée ». Certes, dans ces sociétés archaïques, la mythologie était fort importante et c'est surtout de textes mythologiques que l'on dispose. Mais les mythes ne se laissent pas comprendre si on les coupe de la vie des hommes qui les racontent. Bien qu'appelés tôt ou tard – très tôt, parfois, comme en Grèce –

à une carrière littéraire propre, ils ne sont pas des inventions dramatiques ou lyriques gratuites, sans rapport avec l'organisation sociale ou politique, avec le rituel, avec la loi ou la coutume ; leur rôle est au contraire de justifier tout cela, d'exprimer en images les grandes idées qui organisent et soutiennent tout cela.

Sur la méthode aussi. Cette mythologie isolée de la vie, dépouillée de ses assises naturelles, on l'interpréta selon des systèmes *a priori*. Les origines de la « mythologie solaire » et de la « mythologie d'orage » sont complexes, mais l'influence du plus grand exégète indien des hymnes védiques a été certainement dominante. Nourris de Sāyaṇa, des hommes comme Max Müller n'ont fait d'abord qu'étendre à l'ensemble des mythes et à toutes les mythologies de la famille quelques thèses hardies d'une école indigène. On sait aujourd'hui que, devant un corpus mythologique, il faut être plus humble, le servir et non le faire servir, l'interroger et non l'annexer à des dossiers avides de matière, en respecter surtout la richesse, la variété, voire les contradictions.

Sur les rapports, enfin, de la mythologie et de la linguistique. Je ne parle pas de la formule qui faisait du mythe une maladie du langage, mais de quelque chose de plus sérieux. Les premiers comparatistes se sont donné pour tâche principale d'établir une nomenclature divine indo-européenne. La consonance d'un nom indien et d'un nom grec ou scandinave leur paraissait être à la fois la garantie qu'ils comparaient des choses comparables, et le signe qu'une conception déjà indo-européenne était accessible. Or, les années passant, très peu de ces équations ont résisté à un examen phonétique plus exigeant : l'Erinys grecque n'a pu continuer à faire couple avec l'indienne Saraṇyu, ni le chien Orthros avec le démon Vṛtra. La plus incontestable s'est révélée décevante : dans le Dyau védique, le « ciel » est tout autrement orienté que dans le Zeus grec ou le Jupiter de Rome, et le rapprochement n'enseigne presque rien.

Ces trois faiblesses natives firent que des trésors d'ingéniosité, de science, et même de jugement, se dépensèrent en pure perte et que la désillusion, quand elle vint, fut brutale. Abandonnée par les linguistes, de plus en plus conscients des règles et des limites de leur discipline, la mythologie comparée se vit rayer du catalogue des études sérieuses. La tentative faite par de bons esprits pour substituer la libation au soleil et à la foudre comme moyen d'exégèse ne pouvait la réhabiliter.

Et pourtant la réflexion initiale gardait toute sa force. Si distantes dans le temps qu'on suppose les migrations, si diversifiée que l'on conçoive au départ la langue indo-européenne commune, elle a cependant fait son office de langue, elle a été un conservatoire et un véhicule d'idées, et il reste improbable que les peuples qui ont parlé ensuite les langues qui en sont issues n'aient rien conservé, rien enregistré de ces idées dans leurs plus anciens documents. C'est pourquoi, depuis bientôt cinquante ans, un petit nombre d'hommes ont entrepris d'explorer à nouveau ce champ d'études théoriquement incontestable mais, semblait-il, pratiquement inabordable.

Les tâtonnements furent longs : il était plus facile de soupçonner les erreurs de base de la « mythologie comparée » que de les définir précisément et surtout d'y remédier, et chacun des nouveaux pionniers apportait aussi son lot d'illusions. Personnellement, entre 1920 et 1935, j'ai continué à penser que quelques-unes des équations onomastiques de jadis, les moins malaisées à défendre, pouvaient, à condition de recevoir un éclairage rajeuni (et je donnais, parmi les lumières, la première place au *Rameau d'or*), mettre sur la piste de faits importants. C'est pourquoi mes premières tentatives ont été consacrées à quatre anciens problèmes, ceux que signalaient depuis cent ans les couples de mots ambroisie-amr̥ta (1924), Centaure-Gandharva (1929), Ouranos-Varuṇa (1934), *flamen-brahman* (1935).

Une autre espérance, non moins traditionnelle et solidaire de la première, me faisait attendre beaucoup de la confrontation des deux plus riches mythologies de la famille, la grecque et l'indienne : sauf dans le cas de *flamen*, c'était toujours un nom grec qui s'associait dans mes sujets à un nom védique.

En outre, si j'avais conscience que les mythes ne sont pas un domaine autonome et expriment des réalités plus profondes, sociales et culturelles, je ne voyais pas clairement, dans le cas des Indo-Européens, quelles pouvaient être ces réalités ni comment les atteindre, et je continuais à essayer sur les mythes des uniformes de confection : plus fortement marqué par le *Rameau d'or* que par les sociologues français, j'orientais l'ambroisie vers la fête du printemps, les Centaures vers les déguisements de changement d'année, Ouranos vers la royauté fécondante et, avec une particulière violence, la flamine et le brahmane vers le bouc émissaire, le *scapegoat* cher au vieux maître.

Enfin, comme avait fait le XIXe siècle, je pensais toujours que la matière de la mythologie comparée se réduisait à une série de problèmes connexes certes, mais tous autonomes, sans hiérarchie, appelant et permettant chacun une solution particulière.

Les années décisives, toujours dans mon cas particulier, furent 1935-1938. Avec *flamen-brahman*, je venais d'épuiser ma réserve de problèmes traditionnels et l'échec était évident, au bord du scandale, même, dans le dernier essai : il ne me restait plus qu'à faire halte et à réfléchir sur ces erreurs. D'autre part, en 1934, après une hâtive mais intensive initiation, j'avais commencé à suivre à l'École des hautes études les conférences d'un homme pour qui je professais, jusqu'alors de loin, la plus vive admiration, le sinologue Marcel Granet ; pendant trois ans, à côté de Maxime Kaltenmark, de Rolf Stein, de Nicole Vandier – nous n'étions pas plus nombreux – j'ai écouté, regardé ce grand esprit extraire, avec autant de délicatesse et de respect que d'énergie, la substance conceptuelle de textes au premier abord insignifiants, voire insipides ; je ne pense faire tort à aucun de mes autres maîtres en déclarant que c'est en face de celui-là, dans la petite salle de notre section des sciences religieuses à l'École des hautes études, que j'ai compris, à trente-cinq ans passés, ce que doit être une explication de texte. De plus, dans l'erreur même, une circonstance favorable avait préparé la correction : dès mon livre sur les Centaures, au moins en ce qui concerne Rome, les rapports certains des Lupercales et de la royauté m'avaient entrouvert, sur le statut du *rex*, d'autres vues que celles de Frazer ; bien que mal posés et mal résolus, les problèmes d'Ouranos-Varuṇa et de *flamen-brahman* m'avaient ensuite maintenu dans l'idéologie royale et, parmi les débris de tant de constructions, le rapprochement du couple que le *rājan* védique formait avec le brahmane son chapelain et de l'organe double que, d'après une claire définition de Tite-Live, formaient le *rex* et le premier des flamines majeurs, continuait à me paraître objectivement valable, en dehors de toute interprétation, notamment de celle, hyperfrazerienne, que je venais d'en proposer. Enfin, depuis quelques années, une autre donnée, que j'avais contribué à assurer mais dont je n'avais pas mesuré l'importance et que je considérais comme une curiosité isolée, attendait son heure : dans un article de 1930, en marge de mon programme indo-européen, j'avais établi, contre des doutes récents, que la conception de la société qui a abouti au système indien des varṇa, des classes sociales – brahmanes-prêtres, kṣatriya-guerriers, vaiśya-éleveurs-agriculteurs – était déjà indo-iranienne et s'observait non seulement chez les Iraniens d'Asie, mais chez leurs frères européens les Scythes et même, jusqu'à notre temps, chez les descendants de ceux-ci, les Ossètes du Caucase du Nord ; deux ans plus tard, M. Émile Benveniste, que la question intéressait depuis toujours et qui avait bien voulu lire sur épreuves et améliorer mon exposé de 1930, avait encore confirmé par de nouveaux arguments le caractère indo-iranien de la conception sociale tripartie.

C'est la rencontre, ou plutôt l'interpénétration de tout cela – objections des autres et de moi-même, exemple d'un maître incomparable, familiarité avec une matière maladroitement mais constamment maniée –, qui dégagea soudain, au printemps de 1938, les premières lignes d'une forme nouvelle de « mythologie comparée » qui n'était pas encore pure d'illusions, mais qui n'avait pas les défauts des précédentes, et sur laquelle, depuis lors, je n'ai cessé de travailler sans rencontrer l'occasion de repentirs majeurs. Pendant l'année scolaire 1937-1938, dans un cours de l'École des hautes études que je destinais à l'articulation des dieux védiques Mitra et Varuṇa, j'avais d'abord voulu aborder une dernière fois l'irritant problème de *flamen-brahman* et je m'étais attardé à en réexaminer les données. L'une d'elles me frappa soudain, dont je n'avais pas jusqu'alors tenu compte : l'existence, à côté de l'organe double que forment le *rex* et le *flamen Dialis*, d'un autre ensemble : la hiérarchie, sous le *rex* et au-dessus du *pontifex maximus*, des trois *flamines maiores* et par conséquent des dieux qu'ils servent, Jupiter, Mars et Quirinus. Cette structure théologique, encore inexpliquée, et d'ailleurs négligée, bien que le caractère préromain en fût confirmé par la structure identique (*Juu*, *Mart-*, *Vofiono-*) de la théologie des Ombriens d'Iguvium, me sembla parallèle à la structure des varṇa, des classes sociales de l'Inde : en dépit de thèses récentes et alors en grande faveur, Mars s'intéresse incontestablement à la guerre ; au-dessus de Mars, Jupiter, dieu céleste, donneur du pouvoir et des signes, administre les plus hautes parties du sacré ; au-dessous de Mars, tous les offices connus du *flamen Quirinalis* le montrent au service de l'agriculture, exactement du grain, à quoi renvoie aussi la fête de son dieu, les *Quirinalia*, en même temps que son nom le rapproche des *Quirites*, que le vocabulaire latin oppose aux *milites*. Insuffisante pour Jupiter et pour Quirinus, cette première vue comparative était en outre déviée par la pesanteur excessive que j'attribuais aux classes sociales indiennes dans le problème où elle venait d'apparaître, celui du rapport entre les types d'hommes sacrés désignés par les mots *flamen* et *brahman*. Les notes que j'ai conservées de cette vieille conférence portent un titre significatif à cet égard : « Jupiter Mars Quirinus : *sacerdotes, milites, quirites* ». L'énoncé n'était pas bon et contenait le germe de faux problèmes qui m'ont fait perdre ensuite beaucoup de temps, tels que celui-ci : pourquoi chacun des dieux romains des trois niveaux a-t-il un *flamen* alors que, dans la structure des varṇa, les brahmanes n'apparaissent qu'au premier niveau, mais l'occupent seuls ? Néanmoins, l'essentiel était acquis : les plus vieux Romains, les Ombriens, avaient apporté avec eux en Italie la même conception que connaissaient aussi les Indo-Iraniens et sur laquelle les Indiens notamment avaient fondé leur ordre social. Il fallait donc reporter cette conception aux temps indo-européens et, par conséquent, il devenait nécessaire d'en rechercher les survivances ou les traces chez les autres peuples de la famille. Cette conclusion fut rapidement justifiée par l'examen de la triade divine qui était honorée dans le temple de Vieil-Upsal et qui domine la mythologie scandinave, Óđinn, Þórr, Freyr, et plus généralement par la considération des deux grandes divisions du panthéon, les dieux Ases, auxquels appartiennent Óđinn et Þórr, et les dieux Vanes, dont Freyr est le plus populaire.

Je ne puis ici résumer le travail des trente ans qui ont suivi. Je dirai seulement qu'un progrès décisif fut accompli le jour où je reconnus, vers 1950, que l'« idéologie tripartie » ne s'accompagne pas forcément, dans la vie d'une société, de la division tripartie *réelle* de cette société, selon le modèle indien ; qu'elle peut au contraire, là où on la constate, n'être (ne plus être, peut-être n'avoir jamais été) qu'un idéal et, en même temps, un moyen d'analyser, d'interpréter les forces qui assurent le cours du monde et la vie des hommes. Le prestige des varṇa indiens se trouvant ainsi exorcisé, bien des faux problèmes ont disparu, par exemple celui que j'énonçais tout à l'heure : les flamines majeurs de Rome ne sont pas homologues à la classe des brahmanes (*brāhmaṇa*) et c'est à autre chose, au *brahmán* dans le sens étroit et premier du mot (un des trois prêtres principaux de toute célébration sacrificielle) que doit être comparé, dans ses rapports avec son dieu quel qu'il soit, le *type* de prêtre nommé *flamen*. Ainsi s'est dessinée une conception plus saine dans laquelle la division sociale proprement dite n'est qu'une application entre bien d'autres, et souvent absente quand d'autres sont présentes, de ce que j'ai proposé d'appeler, d'un terme peut-être mal choisi mais qui est entré dans l'usage, la structure des trois « fonctions » : par-delà les prêtres, les guerriers et les producteurs, et plus essentielles qu'eux, s'articulent les « fonctions » hiérarchisées de souveraineté magique et juridique, de force physique et principalement guerrière, d'abondance tranquille et féconde.

Mais avant même cette correction, la vue prise en 1938 avait dissipé les illusions de 1920, qui prolongeaient celles du XIXe siècle. Les mythologies étaient replacées, comme elles doivent l'être, dans l'ensemble de la vie religieuse, sociale, philosophique des peuples qui les avaient pratiquées. Au lieu de faits isolés et par là même incertains, une structure générale se proposait à l'observateur, dans laquelle, comme dans un vaste cadre, les problèmes particuliers trouvaient leur place précise et limitée. La concordance des noms divins perdait, sinon tout intérêt, du moins son illégitime primauté au profit d'une autre concordance, celle des concepts, et surtout des ensembles articulés de concepts. Le témoignage des Grecs, critiques, novateurs, créateurs, cédait le pas à ceux de peuples plus conservateurs, des Italiques notamment et des Germains. Enfin les moyens des nouvelles interprétations n'étaient pas empruntés à des théories préexistantes, frazeriennes ou autres, mais sortaient des faits, que la tâche de l'exégète était seulement d'observer dans toute leur étendue, avec tous leurs enseignements implicites aussi bien qu'explicites et toutes leurs conséquences. À vrai dire, il ne s'agissait plus de « mythologie comparée » : c'est vers cette date que, discrètement, sans avertir personne et sans que personne s'en avisât (autrement, il eût fallu pour le moins une décision ministérielle), j'ai fait disparaître de l'affiche de l'École des hautes études, dans l'intitulé de mon enseignement, cette vénérable expression que Sylvain Lévi, en 1935, peu avant sa mort, avait généreusement proposée. On imprima désormais : « Étude comparative des religions des peuples indo-européens. » Et cela même ne suffisait plus. Quand le Collège de France, en 1948, voulut bien accueillir le nouvel ordre d'études, c'est la création d'une chaire de « civilisation indo-européenne » que recommanda mon illustre parrain.

Depuis 1938, date à laquelle lui-même publia un second article sur les classes sociales indo-iraniennes, M. Benveniste n'a cessé d'appuyer ma recherche et, dès le lendemain de la guerre, étendit la sienne à l'Italie. Peu après, d'éminents collègues, comparatistes ou spécialistes de diverses provinces du monde indo-européen, nous rejoignirent. L'exemple fut donné, pour l'Inde, par M. Stig Wikander, alors docent à Lund, dont la première partie du présent livre ne fait que développer une découverte capitale. L'esquisse que j'avais donnée des faits iraniens fut complétée et améliorée par M. Kaj Barr à Copenhague, M. Jacques Duchesne-Guillemin à Liège, M. Geo Widengren à Upsal, et par le regretté Marijan Molé à Paris. Jan de Vries en Hollande, M. Werner Betz à Munich, M. Edward G. Turville-Petre à Oxford, tout en approuvant l'essentiel de mes résultats sur le domaine germanique, apportèrent de précieuses retouches. La lecture du Linéaire B permit d'étendre la tripartition à la plus ancienne société grecque connue : ce fut l'apport de M. L.R. Palmer à Oxford et de M. Michel Lejeune à Paris, tandis que M. Francis Vian, à Clermont-Ferrand, interprétait avec bonheur, dans le même sens, plusieurs faits de la Grèce classique. Depuis huit ans, à Los Angeles, sous l'impulsion de

M. Jaan Puhvel, d'actives recherches sont en cours selon la même méthode. On me permettra de rappeler avec une reconnaissance particulière la contribution aussi variée qu'originale fournie, pendant plus de vingt ans, par mon plus ancien collaborateur, M. Lucien Gerschel, ainsi que les brillantes publications qui, depuis cinq ans, ont imposé à l'attention un jeune savant japonais de Paris, M. Atsuhiko Yoshida. Enfin je veux rendre hommage à M. Herman Lommel qui, bien avant moi, avait souhaité et entrepris la restauration de ces études et qui, après avoir accueilli mes erreurs avec une indulgente sympathie, n'a cessé de m'encourager sur ma nouvelle voie ; dans sa ligne propre, il continue de publier, sur les religions de l'Inde et de l'Iran, des mémoires comparatifs dont la plupart s'ajustent sans peine à mon travail.

L'exploration s'est développée sur toutes les parties du monde indo-européen et sur tous les types d'œuvre que produit habituellement la pensée humaine et qu'il faut bien distinguer, malgré leurs communications de tous les instants et leur unité foncière : la théologie, la mythologie, les rituels, les institutions, et aussi cette chose sûrement aussi vieille que la plus vieille société parlante, la littérature. La recherche s'est efforcée de rester en état d'autocritique, les résultats antérieurs étant sans cesse reconsidérés dans la lumière des résultats nouveaux. Enfin, après s'être réduite pendant une dizaine d'années à la structure centrale qui venait d'être reconnue, elle s'est à nouveau tournée, avec la méthode et les conceptions directrices mises au point sur ce grand sujet, vers d'autres matières de portée plus restreinte, rencontrant par exemple, à propos de la déesse et des rituels de l'aurore dans l'Inde et à Rome, l'occasion de restaurer une « mythologie comparée solaire », à vrai dire bien différente de l'ancienne.

Je confie maintenant à quelques livres le bilan de ce long effort. Bilan déjà tardif quant à moi, mais, quant à l'œuvre, prématuré. Depuis 1938, à travers des écrits sans doute trop nombreux, mais surtout dans mes conférences de l'École des hautes études, puis du Collège de France, j'ai multiplié les approches, les retouches, les rétractations, les confirmations, et aussi les défenses et les contre-attaques, gardant le sentiment bien plaisant que la matière était entre mes mains indéfiniment malléable et perfectible. Si les prévisions biologiques, même optimistes, ne m'y contraignaient, je ne lui donnerais pas une apparence de fermeté que mes cadets – et c'est heureux, et c'est ce que chacun de nous doit souhaiter – ne tarderont pas à faire mentir. Je ne sais que trop bien ce qui, dans cet exposé et dans ceux qui suivront, exigerait encore l'épreuve du temps. Si parfois le lecteur s'irrite, je le prie de ne pas oublier, à ma décharge, qu'aucun des problèmes ici abordés, sauf un – celui de la valeur fonctionnelle des trois familles nartes, qui marquait le pas depuis 1930 –, n'était posé, ne pouvait être posé il y a trente ans.

Ce bilan est prévu en deux séries de livres, l'une concernant les faits religieux et institutionnels, l'autre les littératures. Dans les deux séries, le premier, celui-ci notamment, est consacré à la donnée centrale, sur laquelle j'ai le plus constamment travaillé, l'idéologie des trois fonctions.

Par fidélité au titre qui, par trois fois, a abrité les premières haltes de l'enquête (1941-1949), le bilan religieux se nommera *Jupiter Mars Quirinus*, bien que les faits proprement romains aient été exhaustivement traités dans mon récent livre *La Religion romaine archaïque* (1966). Si j'en avais le temps, je tenterais séparément pour les Indiens védiques, pour les Iraniens, pour les Scandinaves, ce que j'ai fait pour Rome dans ce gros traité : non seulement présenter ce que chacun de ces peuples a hérité des temps indo-européens, mais aussi mettre en place cet héritage dans l'ensemble religieux, bref composer une histoire de la religion considérée dans laquelle les données comparatives seraient utilisées au même titre que les données déjà connues. Mais je devrai me limiter à un livre unique, moins riche et moins équilibré, laissant à mes successeurs le soin des divers ajustages. J'y retracerai en outre, pour l'instruction des étudiants, le cheminement de la recherche, les difficultés rencontrées, les erreurs commises et les considérations qui les ont corrigées.

Le bilan littéraire de l'idéologie des trois fonctions est la matière du présent livre, que seules des raisons de commodité ont fait rédiger avant l'autre. De la littérature, à ces hautes époques, il n'y a guère que deux formes à envisager, la lyrique et la narrative et, mis à part les contes, cette dernière peut être suffisamment définie – qu'elle se présente en vers, en prose ou en forme mixte – par le terme d'épopée, étant bien entendu que l'épopée est grosse de genres littéraires, l'histoire, le roman, qui s'en différencient plus ou moins tôt, et aussi qu'elle est en communication constante, dans les deux sens, avec les contes. C'est de l'épopée ainsi comprise qu'il s'agira ici.

Quelques-unes des expressions les plus utiles de l'idéologie des trois fonctions se trouvent en effet dans des œuvres épiques : même au sein de sociétés où elle avait très tôt perdu toute actualité, elle a gardé un suffisant prestige pour soutenir, à travers les siècles, des récits héroïques, parfois très populaires. Trois peuples notamment en ont tiré un grand parti : les Indiens, dans le Mahābhārata ; les Romains, dans « l'histoire » de leurs origines ; et aussi, dans ses légendes sur les héros nartes, un petit peuple du Caucase du Nord dont l'importance ne cesse de croître dans toutes les formes d'études comparatives, les Ossètes, ultimes descendants des Scythes. Ces trois domaines occupent les trois premières parties de ce livre, dans l'ordre inverse de celui où ils ont été reconnus et explorés.

C'est en 1929 que j'ai pris garde à la division des héros nartes en trois familles, dont une présentation théorique, confirmée par leurs rôles respectifs dans les récits, définit l'une par l'intelligence, la deuxième par la force physique, la troisième par la richesse. Les Scythes étant des Iraniens, je soulignai aussitôt (1930) la concordance de cette division avec la conception indienne et avestique des trois classes sociales – prêtres-savants, guerriers, producteurs –, conception dont la légende sur l'origine des Scythes qu'on lit dans Hérodote portait d'ailleurs déjà témoignage. Mais l'exploitation de cette donnée ne fut possible que beaucoup plus tard, après qu'eurent été publiés les gros corpus des légendes nartes, non seulement des Ossètes, mais aussi des peuples voisins – Abkhaz, Tcherkesses, Tchétchènes – qui les ont empruntées aux Ossètes.

En 1938, au cours des semaines qui suivirent l'interprétation trifonctionnelle de la triade précapitoline, je reconnus dans le récit de la « naissance de Rome » à partir des trois composantes préexistantes – proto-Romains de Romulus, Étrusques de Lucumon,

Sabins de Titus Tatius – une deuxième application de l'idéologie qui avait déjà groupé en tête du panthéon Jupiter, Mars et Quirinus ; les notes ethniques des composantes se doublent ici clairement de notes fonctionnelles : Romulus, le roi, agit en vertu de son sang divin et des promesses divines dont il est le bénéficiaire ; Lucumon intervient à ses côtés comme un pur technicien de la guerre ; Tatius et ses Sabins apportent à la communauté, avec les femmes, la richesse, *auitas opes*. Puis, en 1939, la guerre des proto-Romains et des Sabins qui prépare cette heureuse fusion se découvrit être la forme romaine, historicisée, d'une tradition que les Scandinaves utilisent dans la mythologie, l'appliquant à leurs dieux : c'est après une guerre dont les épisodes antithétiques ont la même intention que ceux de la guerre de Romulus et de Tatius, que les Ases, dieux magiciens et guerriers, et les Vanes, dieux riches et voluptueux, se sont associés pour former la société divine complète. Un exposé provisoire de ce parallélisme fut donné dès 1941.

En 1947 enfin, mon collègue suédois Stig Wikander publia en quelques pages une découverte dont la portée est grande pour l'étude non seulement des littératures, mais des religions de l'Inde : les dieux pères des Pāṇḍava, c'est-à-dire des cinq demi-frères qui jouent le principal rôle à travers tout le Mahābhārata, ne sont autres que les dieux patrons des trois fonctions dans une forme archaïque, presque indo-iranienne, de la religion védique ; l'ordre de naissance des Pāṇḍava se conforme à l'ordre hiérarchique des fonctions ; les fils montrent en toute circonstance le caractère, suivent le mode d'action de leurs pères respectifs ; transposant en un type de mariage paradoxal un théologème indo-européen qui venait d'être reconnu, ils n'ont à eux cinq qu'une seule épouse.

Ces trois constatations ont été le point de départ de longues recherches qui aboutissent, provisoirement, au présent livre. Sur chaque domaine, les rapports du mythe et de l'épopée sont différents, différents aussi les problèmes d'intérêt général qui se trouvent posés. Toutes les incertitudes ne sont pas levées, certes, mais on sait dorénavant comment, avec quel dessein, par quels procédés a été construite l'intrigue du Mahābhārata ; comment, à partir de quelle matière a été imaginée, certainement fort loin des faits, l'histoire primitive de Rome ; comment, dans la ligne de quelle tradition très ancienne, ont été conçus les rapports sociaux des héros nartes. Trois problèmes littéraires importants ont été ainsi résolus, dont les deux premiers depuis plus d'un siècle, le troisième depuis cinquante ans, avaient été la matière d'interminables débats.

Pour le Mahābhārata, le modèle d'exégèse mythique que M. Wikander avait mis au point sur les Pāṇḍava a été facilement étendu à tous les héros de quelque importance : la femme commune, le frère aîné, le père et les deux oncles, le grand-oncle, les précepteurs, les fils, les plus utiles alliés et les ennemis les plus acharnés des Pāṇḍava reproduisent fidèlement des types divins ou démoniaques précis, parfois (le père et les oncles ; les fils) des structures théologiques aussi consistantes que celle des dieux des trois fonctions. En sorte que c'est un véritable panthéon – et, comme il avait été reconnu pour les Pāṇḍava, un panthéon très archaïque, sinon prévédique – qui a été transposé en personnages humains par une opération aussi minutieuse qu'ingénieuse. Érudits, habiles, constants dans un dessein que l'ampleur de l'œuvre rendait particulièrement difficile, ces vieux auteurs ont réussi à créer un monde d'hommes tout à l'image du monde mythique, où les rapports des dieux, et aussi des démons, dont les héros sont les incarnations ou les fils, ont été maintenus. Mais, ce monde d'hommes, ils l'ont mobilisé dans une intrigue qui, elle non plus, n'est pas de pure imagination : la grande crise qui oppose les Pāṇḍava, fils des dieux des trois fonctions, avec les dieux incarnés qui les soutiennent, aux démons incarnés que sont leurs méchants cousins, est la copie, ramenée à l'échelle d'une dynastie, d'une crise cosmique – bataille des dieux et des démons, anéantissement presque total du monde, suivi d'une renaissance – dont le R̥gVeda n'a pas conservé de version, mais qui, par-delà le R̥gVeda, rejoint les eschatologies de l'Iran et de la Scandinavie. « Histoire ou mythe ? » s'est-on demandé en Occident pendant tout le XIXe siècle et pendant la première moitié du XXe. Mythe certainement, doit-on répondre, mythe savamment humanisé sinon historicisé, qui ne laisse pas de place à des

« faits », ou, s'il y a eu au départ des faits (une bataille de Kurukṣetra ; un roi Yudhiṣṭhira victorieux...), les a si bien recouverts et transformés qu'il n'en subsiste pas de vestige identifiable ; ce n'est que plus tard, par des généalogies, que l'Inde a négligemment orienté ces événements vers l'histoire, offrant aux savants d'Europe une prise trompeuse qu'ils n'ont pas manqué de saisir.

À Rome, paradoxalement, l'« histoire » a précédé l'épopée : Ennius n'a fait que mettre en vers l'œuvre des annalistes. Mais quand les annalistes ont voulu présenter les origines de Rome, les premiers rois, et d'abord la guerre des proto-Romains et des Sabins par laquelle est censé s'être préparé le synécisme, c'est-à-dire la constitution d'une société complète et unitaire, comment ont-ils travaillé ? Ils n'ont pas procédé autrement que les auteurs du Mahābhārata, sous la réserve très considérable qu'ils n'ont certainement pas transposé des mythes divins (de Jupiter, de Quirinus, etc.) en événements humains (de Romulus, de Tatius, etc.), mais utilisé une sorte de folklore où, dans le même sens que la théologie mais indépendamment d'elle, ce que l'idéologie tripartie contenait de leçons et de scènes traditionnelles était déjà appliqué à des hommes. De longues discussions, des polémiques même dont on ne trouvera guère de traces ici, ont jalonné le progrès de cette partie de l'étude. Elles étaient inévitables : pouvait-on toucher avec des moyens nouveaux, comparatifs, indo-européens, à l'histoire romaine, fût-ce celle des douteuses origines, sans éveiller les susceptibilités de tous ceux, philologues, archéologues, historiens qui, tout en se querellant entre eux, se considèrent solidairement comme les maîtres légitimes de la matière ? Les attaques, la malveillance même, m'ont été utiles. Pendant une dizaine d'années, après le *Jupiter Mars Quirinus* de 1941, dans *Naissance de Rome*, dans *Jupiter Mars Quirinus IV* encore, j'ai grevé, compromis les constatations les plus évidentes par une thèse qui me semblait en être la conséquence nécessaire, à savoir que la société romaine primitive avait été *réellement* divisée en classes fonctionnelles et que les trois tribus romuléennes des Ramnes, des Luceres et des Titienses avaient été d'abord, à la manière des varṇa indiens, caractérisées, définies chacune par une des trois « fonctions ». Il m'a fallu longtemps, et je m'en excuse, pour comprendre que l'étude comparative de *légendes* ne pouvait renseigner sur de tels *faits*. Depuis une autre dizaine d'années, cette rétractation est accomplie et de la façon la plus large : mon travail ne permet pas non plus de décider s'il y a eu ou s'il n'y a pas eu de Sabins, de synécisme aux origines de Rome ; il aboutit seulement (et cela peut être un frein utile à la fière liberté des archéologues et des historiens) à montrer que le récit que nous lisons de ce synécisme, avec les rôles qu'il attribue respectivement aux proto-Romains, aux Sabins, et, dans la version à trois races, aux compagnons de Lucumon, s'explique entièrement, dans la structure comme dans les détails, par l'idéologie des trois fonctions et par le parallèle scandinave ; il aboutit aussi (et cela intéresse l'historien des religions) à montrer que les annalistes et, jusque sous Auguste, les poètes leurs élèves gardaient une entière intelligence du double ressort de l'action, du double caractère des acteurs, à la fois ethnique et fonctionnel, le synécisme ayant pour résultat de constituer une société propriétaire d'une promesse spéciale du plus grand dieu et pleine de vaillance, c'est-à-dire « jovienne » et « martiale », par Romulus et ses compagnons, éventuellement renforcés par le militaire Lucumon, mais aussi riche et féconde, « quirinienne », par les Sabins. Des Ramnes, des Luceres, des Titienses, tout ce que mon travail engage à penser est que, peut-être sans fondement, peut-être par le seul entraînement logique du récit, les annalistes et leurs continuateurs paraissent les avoir considérés comme « fonctionnels » au même titre que les composantes ethniques dont ils les disaient issus.

Mais, à Rome, l'épopée, au sens le plus précis, homérique, du mot, a eu sur l'« histoire » une belle revanche. Le dernier chapitre de la seconde partie de ce livre montre comment Virgile, décrivant dans les six derniers chants de *L'Énéide* l'installation des Troyens dans le Latium, a conformé la guerre que le pieux Énée, renforcé par le contingent étrusque de Tarchon, mène contre le peuple paysan du riche Latinus, puis le synécisme qui conclut cette guerre, à l'image de la « naissance tripartie de Rome » et comment, sur chacun des acteurs du drame qu'il imaginait – Troyens, Étrusques et Latins ; Énée, Tarchon et Latinus –, il a fidèlement reporté la valeur fonctionnelle que les annalistes avaient donnée à chacune des composantes ethniques de Rome. La reconnaissance de ce dessein permet de comprendre les modifications que Virgile a apportées à la vulgate de la légende troyenne, notamment en ce qui concerne le rôle des Étrusques et le caractère du roi des Laurentes.

L'ensemble de légendes qui constitue, au Caucase, l'épopée narte est d'un autre type, du moins en apparence. Quand il a commencé à être connu, au milieu du XIXe siècle, il appartenait à la littérature populaire et se conservait dans les répertoires de paysans spécialistes de la mémoire. Et sans doute en était-il ainsi depuis des siècles et même, pour le noyau de la tradition, à en juger par la remarquable conservation de traits de mœurs connus par les auteurs grecs et latins, depuis les temps scythiques. Mais on a peine à admettre qu'il n'y a pas eu, au sens le plus ordinaire du mot, des auteurs, conscients de ce qu'ils créaient, sachant comment ils le créaient : si nous sommes condamnés à ignorer ces origines, le mot « littérature populaire » ne doit pas tromper. Pas plus qu'à Rome, il ne semble pas qu'il y ait eu, massivement, transposition d'une mythologie préexistante en épisodes épiques, encore qu'un héros comme Batraz se soit approprié les singularités de l'Arès scythique ; mais l'idéologie des trois fonctions, que les Scythes avaient en commun avec leurs frères de l'Iran et leurs cousins de l'Inde, reste clairement lisible dans l'épopée narte. Et cela est un sujet d'étonnement. Chez les Scythes déjà, à en juger par Hérodote et par Lucien, les « trois fonctions », présentes dans la légende des origines, ne commandaient pas l'organisation sociale ; encore moins le faisaient-elles chez leurs descendants les Alains, d'où sont sortis les Ossètes. Et pourtant, après deux mille ans, non seulement dans le cadre des trois familles fonctionnellement définies, mais dans une série d'épisodes qui semblent n'avoir pas d'autres rôles, l'épopée narte fait la démonstration de la structure tripartie, met systématiquement en valeur les particularités, parfois les avantages et les faiblesses différentiels, de chacune des trois fonctions : dans la légende des trois trésors des ancêtres, dans celle de la guerre entre la famille des Forts et la famille des Riches, dans celle des trois mariages du chef des Forts, il y a les éléments d'un manuel assez complet de l'idéologie indo-iranienne, indo-européenne des trois fonctions. Ce maintien lucide, dans une branche de la littérature, d'une idéologie depuis si longtemps étrangère à la pratique sociale est un phénomène sur lequel les sociologues, et aussi les latinistes, pourront réfléchir utilement. Il est d'autant plus remarquable que, chez aucun des peuples non indo-européens du Caucase, voisins des Ossètes, qui ont adopté l'épopée narte, la structure tripartie n'a été retenue ni comme cadre du personnel héroïque, ni dans les épisodes spécialement destinés à en faire saillir les ressorts. Jusqu'à la révolution d'Octobre, ces divers peuples présentaient une organisation féodale toute proche de celle des Ossètes, qui était elle-même déjà, semble-t-il, celle des Scythes connus de Lucien, mais leurs lointains ancêtres, contrairement à ceux des Ossètes, n'avaient jamais pratiqué l'idéologie des trois fonctions : est-ce cette différence dans une sorte d'hérédité qui les a rendus réfractaires à la partie la plus indo-européenne de l'épopée narte ?

Après ces trois grands tableaux, une quatrième partie expose plus brièvement les utilisations de moindre envergure que d'autres peuples indo-européens – Grecs, Celtes, Germains, Slaves même – ont faites de l'idéologie tripartie soit dans des récits proprement épiques, soit dans des romans inséparables de l'épopée.

Partout l'étude avance à travers des explications de textes que l'on voudrait conformes au modèle qu'en donnait Marcel Granet, il y a trente ans. Les moyens de l'explication sont évidemment différents lorsqu'il s'agit des documents folkloriques ossètes et des écrits savants de l'Inde ou de Rome ; différents même lorsqu'il s'agit du Mahābhārata, texte immense, sans histoire et presque sans contexte, et de Properce ou de Virgile, généralement éclairés et quelquefois obscurcis par plus de quatre siècles de recherches érudites. Partout cependant, même pour le folklore, le travail se veut philologique, mais d'une philologie ouverte, qui ne refuse à aucun moment de sa démarche aucun moyen de connaissance. C'est dire que la malencontreuse opposition du « séparé » et du « comparé » n'y a pas de place.

Outre l'élucidation de quelques-unes des grandes réussites littéraires de l'humanité, à quoi tout honnête homme peut prendre plaisir, ces études ont, pour les chercheurs qui se consacrent aux Indo-Européens, un intérêt plus technique. Elles dégagent deux ordres de faits comparatifs : d'une part – mais ici en petit nombre – elles révèlent des schèmes dramatiques, utilisés tantôt dans la mythologie, tantôt dans l'épopée ou l'histoire, regarnis de générations en générations à l'aide de matières actuelles, mais fermement conservés à travers ces rajeunissements ; tels sont, à la fin de la première partie, le schème commun à l'eschatologie scandinave et à la transposition du Mahābhārata ; dans la deuxième, le schème de la constitution difficile d'une société tripartie complète, appliqué tantôt au monde des dieux, tantôt au monde des hommes, par les Indiens, les Romains, les Scandinaves, les Irlandais ; dans la troisième, le schème de l'attribution des talismans ou des trésors qui correspondent aux trois fonctions. D'autre part, au-delà des expressions particulières dont quelques-unes remontent ainsi aux ancêtres communs, mais dont la plupart ont été inventées dans chaque société après « la dispersion », elles développent, approfondissent la philosophie – car ces réflexions des vieux penseurs méritent aussi bien ce nom que les spéculations des présocratiques sur les éléments, sur l'amour et la haine – que constituait pour les Indo-Européens et qu'a continué à constituer plus ou moins longtemps pour leurs divers héritiers, la conception des trois fonctions. Non moins que les théologies, les épopées sont à cet égard riches d'enseignements, que l'on trouvera signalés au cours des analyses.

De même que, après le prochain *Jupiter Mars Quirinus*, un ou deux livres feront le point sur d'autres parties de la théologie et de la mythologie, notamment sur les problèmes de la souveraineté et des dieux souverains, de même deux autres volumes de *Mythe et Épopée* réuniront des études comparatives plus limitées dans leur matière, qui posent des types nouveaux de problèmes, tels que les formes et les conséquences du péché, les types du dieu ou du héros coupable aux divers niveaux fonctionnels.

Comme dans *La Religion romaine archaïque*, j'ai réduit les discussions au strict nécessaire, les limitant même à de très récentes publications. Je ne renonce pas pour autant à des examens plus étendus, mais je les destine à quelques livres de critique que je compte écrire dans les intervalles du bilan. C'est ainsi que, dans la seconde partie, j'aurais eu très fréquemment à mettre en question les postulats, les procédés de démonstration, les résultats de l'*Essai sur les origines de Rome*, puis de *Virgile et les origines d'Ostie* ; mais il sera à la fois plus instructif et plus équitable de considérer dans leur ensemble l'œuvre de M. André Piganiol et celle de M. Jérôme Carcopino : je le ferai dans le livre sur « l'histoire de l'histoire des origines romaines » que j'ai annoncé en publiant *La Religion romaine archaïque*. Un livre du même genre sera consacré à l'examen d'études récentes sur quelques épopées : les vues de Louis Renou sur les rapports de la mythologie védique et de la mythologie épique, celles d'Edmond Faral et de plusieurs autres sur le cycle arthurien, celles d'André Mazon sur l'épopée russe, bylines et Dit d'Igor, celles de M. E.M. Meletinskij et d'autres savants russes et caucasiens sur l'épopée narte seront d'utiles sujets de réflexion.

Vernonnet, juillet 1967.

Deuxième partie

L'IDÉOLOGIE TRIPARTIE DES INDO-EUROPÉENS

En 1938, Georges Dumézil publie dans la *Revue de l'histoire des religions* un article capital : « La préhistoire des flamines majeurs », dans lequel il annonce que la tripartition reconnue dès 1930 chez les Indo-Iraniens se retrouve chez les Indo-Européens occidentaux et résulte donc d'un prototype commun. Son nom sera désormais indissolublement lié à cette découverte, qui va recevoir des prolongements beaucoup plus étendus que son auteur lui-même ne pouvait l'imaginer. Au cours des décennies qui vont suivre, il ne va plus cesser de la vérifier et de l'étendre aux différents secteurs de la mythologie indo-européenne : toutes les « provinces » indo-européennes, de l'Irlande à l'Inde et de la Scandinavie à Rome, seront ainsi examinées, dans leurs panthéons, leurs rituels, leur organisation sociale, leurs épopées... Les résultats de cette exploration géographique seront précisés dans la troisième partie. Du point de vue « fonctionnel », Dumézil va s'attacher à préciser l'articulation solidaire des trois fonctions et l'agencement interne de chacune d'entre elles.

À la première préoccupation va répondre la série *Jupiter Mars Quirinus*. Ce titre indique moins une référence à Rome qu'à une triade exemplaire prise comme emblème de la trifonctionnalité. *Jupiter Mars Quirinus*, publié en 1941, est un exposé général sur la conception indo-européenne de la société : castes dans l'Inde ancienne, classes sociales dans l'Iran avestique, fonctions sociales chez les Scythes. Dès cette première présentation, contrairement à ce qu'affirmeront bon nombre de ses adversaires, s'il soutient que « les trois grandes provinces du monde indo-iranien connaissent le principe de la division sociale en prêtres, guerriers, éleveurs-agriculteurs », il ajoute aussitôt que le principe n'entraîne pas forcément la pratique sociale.

> L'Inde est seule à fonder vraiment sur lui son organisation sociale. Encore ce durcissement ne semble-t-il s'être opéré qu'à l'aube des temps historiques. L'Iran qu'ont connu les Grecs et les Romains avait bien à sa tête un corps sacerdotal puissant, mais le reste de la société ne paraît pas y avoir évolué en castes, même pas en classes nettement définies. Dans les livres avestiques les versets qui parlent de la tripartition donnent l'impression de formules rhétoriques plutôt que de références à un mécanisme bien vivant [...]. [Chez les Scythes], les classes ne paraissent pas avoir joué dans la vie réelle un plus grand rôle qu'en Iran.

À Rome, « le rex, les flamines et leur hiérarchie ont été très tôt minimisés, fossilisés », alors que la société celtique se montre plus proche du modèle indien. On voit ainsi apparaître ce qui sera une constante maintes fois répétée à l'encontre de critiques désireux de réduire la nouvelle mythologie comparée à un schéma simpliste et étouffant :

> Ces différences d'organisation sociale [...] sont aussi précieuses que les ressemblances : elles permettent de comprendre, en gros, comment deux sociétés apparentées, puis séparées, soumises à des influences diverses et se composant des destins différents, ont à la fois maintenu et rajeuni une tradition préhistorique commune.

Naissance de Rome (Jupiter Mars Quirinus II) paraît en 1944. Comme son titre l'indique, le livre reprend le dossier de la fondation de l'Urbs qui avait été esquissé dans *Jupiter Mars Quirinus*. La question était passionnément discutée chez les latinistes qui essayaient de faire la part de la légende et de l'histoire. L'interprétation dominante mettait l'accent sur une fusion de diverses ethnies qui aurait abouti à un synécisme (un contrat de fondation), ou sur l'alliance des composantes sociales. Dès 1940, Dumézil a déplacé l'explication sur le seul terrain de la mythologie : à partir d'un texte de Properce, il affirme que la description et la caractérisation des trois tribus primitives de Rome « définissent excellemment les trois fonctions sociales indo-européennes » et que la guerre entre Latins et Sabins est un exemple type de guerre de fondation dont on retrouve d'autres illustrations dans les mythologies germanique (guerre des Ases et des Vanes), indienne (querelle d'Indra et des Açvin) et celtique (querelle des Tuatha Dê Danann et des Fomôre). Une telle lecture, purement légendaire, aboutit en fait à remettre en cause toutes les interprétations admises jusqu'alors, ce à quoi les latinistes, notamment André Piganiol et Jérôme Carcopino à cette époque tout-puissants, ne peuvent se résoudre. Dumézil estime donc nécessaire, face à des critiques extrêmement violentes, de reprendre le dossier sur un plan purement romain : « Sauf un bref développement accessoire, l'argumentation fait à peu près totalement abstraction des données comparatives. Non pas, bien entendu, que je sois disposé à en réduire le rôle, qui a été et reste fondamental, ne serait-ce que dans l'invention. Mais je n'aurais presque aucun élément indo-européen non romain à ajouter au dossier et surtout, discutant cette fois contre des spécialistes des choses romaines, il a paru plus élégant, plus sportif et plus décisif (en cas de victoire !) de ne prendre d'armes que dans l'arsenal où puisent aussi mes adversaires. »

Naissance d'archanges (Jupiter Mars Quirinus III), paru en 1945, traite d'un sujet parallèle et cependant fort différent, celui de la formation de la théologie zoroastrienne. En Iran, l'ancienne théologie polythéiste directement dérivée des Indo-Européens a cédé la place entre le Xe et le VIIe (?) siècle à un dieu unique, le grand dieu Ahura-Mazda. *A priori*, il ne reste rien de l'ancien panthéon trifonctionnel. Mais Dumézil montre qu'au-dessous du grand dieu, il existe une série d'entités, les « Immortels bienfaisants » (*Amesha Spânta*), qui reproduisent l'ancienne théologie trifonctionnelle. Subsiste cependant une difficulté : si la première entité correspond indiscutablement à la première fonction, les deux suivantes à la deuxième et les deux dernières à la troisième, la quatrième pose problème : son office déborde du strict cadre de la troisième fonction. Ce n'est qu'un peu plus tard que le problème sera résolu par comparaison avec la déesse Sarasvatî et les Anâhitâ indiens. La troisième fonction, à côté des dieux spécifiques, comporte une déesse trivalente dont l'office déborde sur les deux premières fonctions.

Ce résultat est exposé dans *Tarpeia*, paru en 1947. Bien que s'inscrivant dans la série des *Mythes romains* du fait de son objet, ce livre se situe aussi dans le prolongement des *Jupiter Mars Quirinus*, « c'est-à-dire à propos de la conception tripartite du monde et de la société que les plus vieux Romains avaient reçue de leurs ancêtres indo-européens ». Les deux premiers essais traitent de la théologie, les autres « concernent l'épopée, des héros, de l'"histoire" : c'est dire que l'effort d'interprétation que nous appliquons aux faits romains se poursuit ici sur les deux plans parallèles et solidaires où travaille toute idéologie ».

Jupiter Mars Quirinus IV, paru en 1948, n'a pas de titre propre, mais seulement un sous-titre : « Explication de textes. » Après des années d'exploration, Georges Dumézil entreprend un « travail second » consistant à « réviser, c'est-à-dire vérifier, analyser, corriger et aussi compléter » deux dossiers : l'un indien, l'autre romain, qui soulevait beaucoup de difficultés et rencontrait de nombreuses critiques : celui de la valeur fonctionnelle des tribus primitives de Rome. Dernière tentative pour trouver une application sociale de la tripartition à Rome. Par la suite, Dumézil reconnaîtra que l'exposé de 1948 « multipliait les hypothèses » et aboutissait à une impasse. Sans renier l'idée, en faveur de laquelle lui paraissaient militer de bonnes raisons (notamment les couleurs symboliques attachées aux tribus), il laissera le dossier en l'état.

> Ayant pris une conscience plus claire des règles et des limites de la méthode comparative mise au point depuis 1938, j'ai, si j'ose dire, évacué ce problème. Les comparaisons indo-européennes permettent de reconnaître et d'explorer à Rome une idéologie archaïque ; elles ne permettent pas de reconstituer des faits, ni historiques, ni même institutionnels. De plus, il est certain que les hommes qui, au IVe siècle et au début du IIIe, ont composé pour Rome le récit de prestigieuses origines ne savaient déjà plus grand-chose des événements ni de l'organisation de la Rome préétrusque, et que c'est même cette indigence de l'information qui leur a permis de composer leur tableau à l'aide de légendes où s'exprimait une vieille doctrine politico-religieuse, celle des trois fonctions, qui continuait à s'imposer aux esprits, comme il arrive souvent, bien que presque entièrement éliminée de l'actualité. Il est donc vain de prétendre, à travers ces légendes costumées en histoire, découvrir des origines réelles dont elles ne sont pas même l'enjolivement. Le

comparatiste n'a pas à ajouter, sur les faits, de nouvelles hypothèses à toutes celles, indémontrables, qui ont été déjà accumulées.

Les Dieux des Germains (1958) présente un tableau des trois fonctions plus satisfaisant que celui esquissé presque vingt ans plus tôt dans *Mythes et dieux des Germains* (1939), écrit avant la découverte de 1938 et remanié après coup. Au-delà de son aspect monographique, il montre le caractère indo-européen d'une eschatologie qui avait été insuffisamment élucidée dans *Loki* (1948) : les dossiers scandinave et ossète peuvent être rapprochés de faits homologues indien (si la théologie védique ne contient pas de « drame du monde », de « renouvellement du monde », on en trouve dans le Mahābhārata) et iranien.

Concurremment, de multiples articles identifient des applications de la trifonctionnalité dans les domaines les plus divers. Dumézil reçoit ici le renfort de plusieurs chercheurs qui travaillent dans la perspective qu'il a tracée : Lucien Gerschel, son plus ancien élève, étudie ainsi les techniques juridiques que Dumézil reprendra dans *Mariages indo-européens* (1979) ; Émile Benveniste la médecine ; le savant hollandais Jan de Vries ouvre la voie à la symbolique des couleurs…

L'étude « interne » de chaque fonction est commencée logiquement par celle de la première. Celle-ci avait déjà été reconnue (indépendamment du cadre triparti) par quelques pionniers : à la fin du XIXe siècle, l'indianiste Abel Bergaigne avait proposé l'appellation de « dieux souverains » que Dumézil reprendra à son compte. Dans ses travaux antérieurs à 1938, notamment *Ouranos-Varuna* (1934) et *Flamen-Brahman* (1935), celui-ci s'était maintenu, selon son expression, « dans les débris de l'idéologie royale ». Il peut donc dès 1940 présenter un tableau de la première fonction avec *Mitra-Varuna*. Comme *Jupiter Mars Quirinus*, ce titre ne renvoie pas à une « province » précise (en l'occurrence indienne) mais entend souligner l'essence bipartie, magique et juridique, de la première fonction. Ce livre sera revu et corrigé en 1948. À côté des deux grands dieux souverains, les autres dieux souverains, dits « mineurs » (qu'un traducteur mal inspiré rendra en russe par : dieux n'ayant pas atteint leur majorité), seront progressivement reconnus dans *Le*

Troisième Souverain (1949) à propos de l'Iran, *Les Dieux des Indo-Européens* (1952) à propos de l'Inde et de Rome ; leur transposition dans la mythologie scandinave, avec « les fils d'Odinn », ne sera élucidée que beaucoup plus tard (dans des articles repris dans *Gods of the Ancient Northmen*, 1973). Un aspect particulier de la première fonction, l'élection, qui constitue chez tous les peuples indo-européens un mode d'accès à la royauté « concurremment avec l'hérédité et parfois en combinaison avec elle », est étudié dans *Servius et la fortune* (1943).

La deuxième fonction, plus difficile à saisir, ne se laissera cerner que progressivement. Le premier livre à l'aborder, *Horace et les Curiaces*, paru en 1942, met en lumière un aspect qui ne cessera de prendre de l'importance au cours des investigations ultérieures, celui des trois péchés du guerrier : le héros commet trois fautes qui s'organisent sur un mode trifonctionnel. L'équivalent est aussitôt reconnu en Inde. Il le sera ultérieurement pour la Grèce avec les trois péchés d'Héraclès et pour les Scythes. Mais il faudra encore des années et plusieurs articles préparatoires avant qu'un tableau d'ensemble de la deuxième fonction puisse être proposé. Ce sera *Aspects de la fonction guerrière chez les Indo-Européens*, paru en 1956.

La troisième fonction, par nature polymorphe, va résister encore plus à toutes les tentatives de systématisation. *Servius et la fortune* précisera les rites et mythes concernant les promotions sociales, divers articles étudient des dieux de la troisième fonction et leurs talismans. Mais la synthèse annoncée en 1952 ne viendra jamais.

Quand vient le temps des bilans, à la fin des années 1950, Dumézil entreprend d'établir un « tableau ordonné » des résultats de l'enquête. La première série de livres ainsi prévus doit couvrir l'ensemble de la théologie trifonctionnelle.

> Une sorte de cours de théologie trifonctionnelle, illustrée de mythes et de rituels, devait montrer comment la comparaison permet de remonter à un prototype commun préhistorique, puis, par un mouvement inverse qui n'est pas un cercle vicieux, déterminer les évolutions ou révolutions qu'il faut admettre pour expliquer, à partir de ce prototype, les théologies directement attestées qui avaient permis de le

reconstituer. Gardant, par superstition peut-être, quelques-uns des titres de mes anciens essais (1940, 1941), je comptais confier à un *Jupiter Mars Quirinus* définitif une vue panoramique sur les trois fonctions ; puis, à un *Mitra-Varuṇa* refondu, l'analyse de la première ; enfin, à une nouvelle édition d'*Aspects de la fonction guerrière*, une illustration de la deuxième. Quant à la troisième, rebelle par nature à la systématisation, elle était destinée à se satisfaire, après révision et avec commentaire, d'un recueil d'articles dispersés au cours des ans dans des revues et des Mélanges.

Cet ambitieux programme ne recevra qu'une exécution partielle. La deuxième fonction sera la mieux servie, avec *Heur et Malheur du guerrier*, publié en 1969 et refondu en 1985. La première fonction devra se contenter d'un bilan beaucoup plus modeste que le *Mitra-Varuna* envisagé : *Les Dieux souverains des Indo-Européens* (1977), dans lequel les « faits orientaux » sont repris *ab ovo*, alors que l'existence de *La Religion romaine archaïque* (1966 et 1974) et de *Gods of the Ancient Northmen* (1973) a permis d'« alléger » les « faits occidentaux ». Quant à la troisième fonction, une nouvelle fois à la traîne, elle ne sera pas abordée. En 1982, Dumézil confie cette tâche à ses successeurs.

> Réfléchir encore sur ce qui, dans la grande diversité de la troisième fonction (prospérité...), fait l'unité de tant d'aspects. Il ne s'agit pas, comme on l'a souvent objecté depuis André Piganiol, d'un « fourre-tout » destiné à loger tout ce qui ne se ramène pas aux deux fonctions supérieures, mais de concepts étroitement liés, qui se conditionnent et s'appellent les uns les autres. Il ne s'agit pas non plus de théorie, d'*a priori*, mais d'observation : les dieux tels que Freyr, Quirinus, les Aśvin, etc. mettent chacun en évidence, synthétiquement, trois ou quatre des aspects de la troisième fonction et, par leurs affinités pour d'autres dieux, d'autres aspects encore.

Dans la préface de la dernière édition de *Heur et malheur du guerrier*, parue exactement un an avant sa mort, il dresse l'état final de cette enquête poursuivie sans relâche pendant près de cinquante ans.

> Dès 1938, une fois reconnu le caractère indo-européen commun du cadre idéologique des trois fonctions – administration du sacré,

du pouvoir et du droit ; de la force physique ; de l'abondance et de la fécondité –, on a entrepris d'étudier comparativement, chez les divers peuples de la famille, l'économie interne des expressions théologiques et mythiques de chacune d'elles. Les bilans sont inégaux.

Pour la première, qui touchait de près les hommes de savoir et de pouvoir, les prêtres et les chefs, il a été très vite possible d'obtenir un tableau simple et entièrement cohérent, dont l'Inde védique, contrôlée par l'Iran, fournit, avec son Varuṇa et son Mitra, un exemplaire théologique bien conservé et dont Rome a laissé un exposé très complet dans l'« histoire » de ses deux fondateurs, Romulus et Numa. Avec des évolutions propres à chacune, la Scandinavie, l'Irlande ont confirmé cette première vue. Puis, à côté des deux aspects et personnages principaux de la souveraineté, ont été dégagés les services et les figures des dieux souverains mineurs dont les Indo-Iraniens, les Romains, les Scandinaves présentent des « réalisations » diverses, mais de même sens. Si quantité de points doivent être observés de plus près, il ne semble pas qu'il reste beaucoup à ajouter à ces lignes maîtresses.

À l'inverse, un des caractères les plus immédiatement sensibles de la troisième fonction est son morcellement en de très nombreuses provinces dont les frontières sont imprécises : fécondité, abondance en hommes (masse) et en biens (richesse), nourriture, santé, paix, volupté, etc., sont des notions qui se conditionnent les unes les autres, qui se déversent les unes dans les autres par mille capillaires, sans qu'il soit possible de déterminer entre elles un ordre simple de dérivation. Un autre caractère de la même fonction est son étroite liaison avec la base géographique, topographique, ethnique aussi de chaque société particulière et avec la forme, les organes variables de chaque économie. En conséquence, si la comparaison des dieux ou des héros jumeaux, les moins engagés dans le détail des *realia*, a permis de repérer un certain nombre de traits et de thèmes communs à plusieurs peuples indo-européens, aucune structure générale n'est apparue jusqu'à présent et l'on peut douter que l'avenir en découvre une.

La deuxième fonction, la force, et d'abord, naturellement, l'usage de la force dans les combats, n'est pas pour le comparatiste une matière aussi désespérée, mais elle n'a pas bénéficié chez les divers peuples indo-européens d'une systématisation complète comme la souveraineté religieuse et juridique : soit que les penseurs, les théologiens responsables de l'idéologie n'aient pas réfléchi avec autant de soin sur des activités qui n'étaient pas proprement les leurs, soit que les réalités non plus du sol, mais des événements, aient contrarié la théorie. Aussi la comparaison a-t-elle dégagé ici moins une *structure* que des *aspects*, qui ne sont même pas tous cohérents. Mais, de chacun de ces aspects pris à part, des réseaux de correspondances précises et complexes entre l'Inde (le plus souvent les Indo-Iraniens) et Rome ou le monde germanique attestent l'antiquité.

Le tableau panoramique *Jupiter Mars Quirinus* « définitif » n'a pas paru. L'introduction des *Dieux souverains* a présenté un bref résumé des dieux indo-iraniens des trois fonctions et c'est tout. La seule synthèse disponible reste donc *L'Idéologie tripartie des Indo-Européens*.

Paru en 1958, cet ouvrage était destiné à « fournir aux lecteurs déjà informés une première – et provisoire – synthèse, non seulement une mise en ordre, mais une mise au point, avec la correction mutelle et générale que seule une vue d'ensemble peut imposer aux résultats partiels ». Malgré plusieurs sollicitations, Dumézil s'est toujours refusé à le rééditer. Il en a expliqué les raisons en 1980 :

> Ce n'était qu'une synthèse provisoire, faite pour prendre date et pour aider le lecteur à s'orienter dans mon petit labyrinthe. L'histoire du livre est amusante. Les éditions allemandes Rohwolt m'avaient commandé, pour leur collection populaire, une brève mise au point de ma recherche. Sur la recommandation d'un « esprit éclairé », je suppose. Mais, quand ils ont reçu mon texte, ils ont reculé d'effroi. Sans doute avaient-ils consulté entre-temps un philologue moins éclairé ! Je conserve, de ce débat, une correspondance qu'il serait instructif de publier... Comme le manuscrit était prêt, je l'ai proposé à mon ami Marcel Renard, dont la « collection Latomus » a toujours été accueillante aux nouveautés. Le livre a été utile en son temps, mais il est beaucoup trop condensé (Rohwolt m'avait fixé d'étroites limites) et en même temps trop morcelé, avec une allure de catéchisme. Et surtout, il y a eu depuis lors, dans mon travail, quelques changements et beaucoup de compléments. Il faudrait donc tout recommencer. Est-ce la peine ? Mieux vaut, je crois, laisser les études se développer, sans les couper par des bilans qui sont aussitôt dépassés ou, sur certains points, périmés. Vous verrez bien, dans vingt-cinq ou trente ans, ce que tout cela sera devenu.

C'est pourtant ce livre, amputé de son introduction et de sa bibliographie, qui est republié ici, et ce n'est pas chose commode que de justifier un tel choix que Dumézil n'eût sans doute pas approuvé (même si la reprise d'un texte dans un recueil n'a pas la même signification qu'une réédition). Mais le besoin d'aider le lecteur à s'orienter dans le labyrinthe dumézilien s'impose de manière encore plus impérieuse qu'en 1958, car en trois décennies, ledit labyrinthe s'est enrichi d'un nombre impressionnant de pièces supplémentaires ! Pour autant, celles-ci n'ont pas remis en cause l'architecture générale (on n'ose pas dire : la structure) de l'édifice : les « changements » portent sur des points de détail ou introduisent des nuances, les « compléments » s'insèrent sans heurts dans la grille proposée. *L'Idéologie tripartie des Indo-Européens* reste pleinement utilisable, et suffisamment complet pour donner une image exacte de l'œuvre. De toute façon, il s'impose… par forfait, puisque Dumézil ne l'a jamais remplacé et qu'il n'est pas possible d'extraire des « bilans » ultérieurs des textes suffisamment synthétiques pour figurer dans ce recueil.

Les trois chapitres qui composent *L'Idéologie tripartie* sont reproduits intégralement, sans autre altération que la traduction en français d'une citation anglaise et l'incorporation de tableaux récapitulatifs empruntés à d'autres livres. Il eût été téméraire d'essayer d'« améliorer » le texte par des notes ou des renvois bibliographiques qui auraient été soit lacunaires et imprécis, soit trop abondants. Je n'ai fait exception à cette règle que dans deux cas, où Dumézil renvoyait lui-même à des publications ultérieures.

Chapitre II

Les trois fonctions sociales et cosmiques

1. *Les classes sociales dans l'Inde*. – L'un des traits les plus frappants des sociétés indiennes postr̥gvédiques est leur division systématique en quatre « classes » – le sanskrit dit : en quatre « couleurs », *varṇa* – dont les trois premières, bien qu'inégales, sont pures, parce que proprement arya, tandis que la quatrième, formée sans doute d'abord des vaincus de la conquête arya, est coupée des trois autres et, par nature, irrémédiablement souillée. De cette quatrième, hétérogène, il ne sera pas question ici.

Les devoirs de chacune des trois classes arya leur servent de définition : les *brāhmaṇa*, prêtres, étudient et enseignent la science sacrée et célèbrent les sacrifices ; les *kṣatriya* (ou *rājanya*), guerriers, protègent le peuple par leur force et par leurs armes ; aux *vaiśya* revient l'élevage et le labour, le commerce, et généralement la production des biens matériels. Ainsi se constitue, complète et harmonieuse, la société que préside un personnage à part, le roi, *rājan*, lui-même généralement issu, mais qualitativement extrait, du second niveau.

Ces groupes fonctionnels, hiérarchisés, sont en principe fermés chacun sur lui-même par l'hérédité, par l'endogamie et par un code rigoureux d'interdictions. Sous cette forme classique, il n'est pas douteux que le système ne soit une création proprement indienne, postérieure au gros du Ṛgveda ; les noms des classes ne sont mentionnés en clair que dans l'hymne du sacrifice de l'Homme Primordial, au dixième livre du recueil, si différent de tous les autres. Mais une telle création ne s'est pas faite de rien ; elle n'a été que le durcissement d'une doctrine et sans doute d'une pratique sociale préexistantes. En 1940, un savant indien, V.M. Apte, a fait une collection démonstrative de textes des neuf premiers livres du Ṛgveda (notamment VIII, 35, 16-18) qui prouvent que, dès le temps de la rédaction de ces hymnes, la société était pensée comme composée de prêtres, de guerriers, d'éleveurs et que, si ces groupes n'y étaient pas encore désignés sous leurs noms de *brāhmaṇa, de kṣatriya* et de *vaiśya*, les substantifs abstraits, noms de notions, dont ces noms d'hommes ne sont que les dérivés, étaient déjà composés en un système hiérarchique définissant distributivement les principes des trois activités : *bráhman* (neutre) « science et utilisation des corrélations mystiques entre les parties du réel, visible ou invisible », *kṣatrá* « puissance », *viś* à la fois « paysannerie », « habitat organisé » (le mot est apparenté au latin *uīcus*, au grec (ϝ)οῖχος) et, au pluriel, *viśaḥ*, « ensemble du peuple dans ses groupements sociaux et locaux ». Il est impossible de déterminer dans quelle mesure la pratique se conformait à cette structure théorique : n'y avait-il pas une part plus ou moins considérable de la société qui, indifférenciée ou autrement classée, échappait à cette tripartition ? L'hérédité, probable, à l'intérieur de chacune des classes, n'était-elle pas corrigée dans ses effets par un régime matrimonial plus souple et des possibilités de promotion ? Malheureusement, seule la théorie nous est accessible.

2. *Les classes sociales avestiques.* – Depuis un quart de siècle, confirmant les vues de F. Spiegel, Émile Benveniste et moi-même avons soutenu que, au moins sous cette forme idéologique, la tripartition sociale était une conception déjà acquise avant la division des « Indo-Iraniens » en Indiens d'une part, Iraniens d'autre part. En plusieurs passages, l'Avesta mentionne, comme les constituants de la société, comme des groupes d'hommes ou des

classes (désignées aussi par un mot faisant référence à la couleur, *pištra*), les prêtres, *āθaurvan*, *āθravan* (cf. un des prêtres védiques, l'*átharvan*), les guerriers, *raθaē.štar* (« monteurs de chars », cf. véd. *rathe-ṣṭhā́*, épithète du dieu guerrier Indra) et les agriculteurs-éleveurs, *vāstryō.fšuyant*. Un seul passage avestique, et plus constamment les textes pehlevi, placent comme quatrième terme, en bas de cette hiérarchie, les artisans, *hūiti*, que bien des indices (notamment le fait que des groupements *triples* de notions sont parfois mis maladroitement en rapport avec les *quatre* classes : p. ex. *SBE*, V, p. 357) engagent à considérer comme ajoutés à un ancien système ternaire. Au Xᵉ siècle de notre ère encore, fidèle témoin de la tradition, le poète persan Firdousi raconte comment le roi fabuleux Jamšed (le Yima Xšaēta de l'Avesta) institua hiérarchiquement ces classes : il sépara d'abord du reste du peuple les **asravān*, « leur assignant les montagnes pour y célébrer leur culte, s'y consacrer au service divin et se tenir devant le lumineux séjour » ; les **arteštar*, qui furent placés de l'autre côté, « combattent comme des lions, brillent à la tête des armées et des provinces, et c'est par eux qu'est protégé le trône royal, par eux que se maintient la gloire de la vaillance » ; quant aux **vāstryōš*, troisième classe, « ils labourent, plantent et récoltent eux-mêmes ; de ce qu'ils mangent, personne ne leur fait reproche ; ils ne sont pas serfs, bien que vêtus de haillons, et leur oreille est sourde à la calomnie ».

À la différence de l'Inde, les sociétés iraniennes n'ont pas durci cette conception en un régime de castes : elle semble être restée un modèle, un idéal, et aussi un moyen commode d'analyser et d'énoncer l'essentiel de la matière sociale. Du point de vue de l'idéologie, où nous nous plaçons, cela suffit.

3. *La légende de l'origine des Scythes*. – Un rameau aberrant de la famille iranienne, fort important parce qu'il s'est développé non dans l'Iran, mais au nord de la mer Noire, hors de la prise des empires, iraniens ou autres, qui se sont succédé dans le Proche-Orient, témoigne dans le même sens : ce sont les Scythes, dont les mœurs et plusieurs légendes nous sont connues grâce à Hérodote et à quelques autres auteurs anciens, et dont un petit

peuple du Caucase central, original et plein de vitalité, les Ossètes, a maintenu jusqu'à nos jours la langue et les traditions. D'après Hérodote (IV, 5-6), voici comment les Scythes racontaient l'origine de leur nation :

> Le premier homme qui parut dans leur pays jusqu'alors désert se nommait Targitaos, qu'on disait fils de Zeus et d'une fille du fleuve Borysthène (le Dniepr actuel)... Lui-même eut trois fils, Lipoxaïs (*variante* Nitoxaïs), Arpoxaïs et, en dernier, Kolaxaïs. De leur vivant, il tomba du ciel sur la terre de Scythie des objets d'or : une charrue, un joug, une hache, une coupe, ἄροτρόν τε καὶ ζυγόν καὶ σάγαριν καὶ φιάλην. À cette vue, le plus âgé se hâta pour les prendre, mais, quand il arriva, l'or se mit à brûler. Il se retira et le deuxième s'avança, sans plus de succès. Les deux premiers ayant renoncé à l'or brûlant, le troisième survint, et l'or s'éteignit. Il le prit avec lui et ses deux frères, devant ce signe, abandonnèrent la royauté tout entière à leur cadet. De Lipoxaïs sont nés ceux des Scythes qui sont appelés la tribu (grec γένος) des Aukhatai ; d'Arpoxaïs ceux qui sont appelés Katiaroi et Traspies (*variantes* Trapies, Trapioi) et du dernier, du roi, ceux qui sont appelés Paralatai ; mais tous ensemble se nomment Skolotoi, d'après le nom de leur roi.

Il me paraît aujourd'hui certain qu'il faut, avec Émile Benveniste, rendre γένος par « tribu » : les Scythes comptent quatre tribus, dont une est la tribu chef. Mais toutes ont, réelle ou idéale, la même structure : il est clair en effet que ces quatre objets font référence aux trois activités sociales des Indiens et des « Iraniens d'Iran » ; la charrue avec le joug (Benveniste a rapproché un composé avestique qui associe semblablement ces deux pièces de la mécanique du labour) évoque l'agriculture ; la hache était, avec l'arc, l'arme nationale des Scythes ; et d'autres traditions scythiques conservées par Hérodote, ainsi que l'analogie de faits indo-iraniens bien connus, engagent à voir dans la coupe l'instrument et le symbole des offrandes culturelles et des beuveries sacrées. La forme bien distincte que Quinte-Curce (VII, 8, 18-19) donne à la tradition confirme cette exégèse fonctionnelle ; il fait dire aux ambassadeurs des Scythes qui essaient de détourner Alexandre le Grand de les attaquer : « Sache que nous avons reçu des dons : un joug de bœufs, une charrue, une lance, une flèche, une coupe (*iugum boum, aratrum, hasta, sagitta et patera*). Nous nous en servons avec nos amis et contre nos ennemis. À nos amis nous donnons les fruits de la terre que nous procure le travail des bœufs, avec eux encore, nous offrons aux dieux des libations de vin ; quant aux ennemis, nous les attaquons de loin par la flèche, de près par la lance. »

4. *Les familles des héros Nartes.* – Il est intéressant de voir survivre cette structure idéologique de la société dans l'épopée populaire des modernes Ossètes, qui a été notée par fragments, mais en de nombreuses variantes, depuis près d'un siècle, et qu'une grande entreprise folklorique russo-ossète, il y a quinze ans, a recueillie systématiquement. Les Ossètes savent que leurs héros des anciens temps, les Nartes, étaient divisés pour l'essentiel entre trois familles :

> Les Boriatæ, dit une tradition publiée par S. Tuganov en 1925, étaient riches en troupeaux ; les Alægatæ étaient forts par l'intelligence ; les Æxsærtægkatæ se distinguaient par l'héroïsme et la vigueur, ils étaient forts par leurs hommes.

Le détail des récits qui juxtaposent ou opposent deux à deux ces familles, surtout dans la grande collection des années 1940, confirme pleinement ces définitions. Le caractère « intellectuel » des Alægatæ y revêt une forme archaïque ; ils n'apparaissent qu'en une circonstance unique, mais fréquente : c'est dans leur maison qu'ont lieu les solennelles beuveries des Nartes où se produisent les merveilles d'une Coupe magique, « la Révélatrice des Nartes ». Quant aux Æexsærtægkatæ, grands pourfendeurs en effet, il est remarquable que leur nom soit un dérivé du substantif *æxsar(t)* « bravoure », qui est, avec les altérations phonétiques attendues dans les parlers scythiques, le même mot que le sanskrit *kṣatrà*, nom technique, on l'a vu, du principe de la classe guerrière. Et les Bor(i)atæ, notamment le principal d'entre eux, Buræfærnyg, sont constamment, caricaturalement, les riches, avec tous les risques et défauts de la richesse, et, de plus, par opposition aux peu nombreux Æxsærtægkatæ, ils sont une masse d'hommes.

5. *Les Indo-Européens et la tripartition sociale.* – Ainsi reconnue indo-iranienne commune, cette doctrine tripartie de la vie sociale a été le point de départ d'une enquête qui, poursuivie depuis près de vingt ans, a abouti à deux résultats complémentaires, qui peuvent se résumer en ces termes : 1°) en dehors des Indo-Iraniens, les peuples indo-européens connus à date ancienne ou bien pratiquaient réellement eux aussi une division de ce type ou bien, dans les légendes par lesquelles ils expliquaient leurs origines, répartissaient leurs soi-disant « composantes » initiales entre les trois catégories de cette même division ; 2°) dans l'ancien monde, du pays des Sères aux colonnes d'Hercule, de la Libye et de l'Arabie aux Hyperboréens, aucun peuple non indo-européen n'a explicité pratiquement ni idéalement une telle structure, ou, s'il l'a fait, c'est après un contact précis, localisable et datable, qu'il a eu avec un peuple indo-européen. Voici quelques exemples à l'appui de ces deux propositions.

6. *Les classes sociales chez les Celtes.* – Le cas le plus complet est celui des plus occidentaux des Indo-Européens, Celtes et Italiotes, ce qui n'étonne pas, quand on a pris garde (J. Vendryes, 1918) aux nombreuses correspondances qui existent, dans le vocabulaire de la religion, de l'administration et du droit, entre les langues indo-iraniennes d'une part, les langues italiques et celtiques d'autre part, et elles seules.

Si l'on ajuste les documents qui décrivent l'état social de la Gaule païenne décadente qu'a conquise César et les textes qui nous informent sur l'Irlande peu après sa conversion au christianisme, il apparaît, sous le **rīg-* (l'équivalent phonétique exact de sanskr. *rāj-*, lat. *rēg-*), un type de société ainsi constitué : 1°) dominant tout, plus forte que les frontières, presque aussi supranationale que l'est la classe des brahmanes, la classe des *druides* (**dru-u̯id-*), c'est-à-dire des « Très Savants », prêtres, juristes, dépositaires de la tradition ; 2°) l'aristocratie militaire, seule propriétaire du sol, la *flaith* irlandaise (cf. gaulois *vlato-*, all. *Gewalt*, etc.), proprement « puissance », l'exact équivalent sémantique de sanskr. *kṣatrá*, essence de la fonction guerrière ; 3°) les éleveurs, les *bó airig* irlandais, hommes libres *(airig)* qui se définissent seulement comme possesseurs de vaches *(bó)*. Il n'est pas sûr, comme on l'a proposé, ni même probable (A. Meillet et R. Thurneysen ont préféré une étymologie purement irlandaise), que ce dernier mot, *aire* (gén. *airech*, pl. *airig*), qui désigne tout membre de l'ensemble des hommes libres, tout ce qui est protégé par la loi, concourt à l'élection du roi, participe aux assemblées *(airecht)* et aux grands banquets saisonniers, etc., soit le dérivé en *-k-* d'un mot parent de l'indo-iranien **ăˉrya* (sanskr. *arya*, *ārya* ; v.-pers. *ariya*, avest. *airya* ; osse *lœg* « homme », de **arya-ka-*). Mais peu importe : le tableau triparti celtique recouvre exactement le tableau, réel ou idéal, des sociétés indo-iraniennes.

7. *Les composantes légendaires de Rome et les trois tribus primitives.* – La Rome historique, aussi haut qu'on remonte, n'a pas de division fonctionnelle : l'opposition patriciens-plébéiens est d'un autre type. Sans doute cependant n'est-ce là que l'effet d'une évolution précoce, et sans doute la division primitive en trois tribus – antérieure aux Étrusques, bien que recouverte de noms d'origine apparemment étrusque, *Ramnes, Luceres, Titienses* – était-elle encore, à quelque degré, du type que nous étudions : c'est ce que suggère clairement la légende des origines.

Suivant la variante la plus répandue, Rome se serait constituée de trois éléments ethniques : les compagnons latins de Romulus et de Rémus, les alliés étrusques amenés à Romulus par Lucumon, les ennemis sabins de Romulus commandés par Titus Tatius ; les premiers auraient donné naissance aux Ramnes, les deuxièmes aux Luceres, les troisièmes aux Titienses. Or la tradition annalistique colore constamment chacune de ces trois composantes ethniques de traits fonctionnels : les Sabins de Tatius sont essentiellement des riches en troupeaux ; Lucumon et sa bande sont et ne sont que les premiers spécialistes de l'art militaire, engagés comme tels par Romulus ; Romulus est le demi-dieu, le *rex-augur* bénéficiaire de la promesse initiale de Jupiter, le créateur de l'*urbs* et le fondateur institutionnel de la *respublica*.

Parfois la composante étrusque est éliminée, mais l'analyse « trifonctionnelle » n'en subsiste pas moins, car Romulus et ses Latins cumulent alors sur eux la double spécification de chefs sacrés et de guerriers exemplaires, ont avec eux ou en eux, comme dit Tite-Live

(I, 9, 2-4), *deos et uirtutem*, et il ne leur manque, provisoirement, que les *opes* (et les femmes) que peuvent et devront leur fournir les Sabins (cf. Florus, I, 1 : les Sabins réconciliés se transportent dans Rome et *cum generis suis auitas opes pro dote sociant*). Éliminant aussi les Étrusques, le dieu Mars en personne, au troisième livre des *Fastes* d'Ovide (178-199), met de même à nu le ressort idéologique de l'entreprise qui a abouti à l'union des Romains et des Sabins : « Le riche voisinage *(uicinia diues)*, dit-il, ne voulait pas de ces gendres sans richesse *(inopes)* et n'avait pas égard au fait que j'étais, moi (un dieu), la source de leur sang *(sanguinis auctor)*... J'en ressentis de la peine et je mis dans ton cœur, Romulus, une disposition conforme à la nature de ton père (*patriam mentem*, c'est-à-dire martiale) ; je te dis : Trève de sollicitations ; ce que tu demandes, ce sont les armes qui te le donneront *(arma dabunt)*. » Denys d'Halicarnasse qui suit, lui, la tradition à trois races, répartit bien entre elles les mêmes trois avantages : les villes voisines, sabines et autres, sollicitées par Romulus pour des mariages, refusent (II, 30) de s'unir à ces nouveaux venus « qui ne sont ni considérables par les richesses (*χρήμασι*) ni les auteurs d'aucun exploit (*λαμπρὸν ἔργον*) » ; à Romulus ainsi réduit à sa qualité de fils de dieu et de dépositaire des premiers auspices, il ne reste (II, 37) qu'à appeler des militaires professionnels, l'Étrusque Lucumon de Solonium, « homme d'action et illustre en matière de guerre » (*τὰ πολέμια διαφανής*).

8. *Properce, IV, 1, 9-32*. – Mais c'est Properce, dans la première élégie romaine (IV, 1), qui a donné de cette doctrine des origines, et dans la forme à trois races, l'expression la plus parfaite : au moment où il va nommer, avec Romulus, les trois tribus primitives en mettant leurs étymologies en valeur par les corrélations traditionnelles avec les noms de leurs éponymes, il commence par exprimer les caractères fonctionnels distinctifs, « l'essence », pourrait-on dire, de la matière première de chaque tribu : 1°) les compagnons de Rémus et de son frère (le nom même de Romulus étant réservé pour couvrir la synthèse finale), 2°) Lygmon (Lucumo), 3°) Titus Tatius. Ce texte mérite d'être regardé de près.

L'intention du poète, en ce début de l'élégie, est d'opposer (c'est un lieu commun de l'époque) l'humilité des origines à l'opulence de la Rome d'Auguste. Après quelques vers qui posent le thème en l'appliquant au site, voici les habitants (vers 9-32), présentés en trois parties bien inégales, suivies d'une conclusion :

Sur la pente où s'élevait jadis la pauvre maison de REMUS, les (deux) *frères* avaient un foyer unique, immense royaume.

La Curie, dont l'éclat couvre aujourd'hui une assemblée en toges prétextes, ne contenait que des sénateurs vêtus de peaux, des âmes rustiques.

C'est la trompe qui convoquait, pour les colloques, les anciens citoyens ; cent hommes dans un pré, tel était souvent leur sénat.

Point de toile ondulant sur la profondeur d'un théâtre, point de scène exhalant l'odeur solennelle du safran.

Nul ne se souciait d'aller quérir des dieux étrangers : la foule tremblait, attachée au culte ancestral,

et chaque année les fêtes de Palès n'étaient célébrées que par des feux de foin, qui valaient bien les lustrations qui s'y font aujourd'hui par le moyen d'un cheval mutilé.

Vesta était pauvre et trouvait son plaisir à des ânons couronnés de fleurs ; des vaches étiques portaient en procession des objets sans valeur.

Des porcs engraissés suffisaient à purifier les étroits carrefours et le berger, au son du chalumeau, offrait en sacrifice les entrailles d'une brebis.

Vêtu de peaux, le laboureur brandissait des lanières velues : c'est de là que tiennent leurs rites les Fabii, Luperques déchaînés.

Encore primitif, le soldat n'étincelait pas sous des armes terribles ; on se battait nu, avec des pieux durcis au feu.

Le premier camp (prétoire : quartier du camp autour de la tente du général), ce fut un commandant en bonnet de peau, LYGMON, qui l'établit,

et la richesse de TATIUS était, pour l'essentiel, dans ses brebis.

C'est de là que se formèrent les TITIES, et les RAMNES, et les LUCERES, originaires de Solonium ; c'est de là que Romulus lança son quadrige de chevaux blancs.

Le cours de ce développement est clair : comme une fable vers sa brève morale, il tend vers le dernier distique qui, avant de mentionner le « rassembleur » Romulus dans l'appareil de ses triomphes, énumère sous leurs noms les trois tribus « rassemblées ». Au vers 31, *hinc* indique que ces trois tribus proviennent des hommes qui ont été d'abord décrits, et, en effet, en accord avec la tradition érudite, Properce met évidemment les *Tities* (v. 31) en corrélation avec le *Tatius* du vers 30 et les *Luceres* (v. 31) en corrélation avec le *Lygmon-Lucumo* du v. 29 ; quant aux *Ramnes* (v. 31), conformément à l'usage, ils devraient être annoncés symétriquement par la mention de Romulus, mais Romulus, réservé ici pour le commandement de la société synthétique (v. 31-32), est remplacé par le *Remus* du v. 9, élargi en *fratres* au v. 10. En d'autres termes, avant de les montrer transmués *(hinc...)*, sous Romulus, dans les trois tiers de la cité unifiée, Properce commence par présenter successivement, sous leurs éponymes et dans leur existence encore séparée, les trois composantes de la future Rome et cela dans l'ordre : les gens de Rémus et de son frère ; l'Étrusque Lucumo ; le Sabin Tatius. Ainsi s'explique que les fêtes des vers 15-26, appartenant aux futurs Ramnes, soient toutes de celles que la tradition considérait comme antérieures au synécisme, comme pratiquées déjà, dans leur isolement, par les deux frères.

Mais ce n'est pas tout. Il n'est pas moins clair que les trois présentations successives des futures tribus sont caractérisées selon les trois fonctions auxquelles est consacré le présent chapitre :

1°) du vers 9 (« Rémus ») au vers 26, le poète n'évoque que le caractère primitif d'une ADMINISTRATION POLITIQUE (9-14 : simplicité et des « rois » et de ce qui figurait alors le sénat et l'assemblée du peuple), ainsi que du CULTE (v. 15-26 : pas de solennités ni de dieux étrangers ; dans l'ordre du calendrier rustique – d'avril à février – des Parilia, des Vestalia, des Compitalia, des Lupercalia sans nulle pompe) ;

2°) du vers 27 au vers 29 (« Lygmon »), le poète évoque les formes primitives de la GUERRE, qui restent élémentaires (« en bonnet de peau »), même chez le premier technicien militaire ;

3°) dans l'unique vers 30 (« Tatius »), le poète évoque la forme purement pastorale de la RICHESSE primitive.

La netteté des articulations du texte et par conséquent des intentions classificatoires du poète, notamment la confrontation dans le distique 29-30 de Lucumo comme général et de Tatius comme riche propriétaire de troupeaux, mettent en relief le fait que, même conçues comme des composantes ethniques, les trois tribus étaient aussi, dans la pensée des érudits de l'époque d'Auguste, caractérisées fonctionnellement : les *Ramnes* groupés autour des « frères », comme occupés surtout du gouvernement et du culte ; Lucumon et les *Luceres* comme des guerriers, Titus Tatius et les *Tities* (plus souvent *Titienses*) comme de riches éleveurs.

9. *Les divisions des Ioniens.* – Parmi les Grecs, les Ioniens tout au moins, et notamment les plus anciens Athéniens, avaient été d'abord divisés en quatre tribus définies ainsi par leur rôle dans l'organisme social. Les noms traditionnels des tribus ne sont pas tous clairs, non plus que la répartition des noms entre les quatre fonctions ou, comme dit Plutarque, les quatre *βίoi*, « (types de) vie », mais ces types sont très probablement : prêtres ou magistrats religieux, guerriers ou « gardiens », laboureurs, artisans (Strabon, VIII, 7, 1 ; cf. Platon, *Timée*, 24 *a* ; Plutarque, *Solon*, 23, par une fausse étymologie du nom d'ordinaire rattaché aux prêtres, omet les prêtres et dédouble laboureurs et bergers). Il est probable que les trois classes de la République idéale de Platon – les philosophes qui gouvernent, les guerriers qui défendent, le tiers-état qui crée la richesse – avec tous leurs harmoniques moraux et philosophiques, si proches parfois des spéculations indiennes, ont été inspirées en partie des traditions ioniennes, en partie de ce qu'on savait alors en Grèce des doctrines de l'Iran, en partie d'enseignements dits pythagoriciens qui remontaient sans doute eux-mêmes fort loin dans le passé hellénique et préhellénique.

10. *La tripartition sociale dans l'ancien monde.* – À ces schémas concordants, c'est en vain qu'on a cherché une réplique indépendante dans la pratique ou les traditions des sociétés finno-ougriennes ou sibériennes, chez les Chinois ou les Hébreux bibliques, en Phénicie ou dans la Mésopotamie sumérienne ou sémitique, et généralement dans les vastes zones continentales contiguës aux Indo-Européens ou pénétrées par eux ; ce qu'on observe, ce sont soit des organisations indifférenciées de nomades, où chacun est à la fois combattant et pasteur ; soit des organisations théocratiques de sédentaires, où un roi-prêtre, un empereur divin

est équilibré par une masse, morcelée à l'infini, mais homogène dans son humilité ; soit encore des sociétés où le sorcier n'est qu'un spécialiste parmi beaucoup d'autres, sans préséance, malgré la crainte qu'inspire sa spécialité : de près ni de loin, rien de tout cela ne rappelle la structure des trois classes fonctionnelles hiérarchisées. Il n'y a pas d'exceptions. Quand un peuple non indo-européen de l'ancien monde, du Proche-Orient notamment, semble se conformer à cette structure, c'est qu'il l'a acquise sous l'influence d'un nouveau venu de son voisinage, d'une de ces dangereuses bandes indo-européennes qui, au deuxième millénaire, – Louvites, Hittites, Arya – se sont hardiment répandues sur plusieurs routes. C'est le cas, par exemple, de l'Égypte « castée » dans laquelle les Grecs du Ve siècle croyaient trouver le prototype, l'origine des plus vieilles classes fonctionnelles athéniennes, qui ont été mentionnées tout à l'heure. En réalité, cette structure ne s'est formée sur le Nil qu'au contact des Indo-Européens qui, surgissant en Asie Mineure et en Syrie au milieu du deuxième millénaire avant notre ère, révélèrent aussi aux Égyptiens le cheval, avec tous ses usages. C'est à cette date seulement que, pour survivre, le vieil empire des Pharaons se réorganise, se donne notamment ce qu'il n'a jamais eu, une armée permanente, une classe militaire ; le plus ancien texte « multifonctionnel » du type de ce que connaîtront Hérodote, le *Timée*, Diodore, est l'inscription où Thaneni se vante d'avoir fait un vaste recensement pour le compte de son maître, le pharaon Thoutmosis IV (J.H. Breasted, *Ancient Records of Egypt*, II, *The XVIIIth Dynasty*, 1906, p. 165) :

> Ce fut le scribe militaire Thaneni, bien-aimé de son Seigneur, qui présenta toute la Terre à Sa Majesté ; il fit une inspection de tout le monde, désignant les soldats, les prêtres, les serfs de la couronne et tous les artisans de la terre entière, tout le gros bétail, le petit bétail, les animaux de basse-cour.

Or Thoutmosis IV (1415-1405) est justement le premier Pharaon qui ait épousé une princesse arya de Mitani, la fille d'un roi au nom caractéristique, Artatama.

Il semble que c'est bien la différenciation d'une classe de guerriers, avec son statut « moral » particulier, unie par une sorte d'alliance souple à une classe également différenciée de prêtres, qui a été l'originalité, la nouveauté des Indo-Européens et, le cheval et le char aidant, la raison et le moyen de leur expansion : les inscriptions hiéroglyphiques et cunéiformes nous ont transmis le souvenir de la terreur que causaient aux vieilles civilisations ces spécialistes de la guerre, aussi hardis et impitoyables que, trois mille ans plus tard dans le Nouveau Monde, les *conquistadores* ont pu le paraître aux chefs et aux peuples des empires qu'ils écrasaient. Elles les désignent d'un nom – *marianni* – qu'en effet employaient les Indo-Iraniens : les *márya*, où S. Wikander a su reconnaître en 1938 les membres de *Männerbünde* du même type que ceux que O. Höfler venait d'étudier chez les Germains.

11. *Théorie et pratique.* – La comparaison des plus vieux documents indo-iraniens, celtiques, italiques, grecs, si elle permet d'affirmer que les Indo-Européens avaient une conception de la structure sociale fondée sur la distinction et la hiérarchisation des trois fonctions, ne peut naturellement enseigner grand-chose sur la forme – ou les diverses formes – concrètes où se réalisait cette conception : nous devons généraliser ici ce qui a été dit plus haut pour les Arya védiques. Il se peut que la société ait été entièrement, exhaustivement répartie entre prêtres, guerriers et pasteurs. On peut aussi penser que la distinction avait seulement abouti à mettre en vedette quelques clans ou quelques familles « spécialisés », dépositaires les uns des secrets efficaces du culte, les deuxièmes des initiations et techniques guerrières, les troisièmes enfin des recettes et de la magie de l'élevage, tandis que le gros de la société, indifférencié ou moins différencié, s'adressait, se confiait à la direction des uns ou des autres suivant les nécessités et les occasions. On est libre enfin d'imaginer plusieurs formes intermédiaires, mais ce ne seront que des vues de l'esprit. Certaines rencontres de chiffres semblent cependant révéler la survivance, ici et là, de formules très précises : tels, dans le R̥gveda, les « trente-trois dieux » qui résument une société divine conçue à l'image de la société arya et qui sont parfois décomposés en trois groupes de dix, complétés par trois supplémentaires ; et, à Rome, les trente-trois figurants des *comitia curiata* dont trente, c'est-à-dire trois fois dix, résument les trois tribus primitives, fonctionnelles, des *Ramnes, Luceres* et *Titienses*, complétés par trois augures.

12. *Les trois fonctions fondamentales.* – Aussi bien n'est-ce pas le détail authentique, historique, de l'organisation sociale tripartie des Indo-Européens qui intéresse le plus le comparatiste, mais le principe de classification, le type d'idéologie qu'elle a suscité et dont, réalisée ou souhaitée, elle ne semble plus être qu'une expression parmi d'autres. Plusieurs fois, dans l'exposé qu'on vient de lire, un mot important a été rencontré : celui de *fonctions*, des « *trois fonctions* ». Il faut entendre par là, certes, les trois activités fondamentales que doivent assurer des groupes d'hommes – prêtres, guerriers, producteurs – pour que la collectivité subsiste et prospère. Mais le domaine des « fonctions » ne se limite pas à cette perspective sociale. À la réflexion philosophique des Indo-Européens, elles avaient déjà fourni – comme les substantifs abstraits *bráhman, kṣatrá, viś*, principes des trois classes, à la réflexion philosophique des Indiens védiques et postvédiques, – ce qu'on peut considérer, suivant le point de vue, comme un moyen d'explorer la réalité matérielle et morale, ou comme un moyen de mettre de l'ordre dans le capital de notions admises par la société. L'inventaire de ces applications non proprement sociales de la structure trifonctionnelle a été entrepris dès 1938 et poursuivi par É. Benveniste et par moi-même. Il est maintenant facile de mettre sur la première et sur la deuxième « fonction » une étiquette couvrant toutes les nuances : d'une part le sacré et les rapports soit des hommes avec le sacré (culte, magie), soit des hommes entre eux sous le regard et la garantie des dieux (droit, administration), et aussi le pouvoir souverain exercé par le roi ou ses délégués en conformité avec la volonté ou la faveur des dieux, et enfin, plus généralement, la science et l'intelligence, alors inséparables de la méditation et de la manipulation des choses sacrées ; d'autre part la force physique, brutale, et les usages de la force, usages principalement mais non pas uniquement guerriers. Il est moins aisé de cerner en quelques mots l'essence de la troisième fonction, qui couvre des provinces nombreuses, entre lesquelles des liens évidents apparaissent, mais dont l'unité ne comporte pas de centre net : fécondité certes, humaine, animale et végétale, mais en même temps nourriture et richesse, et santé, et paix – avec les jouissances et les avantages de la paix – et souvent volupté,

beauté, et aussi l'importante idée du « grand nombre », appliquée non seulement aux biens (abondance), mais aussi aux hommes qui composent le corps social (masse). Ce ne sont pas là des définitions *a priori*, mais bien l'enseignement convergent de beaucoup d'applications de l'idéologie tripartie.

Les indianistes sont familiers avec cet usage débordant de la classification tripartie après les temps védiques : par un entraînement qui rappelle, dans sa vigueur et dans ses effets, la pente classificatoire de la pensée chinoise – qui a distribué, par exemple, entre le *yâng* et le *yīn* tant de couples de notions solidaires ou antithétiques –, l'Inde a mis les trois classes de la société, avec leurs trois principes, en rapport avec de nombreuses triades de notions soit préexistantes, soit créées pour la circonstance. Ces harmonies, ces corrélations, importantes pour l'action sympathique à laquelle tend le culte, sont parfois d'un sens profond, parfois artificielles et puériles. Si, par exemple, les trois « fonctions » sont distributivement rattachées aux trois *guṇa* (proprement « fils ») ou « qualités » – Bonté, Passion, Obscurité – dont la philosophie sāṃkhya dit que les entrelacements variables forment la trame de tout ce qui existe, ou encore aux trois étages superposés de l'Univers, on les voit non moins impérieusement rattachées aux divers mètres et mélodies des Veda, aux diverses sortes de bétail, et commander minutieusement le choix des divers bois dont seront faites les écuelles ou les cannes.

Sans se porter à ces excès de systématisation, la plupart des autres peuples de la famille présentent des faits de ce genre, dont certains, se retrouvant très semblables sur plusieurs parties du domaine, ont chance de remonter aux ancêtres communs, aux Indo-Européens. Il ne peut être ici question que d'en donner quelques échantillons.

13. *Triades de calamités et triades de délits.* – Il y a vingt ans, É. Benveniste a mis en valeur, chez les Iraniens et chez les Indiens, des formules très proches où un dieu est prié d'écarter d'une collectivité ou d'un individu trois fléaux, dont chacun relève d'une des trois fonctions. Par exemple, dans une inscription de Persépolis (*Persép.* d 3), Darius demande qu'Auramazdā protège

son empire « de l'armée ennemie, de la mauvaise année, de la tromperie » (ce dernier mot, *drauga*, dans le vocabulaire du Grand Roi, désignant surtout la rébellion politique, la méconnaissance de ses droits souverains, mais faisant aussi allusion au péché majeur des religions iraniennes, le mensonge). Tout de même, lors des cérémonies védiques de pleine et de nouvelle lune, une prière est adressée à Agni dans des formules qui, diversement allongées par les auteurs des divers livres liturgiques (p. ex. *Taitt. Saṃh.*, I, 1, 13, 3 ; *Śat. Brāhm.*, I, 9, 2, 20), ont ceci pour commun noyau : « Garde-moi de la sujétion, garde-moi du mauvais sacrifice, garde-moi de la mauvaise nourriture. » L'énoncé indien est parallèle à l'iranien, sous la réserve que, au premier niveau, le roi Achéménide parle de tromperie et le ritualiste védique de sacrifice mal fait : cet écart dans les craintes correspond bien aux évolutions divergentes – ici très tôt moralisante, là de plus en plus formaliste – des religions des deux sociétés.

Il m'a été possible de montrer ensuite que les plus occidentaux des Indo-Européens, les Celtes, dont les mœurs sont parfois si étonnamment proches des mœurs védiques, utilisaient la même classification tripartie des grands fléaux : la principale compilation juridique de l'Irlande, le *Senchus Mór*, commence par cette déclaration (*Ancient Laws of Ireland*, IV, 1873, p. 12) : « Il y a trois temps où se produit le périssement du monde : la période de mort d'hommes (mort par épidémie ou famine, précise la glose), la production accrue de guerre, la dissolution des contrats verbaux » : les malheurs sont ainsi répartis dans les trois zones de la santé ou de la nourriture, de la force violente, du droit. Les Gallois n'ont pas inséré dans leurs livres juridiques de telles formulations abstraites, mais un texte qui paraît être la transposition romanesque d'un vieux mythe, le *Cyvranc Lludd a Llevelis*, est consacré à exposer les trois « oppressions » de l'île de Bretagne et la manière dont le roi Lludd y mit fin ; ces fléaux sont : 1°) une race d'hommes « sages » apparaît, dont le « savoir » est tel qu'ils entendent à travers l'île toute conversation, fût-elle à voix basse, et interfèrent ainsi dans le gouvernement et dans les rapports humains ; 2°) chaque 1er mai, un terrible duel a lieu entre deux dragons, le dragon de l'île et un dragon étranger qui vient « se battre » avec lui, cherchant à « le vaincre » et le cri du dragon de l'île est tel qu'il paralyse et stérilise tous les êtres vivants ; 3°) chaque fois que le roi constitue dans un de ses palais une « provision de nourriture et de boisson », fût-elle pour un an, un magicien voleur vient la nuit suivante et enlève tout dans son panier. On voit qu'ici encore les trois oppressions se développent dans les zones de la vie intellectuelle et de l'administration, puis de la force, puis de la nourriture ; et de plus qu'elles définissent, considérées dans leurs agents et non dans leurs victimes, trois délits : abus d'un savoir magique, agression violente, vol de biens. Il paraît que le plus vieux droit romain répartissait de même les délits privés en incantation maligne *(malum carmen, occentatio)*, violence physique *(membrum ruptum* et *os fractum, iniuria)*, et vol *(furtum)* ; et Platon, dans un contexte tout rempli de la tripartition (*République*, 413*b*-414*a*), utilise, d'une manière évidemment artificielle, l'empruntant sans doute à quelque poète tragique, une distinction systématique et exhaustive des délits, toute proche, en « vol, violence physique, enchantement » (κλοπή, βία, γοητεία).

14. *Trois médecines*. – É. Benveniste encore a rapproché la classification avestique des médications (*Vidēvdāt*, VII, 44 : médecines du couteau, des plantes, des formules incantatoires) et l'analyse que fait un hymne du R̥gveda des pouvoirs médicaux des dieux Nāsatya-Aśvin (X, 39, 3 : « guérisseurs à la fois de qui est aveugle [mal mystérieux, magique], de qui est amaigri [mal alimentaire], de qui a une fracture [violence] ») ; et aussi les procédés que, dans la IIIe *Pythique* de Pindare, le Centaure Chiron enseigne à Asklépios pour guérir « les douloureuses maladies des hommes » (vers 40-55 : incantation, potions ou drogues, incisions) ; et il a soupçonné, derrière ces faits parallèles, l'existence d'une « doctrine médicale » tripartie héritée des Indo-Européens.

Si les vieux textes germaniques n'appliquent pas ce schéma classificatoire aux fléaux, délits ou remèdes, ils l'utilisent en d'autres circonstances : le « Chant de Skirnir », dans l'Edda, est un petit drame où le serviteur du dieu Freyr contraint, malgré sa volonté, la géante Gerdr à se rendre aux désirs amoureux de son maître : il essaie d'abord, vainement, d'acheter *(kaupa)* son amour par des présents d'or (strophes 19-22) ; puis, non moins vainement, avec son épée *mœki*, menace de la décapiter (str. 23-25) ; il n'arrive à ses fins qu'à sa troisième tentative, quand il la menace des instruments de sa magie, baguette *(gambantein)* et runes (26-37).

15. *Éloges tripartis*. – Quand un poète indien veut faire brièvement l'éloge total d'un roi, il passe en revue, en trois mots, les trois fonctions : ainsi, au début du Raghuvaṃśa (I, 24), le roi Dilāpa mérite d'être appelé le père de ses sujets « parce qu'il assure leur bonne conduite, les protège, les nourrit ». Avec des formules généralement moins concises, l'épopée irlandaise procède de même. Dans un beau texte, le Pays des Vivants – c'est-à-dire l'autre monde, le séjour des morts devenus immortels – est caractérisé, en plus de cette absence de mort, par les trois traits suivants : « Il n'y a là ni péché ni faute... ; on y mange des repas éternels sans service ; la bonne entente y règne sans lutte » ; l'originalité du pays merveilleux est donc que tout y est bon et facile ; mais cette idée s'analyse et s'exprime aussitôt, dans la pensée de l'auteur, selon les trois fonctions (vertu, guerre, abondance alimentaire), la deuxième fonction, d'essence violente, étant considérée en elle-même comme un mal et donc rejetée, les deux autres étant au contraire développées au maximum (J. Pokorny, « Conle's abenteuerliche Fahrt », *ZCP*, XVII, 1928, p. 195). Par une semblable analyse, pour faire l'éloge du roi Conchobor, un texte du cycle des Ulates dit que, sous son règne, il y avait « paix et tranquillité et aimables salutations », « glands et graisse et productions de la mer », « contrôle et droit et bonne souveraineté » (K. Meyer, « Mitteil. aus irischen Handschriften », *ZCP*, III, 1901, p. 229) ; c'est-à-dire le contraire de la guerre, de la famine et de l'anarchie, le contraire des trois fléaux dont Darius, à Persépolis, demande aussi au grand dieu de garder son empire.

16. *Les trois fonctions et la « nature des choses »*. – De telles formules, objecte-t-on parfois, ne sont-elles pas trop naturelles, trop bien modelées sur l'uniforme et inévitable disposition des choses, pour que leur accumulation et leurs similarités prouvent une origine commune et l'existence d'une doctrine caractéristique des

Indo-Européens ? Une réflexion même élémentaire sur la condition humaine et sur les ressorts de la vie collective ne doit-elle pas, en tout temps et en tout lieu, aboutir à mettre en évidence trois nécessités : une religion garantissant une administration, un droit et une morale stables ; une force protectrice ou conquérante ; enfin des moyens de produire, de manger et généralement de jouir ? Et quand l'homme réfléchit sur les périls qu'il court, sur les voies qui s'ouvrent à son action, n'est-ce pas encore à quelque variété de ce schéma qu'il est ramené ? Il suffit de sortir du monde indo-européen, où ces formules sont si nombreuses, pour constater que, malgré le caractère en effet nécessaire et universel des trois besoins auxquels elles se réfèrent, elles n'ont pas, elles, la généralité, la spontanéité qu'on suppose : pas plus que la division sociale correspondante, on ne les retrouve dans aucun texte égyptien, sumérien, acadien, phénicien ni biblique, ni dans la littérature populaire des peuples sibériens, ni chez les penseurs confucéens ou taoïstes, si inventifs et si experts en matière de classification. La raison en est simple, et détruit l'objection : pour une société, ressentir et satisfaire des besoins impérieux est une chose ; les amener au clair de la conscience, réfléchir sur eux, en faire une structure intellectuelle et un moule de pensée est tout autre chose ; dans l'ancien monde, seuls les Indo-Européens ont fait cette démarche philosophique et, puisqu'elle s'observe dans les spéculations ou dans les productions littéraires de tant de peuples de cette famille et chez eux seuls, l'explication la plus économique, ici comme pour la division sociale proprement dite, est d'admettre que la démarche n'a pas eu à être faite et refaite indépendamment sur chaque province indo-européenne après la dispersion, mais qu'elle est antérieure à la dispersion, qu'elle est l'œuvre des penseurs dont les brahmanes, les druides, les collèges sacerdotaux romains sont, pour une part, les héritiers.

17. *Mécanismes juridiques triples.* – Une des applications les plus intéressantes, mais les plus délicates, est celle qui, par référence à la conception indo-européenne, éclaire chez divers peuples (Inde, Lacédémone, Rome) des cadres et des règles juridiques. Rappelant que le droit romain, si original dans ses fondements et dans son

esprit, garde dans ses formes un grand nombre de procédures en trois variantes à effets équivalents, qu'on explique usuellement, mais sans preuve, comme des créations successives de l'usage et du prêteur, L. Gerschel a montré que quelques-uns au moins de ces étonnants « tripertita » se modèlent sur le système des trois fonctions ici considérées. Je ne citerai qu'un des meilleurs exemples : un testament peut être fait, avec la même valeur, ou bien dans les assemblées strictement *religieuses* que sont les Comitia Curiata présidés par le grand pontife ; ou bien sur le front de *bataille* devant les soldats ; ou enfin par une *vente* fictive à un « emptor familiae » (Aulu-Gelle, XV, 27 ; Gaius, II, 101-103 ; Ulpien, *Reg.*, XX, 1). Gerschel ne prétend pas, bien entendu, qu'il ait existé à Rome un « droit sacerdotal », un « droit guerrier », un « droit économique » ; que les trois types de testament, par exemple, aient eu des assises sociales différentes ou des effets différents, non plus que les trois types d'affranchissement ni les autres trichotomies juridiques qu'on peut interpréter dans ce sens ; ce cadre, si remarquablement fréquent, cette triade de possibilités à effets équivalents et l'homologie des distinctions qui s'y distribuent n'en paraissent pas moins, dit-il, attester que « les créateurs du droit romain ont longtemps pensé les grands actes de la vie collective selon l'idéologie des trois fonctions et juxtaposé volontiers trois procédés, trois décors ou trois cas d'application, relevant chacun du principe (religieux ; actuellement ou potentiellement militaire ; économique) d'une des trois fonctions ».

18. *Les trois fonctions et la psychologie*. – La psychologie elle-même n'a pas échappé à ce cadre. Non seulement des systèmes philosophiques indiens dosent dans les âmes comme dans les sociétés des principes tels que la loi morale, la passion, l'intérêt économique *(dharma, kāma, artha)* ; non seulement Platon donne aux trois classes de sa République idéale – philosophes gouvernants, guerriers, producteurs de richesse – des formules de vertus qui distribuent et combinent la Sagesse, la Bravoure et la Tempérance ; non seulement, dans une expression apparemment traditionnelle et liée à l'intronisation des Rois Suprêmes d'Irlande, la mythique reine Medb, dépositaire et donneuse de Souveraineté,

pose comme triple condition à quiconque veut devenir son mari, c'est-à-dire roi, d'être « sans jalousie, sans peur, sans avarice » (*Táin Bó Cúailnge*, éd. Windisch, 1905, pp. 6-7), – mais le zoroastrisme, dans des textes que K. Barr a brillamment interprétés, explique que la naissance de l'homme par excellence, Zoroastre, a été soigneusement préparée par la combinaison de trois principes, l'un souverain, l'autre guerrier, le troisième charnel ; et ce peut être là l'application mythique d'une très ancienne croyance, puisque les traités rituels domestiques de l'Inde (*Śāṅkh. G.S.*, I, 17, 9 ; *Pārask. G.S.*, I, 9, 5) conseillent à la femme qui veut concevoir un enfant mâle de s'adresser à Mitra et Varuṇa, aux Aśvin, à Indra (ce dernier accompagné d'Agni ou de Sūrya suivant les variantes), et à nul autre, c'est-à-dire, comme il sera montré dans le chapitre suivant, à la liste archaïque, indo-iranienne, des dieux incarnant et patronnant la première, la troisième et la deuxième fonctions.

19. *Talismans symboliques des fonctions.* – Une autre voie de développement, pour la pensée trifonctionnelle, a été celle du symbolisme : tantôt les trois groupes sociaux, tantôt leurs trois principes ont été liés figurativement et solidairement à des objets matériels simples dont le groupement les évoquait, les représentait. Il semble que dès les temps indo-européens, cette voie ait principalement abouti à deux ensembles : une collection d'objets-talismans, un éventail de couleurs.

On se rappelle la légende par laquelle les Scythes, suivant Hérodote, expliquaient leurs origines ; les objets d'or tombés du ciel – charrue et joug pour l'agriculteur, hache (ou lance et arc) comme arme guerrière, coupe cultuelle – ont des valeurs nettement classificatoires, selon les trois fonctions. Or ces objets n'étaient pas seulement mythiques : ils étaient conservés, tous ensemble, par le roi et promenés solennellement chaque année à travers les terres scythiques. De même la légende irlandaise, à l'avant-dernière race qui aurait occupé l'île et qui, en réalité, est constituée par les anciens dieux de la mythologie (les Tuatha Dé Danann, « les Tribus de la Déesse Dana »), rattache un groupe d'objets-talismans : le « chaudron de Dagda », qui contenait et donnait une nourriture merveilleuse ou inépuisable, comme tant de chaudrons de la fable irlandaise ; deux armes terribles, la lance de Lug, qui rendait son possesseur invincible, et l'épée de Nuada, au coup de laquelle nul ne survivait ; la pierre de Fal enfin, placée au siège de la souveraineté, et dont le cri révélait lequel des candidats devait être choisi comme roi (V. Hull, « The Four Jewels of the T.D.D. », *ZCP*, XVIII, 1930, pp. 73-89). Les mythologies védique et scandinave rattachent de même des groupes de trois objets caractéristiques à des dieux que nous verrons bientôt, eux aussi, distribués selon les trois fonctions.

20. *Couleurs symboliques des fonctions chez les Indo-Iraniens.* – Quant aux couleurs symboliques, l'importance et l'ancienneté en sont déjà signalées, pour le monde indo-iranien, par le fait que les trois (ou quatre) groupes sociaux fonctionnels y sont désignés par les mots sansk. *varṇa*, avest. *pištra* (cf. grec ποιχίλος « bigarré », russe *pisat'* « écrire »), qui, avec des nuances diverses, désignent la couleur. De fait, c'est un enseignement constant, dans l'Inde, que brahmanes, kṣatriya, vaiśya et śūdra sont respectivement caractérisés (et les explications ne manquent pas) par le blanc, le rouge, le jaune, le noir. Il est certain que c'est là l'altération, par suite de la création de la caste inférieure et hétérogène des śūdra, d'un ancien système, dont il y a des traces dans des rituels (*Gobh. G.S.*, IV, 7, 5-7 ; *Khād. G.S.*, IV, 2, 6) et sans doute aussi une dans le Ṛgveda (« Noir, blanc, rouge est son chemin », dit X, 20, 9 d'Agni, le plus triple, et trifonctionnel, des dieux), système formé simplement de trois couleurs, sans le jaune, et où c'était le noir (ou bleu foncé) qui caractérisait les vaiśya, les éleveurs-agriculteurs. En effet, l'Iran a maintenu cette répartition : une tradition « mazdéenne zervanisante » dont les professeurs H.S. Nyberg (1929), G. Widengren (1938), S. Wikander (1938), R.C. Zaehner (1938, 1955), ont progressivement établi l'interprétation, décrit dans la cosmogonie l'uniforme des prêtres comme blanc, celui des guerriers comme rouge ou bigarré, celui des éleveurs-agriculteurs comme bleu foncé.

D'autres Indo-Européens pratiquaient le même symbolisme. V. Basanoff a intelligemment interprété dans ce sens un rituel hittite d'*euocatio* où les divers dieux de la cité ennemie assiégée sont priés de la quitter et de venir chez l'assiégeant par trois chemins – ce qui suppose trois catégories différentes de dieux – jonchés l'un d'une étoffe blanche, le deuxième d'une étoffe rouge, le troisième d'une étoffe bleue (*Keilschrifturk aus Bogazköi*, VII, 60 ; J. Friedrich, *Der alte Orient*, XXV, 2, 1925, pp. 22-23).

21. *Couleurs symboliques des fonctions chez les Celtes et chez les Romains.* – Chez les Celtes de Gaule comme d'Irlande, le blanc est la couleur des druides, et le rouge, dans l'épopée irlandaise, celle des guerriers, comme, à Rome, un *albogalerus* caractérise le plus prêtre des prêtres, le flamen dialis, tandis que le *paludamentum* militaire est rouge, comme le drapeau sur la tente du général, comme la *trabea* des chevaliers ou des prêtres armés que sont les Salii. Un système complet, à trois termes, du symbolisme coloré se rencontre par deux fois dans les institutions romaines. Le cas le plus intéressant est celui des couleurs des factions du cirque, qui ont pris la grande importance que l'on sait sous l'Empire, puis dans la nouvelle Rome du Bosphore, mais qui sont sûrement antérieures à l'Empire et que les antiquaires romains rattachaient d'ailleurs aux origines mêmes et à Romulus ; les spéculations explicatives de ces antiquaires sont diverses, et chargées de pseudo-philosophie et d'astrologie, mais l'une d'elles, conservée par Jean le Lydien, *De mens.*, IV, 30, ne se réfère qu'à des réalités romaines et dit que ces couleurs, qui sont quatre à l'époque historique, n'ont été d'abord que trois *(albati, russati, uirides)*, en rapport non seulement avec les divinités Jupiter, Mars et Vénus (cette dernière apparemment substituée à Flora), dont les valeurs fonctionnelles (souveraineté, guerre, fécondité) sont claires, mais en outre avec les trois tribus primitives des Ramnes, des Luceres et des Titienses, dont on a rappelé plus haut qu'elles étaient, dans la légende des origines, à la fois ethniques (Latins, Étrusques, Sabins) et fonctionnelles (issues respectivement d'hommes sacrés et gouvernants, de guerriers professionnels, de riches pasteurs) et que d'ailleurs, en un autre passage (*De magistrat.*, I, 47), Jean le Lydien interprète lui-même comme parallèles aux tribus fonctionnelles des Égyptiens et des anciens Athéniens.

En 1942, Jan de Vries avait d'autre part réuni un grand nombre d'exemples anciens et modernes, religieux, folkloriques et littéraires, de cette triade de couleurs. Presque tous proviennent de l'aire d'expansion indo-européenne ou de ses confins, ou de régions qui ont été exposées à l'influence d'Indo-Européens, et quelques-uns ont clairement une valeur classificatoire du type ici considéré.

22. *Les choix des fils de Feridūn.* – Enfin des récits épiques, des légendes, des contes très divers, utilisent également le cadre trifonctionnel. En voici quelques exemples.

La légence scythique des trois fils de Targitaos, dont le cadet recueille, avec la royauté, les merveilleux objets d'or, symboles des trois fonctions, a été rapprochée par M. Molé d'une tradition de l'Iran proprement dit, relative aux fils du héros que l'Avesta appelle Θraētaona, les textes pehlevi Frētōn, les textes persans Feridūn. La voici, dans la traduction que donne Molé d'un passage de l'*Āyātkar i Jāmāspīk* :

> De Frētōn naquirent trois fils ; Salm, Tōz et Erič étaient leurs noms. Il les convoqua tous les trois pour dire à chacun d'eux : « Je vais partager le monde entre vous, que chacun me dise ce qui lui semble bien, pour que je le lui donne. » Salm demanda de *grandes richesses*, Tōz *la vaillance* et Erič, sur qui était la gloire des Kavi (c'est-à-dire le signe miraculeux qui marque le souverain choisi par Dieu), *la loi et la religion*. Frētōn dit : « Qu'à chacun de vous advienne ce qu'il a demandé. » Et il donna en effet la terre de Rome à Salm, le Turkestan et le désert à Tōz, l'Iran et la suzeraineté sur ses frères à Erič.

Une intéressante variante, celle de Firdousi, justifie le même partage géographique par un autre critérium, mais de même sens : exposés, à titre d'épreuve, à un même péril, à un dragon menaçant, chacun des frères révèle par une attitude sa nature et son « niveau fonctionnel » : Salm fuit, Tōr se précipite aveuglément à l'assaut, Iraj écarte le péril, sans combattre, par l'intelligence et le noble sentiment qu'il a de la dignité royale de sa famille.

23. *Le choix du berger Pâris.* – C'est un thème voisin qui, chez les Grecs d'Asie Mineure, et peut-être sous l'influence des Indo-Européens de Phrygie, a donné la matière du « jugement de Pâris », aimable récit de lourde conséquence, puisqu'il est certainement

destiné à expliquer que, malgré sa richesse et sa vaillance, Troie finisse par succomber aux Grecs. Pâris, le beau prince berger, voit venir à lui, sollicitant un jugement d'excellence, trois déesses qui symbolisent les trois fonctions ; suivant un type de variante (p. ex. Euripide, *Iphig. Aul.*, v. 1300-1307), chacune se présente dans l'appareil de son rang et de son activité : Héra « fière du lit royal du souverain Zeus », Athéna, casquée et lance en main, Aphrodite sans autres armes que « la puissance du désir » ; suivant un autre type (p. ex. Euripide, *Troyennes*, v. 925-931), chaque déesse essaie de gagner le juge par la promesse d'un don : Héra promet la royauté de l'Asie et de l'Europe, Athéna la victoire, Aphrodite la plus belle femme. Pâris choisit mal, donne le prix à Aphrodite, et ce sera bientôt l'enlèvement de l'incomparable Hélène, et, malgré dix ans d'exploits, la fin de Troie, écrasée par une coalition d'hommes et de divinités parmi lesquelles Héra et Athéna ne seront pas les moins acharnées.

Ce type de récits a prospéré jusque dans les temps modernes. L. Gerschel vient d'étudier des traditions suisses, allemandes et autrichiennes recueillies au dernier siècle, évidemment indépendantes de la légende grecque, qui montrent ainsi un jeune homme choisissant (mais généralement « bien ») entre trois offres nettement fonctionnelles, ou bien trois frères se répartissant trois dons fonctionnels dont un seul, celui de « première fonction », assure à qui le possède un destin pleinement « bon ». Voici par exemple la forme originelle, rigoureusement reconstituée par Gerschel, des légendes alémaniques sur l'origine du « Jodeln (Johlen) » :

> Res, le vacher de Bahilsalp, trouve une nuit dans la cabane trois êtres surnaturels en train de faire le fromage ; à un certain moment, le petit-lait est versé dans trois seaux et dans le premier il est rouge, dans le deuxième seau, il est vert, dans le troisième, il est tout blanc. Res apprend qu'il doit choisir un seau et en boire le petit-lait ; l'un des vachers fantômes ajoute alors : « Si tu choisis le rouge, tu seras tellement *fort* que personne ne pourra lutter avec toi. » Le deuxième vacher intervient à son tour et dit : « Si tu bois le petit-lait de couleur verte, tu posséderas beaucoup d'or et tu seras très *riche*. » Le troisième

enfin explique : « Bois le petit-lait blanc et tu sauras "jodeln" merveilleusement. » Res dédaigne les deux premiers dons, se décide pour le petit-lait blanc et devient un parfait Jodler.

Gerschel remarque que cette technique vocale a, dans les diverses variantes, un effet *magique* (toutes les bêtes viennent à la rencontre du Jodler et l'accompagnent ; tables et bancs dansent dans sa cabane ; les vaches se dressent sur leurs pattes de derrière et dansent ; la vache la plus sauvage s'adoucit et se laisse traire facilement, etc.).

24. *Les talismans de Rome et de Carthage.* – Vers la fin des guerres puniques sans doute, Rome a organisé sur un schéma comparable l'assurance de sa victoire finale : une tête de bœuf, puis une tête de cheval, trouvées par les terrassiers de Didon sur le site où allait s'élever, avec Carthage, le temple de « sa » Junon, avaient bien, disaient-ils, garanti à la ville africaine et l'*opulence* et la *gloire militaire* ; mais, par la tête d'homme que les terrassiers de Tarquin avaient jadis trouvée au *Capitole*, sur le site du futur temple de Jupiter O.M., c'est Rome qui tenait la plus haute promesse, celle de la *souveraineté*. L. Gerschel, à qui l'on doit encore cette saisissante interprétation, a rappelé que, chez les Indiens védiques, homme, cheval, bœuf sont théoriquement les trois types supérieurs de victimes admis pour les sacrifices, ceux dont les têtes (avec les têtes des deux victimes inférieures, mouton et bouc) doivent, en simulacre au moins, être enterrées à l'emplacement où l'on veut élever, à défaut du sanctuaire permanent qui n'existe pas dans l'Inde, le très important autel du feu.

25. *Les trois péchés du guerrier.* – Pour dernier exemple, rejoignant sur le domaine épique la tripartition des fléaux et des délits rappelée plus haut, je citerai un thème de grande extension littéraire, qui a été diversement exploité dans l'Inde, en Scandinavie, en Grèce et dans l'Iran : celui des péchés d'un dieu ou d'un homme, généralement, pour des raisons qu'on trouvera analysées au chapitre III, d'un personnage de « deuxième fonction », d'un guerrier.

Indra, le dieu guerrier de l'Inde védique, est un pécheur. Dans les Brāhmaṇa et les épopées, la liste de ses fautes et de ses excès est longue et variée. Mais le cinquième chant du Mārkaṇḍeya Purāṇa les a réduits au schéma des trois fonctions : Indra tue d'abord le monstre Tricéphale, meurtre nécessaire, car le Tricéphale est un fléau menaçant pour le monde, et cependant meurtre *sacrilège*, car le Tricéphale a rang de brahmane et il n'y a pas de crime plus grave que le brahmanicide ; en conséquence, Indra perd sa majesté (ou sa force spirituelle), *tejas* (1-2). Puis, le terrible monstre Vṛtra ayant été produit pour venger le Tricéphale, Indra *prend peur* et, manquant à sa vocation propre de guerrier, conclut avec Vṛtra un pacte insincère, qu'il viole, substituant la tromperie à la force ; en conséquence, il pert sa vigueur physique, *bala* (3-11). Enfin, par une ruse honteuse, en revêtant la forme du mari, il entraîne une femme honnête à un *adultère* ; en conséquence, il perd sa beauté, *rūpa* (12-13).

L'épopée nordique – Saxo Grammaticus est le seul à en retracer l'histoire complète, mais il le fait d'après des sources perdues, en langue scandinave – connaît un héros d'un type très particulier, Starkaðr (Starcatherus), guerrier modèle en tout point, serviteur fidèle et dévoué des rois qui l'accueillent, sauf en trois circonstances ; plus précisément, il a été doué de trois vies successives, c'est-à-dire d'une vie prolongée jusqu'à la mesure de trois vies normales, à condition que, dans chacune, il commît un forfait. Or le tableau de ces trois forfaits se distribue clairement selon les trois fonctions. Étant au service d'un roi norvégien, il aide criminellement le dieu Othinus (Óðinn) à tuer son maître *dans un sacrifice humain* (VII, V, 1-2). Se trouvant ensuite au service d'un roi suédois, *il fuit honteusement du champ de bataille* après la mort de son maître, s'abandonnant, en cette seule occasion de ses trois vies, à la peur panique (VIII, V). Servant enfin un roi danois, il assassine son maître moyennant cent vingt livres d'or, cédant exceptionnellement et pour quelques heures à *l'appétit de cette richesse* qu'il fait partout ailleurs, en actes et en discours, profession de mépriser (VII, VI, 1-4). Sa triple carrière étant ainsi épuisée, il n'a plus qu'à rechercher la mort : ce qu'il fait dans une scène grandiose (VIII, VIII).

Le caractère et les exploits de Starkađr, en bien des points, rappellent ceux d'Héraclès. Or, dans les exposés systématiques qui en sont faits – relativement tardifs, mais qui ne peuvent avoir inventé ce cadre –, la vie entière du héros grec (que Zeus et Alcmène ont mis trois nuits à concevoir) est elle aussi scandée par trois fautes, qui ont chacune un effet grave, de plus en plus grave, sur « l'être » du héros et entraînent chacune un recours à l'oracle de Delphes (Diodore, IV, 10-38) : 1°) Eurysthée, roi d'Argos, commande à Héraclès d'accomplir des travaux : il en a le droit en vertu d'une promesse imprudente de Zeus et d'une ruse de Héra ; Héraclès commet cependant la faute de refuser, malgré une invitation formelle de Zeus et l'ordre de l'oracle ; profitant de cet état de *désobéissance aux dieux*, Héra le frappe dans son esprit : il est pris de démence et tue ses enfants ; après quoi, revenant péniblement à la raison, il se soumet et accomplit les Douze Travaux, chargés de sous-travaux (chap. 10-30) ; 2°) Voulant se venger d'Eurytos, Héraclès attire le fils d'Eurytos, Iphitos, dans un traquenard et le tue non pas en duel, mais *par tromperie* (Sophocle, dans les *Trachiniennes*, 269-280, souligne fortement le caractère « antihéroïque » de cette faute) ; Héraclès, en châtiment, tombe dans une maladie physique dont il ne se délivre, informé par l'oracle, qu'en se vendant comme esclave et en remettant aux enfants d'Iphitos le prix de cette vente (chap. 31) ; 3°) Bien qu'enfin légitimement marié à Déjanire, Héraclès recherche en mariage une autre princesse, puis en enlève une troisième et *la préfère à sa femme* ; c'est alors la terrible méprise de Déjanire, la tunique empoisonnée par le sang de Nessos et les affreuses, irrémédiables douleurs dont le héros, sur un troisième ordre d'Apollon, ne se délivre que par le bûcher, pour l'apothéose (chap. 37-38). Outrage à Zeus et désobéissance aux dieux ; meurtre lâche et perfide d'un ennemi sans armes ; concupiscence sexuelle et oubli de sa femme : les trois fautes fatales de cette glorieuse carrière se distribuent sur les trois zones fonctionnelles aussi nettement que les trois péchés d'Indra, avec la même spécification (concupiscence sexuelle) de la troisième, et, comme eux, altèrent l'être même du héros ; simplement ces altérations, progressives et cumulatives dans le cas d'Indra, ne sont que successives dans le cas d'Héraclès, les deux premières se réparant et la troisième, à elle seule, entraînant la mort.

Dans une tradition avestique sans doute repensée et réorientée par le zoroastrisme, un héros d'un tout autre type, Yima, en punition, semble-t-il, d'un seul, mais très grave péché (mensonge ; ou, plus tard, orgueil, révolte contre Dieu et usurpation des honneurs divins), se voit privé en trois temps du *x*ᵛ*arənah*, de ce signe visible et miraculeux de la souveraineté qu'Ahura Mazdā place sur la tête de ceux qu'il destine à être rois : les trois tiers de ce *x*ᵛ*arənah* s'échappent successivement, et vont se loger dans trois personnages correspondant aux trois types sociaux d'*agriculteur-guérisseur*, de *guerrier*, d'*intelligent ministre d'un souverain* (*Dēnkart*, VII, 1, 25-32-36 ; plus satisfaisant que *Yašt* XIX, 34-38).

26. *Le problème du roi*. – Ce rapide échantillonnage suffit à montrer les directions et domaines très divers dans lesquels l'imagination des peuples indo-européens a utilisé la structure tripartie. Ici encore, comme pour les autres applications de cette structure, nous devons nous retourner vers les peuples non indo-européens de l'Ancien Monde et rechercher si, autour d'un héros ou de quelque autre manière, elle a produit un thème épique ou légendaire, la mise en scène d'une leçon morale ou politique, la justification imagée d'une pratique ou d'un état de fait. Jusqu'à présent, les résultats de l'enquête sont négatifs. De Gilgamesh à Samson, des grands pharaons aux empereurs fabuleux de la Chine naissante, de la sagesse arabe même aux apologues confucéens, aucun personnage historique ou mythique ne revêt nulle part l'uniforme trifonctionnel où se précipitent au contraire tant de figures indo-européennes. Il est donc probable que cet uniforme est indo-européen ; probable que, seuls dans cette vaste partie du monde et dès avant leur dislocation, les Indo-Européens avaient intellectuellement discerné, médité, appliqué à l'analyse et à l'interprétation de leur expérience, utilisé enfin dans les cadres de leur littérature noble ou populaire, les trois nécessités fondamentales et solidaires que les autres peuples se contentaient de satisfaire.

En terminant cet exposé très général, je soulignerai encore que la reconnaissance de ce fait, si important soit-il, ne nous donne pas à elle seule le moyen de nous représenter l'état social réel, les institutions (sans doute déjà variables de province à province) des « Indo-Européens communs ». Nous n'en tenons que le principe, un des principes et des cadres essentiels. Une des questions les plus obscures, par exemple, reste le rapport des trois fonctions et du « roi », dont la concordance de védique *rāj-*, de latin *rēg-*, de gaulois *rīg-* assure l'existence très ancienne dans une partie, la plus conservatrice sans doute, des Indo-Européens. Ces rapports sont divers sur les trois domaines et, sur chacun, ont varié avec les lieux et les temps. Il résulte de là quelque flottement dans la représentation ou définition des trois fonctions et notamment de la première : le roi est tantôt supérieur, du moins extérieur, à la structure trifonctionnelle, où la première fonction est alors centrée sur la pure administration du sacré, sur le prêtre, plutôt que sur le pouvoir, sur le souverain et ses agents ; tantôt le roi – roi-prêtre alors autant et plus que roi gouvernant – est au contraire le plus éminent représentant de cette fonction ; tantôt il présente un mélange, variable, d'éléments pris aux trois fonctions, et notamment à la deuxième, à la fonction et éventuellement à la classe guerrière dont il est le plus souvent issu : le nom différentiel des guerriers indiens, *kṣatriya*, n'a-t-il pas pour synonyme *rājanya*, dérivé du mot *rājan* ? Cette difficulté et quelques autres se laisseront mieux formuler, sinon résoudre, quand nous aurons transporté l'étude sur ce qui était l'armature la plus solide de la pensée dans ces sociétés archaïques : le système des dieux, la théologie, avec ses prolongements mythologiques et épiques.

Indo-Iraniens et Indiens védiques	
Fonctions :	*Dieux :*
Commencement ambigu	*VĀYU* (*« Vent, Air »*)
I. Souveraineté cosmique et sociale	MITRA (« Contrat, Ami ») — VARUṆA (dieu du *ṛta* « Ordre, Vérité… »)
Protection de la communauté des hommes arya	ARYAMAN
Répartition des biens	BHAGA (« Part »)
II. Force physique et combattante	INDRA
III. Fécondité	(déesse variable, multivalente)
Santé, longue vie, prospérité, etc	les deux jumeaux NĀSATYA (« Guérisseurs »)

Rome	
Fonctions :	*Dieux :*
« Prima » ambigus	JANUS
I. Souveraineté	(DIUS –) JUPITER
Protection de la *pubes romana*, vitalité de Rome	JUVENTAS
Répartition des biens, stabilité de Rome	TERMINUS
II. Force physique et combattante	MARS
III. Prospérité rurale, masse, paix	QUIRINUS
Déesse multivalente et « extrema »	VESTA

Zoroastrime : [Dieu : AHURA MAZDĀH] (« Seigneur Sage »)	
Fonctions :	*Entités :*
Choix initial du bien et du mal	les 2 MAINYU (« Esprits »)
I. Souveraineté ; administration du salut	VOHU MANAH (« Bonne Pensée ») — AŠA (« Ordre, Justice »)
Protection de la communauté des hommes fidèles	SRAOŠA (« Obéissance, Discipline »)
Rétribution en ce monde et dans l'autre	AŠI (« Rétribution »)
II. Puissance au service de la religion : « le Royaume » du salut	XŠAΘRA (« Puissance » + métaux)
III. Fécondité ; piété	ĀRMAITI (« Piété » + Terre)
Santé, immortalité, biens de ce monde et de l'autre	HAURVATĀT (« Santé » + eaux) AMƏRƏTĀT (« Non-mort » + plantes)

Germanie	
Fonctions :	*Dieux :*
« Dieu cadre »	HEIMDALH
I. Souveraineté	TÝR (« Contrat ») — ÔÐINN (« Magie »)
Fils d'Ođinn	BALDR-HÖDR
II. Force physique et combattante	THORR
III. Prospérité	NJÖRDHR FREYR DIEUX VANES
Déesses multivalentes	FRIGG FREYJA

D.I.E., p. 90 et 102 (sauf pour la Germanie [1]).

1. La Germanie est ajoutée à titre d'information, mais elle se signale par plusieurs particularités. Cf. *infra* les tableaux des p. 149 à 169 (H. C.-B.).

Chapitre III
LES THÉOLOGIES TRIPARTIES

1. *Expressions théologiques de l'idéologie des trois fonctions.* Les théologies des divers peuples indo-européens ne sont pas, pour l'essentiel, des accumulations incohérentes de dieux déposés par les flux et reflux fortuits de l'histoire. Partout où nous sommes suffisamment informés, il est aisé de reconnaître un groupement central de divinités solidaires, qui se définissent les unes par les autres et se répartissent les provinces du sacré selon le plan dégagé dans le chapitre précédent. Ces groupements ont été longtemps, suivant les cas, négligés, niés ou mal compris. Leur reconnaissance, notamment celle du groupement indien et mitanien dont il va être d'abord question (1938 ; surtout à partir de 1945), est à l'origine des principaux progrès de nos études ; à l'origine aussi de nombreuses discussions, souvent agréables, parfois pénibles, généralement utiles, entre le comparatiste et les spécialistes des divers domaines.

2. *Les dieux caractéristiques des trois fonctions dans les hymnes et rituels védiques.* – Les prêtres de l'Inde védique, dans un certain nombre de circonstances rituelles importantes, pour des invocations, des offrandes ou des énumérations classificatoires, associent *Mitrá* et *Váruṇa*, qui sont les souverains de l'Univers, le dieu *Índ(a)ra*, qui est le guerrier par excellence, et deux dieux jumeaux, presque toujours

désignés au duel par un nom collectif, les *Nā́satya* ou *Aśvín*, guérisseurs, donneurs de postérité et de toutes sortes de biens. Parfois, au deuxième niveau, évidemment par analogie avec le peuplement binaire du premier et du troisième, Indra apparaît associé à un autre dieu, d'ailleurs variable (Vāyu, Agni, Sūrya, Viṣṇu, etc.).

Nous avons déjà vu (I, § 18) cette équipe divine (Mitra-Varuṇa, les deux Aśvin, Indra avec Agni ou Sūrya) invoquée pour obtenir la formation d'un fœtus mâle – objectif plus important dans ces temps archaïques qu'il ne le serait aujourd'hui ; l'ordre d'énumération, mettant les Aśvin au second rang, avant Indra, se justifie aisément, s'agissant d'une naissance, c'est-à-dire d'un événement qui est proprement de leur domaine. Avec une altération différente de l'ordre, qui met en évidence Indra, c'est ce même groupement qui constitue la liste des principaux « dieux en couples » invoqués au moment culminant de la pressée matinale dans le sacrifice-type de soma, à savoir Indra-Vāyu, Mitra-Varuṇa, les deux Aśvin (p. ex. *Śat. Brāhm.*, IV, 1, 3-5), et, par suite, c'est lui qui commande le plan d'un certain nombre d'hymnes du Ṛgveda inspirés de ce rituel. Le contexte de ces hymnes est souvent instructif, garantissant et éclairant la valeur fonctionnelle de chaque niveau divin ; par exemple dans I, 139, Indra-Vāyu sont clairement caractérisés par la présence à leur côté, dans leur strophe (str. 1), du mot *śárdhas*, terme technique qui désigne le bataillon des jeunes guerriers divins ; la strophe de Mitra-Varuṇa (str. 2) est remplie par les notions de *ṛtá* et d'*ánṛta* c'est-à-dire par l'Ordre, cosmique et moral, et par son contraire ; les Aśvin (str. 3) sont présentés comme des maîtres de deux variétés de « vitalité », *śríyaḥ* et *pṛkṣaḥ*. Dans les deux hymnes complémentaires I, 2 et 3, Indra-Vāyu sont qualifiés de *narā* « Männer, héros » (2, str. 6) ; de Mitra-Varuṇa (2, str. 8), il est dit que, « par l'Ordre, soignant l'Ordre, ils ont atteint à une haute efficience » ; quant aux Aśvin, ils « donnent jouissance à beaucoup » (3, str. 1).

3. *Listes ascendantes et descendantes.* – Plus souvent, l'ordre canonique, soit descendant, soit ascendant, est respecté. Voici d'abord deux cas très « purs », où Indra est seul à son niveau.

Dans le rituel archaïque et minutieux d'érection du très important autel du feu, au moment où l'on trace les sillons sacrés qui en délimitent l'emplacement, une invocation est faite à la vache mythique Kāmadhuk (« celle qui, quand on la trait, donne ce qu'on désire »). L'invocation contient la séquence divine qui nous occupe, dans le sens descendant, avec un prolongement qui en garantit les valeurs fonctionnelles : « Produis comme lait ce qu'ils désirent à Mitra et à Varuṇa, à Indra, aux deux Aśvin, à Pūṣan (dieu du bétail, et parfois des śūdra), aux créatures, aux plantes ! » (p. ex. *Śat. Brāhm.*, VII, 2, 2, 12). Dans une telle énumération ordonnée, au-dessus des plantes, des animaux, et éventuellement des hommes non-arya, Mitra-Varuṇa, Indra, les Aśvin ne peuvent patronner que trois variétés d'hommes arya, ceux qui correspondent respectivement et hiérarchiquement à leurs trois natures.

Dans un sacrifice offert pour obtenir certaines prospérités, les mêmes dieux sont invoqués, dans l'ordre ascendant, avec un complément collectif et exhaustif (*Taittir. Saṃh.*, II, 3, 10, 1b) : « Tu es le souffle des deux Aśvin... tu es le souffle d'Indra..., tu es le souffle de Mitra-Varuṇa..., tu es le souffle de Tous-les-Dieux ! »

Avec Agni associé à Indra, dans l'ordre descendant, la même séquence s'observe au début d'un texte spéculatif très intéressant (*R̥V*, X, 125 = *AV*, IV, 30, avec une légère variation dans l'ordre des strophes) : c'est le fameux hymne panthéiste mis dans la bouche d'un personnage qui est sans doute Vāc, la Parole, et qui, en tout cas, se présente comme le support et l'essence communs de tout ce qui existe. La première strophe est celle-ci : « Je vais avec les Rudra, avec les Vasu, avec les Āditya et avec Tous-les-Dieux ! C'est moi qui soutiens tous deux Mitra-Varuṇa, moi qui soutiens Indra-Agni, moi qui soutiens les deux Aśvin ! » Il est remarquable que, dans les strophes suivantes, analysant sa propre multivalence, ou comme elle dit, les « maints lieux » et « séjours » où « les dieux l'ont introduite » (*R̥V*, str. 3 = *AV*, str. 2), Vāc mette en valeur, comme parties de son œuvre par rapport aux hommes, respectivement (*R̥V*, str. 4, 5, 6 = *AV*, str. 4, 3, 5) la nourriture et la vie, puis la parole « goûtée des dieux et des hommes » et le bien qu'elle fait aux personnages sacrés *(brahmán, rsí)*, enfin l'arc, « la flèche qui tue l'ennemi du brahmán » et le combat, – et rien d'autre. Il est clair que, quelle qu'en soit l'intention doctrinale (on a parlé à cette occasion du Logos néoplatonicien), ce poème utilise dans son expression le plus vieux système conceptuel des Arya : par son exposé de notions parallèles (dieux, actes), il confirme que la séquence « Mitra-Varuṇa, Indra (seul ou accompagné), les deux Aśvin » réunit les patrons, les expressions théologiques des trois fonctions.

4. *Les dieux arya de Mitani.* – Parfois légèrement retouchée, selon des préoccupations qu'il est souvent possible de comprendre, cette même séquence se retrouve dans maint texte de l'Inde archaïque, mais j'en viens sans tarder au document le plus important. On sait aujourd'hui que, parmi les Indo-Iraniens, une branche parlant soit le futur « indien védique » soit un dialecte tout proche, et que l'on peut appeler les « Para-Indiens », au lieu d'émigrer vers l'est, vers l'Indus et le Pendjab, s'est fourvoyée vers l'ouest, sur l'Euphrate, jusqu'en Palestine, pour un destin brillant, mais éphémère, et a laissé des traces dans maint écrit cunéiforme. Alors que leurs frères orientaux, auteurs des hymnes védiques, échappent à l'histoire, ceux-ci, entourés par des peuples archivistes et, par eux, armés d'une écriture, sont localisables et datables avec une grande précision. Ce sont eux qui ont fait trembler et parfois crouler les vieux royaumes du Proche-Orient par leurs bandes de guerriers spécialistes, dont il a été parlé plus haut, ceux que les textes babyloniens et égyptiens appellent les *marianni*. Le groupe le plus intéressant de ces « Para-Indiens » est celui qui, encadrant et dirigeant un peuple d'autre origine, a fondé au milieu du deuxième millénaire, dans la boucle du haut Euphrate, l'empire hourrite de Mitani, que Hittites et Égyptiens ont dû, pour un temps, traiter d'égal à égal.

Or, en 1907, à Bogazköy, dans les archives d'un roi hittite, les fouilles ont découvert en plusieurs exemplaires le texte d'un traité conclu par ce prince, vers 1380, avec son voisin de Mitani, Mativaza. Restauré sur son trône par le Hittite qui lui avait en outre donné sa fille, le Mitanien établit une alliance en bonne et due forme avec son bienfaiteur. Le texte énumère les malédictions célestes qu'il accepte d'encourir s'il manque à sa parole. Selon l'usage, les deux contractants convoquent comme garants tout ce que leurs empires comptent de dieux. Or, parmi les dieux du Mitanien, à côté d'un grand nombre d'inconnus et de quelques autres qui se laissent reconnaître comme des divinités soit locales soit babyloniennes, on rencontre une séquence qui a été immédiatement identifiée par les indianistes et sur laquelle les philologues ont longuement travaillé, scrutant les particularités graphiques et grammaticales du texte. Aujourd'hui, l'énumération peut se rendre avec assurance comme suit : « … Les dieux *Mitra-*(V)*aruna* [variante *Uruvana*] en couple, le dieu *Indara* [var. *Indar*], les deux dieux *Nāsatya*… » Pendant plus de trente ans, faute d'avoir pris garde aux documents indiens védiques dont les principaux viennent d'être cités, on a proposé à cette réunion de dieux des explications étranges (W. Schulz, 1916-1917) ou insuffisantes (Sten Konow, 1921). Le Danois A. Christensen (1926), par une analyse serrée, s'est approché de la vérité, reconnaissant que Mitra-Varuṇa, Indra, les Nāsatya ne figurent pas à Bogazköy comme techniciens des actes diplomatiques ni comme intéressés par telle ou telle clause particulière, par exemple matrimoniale, du traité, mais bien parce qu'ils étaient les « dieux principaux » de la société arya ; malheureusement, il n'a « pensé » ce haut état-major divin que dans le cadre dualiste de l'opposition **asura-daiva*, capitale dans l'Iran, réelle, mais moins importante dans l'Inde védique, et l'a réparti artificiellement, contrairement aux indications du texte, en deux groupes, Mitra-Varuṇa d'une part, Indra-Nāsatya d'autre part. C'est seulement en 1940, grâce au dossier védique des trois fonctions et aux textes védiques qui associent les mêmes dieux que le traité de Bogazköy, qu'est apparue l'interprétation toute simple que j'ai résumée en ces termes en 1945 :

> À Bogazköy, sous Mitra-Varuna, dieux de la souveraineté, c'est-à-dire dieux qui patronnent le sacré et le juste, dieux de la royauté avec ses auxiliaires nécessaires, prêtres et juristes, on n'a pas, sur le même plan, « Indara et les Nāsatya », représentants doubles d'une même sorte de dieux ; on a, à un second niveau, Indara, le dieu de la fonction guerrière et de l'aristocratie militaire, des marianni ; puis, à un niveau encore inférieur, on a les patrons du tiers-état, les Nāsatya. En nommant ces dieux ensemble et dans cet ordre, le roi fait deux opérations précises : il engage,

avec lui-même, toute la société de son royaume présentée dans sa forme régulière ; et il évoque les trois grandes provinces du destin et de la providence. Cela correspond d'ailleurs au libellé des malédictions qu'il accepte d'encourir en cas de parjure : de sa personne à son peuple et à sa terre – stérilité, expulsion et oubli, haine générale de la part des dieux –, longuement, tout y passe.

5. *Signalement des dieux caractéristiques des trois fonctions dans la religion védique.* – Il ne sera pas inutile, pour aider le lecteur dans les analyses particulières qui suivront, de préciser dès maintenant en quelques mots, dans la perspective des trois fonctions, les orientations et aussi les limites de ces divers dieux, dont les archives de Bogazköy, confirmant les formules des hymnes et des rituels indiens, prouvent que le groupement formulaire est prévédique.

Voici comment ces valeurs ont été résumées dans mon petit livre *Les Dieux des Indo-Européens* (1952) :

> Ce n'est pas un hasard si le premier niveau est le plus souvent représenté par deux dieux : dans la souveraineté que concevaient ces très vieux Indiens, il y avait deux faces, deux moitiés, antithétiques mais complémentaires et également nécessaires, et ce sont elles qu'incarnent et patronnent les deux « rois », *Mitrá* et *Váruṇa*. Du point de vue de l'homme, Varuṇa est un maître inquiétant, terrible, possesseur de la *māyā́*, c'est-à-dire de la magie créatrice de formes, armé de nœuds, de filets, c'est-à-dire opérant par saisie immédiate et irrésistible. Mitra, dont le nom signifie le Contrat, et aussi l'Ami, est rassurant, bienveillant, protecteur des actes et rapports honnêtes et réglés, étranger à la violence. L'un, Varuṇa, dit un texte célèbre, est l'autre monde ; ce monde-ci est Mitra. Varuṇa est plus despote, plus dieu même, si l'on peut dire ; Mitra est presque un prêtre divin. Au sein de la première fonction, Varuṇa a plus d'affinité pour la deuxième, violente et guerrière ; Mitra pour la paisible prospérité qui fleurit grâce à la troisième. L'opposition est si nette qu'on a pu depuis longtemps souligner les traits presque démoniaques de Varuṇa : n'est-il pas l'*ásura* par excellence, et, dans les formes postvédiques de la religion comme déjà dans beaucoup de strophes du R̥gveda, les *ásura* ne sont-ils pas de mystérieux démons ?
>
> En *Índ(a)ra* se résume tout autre chose : les mouvements, les services, les nécessités de la force brutale qui, appliquée à la bataille, produit victoire, butin, puissance. Ce champion vorace, armé de la

foudre, tue les démons, sauve l'Univers. Pour ses exploits, il s'enivre du soma qui donne vigueur et fureur. Il est le Danseur, *nṛtú*. Son brillant et bruyant cortège, ce sont les Marut, transposition dans l'atmosphère du bataillon des jeunes guerriers, des *márya*. Par lui et par eux s'exprime une morale de l'exploit et de l'exubérance, qui s'oppose aussi bien à la toute-puissance rigoureuse et immédiate qu'à la bienveillante modération qui se réunissaient sur le premier niveau.

Les dieux canoniques du dernier niveau, les *Nā́satya* ou *Aśvin*, n'expriment qu'une partie du domaine beaucoup plus complexe qui est celui de la troisième fonction. Ils sont surtout des donneurs de santé, de jeunesse et de fécondité, des thaumaturges secourables aux infirmes comme aux amoureux, aux filles sans fiancé comme au bétail stérile. Mais la troisième fonction est bien plus que cela, non seulement santé et jeunesse, mais nourriture, mais abondance en hommes et en biens, c'est-à-dire masse sociale et richesse économique, et aussi attachement au sol, à cette jouissance paisible et stable des biens qui s'exprime en sanskrit par l'importante racine *kṣi-*. Aussi les Aśvin sont-ils souvent renforcés à leur niveau par des dieux et par des déesses qui patronnent d'autres aspects de la troisième fonction, la vie animale par exemple, l'opulence, la maternité (Pūṣan, Puraṃdhi, Draviṇodā, « le Maître du Champ », Sarasvatī et d'autres déesses mères), ou encore qui patronnent le caractère pluriel, collectif, total (les « Tous-les-Dieux », – paradoxalement conçus comme une classe particulière de dieux), qu'exprime bien le pluriel *viśaḥ* « les clans » que Ṛgveda VIII, 35, oppose déjà comme étiquette de la troisième fonction aux singuliers neutres *bráhman* et *kṣatrá*, qui caractérisent les deux fonctions supérieures.

I. – VARUṆA seul, plus souvent MITRA et VARUṆA (quelquefois avec un troisième Āditya, ARYAMAN ; rarement avec un quatrième, BHAGA).

II. – IND(A)RA seul, ou avec VĀYU ou AGNI (ou un autre associé variable).

III. – Les 2 AŚVIN (nommés plus anciennement NĀSATYA).

D.I.E., p. 9.

Nous avons ici un bon exemple de structure, une théologie articulée, dont il est difficile de penser qu'elle s'est faite par le rassemblement de pièces et de morceaux : l'ensemble, le plan conditionnent les détails ; chaque type divin, dans son orientation propre, exige la présence de tous les autres, ne se définit même que par rapport aux autres, avec la vivacité que seule produit l'antithèse. La reconnaissance de cette séquence divine et de son caractère prévédique a permis, en 1945, de faire un pas décisif dans l'interprétation des religions iraniennes, et d'abord de rendre compte d'un trait important, depuis longtemps remarqué, de la théologie avestique.

6. *Les dieux indo-iraniens des trois fonctions dans la réforme zoroastrienne.* – Rattachée au nom de Zoroastre, une profonde réforme, sans doute plutôt la somme d'une série de réformes progressives de même sens, a profondément altéré le paganisme ancestral. Mais, en considérant à la fois le résultat historiquement attesté de ce processus réformateur, et le point de départ préhistorique, déterminable aussi, puisqu'il était sûrement fort proche du tableau védique et prévédique aujourd'hui reconnu, certaines lignes directrices du mouvement apparaissent immédiatement.

Dans l'Avesta non gāthique, où est mitigé l'intransigeant monothéisme des Gāthā et où, sous le grand dieu Ahura Mazdā – sans doute lui-même sublimation de l'Asura majeur, de celui que l'Inde appelle Varuṇa – reparaissent des figures mythiques de haut rang portant les noms des principaux dieux de la liste de Bogazköy (*Miθra, Indra, Nå̊ŋhaiθya*), il est remarquable que Miθra reste un dieu, tandis qu'Indra (ainsi qu'un autre vieux dieu, Saurva, le védique Śarva, qui est en rapport différent, mais certain avec la force et la violence), et *Nå̊ŋhaiθya* – énoncés encore toujours dans cet ordre, comme, dans la formule indienne, Nāsatya suit Indra – sont les noms de grands démons : marque d'une réforme qui, opérée par des prêtres, hommes de première fonction, et destinée à imposer uniformément à toute la société mazdéenne la haute morale du premier niveau lui-même purifié, a rejeté, anathématisé, démonisé les patrons divins qui traditionnellement représentaient et justifiaient d'autres comportements : le déchaînement du guerrier et l'orgie moins sanglante, mais sans doute non moins libre, des cultes de la fécondité.

7. *Les Entités zoroastriennes.* – Quant à la nouvelle théologie monothéiste à l'état pur, celle des Gāthā, elle repose d'une autre manière sur le même schéma. Le trait saillant en est l'existence d'un groupe d'Entités abstraites, associées au Grand Dieu unique. Ces Entités n'ont pas encore de nom collectif, mais ce sont celles qu'on verra ensuite constamment groupées, dans un ordre fixe, sous le nom d'Aməša Spənta, « Immortels Bienfaisants (ou Efficaces) ». On discute pour savoir si, dans les Gāthā, ces Entités sont déjà des créatures ou des émanations séparées de Dieu – sortes d'archanges – ou simplement des aspects de Dieu ; mais cela ne change rien au problème de leur origine qui nous occupe ici.

La langue et le style des Gāthā sont fort obscurs, d'une obscurité volontaire et raffinée. Heureusement, pour s'orienter, on dispose de certaines considérations qui ne dépendent pas des incertitudes du mot à mot : 1°) Le sens et la structure grammaticale des noms qui désignent les Entités donnent quelques enseignements ; 2°) Les strophes, qui contiennent presque toutes le nom d'une ou de plusieurs Entités sont assez nombreuses pour permettre des observations statistiques – fréquence relative de chaque Entité, et aussi fréquence de leurs associations diverses – qui révèlent à elles seules des traits importants du système ; par exemple, si l'intention, la forme et la stylistique de ces hymnes lyriques n'engageaient pas les poètes à présenter les Entités en liste, dans leur ordre rationnel, comme feront plus tard les textes rituels en prose, cependant le tableau des fréquences de mention des Entités prises séparément, et par conséquent des importances relatives que les poètes leur attribuaient, reproduit exactement par avance l'ordre hiérarchique qu'elles auront toujours ensuite sous leur nom d'Aməša Spənta : cette hiérarchie existait donc déjà ; 3°) Un autre élément d'interprétation est fourni par la liste des « éléments matériels » que la tradition associera, terme à terme, à la liste des Entités, jumelage auquel les hymnes mêmes font des allusions certaines et précises ; 4°) Enfin, dans l'Avesta non gāthique, à chacune des Entités est opposé un archidémon qui, dans plusieurs cas, l'éclaire.

Le tableau est le suivant :

ENTITÉS ABSTRAITES :	ÉLÉMENTS MATÉRIELS PATRONNÉS :	ARCHIDÉMONS OPPOSÉS :
1. Vohu Manah (la Bonne Pensée)	bœuf	la Mauvaise Pensée
2. Aša (l'Ordre)	feu	Indra
3. Xšaθra (la Puissance)	métal	Saurva
4. Ārmaiti (la Pensée Pieuse)	terre	Nåŋhaiθya
5. Haurvatāṯ (l'Intégrité, la Santé)	eaux	la Soif
6. Amərətāṯ (la Non-Mort, l'Immortalité)	plantes	la Faim

8. *Les dieux indo-iraniens des trois fonctions transposés dans les Entités.* – De quelque manière – archanges ou aspects de Dieu – qu'on interprète les Entités, ce tableau suscite des questions : pourquoi ces six élus, et non pas tels autres qu'il serait aisé de concevoir ? Pourquoi cet ordre, et les groupements préférentiels, donc les affinités que révèlent les statistiques deux à deux, trois à trois, etc. ? Pourquoi, ne disposant que de si peu de places, les auteurs du système en ont-ils, en quelque sorte, gaspillé une à la fin, en doublant « Santé » par une toute voisine « Immortalité » qui, presque sans exception, est nommée avec elle ? Pourquoi ces places précises – 2, 3, 4 – données aux trois archidémons qui sont d'anciens dieux fonctionnels condamnés par la réforme ? Une confrontation de la liste des Entités zoroastriennes et de la liste védique et mitanienne des dieux fonctionnels montre où il faut chercher la solution d'ensemble.

1°) Les deux dernières Entités, dont les noms assonnent et qui sont à peu près inséparables, rappellent, par les notions toutes voisines qu'elles expriment et par les éléments matériels qui leur sont associés autant que par leur place hiérarchique, les jumeaux Nāsatya, indissociables, donneurs de santé et de vie, rajeunisseurs de vieillards, techniciens des vertus médicinales que contiennent les eaux et les plantes.

2°) Juste avant elles, la quatrième Entité est la Terre, en tant que mère et nourricière, et en même temps le modèle de la maîtresse de maison iranienne : elle rappelle ainsi la déesse variable (Sarasvatī notamment) qu'on voit parfois jointe aux Nāsatya dans les énumérations védiques pour signaler la troisième fonction. Ainsi, le domaine des trois dernières Entités zoroastriennes, toutes désignées par des substantifs féminins, alors que les supérieures sont nommées par des neutres (cf., en védique, *víś*, féminin, contre *bráhman* et *kṣatrá*, neutres), est celui de la troisième fonction ; de plus, en la personne d'Ārmaiti, c'est bien à une Entité de troisième fonction que le système oppose le mauvais Nå̊ŋhaiθya, démonisation (réduite à un personnage unique) des deux dieux canoniques de la même fonction, les Nāsatya.

3°) Au-dessus, la troisième Entité s'appelle *Xšaθra*, c'est-à-dire le mot même, *kṣatrá*, d'où dérivera le nom indien des *kṣatriya* et qui, dès Ṛgveda, VIII, 35, caractérise différentiellement la deuxième fonction, comme dans l'épopée narte des Ossètes, sous la forme *œxsœrtœg-*, il fournit différentiellement le nom de la famille des héros forts. Le « métal » qui lui est associé est le métal dans toutes ses valeurs, mais des textes explicites le précisent comme le métal des armes. L'archidémon qui lui est opposé, Saurva, porte le nom du védique Śarva, variété de Rudra, personnage complexe qui ne peut être ici examiné, mais qui, en sa qualité tout au moins d'archer et de père des Marut, est bien chez lui dans la deuxième fonction.

4°) Les deux premières Entités, les plus fréquemment priées ou mentionnées, les plus proches de Dieu, et volontiers associées, portent des noms significatifs : *Aša* est le mot avestique (cf. vieux-perse *Arta-*) correspondant à védique *ṛtá*, l'Ordre cosmique, rituel, social, moral, que patronnent les dieux souverains, mais principalement (et jusque dans les épithètes qui lui sont propres) l'inflexible et terrible Varuṇa ; Vohu Manah, « la Bonne Pensée », dans une série de passages gāthiques et dans toute la littérature non gāthique, est présenté au contraire comme proche de l'homme : tout de même que le bienveillant et amical Mitra est proche de l'homme, est « ce monde-ici », par opposition à Varuṇa, qui est « l'autre monde ». *Yasna*, XLIV, contient à cet égard deux strophes révélatrices, les strophes 3 et 4 : elles répartissent le cosmos lointain et notre proche décor entre Aša et Vohu Manah aussi nettement que le fait par exemple R̥gveda, IV, 3, 5, entre Varuṇa et Mitra (chacun avec des auxiliaires dont il sera question au chapitre suivant). L'élément matériel associé à Vohu Manah est le bœuf : or, dès l'époque indo-iranienne, on l'a reconnu depuis longtemps (notamment A. Christensen), le bœuf était sous la protection particulière du souverain Mitra. Enfin la mise en couple de l'Entité Aša et de l'archidémon Indra rappelle que plusieurs hymnes du R̥gveda mettent en scène des querelles entre le souverain Varuṇa et le guerrier Indra, dépositaires de deux morales dont la divergence tourne aisément en conflit.

9. *Intention de cette réforme zoroastrienne.* – D'autres remarques du même genre enrichissent et nuancent la confrontation, mais celles-ci suffisent pour fonder la solution du problème de l'origine des Aməša Spənta que j'ai longuement développée en 1945, dans mon livre *Naissance d'archanges* : *la liste des six Entités du zoroastrisme monothéiste a été calquée, démarquée, de la liste des dieux des trois fonctions dans le polythéisme indo-iranien ; plus exactement, d'une variante de cette liste, comme on en trouve dans l'Inde, qui, aux cinq dieux mâles nommés par exemple à Bogazköy, joignait dans la troisième fonction, tout près des Nāsatya, une déesse mère.* Pourquoi ce démarquage ? Pourquoi Zoroastre ou les réformateurs que résume ce nom n'ont-ils pas purement et simplement supprimé ces « faux dieux » ? Sans doute parce que, prêtres et philosophes, ils étaient attachés à la structure trifonctionnelle de leur savoir, en reconnaissaient l'efficacité comme moyen d'analyse et comme cadre de réflexion sur la vie ; sans doute aussi parce que les hommes, les Arya à qui s'adressait leur prédication et qu'ils voulaient persuader ou contraindre, étaient eux-mêmes attachés à cette forme de pensée et donc qu'il fallait leur fournir un substitut exact de ce qu'on leur enlevait ; sans doute enfin parce que, ainsi

présentée, la leçon était plus parlante : un des objets pratiques de la réforme, on l'a vu, était de détruire la morale particulière des groupes de guerriers et d'éleveurs, au profit de la morale, elle-même repensée et purifiée, de la fonction-prêtre ; en dressant par exemple à la place même où sévissait jusqu'alors l'autonome Indra, l'exemplaire figure d'une « Puissance », *Xšaθra*, toute dévouée à la sainte religion, on portait aux tenants du vieux système un coup plus rude que n'eût été la simple négation du dieu païen et la suppression de cette province de la théologie païenne. En un sens, on peut dire que la réforme zoroastrienne, pour ce qui est des Entités, a consisté à substituer à chaque divinité de la liste trifonctionnelle un équivalent gardant son rang mais, pour l'essentiel, vidé de sa nature et animé d'un nouvel esprit, du seul esprit conforme à la volonté et aux révélations du Dieu unique. Ainsi s'explique l'impression décourageante qu'éprouvent les étudiants au premier contact des Gāthā : malgré leurs noms divers, toutes ces Entités qui s'y meuvent semblent équivalentes, interchangeables. Ainsi s'explique aussi que tous les Aməša Spənta, quels que soient le niveau et le dieu fonctionnels à partir desquels chacun a été sublimé, fassent uniformément penser, quant à leur comportement, au groupe indien des dieux du premier niveau, aux dieux souverains, aux Āditya dont Mitra et Varuṇa sont les principaux. Cette analogie, qui est un fait incontestable, et que B. Geiger et K. Barr ont eu raison de fortement marquer, n'en a pas moins bloqué le problème de l'origine des Entités dans une impasse : elles ne sont pas les équivalents normaux, anciens, des dieux souverains védiques, mais bien, énergiquement ramenés au type unique d'une « sainteté » exigeante, les équivalents des dieux védiques des trois niveaux : des souverains certes, mais aussi, sous les souverains, du dieu violent et des dieux vivifiants qui les complétaient.

Dieux fonctionnels indo-iraniens	→ Entités (Archanges) de l'Avesta (sous AHURA MAZDĀH) :	Archidémons opposés aux Archanges dans l'Avesta postgāthique
I. MITRA VARUṆA	VOHU MANAH AŠA	[nouvelle fabrication] INDRA
II. INDRA (+ RUDRA-ŚARVA, etc.)	XŠAΘA	SAURVA
III. Déesse (SARASVATĪ, etc.)	ĀRMAITI	NĀṄHAIΘYA
les 2 jumeaux NĀSATYA	HAURVATĀT AMƏRƏTĀT	[nouvelle fabrication]

D.I.E., p. 21.

10. *Les dieux indo-iraniens des trois fonctions et les explications chronologiques.* – Cette explication des Aməša Spənta, immédiatement admise par beaucoup d'iranisants, a reçu plus tard des prolongements dont nous retrouverons quelques-uns au chapitre suivant (III, § 8). Je dois me borner ici à en souligner la principale conséquence du point de vue comparatif. Reportant aux temps indo-iraniens la liste canonique mitanienne et védique des dieux des trois fonctions avec leur hiérarchie, elle interdit toute tentative d'expliquer cette liste et cette hiérarchie par des événements de l'histoire ou de la préhistoire récente des temps védiques. Indra n'est pas, ne peut plus être considéré comme un « grand dieu » que, par exemple, les conditions sociales et morales d'une époque de conquête seraient « en train de » substituer à un plus ancien « grand dieu », Varuṇa, qui lui-même, un peut plus tôt, aurait développé son prestige aux dépens d'un plus vieux dieu Mitra : si tel était le cas, comment comprendrait-on que cette situation, par nature éphémère, que ces rapports instables de dieux en croissance et de dieux en recul se fussent fixés, cristallisés au même stade d'évolution, – dessinant le même tableau d'ensemble, arrêtant pour des siècles au même maximum le progrès d'un des termes, au même

minimum l'effacement d'un autre – chez les Para-Indiens de Mitani, dans les hymnes et rituels proprement védiques, et encore dans le polythéisme iranien qui se laisse lire en filigrane sous la théologie de Zoroastre ? « L'histoire » ne peut avoir été à ce point trois fois identique, avoir eu des effets intellectuels si semblables dans ces trois sociétés précocement séparées. La seule interprétation plausible est que les Indo-Iraniens encore indivis, quel que fût leur point de départ, étaient arrivés au bord de leurs Terres Promises en possession d'une théologie où les rapports de *Varuna avec *Mitra, d'*Indra avec *Varuna, étaient déjà ce qu'ils sont restés dans les hymnes, et que, par conséquent, ces rapports et le groupement de dieux qu'ils soutiennent, loin d'être les résultats fortuits d'événements, sont un donné conceptuel, philosophique, une analyse et une synthèse dont chaque terme suppose les autres aussi fortement que « la gauche » appelle « la droite », bref une structure de pensée. Les témoignages qu'on a cru parfois trouver dans les hymnes védiques d'un recul de Varuṇa devant Indra par exemple, s'expliqueront donc autrement : les hymnes où ces dieux se défient, où s'opposent leurs vantardises, l'hymne même où Indra se glorifie d'avoir éliminé Varuṇa, ne sont que des mises en drame de la tension qui existe entre « l'aspect Varuṇa » de la fonction souveraine et la fonction d'Indra, et qui doit exister pour que la société en ressente pleinement le bienfait. Les mythes rattachés aux patrons divins des fonctions doivent au moins en partie illustrer avec netteté la divergence de ces fonctions, et ils peuvent le faire sans les ménagements et compromis que la pratique sociale impose : il est clair, par exemple, que la souveraineté magique absolue et la pure force guerrière, si elles étaient poussées à l'extrême, aboutiraient à des conflits, – et de fait, à certains moments de la vie de la société, par de tels conflits, se produisent usurpations, ou anarchie, ou tyrannie. C'est ce qu'exprime la théologie des rapports de Varuṇa et d'Indra, telle qu'elle ressort des hymnes : dans la très grande majorité des cas, ils collaborent, mais, dans quelques textes dialogués, les poètes sont allés à cet extrême qu'évitent sagement les politiques et, pour mieux les définir, les « voir » et les « faire voir », les ont opposés comme des rivaux. État de choses, exercice rhétorique sûrement anciens, puisque, on l'a vu, le zoroastrisme a choisi Indra excommunié, démonisé, pour en faire l'adversaire particulier d'Aša, c'est-à-dire de l'Entité en qui, purifié, survit *Varuṇa.

11. *Communications entre les dieux des trois fonctions.* – Cette observation doit être aussitôt complétée par une autre, inverse. La définition fonctionnelle des trois niveaux divins est statistiquement rigoureuse (la littérature védique est assez abondante pour que la statistique y trouve une prise certaine), c'est-à-dire nette non seulement dans les textes où ils sont intentionnellement classés ou du moins groupés, mais aussi dans la grande majorité des textes où un poète ne considère ou n'invoque que les dieux d'un seul niveau sans penser aux autres. Mais, dans toute religion, les effusions de la piété, de l'espérance, de la confiance débordent parfois les cadres théoriques du catéchisme, et cela est surtout vrai dans l'Inde dont l'effort de pensée, au cours des temps historiquement observables, – et cette tendance est déjà sensible dans les hymnes – a si souvent tendu à reconnaître l'identité profonde de l'être sous la diversité des apparences ou des notions et, pour exprimer sensiblement ce dogme des dogmes, à prêter aux unes les attributs des autres. De plus, dans la pratique, ce qui intéresse l'homme pieux, c'est assurément la diversité des secours qu'il peut recevoir et des portes mystiques auxquelles il peut frapper, mais c'est aussi et surtout la solidarité et la collaboration de tous les dieux qui lui répondent. Enfin, dans les œuvres mêmes pour lesquelles les hommes appellent les dieux, il arrive que la totalité ou plusieurs parties de l'équipe fonctionnelle se trouvent requises et, en outre, des spécialistes qui lui sont extérieurs. L'exemple majeur est celui de la pluie, qui gonfle les eaux du sol, qui fournit directement ou indirectement le type de richesse pastorale et agricole, la santé même, dont s'occupent les dieux de la « troisième fonction » ; mais elle est obtenue par la bataille céleste, arrachée sous forme de rivières ou de vaches célestes aux démons avares de la sécheresse, et cela est l'affaire, la grande affaire d'Indra et de ses auxiliaires, notamment de la horde guerrière des Marut ; liant le ciel et la terre et assurant la survie du monde, elle n'intéresse pas moins les dieux souverains ; opération technique enfin,

elle a, semble-t-il, son spécialiste en Parjanya. Mais pourquoi le poète s'astreindrait-il à toujours faire cette juste et stricte distribution des mérites ? L'œuvre est commune, unitaire donc est la louange. Et l'on ne s'étonnera pas que le grand guerrier Indra soit si souvent célébré dans le résultat aussi bien que dans la forme de son action, comme donneur de fécondité et de richesses. Mais le lecteur soucieux de théologie ne devra jamais oublier la manière violente qu'il a de procurer des troupeaux ou de libérer les eaux : il n'est pas une Sarasvatī masculine, il n'est pas du cercle des Pūṣan et des Draviṇodā.

12. *Théologies des trois fonctions chez d'autres peuples indo-européens.* Si une telle équipe divine a ainsi sûrement existé chez les Indo-Iraniens avant leur division, comme l'idéologie tripartie, nous l'avons vu au premier chapitre, est plus ancienne encore et doit être reportée aux temps indo-européens, il était légitime et nécessaire de rechercher, dans les théologies des autres peuples indo-européens anciennement et suffisamment connus, si des équipes analogues ne sont pas attestées par des usages formulaires et rituels. Cette enquête, entreprise dès 1938, a immédiatement donné des résultats sur les domaines italique et germanique. Mais, du même coup, sur ces deux domaines où les spécialistes, à l'aise dans leur autonomie, avaient depuis longtemps construit de majestueuses et savantes explications de toutes choses, l'interprétation nouvelle a dû remettre en question tant de pseudo-faits, montra la faiblesse de tant de pseudo-démonstrations qu'elle n'a pas été, généralement, la bienvenue. En gros, les oppositions sont surtout nées de ce que les « philologies séparées », soit scandinave, soit latine, s'étaient habituées à penser chronologiquement – selon une chronologie toute hypothétique et subjective – la préhistoire, la « formation » des tableaux théologiques complexes que leur présentaient les plus anciens documents, alors que, regardés dans la perspective comparative dont les grandes lignes viennent d'être rappelées, ces tableaux s'interprètent immédiatement, pour l'essentiel, comme des structures conceptuelles exprimant la distinction et la collaboration des trois fonctions déjà explicitées par les Indo-Européens.

13. *Jupiter Mars Quirinus et Juu-, Mart-, Vofion(o)-*. – Les deux sociétés italiques – l'une ombrienne, l'autre latine – sur lesquelles des textes bien articulés nous informent, Iguvium et Rome, présentent deux variantes d'une triade dont les deux premiers termes sont identiques : *Juu-, Mart-, Vofion(o)-* à Iguvium ; *Jupiter, Mars, Quirinus* dans la Rome la plus ancienne, précapitoline. Ce parallélisme, à lui seul, engage à ne pas chercher à la triade romaine, comme il est usuel, une explication fondée sur les hasards, sur les apports successifs, sur les compromis d'une histoire locale, car comment deux suites d'événements indépendants eussent-ils pu susciter deux théologies, deux hiérarchies divines si semblables ?

14. *La triade précapitoline*. – L'existence de la triade romaine, qu'on a voulu aussi contester, n'est pas douteuse ; elle est mise en évidence par le fait que ces dieux sont restés à travers toute l'histoire romaine desservis par trois prêtres sans homologues, rigoureusement hiérarchisés (*ordo sacerdotum* : Festus, p. 198 Lindsay), qui sont, sous le seul *rex sacrorum*, héritier réduit et sacerdotal des anciens rois, les plus hauts prêtres de l'État : les trois *flamines maiores*, à savoir le *dialis*, le *martialis*, le *quirinalis*.

Véritable fossile à l'époque historique, repoussée hors de l'actualité par la triade bien différente que forment Jupiter O.M., Juno Regina, et Minerua, cette triade précapitoline est restée liée à plusieurs rituels et représentations évidemment archaïques. Une fois l'an, à une cérémonie dont on attribuait la fondation à Numa (Tite-Live I, 21, 4), les trois flamines maiores traversaient solennellement la ville dans une même voiture et faisaient conjointement un sacrifice à la déesse Fides. Les prêtres Salii, qui gardaient, parmi les douze ancilia indiscernables, le talisman tombé du ciel, auquel était attachée la fortune de Rome, étaient *in tutela Jouis Martis Quirini* (Servius, *ad Aen.*, VIII, 663). Le tragique rituel de la *deuotio*, par lequel le général romain dont l'armée était en péril se livrait aux dieux souterrains en même temps que l'armée ennemie, était introduit par une formule, par une énumération de dieux que Tite-Live (VIII, 9, 6) s'est sûrement appliqué à transcrire exactement et qui, après Janus, dieu de tous les commencements, nommait d'abord la vieille triade :

Jane, *Jupiter, Mars Pater, Quirine*, puis Bellona, les Lares, etc. Lors de la conclusion d'un traité, à en juger par Polybe (III, 25, 6), c'est Jupiter d'abord, puis Mars et Quirinus que les prêtres féciaux prenaient comme témoins.

Le caractère commun de ces circonstances où la triade précapitoline est présentée comme telle, est que le corps social de Rome y est intéressé dans son ensemble et dans sa forme normale : maintien de la fides publica sans laquelle la cohésion sociale est impossible ; protection continue ou urgente ; engagement diplomatique. Le sacrifice à Fides est particulièrement révélateur, étant la seule circonstance connue où les trois flamines maiores agissent ensemble ; mais ils le font alors ostentatoirement et l'unité de la voiture, l'unité de l'opération sacrée prouvent qu'il s'agit de mettre sous la garantie de Fides l'unité de trois « choses » que Jupiter, Mars et Quirinus patronnent distributivement, trois « choses » dont la synthèse ou l'ajustement sont essentiels à la vie de Rome. Quelles sont ces « choses » ?

15. *Valeur du Jupiter et du Mars de la triade précapitoline*. – La réponse ne nécessite pas grand effort, pourvu que l'on préfère le sentiment déclaré par les Romains eux-mêmes aux constructions hardies, faites depuis trois quarts de siècle par les épigones de Wilhelm Mannhardt ou par des archéologues peu conscients des limites de leur art ; pourvu, aussi, qu'on n'oublie pas que des dieux n'ont pu être ainsi associés et hiérarchisés, aussi bien à Iguvium qu'à Rome, que parce qu'ils rendaient des services différenciés et complémentaires ; pourvu enfin qu'on attache un prix particulier, s'agissant des dieux des trois flamines maiores, à ce qu'enseignent les offices de ces prêtres. Si l'on observe cette règle et ces précautions, on reconnaîtra d'abord que le Jupiter, et en même temps (le chapitre suivant montrera le sens de cette nuance) le Dius, que le flamen dialis sert par ses actes, par son comportement et par d'innombrables obligations positives et négatives, est le dieu qui, du haut du ciel, préside à l'ordre et à l'observation la plus exigeante du sacré, garant de la vie, de la

continuité et de la puissance romaines. Quant à Mars, imperturbablement docile à l'enseignement de milliers de textes épigraphiques et littéraires, on verra en lui le dieu combattant de Rome, patron de la force physique, de cette force qui peut bien, comme celle du védique Indra, en trois ou quatre circonstances (pas davantage), être orientée par le paysan romain au profit de ses bœufs qui, eux aussi, ont besoin d'être forts, ou de ses récoltes dont tant de malins génies, invisibles ou visibles, menacent le succès, mais qui, depuis les fabuleuses origines jusqu'au déclin de l'empire, est restée, dans l'écrasante majorité des emplois connus, la force qui donne la victoire.

16. *Quirinus.* – Pour Quirinus, le seul « vieilli » des trois dieux à l'époque historique, les érudits anciens ont généreusement construit, sur des à-peu-près étymologiques d'un type alors courant, des théories contradictoires qui compliquent le travail ; mais nous disposons heureusement des offices remplis par son flamen, de plusieurs autres faits cultuels, de son nom, et de quelques indications objectives des anciens. Ces diverses sources d'information donnent un tableau complexe, mais cohérent :

1°) Nous connaissons trois circonstances où officie le flamen quirinalis. Aux Robigalia du 25 avril, il sacrifie un chien dans un champ près de Rome et détourne ainsi (vers les armes guerrières, ajoute Ovide) la rouille qui menace les épis. Aux Consualia du 21 août, il sacrifie à l'autel souterrain de Consus, dieu du grain mis en réserve (condere) ; le 23 décembre, il sacrifie au « tombeau » de Larentia la courtisane qui incarne, dans une histoire célèbre, la volupté, la richesse et la générosité, et qui a mérité de recevoir un culte en léguant finalement sa grande fortune au peuple romain. La fête propre de Quirinus, les Quirinalia du 17 février, coïncide avec (et probablement n'est que) le dernier acte des Fornacalia, c'est-à-dire des fêtes curiales de la torréfaction des grains. Dans les deux autres circonstances cultuelles où il apparaît, Quirinus est associé à la déesse Ops, c'est-à-dire l'Abondance rurale personnifiée : une inscription enseigne que, le 23 août, aux Volcanalia, Quirinus et Ops figurent parmi les divinités honorées sans doute contre les incendies (*CIL*[1], I², p. 326) ; la légende justifiant l'existence des Salii de Quirinus montre que le vœu fondant ce collège a été fait pour la même raison que le vœu fondant la fête d'Ops et de Saturne. Toutes ces données, qui constituent l'entier dossier cultuel du dieu, attestent que son activité est uniformément et uniquement en rapport avec les grains (trois fêtes, dont la sienne), avec les divinités agricoles Consus et Ops, avec la richesse et le sous-sol. Dans le même sens va le fait que, en 390, à l'approche des Gaulois, quand il fallut *enterrer* les objets sacrés de Rome, ce n'est pas, comme on eût pu l'attendre, au rex ni au flamen dialis, premiers prêtres de l'État, qu'incomba cette tâche, mais au flamen quirinalis.

2°) Le nom de Quirinus est sûrement inséparable de celui des *Quirites*, c'est-à-dire de l'ensemble des Romains considérés dans leurs activités civiles, par opposition totale – une anecdote bien connue de la vie de Jules César le prouve – à ce qu'ils sont comme *milites*. P. Kretschmer avait proposé d'expliquer *Quirites*, solidairement avec *curia* (volsque *couehriu*), comme « les hommes rassemblés dans leurs cadres sociaux », *Quirinus* étant (cf. *dominus* de *domus*, etc.) le patron de cette entité de la « masse sociale organisée » *(*co-uir-i$^{o}/_{a}$-)* ; l'étymologie, satisfaisante en elle-même, a été rendue très probable par V. Pisani (1939) et, indépendamment, par É. Benveniste (1945), qui ont montré que le nom de l'homologue de Quirinus dans la triade ombrienne « Jupiter Mars Vofionus » peut être l'aboutissement phonétique rigoureux d'un **Leudh-yono* « patron de la masse » (cf. allemand *Leute*, lat. *liberi* « la masse des hommes libres, les enfants de naissance libre », etc.), exact parallèle et synonyme de lat. **Couirī-no-*. Masse sociale et paix sont, autant que la culture du sol, des aspects attendus de la troisième fonction.

3°) Mais le style de cette paix est marqué de l'empreinte romaine, il contribue à l'étonnant mécanisme qui, en quelques siècles, a conquis et romanisé l'Italie, la Méditerranée, l'Ancien Monde, et établi le lourd bienfait de la pax romana. Il ne s'est jamais agi pour les Romains d'une paix aveugle et jouisseuse, mais vigilante, où les

1. *Corpus Inscriptionum Latinarum* (H. C.-B.).

armes étaient déposées, mais entretenues, où les civils, *Quirites*, étaient aussi des mobilisables, les *milites* de demain, où les comitia légiférant n'étaient que l'exercitus urbanus, sans son équipement, mais dans ses cadres ; d'une paix, enfin, où l'on songeait beaucoup à la guerre. C'est ce régime, cet état d'esprit que patronne Quirinus et qu'exprime excellemment un trait de son statut : un des flamines minores, le Portunalis – c'est-à-dire sans doute le dieu des portes *(portae)* de la ville, avant d'être celui des ports *(portus)* – a la charge de graisser les « armes de Quirinus » (Festus, s. v. *persillum*, p. 238 Lindsay), c'est-à-dire d'accomplir le geste de tout mobilisable pour les armes dont il ne se sert pas actuellement, mais dont il veut pouvoir soudain se servir. Cette ambivalence « Quirites-milites » des Romains eux-mêmes, cette conception militaire de la paix romaine, expliquent suffisamment que Quirinus ait été considéré comme une variété de Mars et que les Grecs, qui concevaient autrement l'*εἰρήνη*, aient choisi pour traduire son nom celui d'un vieux dieu guerrier différent d'Arès, *'Ενυάλιος*. Mais on ne saurait trop méditer dans ce contexte deux notes du commentateur de Virgile, Servius, jugées naguère encore « absurdes », auxquelles la nouvelle perspective « trifonctionnelle » a conféré leur pleine valeur (*ad Aen.*, I, 292 ; VI, 859) :

> ... Mars est dit Gradiuus quand il est en fureur *(cum saeuit)* ; lorsqu'il est paisible *(cum tranquillus est)*, Quirinus. Il a deux temples à Rome : l'un à l'intérieur de la ville, en qualité de Quirinus, c'est-à-dire de gardien et de dieu paisible *(quasi custodis et tranquilli)*, l'autre sur la voie Appienne, hors de la ville, près de la porte, en tant que dieu guerrier ou Gradiuus *(quasi bellatoris uel Gradiui)*...
>
> ... Quirinus est le Mars qui préside à la paix *(qui praeest paci)* et a son culte à l'intérieur de Rome ; car le Mars de la guerre *(belli Mars)* avait son temple hors de Rome.

17. *Jupiter Mars Quirinus et les composantes légendaires de Rome*. – Ce rapide exposé, dépouillé des innombrables discussions qu'il a fallu soutenir sur presque tous les points, suffit à montrer quelle est, dans l'unité harmonieuse de la triade précapitoline, l'orientation propre et l'équilibre interne de chaque terme. Ciel, et essence même de la religion comme support de Rome ; force physique et

guerre ; agriculture, sous-sol, masse sociale et paix vigilante : ces étiquettes définissent trois domaines complémentaires, dessinent bien une structure qui, étant sûrement antérieure à Rome et à Iguvium, donc au moins italique, et d'autre part étant si proche de la structure indo-iranienne, a bien des chances de remonter aux temps indo-européens.

Il n'est pas inutile de rappeler ici les valeurs fonctionnelles dont apparaissent chargées, dans les récits sur les origines de Rome, les trois composantes ethniques, bases légendaires des trois tribus : Romulus – *rex* et *augur* – et ses compagnons sont les dépositaires du pouvoir souverain et des auspices ; ses alliés étrusques, sous le commandement de Lucumon, sont les spécialistes de l'art militaire ; ses ennemis, Titus avec les Sabins, sont pourvus de filles, sont riches en troupeaux et, de plus, répugnent à la guerre et font le possible pour l'éviter, l'ajourner. Une variante fréquemment attestée, nous l'avons rappelé (I, § 7), économise la composante étrusque et concentre les deux premières caractéristiques sur Romulus et ses compagnons. Sous cette forme, la triade précapitoline se répartit très adéquatement entre les deux groupes d'adversaires et futurs associés : Romulus est constamment le protégé de Jupiter (les auspices initiaux ; Jupiter Feretrius et Jupiter Stator dans la bataille), mais, fils de Mars, il se trouve réunir sur lui les faveurs des deux premiers dieux de la triade ; tandis que Quirinus (dans cet ensemble légendaire seulement) est considéré comme un dieu sabin, « le Mars sabin », apporté en dot par Titus Tatius à Rome dans la réconciliation finale en même temps que le nom collectif de « Quirites » (mais cette pseudo-sabinité de « Quirites » et Quirinus, bien que conforme à la caractérisation des Sabins de la légende comme porteurs de la troisième fonction, s'explique principalement par le jeu de mots, populaire chez les érudits de Rome, « Quirites-Cures »). On sait qu'une autre forme de la légende, incompatible avec celle-ci, fait de Quirinus le nom posthume de Romulus, réunissant ainsi sur le seul fondateur, par les auspices, par la filiation et par l'apothéose, les trois termes de la triade divine.

18. *Variantes de la triade Jupiter Mars Quirinus.* – De la légende des origines, Varron (*De ling. lat.*, V, 74) et Denys d'Halicarnasse (II, 50) nous ont gardé un trait important : lors de la réconciliation de Romulus et de Titus Tatius et de l'entrée des Sabins de Titus Tatius dans la communauté dorénavant complète et viable, chacun des deux rois institue des cultes et, tandis que Romulus ne fonde que *le seul* culte de Jupiter, Titus Tatius met en circulation, en même temps que Quirinus, *un grand nombre* de dieux et de déesses qui tous ont des rapports avec la vie rurale, ou la fécondité, ou le monde souterrain. Cette tradition est fort intéressante, d'abord parce qu'elle souligne ce qui a été déjà signalé à propos de l'Inde (II, § 5), la multiplicité d'aspects, l'inévitable morcellement de cette « troisième fonction » qu'incarne Titus Tatius, mais surtout parce que, parmi les « dieux de Titus Tatius » (qui ne sont certainement pas sabins, mais bien romains en dépit de la coloration ethnique de la légende), plusieurs figurent en troisième terme dans des triades qui ne sont que des variantes de la triade canonique « Jupiter Mars Quirinus » : telle Ops (dont les rapports avec Quirinus ont été déjà signalés), telle Flora.

Les trois groupes de cultes de la Regia, de la « maison du roi », correspondant sans doute aux trois chambres dont on constate encore la juxtaposition dans les ruines, sont : 1°) des cultes assurés par les personnages sacrés du plus haut rang, le rex (à Janus), la regina (à Juno) et la femme du flamen dialis (à Jupiter lui-même) ; 2°) les cultes guerriers du sacrarium Martis ; 3°) les cultes du sacrarium Opis Consiuae, de la déesse de l'Abondance. Cette collocation des trois niveaux fonctionnels manifestait sensiblement que la même forme de religion qui s'analysait, se dissociait, dans les personnes des trois grands flamines, refaisait au contraire sa synthèse quand elle passait aux mains du rex, quand c'était le rex, non plus incarnation mais, au nom de Rome, utilisateur des forces sacrées, qui l'administrait.

Quant à la triade « Jupiter, Mars, Flora » (celle-ci remplacée plus tard par Vénus), c'est elle qui paraît avoir patronné les trois chars des courses primitives (eux-mêmes en relation avec les trois tribus fonctionnelles et avec les trois couleurs blanc, rouge, vert : v. ci-dessus, I, § 21) ; Flora méritait deux et trois fois cette place, et par sa puissance sur la végétation, et par la légende qui faisait d'elle un doublet de la riche courtisane Larentia, et parce qu'elle était assimilée à Rome même, sans doute à la masse romaine plutôt qu'à l'entité politique, que patronnait Quirinus. Une autre variante de la triade, « Jupiter, Mars, Romulus-Rémus », présente Romulus sous un tout autre aspect (jusqu'à la fondation de Rome : jumeau, pasteur, etc.) et rappelle que la liste canonique indo-iranienne confiait à deux dieux jumeaux la représentation et la protection du troisième niveau.

19. *Les dieux des trois fonctions en Scandinavie.* – Dans le paganisme scandinave, une triade du même type est bien connue, celle que forment *Óđinn, Þórr* et *Freyr* (ou, solidairement, comme dernier terme, *Njörđr* et *Freyr*). Mais elle aussi, autant et plus que la triade romaine précapitoline, a été expliquée – de manières fort variables – selon des schémas d'évolution, comme le résultat de compromis, de syncrétismes entre des cultes successivement apparus. La critique de ce type d'explications, faciles et séduisantes, qui croient sortir logiquement des données archéologiques mais qui s'y superposent artificiellement, a été maintes fois faite, et devra l'être encore, car l'expérience montre qu'on n'y renonce pas volontiers. Dans le plan réduit du présent livre, nous devrons simplement en faire abstraction, et déclarer que, de H. Petersen (1876) à K. Helm (1925, 1946, 1953), de E. Wessén (1924) à E.A. Philippson (1953), les très nombreuses tentatives pour prouver que la « promotion » de *Wōþanaz est chose récente, qu'il s'est « substitué » à *Tiuz, ou que, en Scandinavie, le plus ancien « grand dieu » est Þórr, à moins que ce ne soit Freyr, n'ont pas réussi, ne pouvaient pas réussir, en dépit de l'intelligence, de l'érudition et du talent de leurs auteurs. Nous nous en tiendrons aux faits.

Et d'abord à l'existence même de la triade comme telle. C'est elle (O., þ, F.) qu'Adam de Brême a vu régner au temple d'Upsal et dont il décrit le mécanisme trifonctionnel (*Gesta Hammaburgensis eccl. pontificum*, IV, 26-27) ; c'est elle qui soutient des formules de malédiction aussi bien dans les poèmes eddiques que chez les scaldes (O., þ, F.-N. : *Egilssaga*, 56) ; c'est elle qui se dégage du récit de la bataille eschatologique (O., Þ., F. : *Völuspá*, 53-56), chacun de ces trois dieux luttant contre un des assaillants majeurs et succombant sous ses coups ; c'est elle qui se répartit les joyaux divins (O., Þ., F. : *Skáldskaparmál*, ch. 44) ; c'est elle que suppose toute la mythologie, où les autres divinités – sauf la déesse Freyja, étroitement associée à Freyr et à Njörđr et qui les complète – sont comme des comparses entourant ces seuls « premiers rôles » et se définissant par rapport à eux.

20. *Dieux Ases et dieux Vanes.* – On se rappelle que, dans la légende de ses origines, Rome réduisait souvent à deux ses composantes, bien qu'elles dussent aboutir à trois tribus et représenter trois fonctions : le rex-augur Romulus et ses compagnons ont *deos et uirtutem*, la puissance sur le sacré et les talents guerriers, les domaines de Jupiter et de Mars, tandis que Titus Tatius et ses Sabins apportent à l'ensemble leur spécialité, c'est-à-dire les femmes et la richesse, *opes*. Le tableau scandinave de la formation de la société divine complète est du même type : les composantes, elles aussi assemblées par une réconciliation et une fusion consécutives à une terrible guerre, sont au nombre de deux, les Ases et les Vanes, – les Ases, dont Óđinn est le chef et Þórr le plus distingué après lui ; les Vanes, dont Njörđr, Freyr et Freyja sont les plus éminents, les seuls même individuellement nommés.

Or la distinction fonctionnelle des Ases et des Vanes est claire et constante. Les Vanes, et spécialement les deux dieux et la déesse qui en incarnent le type au maximum, même s'il leur arrive d'être ou de faire autre chose, sont d'abord des dieux riches (N., F., Fa.) et des donneurs de richesse, patronnant (F., Fa.) le plaisir, la lascivité même, et la fécondité, et aussi (Nerthus, F.-Fróđi) la paix, et enfin sont liés, spatialement et économiquement, au sol en tant qu'il produit les moissons (N., F.) ou à la mer en tant que lieu de la navigation et de la pêche (N.). À ces traits dominants s'opposent ceux des principaux Ases. Ni Óđinn ni Þórr, certes, ne se désintéressent de la richesse, du sol, etc. Mais, aussi anciennement que la mythologie scandinave nous est connue, leurs centres sont ailleurs : l'un est le plus puissant magicien, maître des runes, chef de la société divine ; l'autre est le dieu au marteau, l'ennemi des géants, auxquels d'ailleurs il ressemble (qu'on pense à sa « fureur »), le dieu tonnant (dans son nom même) et, s'il sert le paysan et lui donne la pluie, c'est, même dans le folklore moderne, comme un sous-produit de sa bataille, par manière violente et atmosphérique, non terrienne et progressive.

Le sens qu'il faut donner à cette distinction des Ases et des Vanes est le problème central qui commande toute interprétation des religions scandinaves, et, de proche en proche, germaniques, celle aussi où les explications chronologiques et historiques (d'histoire imaginaire !) affrontent avec le plus de vivacité les explications structurales et conceptuelles. Les faits réunis depuis le début de ce livre apportent un grand renfort aux structuralistes : le parallélisme des théologies indo-iraniennes et italiques fait précisément attendre, chez les peuples apparentés, une théologie et une mythologie du type que présentent les Scandinaves, opposant d'abord pour mieux les définir, puis composant pour créer un ensemble viable, 1°) des figures divines patronnant ce que patronnent les Ases Óđinn et Þórr, la haute magie et la souveraineté d'une part, la force brutale d'autre part, et 2°) des figures divines toutes différentes, patronnant ce que patronnent les trois grands Vanes, la fécondité, la richesse, le plaisir, la paix, etc.

21. *La guerre des Ases et des Vanes et la guerre des Protoromains et des Sabins : formation d'une société trifonctionnelle complète.* – La coupure initiale qui sépare les représentants des deux premières fonctions et ceux de la troisième est une donnée indo-européenne commune : avec le même développement mythique (séparation initiale, guerre ; puis indissoluble union dans la structure tripartie hiérarchisée), elle se retrouve non seulement à Rome, sur le plan humain, dans le récit des origines de la Ville (guerre sabine et synécisme), mais dans l'Inde, où il est dit que les dieux canoniques du troisième niveau, les Aśvin, n'ont pas d'abord été des dieux et qu'ils ne sont entrés dans la société divine, comme troisième terme, au-dessous des « deux forces » *(ubhe vīrye)*, qu'à la suite d'un conflit violent, suivi d'une réconciliation, d'un pacte. Comme on peut s'y attendre, les détails de telles légendes ont été choisis et groupés de manière à mettre en relief les « fonctions » respectives des diverses composantes de la société et les procédés spéciaux que ces « fonctions » permettent à leurs desservants. L'analyse

comparée de la légende romaine de la guerre initiale des Romains et des Sabins et de la légende scandinave de la « première guerre dans le monde », celle des Ases et des Vanes (à laquelle il faut restituer, contre E. Mogk, les strophes 21-24 de la Völuspá), a même révélé un remarquable parallélisme et donné un sens à l'une et à l'autre. Toutes deux sont formées, en diptyque, de deux scènes où chacun des deux camps ennemis a l'avantage (mais un avantage limité et provisoire, puisqu'il faut que le conflit finisse sans victoire, et par un pacte librement consenti), de plus est redevable de cet avantage à sa spécialité fonctionnelle : d'un côté, les riches et voluptueux Vanes corrompent, de l'intérieur, la société (les femmes !) des Ases en leur envoyant la femme appelée « Ivresse de l'Or » ; de l'autre côté, Óđinn lance son fameux javelot dont on connaît par ailleurs, et dans toute autre circonstance, l'irrésistible effet magique de panique. De même, d'un côté, les riches Sabins ont presque la victoire, occupent la position clef de l'adversaire, non pas par le combat, mais en achetant à prix d'or Tarpeia (ou, dans une variante, grâce à l'amour désordonné de Tarpeia pour le chef sabin) ; Romulus, de l'autre côté, par une invocation à Jupiter (Stator), obtient du dieu que l'armée ennemie victorieuse reflue en panique, soudain et sans cause.

22. *Développement de la fonction guerrière chez les anciens Germains.* – Il faut cependant signaler un fait de grande conséquence, qui a commandé très tôt, et non pas seulement chez les Scandinaves, mais chez tous les Germains, un « gauchissement » de la structure des trois fonctions et de la théologie correspondante.

Nulle part, certes, ni dans l'Inde ni à Rome, les dieux du premier niveau, Varuṇa, Jupiter, ne se désintéressent de la guerre : s'ils ne combattent pas proprement comme Indra et Mars, ils mettent leur magie au service du parti qu'ils favorisent et c'est en définitive par eux qu'est attribuée la victoire qui, en effet, si elle est gagnée par la Force, intéresse surtout l'Ordre par ses conséquences. On n'est donc pas surpris de voir Óđinn, lui aussi, intervenir dans les batailles, sans beaucoup y combattre, et notamment en jetant sur l'armée qu'il a condamnée une panique paralysante, mot à mot liante, le « lien d'armée », *herfjöturr* (cf. les liens dont est armé

Varuṇa). Mais il est certain aussi que la part de la « guerre » dans sa définition est bien plus considérable que dans la définition de ses homologues védique et romain : en lui – et aussi dans l'homologue germanique de Mitra, que nous examinerons au chapitre suivant, et que Tacite interprète même en Mars – on constate plus qu'une osmose : un véritable débordement, déversement de la guerre dans l'idéologie du premier niveau. Au moins à l'époque où se sont formées leurs épopées, les « héros odiniques » – Sigurđr, Helgi, Haraldr Dent-de-Combat – sont avant tout des guerriers et, dans l'au-delà, ce sont les guerriers morts, et eux seuls, et pour une éternité de jeux et de joies guerriers, qu'Óđinn accueille dans sa Valhöll. Compensatoirement, dans certains milieux au moins, Þórr, l'ennemi des géants, le combattant trop solitaire, a perdu le contact avec la guerre telle que la pratiquent les hommes, et c'est surtout l'heureux résultat de ses duels atmosphériques contre les géants et les fléaux, c'est notamment la pluie bonne aux moissons, qui a justifié et popularisé son culte et, quelquefois, dépossédé Freyr de la partie agricole de sa province. Cette double évolution paraît avoir été poussée à l'extrême chez les Scandinaves les plus orientaux, où Adam de Brême (IV, 26-27) définit ainsi les trois dieux de la triade d'Upsal :

> Thor praesidet in aere, qui tonitrus et fulmina, ventos ymbresque, serena et fruges gubernat. Alter Wodan, id est furor, bella gerit hominique ministrat virtutem contra inimicos. Tercius est Fricco (*c'est-à-dire Freyr*), pacem voluptatemque largiens mortalibus…
>
> Si pestis et fames imminet, Thor ydolo lybatur, si bellum, Wodani, si nuptiae celebrandae sunt, Fricconi [1].

1. Georges Dumézil a publié dans *Les Dieux souverains*… une traduction de ce passage, sans coupures :
La nation des Suéons a un temple célèbre, appelé Ubsola, situé non loin de la ville de Sictona. Dans ce temple, tout orné d'or, le peuple rend un culte à trois statues de dieux, Thor, le plus puissant, siégeant au milieu, entre Wodan et Fricco. Les significations de ces dieux sont les suivantes : Thor, disent-ils, est le maître de l'atmosphère et gouverne le tonnerre et la foudre, les vents et les pluies, le beau temps et la moisson ; le deuxième, Wodan, c'est-à-dire la Fureur, dirige les guerres et fournit à l'homme la vaillance contre les ennemis ; le troisième, Fricco, procure aux mortels la paix et le plaisir et son idole est munie d'un membre énorme. Wodan est représenté armé, comme on fait chez nous pour Mars, tandis que Thor, avec un sceptre, paraît imiter Jupiter.

Même si l'on admet, comme il est probable, que la théologie de chacun de ces trois dieux d'Upsal était plus riche et plus nuancée qu'il ne paraît dans les brèves notations d'Adam de Brême (qui a aussi pris Þórr pour le dieu « principal » parce que figuré au milieu, c'est-à-dire en deuxième, et armé d'un marteau qu'il a pris pour un sceptre, et parce que, tonnant, il l'a assimilé à Jupiter), il n'y a pas de raison de récuser l'essentiel de son témoignage : le glissement de la guerre dans le domaine de « Wodan », le glissement inverse de « Thor » au service du paysan sont des faits. Mais on en comprend l'origine et, sur d'autres points de la Scandinavie, où le même phénomène s'observe, les valeurs des trois dieux restent néanmoins, pour l'essentiel, plus proches de celles de leurs homologues indiens et romains.

Dieux fonctionnels :	*Selon Adam de Brême :*	*Dans l'ensemble de la mythologie :*	*Fonctions :*
Óđinn	{ – guerre	{ magie guerre	I II (guerre)
þorr	{ – fertilité par l'orage	{ combats singuliers contre les géants fertilité par l'orage	II (combats) III (fertilité)
Freyr	paix, plaisir et fécondité humaine	abondance générale dans la paix et fécondité humaine	III

D.S.I.E., p. 189[1].

À tous leurs dieux sont attachés des prêtres pour présenter les sacrifices du peuple. Si la peste ou la famine menace, c'est à l'idole Thor qu'ils font offrande ; pour la guerre, à Wodan ; si des noces doivent être célébrées, à Fricco.

1. Heimdalh, que Georges Dumézil avait d'abord interprété comme un « dieu de commencement », homologue de Janus, a des fonctions plus complexes, que Dumézil a réunies sous l'appellation de « dieu cadre » (H. C.-B.).

23. *État du problème chez les Celtes, les Grecs, les Slaves.* – Sur les autres parties du domaine indo-européen, des raisons diverses – date trop basse et insuffisance ou incohérence des documents, incompréhension des observateurs ou transmetteurs, emprunts massifs à des systèmes religieux non indo-européens – font qu'on n'observe pas aussi immédiatement des structures théologiques correspondant aux trois fonctions : il y faut des raisonnements, et par conséquent l'arbitraire menace. Cet état de choses est particulièrement regrettable sur les domaines grec et celtique, où l'information est pourtant si abondante. Il faut s'y résigner : en Grèce, où l'essentiel de la religion n'est sûrement pas indo-européen, le groupement des déesses dans la légende du berger Pâris, par exemple, reste un jeu littéraire, ne forme évidemment pas une authentique combinaison religieuse. En Gaule, où la classification des dieux que donne César et que confirment les textes irlandais sur les Tuatha Dé Danann rappelle par plusieurs termes la structure des trois fonctions, cette analogie, avec la filiation et les retouches qu'elle suggère, suscite plus de problèmes qu'elle en résout. Quant aux paganismes des Slaves, ils sont trop mal connus pour que les essais d'explication tripartie puissent être autre chose que de brillantes hypothèses. Mais la concordance des témoignages sur les trois domaines indo-iranien, italique, germanique, où les vieilles religions ont été décrites de manière systématique par les usagers eux-mêmes, suffit à garantir que, dès les temps indo-européens, l'idéologie tripartie avait bien donné lieu à une théologie de même forme, à un groupement de divinités hiérarchisées représentant les trois niveaux, et aussi à une « mythologie étiologique » justifiant et les différences et la collaboration de ces divinités.

24. *Divinités faisant la synthèse des trois fonctions.* – Nous nous bornerons à signaler dans la théologie une autre utilisation fréquente, non plus analytique, mais synthétique, de la structure tripartie. Il est des divinités en effet que les docteurs et les fidèles tiennent à définir, en opposition aux dieux spécialistes des trois fonctions, comme omnivalents, comme domiciliés et efficaces sur

les trois niveaux. Ce type d'expression a pu se produire indépendamment en plusieurs lieux, par exemple, dans les civilisations méditerranéennes, lorsque la divinité patronne ou même éponyme d'une ville a pris de l'importance aux dépens des autres dieux ou équipes divines : ainsi chez les Ioniens d'Athènes, où il semble qu'une théologie quadripartie (Zeus, Athéna, Poséidon, Héphaïstos) recouvrait d'abord les quatre tribus fonctionnelles (prêtres, guerriers, agriculteurs, artisans), c'est Athéna qui, à l'époque historique, domine la religion ; aussi, suivant la jolie remarque de F. Vian, aux petites Panathénées, recevait-elle successivement des hommages divers en tant que *Hygieia, Polias* et *Niké*, vocables qui évoquent les fonctions de santé, de souveraineté politique, de victoire. De même, c'est au sein du zoroastrisme que s'est produite la triple titulature, « Bonnes, Fortes, Saintes », des génies tutélaires Fravaši, qui sont en effet trivalentes.

25. *Déesses trivalentes.* – Cependant, parmi ces figures, il semble qu'il faille reporter à la communauté indo-européenne un type de déesse dont la trivalence est ainsi mise en évidence et qui est intentionnellement jointe aux dieux fonctionnels : cette déesse, que son sexe et son point d'insertion dans les listes rattachent à la troisième fonction, est cependant active aux trois niveaux, et il semble que sa présence dans les listes exprime le théologème d'une omnivalence féminine doublant la multiplicité des spécialistes masculins. Nous avons rappelé plus haut que parfois, dans les listes trifonctionnelles védiques, la déesse-rivière Sarasvatī est associée aux Aśvin ; or les épithètes de Sarasvatī, bien que non groupées en formule, la définissent clairement comme pure, héroïque, maternelle. Indépendamment l'un de l'autre, moi-même (1947) et H. Lommel (1953) avons proposé d'interpréter comme une homologue de Sarasvatī et comme l'héritière de la même déesse indo-iranienne, la plus importante des déesses de l'Avesta non gāthique, déesse rivière elle aussi, Anāhitā ; or le nom complet, triple, d'Anāhitā fait évidemment référence aux trois fonctions : « L'humide, la forte, la sans-tache », *Arədvī Sūrā Anāhitā*. C'est encore par sublimation du même prototype que je pense que le zoroastrisme pur a créé sa quatrième Entité, Ārmaiti,

qui, bien qu'ordinalement au troisième niveau (après Xšaθra « Puissance », avant Haurvatā Amərətāt « Santé » – « Immortalité »), et bien que n'ayant pas de titulature triple, à la fois porte un nom qui signifie « Pensée Pieuse », aide Dieu dans sa lutte contre l'armée du Mal, et a la Terre nourricière pour élément matériel différentiellement associé. Dans le Latium, à Lanuvium, Junon était honorée sous le triple titre de *Seispes Mater Regina* ; les deux dernières épithètes rejoignent la théologie de la Junon romaine (Lucina, etc. ; Regina), à la fois patronne de la fécondité réglée et déesse souveraine ; mais, à Rome, la spécification guerrière manque, alors que c'est elle qui était en évidence dans les figurations de la Junon lanuvienne, et qu'exprimait certainement la première épithète, l'obscur *Seispet-* (rom. *sospit-* de **su̯e-spit-* ? cf. Indra *svá-kṣatra*, *svá-pati*, etc.). Enfin, dans le monde germanique, à en juger par les Germains continentaux, il semble qu'une déesse unique et multivalente (sinon omnivalente), **Friyyō*, ait été jointe aux multiples dieux fonctionnels dont nous avons parlé plus haut ; si la spécification guerrière n'est pas attestée, le peu qu'on sait d'elle la montre à la fois souveraine (Frea dans la légende expliquant le nom des Lombards) et « Vénus » (**Friyyadagaz* « Freitag ») ; chez les Scandinaves, cette multivalence a éclaté, la déesse s'est dédoublée en Frigg (aboutissement régulier de **Friyyō* en nordique), souveraine épouse du souverain magicien Óđinn, et en Freyja (nom refait sur Freyr), déesse typiquement Vane, voluptueuse et riche. En Irlande, une héroïne, Macha, sans doute une ancienne déesse, éponyme d'un site important entre tous, Emain Macha, capitale des rois païens de l'Ulster, avec la plaine qui l'entoure, avait dû avoir primitivement ce même caractère synthétique analysé selon les trois fonctions, puisqu'elle aussi a éclaté en trois personnages, en un « trio des Macha » ordonnées dans le temps : une Voyante qui est l'épouse d'un homme des premiers temps appelé Nemed, « le Sacré », et qui meurt de saisissement au cours d'une vision ; puis une Guerrière-Championne qui fait de son mari son généralissime et qui meurt tuée ; et enfin une Mère qui accroît merveilleusement la fortune de son mari, un riche paysan, et qui meurt dans l'horrible accouchement de deux jumeaux. Mais il n'est plus possible de déterminer quels rapports elle soutenait – peut-être – dans la religion avec « les » dieux mâles des mêmes fonctions.

26. *Les théologies triparties et leurs éléments.* – Nous venons de prendre une vue globale des systèmes théologiques indo-iraniens, italiques, germaniques, exprimant l'idéologie des trois fonctions, et nous avons reconnu qu'ils sont assez parallèles pour recommander l'explication par un héritage indo-européen commun. Ce n'est là qu'un début : sans perdre de vue la structure d'ensemble, l'exploration doit se concentrer successivement sur chacun des trois termes, examiner la fonction de souveraineté religieuse en elle-même, puis celle de force, puis celle de fécondité, et, par la comparaison des données indiennes, iraniennes, latines, etc., essayer de déterminer comment les Indo-Européens concevaient, subdivisaient, utilisaient chacune d'elles.

	Rome :	*Inde védique :*	*Scandinavie eddique :*
I.	DIUS JUPITER	MITRA VARUṆA	TÝR ÔÐINN
II.	MARS	INDRA	ÞÔRR
III.	QUIRINUS OPS, FLORA, etc. VORTUMNUS, LARES, etc.	NĀSATYA Déesse et dieux auxiliaires de 3e fonction	NJQRÐIR, FREYR FREYJA, Dieux *Vanes*

D.I.E., p. 34 [1].

1. Dans ce tableau, Georges Dumézil a respecté l'usage linguistique qui recommande, dans un couple de noms, de citer en premier le plus court. Mais, d'un point de vue théologique, les dieux de la première fonction doivent être inversés : Jupiter est plus important que Dius Fidius, Varuṇa que Mitra, Ođinn que Tÿr (H. C.-B.).

Chapitre IV

Les diverses fonctions dans la théologie, la mythologie et l'épopée

1. *Inégal avancement de l'analyse théologique des trois fonctions.* – L'exploration de chacun des trois niveaux fonctionnels dans le monde indo-européen représente trois tâches très considérables, aujourd'hui inégalement avancées. Il n'a été possible d'aboutir assez rapidement à des résultats systématiques qu'au premier niveau. Si d'importants traits du deuxième et du troisième ont été très tôt déterminés, ils n'en sont pourtant encore, en tant qu'ensembles structurés, qu'à la phase de prospection. Il ne peut donc être donné ici, quant à eux, que des orientations générales, et surtout des indications sur les moyens du travail.

2. *Les deux aspects de la première fonction chez les Indo-Iraniens : Varuṇa et Mitra, Aša et Vohu Manah.* – Le principe fondamental autour duquel s'organisait, chez les Indo-Iraniens, la théologie de la première fonction a déjà été signalé : dans le traité de Bogazköy, dans les formules védiques qui en ont été rapprochées, ce n'est pas un dieu, mais deux, Mitra et Varuṇa, qui la représentent et c'est encore ce couple que suppose la coexistence des deux figures, la « Bonne Pensée » et « l'Ordre », qui leur correspondent en tête de la liste des Entités substituées par Zoroastre aux dieux

fonctionnels. Cette dualité a été expliquée de bien des manières, par les commentateurs indiens et par les diverses écoles mythologiques des cent dernières années. Elle est aujourd'hui tout à fait claire et conforme à ce qu'on peut en partie déduire des noms mêmes : si le mot *Váruṇa*, apparenté ou non au grec *οὐρανός*, *ὤρανος*, reste obscur (on l'a interprété par des racines signifiant « couvrir », « lier », « déclarer »), en revanche *Mitra*, comme Meillet l'a expliqué dans un article célèbre (1907), est sûrement, de par son étymologie, le Contrat personnifié.

Dans la très grande majorité des cas, entre ces dieux dont les noms apparaissent souvent au double duel, c'est-à-dire avec une forme grammaticale qui exprime la plus étroite liaison, les poètes védiques ne font pas de différence : ils y voient comme deux consuls célestes, les dépositaires solidaires du plus grand pouvoir et, quand ils ne nomment que l'un des deux, ils ne se font pas scrupule de concentrer sur lui tous les aspects et moyens de ce pouvoir. Et cela est naturel : l'unité, l'harmonie de la fonction souveraine par rapport à tout ce qui lui est subordonné constitue pour les hommes le bien essentiel, celui qu'il faut mettre au premier plan dans la croyance et dans l'expression. Mais il arrive heureusement, même dans le lyrisme des hymnes, et surtout dans les livres rituels, que le poète ou le liturgiste dépasse ce premier plan et veuille distinguer les deux dieux pour mieux expliquer ou utiliser leur solidarité. Dans ces cas, les images diverses qui apparaissent sont toutes de même sens : Mitra et Varuṇa sont les deux termes d'un grand nombre de couples conceptuels, d'antithèses, dont la juxtaposition définit deux plans, chaque point d'un des plans, pourrait-on dire, appelant sur l'autre un point homologue, et ces couples, si divers soient-ils, ont cependant un air de parenté assez net pour que, de tout nouveau couple versé au dossier, on puisse prévoir à coup sûr quel sera le terme « mitrien » et quel sera le terme « varuṇien ». Parmi les spécifications si diverses de l'antithèse, il serait difficile d'en extraire une dont le reste serait dérivé, et sans doute cette tentative, parfois faite, n'a pas grand sens. Mieux vaut procéder à un bref échantillonnage, en observant et définissant l'antithèse par rapport aux principales catégories de l'être divin (cf. ci-dessus, II, § 5).

Quant à leurs *domaines*, dans le cosmos, Mitra s'intéresse plus à ce qui est proche de l'homme, Varuṇa à l'immense ensemble (et cette distinction se retrouve, nette, entre les Entités zoroastriennes correspondantes : v. ci-dessus, II, § 8, 4°) : passant à la limite, des textes diront que Mitra est « ce monde-ci », Varuṇa « l'autre monde », comme il est certain que, très tôt, Mitra a patronné le jour, Varuṇa la nuit. Mitra est assimilé aux formes visibles et usuelles du feu ou du soma, Varuṇa à leurs formes invisibles et mythiques.

Dans les *modes d'action*, si Mitra est proprement « le contrat » et forme, facilite entre les hommes les traités et les alliances, Varuṇa est un grand sorcier, disposant de la *māyā́*, magie créatrice de formes, disposant aussi des « nœuds » dans lesquels il « saisit » les coupables par une prise irrésistible.

Ils ne s'opposent pas moins par leurs *caractères* : l'amical Mitra est bienveillant, doux, progressif, rassurant ; le dieu Varuṇa est impitoyable, violent, soudain, quelque peu démoniaque. D'innombrables applications illustrent ce théologème général : à Mitra appartient ce qui se casse de soi-même, à Varuṇa ce qui est coupé à la hache ; à Mitra ce qui est cuit à la vapeur, à Varuṇa ce qui est rôti ; à Mitra le lait, à Varuṇa le soma enivrant ; à Mitra l'intelligence, à Varuṇa la volonté ; à Mitra ce qui est bien sacrifié, à Varuṇa ce qui est mal sacrifié, etc.

Parmi les fonctions autres que la leur propre, Mitra a plus d'affinité pour la prospérité, la fécondité, la paix, Varuṇa, pour la guerre et la conquête ; et, parmi les provinces mêmes de la souveraineté, Mitra est plutôt – comme disait avec quelque anachronisme A. Coomaraswamy – « le pouvoir spirituel » et Varuṇa « le pouvoir temporel », en tout cas respectivement le *bráhman* et le *kṣatrá*. L. Renou (*Études véd. et pāṇin.*, II, 1956, p. 110) a décelé aussi dans le R̥gveda une affinité différentielle de Varuṇa pour l'élite et de Mitra pour la masse, le commun peuple.

Les souverains Mitra et Varuṇa, en droit et en fait, sont égaux, et aussi actuels l'un que l'autre. Si les hymnes prononcent plus souvent le nom de Varuṇa, ce n'est pas parce qu'il y est « en train » de prendre de l'importance aux dépens d'un « plus vieux » dieu Mitra, mais simplement parce que la spécification magique, inquiétante, etc., de son action sollicite de l'homme plus de soins cultuels que le rassurant et tout clair domaine du juriste Mitra. Il faut souligner également qu'il n'y a jamais conflit entre ces deux êtres antithétiques, mais au contraire constante collaboration.

3. *Les deux aspects de la première fonction à Rome : Jupiter et Dius Fidius.* – Ce tableau indien et déjà indo-iranien a fourni la clef de quelques difficultés ou énigmes des mythologies occidentales. À Rome, où toute la pensée est utilitaire et patriotique, où le cosmos et ses diverses parties n'appellent attention et réflexion que dans la mesure où ils peuvent être utiles ou nuisibles à la Ville, on ne saurait s'attendre à observer la bipartition dans sa généralité : les lointains du ciel, l'ordre de l'Univers, choses de Varuṇa, laissent le Romain indifférent. Réduite à quelques-unes seulement de ses spécifications indiennes, la bipartition subsiste cependant.

Si, dans la Rome historique, Dius, *Dius Fidius* – le dieu « lumineux » et garant de la « fides », de la loyauté, des serments – n'est plus guère qu'un aspect de Jupiter, il ne paraît pas en avoir été de même aux origines. Certes, les deux dieux étaient étroitement associés et le nom du premier flamine est plus près de Dius que de Jupiter. Mais le domaine strictement juridique que Dius se découpe dans la souveraineté conduit à considérer le reste, les auspices dont vit Rome, la direction mystique de la politique romaine, les miracles sauveurs de l'histoire romaine, comme plus proprement caractéristique de son grand associé. De même, dans la théorie des éclairs, Dius Fidius a une spécification nettement « mitrienne » : ce sont les éclairs de jour qui lui appartiennent, alors que les éclairs de nuit relèvent d'une variété sombre, « varuṇienne », de Jupiter, Summanus. Il est probable que cette théologie complexe a pâti, avant nos plus vieux textes, de la promotion et en même temps de la réforme théologique de Jupiter qui a coïncidé avec la création de son culte capitolin et avec la substitution d'une triade « Jupiter O.M., Juno Regina, Minerua » à l'antique triade « Jupiter, Mars, Quirinus ». Le Jupiter du Capitole paraît avoir été aussitôt impérialiste, absorbant Dius, concentrant en lui toute la souveraineté ; mais peut-être les deux plans traditionnels complémentaires sont-ils encore signalés dans l'étrange titulature double du dieu : *Optimus*, c'est-à-dire le très serviable, *Maximus*, c'est-à-dire le plus haut placé dans l'infinie classification des « maiestates », ce sont là, par rapport à l'homme, deux pôles, qui correspondent dans l'idéologie védique à Mitra et à Varuṇa.

4. *Les deux aspects de la première fonction en Scandinavie : Óđinn et Týr.* – Mais c'est dans le monde germanique que l'analogie indienne est particulièrement éclairante. Ni « Mercurius » (c'est-à-dire **Wōþanaz*) dans la Germanie de Tacite, ni *Óđinn* dans les textes nordiques ne sont seuls à leur niveau : il y a près d'eux celui que Tacite, pour des raisons perceptibles et bien intéressantes, appelle Mars (c'est-à-dire **Tiuz*) et les Scandinaves *Týr.* Ce dieu, homonyme du védique Dyauḥ, du grec Zeus, et qui, autant que ces dieux ou le Dius Fidius latin, évoque l'idée du ciel lumineux, est généralement considéré, dans ses rapports avec **Wōþanaz*, comme un « plus vieux » dieu, pâlissant devant un nouveau venu. Outre qu'il serait étrange que, à huit ou dix siècles de distance, Tacite d'une part, les poètes scandinaves d'autre part eussent connu et enregistré juste au même stade cette avance de l'un et ce recul de l'autre, les considérations comparatives nous engagent à donner un sens structural à cette association, où **Tiuz* n'est sans doute éclipsé par l'inquiétant **Wōþanaz* que pour la même raison qui fait que Mitra, théoriquement égal de Varuṇa, reçoit des poètes moins d'attention que lui et que Dius Fidius est moins considérable que Jupiter : les hommes ont plus d'égards pour leur dieu souverain magicien que pour leur juriste.

La grande originalité du monde germanique est celle que signale Tacite, avec son interpretatio romana de **Tiuz* en Mars. Elle rejoint des considérations développées au précédent chapitre, où nous avons vu Óđinn lui-même, le magicien, s'annexer une part de la fonction guerrière. Il en est de même du juriste, Týr. Voici comment Snorri le définit (*Gylfaginning*, chap. 25) :

> Il y a encore un Ase qui s'appelle Týr. Il est très intrépide et courageux et a grand pouvoir sur la victoire dans la bataille. Pour cela il est bon que les guerriers vaillants l'invoquent. De quelqu'un qui est plus brave que les autres et qui n'a peur de rien, on dit proverbialement qu'il est brave comme Týr...

Cette « martialisation » du souverain juriste des Germains n'est pas sans analogie avec celle qui, à Rome, a fait de Quirinus, dieu canonique de troisième fonction, patron des Romains dans la paix et les travaux de la paix, une variété de Mars. Dans les deux cas, l'évolution sociale a réagi sur les dieux : du jour – peut-être avec la réforme dite servienne – où les Quirites ont coïncidé avec les milites, ont été « les milites en congé entre deux appels », il était naturel que Quirinus tournât aussi au *Mars tranquillus*, au *Mars qui praeest paci* en attendant de *saeuire*.

Dans d'autres conditions moins formalistes et plus violentes, les sociétés germaniques anciennes ont de même étendu à l'administration du temps de paix les cadres de la guerre, l'ont pénétrée des mœurs et de l'esprit guerriers. À Rome l'exercitus urbanus qui constituait l'assemblée législative se réunissait bien au Champ de Mars, mais sans armes. Qu'on relise au contraire les chapitres colorés (*Germ.*, 11-13) où Tacite décrit le Ding des Germains, l'arrivée des chefs avec leurs bandes, les armes brandies ou frappées en manière de vote, les formes toutes militaires du prestige, de l'influence. Et c'est dans ces Ding que se disait le droit, que se réglaient les procès. Quelques siècles plus tard, l'antiquité scandinave ne donne pas un autre spectacle : là aussi, on se réunit en armes, on approuve en élevant l'épée ou la hache ou en frappant de l'épée sur le bouclier. Il n'est donc pas étonnant que le dieu qui présidait à ces réunions juridico-guerrières, l'héritier du dieu juriste indo-européen, ait revêtu l'uniforme de ses administrés, les ait accompagnés dans leur passage facile et constant de la justice à la bataille, et que les observateurs romains l'aient considéré comme un Mars. Des dédicaces trouvées en Frise sont adressées à un *Mars Thincsus* qui fait l'exacte liaison entre l'état indo-européen probable et l'aboutissement scandinave, entre Mitra et Týr, ce Týr dont on a noté aussi que son nom signale, dans la toponymie, d'anciens lieux de Ding.

Il semble en outre que, moins hypocrites que d'autres peuples, les anciens Germains aient aussi reconnu, toute question de décor guerrier mise à part, l'analogie profonde de la procédure du droit, avec ses manœuvres et ses ruses, avec ses injustices sans appel, et du combat armé. Bien utilisé, le droit est, lui aussi, un moyen d'être le plus fort, d'obtenir des victoires qui souvent éliminent l'adversaire aussi complètement qu'un duel. Quand il est dit que Týr, à la suite d'une ruse juridique, pour avoir risqué sa main droite en gage d'une affirmation utile, mais fausse, « est devenu manchot et n'est pas appelé pacificateur d'hommes », ce n'est là que la contrepartie, le complément moral du fait matériel qu'on se réunit au Ding en armes, avec des intentions de puissance plus que d'équité, et que la guerre est partout.

Ces indications très générales aideront à comprendre comment un **Tiuz-Mars* a pu se former à partir d'un dieu indo-européen dont le domaine propre était le droit, et dont, sur d'autres domaines, la civilisation aidant, le caractère s'est au contraire purifié, moralisé.

5. *Les dieux souverains mineurs dans le R̥gveda : Aryaman et Bhaga près de Mitra.* – Mais, dans les hymnes du R̥gveda, le juriste Mitra et le magicien Varuṇa, bien qu'ils paraissent se partager exhaustivement le domaine de la souveraineté, n'y sont pas seuls. Ils ne sont que les plus fréquemment nommés du groupe que forment les Āditya ou fils de la déesse Aditi, « la Non-Liée » (c'est-à-dire la Libre, l'Indéterminée, etc.). La considération des noms et des fonctions des Āditya dans tous les contextes, l'étude des fréquences de mention de chacun, des fréquences surtout de leurs divers groupements partiels et de leurs liaisons avec d'autres dieux, ont permis d'interpréter la structure qu'ils dessinent. Il n'est possible ici, bien entendu, que de résumer très brièvement ces analyses et ces calculs, dont le détail a été publié en deux temps, en 1949 et en 1952.

Jusque dans la littérature épique, le souvenir sera gardé que les Āditya sont des dieux qui, comme les deux principaux d'entre eux, vont par couples. Ils seront, plus tard, jusqu'à douze. Dans le R̥gveda, il semble qu'il y ait déjà flottement entre un ancien chiffre de six et une première extension à huit, par addition de deux dieux hétérogènes. De ces six, Mitra et Varuṇa forment le premier couple ; de chacun des deux autres couples, il est aisé de voir qu'un terme agit sur le plan et selon l'esprit de Mitra, l'autre, symétriquement, sur le plan et selon l'esprit de Varuṇa, en sorte qu'il est légitime et commode d'appeler ces figures complémentaires des « souverains mineurs ». Mais ce chiffre de six lui-même paraît avoir été, pour des raisons de symétrie, tiré d'un système plus bref de quatre dieux souverains, où le souverain « proche des hommes », Mitra, avait seul des assistants, deux assistants, tandis que Varuṇa restait solitaire dans ses lointains. Les noms et la distribution de ces Āditya primitifs sont : 1°) Mitra + Aryaman + Bhaga ; 2°) Varuṇa.

Le principe de l'étroite association d'Aryaman et de Bhaga à Mitra, prouvée par la statistique des mentions simultanées, est simple : chacun de ces dieux exprime, précise l'esprit de Mitra sur chacune des deux provinces qui intéressent les hommes, celles que le droit romain retrouvera avec une autre orientation, plus individualiste, en distinguant les *personae* et les *res* : sous Mitra, dont l'être et le nom définissent l'aire et le mode général d'action que l'on sait (juridique, bienveillant, régulier, orienté vers l'homme), Aryaman s'occupe de maintenir la *société* des hommes arya auxquels il doit son nom, et Bhaga, dont le nom signifie proprement « part », assure la distribution et la jouissance régulières des *biens* des Arya.

1. VARUṆA	« Lieur » (ou « Couvreur »)
2. MITRA	*« Contrat », « Amitié, Ami »
3. ARYAMAN	*aryá* + *-man* (suffixe ou racine *man-*)
4. BHAGA	« Part »
5. AṂŚA	« Part »
6. DAKṢA	« Énergie réalisatrice »

Mitra	+	Aryaman	+	Bhaga
|		|		|
Varuṇa	+	Dakṣa (ou Dhātar)	+	Aṃśa

D.I.E., p. 45-46 [1].

1. *a)* Il n'apparaît pas plus de deux provinces dans le domaine des dieux souverains : il n'y a, symétriques, que la moitié Mitra et la moitié Varuṇa ;
b) mais chacun de ces dieux, dans sa moitié, a deux associés, qui sans doute le déchargent ou l'assistent pour une partie précise de son office ;
c) en outre l'existence des couples Aryaman-Dakṣa, Bhaga-Aṃśa, suggère que les auxiliaires de Mitra et de Varuṇa se répondent terme à terme, assurent des

6. *Aryaman.* – Aryaman protège l'ensemble des hommes qui, unis ou non politiquement, se reconnaissent « arya » par opposition aux barbares. Et il les protège non pas tellement comme individus mais en tant qu'éléments de l'ensemble. De son service multiforme, les aspects principaux sont les trois suivants :

1°) Il favorise les principales formes de rapports naturels ou contractuels entre Arya. Il est le « donneur », il protège le « don » (ce qui l'oblige à s'intéresser aussi à la richesse et à l'abondance), et particulièrement à l'ensemble complexe de prestations qui forment l'hospitalité. P. Thieme (*Der Fremdling im Ṛgveda*, 1938) a mis ce point en valeur, avec le tort d'en faire le centre de tout concept divin et d'en déduire ou de nier tout le reste. En fait, Aryaman n'est pas moins primairement intéressé dans les mariages : il est prié comme le dieu des bonnes alliances, trouveur de mari (*subandhú, pativédana* : AV, XIV, 1, 17) ; il cherche un mari pour la jeune fille, une femme pour le célibataire (AV, VI, 60, 1). Son souci des chemins, de la libre circulation (il est *átūrtapanthā* « celui dont le chemin ne peut être coupé » : *ṚV*, X, 64, 5) ne doit pas être nié ou minimisé, comme il a été fait par B. Geiger, H. Güntert et P. Thieme : il ressort d'un grand nombre de strophes des hymnes et d'un texte liturgique qui le définit comme le dieu qui permet au sacrifiant « d'aller où il désire », « de circuler heureusement » (*Taittir. Saṃh.*, II, 3, 4, 2).

2°) Son souci des Arya a aussi un aspect liturgique : dans les temps anciens, c'est lui qui a trait pour la première fois la Vache mythique, et, en conséquence, dans tout le cours des temps, il se tient, invisible, à côté de l'officiant et trait la Vache mythique avec lui (*ṚV*, I, 139, 7, avec le commentaire de Sāyaṇa). Il lui est aussi demandé (*ṚV*, VII, 60, 9) d'expulser sacrificiellement par des libations *(ava-yaj-)* de l'emplacement sacrificiel les ennemis qui trompent Varuṇa.

3°) Peu curieux de l'au-delà, les auteurs des hymnes ne parlent pas d'une autre forme de service qui est au contraire la seule dont l'épopée garde un vivant souvenir et qui est sûrement ancienne.

services comparables l'un dans la moitié Mitra, l'autre dans la moitié Varuṇa, selon l'esprit l'un de Mitra, l'autre de Varuṇa.

Dans l'autre monde, Aryaman préside au groupe des « Pères », sortes de génies dont le nom éclaire assez l'origine : ils sont une représentation d'ancêtres morts, et Aryaman est leur roi, prolongeant ainsi post mortem l'heureuse promiscuité, la communauté des Arya vivants. Le chemin qui mène chez les « Pères », réservés à ceux qui, pendant leur vie, ont exactement pratiqué les rites (par opposition aux ascètes et aux yogin) est appelé « le chemin d'Aryaman » (Mahābhārata, XII, 776, etc.).

7. *Bhaga*. – Bhaga, lui, s'occupe fondamentalement de la richesse, et c'est à lui que chacun – le faible, le fort, le roi même – s'adresse pour avoir « une part » (*R̥V*, VII, 41, 2). Un examen complet des strophes védiques qui le nomment ou emploient le mot *bhága* en valeur d'appellatif a permis de constater que cette « part » est bien douée des qualités requises pour appartenir à la moitié Mitra de l'administration souveraine : elle est régulière, prévisible, sans surprise, arrive à échéance par une sorte de gestation (l'enfant prêt pour la naissance « atteint son *bhága* » : *R̥V*, V, 7, 8) ; elle est le résultat d'une attribution sans rivalité, impliquant un système de distribution (verbes *vi-bhaj-*, *vi-dhr̥-*, *day-* : cf. grec *δαίμων*) ; elle est enfin acquise et gardée dans le calme, elle est le lot d'hommes mûrs, rassis, « seniores » – par opposition aux « iuuenes » (*R̥V*, 1, 91, 7 ; V, 41, 11 ; IX, 97, 44). L'autre variété de part, imprévisible, violente, « varuṇienne », celle qui se conquiert par la bataille ou la course, est désignée par un autre mot qui, dès l'indo-iranien, avait une résonance combative et qui a justement fourni aux théologiens védiques le nom du « souverain mineur varuṇien » symétrique de Bhaga, *Aṃśa*.

8. *Transpositions zoroastriennes d'Aryaman et de Bhaga : Sraoša* et *Aši*. – Nous avons la certitude que cette structure était déjà indo-iranienne : de même que, dans l'Iran, la liste des dieux canoniques des trois fonctions a été sublimée par le zoroastrisme pur en une liste d'Entités qui leur correspondent terme à terme (v. ci-dessus, II, § 8), de même les deux souverains mineurs associés à Mitra ont produit deux figures complémentaires, non comprises dans la liste canonique des Entités, mais toutes proches,

dont la statistique des emplois montre l'affinité exclusive de l'une à l'égard de l'autre et des deux à l'égard de Vohu Manah (le substitut de *Mitra) et, aussi, dans les textes où ce dieu reparaît, à l'égard de Miθra, alors que rien ne les lie à Aša (le substitut de *Varuna). De plus, par leurs noms comme par leurs fonctions, ces deux Entités – Sraoša « l'Obéissance » (et « la Discipline »), Aši « la Rétribution » – sont bien ce qu'on peut attendre d'un Aryaman et d'un Bhaga repensés par les réformateurs.

Il est aisé de voir, point par point, que Sraoša est, pour la communauté des croyants, ce qu'Aryaman était pour la communauté des Arya, l'église remplaçant la nationalité.

1°) H.S. Nyberg a pu voir dans Sraoša la personnification « der frommen Gemeinde [1] », le terme « génie protecteur » serait plus exact, mais le point d'application est bien vu : Sraoša, qui est « chef dans le monde matériel comme Ôhrmazd l'est dans le spirituel et le matériel » (*Greater Bundahišn*, éd. et trad. B.T. Anklesaria, 1957, XXVI, 45, p. 219), patronne l'hospitalité comme faisait l'Aryaman védique (et déjà indo-iranien : cf. persan *ērmān*, « hôte », de **airyaman*), quand elle est donnée, cela va de soi, à l'homme de bien, au zoroastrien (*Yasna*, LVII, 14, et 34). Si on ne le voit plus spécialement occupé des alliances matrimoniales et de la libre circulation sur les chemins, son action sociale sur les âmes est précisée : il est le patron de la grande vertu de la vie en commun, de celle qui assure la cohésion, à savoir la juste mesure, la modération (*Zāt Spram*, XXXIV, 44) ; il est même le médiateur et le garant du fameux pacte conclu entre le Bien et le Mal (*Yašt*, XI, 14) et le démon qui lui est personnellement opposé est le terrible Aēšma, « la Fureur », destructrice des sociétés (*Bundah.*, XXXIV, 27). Il reste une précieuse trace mythique de la substitution de Sraoša à un dieu protecteur des Arya : d'après le *Mēnōk ī Xrat*, XLIV, 17-35, c'est lui qui est le seigneur et roi du pays appelé *Ērān vēž* (avestique *Airyanəm vaējō*), ce « séjour des Airya » d'où l'Avesta (*Vidēvdāt*, I, 3) sait que sont venus les Iraniens.

2°) Le rôle liturgique d'Aryaman s'est naturellement amplifié en Sraoša : *Yasna*, LXII, 2 et 8, dit qu'il fut le premier à sacrifier,

1. « Des hommes pieux » (H. C.-B.).

à chanter les hymnes, et tout le début de son *Yašt* (XI, 1-7), uniquement consacré à l'éloge des prières et à l'exaltation de leur puissance, se justifie par ce souvenir. Symétriquement, à la fin des temps, lors du suprême combat contre le Mal, c'est Sraoša qui servira de prêtre assistant dans le sacrifice où Ahura Mazdā lui-même sera le prêtre principal (*Bund.*, XXXIV, 29).

3°) Enfin, comme l'Aryaman de l'épopée indienne est le chef du séjour où vont – par « le chemin d'Aryaman » – les morts qui ont correctement pratiqué le culte arya, de même Sraoša a un rôle décisif dans les nuits qui suivent immédiatement la mort : il accompagne et protège l'âme du juste sur le dangereux parcours qui la mène au tribunal de ses juges, dont il fait d'ailleurs partie (*Dātastān ī Dēnīk*, XIV, XXVIII, etc.).

Aši, elle, est toujours une « distribution » comme l'était Bhaga, mais la nouvelle religion, qui attache plus d'importance à l'au-delà qu'au monde des vivants, lui demande surtout de veiller à la juste « rétribution », *post mortem*, des actes bons ou mauvais de l'homme. Cependant, même dans les Gāthā, et très ouvertement dans les textes postgāthiques, tout en veillant, pour l'avenir, sur le trésor de ses mérites, elle n'oublie pas, dès la vie terrestre, d'enrichir l'homme pieux et d'emplir de biens sa maison.

9. *Juuentas et Terminus près de Jupiter O.M.* – L'analyse de cette conception déjà indo-iranienne de la souveraineté qui, on le voit, n'altère pas la grande bipartition que couvrent les noms de Mitra et de Varuṇa, mais donne seulement à Mitra deux adjoints qui l'aident à favoriser le peuple arya, éclaire une singularité de la religion romaine de Jupiter qui, malheureusement, n'est connue que dans la forme capitoline de cette religion. « Jupiter O.M. », en qui s'est concentrée toute la souveraineté, la « diale » aussi bien que la proprement « jovienne » (v. ci-dessus, § 3), logeait dans deux chapelles de son temple deux divinités mineures, et deux seules, Juuentas et Terminus. Une légende justifiait la cohabitation singulière de ces trois dieux et la datait de la fondation du temple capitolin, mais cette légende (utilisant d'ailleurs peut-être un vieux thème lié au concept de Juuentas) ne prouve évidemment

pas que l'association n'était pas plus ancienne. L'analogie indo-iranienne engage à la considérer même comme préromaine.

Avec des glissements propres à la société et à la civilisation romaines, en effet, Juuentas et Terminus jouent bien, aux côtés de Jupiter O.M., des rôles comparables à ceux d'Aryaman et de Bhaga près de Mitra. Juuentas, dit la légende étiologique, garantit à Rome l'éternité, Terminus la stabilité sur son domaine : Aryaman, lui aussi, assure aux sociétés ayra la durée, et Bhaga, la stabilité des propriétés. Mais, prises en elles-mêmes, hors de cette légende, les deux divinités romaines sont bien plus que cela : Juuentas est la déesse protectrice des « hommes romains » les plus intéressants pour Rome, des *iuuenes*, partie essentielle et germinative de la société ; Terminus est le garant de la répartition régulière des biens, seulement de biens surtout immobiliers, cadastraux, de parties du sol, et non plus des troupeaux errants qui, chez les nomades indo-iraniens et encore chez les Indiens védiques, constituaient l'essentiel de la richesse.

10. *Les dieux du groupe d'Óđinn.* – Dans le monde scandinave, un pareil tableau de souverains mineurs ne s'est pas, jusqu'à présent, laissé identifier. Ce n'est pas que, autour d'Óđinn, il n'y ait des dieux qui, d'après le peu qu'on sait d'eux, semblent avoir pour charge d'exercer des fragments spécialisés de souveraineté ; mais ces spécifications et l'analyse de la fonction souveraine qu'elles supposent sont originales et leurs représentants sans analogues indo-iraniens ni romains : tel Hœnir, réfléchi et prudent, et, d'après la fin de la Völuspá, projection mythique d'une sorte de prêtre ; tel Mimir, conseiller d'Óđinn, réduit à sa tête qui reste pensante et parlante après décapitation ; tel Bragi, patron de la poésie et de l'éloquence. J'ai pensé jadis aux deux frères d'Óđinn, Vili et Vé, sûrement anciens puisque l'initiale de leur nom n'allitère en scandinave qu'avec une forme préhistorique de son nom (*Wōþanaz), mais on sait trop peu de chose d'eux pour interpréter cette triade. Une tout autre solution sera prochainement proposée [1].

1. Cf. *Mythe et Épopée* I, 1968, p. 227, et *Les Dieux souverains des Indo-Européens*, 1977, p. 202-203. (H. C.-B.)

	Ṛgveda :	
Dieux souverains principaux : MITRA VARUṆA +	Protection de la communauté arya : ARYAMAN +	Répartition normale des biens : BHAGA
	Zoroastrisme :	
Entités principales de la fonction : VOHU-MANAH AŠA +	Protection de la communauté zoroastrienne et du salut : SRAOŠA +	Juste rétribution en ce monde dans l'autre : AŠI
	Rome :	
Dieu souverain principal : *Dius F.* *Jupiter* } → JUPITER O.M. +	Protection des *juvenes* et de la vitalité (durée) romaine : JUVENTAS +	Protection des propriétés terriennes et de l'espace romain : TERMINUS
	Edda :	
Dieux souverains principaux : ÓDINN TÝR +	Baldr +	Hödr

D.I.E., p. 67 et 77. L'Edda a été ajouté[1].

11. *Condition de l'étude théologique de la deuxième et de la troisième fonction.* – Les procédés d'analyse et de statistique qui ont permis, dans l'Inde védique d'abord, puis de proche en proche, d'expliquer et d'explorer ainsi exhaustivement l'organisation interne de la théologie de la première fonction, de la souveraineté, ne sont pas applicables, du moins n'ont pas jusqu'à présent trouvé de prise, sur les dieux des fonctions inférieures. Sans doute cette différence tient-elle à la nature des choses. La première fonction était plus apte à un traitement proprement théologique ; par

1. Dans l'*Edda* scandinave, « le couple, bien qu'inégal, que forment Óđinn et Týr ne reçoit le renfort d'aucun souverain mineur... [Mais il y a] des raisons d'interpréter ces deux personnages [Baldr et Höđr] comme l'aboutissement des souverains mineurs, transformés dans leurs natures, dans leurs places, dans leurs destinations » (*D.S.I.E.*, p. 202-203).

ses concepts mêmes (les noms des personnes divines y sont en grande partie étymologiquement clairs et plusieurs sont des abstractions animées), elle se prêtait aisément à la réflexion philosophique, et il ne faut pas oublier non plus que les premiers philosophes, appartenant au personnel de cette fonction, étant des prêtres, ne pouvaient manquer de lui appliquer avec prédilection leur analyse. La contrepartie est que, dans le R̥gveda, cette théologie si bien développée ne se double pas d'une mythologie riche à proportion : de Mitra, il n'est presque rien « raconté » ; de Varuṇa davantage, mais la liste des scènes où il intervient reste courte ; et, d'une manière générale, il est question des puissances et qualités des dieux souverains plus que de leur histoire, de leur type d'action plutôt que des actions précises qu'ils ont accomplies. Au contraire, la fonction guerrière, la fonction de fécondité et de prospérité prêtent surtout à l'image ; mieux que par des déclarations de principe, c'est par l'inlassable rappel d'exploits ou de bienfaits fameux que se prouve l'efficacité d'un dieu fort, des bons dieux thaumaturges. En sorte que ces deux provinces divines sont plus aptes à des développements mythologiques qu'à une mise en forme théologique ; ou plutôt, la doctrine s'y enjolive, s'y dissimule, s'y altère peut-être sous le foisonnement des récits.

Pour le comparatiste, cette différence est de grande conséquence. Sans que ce fait capital ait encore été énoncé dans toute son ampleur, le lecteur a pu remarquer que c'est la confrontation des religions védique et romaine qui, grâce au conservatisme de la dernière, est le plus propre à établir ou suggérer des faits indo-européens communs, la religion scandinave n'intervenant qu'à titre de confirmation, après que la route commune a été déjà reconnue et assurée. Or, dans l'état où nous la connaissons, la religion romaine présente encore une théologie bien constituée : dans le groupement « Jupiter Mars Quirinus », dans le groupement transversal « Jupiter Juuentas Terminus », elle a gardé, conscientes, des articulations conceptuelles très claires. Il faut malheureusement ajouter aussitôt que la religion romaine n'est plus que théologie : par un processus radical qui caractérise Rome, ses dieux – et, cette fois, non seulement ses dieux souverains, mais son Mars, mais son Quirinus, son Ops, etc. – ont été dépouillés de tout récit et réduits ascétiquement à leur essence, à leur fonction. Si donc, pour la détermination du cadre général triparti et pour l'exploration du premier niveau, la confrontation d'une théologie védique facilement déterminable et d'une théologie romaine immédiatement connue a permis les résultats nets, cohérents et à peu près complets qu'on vient de lire, il n'en est pas de même quand on passe aux deux autres niveaux : l'Indra, les Nāsatya védiques n'expriment les nuances de leur nature qu'à travers des aventures auxquelles Mars, Quirinus ne répondent par rien que par leur sèche définition et par ce qu'on peut entrevoir de doctrine à travers les cultes de leurs prêtres ; les documents, les langages des deux religions qui sont les principaux appuis du comparatiste ne s'ajustent plus.

12. *Mythologie et épopée.* – La difficulté serait probablement irréductible sans un autre fait, plus important encore pour nos études, et dont les précédents chapitres du présent livre ont déjà discrètement fourni quelques exemples. Les idées dont vit une société ne donnent pas lieu seulement à des spéculations ou imaginations relatives à l'invisible, aux dieux, mais aussi à des imaginations relatives aux hommes. La théologie et la mythologie sont doublées par « l'histoire ancienne », par l'épopée, où des hommes prestigieux font l'application et la démonstration des principes que les dieux incarnent et des conduites qu'ils commandent. Certes, bien d'autres facteurs contribuent à la formation de l'épopée d'un peuple, mais il est rare qu'elle n'ait pas, dans quelques-uns de ses grands thèmes et de ses premiers rôles, un rapport essentiel avec l'idéologie qui, d'autre part, dirige les représentations divines du même peuple. Pour nos études comparatives indo-européennes, cette heureuse circonstance joue en notre faveur de deux manières, dont la seconde a été reconnue par moi-même en 1939, et la première découverte en 1947 par mon collègue suédois Stig Wikander : d'une part la plus grande épopée indienne, le Mahābhārata, développe les aventures d'une équipe de héros qui correspondent, terme à terme, aux grands dieux des trois fonctions de la religion védique et même prévédique, en sorte que l'Inde présente, avec cet énorme poème et le

R̥gveda, comme une double édition, répondant à deux différents besoins et avec de sensibles variantes, de son « idéologie en images ». D'autre part, si Rome a perdu toute mythologie et réduit ses êtres théologiques à leur sèche essence, elle a en revanche conservé, pour en constituer, sur le tard, l'histoire à la fois merveilleuse et raisonnable de ses propres origines, un vieux répertoire de récits humains, colorés et divers, parallèle à ce qu'avait dû être, en des temps moins austères, le dossier mythique des dieux. Cette épopée est-elle l'ancienne mythologie romaine dégradée en histoire à Rome même ? Ou prolonge-t-elle directement une épopée préromaine, italique, coexistant de toujours avec une mythologie que Rome aurait alors perdue sans transfert ni compensation ? L'une et l'autre thèse peut trouver des arguments dans le détail des faits, mais, pour le comparatiste, ce débat est sans incidence : dans les deux cas, le premier livre de Tite-Live contient une matière idéologiquement conforme au système des dieux romains et dramatiquement comparable soit à l'épopée soit à la mythologie de l'Inde.

Pour essayer de gagner quelques lumières sur le détail des représentations indo-européennes de la deuxième et de la troisième fonction, il est donc nécessaire d'introduire ces éléments nouveaux dans le travail comparatif.

13. *Le fonds mythique du Mahābhārata d'après S. Wikander.* – Dans l'immense conflit de cousins qui remplit le Mahābhārata, les personnes sympathiques et finalement vainqueurs sont un groupe de cinq frères, les Pāṇḍava ou « fils de Pāṇḍu », qui présentent entre autres traits remarquables d'avoir à eux cinq, en commun, une seule épouse, Draupadī. Considéré comme trait de mœurs, ce régime polyandrique, qui est si contraire aux usages et à l'esprit des Arya, et qu'on voit pourtant attribué ici aux héros dont l'Inde arya se glorifie le plus, a constitué pendant plus d'un siècle une énigme irritante. En 1947, Wikander en a fourni la solution satisfaisante, découvrant du même coup la clef de toute l'intrigue du poème.

En réalité, les « fils de Pāṇḍu » ne sont pas ses fils. Sous le coup d'une malédiction qui le condamne à périr aussitôt qu'il accomplira l'acte sexuel, Pāṇḍu s'assure une postérité par un procédé d'exception. Une de ses deux femmes, Kuntī, à la suite d'une aventure de jeunesse, avait reçu, elle, un privilège inouï : il lui suffisait d'invoquer un dieu pour qu'il surgît aussitôt devant elle et lui fît un enfant. À la prière de son mari, elle invoque donc successivement plusieurs dieux, dont elle conçoit trois fils. Ces dieux sont Dharma « la Loi, la Justice » (entité où se rajeunit le vieux concept du juriste Mitra), puis Vāyu, dieu du vent, puis Indra. Les trois fils sont respectivement Yudhiṣṭhira, Bhīma, Arjuna. Son mari la prie ensuite de faire bénéficier Madrī, son autre femme, de cette chance ; Kuntī accepte, pour une seule fois ; ainsi limitée, Madrī tire du moins de la situation le meilleur parti et demande que soient évoqués les deux, les inséparables Aśvin ; des Aśvin, elle conçoit elle-même deux jumeaux, les derniers des cinq « fils de Pāṇḍu », Nakula et Sahadeva.

Wikander a aussitôt remarqué que la liste des dieux pères – Dharma, Vāyu, Indra, les Aśvin – reproduit dans l'ordre hiérarchique la liste canonique des anciens dieux des trois niveaux, rajeunie et appauvrie au premier niveau (Dharma représentant Mitra, et lui seul, sans que Varuṇa ait de répondant), et, au deuxième niveau, donnant à Indra un des associés qu'il a encore le plus fréquemment dans le Ṛgveda, Vāyu. La diversité harmonieuse des pères devait commander le caractère et, dans une certaine mesure, les actions épiques des fils : elle les commande en effet. Yudhiṣṭhira est le roi, dont les autres Pāṇḍava sont seulement les auxiliaires, et un roi juste, vertueux, pur, pieux – *dharmarāja* – sans spécialité ni même vertu guerrière, comme il sied à un représentant humain de la « moitié Mitra » de la souveraineté. Bhīma et Arjuna sont les grands combattants de l'équipe. Quant aux deux jumeaux, ils sont beaux, mais surtout les humbles et dévoués serviteurs de leurs frères, comme, dans la théorie des classes sociales, la grande vertu des vaiśya, au troisième niveau, est de servir loyalement les deux classes supérieures. L'énigme de leur épouse unique se résout immédiatement dans cette perspective. Ce n'est pas là un trait de mœurs aberrant, mais la traduction épique de la conception védique, indo-iranienne et déjà

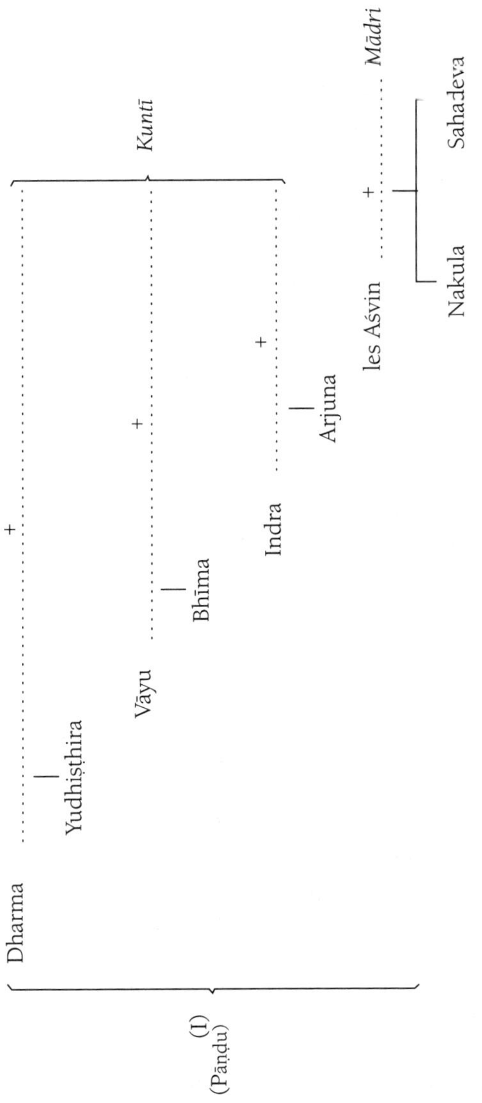
(I)
(Pāṇḍu)
Dharma
Yudhiṣṭhira
Vāyu
Bhīma
Indra
Arjuna
les Aśvin
Nakula
Sahadeva
Kuntī
Mādrī

M.E.I., p. 53.

indo-européenne, qui, on l'a vu, complète volontiers la liste des dieux mâles entre lesquels s'analysent et se hiérarchisent les trois fonctions, par une déesse unique, mais multivalente, exactement trivalente, telle que la védique Sarasvatī, qui opère en elle la synthèse des trois mêmes fonctions. En mariant Draupadī à la fois au roi pieux, aux deux guerriers, aux jumeaux serviables, l'épopée met en scène ce que, par exemple, *R̥V*, X, 125 mettait en formule quand il faisait dire à sa déesse Vāc (si proche de Sarasvatī) : « C'est moi qui soutiens Mitra-Varuṇa, moi qui soutiens Indra-Agni, moi qui soutiens les deux Aśvin », ou encore ce qu'exprime (avec une autre spécification de la troisième fonction) la triple titulature de la principale déesse de l'Iran, « l'Humide, la Forte, la Pure ».

14. *Les deux types de guerrier dans l'Inde.* – Cette découverte a été le point de départ d'une exploration de tout le poème, surtout des premiers livres (de tout ce qui précède la grande bataille), appelée certainement à renouveler nos études : par son abondance, sa cohérence, sa variété aussi, la transposition épique permet, du système trifonctionnel, de chaque fonction et de plusieurs représentations connexes, une étude plus fouillée et plus poussée que ne faisait l'original mythologique connu surtout par les allusions de textes lyriques. D'autre part, dès son article-programme de 1947, Wikander a établi un point très important : la structure mythologique transposée dans le Mahābhārata est, à plusieurs égards, plus archaïque que celle du R̥gveda, conserve des traits estompés dans cet hymnaire, mais dont des analogies iraniennes prouvent qu'ils étaient indo-iraniens. En ce sens, un des premiers services de la nouvelle étude a été de révéler, dans la fonction guerrière, une dichotomie que le R̥gveda a presque entièrement détruite au profit du seul Indra. En fait, comme l'avaient montré des travaux antérieurs de l'école d'Upsal, Vāyu et Indra patronnaient à égalité, dans les temps prévédiques, deux types très différents de combattants dont leurs fils épiques, Bhīma et Arjuna, rendent possible une observation détaillée, et certainement une partie des caractères, même physiques, de l'Indra védique doivent

être restitués à Vāyu pour une période plus ancienne. Ces deux types sont aisés à définir en quelques mots.

Le héros du type Vāyu, sorte de bête humaine, est doué d'une vigueur physique presque monstrueuse et ses armes principales sont ses seuls bras, prolongés parfois par une arme qui lui est propre : la massue. Il n'est ni beau, ni brillant, il n'est pas non plus très intelligent et s'abandonne aisément à de désastreux accès de fureur aveugle. Enfin, il opère souvent seul, hors de l'équipe dont il est pourtant le protecteur désigné, cherchant l'aventure, tuant principalement des démons et des génies. Au contraire le héros du type Indra est un surhomme, si l'on veut, mais d'abord un homme réussi et civilisé, dont la force reste harmonieuse et qui manie des armes perfectionnées (Arjuna est notamment un grand archer, le spécialiste des armes de jet). Il est brillant, intelligent, moral même, et surtout sociable, guerrier de bataille plus que chercheur d'aventures, et généralissime naturel de l'armée de ses frères.

15. *Les deux types de guerriers chez les Iraniens, les Grecs, les Scandinaves.* – Cette distinction, l'épopée iranienne la connaît aussi, avec son brutal Kərəsāspa armé de la massue et lié au culte de Vayu, et ses héros plus séduisants tels que Θraētaona. En Grèce, elle rappelle l'opposition typologique d'un Héraclès et d'un Achille, mais surtout elle permet de donner une formulation plus précise, en Scandinavie, aux rapports d'Óđinn et de Þórr et généralement de la première et de la deuxième fonction. Il a été signalé, au deuxième chapitre, qu'Óđinn s'était annexé une partie importante de la fonction guerrière. Nous voyons maintenant qu'il s'agit principalement (sans que la démarcation soit rigoureuse : c'est Þórr, comme Indra, qui reste le Dieu tonnant, le dieu de la bagarre atmosphérique) de la partie que, chez les Indo-Iraniens, patronnait *Indra, alors que la partie que patronnait *Vāyu est plutôt celle de Þórr, le brutal cogneur, l'aventurier des expéditions solitaires contre les géants. Cela apparaît encore plus clairement si l'on considère dans l'épopée les héros qui correspondent à chacun de ces dieux : les héros odiniques, les Sigurđr,

les Helgi, les Haraldr sont beaux, brillants, sociables, aimés, aristocrates, alors que le seul « héros de Þórr » que connaisse l'épopée, Starkaðr, est de la race des géants, – un géant réduit par Þórr à la forme humaine – rébarbatif, brutal, errant et solitaire, véritable réplique scandinave de Bhīma et d'Héraclès.

16. *Caractérisations fonctionnelles des Pāṇḍava.* – Dans les premiers livres tout au moins, les poètes du Mahābhārata, certainement conscients de cette structure, se sont plu à donner des cinq héros des présentations différentielles, à détailler si l'on peut dire, leurs manières diverses de réagir à une même circonstance. Je n'en rappellerai que deux.

Au moment où les cinq frères quittent le palais pour un injuste exil qui ne prendra fin qu'avec la formidable bataille où ils auront leur revanche, le pieux et juste roi Yudhiṣṭhira s'avance, « se voilant le visage de son vêtement, pour ne pas risquer de brûler le monde par son regard courroucé ». Bhīma « regarde ses énormes bras » en pensant : « Il n'y a pas d'homme égal à moi pour la force des bras » ; il « montre ses bras, enorgueilli par la force de ses bras, désirant faire contre les ennemis une action en rapport avec la force de ses bras ». Arjuna disperse le sable, « y figurant l'image d'une foule de flèches décochées sur les ennemis ». Quant aux jumeaux, leur souci est autre : Nakula, le plus beau des hommes, s'est enduit tous les membres de poussière, en se disant : « Que je n'entraîne pas sur ma route le cœur des femmes ! », et son frère Sahadeva s'est de même barbouillé le visage (II, 2623-2636).

17. *Les déguisements caractéristiques des Pāṇḍava.* – Au début du livre IV (23-71 et 226-253), les cinq frères ont à choisir un déguisement pour séjourner incognito à la cour du roi Virāṭa : Yudhiṣṭhira, héros de première fonction, se présente comme un brahmane ; le brutal Bhīma, comme un cuisinier-boucher et un lutteur ; Arjuna, couvert de bracelets et de boucles d'oreilles, sera un maître de danse ; Nakula sera un palefrenier expert à soigner les chevaux malades et Sahadeva un bouvier, informé de tout ce qui concerne la santé et la fécondité des vaches.

Ces deux spécifications diverses et voisines des jumeaux sont intéressantes : si le Ṛgveda permet de noter quelques fugitives distinctions dans le couple indissociable de leurs pères, Wikander a souligné l'importance du critérium ici révélé : tout en restant avant tout d'habiles médecins et en ignorant l'agriculture (ce qui engage à reporter fort haut la conception), Nakula et Sahadeva se partagent les deux principales provinces de l'élevage, réservant différentiellement à l'un d'entre eux le patronage des vaches, à l'autre le patronage de ces chevaux qui, pourtant, dans le Ṛgveda, leur fournissent leur second nom collectif, *Aśvin* (dérivé de *áśva* « cheval »). Nous avons ainsi le premier modèle de formules qui s'observent ailleurs à propos des homologues fonctionnels des Nāsatya-Aśvin : entre Haurvatāṯ et Amərətāṯ, par exemple, Entités zoroastriennes substituées aux jumeaux, la répartition se fait, à l'intérieur du genre « salubrité », selon les eaux et les plantes ; au moins partiellement, entre le Njörđr et le Freyr des Scandinaves, la distinction dans l'uniforme bienfait de « l'enrichissement » se fait d'après les deux sources de la richesse, la mer et la terre. On voit clairement ici comment la considération de l'épopée met en valeur des traits structuraux et suggère des enquêtes fécondes.

Le déguisement d'Arjuna n'est étrange au premier abord que parce qu'il est archaïque, mais, cette fois, d'un archaïsme que connaît encore le Ṛgveda, où Indra est le « danseur », comme aussi ses jeunes compagnons, la bande guerrière des Marut, et où ces derniers se couvrent le corps d'ornements d'or, notamment de bracelets et d'anneaux de chevilles, qui les font comparer à de riches prétendants. Commun à la plus vieille mythologie et à sa transposition épique, ce trait est certainement à verser au dossier du « Männerbund » indo-iranien. Et peut-être, dans le même ordre d'idées, la transposition épique laisse-t-elle seule entrevoir un aspect, sur lequel les hymnes sont silencieux, de la morale spéciale de ces groupes de jeunes gens, quand elle insiste sur le caractère « efféminé » du déguisement choisi par Arjuna.

18. *Pāṇḍu et Varuṇa.* – De proche en proche, d'autres correspondances entre l'intrigue du Mahābhārata et la mythologie

védique et prévédique ont pu être repérées, toujours avec le même avantage que l'épopée, narration ample et continue, facilite dans chaque cas l'analyse que gênent au contraire le lyrisme des hymnes et leur rhétorique de l'allusion. J'ai ainsi pu montrer que Varuṇa n'est pas absent de la transposition ; seulement il se trouve à la génération antérieure, inactuel, mort, quand le transposé de Mitra, le fils de Dharma, devient roi : Pāṇḍu, le père putatif des Pāṇḍava, et roi lui aussi avant son fils aîné Yudhiṣṭhira, présente en effet deux caractères originaux, improbables, que les livres liturgiques et un hymne attribuent aussi à Varuṇa ; à l'un de ces caractères, il doit son nom : *pāṇḍu* signifie « pâle, jaune clair, blanc », et en effet un incident de la naissance, ou plutôt de la conception de Pāṇḍu a fait qu'il eut la peau maladivement pâle ou blanche ; or le Varuṇa figuré dans certains rituels doit être *śukla* « très blanc », *atigaura* « excessivement blanc ». L'autre trait est de plus grande portée : Pāṇḍu est condamné à l'équivalent de l'impuissance sexuelle, condamné à périr (et il périra ainsi en effet) s'il fait l'acte d'amour ; or Varuṇa, dans des circonstances diverses (*AV*, IV, 4, 1 ; rituel de la consécration royale), est présenté comme devenu temporairement impuissant, dévirilisé (cette dévirilisation se faisant parfois au profit de ses proches, – ce qui rappelle, on le sait, un mythe important du Grec Ouranos, châtré par ses fils).

Le travail ne fait en somme que commencer. Wikander et moi-même espérons tirer de cette réserve inespérée une matière assez abondante et assez claire pour élucider plusieurs incertitudes ou difficultés qui sont encore irréductibles au niveau des hymnes et pour fournir à la reconstitution indo-européenne des éléments sans ambiguïté [1].

19. *Les premiers rois de Rome et les trois fonctions.* – L'épopée romaine a utilisé autrement l'idéologie des trois fonctions et de leurs nuances. Les héros qui les incarnent n'y sont plus des contemporains, des frères simplement hiérarchisés ; ils se succèdent dans le temps et, progressivement, constituent Rome. Ils

1. Voir *Mythe et Épopée I*, 1re partie, 1968, et *Mythe et Épopée II*, 1971.

ne se succèdent pas dans l'ordre canonique, mais dans l'ordre : 1°) jumeaux bergers (3ᵉ fonction) ; 2°) souverain « jovien », demi-dieu créateur et vite excessif (1ʳᵉ fonction, côté Varuṇa), puis souverain « dial », humain, pieux, régulateur et réglé (1ʳᵉ fonction, côté Mitra) ; 3°) enfin roi strictement guerrier (2ᵉ fonction). De plus le souverain jovien n'est autre qu'un des jumeaux, survivant au couple, mais profondément transformé. Cette double singularité ouvre de nouvelles perspectives à l'enquête comparative, mais nous considérerons d'abord les représentants des deux premières fonctions, qui ne posent pas de problèmes inédits.

20. *Romulus et Numa et les deux aspects de la première fonction.* – Dans la tradition annalistique, les deux fondateurs de Rome, Romulus et Numa, forment une antithèse aussi régulière, aussi développée, et de même sens, que celle de Varuṇa et de Mitra dans la littérature védique : tout s'oppose dans leur caractère, dans leurs fondations, dans leur histoire, mais d'une opposition sans hostilité, Numa complétant l'œuvre de Romulus, donnant à l'idéologie royale de Rome son second pôle, aussi nécessaire que le premier. Quand, au VIᵉ chant de l'*Énéide*, dans les Enfers, Anchise les présente tous deux en quelques vers à son fils Énée (vv. 777-784 et 808-812), il définit Romulus comme le belliqueux demi-dieu créateur de Rome et, grâce à ses auspices, l'auteur de la puissance romaine et de sa croissance continue *(en huius, nate, auspiciis illa inclita Roma imperium terris, animos aequabit Olympo)* ; puis Numa comme le roi-prêtre, porteur des objets sacrés, *sacra ferens*, et couronné d'olivier, qui lui aussi, fonde Rome, mais en lui donnant des lois, *legibus*. Tout s'ordonne autour de cette différence – « l'autre monde, ce monde-ci » – où les *sacra*, le culte dont l'homme a l'initiative, équilibrent excellemment les *auspicia*, où l'homme ne fait que déchiffrer le langage miraculeux de Jupiter. On vérifie immédiatement que l'opposition des deux types de souverains recouvre, point par point, celle qui a été analysée dans le cas de Varuṇa et de Mitra (v. ci-dessus, III, § 2).

Aussi importants l'un que l'autre dans la genèse de Rome, Romulus et Numa ne sont pas « assis » dans la même moitié du monde. Naïvement, Plutarque met dans la bouche du second, lorsqu'il explique aux ambassadeurs de Rome ses raisons de refuser le regnum, une remarque très juste (*Numa*, 5, 4-5) : « On attribue à Romulus la gloire d'être né d'un dieu, on ne cesse de dire qu'il a été nourri et sauvé dans son enfance par une protection particulière de la divinité ; moi, au contraire, je suis d'une race mortelle, j'ai été nourri et élevé par des hommes que vous connaissez… »

Leurs modes d'action ne diffèrent pas moins et la différence s'exprime de manière saisissante dans ce qu'on peut appeler leurs dieux de prédilection. Romulus n'établit que deux cultes, et ce sont deux spécifications de Jupiter – de ce Jupiter qui lui a donné la promesse des auspices, – Jupiter Feretrius et Jupiter Stator, qui s'accordent en ceci que Jupiter y est le dieu protecteur du regnum, mais dans des combats, dans des victoires ; et la seconde victoire est due à une prestidigitation souveraine de Jupiter, à un « changement à vue », contre lequel évidemment aucune force ne peut rien et qui bouleverse l'ordre attendu, l'ordre juste des événements. Au contraire tous les auteurs insistent sur la dévotion particulière que Numa a vouée à Fides. Denys d'Halicarnasse écrit (II, 75) : « Il n'y a pas de sentiment plus élevé, plus sacré que la bonne foi, ni dans les affaires des États, ni dans les rapports entre individus ; s'étant bien persuadé de cette vérité, Numa, le premier parmi les hommes, fonda un sanctuaire de la Fides Publica et institua en son honneur des sacrifices aussi officiels que ceux des autres divinités. » Plutarque (*N.*, 16, 1) dit semblablement qu'il fut le premier à bâtir un temple à Fides et en outre qu'il apprit aux Romains leur plus grand serment, le serment par Fides. On sent comme cette distribution se conforme à l'essence des dieux souverains antithétiques, Varuṇa et Mitra, Jupiter et Dius Fidius.

Les caractères des deux héros s'opposent de même : Romulus est un violent, que les annalistes se plaisent à décrire sous la figure d'un tyran à la mode grecque ou étrusque, mais avec des traits sûrement anciens : « Il avait toujours près de lui, dit Plutarque (*Rom.*, 26, 3-4), les jeunes gens qu'on appelait Celeres, à cause de leur promptitude à exécuter ses ordres. Il ne paraissait en public que précédé de licteurs armés de verges avec lesquelles ils écartaient la foule et ceints de courroies dont ils liaient sur-le-champ ceux qu'il ordonnait d'arrêter. » À ce souverain aussi matériellement « lieur » que Varuṇa, s'oppose le bon, le calme Numa, dont le premier soin, devenu roi, est de dissoudre le corps de Celeres (Plut., *N.*, 7, 6) et le second d'organiser *(ibid.)* ou de créer (Tite-Live, I, 20) les trois flamines maiores. Numa est dépourvu de toute passion, même de celles que les barbares estiment, comme la violence et l'ambition (Plut., *N.*, 3, 6).

En conséquence, les affinités de l'un sont toutes pour la fonction guerrière, celles de l'autre pour la fonction de prospérité. Jusque dans son conseil posthume, Romulus, le roi aux trois triomphes, prescrit aux Romains : *rem militarem colant* (Tite-Live, I, 16, 7). Numa, lui, s'assigne pour tâche de déshabituer les Romains de la guerre (Plut., *N.*, 8, 1-4) ; la paix n'est rompue à aucun moment de son règne (*ibid.*, 20, 6) ; il offre une bonne entente aux Fidénates qui font des razzias sur ses terres et institue à cette occasion, suivant une variante, les prêtres féciaux pour veiller au respect des formes qui empêchent ou limitent la violence (Denys d'Hal., II, 72 ; cf. Plut., *N.*, 12, 4) ; il distribue aux citoyens indigents le territoire conquis par Romulus « afin de les soustraire à la misère, cause presque nécessaire de la perversité, et de tourner vers l'agriculture l'esprit du peuple qui, en domptant la terre, s'adoucirait lui-même » ; il partage tout le territoire en *uici*, avec des inspecteurs et des commissaires qu'il contrôle lui-même, « jugeant des mœurs des citoyens par le travail, avançant en honneurs et pouvoirs ceux qui se distinguaient par leur activité, blâmant les paresseux et corrigeant leur négligence » (Plut., *N.*, 16, 3-7).

Bornons ici la comparaison, qui pourrait se poursuivre dans un grand détail, car il est évident que les annalistes se sont ingéniés à pousser dans toutes les directions l'opposition des deux rois, l'un *iuuenis, ferox*, odieux aux *senatores* et peut-être tué par eux, sans enfant, etc. ; l'autre *senex* type, *grauis*, pieusement enterré par les *senatores*, ancêtre de nombreuses gentes, etc. Des prétentions gentilices ou l'imitation de modèles grecs ont pu introduire plus d'un détail, et à plusieurs époques, dans ces « vies parallèles inverses » et notamment dans celle de Numa. Mais il est clair que ces innovations mêmes se sont conformées à une donnée traditionnelle, dont l'intention était d'illustrer deux types de roi, deux modes de souveraineté : ceux mêmes que l'Inde couvre des noms de Varuṇa et de Mitra.

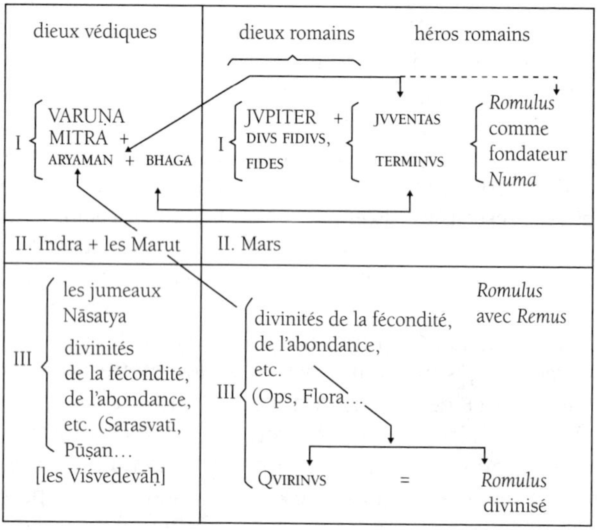

D.S.I.E., p. 182.

I, II, III : les trois fonctions.

En grandes capitales : principaux dieux souverains ;

en petites capitales : divinités auxiliaires des grands dieux souverains ;

en bas de casse, romain : divinités des deux autres fonctions sans rapport direct avec la Souveraineté ;

en bas de casse, italique : hommes, rois de Rome marqués fonctionnellement ;

trait continu : homologie fonctionnelle partielle entre divinités de niveaux différents ;

trait discontinu : homologie fonctionnelle partielle entre un dieu et un homme.

21. *Tullus Hostilius et la fonction guerrière.* – Après la fonction souveraine, la fonction guerrière ; après Romulus et Numa, Tullus Hostilius, qu'Anchise présente à Énée (*En.*, VI, 815) comme celui « qui ramènera aux armes, *in arma*, les citoyens devenus casaniers et déjà désaccoutumés des triomphes ». *Arma*, comme *auspicia* et *sacra* pour ses prédécesseurs, signale bien l'essentiel de son caractère et de son œuvre : *militaris rei institutor*, dira Orose et, bien avant lui, Florus : « La royauté lui fut conférée par égard pour son courage : c'est lui qui fonda tout le système militaire et l'art de la guerre ; en conséquence, après avoir exercé d'une manière étonnante la iuuentus romaine, il osa provoquer les Albains… »

22. *Les mythes d'Indra et la légende de Tullus Hostilius.* – C'est ici que la confrontation de l'épopée romaine et de la mythologie indienne a donné (1956) ses résultats les plus inattendus, et permis d'avancer l'étude détaillée de la fonction guerrière indo-européenne dont la seule confrontation des théologies explicites ne laissait entrevoir que les plus grands traits : dans leurs « leçons », mais aussi dans leurs affabulations, les deux épisodes solidaires qui constituent « l'histoire » de Tullus – la victoire du troisième Horace sur les trois Curiaces et le châtiment de Mettius Fuffetius, qui tirent Rome du péril que courait son imperium naissant, l'un par la subordination d'Albe, l'autre par sa destruction – recouvrent de près deux des principaux mythes d'Indra, que la tradition épique présente souvent comme consécutifs et solidaires, à savoir la victoire d'Indra et de Trita sur le Tricéphale, et le meurtre de Namuci. Il n'est possible ici que de mettre dans un tableau schématique les homologies, en priant le lecteur qu'elles intéresseront de se reporter au livre où les arguments et les conséquences sont longuement exposés.

A, a) (Inde) : Dans le cadre de leur rivalité générale avec les démons, les dieux sont menacés par le redoutable monstre à trois têtes qui est pourtant le « fils d'ami » (dans le R̥gveda), ou le cousin germain des dieux (dans les Brāhmaṇa et l'épopée), et en outre brahmane et chapelain des dieux. Indra (dans le R̥gveda) pousse Trita, le « troisième » des trois frères ptya, à tuer le Tricéphale, et Trita le tue en effet, sauvant les dieux. Mais cet acte, meurtre d'un parent, ou d'un allié, ou d'un brahmane, comporte une souillure dont Indra se décharge sur Trita ou sur les Āptya, qui la liquident rituellement. Depuis lors, les Āptya sont spécialisés dans la liquidation de diverses souillures et notamment, dans tous les sacrifices, de celle que comporte l'inévitable mise à mort de la victime.

b) (Rome) : Pour régler le long conflit dans lequel Rome et Albe se disputent l'imperium, les deux parties conviennent d'opposer les trois jumeaux Horatii et les trois jumeaux Curiatii (dont l'un est fiancé à une sœur des Horatii ; et qui, même, dans la version suivie par Denys d'Halicarnasse, sont cousins germains des Horatii). Dans le combat, il ne reste bientôt qu'un Horatius, mais ce « troisième » tue ses trois adversaires, donnant l'imperium à Rome. Dans la version de Denys, ce meurtre de cousins risque de produire une souillure, mais une remarque de casuiste l'évite : les Curiatii ayant été les premiers à accepter l'idée du combat, la responsabilité est sur eux. Mais la souillure par le sang familial reparaît aussitôt, transférée sur un épisode qui n'a pas de parallèle dans le récit indien : le troisième Horatius tue sa sœur, qui le maudissait du meurtre de son fiancé. La gens Horatia doit donc liquider cette souillure et, chaque année, continue d'offrir un sacrifice expiatoire ; la date de ce sacrifice, au début du mois qui met fin aux campagnes militaires (calendes d'octobre), suggère que ces expiations concernaient, par-delà le légendaire Horatius, les soldats rentrant à Rome, souillés par les inévitables meurtres de la bataille.

B, a) (Inde) : Le démon Namuci, après de premières hostilités, a conclu un pacte d'amitié avec Indra, qui s'est engagé à ne le tuer « ni de jour ni de nuit, ni avec du sec ni avec de l'humide ». Un jour, profitant traîtreusement d'un état de faiblesse où Indra a été mis par le père du Tricéphale, Namuci dépouille Indra de tous ses avantages : force, virilité, soma, nourriture. Indra appelle à son secours les dieux canoniques de troisième fonction, Sarasvatī et les Aśvin, qui lui rendent sa force et lui indiquent le moyen de garder sa parole tout en la violant : il n'a qu'à assaillir Namuci à l'aube, qui n'est ni la nuit ni le jour, et avec de l'écume, qui n'est ni du sec ni de l'humide. Indra surprend ainsi Namuci qui ne se défie pas et le décapite bizarrement en « barattant » sa tête dans l'écume.

b) (Rome) : Après la défaite des trois Curiatii, le chef des Albains, Mettius Fuffetius, en vertu de la convention, s'est mis, lui et Albe, sous les ordres de Tullus. Mais, secrètement, il trahit son allié. Pendant la bataille contre les Fidénates, il se retire avec ses troupes sur une hauteur, découvrant le flanc des Romains. Dans ce péril mortel, Tullus fait des vœux aux divinités de troisième fonction, notamment à Quirinus, et reste vainqueur. Bien qu'ayant remarqué la trahison de Mettius, il feint d'être dupe et convoque au prétoire, comme pour les féliciter, les Albains qui ne se défient pas. Là il surprend Mettius, le fait saisir et le condamne à un châtiment unique dans l'histoire de Rome, l'écartèlement.

23. *Rapports de la fonction guerrière avec les deux autres.* – À travers ces mythes et ces légendes, c'est toute une philosophie des nécessités, des entraînements, des risques de la fonction guerrière qui s'exprime, et aussi une conception cohérente des rapports de cette fonction centrale avec la troisième, qu'elle mobilise à son service, et avec l'aspect « Mitra, Fides » de la première, qu'elle ne respecte guère, qu'elle ne peut guère respecter, parce que, engagée dans l'action et dans les périls, comment accepterait-elle que la fidélité aux principes gêne cette action et la désarme devant ces périls ?

Les rapports d'Indra, de Tullus avec l'aspect « Varuṇa, Jupiter » de la fonction souveraine ne vont pas non plus sans heurts : on a déjà rappelé les hymnes védiques où Indra défie Varuṇa, se vante même d'abolir sa puissance (et les Hárbađsljóđ de l'Edda opposent de même Óđinn et Þórr dans un dialogue injurieux). Quant à Tullus, il est, à Rome, ce scandale vivant : le roi impie, et la fin de son histoire n'est que la terrible revanche que Jupiter, le maître des grandes magies, exerce contre ce roi trop purement guerrier, qui l'a si longtemps ignoré ; une épidémie frappe ses troupes, qu'il oblige néanmoins à continuer les guerres, jusqu'au jour où lui-même contracte une longue maladie : alors, dit Tite-Live (I, 31, 6-8),

> lui, qui, jusqu'à ce temps, avait considéré que rien n'est moins digne d'un roi que d'appliquer son esprit aux choses sacrées, soudain il s'abandonna à toutes les superstitions, grandes et petites, et propagea même dans le peuple de vaines pratiques… On dit que le roi lui-même, en consultant les livres de Numa, y trouva la recette de certains sacrifices secrets en l'honneur de Jupiter Elicius. Il se cacha pour les célébrer. Mais, soit au début, soit au cours de la cérémonie,

il commit une faute de rituel, en sorte que, loin de voir apparaître une figure divine, il irrita Jupiter par une évocation mal conduite et fut brûlé par la foudre, lui et sa maison.

Telles sont les fatalités de la fonction guerrière. Si Indra, le grand pécheur Indra, n'aboutit pas à cette fin dramatique, c'est qu'il est dieu et que, tout compte fait, sa force et ses services restent ce qui intéresse le plus les hommes.

24. *Les jumeaux védiques et romains, mythologie et épopée de la troisième fonction.* – Quant aux jumeaux – que Rome, dans le Latium, n'était pas seule à honorer : la légende prénestine en plaçait un couple, un peu autrement, au temps de ses origines, – l'épopée romaine les met à la place d'honneur dans les personnes de Romulus et de Rémus. Il y a une différence du tout au tout entre le Romulus roi que nous avons tout à l'heure observé et opposé à Numa dans la seconde et dernière partie de sa carrière, et le Romulus d'avant Rome, le *Remo cum fratre Quirinus*. Cette différence éclate en effet, à propos même de la fondation, dans la querelle des auspices et le meurtre de Rémus : Romulus cesse alors d'être « un des deux jumeaux », l'associé fidèle et sans querelle de son frère, pour devenir le roi prestigieux, créateur, bientôt terrible, tyrannique et, par l'institution des hommes qui portent devant lui des cordes toutes prêtes, aussi littéralement « lieur », on l'a vu (ci-dessus, § 20), que son homologue du panthéon védique, Varuṇa, armé des liens.

La correspondance typologique des jumeaux de l'épopée romaine et des dieux jumeaux, Nāsatya-Aśvin, qui terminent la liste trifonctionnelle indo-iranienne, est précise. Jusqu'à leur départ d'Albe et à la fondation de la Ville, ils sont et ne sont que « de troisième fonction » : pasteurs, élevés par un pasteur, vivant une vie exemplaire de pasteurs seulement relevée par un goût marqué pour la chasse et les exercices physiques. Dans cette définition pastorale, l'évolution de la protocivilisation romaine (disparition du char de guerre, notamment) a éliminé le « côté cheval » (en évidence dans le mot Aśvin) et il ne reste que le

« côté bœuf et mouton », asseyant davantage, si l'on peut dire, Romulus et Rémus dans l'économie rurale.

Les Nāsatya, on se le rappelle, sont d'abord tenus à distance par les dieux parce que trop « mêlés aux hommes » (*Śat. Brāhm.*, IV, 1, 5, 14, etc.) et, dans la littérature postérieure, ils seront même considérés comme des dieux d'abord śūdra, des dieux de ce qu'il y a de plus bas, hors classe, par rapport à la société ordonnée. Ainsi vivent, pensent, agissent Romulus et son frère. Il n'y a en eux rien du « souverain », aucun respect pour l'ordre. Dévoués aux plus humbles, ils méprisent les intendants, inspecteurs et chefs de troupeaux du roi (Plutarque, *Rom.*, 6, 7). La troupe qui leur servira dans leur révolte sera une troupe de bergers (Tite-Live, 1, 5, 7), ou un rassemblement d'indigents et d'esclaves (Plut., *R.*, 7, 2), préfigurant l'hétéroclite peuplement de l'Asyle (*ibid.*, 9, 5).

Ils sont des redresseurs de torts, comme les Nāsatya passent leur temps à réparer les injustices des hommes ou du sort. Simplement, étant dieux, les Nāsatya font leurs libérations, restaurations et guérisons par des miracles, alors que Romulus et Rémus ne peuvent recourir qu'à des moyens humains pour protéger leurs amis contre les brigands, rétablir dans leurs droits les bergers de Numitor brimés par ceux d'Amulius, et finalement châtier Amulius. Un des plus célèbres services des Nāsatya, origine de leur fortune divine, est d'avoir rajeuni le vieux Cyavana décrépit ; le grand exploit de Romulus et de Rémus et l'origine de la fortune du premier est de même d'avoir restauré leur vieux grand-père qui avait été dépouillé de la royauté d'Albe.

Les deux Nāsatya, dans le R̥gveda, sont presque indiscernables, agissent ensemble ; un texte cependant marque une grave inégalité, qui rejoint celle des Dioscures grecs : l'un d'eux est fils du Ciel, l'autre fils d'un homme. L'inégalité des jumeaux romains est différente, mais aussi considérable : égaux par la naissance, un seul d'entre eux pourtant poursuivra sa carrière et deviendra dieu – le dieu canonique de troisième fonction, Quirinus, – l'autre périssant précocement et ne recevant plus dès lors que les honneurs habituels aux grands morts. Ovide pourra dire d'eux (*Fastes*, II, 395-6) : *at quam sunt similes ! at quam formosus uterque ! plus tamen ex illis iste uigoris habet...*

Certaines actions étranges des Nāsatya – mal connues, comme toute leur mythologie – paraissent aussi rejoindre des traits de la légende de Romulus et de Rémus, parfois seulement avec une inversion (protecteurs, et non protégés) qui tient au fait qu'ils sont des dieux et les jumeaux romains des hommes. Un des services fréquents des Nāsatya est de faire cesser la stérilité des femmes et des femelles : or Romulus et Rémus sont les premiers chefs des Luperques, dont un des offices, par la flagellation, est de rendre mères les femmes romaines (une légende étiologique, mais qui place l'origine de ce rite *après* la fondation de Rome et l'enlèvement des Sabines, dit qu'il a été destiné d'abord à faire cesser une stérilité générale). – Dans tout le R̥gveda, le loup est un être mal vu, est l'ennemi ; la seule exception se trouve dans le cycle des Nāsatya : un jeune homme avait égorgé cent un béliers pour nourrir une louve, en punition de quoi son père lui avait crevé les yeux ; à la prière de la louve, les jumeaux divins rendirent la vue au malheureux. Dans l'histoire de Romulus et Rémus et dans elle seule à Rome, c'est non plus nourrie mais nourricière que la louve occupe la place flatteuse que l'on sait. – Dans les rites et légendes des Lupercales (Ovide, *F.*, II, 361-379), dans les récits sur la jeunesse de Romulus et de Rémus (Plutarque, *Rom.*, 6, 8), les courses jouent un rôle considérable : également, mais les courses en char, dans la mythologie des « Aśvin ». – Un trait malheureusement obscur de la fête rustique de Pales (le « cheval mutilé », *curtus equos*), et aussi le concept même de la déesse « Pales », si étroitement lié à Romulus et à Rémus et à la fondation de Rome, rappellent la légende où les Nāsatya remettent en état la jument dite « *Pálā* de la *víś* » (*víś*, principe de la troisième fonction, et aussi « clan ») qui, dans une course, avait eu la jambe coupée.

Cette confrontation sommaire suffit à établir que, dans leur carrière « préromaine », Romulus et Rémus correspondent aussi précisément aux Nāsatya que Romulus devenu roi et son successeur Numa correspondent à Varuṇa et à Mitra, et Tullus à Indra. Quand Romulus mort sera déifié sous le nom du dieu canonique de troisième fonction, Quirinus, il ne fera donc que revenir à sa première valeur et, soit dit en passant, cette remarquable convergence engage à réviser l'idée généralement admise que l'assimilation de Romulus et de Quirinus est secondaire et tardive.

25. *La troisième fonction, fondement des deux autres.* – Quant à l'ordre d'apparition des trois fonctions dans l'épopée des origines romaines – 3, 1, 2 –, et à la transformation de Romulus lui-même de « Nāsatya » en « Varuṇa », ils ne sont pas non plus sans parallèles, et révèlent un aspect de la structure trifonctionnelle que nous n'avons pas encore eu l'occasion de signaler. Nous voyons ici comme une reconnaissance du fait certain que, si la troisième fonction est la plus humble, elle n'en est pas moins le fondement et la condition des deux autres : comment vivraient les sorciers et les guerriers si les pasteurs-agriculteurs ne les entretenaient pas ? Dans la légende iranienne, Yima, comme Romulus, ne devient un roi prestigieux et bientôt excessif – défiant Ahura Mazdā – qu'après avoir été différentiellement, dans la première partie de sa carrière, un bon « héros de troisième fonction », aux riches pâturages, sous lequel la maladie et la mort n'atteignaient ni les hommes, ni les bêtes, ni les plantes (*Yašt*, XIX, 30-34). Dans l'épopée ossète (v. ci-dessus, I, § 4), les deux jumeaux Æxsært et Æxsærtæg, dont le second tue le premier dans un accès de jalousie, puis engendre la famille des Æxsærtægkatæ (différentiellement la famille des Forts, des Guerriers), sont eux-mêmes, selon certaines variantes, issus de la race de « Bora » c'est-à-dire des Boratæ (la famille des Riches). C'est la même philosophie qui s'exprime, dans les rituels indiens, sur l'aire même du sacrifice : trois feux y doivent être réunis, correspondant aux trois fonctions, un feu qui transmet les offrandes aux dieux, un feu de défense contre les démons, un feu du maître de maison ; or c'est ce dernier, présenté avec les caractères d'un « feu vaiśya », qui est le feu fondamental, allumé le premier, et c'est lui qui sert à allumer les deux autres.

26. *Développement de la recherche.* – Le lecteur est maintenant introduit non pas seulement dans l'entrepôt où sont classés les résultats, mais, pour la théologie et la mythologie de chacune des

trois fonctions, et notamment de la deuxième et de la troisième, installé sur le champ de fouilles même où le comparatiste en est encore à se battre avec sa matière. Le travail va se continuer, avec ses suites ordinaires, qui ne sont pas seulement des trouvailles nouvelles, mais aussi des corrections, des réinterprétations de détail à la lumière d'ensembles mieux compris, et généralement des réflexions critiques sur les bilans antérieurs.

Avant de prendre congé, le guide doit rappeler que, pour importante, centrale même, que soit l'idéologie des trois fonctions, elle est loin de constituer tout l'héritage indo-européen commun que l'analyse comparative peut entrevoir ou reconstituer. Un grand nombre d'autres chantiers, plus ou moins indépendants, sont ouverts : sur les « dieux initiaux », sur la déesse Aurore, et sur quelques autres, sur la mythologie des crises du soleil, sur des variétés de sacerdoces et sur des mécanismes rituels, sur les concepts fondamentaux de la pensée religieuse, la comparaison, et spécialement la comparaison des faits indo-iraniens et des faits romains, a déjà permis ou va permettre de reconnaître des coïncidences qu'il est difficile d'attribuer au hasard.

TROISIÈME PARTIE

LA FABRICATION DE L'HISTOIRE

Un des reproches les plus fréquemment adressés à Dumézil par ses contradicteurs porte sur l'aspect mécaniste, voire réducteur, de sa démarche : dans le système triparti, tout serait fixé d'avance. À cela, il n'a cessé de répondre :

1) *que l'héritage commun n'est pas exclusif d'emprunts aux premiers occupants rencontrés par les envahisseurs indo-européens ou aux sociétés voisines.* Les Romains ont fait de nombreux emprunts aux Grecs, sans avoir aucune conscience de l'origine commune des dieux « étrangers » qu'ils incorporaient à leur panthéon. Dumézil a particulièrement insisté sur ces problèmes d'emprunts à propos des Scythes.

> Si la tradition fidèlement gardée par les Ossètes éclaire un grand nombre de données scythiques d'Hérodote et de Lucien, il n'en est pas moins légitime et fécond de continuer à demander des lumières aux « empires des steppes », Huns, Turcs, Mongols, dont les conditions de vie étaient comparables à celles des Scythes, des Sarmates, des Alains et avec lesquels l'Europe orientale a eu des rapports presque constants d'affrontement, d'alliance, parfois d'union. Par exemple la comparaison qu'on lira plus loin des coutumes funéraires des Scythes avec celles des Ossètes, reprise de Vs. Miller, n'annule pas les parallèles établis depuis longtemps avec celles de plusieurs peuples sibériens. Le « chamanisme » scythique, étudié spécialement par Karl Meuli, est une réalité, même si cet auteur lui a attribué plus que son dû.

Si, tenu par mes problèmes habituels, je me suis surtout intéressé depuis cinquante ans à « l'héritage indo-européen » des Scythes, si j'ai interprété par exemple l'étroite analogie du Syrdon des Ossètes et du Loki des Scandinaves par la double conservation d'un type déjà formé chez les ancêtres communs des uns et des autres, je ne conteste pas l'importance d'un autre type de problèmes : les problèmes d'emprunt. Les arrière-pays de la mer Noire et de la mer Caspienne ont toujours été des terres de passage ou d'attente et la circulation entre la Baltique et la Méditerranée, active dès la préhistoire, traversait les terres scythiques.

2) *que la tripartition et les autres éléments du fonds commun indo-européen ne constituaient qu'un cadre général que chaque peuple organisait à sa guise*. Contrastant avec la si riche mythologie indienne, la mythologie romaine est presque inexistante. « La Rome classique n'a pour ainsi dire plus de mythologie divine, ne sait plus rien raconter de ses dieux dont les définitions et les relations fonctionnelles restent pourtant claires. » L'héritage indo-européen a été transposé dans une épopée nationale. Dès les débuts de l'enquête, Dumézil a formulé la notion de « champs idéologiques » :

> Chaque société a une forme d'esprit et de goût, d'imagination et de sens moral, qui ne permet aux institutions comme aux mythes, quels qu'en soient l'origine et l'âge, de vivre et de prospérer en elle que s'ils se modèlent sur certains types et s'orientent dans certains sens.

Par « approximations successives », l'historien peut mettre en évidence « les systèmes de coordonnées, parfois fort dissemblables, à l'aide desquels des sociétés diverses formulent et dessinent des “fonctions conceptuelles” identiques ou analogues ». Dumézil a ainsi défini les principaux caractères différentiels des champs romain et indien.

> Les Romains pensent *historiquement* alors que les Indiens pensent *fabuleusement*. Tout récit, en tout pays, concerne un morceau du passé, mais, pour avoir audience auprès des Romains, il faut que ce passé soit relativement proche, se laisse situer dans le temps comme dans l'espace, qu'il concerne des hommes et non des êtres imaginaires, et

généralement qu'il mette en jeu le moins possible les forces et ressorts étrangers à la vie courante. À l'inverse, les Indiens ont le goût des lointains, des durées et des distances immenses ; ils aiment aussi bien l'imprécision amplificatrice que la monstruosité grandiose ; ils sont friands de merveilles.

Les Romains pensent *nationalement* et les Indiens *cosmiquement*. Les premiers ne s'intéressent à un récit que s'il a quelque rapport avec Rome, s'il se présente comme de l'« histoire romaine », justifiant un détail d'organisation de la Ville, une règle positive ou négative de conduite, une prétention, un préjugé romains. À l'inverse, les seconds, du moins ceux des Indiens qui développent et consignent les mythes, se désintéressent des patries éphémères ; ce qui les touche, ce sont les origines, les vicissitudes, les rythmes du grand Tout, de l'Univers même plutôt que de l'Humanité.

Les Romains pensent *pratiquement* et les Indiens *philosophiquement*. Les Romains ne spéculent pas ; s'ils sont en état d'agir, s'ils sont au clair sur l'objet et sur les moyens de leur action, ils sont satisfaits et ne cherchent ni à comprendre ni à imaginer davantage. Les Indiens vivent dans le monde des idées, dans la contemplation, conscients de l'infériorité et des périls de l'acte, de l'appétit, de l'existence même.

Les Romains pensent *relativement, empiriquement* ; les Indiens pensent *absolument, dogmatiquement*. Les uns sont toujours en éveil sur l'évolution de la vie, pour la freiner sans doute, mais aussi pour la légitimer et lui donner une forme acceptable ; l'édit du préteur, les votes des comices, l'escrime subtile ou violente des magistrats assurent en tous temps un juste équilibre entre l'être et le devenir, entre la tradition et les sollicitations du présent. L'Inde n'a de regard que pour l'immuable ; le changement est pour elle, suivant les matières, illusion, imperfection ou sacrilège ; les maximes qui règlent les rapports humains sont donc inchangeables, comme l'est l'organisation sociale elle-même, comme l'est toute organisation légitime, tout *dharma*.

Les Romains pensent *politiquement*, les Indiens pensent *moralement*. La plus auguste réalité accessible aux sens étant Rome, la vie de Rome étant un problème constamment posé, et la religion elle-même n'étant qu'une partie de l'administration publique, toutes les réflexions des Romains, tous leurs efforts s'ordonnent à la *res publica*, tous les devoirs, toutes les règles et par conséquent tous les récits qui forment le trésor de la sagesse romaine ont une pointe tournée vers la politique, vers les institutions, vers les procédures, vers la casuistique du consul, ou du censeur, ou du tribun. Pour les Indiens, du plus élevé au plus humble, tout homme a d'abord affaire soit aux dieux, soit aux grandes notions qui valent des dieux ; l'ordre social n'étant pas absolu ou plutôt ne tenant sa valeur absolue que de sa conformité aux lois générales du monde, tout ce qui le concerne n'est qu'une science seconde, déduite de vérités supérieures, et non pas un art directement induit de l'examen de sa matière.

Enfin les Romains pensent *juridiquement*, les Indiens pensent *mystiquement*. Les premiers ont dégagé très tôt la notion de personne et c'est sur elle, sur l'autonomie, sur la stabilité, sur la dignité des personnes qu'ils ont construit leur idéal des rapports humains – *jus* –, les dieux n'y intervenant guère que comme témoins. L'Inde s'est au contraire de plus en plus persuadée que les individus ne sont qu'apparences trompeuses et que seul existe l'Un profond ; que par conséquent les vrais rapports entre les êtres, humains ou autres, sont plutôt des rapports de participation, d'interpénétration que des rapports d'opposition et de négociation ; que dans toute affaire, même la plus temporelle, le principal partenaire est le grand invisible dans lequel, à vrai dire, se rejoignent, se fondent les partenaires visibles.

De même, il a caractérisé les champs idéologiques de Rome et de l'Iran zoroastrien.

À Rome la pensée est toute politique et nationale. La religion, comme tout le reste, s'incorpore très tôt et de plus en plus profondément à l'État, suit ses vicissitudes, sert ses intérêts. L'individu l'intéresse peu. Elle ne se soucie ni d'éveiller ni de satisfaire aucune aspiration mystique. La morale qu'elle appuie se développe dans les édits des préteurs et non par la méditation des prêtres. Elle est ritualiste, disciplinaire, et non spirituelle. – Au contraire, dans le zoroastrisme pur, les formes politiques n'intéressent la vie religieuse que par les obstacles qu'elles lui opposent ou les services qu'elles lui rendent. La notion même d'*Arya* qui, dans l'Inde, fournit à la religion un cadre racial sinon politique, et qui restera importante dans d'autres parties de l'Iran, ne joue pas de rôle dans les *Gâthâ*. Ce qui compte, c'est d'être bon et non méchant, *ashavan* et non *drəgvant*. Il est à peine anachronique de dire que, pour le croyant, « le Royaume n'est pas de ce monde ». Et naturellement, sur cette base, se développe une religion de salut, une religion militante, où l'enjeu, le combattant, le champ de bataille sont *individuels*. Les rites s'émoussent, armes inutiles pour faire triompher la vertu. Plus tard l'État sassanide changera en partie cela : en quoi il ne sera pas fidèle à l'esprit du prophète.

Le second caractère différentiel dérive du premier. Il a été possible de déceler, dans les deux premiers livres de Tite-Live, depuis les règnes et figures de Romulus et de Numa jusqu'aux exploits de Coclès et de Scaevola, une bonne part de mythes indo-européens, mais transformés en récits vraisemblables, humains, datés. La vieille mythologie a subsisté, avec la philosophie sous-jacente, avec les services éducatifs qu'elle rendait ; mais, pour subsister et continuer de servir, elle a dû se plier au goût si marqué de la société romaine de tout rapporter à elle-même, à ses quelques siècles d'existence, à son *ager*, à ses *patres* : elle s'est faite histoire, et histoire nationale. – Le zoroastrisme au contraire, n'étant pas enfermé dans son cadre de temps et d'espace, cherche ailleurs son appui : il pense non pas historiquement, mais théologiquement. Lui non plus, pour d'autres raisons, ne présente plus à l'observateur une mythologie au sens précis du mot. Mais il a été plus radical : il n'a pas, comme Rome, sauvé ses mythes en les travestissant, en les transportant dans une autre province de la mémoire. Il les a sacrifiés. Seulement, les sacrifiant, il en a gardé l'essentiel, l'armature philosophique, pour l'appliquer à l'analyse ardente de l'objet nouveau de sa foi : le dieu unique, créateur et maître universel.

Ces oppositions fondamentales ont eu une influence déterminante sur l'évolution des institutions.

L'Inde s'est progressivement engourdie dans un système féodal, rigide et immobile, durcissant les trois classes sociales fonctionnelles – prêtres, guerriers, éleveurs-agriculteurs – en castes étanches, hypertrophiant le pouvoir ou du moins le prestige des organes souverains, rois et caste brahmanique, anémiant au contraire et paralysant peu à peu les éléments dynamiques, les facteurs de rajeunissement et de renouvellement de l'ancienne société conquérante. À l'inverse, les Romains se sont engagés très tôt dans la voie qui devait les mener à l'abolition de la royauté, à la conception civique de la société et de l'État, à l'oubli de la classification fonctionnelle, à l'établissement de classifications d'un autre type (d'après la résidence, ou d'après la fortune...) permettant à tout citoyen d'être et de cesser d'être, tour à tour ou simultanément selon les cas, civil et militaire, magistrat laïc ou magistrat religieux.

Les différences entre les Romains et les Indiens sont particulièrement marquées. Mais on en trouve d'également nettes entre des peuples plus proches. Ainsi, chez les Romains comme chez les Irlandais, la « mythologie est fondue dans l'épopée, se présente comme un fragment relativement récent de la vie réelle du pays », mais cette rencontre est « compensée par une énorme différence : les deux peuples ne s'accordent pas du tout sur la conception de ce cadre humain où se situent leurs mythes ».

Pour le brillant et poétique paladin irlandais qui, malgré des débauches de bravoure et la plus vive intelligence, n'aura pas su avant notre siècle organiser son île, divin et humain ne s'opposent pas, ne se distinguent pas réellement : autant que parmi son clan et ses ennemis, l'Irlandais vit dans la surnature, parmi les fées des tertres et les fantômes de la brume ; il sait que rien n'est impossible à personne ; que les réseaux de tabous mystiques gouvernent la société et la vie de chacun plus souverainement que la casuistique des lois et des usages où pourtant sa finesse excelle ; que les dons et les secours mystérieux ont dans le succès des entreprises plus de part que les calculs ; que chaque homme est celui qu'il croit être, mais parfois aussi un autre, réincarné pour la troisième ou la quatrième fois, et encore un animal de la forêt ; il sait qu'au détour d'un récif des mers occidentales, la barque du pêcheur peut soudain aborder au pays des Morts, ou plutôt des Vivants, et qu'ensuite, naturellement, elle en reviendra chargée de sorts et de mélancolie.

Au contraire, pour le soldat laboureur qui devait en moins de mille ans asservir le monde à quelques collines du Latium, l'humain se définit par une opposition rigoureuse au divin ; l'humain, c'est exclusivement le positif, le vraisemblable, le naturel, le prévisible, le codifiable, le régulier ; si donc les mythes sont « humains » et terrestres, les dieux y auront peu de part, et l'essentiel des récits se passera vraiment entre hommes, en machinations calculées et en réalisations exactes, comparables à ce qu'on racontera un peu plus tard des Scipions ou des Gracques, de Sylla ou de César ; la communication entre l'humain et le divin ne se fera guère, comme dans la vie même, que par sacrifices et prières d'un côté, présages et prodiges de l'autre ; les morts, comme dans la pratique, n'y interviendront qu'à titre d'exemples à imiter ou d'*imagines* à porter en procession ; le flux de l'irrationnel y sera contenu par les nombreuses digues que ce peuple de juristes et d'annalistes a su, respectueusement, élever devant lui.

À côté de l'exploration des différentes applications de l'idéologie tripartie, Georges Dumézil a consacré une bonne part de son activité à mettre en lumière la spécificité de chaque camp idéologique. En dehors de leur utilité directe pour la connaissance des religions et des « provinces » indo-européennes ainsi étudiées, de telles recherches « particulières » ont une double utilité.

1) Elles donnent à la comparaison sa pleine signification, en enracinant ses résultats dans des philologies, des histoires particulières. Ce programme a été défini dès les années 1940 avec la série des *Mythes romains* et *Naissance de Rome* (1944) : « Tant que je ne fournissais pas un moyen précis d'insérer mes vues dans la perspective historique de Rome, la démonstration restait valable mais incomplète et surtout inefficace sur beaucoup d'esprits. Pour cette combinaison stable de faits authentiques, d'anticipations républicaines et de mythes indo-européens qui, si j'ai raison, constitue l'histoire des origines romaines, il faut présenter un "modèle plausible". » Ce projet aboutira deux décennies plus tard à la démonstration magistrale qu'est *La Religion romaine archaïque*, paru en 1966.

> Il ne suffit pas d'extraire de la religion romaine ancienne les morceaux qui se laissent éclairer par les religions d'autres peuples indo-européens. Il ne suffit pas de reconnaître, de présenter la structure idéologique et théologique que dessinent, par leurs liaisons, ces îlots de tradition préhistorique. Il faut les replacer, ou plutôt les laisser *in situ*, dans le tableau romain et regarder comment ils se sont comportés aux différents âges de la religion romaine, comment ils y ont survécu, ou dépéri, ou s'y sont transformés. En d'autres termes, il faut établir, rétablir la continuité entre « l'héritage » indo-européen et la réalité romaine… Sans renoncer aux services de la méthode comparative ni aux résultats de la recherche indo-européenne, mais en associant à cet outillage nouveau, sans ordre de préférence, les autres moyens de connaissance traditionnels, il faut considérer Rome et sa religion en elle-même, pour elle-même, dans leur ensemble.

2) Elles répondent à la question énoncée elle aussi très tôt, en conclusion de *Tarpeia* (1947) : « Comment concevoir le travail d'adaptation, d'actualisation historique et géographique qui a organisé la légende des premiers siècles de Rome en grande partie

à l'aide de mythes préromains, indo-européens ? Quels hommes, quels groupes d'hommes, entre 350 et 280, ont mis au point ce chef-d'œuvre ? » Question centrale, car on ne peut échapper à l'impression de mécanisme qu'engendre inévitablement le schéma triparti qu'en mettant en valeur le génie propre des historiens romains, des scaldes scandinaves, des réformateurs zoroastriens et des générations de brahmanes qui ont amené le Mahābhārata, ce « monstre » de quatre-vingt-dix mille vers, à sa forme définitive.

Parmi les « provinces » européennes, c'est le domaine romain qui a bénéficié d'une attention privilégiée, parce qu'il est celui « qui, dans nos pays, intéresse le plus grand nombre d'esprits cultivés », et aussi parce que « tandis que les faits indiens, ainsi que les faits iraniens tout proches, sont bien connus et immédiatement accessibles, les faits romains, fossiles pour la plupart et mal compris des anciens eux-mêmes, exigent un long traitement ». Après les trois volumes des *Mythes romains* (*Horace et les Curiace*, 1942 ; *Servius et la fortune*, 1943 ; *Tarpeia*, 1947) et *Naissance de Rome* (1944), se sont succédé *Jupiter Mars Quirinus IV* (1948) (1re partie), *L'Héritage indo-européen à Rome* (1949), *Rituels indo-européens à Rome* (1954), *Déesses latines et mythes védiques* (1956). Les autres « provinces » ont été comparativement moins bien traitées. La Germanie a fait l'objet d'une attention spéciale avec *Loki* (1948), *La Saga de Hadingus* (1953) et *Les Dieux des Germains* (1958). Le dossier iranien a été étudié dans *Naissance d'archanges* (1945) et *Le Troisième Souverain* (1949).

Dans les « bilans » commencés au début des années 1960, des monographies devaient être consacrées à chacun des principaux peuples indo-européens pour « exposer comment leurs diverses religions avaient, en cours d'histoire, maintenu, altéré, métissé, tôt ou tard estompé ou même perdu leur part initiale d'héritage indo-européen ». Par ailleurs, trois livres réunis sous le titre général de *Mythe et Épopée* « devaient exposer les usages non plus théologiques, mais littéraires, que les principaux peuples indo-européens ont fait de leur commun héritage, tant du tableau des trois fonctions que d'autres parties de l'idéologie ».

La série *Mythe et Épopée* a paru de 1968 à 1973. Le premier volume, de loin le plus gros, présente une vue d'ensemble de « l'idéologie des trois fonctions dans les épopées des peuples indo-européens », autour de trois grands tableaux : le Mahābhārata indien ; l'histoire des origines de Rome ; la légende des Nartes des Ossètes, lointains descendants caucasiens des Scythes. Ces tableaux ont permis, « du point de vue comparatif, l'observation de divergences progressives plutôt que l'approfondissement des concordances originelles préalablement reconnues ». Ils sont suivis d'exposés plus brefs sur « les utilisations de moindre envergure que d'autres peuples indo-européens – Grecs, Celtes, Germains, Slaves même – ont faites de l'idéologie tripartie soit dans des récits proprement épiques, soit dans des romans inséparables de l'épopée ». Les deux tomes suivants réunissent « des études comparatives plus limitées dans leur matière, qui posent des types nouveaux de problèmes, tels que les formes et les conséquences du péché, les types du dieu ou du héros coupable aux divers niveaux fonctionnels ». Le deuxième étudie des « types épiques indo-européens » à partir de personnages du Mahābhārata, confrontés à un dossier grec (pour le héros), à un dossier iranien (pour le sorcier), et à deux dossiers irlandais et iranien (pour le roi). « Le résultat a été, en gros, de repérer des épopées dont la matière et partiellement la forme existaient déjà avant les premières ou les dernières migrations préhistoriques. » Le troisième volume réunit des « histoires romaines » relatives aux Ve et IVe siècles (les débuts de Rome ont été traités dans le premier volume), elles aussi confrontées à des données comparatives (la première à deux dossiers iranien et irlandais ; la deuxième à un dossier indien ; la troisième dans le cadre général des trois fonctions) pour répondre à la question déjà posée dans *Tarpeia* et que reformule l'introduction du volume : « Comment s'est formée l'histoire des quatre premiers siècles de Rome telle qu'elle s'est imposée ensuite aux fondateurs de l'annalistique et, à travers eux, aux écrivains que nous lisons ? » Un quatrième tome, envisagé par Dumézil au début des années 1980 et qui aurait dû, lui aussi, être consacré à des histoires romaines, n'a pas paru (la matière en est passée dans des esquisses).

En complément de cette grande fresque sur l'épopée, deux livres ont été consacrés à des textes majeurs de la mythologie scandinave : l'*Edda* de l'Islandais Snorri Sturluson, étudié dans *Loki* (1986 ; nouvelle rédaction du livre publié en 1948 ; il ne s'agit pas vraiment d'une monographie, car l'essentiel du propos est d'ordre comparatif, mais les deux premiers chapitres contiennent une présentation très détaillée du document et de la valeur qu'on peut lui accorder), et les *Gesta Danorum* du Danois Saxo Grammaticus auxquels est consacré *Du mythe au roman : La saga de Hadingus* (1970 ; nouvelle édition du livre de 1953).

À côté de l'épopée, les monographies religieuses consacrées à chaque peuple indo-européen n'ont pas connu un développement aussi harmonieux. Comme durant la période des « rapports de fouilles », c'est Rome qui « a été servie la première et la plus largement » avec l'*opus magnum* qu'est *La Religion romaine archaïque* (1966 et 1974), complété par *Idées romaines* (1969), *Fêtes romaines d'été et d'automne* (1975) et les « XV Questions romaines » placées en appendice à *Mariages indo-européens* (1979). Les Ossètes du Caucase, qui ont perpétué à travers les Alains du Moyen Âge la langue et le folklore des Scythes, ont eu droit à un recueil, *Romans de Scythie et d'alentour* (1978), prolongé par des esquisses de *La Courtisane et les Seigneurs colorés* (1983). L'équivalent sur les Iraniens, pourtant annoncé comme imminent en 1977, n'a pas paru. Paradoxalement, l'Inde, omniprésente dans la comparaison, n'a bénéficié d'aucune monographie (en guise de compensation, le chapitre consacré à l'Inde dans *Les Dieux souverains des Indo-Européens*, 1977, a été plus développé que les autres). Les Germains ont eu droit à une version augmentée de l'ouvrage consacré à leurs dieux, disponible seulement en langue anglaise : *Gods of the Ancient Northmen* (1973 ; en français, les éléments en ont été dispersés dans *Les Dieux souverains des Indo-Européens* et dans les nouvelles éditions de *Heur et Malheur du guerrier*, 1985, et de *Loki*, 1986). Leurs voisins celtes ont été réduits à la portion congrue : quelques pages dans la quatrième partie de *Mythe et Épopée I*, et une seule esquisse ; carence qui s'explique non par le désintérêt, mais par le fait que Françoise Le

Roux et Christian Guyonvarc'h ont entrepris d'étudier le domaine celtique dans une perspective dumézilienne qui a permis au maître de leur abandonner ce secteur de l'enquête. Rançon du « miracle grec » qui a conduit très tôt à l'abandon des schèmes indo-européens pour de nouveaux cadres de pensée, la Grèce n'a pas fait l'objet d'une étude systématique, mais a bénéficié d'importantes esquisses dans *Apollon sonore* (1982) et *L'Oubli de l'homme et l'Honneur des dieux* (1985). Les Slaves sont eux aussi restés en marge, leur mythologie étant très largement perdue : le dernier chapitre de *Mythe et Épopée I* et une esquisse de *La Courtisane et les Seigneurs colorés* ont cependant étudié des bylines russes (contes populaires), renouant avec la matière du premier article publié par Dumézil en 1925, « Soukhmanti Odykhmantievitch, le paladin aux coquelicots ». Pour l'anecdote, on peut signaler que cet article, consacré à un héros qui meurt en donnant naissance à un fleuve, notait, sans aucune référence indo-européenne, que les démarches de celui-ci « se développent sans imprévu par une application de la fastidieuse "règle de trois" qui veut que, dans tant de contes populaires, tout exploit se divise en trois, ou ne réussisse qu'à la troisième reprise, ou soit tenté par trois héros » : Soukhmanti s'approche de trois rivières ; au cours de sa lutte contre les Tatars, il est blessé par trois archers... Ce premier contact avec le triple ne manque pas de saveur quand on considère l'usage que Dumézil en fera par la suite.

Cette énumération montre l'inégale exploration des différentes « provinces » indo-européennes, mais elle témoigne surtout de la prodigieuse étendue de l'enquête, qui n'a guère d'équivalent dans la science contemporaine. Il faut rappeler que dans tous les cas, Georges Dumézil est parti de documents originaux, au lieu de se référer à des manuels ou à des traductions.

Le texte qui suit, extrait d'*Idées romaines*, montre comment s'effectue ce processus d'adaptation du cadre triparti hérité des Indo-Européens, à travers un exemple particulièrement remarquable de « retouches homologues à deux traditions parallèles », à Rome et en Iran. Les notes ont été allégées.

Chapitre V

Les archanges de Zoroastre et les rois romains de Cicéron

L'autre morceau d'« histoire » auquel l'idéologie des trois fonctions a fourni son cadre est la succession des quatre rois préétrusques, des quatre types de règne qui ont achevé, par des créations successives et complémentaires, la création de Rome. Avec quelques variantes sans conséquence sur le quatrième roi, Ancus, la présentation est constante, chez les poètes comme chez les historiens. Une seule exception : le Romulus et le Tullus, le premier et le troisième roi de Cicéron, ne se conforment pas à la vulgate. Il y a eu retouche. Pourquoi ?

À l'autre bout du monde indo-européen, chez les Indiens et chez les Iraniens, une même conception des trois fonctions domine la théologie : le polythéisme védique confie chaque fonction ou aspect de fonction à un dieu ; le monothéisme de Zoroastre à un « Archange », à une Entité, sublimation d'un dieu traditionnel. Entre les deux listes – l'une colorée, celle des dieux, l'autre pâle et abstraite, celle des Archanges – la correspondance est bonne, et le type du dieu reconnaissable sous l'Archange. Sauf pour Aša et Xšaθra, le premier et le troisième Archange. Il y a eu retouche. Pourquoi ?

Commandées par des philosophies bien différentes, par des philosophies personnelles, celle de Zoroastre et celle de Cicéron, il se trouve que ces retouches portent sur les mêmes points et sont allées dans le même sens. Ainsi s'établit, entre deux domaines éloignés et sans interaction possible, une concordance d'un type rare : non plus de celles qui imposent, comme leur interprétation la plus vraisemblable, le maintien en plusieurs lieux d'un héritage commun, ni de celles qui résultent de développements parallèles, récents et indépendants, mais contenus déjà en germe dans l'héritage, telles que les comparatistes en décèlent souvent dans les faits de langue ; mais de celles que produit, en réaction contre la tradition, la réflexion de deux penseurs tendant par des voies convergentes, ici religieuse et là politique, vers le même idéal moral.

Les bandes de conquérants arya qui, au cours du deuxième millénaire avant Jésus-Christ, se répandirent de la Syrie à l'Indus, celles de l'ouest pour une domination éphémère, celles du centre et de l'est pour des triomphes définitifs, portaient avec elles une explication du monde et de la société à la fois simple et puissante. Les forces qui animent l'une et l'autre, pensaient-ils, se groupent, pour l'essentiel, sur trois niveaux hiérarchiquement ordonnés et cosmiquement superposés, dont les deux premiers se laissent noter d'un mot rapide : souveraineté magique et juridique, vigueur guerrière ; quant au troisième, il est plus complexe, bien qu'on sente le facteur commun de ses manifestations : santé et nourriture, abondance en hommes et en biens, attachement au sol, et aussi paix, aspiration à la jouissance tranquille d'un âge d'or.

Cette idéologie est donc faite de contrastes organisés ; loin de tendre à l'uniformité, elle repose sur le postulat – ou sur la donnée expérimentale – que la vie de l'Univers, comme celle des groupes humains, requiert l'ajustage de forces antagonistes, solidaires par leur antagonisme même, et qui, pour tenir leur place dans la synthèse, doivent d'abord se conformer jusqu'au bout à leur essence.

Dès cette époque ancienne, une équipe de divinités personnelles fortement caractérisées incarnait les trois « fonctions », exprimait dramatiquement, en figures et en aventures, l'opposition et l'interdépendance des concepts fondamentaux : ce sont ces dieux fonctionnels qui, joints à des dieux rituels comme Agni et Soma (le Feu et la Liqueur) et à quelques moindres seigneurs, se laissent complaisamment observer dans le R̥gVeda ; ils se retrouvent, avec leurs noms et leur hiérarchie, dans la formule de serment d'un roi arya, chez les Hourrites du haut Euphrate, au XIVe siècle avant Jésus-Christ. Ce sont « Mitra-Varuṇa, Indra, les Nāsatya [1] ».

Varuṇa et Mitra, « les deux rois », présentent les deux aspects antagonistes, également nécessaires, de la Souveraineté [2] : du point de vue de l'homme, l'un est inquiétant, terrible, maître de la *māyā́*, c'est-à-dire de la magie créatrice de formes, armé de nœuds, de filets, c'est-à-dire punissant par saisie immédiate et irrésistible ; l'autre (*Mitrá* signifie proprement « le contrat ») est rassurant, amical (*mitrá* signifie aussi « l'ami »), inspirateur des actes et rapports honnêtes et réglés, ennemi de la violence. L'un est l'inflexible garant des grandes lois et des grands devoirs ; l'autre est plus attentif à ce que nous appellerions les problèmes humains. L'un, Varuṇa, dit un texte célèbre, est l'autre monde ; ce monde-ci est Mitra, etc.

En Indra se résument les mouvements, les servitudes, les nécessités de la Force brutale, qui produit victoire, butin, puissance. Ce champion vorace, dont l'arme est la foudre, abat les démons, sauve l'Univers. Pour ses exploits, il s'enivre du *soma* qui donne vigueur et fureur. Son brillant et bruyant cortège, le bataillon des Marut, est la projection mythique, dans l'atmosphère, de la « société des jeunes guerriers », des *márya*, du *Männerbund* indo-iranien dont M. Stig Wikander a établi l'existence et déterminé les caractéristiques [3]. Bref, une morale de l'exubérance s'oppose

1. L'ordre vrai des deux premiers dieux serait « Varuṇa-Mitra » ; l'ordre « Mitra-Varuṇa » paraît être purement linguistique : dans les composés au double duel, du type *mitrā́váruṇā*, le nom le plus court est mis le premier.
2. Cf. *Les Dieux souverains des Indo-Européens*, 1977, p. 55-85, et *Mythe et Épopée*, I, 1968, p. 147-149.
3. La nuance érotique du mot est certaine, M. Maryhofer, *Orientalia*, XXXIV, 1963, p. 336 ; cf. L. Renou, *Études védiques et pāṇinéennes*, IV, 1958, p. 49 ; X, 1962, p. 10, n. 1 et p. 64 (qui, à tort, élimine l'élément guerrier, dont ne doutaient certainement pas les Égyptiens ni tous ceux qui, dans le Proche-Orient, avaient fait l'expérience des *márya*).

ici à la toute-puissance rigoureuse et à la modération bienveillante qui se réunissaient sur le premier niveau.

Les dieux canoniques du plus bas niveau, les deux jumeaux Nāsatya, ceux que l'Inde appelle aussi les Aśvin, n'expriment qu'une partie d'un si complexe domaine. Ils sont surtout des donneurs de santé, de jeunesse et de fécondité, des guérisseurs, des thaumaturges secourables aux infirmes comme aux amoureux, aux vieilles filles qui souhaitent un mari comme aux vaches qui n'ont pas de veau. Souvent ils sont renforcés ou remplacés par des dieux et par des déesses qui patronnent les autres aspects de la troisième fonction : l'abondance, l'opulence, et aussi la « masse » populaire, ce caractère pluriel et collectif qu'exprime bien le mot *víśaḥ* « les clans », que R̥V, VIII, 35 oppose déjà à *bráhman* et à *ksatrá*, « formulation mystique » et « puissance guerrière », comme les *vaiśya* « éleveurs-agriculteurs » seront plus tard subordonnés, dans la théorie des trois *varṇa*, aux *brāhmaṇa* et aux *kṣatriya*.

Tels sont les dieux des trois niveaux. On voit comme ils se distinguent fondamentalement. Un hymne dialogué du R̥gVeda met dans la bouche d'Indra et de Varuṇa des vanteries alternées qui ne manquent pas d'insolence. Des mythes, qui se prolongent jusque dans l'épopée, racontent que l'accession des Nāsatya au monde divin n'a pas été chose facile et qu'il a fallu de puissantes interventions pour vaincre la résistance d'Indra et des dieux. On a conclu de là, dans la perspective historiciste dont certains esprits ne se détacheront jamais, qu'Indra est un dieu plus récent que Varuṇa, ou le dieu d'un groupe social qui, devenu dominant, a poussé sa religion aux dépens d'autres cultes ; et que les Nāsatya ont eu d'abord une « base ethnique » encore différente et ne sont devenus des dieux de toute la société arya que par un compromis[1]. En fait, ces querelles et ces réconciliations entre personnages divins ont peu de chances d'être des « souvenirs

1. Il existe des problèmes exactement symétriques dans la mythologie scandinave : des interprétations historicisantes ont été données de l'assaut d'injures que font Óđinn et Þórr dans les *Hárbarđsljóđ*, et surtout de la guerre, puis de la fusion des Ases et des Vanes ; Jan de Vries en a fait justice.

historiques » mythisés. Par des gestes et des paroles, par de petits drames, elle expriment les *ressorts* internes de toute la structure *conceptuelle* de la religion, les tensions et les équilibres qui la constituent, le double fait de l'*opposition* et de la *solidarité* des *éléments* à l'intérieur de l'*ensemble* : comme il est ordinaire, théologie et mythologie montrent en acte ce que l'idéologie contient en puissance.

Nous ne savons pas bien ce qu'il faut entendre par « la réforme zoroastrienne ». Mais nous en connaissons les antécédents, la matière première, qui était sûrement fort proche du système védique et prévédique qui vient d'être résumé, et, dans les diverses parties de l'Avesta, nous en lisons, nous en voyons se développer les effets.

Au nord-est de l'Iran, entre 1 000 et 600 avant Jésus-Christ, un ou plusieurs voyants sont entrés en commerce personnel avec un dieu dont *Varuṇa, le grand asura indo-iranien, semble bien avoir fourni les traits principaux, mais qui, apparaissant dans toute sa majesté, est devenu le dieu unique, aussi exigeant que le jaloux d'Israël. Cette intuition monothéiste, cette unicité du Seigneur Sage, *Ahura Mazdā*, est le thème fondamental des hymnes où le zoroastrisme se présente dans son état pur, les gāthā de l'Avesta. Et elle est de grande conséquence.

Le dieu unique, amplification d'un des dieux du niveau souverain, mais transcendant maintenant toute réalité, impose à ses fidèles un choix, une seule formule de choix : chaque homme est tout avec lui ou tout contre lui, « partisan de l'*aša* (l'ordre cosmique, mystique et légal) » ou « partisan de la *druǰ* (la tromperie, le mal) ». Avec quelques réserves, on peut parler de « réforme moralisante », car il est certain que beaucoup des commandements et surtout des défenses du zoroastrisme ont constitué un progrès moral. Mais je n'insiste ici que sur le caractère *universel*, *absolu* de chacune de ces prescriptions et de l'ensemble qu'elles forment : il n'y a plus place pour des comportements divers, voire opposés, également licites à des niveaux ou dans des organes sociaux différents. Or, cette uniformisation, cette mise au pas doit se manifester surtout en deux points qu'il est aisé de prévoir.

D'une part, au premier niveau, une polarité conceptuelle comme celle qui soutenait le couple *Mitra-*Varuṇa est devenue impossible. Le dieu unique est cohérent. Il est le modèle de ce qu'il exige de chaque fidèle. La richesse de ses qualités est donc en équilibre stable, sans tension, et, quelle que soit l'origine, plutôt varunienne, d'Ahura Mazdā, le centre de cet équilibre est résolument mis dans l'« aspect Mitra » de la souveraineté : pas de surprise ni de piège en Dieu, mais l'exercice juste et bienveillant du pouvoir suprême, selon sa propre loi connue des hommes, communiquée par lui au prophète ; plus rien surtout de l'aspect inquiétant, presque démoniaque, du grand magicien *Varuṇa : entre le bon et le mauvais, la rupture est totale, sans frange, et le mauvais, c'est l'ancien polythéisme (les *daēva* sont maintenant les « démons »), avec son assortiment bigarré de concepts et de conduites.

D'autre part, dans la société qui s'est vouée à Ahura Mazdā, les guerriers ne peuvent plus être que des croisés au service de *la* religion, et des croisés liés par les mêmes obligations que tous les autres fidèles, sans privilège ni exemption. Si Dieu interdit l'ivresse à ses prêtres, il l'interdira aussi à ses soldats. La violence ne sera plus pour eux une valeur, une fin en soi, fleur de l'exubérance légitime des jeunes *márya* ; strictement conditionnée, elle ne se tournera que contre le mécréant : M. Wikander a montré qu'*Aēšma*, l'un des pires fléaux et, plus tard, le plus redoutable démon aux yeux des mazdéens[1], et qui incarne la fureur destructrice de la société, ne fait que personnifier en mal la qualité qui, au contraire, avec la même racine, fournit au R̥gVeda une épithète laudative propre aux compagnons d'Indra, les Marut, et à leur père, le terrible Rudra : *iṣm-īn* « præcipites », et sans doute plutôt « furiosi ». (Ces mots sont formés sur la racine non seulement du grec οἶστρος du latin *íra*, mais sans doute du verbe vieux-scandinave *eiskra* qui désigne l'état de fureur des guerriers-fauves,

1. On sait que l'*Asmodée* de la Bible porte le nom de cet *Aēšma daēva* ; en géorgien, *ešma, ešmaki* veut encore dire « diable ».

des berserkir, en sorte qu'il semble bien qu'on touche ici un terme technique des « sociétés de guerriers » indo-européens.)

Ainsi fondé avec ses exigences, le monothéisme aurait pu se borner à affirmer Dieu et à rejeter tout le reste comme superstition. Mais les réformateurs appartenaient à la classe sacerdotale (Zoroastre est présenté comme *zaotar*), et ils n'ont pas voulu renoncer à ce qu'il y avait d'explicatif dans le système des fonctions dont ils rejetaient les personnifications divines : souveraineté, force, santé et prospérité sont, en soi, des notions saines, répondant à des besoins authentiques, dont la distinction, par conséquent, aide à analyser le réel et à comprendre l'œuvre du Créateur. De là est né le système, si original, des *Aməša Spənta*, des « Immortels Bienfaisants (ou Efficaces) », premières créatures et fonctionnaires supérieurs de Dieu dans l'administration du monde et dans le drame du salut [1].

Cette liste de six entités aux noms abstraits – les « Archanges » du mazdéisme – est calquée, avec sa hiérarchie, sur une forme de l'ancienne liste des dieux fonctionnels où, simplement, une déesse (du type de l'indienne Sarasvatī) exprimait la troisième fonction avec, devant, les jumeaux Nāsatya : en tête, les deux principaux Archanges, la *Bonne Pensée* (Vohu Manah) et l'*Ordre* (Aša) ont pris la place du bienveillant *Mitra et de *Varuṇa, maître de l'ordre (ṛtá) ; à la place d'Indra se présente le troisième archange, la *Puissance* (Xšaθra), dont le nom est le mot même qui, dans l'Inde, dès *ṚV*, VIII, 35, désigne différentiellement la fonction guerrière ; puis vient un archange dont le nom signifie à peu près *Piété* (Ārmaiti), mais qui, dès les gāthā, est aussi le génie de la terre en tant que nourricière ; ce sont enfin, presque inséparables, les archanges *Intégrité* et *Non-Mort* (Haurvatāṯ et Amərətāṯ), patrons des eaux et des plantes, en qui l'on avait depuis longtemps soupçonné un démarquage des jumeaux Nāsatya, donneurs de santé et de jeunesse. Ainsi, grâce à la hiérarchie des Archanges, sans porter atteinte à son principe, le monothéisme a pu sauver la science du monde que lui proposait le polythéisme traditionnel.

1. Cf. *Les Dieux souverains des Indo-Européens*, p. 115-149 (H. C.-B.).

Seulement, chaque archange a dû renoncer à la plus grande partie de son originalité. Ils ne sont plus, tous, que les délégués d'un même dieu ; pour tous, la vertu et le vice, le licite et l'interdit, les fins de l'individu, de la société et du monde sont *les mêmes*. D'où cette uniformité, cette monotonie, cette pâleur décourageante, cette apparence interchangeable que les historiens des religions iraniennes ont souvent notées : tout se passe comme si, malgré leurs noms et malgré les provinces bien diverses que paraissent définir soit ces noms, soit les éléments matériels qui leur sont associés (le métal pour Xšaθra, la Terre pour Ārmaiti, les eaux et les plantes pour Haurvatāṯ et Amərətāṯ), les quatre derniers archanges n'avaient à faire, avec moins de fréquence ou d'intensité, que ce que font déjà, activement, les deux premiers. C'est que, au fond, il n'y a plus qu'une « fonction » : le service de la vraie religion [1].

Sur quels points ce nivellement des anciens dieux fonctionnels aura-t-il causé les altérations les plus sensibles ? Nous l'avons prévu : sur l'archange *Aša*, substitut de *Varuna, et sur l'archange *Xsăθra*, substitut d'*Indra.

De fait, Aša n'est pas varunien, n'est ni plus ni moins « inquiétant » que Vohu Manah, qu'il double avec majesté, seulement un peu plus loin de l'homme. On enseigne couramment que les deux premiers archanges ont même formule, même domaine. C'est excessif, mais il a fallu en effet regarder de très près pour observer dans leur rapport le reflet de quelques-unes des formes anciennes de l'opposition de Mitra et de Varuṇa [2].

Quant à Xšaθra, profitant des glissements de sens que permettaient les diverses valeurs anciennes du mot, les réformateurs

1. On comprend dès lors que des savants considérables tels que B. Geiger aient pu penser que tous les Aməša Spənta sont du niveau, de l'essence des Āditya. Cette vue s'ajuste à la mienne : Zoroastre a haussé les quatre derniers Aməša Spənta au niveau des deux premiers, substituts légitimes des deux principaux Āditya (dieux souverains, dieux de première fonction), *Mitra et *Varuṇa ; le système des dieux des trois niveaux fonctionnels lui a fourni la *matière* à sublimer, le type des dieux du premier niveau (les Āditya védiques) lui a fourni l'*esprit* de la sublimation.

2. *Naissance d'archanges*, p. 97-98, 131-132, 137-142.

l'ont orienté moins vers l'idée de « Puissance » que vers celle de « Royaume », déjà presque au sens où l'Évangile parlera du Royaume de Dieu. Pour lui aussi, on a eu de la peine à recueillir quelques traces de l'aspect batailleur du prototype indo-iranien [1].

Telle est la situation dans le zoroastrisme pur des gāthā [2]. Le monothéisme, par la morale unique qu'il proposait et imposait, a opéré comme fait un champ de force. Tout en laissant en place, sous forme d'Archanges aux noms abstraits, l'ancienne hiérarchie des fonctions et de leurs dieux, il les a toutes et tous orientés dans un même sens, alors que, dans le polythéisme, la raison de leur nombre et l'intérêt de leur groupement étaient de faire éclater des orientations diverses, souvent même opposées deux à deux. Et c'est dans les provinces, dans les types du dieu « souverain terrible » et du dieu guerrier que l'alignement a commandé les plus notables, les plus assagissantes modifications.

Ce système des trois fonctions, avec ses subdivisions et ses nuances, les Indo-Iraniens ne l'avaient pas inventé : la théologie scandinave (Óđinn-Týr, Þórr, les dieux Vanes), la théologie archaïque de Rome (Jupiter-Dius, Mars, Quirinus) se distribuent selon le même modèle et, sur d'autres points du domaine indo-européen moins bien connus, on en trouve des vestiges.

À Rome, c'est moins dans la théologie, nette mais courte, que dans « l'histoire » des origines que cette structure a été utilisée. Avant d'être, à l'école des Grecs, d'excellents historiens, les Romains ont eu en effet l'esprit historique, ou plutôt historicisant,

1. *Ibid.*, p. 142-146. Les arguments les plus forts restent ceux qui sont tirés du nom même de Xšaθra : la valeur différentielle de « deuxième fonction » de védique *kṣatrá*, d'osse *Æxsœrtœg* (p. 146-153) ; et aussi la représentation de *Šaorēoro* (Xšaθra Vairya) en guerrier sur les monnaies indo-scythes (p. 154-155). Le « métal *des armes* », d'ailleurs bien attesté, a tourné la plupart du temps au « métal précieux » (en tant que caractéristique du « Roi ») ou au métal de l'ordalie eschatologique (en tant qu'assurant aux Bons l'entrée du « Royaume ») : p. 155-156.

2. Pour simplifier, je ne considère pas ici les formes postérieures du mazdéisme, où reparaissent Miθra, Vərəθragna, comme *dieux*, mais Indra, Naoṅhaiθya, etc. comme *démons*.

en ce sens qu'ils ont inséré dans leur propre passé, en le chargeant de noms d'hommes, de peuples, de lieux, de *gentes* pris à leur expérience, ce qui, chez des peuples dont l'imagination s'attachait moins exclusivement aux intérêts nationaux, se présente comme des récits fabuleux, hors cadre, ou comme des légendes divines [1].

Rome, donc, imaginait la première période de sa carrière – les temps préétrusques – comme une croissance régulière en quatre temps, la Providence suscitant chaque fois un roi d'un caractère nouveau, conforme au besoin du moment [2] : *Romulus* d'abord, le demi-dieu aux enfances mystérieuses, qui eut l'ardeur, les auspices et le pouvoir nécessaires pour créer la Ville ; puis *Numa*, le sage religieux qui fonda les cultes, les prêtres, le droit, les lois ; puis *Tullus Hostilius*, roi tout guerrier, qui donna à Rome l'instrument militaire de sa puissance ; puis *Ancus Marcius*, dont l'œuvre est complexe comme l'est la troisième fonction elle-même : fondateur, par Ostie et par le pont du Tibre, du commerce impérial, draineur d'*opes* ; et aussi roi sous lequel l'immense plèbe, la « masse » romaine, s'est domiciliée dans Rome ; roi enfin sous qui, avec l'opulent immigré Tarquin, avec Acca et Tarutius, la richesse a fait son apparition à Rome comme élément de prestige ou de puissance.

Ces quatre rois forment un système qui n'est pas une vue de l'esprit, mais que les Romains comprenaient, affirmaient, admiraient – *quadam factorum industria* – en tant que système. Ce n'est pas nous, c'est Anchise, au VIe chant de *L'Énéide* [3], c'est Florus

1. V. la seconde partie (romaine) de *Mythe et Épopée*, I, et *Idées romaines*, p. 179.
2. J'ai étudié ces règnes et leurs rapports dans divers livres : Romulus et Numa, en tant que personnages antithétiques, dans *Mitra-Varuṇa*, 2e éd., 1948, p. 55-74 ; Tullus Hostilius dans *Horace et les Curiaces*, 1942, p. 79-88 ; Ancus Marcius dans le troisième mémoire de *Tarpeia*, 1947. Résumé dans *Mythe et Épopée*, I, p. 271-281.
3. *Énéide*, VI, 777-784, et, après une politesse à Auguste, 808-816 : commenté dans *Tarpeia*, p. 161-175. Les quatre rois sont excellemment définis par quatre signalements que dominent respectivement les mots *auspicia* (du demi-dieu Romulus), *sacra* et *legibus* (de l'humble et tout humain Numa), *arma, agmina* (de Tullus), *popularibus auris* (d'Ancus).

dans son *Anacephalaeosis de septem regisu* [1], qui, d'une phrase ou d'un mot, d'une étiquette différentielle, résument le caractère et l'œuvre de ces quatre rois, et cela d'une manière constante pour les trois premiers, d'une manière variable pour le quatrième, mais toujours correspondant à l'un des aspects de la troisième fonction (roi *popularis*, roi *aedificator*...). Ce n'est pas l'analyste moderne, c'est Tite-Live, c'est Denys d'Halicarnasse, c'est Plutarque, c'est toute la tradition qui s'ingénie à opposer point par point, sur tous les points imaginables, « les deux fondateurs », Romulus et Numa. C'est Tite-Live encore qui avertit que Tullus a plus d'affinité avec Romulus, qu'au contraire Ancus ressemble à Numa son grand-père...

D'autre part, l'invraisemblance historique de cette séquence, de ses résultats progressifs, éclate aux yeux. Le deuxième, le troisième roi auraient réussi deux fois, en sens inverse, de *feroces* en religieux, de religieux en belliqueux, à retourner le caractère des Romains ? Le deuxième roi, parce que telle était son humeur, aurait pu passer quarante années sans guerre ? Sous Tullus, la petite collectivité des *montes*, même étendue aux *colles*, aurait eu la force de supprimer Albe ? Sans parler des anachronismes dûment repérés dans l'œuvre d'Ancus... Il y a donc bien structure et même, très conscient, système, et système que des événements n'ont pu suggérer, système de concepts : les annalistes ont travaillé sur le vieux schème qui voulait que, pour être complète, adulte, une société accumulât (hiérarchiquement, ici successivement) les bienfaits d'un chef créateur, ardent, voire bénéficiaire des *auspicia* ; d'un chef sacerdotal, calme, juste et juriste, instituteur des *sacra* ; d'un chef militaire, technicien des *arma* ; enfin d'un chef occupé de la masse *(plebs, turba)*, des richesses *(opes, diuitiae)* et des constructions *(aedificator)*.

Comme le tableau indien des dieux fonctionnels, ce tableau romain des rois vaut, en tant qu'ensemble, par la vivacité des

1. *Epitome*, I, 8, résumant les présentations des sept rois (1-7) : « *Haec est prima aetas populi Romani, et quasi infantia, quam habuit sub regibus septem, quadam fatorum industria, tam uariis ingenio ut reipublicae ratio et utilitas postulabat. Nam quid Romulo ardentius ?... Quid Numa religiosius ?... Quid ille militiae artifex Tullus ?... Quid aedificator Ancus ?...* »

contrastes qu'il enferme et que, comme les poètes védiques, les annalistes latins soulignent.

Dans ce dessein d'accentuer l'expression, et par opposition à Numa et à Ancus qui sont tout « bons », deux termes, le premier et le troisième, les homologues de Varuṇa et d'Indra (qui, comme ces deux dieux, présentent entre eux des affinités) se distinguent par des traits qui seraient aisément « blâmables ».

On sait quel caractère une partie au moins de la tradition attribue à Romulus-roi (après la mort de Tatius, événement qui ouvre son vrai « règne fonctionnel »), et comment ce caractère explique une des versions de sa mort, celle qui le montre mis en pièces par les sénateurs. Tite-Live n'y fait qu'une discrète allusion, mais Denys et Florus le déclarent nettement et Plutarque y insiste longuement (*Romulus*, 26, 1-4) :

> Tout enhardi par son succès, s'abandonnant à son orgueil, il perdit son affabilité populaire et prit les manières odieuses et offensantes d'un despote. Cela commença par le faste de son habit : vêtu d'une tunique rouge et d'une toge bordée de pourpre, il donnait audience assis sur un siège au dos renversé. Il avait toujours autour de lui cent jeunes gens qu'on appelait les *Celeres* à cause de leur promptitude à exécuter ses ordres. D'autres marchaient devant lui, écartant la foule avec des bâtons, ceints de courroies pour lier sur-le-champ tous ceux qu'il leur désignerait...

Royauté terrible, en vérité, et distante, poussée à l'extrême de son type, par opposition à celle de Numa, toujours affable, mesuré, équitable ; et royauté « lieuse », aussi matériellement que celle de Varuṇa. Les quelques traits pris à l'image grecque du tyran s'associent à un fonds bien romain, aux *Celeres*, sombres prototypes des *lictores*. Avec sa *māyā́* et ses nœuds, Varuṇa pourrait d'ailleurs être décrit, lui aussi, par les Grecs en termes de tyrannie, par opposition au juste, au sacerdotal Mitra.

Quant à Tullus, les annalistes avaient un tel souci de le réduire entièrement à son type de roi militaire qu'ils en ont fait un athée, un impie. Indra, dans quelques hymnes, se contente de défier Varuṇa. Tullus, lui, méprise les dieux, ignore Jupiter, qui le châtie – car ce crime est aussi la cause de sa mort. Si Denys d'Halicarnasse, tout en disant la chose, l'édulcore, Tite-Live est d'une grande vigueur. Il a d'abord bien présenté son héros (I, 22, 2) :

> « Loin de ressembler à son prédécesseur, Tullus fut encore plus impétueux *(ferocior)* que Romulus ; son âge, sa vigueur, et aussi la gloire de son aïeul [le compagnon le plus prestigieux de Romulus] aiguillonnaient son esprit ; il croyait que, par la paix, la société devenait sénile… »

Et voici la fin (I, 31, 5-8) :

> Peu après [la guerre sabine], une épidémie éprouva les Romains. Bien qu'ils eussent alors perdu le goût de se battre, aucune trêve ne leur était accordée par ce roi belliqueux, qui croyait que la santé des *iuuenes* rencontrait de meilleures conditions dans les camps que dans leurs foyers – jusqu'au jour où il contracta lui-même une longue maladie. Son âme impétueuse fut brisée avec ses forces physiques : *lui qui, jusqu'à ce moment, avait considéré que rien n'est moins digne d'un roi que d'appliquer son esprit aux choses du culte*, soudain il s'abandonna à toutes les superstitions, grandes et petites, et propagea même dans le peuple de vaines pratiques. Déjà la voie publique réclamait qu'on restaurât la politique de Numa, dans la conviction que la seule chance de salut pour les corps malades était d'obtenir la clémence et le pardon des dieux. On dit que le roi lui-même, en consultant les livres de Numa, y trouva la recette de certains sacrifices secrets en l'honneur de Jupiter Elicius ; il se cacha pour les célébrer ; mais, soit au seuil, soit au cours de la cérémonie, il commit une faute de rituel, en sorte que, loin de voir apparaître une figure divine, il irrita Jupiter par une évocation mal conduite et fut brûlé par la foudre, lui et sa maison.

Encore une fois, dans le cas de Tullus comme dans celui de Romulus, l'*excès* (ici tyrannie, là impiété) n'est qu'une manière de mettre en relief le *normal*, le *nécessaire*, le type *spécial* que l'une ou l'autre figure légendaire est chargée, à son rang, d'exprimer.

Cette tradition sur les rois a rencontré son Zoroastre, je veux dire un auteur qui, la soumettant à un principe plus important qu'elle à ses yeux, à un principe exigeant, uniformisant, s'est trouvé conduit à diminuer les singularités de Romulus et de Tullus, à faire de Romulus et de Tullus des « Romains modèles » au même titre que Numa et Ancus : correction sans portée, sans lendemain, mais curieusement parallèle, dans son origine et dans son expression, à la profonde réforme du prêtre iranien.

Que veut prouver Cicéron, par la revue rapide qu'il fait des sept rois de Rome au second livre du *De Republica* ? Que les rois, du deuxième jusqu'à l'avant-dernier inclusivement, ayant tous régné en vertu d'une *lex curiata de imperio*, et que le premier même, le fondateur, Romulus, s'étant acquis par sa conduite une autre sorte de légitimité, ont tous correctement préfiguré les « magistrats » de la Rome historique, ont surtout incarné ceux de la République idéale. Seul le dernier, le Superbe, le tyran, a manqué à la règle, s'est fait *de rege dominus* – et l'on sait les conséquences douloureuses pour la ville, fatales à la royauté, de cette violation des principes.

Dès lors, pour les besoins de la démonstration, Romulus devient une sorte de Numa. Tatius mort, loin de tourner au « souverain excessif », de provoquer les *patres*, il s'appuie plus encore sur leur prestige et sur leurs avis, *multa etiam magis patrum auctoritate consilioque regnauit* (II, 8, 14) ; le chapitre suivant insiste : Romulus, dit Cicéron, montra par sa conduite qu'il pensait, comme Lycurgue de Sparte, que le régime monarchique fonctionnait plus heureusement *si esset optimi cuiusque ad illam uium dominationis adiuncta auctoritas*. Loin d'être présenté comme l'instituteur terrible des licteurs, des « lieurs », armés de courroies et de verges, il reçoit de Cicéron cet éloge : c'est par des amendes comptées en brebis et en bœufs, *non ui et suppliciis*, qu'il punissait. Et, bien entendu, le récit de la mort et de l'apothéose ne fait ensuite aucune allusion à un assassinat du roi par les *patres*.

Tullus subit une métamorphose analogue. Le palimpseste ne nous a pas gardé la fin du chapitre (II, 17, 31) qui lui est consacré et nous ne lisons plus la phrase où Cicéron parlait de sa mort [1].

1. Saint Augustin, *Cité de Dieu*, III, 15, comble d'ailleurs cette lacune d'une manière significative ; après avoir cité le *De Rep.*, II, 10 sur la mort de Romulus, il ajoute : « Cicéron, dans le livre que je viens de citer, dit de Tullus Hostilius, troisième roi, frappé aussi de la foudre, que les Romains ne crurent pas pourtant qu'il eût été promu par ce genre de mort au rang des dieux, sans doute parce qu'ils ne voulurent pas, en l'attribuant trop facilement à un second, déprécier l'honneur fait à Romulus. » Il ressort de ce texte que Cicéron, s'il rapportait la

Mais les lignes qui traitent de son œuvre sont remarquables. Bien entendu, il garde sa spécification militaire, guerrière : *cuius excellens in re militari gloria, magnaeque exstiterunt res bellicae*. Mais, loin de le représenter comme un impie, en qui le génie guerrier excluait la pensée religieuse, Cicéron, seul de tous les auteurs anciens, lui attribue la création de la partie de la religion et du droit qui concerne, domine, sanctifie la guerre : *constituit ius, quo bella indicerentur, quod per se iustissime inuentum sanxit fetiali religione, ut omne bellum, quod denuntiatum indictumque non esset, id iniustum esse atque impium iudicaretur*. Partout ailleurs c'est à Numa, en tant qu'initiateur de tous les *iura* et de toutes les *religiones*, qu'est rapporté l'établissement des prêtres fétiaux et du *ius fetiale* ; ou, chez Tite-Live, à Ancus, en tant que participant à l'esprit de Numa, son grand-père. Mais on comprend l'intention, le besoin de Cicéron : son Tullus reste guerrier, mais il faut qu'il soit pieux et juste au sein de sa spécialité [1], dans le même sens et au même degré que Numa, que tous les rois « réguliers » qui ont régné ou régneront *iussu populi*, le peuple ayant été consulté *curiatim*. De Romulus à Servius, Jupiter peut être uniformément content des rois de Rome.

Ainsi en Orient et à Rome, avant les grandes monarchies iraniennes et dans le déclin de la République impériale, la vieille « superstructure » indo-européenne survit aux changements radicaux de la structure économique et sociale : elle s'est réfugiée là dans la mythologie, ici dans l'histoire des origines. Puis, sur cette idéologie libérée de ses attaches réelles mais toujours vivace et puissante, deux esprits bien différents travaillent : un voyant des

légende de Tullus foudroyé, ne présentait pas cette mort comme un châtiment, mais comme une amorce d'apothéose.

1. Dans le même ordre d'idées, c'est à Tullus, et non à Romulus, que Cicéron, dans ce chapitre XVII, attribue l'institution des licteurs. Mais comme nous sommes loin de l'insolence du « souverain terrible » ! C'est tout le contraire : *ne insignibus quidem regiis Tullus, nisi iussu populi, est ausus uti. Nam ut sibi duodecim lictores cum fascibus anteire liceret*... Ici commence la lacune du palimpseste, mais *liceret* dit assez que Tullus demanda et obtint du peuple « qu'il lui fût permis » de se faire précéder de licteurs.

marches chorasmiennes, mystique et poète ; bien des siècles plus tard, en sa villa de Tusculum, un philosophe hellénisant. Tous deux retouchent la matière traditionnelle pour l'accorder l'un à sa foi, l'autre à sa thèse. Chacun est original, peut se croire indéterminé, libre. Ils font la même chose.

Quatrième partie

LE DISCOURS DE LA MÉTHODE

La méthode… Georges Dumézil n'aimait pas le mot, et encore moins le méthodologisme qui a envahi les sciences sociales. À toutes les demandes de systématisation, il opposait la formule de Marcel Granet : « La méthode, c'est le chemin après qu'on l'a parcouru. » Quand on lui faisait remarquer que quelques dizaines de livres et quelques centaines d'articles constituaient un chemin plus que respectable, il changeait de registre : « Ma méthode, c'est une longue suite de repentirs. » La plupart de ses livres ne comportent qu'une très brève préface et vont tout de suite à la question traitée. Et lorsqu'il doit procéder à une mise au point contre certaines « tentations » de chercheurs imprudents, c'est pour affirmer aussitôt que celle-ci « ne formule pas les "règles" d'une "méthode" : en fait de règles, je ne connais que celles du Discours. Il ne s'agit que de précautions, fondées sur le bon sens ». D'où un rejet de Durkheim et des « méthodes préfabriquées » : « Publier les *Règles de la méthode sociologique* avant de faire l'œuvre, cela ne me semblait pas acceptable. » La deuxième édition de *Mitra-Varuna* (1948) s'ouvre sur une attaque très dure contre la fureur théorisante des épigones de Durkheim, qui n'avaient pas tous le talent de Marcel Mauss ou d'Henri Hubert.

Une des faiblesses ordinaires – et actuelles – des études sociologiques est de multiplier les règles préalables et les définitions *a priori* dont on ne sait plus ensuite se dégager, ou encore de dresser de brillants programmes qu'on est bien empêché de remplir. Beaucoup d'heures de travail se perdent ainsi chaque année en spéculations faciles, flatteuses, mais peu fructueuses, du moins du point de vue de l'esprit. Nous n'ajouterons pas à ce gaspillage. Auprès des deux maîtres dont les noms figurent en tête de ce livre, nous avons appris, entre autres choses, à respecter le concret, la matière toujours changeante de l'étude ; car, en dépit d'injustes critiques et malgré un illustre exemple, rien n'est plus étranger à la pensée de ces grands hommes que l'apriorisme et l'exclusivisme. M. Mauss nous disait un jour : « J'appelle sociologie toute science bien faite » ; et nous n'avons pas oublié une boutade de Marcel Granet, parlant de l'art de découvrir et jouant sur l'étymologie : « La méthode, c'est le *chemin, après* qu'on l'a parcouru. » Cela ne veut pas dire que nous ne nous connaissions pas de méthode. Mais mieux vaut agir que prêcher. Dans les études naissantes, comparatives ou autres, tout ne se ramène-t-il pas aux règles classiques, à Descartes et à Stuart Mill, au bon sens ? Utiliser toute la matière qui s'offre, quelles que soient les disciplines spéciales qui se la partagent provisoirement et sans y faire soi-même d'arbitraires découpages ; regarder longuement le donné, avec ses évidences, qui sont souvent moins que des évidences, et ses mirages, qui sont parfois mieux que des mirages ; se défier des jugements traditionnels mais, tout autant, des opinions singulières et des nouveautés à la mode ; éviter de se lier par un langage technique prématuré ; ne considérer ni la hardiesse ni la prudence comme « la » vertu par excellence mais jouer de l'une et de l'autre, vérifiant sans cesse la légitimité de chaque démarche et l'harmonie de l'ensemble ; ce « pentalogue » contient tout l'essentiel.

On pourrait dès lors être tenté de conclure à un empirisme absolu. Ce serait une erreur grave : la « nouvelle mythologie comparée », dont il a défini l'objet et les buts, repose sur une méthode rigoureuse qui a été décrite et affinée dans plusieurs textes fondamentaux : certes, le mot « méthode » y apparaît fort peu et le point de départ est toujours un problème mythologique précis, qu'il soit romain, scandinave ou indien. Mais leur portée est plus générale. Mis bout à bout, ces fragments de discours laissent voir avec une grande netteté des principes directeurs (puisque Georges Dumézil récusait les « règles ») très fermement énoncés et tout aussi fermement maintenus.

1) Premier principe, constamment réaffirmé contre le refus des spécialistes : Dumézil s'est toujours présenté comme historien. Ainsi que l'a écrit son ami Mircea Eliade, « Dumézil n'a pas utilisé la méthode philologique, étymologique de Max Muller, mais une méthode historique : il a comparé des phénomènes socioreligieux historiquement apparentés (à savoir les institutions, les mythologies et théologies d'un certain nombre de peuples descendant de la même matrice ethnique, linguistique et culturelle) ».

Ce changement de perspective différencie radicalement la nouvelle mythologie comparée de l'ancienne, celle de l'école d'Adalbert Kuhn (1812-1881) et de Friedrich-Max Muller (1823-1900) : elle préfère la concordance des concepts aux concordances des noms divins, étymologiques et linguistiques, elle recherche un héritage commun plutôt qu'un hypothétique prototype des noms de dieux. Dans ses premiers travaux, antérieurs à 1938, Dumézil s'est obstiné à réexaminer d'anciennes équations onomastiques, mais l'échec a été total : « Les années passant, très peu de ces équations ont résisté à un examen phonétique plus exigeant : l'Erinys grecque n'a pu continuer à faire couple avec l'indienne Saraṇyu, ni le chien Orthros avec le démon Vṛtra. La plus incontestable s'est révélée décevante : dans le Dyau védique, le "ciel" est tout autrement orienté que dans le Zeus grec ou le Jupiter de Rome, et le rapprochement n'enseigne presque rien. » Après 1938, il a maintenu pendant un certain temps quelques équations, puis il les a soit explicitement reniées (ainsi le rapprochement entre l'irlandais *airig* et l'indo-iranien *Arya*, d'où Aryens), soit purement et simplement « évacuées » (ainsi à propos de *flamen brahman* : « Je continue à regarder le rapprochement comme probable, mais cela n'a aucune importance »). De temps en temps, l'étymologie sera utilisée, « quand elle est évidente », mais en règle générale elle ne sera qu'« un renfort, non un fondement de l'interprétation ». La préface de *Mythe et Épopée III* énonce une véritable apologie de l'histoire.

> Comme il faut bien, à toute recherche, un domicile honorable dans la République des Lettres, j'aurai l'audace de solliciter pour celle-ci une place au prytanée des historiens, et des historiens selon la définition la

plus traditionnelle : ceux qui s'efforcent par tous les moyens raisonnables d'établir, de dater, d'expliquer des faits, mais qui, lorsqu'ils se rendent compte qu'ils n'en ont pas les moyens, se refusent à en établir, à en dater, à en expliquer. C'est à ce double titre, positif et négatif, qu'elle me paraît mériter ce bel hébergement : certes, les faits qu'elle détermine relèvent de l'histoire des idées plutôt que de l'histoire des événements ; elle n'en est pas moins de l'histoire, et en outre elle aide à démasquer de faux événements trop facilement reçus.

Reconnaître que la légende de l'éruption du lac Albain au début de la Canicule appartient à la théologie de Neptune dont la fête ouvre la série des jours caniculaires, et que cette théologie et cette légende rejoignent des conceptions indo-iraniennes et irlandaises qui les éclairent ; comprendre que les rapports de Camille et de Mater Matuta ne se limitent pas à un vœu formulé, exaucé et payé, mais s'expriment dans beaucoup des choses qui sont racontées de Camille ; constater que, dans les biographies du même Camille et de Coriolan, l'idéologie des trois fonctions a suggéré aux auteurs près d'une dizaine de « tableaux tripartis » dont chaque terme répond à une intention fonctionnelle immédiatement sensible : n'est-ce pas là rechercher et obtenir des faits aussi importants que le seront, quelques siècles plus tard, le dessein monarchique de César ou le programme restaurateur d'Auguste, habilement décelés par l'interprétation d'actes et de résultats ? Simplement, ce ne sont pas les « plans » de Coriolan, de Camille ou du Sénat qui se découvrent, mais ceux des hommes de lettres qui ont composé ces récits.

Aucun des procédés ici employés n'est pris non plus à une autre pratique que celle des historiens ou de leurs indispensables auxiliaires : l'explication des textes, la détermination de constantes ou de leitmotive, de parallélismes et d'oppositions en série, sont couramment utilisées par les disciplines, philologie, archéologie, épigraphie, qui soutiennent l'histoire. La comparaison même, si elle n'a guère de moyens, en dehors des Tables ombriennes d'Iguvium, de s'exercer sur le domaine italique, est depuis toujours familière aux hellénistes à qui Doriens, Ioniens, Arcadiens et, depuis peu, Achéens, fournissent souvent, dans la religion, les institutions, les légendes, des matières divergentes mais si visiblement apparentées qu'ils ne peuvent pas ne pas essayer d'en préciser les ressemblances et les différences et d'entrevoir les lignes d'évolution qui, à partir d'une origine commune, les ont fait être ce qu'elles sont. Le genre de comparaison que je mets au point depuis une quarantaine d'années n'a pas d'autre fondement. Le niveau d'application est changé, non le type des rapports : Indo-Iraniens, Grecs, Latins, Germains, Celtes, etc., sont, les uns par rapport aux autres et tous ensemble par rapport aux Indo-Européens communs, ce que les Achéens, les Arcadiens, les Ioniens, les Doriens sont entre eux et vis-à-vis des ἄνδρες préhistoriques qui, bande après bande, sont descendus des montagnes ou des steppes du Nord. Comparer Śiśupāla, Starkaðr, Héraclès et déterminer leur point de départ, sinon leur prototype, commun, c'est faire, à un étage plus ancien, ce que les historiens de la fable grecque font et refont depuis des siècles avec les Héraclès d'Argos, de Thèbes, de Sparte et d'ailleurs.

Enfin ces recherches consistent pour une grande part à éprouver les sources de notre information, à reconnaître exactement le genre, à mesurer la quantité des enseignements qu'elles donnent : n'est-ce pas là, ne faut-il pas que ce soit là un des premiers soucis des historiens ? Si le débordement du lac Albain et la création d'une rivière éphémère, en punition d'une faute rituelle, à la saison des Neptunalia, apparaît comme la forme romaine d'un mythe dont la forme irlandaise est la naissance de la rivière Boyne, produite par le débordement du puits de Nechtan en punition d'un sacrilège ; si Camille transpose au masculin, devant Faléries, avec le vil pédagogue qu'il expulse de son camp sous les verges et les petits garçons innocents qu'il honore, ce que les dames romaines miment rituellement chaque année à la fête de sa protectrice, la déesse Aurore ; si toute l'histoire du siège du Capitole par les Gaulois tient dans trois scènes clairement distribuées sur les trois fonctions – le prodigieux acte de piété d'un Fabius, le succès de Manlius contre l'escalade nocturne, les derniers pains jetés du haut de la citadelle sur les avant-postes ennemis –, ces « faits », tous révélés ou mis en valeur par la comparaison à divers niveaux, dissuadent, malgré les précisions de noms de lieux et d'hommes, de chercher des événements réels sous les récits considérés et engagent à les restituer à la littérature pure, une littérature elle-même nourrie d'une religion et d'une conception du monde traditionnelles, plus anciennes que Rome.

Alors que la sociologie cherche à dégager des types universels, la nouvelle mythologie comparée se fixe une tâche « plus limitée et autrement orientée. Sans le moins du monde opposer les deux méthodes, qui sont également saines, également légitimes et d'ailleurs complémentaires, nous ne faisons pas de la comparaison *typologique* mais de la comparaison *génétique* ; avec toutes les adaptations que commande la différence des matières, nous essayons d'obtenir sur le domaine indo-européen, pour les faits religieux, ce que d'autres comparatistes ont obtenu par les faits linguistiques : une image aussi précise que possible d'un système préhistorique *particulier*, dont un certain nombre de systèmes historiquement attestés sont, pour une bonne part, la survivance ».

Cette étude s'appuie sur des textes. À ceux qui parlent d'histoire problématique, Dumézil oppose le primat du document et, à travers lui, le primat du fait (Dumézil n'hésite pas à employer le mot malgré sa consonance positiviste). Encore en 1982, présentant son premier recueil d'esquisses, qui propose à ses successeurs des dossiers à approfondir, il se fixe pour but de consigner « le plus clairement possible les énoncés des problèmes, avec ce qui me semble être, pour chacun le principal moyen de solution, c'est-à-dire, presque partout, selon l'enseignement de Marcel Granet, l'explication d'un texte ou d'un document ».

2) Cette étude des textes est d'abord comparative. Ce que dit la préface d'*Apollon sonore* vaut pour l'ensemble de l'œuvre : « Bien peu de données sont inédites, mais des analyses conduites sous la lumière comparative font apparaître des articulations ou des valeurs auxquelles on n'avait pas prêté attention. » Dès *Jupiter Mars Quirinus*, Dumézil revendique formellement le primat de la comparaison sur les philologies particulières.

Beaucoup de philologues spécialistes – indianistes, latinistes, etc. – estiment prudent, nécessaire, de réserver la comparaison pour un second stade de la recherche ; ils entendent traiter d'abord leurs dossiers, apprécier les textes, interpréter les divers témoignages, composer une image probable des formes les plus anciennes, même préhistoriques, de la religion et généralement de la société qui constitue la matière de leur philologie, et cela en toute souveraineté, par les seuls moyens de la critique interne et externe, éclairés par ce qu'ils savent, devinent ou sentent du génie du peuple considéré, tel justement que le leur révèle l'étude philologique des textes. Chacun des spécialistes entend que ses pairs, les spécialistes des autres provinces indo-européennes, en fassent autant. Une fois que les philologies indienne, latine, germanique, etc., auront librement constitué une image des plus anciennes formes de la vie sociale et des représentations religieuses des divers peuples qu'ils traitent distributivement, *et alors seulement*, le comparatiste sera admis à s'emparer de ces résultats et à les confronter, sans d'ailleurs avoir à les retoucher sensiblement par ses méthodes propres. Ils conçoivent ainsi le travail par étages superposés et par étapes nettement distinctes : philologie pure à la base, et « philologies séparées » (pour ce qui nous concerne, « mythologies séparées ») ; puis, en superstructure, la comparaison.

Ce programme repose sur une illusion bien compréhensible : c'était celle, somme toute, des hellénistes qui s'irritaient, il y a un siècle, contre les intrus qu'on appelait bizarrement les « grammairiens comparés » ; ils avaient construit, de l'intérieur du grec, avec des matériaux grecs, des systèmes plausibles pour expliquer l'opposition de *esti* « il est » et de *eisi* « ils sont », et ces systèmes leur semblaient autrement rassurants que les « hypothèses » qui reconnaissaient ici l'opposition sanscrite de *asti* « il est » et de *santi* « ils sont » et les oppositions latine et allemande toutes semblables de *est* et de *sunt*, de *ist* et de *sind*. Les comparatistes avaient pourtant raison. Il en est de même pour notre matière : ce n'est pas de l'intérieur d'une société indo-européenne particulière qu'on peut déterminer avec vraisemblance ce qui, en elle, dans l'état de sa maturité, provient d'une innovation plus ou moins récente, et ce qui a été maintenu de l'héritage ancestral ; ce n'est pas l'historien d'une société indo-européenne particulière qui, d'après ce qu'enseigne la seule histoire, peut conjecturer la préhistoire : dans les équilibres qu'il constate, les plus vieux éléments sont souvent réduits à peu de chose et détournés de leur fonction première ; comment, par quelle intuition pressentirait-il et surtout démontrerait-il leur ampleur et leur valeur anciennes ? Le comparatiste au contraire dispose d'un moyen objectif d'appréciation : le repérage des coïncidences entre deux sociétés apparentées, et des coïncidences en groupe plutôt qu'isolées. Si l'on reconnaît, enchâssée dans un équilibre spécifiquement indien et dans un équilibre spécifiquement romain par exemple, une même série, suffisamment originale, d'éléments soutenant entre eux des relations homologues, il y a pour ces derniers présomption d'antiquité, d'héritage à partir de la préhistoire commune, et plus le groupe d'éléments considérés sera complexe et délicat, plus la présomption sera forte ; si un troisième équilibre, spécifiquement scandinave ou irlandais par exemple, présente le même groupe d'éléments singuliers, la preuve est bien près d'être acquise. Au fond, il en est de la méthode comparative en matière religieuse comme en matière linguistique : elle seule permet de remonter avec assurance, avec objectivité, dans la préhistoire par l'utilisation simultanée des archaïsmes, des bizarreries (des « irrégularités », disent les grammairiens), de toutes les traces qui, ici et là, au sein de chaque équilibre particulier substitué à l'équilibre préhistorique commun, témoignent bien de ce lointain passé, mais n'en témoignent qu'à la condition d'être recoupées, confirmées, interprétées et parfois restaurées du dehors.

Par conséquent, la comparaison, l'esprit comparatif doivent intervenir *dès le début*, dès la collecte et l'appréciation des documents. En procédant à l'inverse l'indianiste isolé d'une part, le latiniste isolé d'autre part risquent de construire pour la préhistoire de leurs domaines deux images où les points communs n'apparaîtront pas ensuite clairement, ou même auront été négligés à cause de leur insignifiance apparente dans l'équilibre historique indien et dans l'équilibre historique romain. C'est ce qui est plusieurs fois arrivé.

Dumézil restera toujours fidèle à cette démarche. Dans les entretiens avec Didier Eribon, parus après sa mort, il répond aux critiques « en conseillant une lecture plus attentive des textes anciens, une lecture “à la Granet” et, je l'avoue volontiers puisque c'est ma raison d'être, une lecture éclairée par la comparaison de ce qu'enseignent d'autres peuples indo-européens ». Cette comparaison ne prétend pas « reconstituer un mythe, un rituel, un organe politique ou un rouage social indo-européen dans la forme concrète, pittoresque, où il a pu exister trois mille ans avant notre ère mais [...] donner des moyens objectifs de se représenter sur cinq cents, mille ou deux mille ans suivant les cas, une partie de la préhistoire des civilisations indo-iranienne, italique, germanique, etc., historiquement connues ». Les spécialistes de ces civilisations ne disposaient, pour reconstituer la préhistoire de leurs religions, que du « point d'arrivée », connu par les plus anciens documents disponibles, la comparaison y ajoute le « point de départ » : l'état indo-européen, non pas reconstitué concrètement, mais défini dans son type. La comparaison fournit l'hypothèse de départ qui est ensuite vérifiée analytiquement (cf. *supra*, p. 180-187, à propos de la naissance de Rome).

3) Cette comparaison porte sur des ensembles. Un dieu, un héros... ne révèle sa pleine signification que considéré dans ses rapports avec d'autres dieux, d'autres héros...

> On dit couramment de nos jours que, si Romulus appartient à la légende, en revanche, ce qui est raconté de son successeur Numa et des rois qui vinrent ensuite offre des garanties d'authenticité ; ce faisant, on néglige d'une part le fait massif que les caractères et les biographies de Romulus et de Numa sont construits de manière à former, sur tous les points, une antithèse, et d'autre part le fait, sur lequel les Romains eux-mêmes ont pourtant insisté, que les quatre rois préétrusques sont censés avoir apporté chacun à la Ville qui venait de naître un des organes ou couple d'organes fonctionnels, nécessaires à son bel avenir, les deux fondateurs, Romulus et Numa, lui donnant l'un les auspices et l'État, l'autre *sacra* et *leges* ; puis Tullus Hostilius lui imposant la science, le goût et la pratique des armes ; Ancus Marcius enfin lui ouvrant les voies de toutes les abondances.

Les spécialistes qui ont refusé de reconnaître cette évidence ont perverti l'une des règles de Descartes : « Ils divisaient volontiers les problèmes en autant de parcelles qu'il fallait pour ne plus les voir. »

Dumézil énonce dès la préface de sa thèse ce principe de la reconnaissance de « la primauté des ensembles sur leurs constituants ». *Le Festin d'immortalité* (1924) ne parle pas encore de système ou de structure, mais l'idée y est.

> Supposons que dans les légendes des divers peuples indo-européens, nous retrouvions un même thème isolé : la constatation ne prouverait rien quant à la qualité indo-européenne du thème, d'abord parce que le nombre des thèmes connus dans le monde, si grand soit-il, est limité et qu'il y a de fortes chances pour que le thème en question apparaisse chez maint peuple d'autre famille ; puis, en admettant qu'il n'apparaisse que chez les peuples indo-européens, parce qu'une concordance aussi restreinte peut sans paradoxe être attribuée au hasard. Si la concordance s'étend à une, à plusieurs séquences thématiques, l'intervention du seul hasard devient moins

probable, surtout si les séquences sont complexes et originales, c'est-à-dire associent des thèmes nombreux qui n'apparaissent nulle part ailleurs dans le même groupement. Si enfin l'on reconnaît, chez tous les peuples indo-européens et chez eux seuls, plusieurs séquences riches en thèmes groupées elles-mêmes autour d'un centre, dans un ordre toujours le même, de manière à former ce que nous avons appelé un cycle, l'hypothèse du hasard sera exclue. Mais exclue en même temps sera, cette fois, l'hypothèse d'un emprunt : à qui, quand, et comment cet emprunt aurait-il été fait, pour recouvrir ainsi toute l'aire indo-européenne, et elle seulement ? Force sera donc d'admettre, comme en matière de langage, des évolutions indépendantes à partir d'un original commun.

Notre tâche est dès lors définie : c'est un cycle, complexe et précis, que nous devons chercher.

Dans l'introduction du premier exposé d'ensemble sur la tripartition (1941), « le mot "cycle", peu heureux », a disparu. Dumézil parle maintenant de système.

Mais il ne faut pas oublier qu'une religion – et ces deux mots se sont déjà rencontrés plusieurs fois dans l'exposé qui précède – est un *système*, un *équilibre*. Elle n'est pas faite de pièces et de morceaux assemblés au hasard, avec des lacunes, des redondances et des disproportions scandaleuses. Si nous osions risquer après tant d'autres une définition, toujours extérieure, nous dirions qu'une religion est une explication générale et cohérente de l'Univers soutenant et animant la vie de la société et des individus. Si donc on ne veut pas se méprendre grossièrement sur la forme, l'ampleur et la fonction propre de tel ou tel d'entre les rouages d'une religion, il est urgent de le situer avec précision par rapport à l'ensemble. Quitte à retoucher ensuite cette première image, il faut dessiner d'abord les lignes maîtresses de toute l'architecture religieuse qu'on étudie ou qu'on reconstitue. Sinon, n'importe quel dieu étant plus ou moins amené à s'occuper de toutes les provinces de la vie humaine, on risque d'attribuer essentiellement à celui, quel qu'il soit, qu'on étudiera ce qui ne lui appartient qu'accidentellement ; on le centrera sur la marge de son domaine ou même au-delà et l'on méconnaîtra au contraire sa destination fondamentale. Bref, contrairement à une illusion fréquente, contrairement à un précepte de fausse prudence fort révéré, les monographies ne peuvent être constituées avec quelque assurance que lorsque l'ordre d'ensemble a été reconnu. Ou, si l'on préfère une formule plus modérée, il faut pousser parallèlement, l'une corrigeant sans cesse et améliorant l'autre, l'étude du cadre et celle des détails, l'étude de l'organisme et celle des tissus.

Cette appellation de « système des trois fonctions » se retrouve dans *Les Dieux des Indo-Européens* (1952), mais concurrencée par la notion de structure. L'idée reste la même : les trois fonctions constituent « une théologie articulée, dont il est difficile de penser qu'elle s'est faite par le rassemblement de pièces et de morceaux ; l'ensemble, le plan conditionnent les détails ; chaque type divin, dans son orientation propre, exige la présence de tous les autres, ne se définit même bien que par rapport aux autres, avec la vivacité que seule produit l'antithèse ». Dumézil a par la suite regretté cette substitution.

J'ai cédé à une objection de Victor Goldschmidt, le futur exégète de Platon, qui était alors mon auditeur à l'École des hautes études : « système », m'a-t-il dit, implique conscience, volonté, calcul ; alors que le capital mythique d'une société est, pour chaque membre de cette société, un donné indépendant de sa volonté ; mieux vaut donc employer le mot « structure ». En fait, Goldschmidt n'avait pas raison : « structure » dit simplement en latin ce que « système » dit en grec. Et quand on parle du Système solaire, du système nerveux d'une part, de structures moléculaires d'autre part, les deux substantifs sont synonymes.

Le problème essentiel est que « structure » renvoie à un mouvement de pensée en plein essor vis-à-vis duquel la position de Dumézil est vite ambiguë : dans le chapitre III des *Dieux des Indo-Européens*, significativement intitulé « Structure et chronologie », il oppose les historicistes aux structuralistes, en se rangeant clairement dans le camp des seconds. Mais sa crainte d'être « catalogué » comme appartenant à une école le conduit à prendre ses distances : le mot fera encore des apparitions dans les livres suivants, mais celui d'« idéologie » lui sera progressivement préféré. Sa promotion comme concept central, esquissée dans la leçon inaugurale au Collège de France, est consacrée, dans l'introduction, aux *Rituels indo-européens à Rome* (1954).

> Les rituels sont importants au même titre que les autres éléments d'une religion : théologie, mythologie, littérature sacrée, organisation sacerdotale ; mais tous ces éléments sont eux-mêmes subordonnés à quelque chose de plus profond, qui les oriente, les groupe, en fait l'unité, et que je propose d'appeler, malgré d'autres usages du mot, l'*idéologie*, c'est-à-dire une conception et une appréciation des grandes forces qui animent le monde et la société, et de leurs rapports. Souvent cette idéologie n'est qu'implicite et doit être dégagée par analyse de ce qui est dit en clair des dieux et surtout de leurs actions, de la théologie et surtout de la mythologie, ce qui conduit à restaurer dans une certaine mesure la primauté de ce genre de documents. Mais, virtuelle ou explicite, tant qu'on n'a pas compris l'idéologie d'une religion, on n'en peut interpréter les diverses manifestations sans commettre à chaque instant de graves, parfois de grossiers contresens. Bien des rituels, en particulier, sont remarquablement analogues dans de nombreuses religions de niveaux très divers, et pourtant, à les rapprocher sans précaution, à les unir sous un même titre, on risque de dévoyer l'étude de chacun et de créer, dans une théorie générale, des entités illusoires. On voit bien tout ce qu'on perd pour l'intelligence des faits, on ne voit pas ce qu'on gagne, à ranger la consommation du totem des Arandas et l'eucharistie chrétienne sous le vocable de « théophagie » : dans les deux cas, sous des apparences gestuelles voisines, les communiants ont conscience d'opérations mystiques radicalement distinctes, avec des intentions, des processus et des bénéfices qui n'ont guère d'élément commun.

Le concept n'est sans doute pas très bien choisi, car la définition qu'en donne Dumézil est beaucoup plus large que celle sur laquelle on s'accorde communément (encore que certains chercheurs, et notamment l'indianiste Louis Dumont, adoptent une conception semblable) et il peut en résulter des contresens. Peut-être eût-il mieux valu, comme Daniel Dubuisson le fera plus tard, parler de logique des trois fonctions. Mais Georges Dumézil n'a jamais eu beaucoup de goût pour les controverses sémantiques, et les notions de « système », de « structure » et d'« idéologie » cohabitent sans heurts, souvent employées comme synonymes. Au-delà des variations de vocabulaire, la primauté des ensembles n'a jamais cessé d'être le fil conducteur.

4) Ces trop brèves remarques suffisent à suggérer une épistémologie fortement architecturée, tant dans son principe que dans ses techniques. L'immense étendue de l'enquête, la quasi-absence de développements théoriques ne doivent pas faire oublier qu'il existe une véritable herméneutique dumézilienne. Ce que l'on prend souvent pour de l'empirisme n'est en fait que le refus des systèmes préconçus. Une fois guéri de son « intoxication » frazérienne des débuts, Dumézil a toujours rejeté toute explication *a priori*, à partir d'un modèle, que celui-ci soit primitiviste ou sociologique. D'où sa condamnation des ambitions prématurées des sciences humaines qui, « grisées par l'avance prodigieuse des mathématiques et des sciences de la matière, s'abandonnent au rêve de sonder, de toucher, en une génération, le fond de leurs problèmes ». D'où aussi sa mise au point à l'égard des développements récents d'un structuralisme qui entreprenait, sous la plume de chercheurs jeunes et pressés, d'« adapter » ses résultats.

Depuis quelques années, le mot « structure » est devenu ambigu. Tout en gardant sa valeur précise, ancienne – lorsqu'il est question, par exemple, de la structure d'une démonstration, d'un roman, d'un État –, il a pris un emploi technique beaucoup plus ambitieux dans un système philosophique aujourd'hui fort en vogue, auquel il a même donné son nom. Il en résulte de la confusion. On range volontiers mon travail – et c'est, suivant les auteurs, un éloge ou un blâme – parmi les manifestations ou, étant donné les dates, parmi les prodromes du structuralisme. Il arrive même que de jeunes structuralistes s'impatientent de ma lenteur ou de mon incapacité à suivre les progrès de la doctrine et des techniques interprétatives qu'elle inspire et m'enseignent, exemples à l'appui, le parti que des esprits plus agiles ou plus orthodoxes peuvent déjà tirer de mes dossiers. Je tiens à mettre un terme à ces bienveillances sans objet : je ne suis pas, je n'ai pas à être, ou à n'être pas, structuraliste. Mon effort n'est pas d'un philosophe, il se veut d'un historien, d'un historien de la plus vieille histoire et de la frange d'ultra-histoire qu'on peut raisonnablement essayer d'atteindre, c'est-à-dire qu'il se borne à observer les données primaires sur des domaines que l'on sait génétiquement apparentés, puis, par la comparaison de certaines de ces données primaires, à remonter aux données secondes que sont leurs prototypes communs, et cela sans idée préconçue au départ, sans espérance, à l'arrivée, de résultats universellement valables. Ce que je vois quelquefois appelé « la théorie dumézilienne » consiste en tout et pour tout à rappeler qu'il a existé, à un certain moment, des Indo-Européens et à penser, dans le sillage des linguistes, que la comparaison des plus vieilles traditions des peuples qui sont au moins partiellement leurs héritiers doit permettre d'entrevoir les grandes lignes de leur idéologie. À partir de là, tout est observation. Je ne connais de « structures » théologiques, mythologiques, institutionnelles, etc. – qu'il s'agisse des trois fonctions, des saisons, des feux, des eaux – que celles qui sont inscrites dans les documents indiens, iraniens, romains, irlandais, etc., et, pour les temps qui précèdent ces documents, que celles qui résultent de leur comparaison. Aucune n'est imposée *a priori* ni par extrapolation et quand, alerté par quelque ressemblance, j'ouvre un chantier comparatif, je ne sais pas d'avance ce que j'y trouverai.

Les textes qui suivent donnent une idée de la manière dont Dumézil a précisé ses méthodes : dans les deux cas, il part d'un problème précis, mais les conclusions qu'il en tire ont une portée heuristique générale.

Le premier texte définit les critères de reconnaissance de la trifonctionnalité. De même que tout ce qui brille n'est pas or, tout ce qui est triple n'est pas triparti, et « il faut bien distinguer entre les triplements intensifs et les triades classificatoires ». Dans son dernier recueil d'esquisses, Dumézil a donné un exemple de cadre triple qui n'a « rien de trifonctionnel au sens indo-européen du mot, rien qui engage le pouvoir sacré, la force et la prospérité ; la triade correspond ici à une analyse logique et technique des opérations ». Ces « faux tripartis » sont particulièrement fréquents dans le monde celtique : « À toute époque les Gallois et les Irlandais ont usé et abusé du moule commode de la triade pour classer concepts, conseils, légendes, et ce serait un vain travail de prétendre par exemple rechercher parmi les nombreuses triades des

Lois galloises médiévales, des traces de conceptions triples préchrétiennes. » À propos des mariages indo-européens, Georges Dumézil précise les conditions requises pour qu'un objet d'étude soit reconnu comme une application du schéma triparti.

Le second texte traite du problème redoutable de la valeur à accorder aux sources. On a parfois reproché à Dumézil de faire reposer toute sa construction sur un très petit nombre de sources. Ce n'est pas exact, car le corpus utilisé est immense, d'un traité signé par le roi de Mitani et trouvé sur une tablette à Bogazköy sur le site d'une capitale de l'Empire hittite à la formule d'abjuration des Saxons conservée dans un manuscrit du IXe siècle, d'un texte de l'écrivain byzantin du VIe siècle Jean le Lydien aux légendes galloises, de l'Iliade aux bylines russes... Mais il est vrai que quelques textes ont constitué des sources d'information privilégiées : le Mahābhārata indien, Properce, Virgile et Cicéron à Rome, l'Edda scandinave, l'Avesta (livre sacré des zoroastriens) iranien, l'épopée narte des Ossètes... Or, la plupart de ces textes sont très tardifs : à Rome, lorsque Virgile et Properce écrivent, la religion s'est profondément transformée, la triade Jupiter-Mars-Quirinus a cédé la place à la triade capitoline Jupiter-Junon-Minerve ; les textes scandinaves et celtes sont postérieurs à la christianisation... Empruntent-ils leur contenu à des sources dont nous ne disposons plus ou opèrent-ils une reconstitution imaginaire ? Contre les excès de l'hypercritique, Georges Dumézil a défendu leur valeur de témoins. Sa « Réhabilitation de Snorri » dépasse largement le cas germanique et même le cadre indo-européen. Le texte a été allégé de notes philologiques, très techniques.

Chapitre VI

Remarques sur l'interprétation trifonctionnelle des mariages indo-européens

Mis à part l'enlèvement des Sabines, les ensembles épiques qui viennent d'être étudiés – mariages successifs conclus ou projetés par Héraclès et par Sigurđr, mariages successifs procurés par Bhīṣma à ses jeunes parents – remplissent les conditions requises pour qu'on les interprète comme des applications de la « théorie matrimoniale » tripartie qui a été d'abord dégagée par la comparaison des droits romain et indien. Ces conditions sont les mêmes que pour les interprétations trifonctionnelles d'autres ensembles[1] : quant aux éléments de l'ensemble, tous les trois (ou, avec le rapt, tous les quatre) doivent être *distincts, solidaires, homogènes, exhaustifs* ; quant à l'interprétation de chaque élément, elle doit être immédiatement *évidente*.

Soit les trois engagements de Sigurđr dans la Grípisspá. Ils concernent successivement trois héroïnes, Sigrdrifa, puis la pupille de Heimir, puis la fille de Gjuki, le rapport du deuxième au premier (oubli) étant le même que celui du troisième au

1. Les nombreux chercheurs qui, depuis quelque temps, découvrent un peu partout des triades trifonctionnelles devraient se pénétrer d'abord de ces exigences de bon sens.

deuxième. Ils sont préparés ou contractés par un seul et même personnage, donc solidaires. Ils le sont dans des circonstances voisines, sinon identiques (1, rencontre ; 2 et 3, réception chez un hôte), en vertu du même dessein, prendre femme. Enfin l'insertion d'un mariage supplémentaire de Sigurđr entre son premier exploit et sa mort n'est guère pensable. Quant à l'interprétation, elle est immédiate et certaine pour chaque terme : entre Sigurđr et Sigrdrifa, il y a, après une esquisse de rapt ou de violence, une promesse mutuelle, libre, par amour partagé, sans intervention de la famille de Sigrdrifa ; puis Sigurđr achète Brynhildr à son père nourricier ; puis la mère de Gudrun donne, impose sa fille à Sigurđr. Ce sont bien les orientations caractéristiques des modes *gāndharva* (après un début évoquant le *rākṣasa*), *āsura*, *brāhma*.

Pour Héraclès, la formule est un peu différente en ce que le mariage proprement *gāndharva* est dilué dans quantité de liaisons libres et fécondes, mais qui n'ont pas la valeur institutionnelle, l'effet juridico-religieux d'un mariage. Mais les autres unions se succèdent et sont bien distinctes, le héros n'épousant Déjanire que longtemps après avoir répudié Mégara, puis enlevant Iolé que, sur son bûcher de mort, il ne peut que léguer pour épouse au fils qu'il a eu de Déjanire. Elles ne sont pas moins solidaires, puisqu'elles ne se succèdent pas seulement, mais se commandent, le héros ne recherchant Iolé que parce qu'il a dû répudier Mégara, puis n'épousant Déjanire que parce que Iolé lui a été refusée, enfin n'enlevant Iolé malgré son mariage avec Déjanire que pour venger ce refus. Elles sont aussi homogènes, puisqu'elles répondent toutes au désir constant qu'a un seul et même personnage de se marier. Exhaustives enfin, puisqu'elles couvrent la totalité de sa vie humaine. Quant à l'interprétation, elle est immédiate pour tous les termes : Mégara conférée par son père à un héros brillant, Déjanire gagnée par un service qui vaut « kalym », Iolé conquise par la violence – sans parler de la foule des partenaires obtenues par simple consentement mutuel. Il s'agit donc bien, en succession, d'un mariage *brāhma*, d'un *āsura*, d'un *rākṣasa*, le tout saupoudré de *gāndharva* en grand nombre.

Pour Bhīṣma, le marieur, les termes sont distincts puisqu'il s'agit de quatre demandes successives à propos de jeunes filles différentes ; solidaires, puisqu'ils satisfont tous la même intention, assurer par des mariages réguliers la durée d'une même dynastie ; homogènes, puisque chacun se fait selon un mode canonique ; exhaustifs puisqu'il ne reste ensuite aucun jeune homme à pourvoir, aucun mode à utiliser. Quant à l'interprétation, elle est sans ambiguïté : les termes se conforment successivement aux modes *rākṣasa*, *brāhma* (ou assimilé), *gāndharva* et *āsura*.

Seule la légende romaine de l'enlèvement des Sabines contrevient à deux de ces règles, celle de la distinction et celle de l'homogénéité des termes. La raison de la première exception a été donnée plus haut : la future théorie des modes d'acquisition de la *manus* est présentée dans sa genèse, à l'état embryonnaire, dans une Rome encore informe. La raison de la deuxième exception est sensiblement la même : la *confarreatio* est le seul mode expressément différencié, créé par le fondateur ; les autres ne sont encore que préfigurés à des moments divers de l'événement.

Tout ce que ce bilan autorise à conclure – mais, du point de vue de notre étude, c'est l'essentiel – est que, dans les quatre cas, lorsque s'est constituée l'épopée nationale, la théorie des quatre modes de mariage respectivement fondés sur les principes des trois fonctions (la deuxième fonction alignant ses deux principes, l'autonomie à côté de la force) était encore claire et complète et offrait un moule tout prêt aux compositions des poètes, des romanciers, des historiens, et un moule stable, quelles que pussent être ensuite les évolutions de la pratique juridique.

Par une action en retour, cette utilisation d'un même modèle dans quatre littératures confirme que, dans l'examen des droits, nous n'avons pas été la victime de mirages ou de sophismes en dégageant ce même modèle archaïque par la confrontation du tableau indien des formes de mariage et du tableau classique romain des moyens d'acquisition de la *manus*.

À ce point de la recherche, quelques remarques et quelques questions sont sans doute venues à l'esprit du lecteur.

D'abord une variante de l'objection qui a été souvent faite, et réfutée, à propos du dossier central de mon travail, celui des « trois fonctions ». Les trois fonctions de souveraineté magico-et juridico-religieuse, de force et de productivité, a-t-on dit, sont dans la nature des choses : quoi d'étonnant à les voir s'exprimer dans tant de structures conceptuelles, institutionnelles ou littéraires ? Et, si l'on en constate la présence dans l'Inde, à Rome, en Scandinavie, de quel droit conclure qu'elles sont partout le prolongement d'un héritage commun, alors qu'elles doivent être assurées en tout lieu et à tout moment pour que la société et les individus puissent vivre : ne faut-il pas, à tout moment et en tout lieu, sous des formes diverses, une direction spirituelle et politique, des moyens de défense et d'attaque, une organisation de la production – au sens le plus large – pour l'entretien de tous ? À quoi je fais en général une réponse en trois temps [1] :

1) Ces trois fonctions, conditions nécessaires et suffisantes de la survie, sont en effet assurées dans tout organisme, depuis les termitières des bois jusqu'aux empires de l'histoire. Mais c'est une chose bien différente que de prendre conscience de cette nécessité au point d'en tirer le cadre d'un système de pensée, une explication du monde, bref une théologie et une philosophie ou, si l'on préfère, une idéologie.

2) Dans les sociétés indo-européennes anciennes, c'est une telle idéologie que l'on constate, soit explicitée en formules, soit manifestée par de nombreuses applications dont beaucoup, d'une province indo-européenne à l'autre, présentent des ressemblances trop précises pour être indépendantes.

3) Dans l'Ancien Monde – Europe, Asie, Afrique du Nord – cette idéologie active ne se rencontre que chez les peuples parlant des langues indo-européennes et chez quelques peuples limitrophes dont on est assuré, parfois avec des précisions de dates, qu'ils ont été exposés à l'influence d'Indo-Européens, comme l'Égypte à partir de ses contacts avec les Hittites et les para-Indiens de Palestine ou de l'Euphrate, ou les Finnois, dont la langue est chargée d'emprunts germaniques et indo-iraniens. En particulier, ni les sociétés sémitiques du Proche-Orient, ni les

1. V. notamment ma réponse à John Brough, *Kratylos*, 4, 1959, reprise avec une introduction dans *ME*, III, p. 338-361.

sociétés sibériennes, ni la Chine ne l'ont pratiquée : cette dernière, par exemple, comme les Turcs les plus anciennement connus, coulait sa luxuriante réflexion, sa théologie notamment, dans un moule binaire (Ciel et Terre, haut et bas ; socialement : le mandataire du Ciel et tout le reste). En quelques autres points du monde – Amérique centrale, Afrique noire –, des ébauches d'une systématisation des trois fonctions « naturelles » s'observent parfois, dans des fêtes, par exemple, où trois épisodes rituels fonctionnellement caractérisés se succèdent, ou même dans des divisions sociales. Nulle part cependant, à ma connaissance, ces premières expressions n'ont été développées, n'ont fourni d'idéologie.

La situation n'est pas différente pour le tableau indo-européen des formes du mariage :

1) Le rapt ou l'achat par le prétendant, le don par le père et l'union légitime des deux partenaires épuisent si bien les possibilités qu'on n'imagine pas de procédure qui ne se ramène, dans son principe, à l'un ou l'autre de ces quatre types. Certes, mais la systématisation de ces types en un tableau dont tous les termes sont admis et ont le même effet juridique constitue un phénomène intellectuel d'un autre ordre ;

2) Ce sont de tels tableaux qui apparaissent, au niveau du droit, à Rome et dans l'Inde et qui, à l'Inde, à la Scandinavie, à la Grèce ont fourni des cadres épiques ;

3) Autant que je sache, de tels tableaux ne se rencontrent pas, dans l'Ancien Monde, en dehors des domaines indo-européens. Faute d'une enquête prolongée que je n'ai plus le temps de conduire, cette proposition n'est naturellement que provisoire. Mais aucun fait de grande notoriété ne la contredit. Dût-on d'ailleurs, à l'expérience, reconnaître des exceptions, il n'en resterait pas moins que la densité et l'importance des attestations du tableau chez les peuples indo-européens recommanderait encore l'explication par l'héritage commun.

Dès cette esquisse, on peut discerner les points sur lesquels le tableau primitif était vulnérable, c'est-à-dire, les mœurs évoluant, le plus exposé soit à une élimination, soit à une déformation.

1) Dans le droit romain comme dans l'indien, le rapt était le terme le plus menacé. De fait, il a disparu de la systématisation romaine et plusieurs des systématisations indiennes le déclarent *adharmya*, contraire au dharma. Quand Bhīṣma affirme au contraire dans le Mahābhārata que ce mode est le plus honorable (pour les kṣatriya), cette doctrine est commandée par l'épisode épique qu'elle introduit ; en tout cas elle n'est pas reproduite ailleurs.

C'est ensuite le mariage *gāndharva* qui risquait le plus de sortir de l'actualité. À Rome, il n'en reste quelque chose, atténué et transformé, que dans une des formes d'acquisition de la *manus* : la « volonté libre » qui le fondait subsiste dans le choix laissé à la femme par le mode *usu* de *uelle* ou de *nolle*, c'est-à-dire d'accepter ou de refuser de sortir de la *manus* de son père ou de son tuteur : si elle n'emploie pas la procédure prévue pour exprimer ce *nolle*, c'est qu'elle souhaite entrer sous la *manus* de son mari. Dans l'Inde, bien qu'incorporé aux classifications sous sa forme pure où le jeune homme et la jeune fille, en tête à tête, secrètement *(rahasi)*, conviennent, avec effets de droit, de s'unir sexuellement, le mode *gāndharva* cède sa place dans la pratique à une forme plus policée, où la liberté de la jeune fille est toujours entière, mais où la manifestation en devient publique, officielle, organisée et annoncée par le père : c'est le *svayaṃvara* ; tous les prétendants s'assemblent et, le moment venu, la jeune fille déclare son choix non pas seulement au bénéficiaire, mais à tous les autres.

L'achat a eu des fortunes diverses. Inscrit, mais mal noté, condamné parfois, dans des classifications indiennes du mariage (mode *āsura*), il semble être devenu, dans la Rome historique, le mode ordinaire d'acquisition de la *manus* ; mais l'acte même de l'achat n'y est plus que symbolique.

2) Les légendes pouvaient être plus conservatrices et le sont en effet. Les tableaux épiques indien, grec, scandinave, romain même qui ont été analysés plus haut continuent d'organiser tous les mondes, mêlant parfois les deux modes de deuxième fonction fondés l'un sur la force, l'autre sur l'autonomie, c'est-à-dire le rapt et l'engagement libre (Sigurđr et Sigrdrifa, les Romains et les

Sabines). Sous cette réserve, à la différence de ce que l'on constate dans les droits réellement pratiqués, le rapt occupe une place de choix. Au contraire l'achat, réputé inférieur ou vulgaire, ou du moins peu héroïque, n'a que peu d'occasions de paraître, et dans des épisodes secondaires, ou bien prend la forme plus honorable d'un service convenu.

3) La remarque qui précède justifie la double démarche, les deux temps de l'étude qui vient d'être esquissée. La comparaison des statuts *juridiques* pratiqués à Rome et dans l'Inde a d'abord dégagé le tableau indo-européen, mais à travers des réformes et des dégradations. Celle des intrigues *épiques*, qui n'avaient pas à suivre la réalité sociale dans ses évolutions, manifeste au contraire cette même structure préhistorique presque intacte et par conséquent en confirme l'authenticité.

Chapitre VII
Réhabilitation de Snorri

La partie la plus considérable du dossier qu'on vient de lire et la mieux articulée, les pièces sans lesquelles toutes les autres ne seraient que des membra disjecta, *ce sont les nombreux chapitres ou suites de chapitres tirés de l'œuvre de Snorri, de ces traités didactiques qu'on désigne globalement sous le nom d'*Edda *en prose : la* Gylfaginning *ou « Fascination de Gylfi » et les* Bragarœđur *ou « Propos de Bragi », où sont racontés tout au long beaucoup de mythes ; les* Skáldskaparmál, *sorte de recueil de connaissances littéraires utiles aux scaldes, qui complète la* Gylfaginning *et consigne, parfois en les expliquant, un grand nombre de périphrases scaldiques*[1]. *Longtemps ces documents ont joui d'une autorité incontestée : on admettait que Snorri n'avait eu qu'à recueillir autour de lui une matière encore vivante, qu'il était donc le* témoin, *informé et fidèle, d'un savoir auquel les poèmes eddiques et scaldiques faisaient de leur côté des emprunts plus fragmentaires ; l'accord général de Snorri et de ces poèmes, le bonheur avec lequel soit des poèmes entiers, soit des strophes s'insèrent dans les traités en prose et y trouvent un commentaire exhaustif, loin d'éveiller les soupçons, semblaient la meilleure garantie de la sincérité et du soin de l'érudit islandais.*

1. La poésie scaldique est composée à partir du IXᵉ siècle par des personnages prophétiques en Irlande et en Norvège (H. C.-B.).

Puis est venu l'âge de la critique, c'est-à-dire, très vite, celui de l'hypercritique, cette maladie de jeunesse (et, malheureusement, souvent chronique) qui menace toute philologie et qui s'accompagne presque toujours d'une euphorie agressive. L'expression doctrinale la plus complète de cet effort et de cet état d'esprit – et, pour le problème de Loki, celle qui a eu les plus graves conséquences – a été donnée par l'illustre historien des religions germaniques, Eugen Mogk, dans un véritable manifeste de trente-trois pages, confié aux Folklore Fellows Communications *de Helsinki (n° 51) en 1923, sous le titre : « Novellistische Darstellung mythologischer Stoffe Snorris und seiner Schule. » Là, avant de passer à quelques exemples qu'il croyait démonstratifs et que nous retrouverons tout à l'heure, E. Mogk a fortement charpenté une « reconstitution » de l'activité littéraire qu'il attribue à Snorri. Voici, presque littéralement traduites, ces pages importantes (p. 7-11).*

1. EUGEN MOGK CONTRE SNORRI

Snorri, remarque E. Mogk, travaille au XIIIe siècle, c'est-à-dire plus de deux cents ans après la conversion officielle de l'Islande au christianisme. Pendant ces deux cents ans, l'île a eu un commerce constant – matériel, religieux, intellectuel – avec l'Angleterre et l'Irlande, la France et l'Allemagne. Par ses évêques et ses voyageurs d'abord : les tout premiers évêques, Ísleifr et son fils Gizurr, avaient été formés en Allemagne ; l'évêque Þorlákr avait longtemps et profitablement séjourné à Paris et à Londres ; Sæmundr même, le père de l'historiographie islandaise, avait passé nombre d'années de sa jeunesse à l'étranger, notamment à Paris, et son arrière-petit-fils, l'évêque Pál, était revenu d'Angleterre plus érudit qu'aucun homme de son siècle. Puis par les écoles : sur le modèle de l'Europe occidentale, Ísleifr déjà avait fondé celle de Skálholt, Jón Œgmundarson celle de Hólar, Teitr celle de Haukadal, Sæmundr celle d'Oddi ; en 1133, les Bénédictins ouvrirent des couvents et naturellement des écoles ; des clercs étrangers y enseignèrent, tel ce Hróðúlfr, venu d'Angleterre, qui resta dix-neuf ans en Islande. On y lisait les mêmes ouvrages latins qu'en Europe et souvent on les traduisait : les homélies de saint Grégoire et d'autres Pères, Origène, Eusèbe, Gélase, Bède, des légendes sur la Vierge, sur les apôtres, sur les saints ; on connaissait Pline, Horace, Ovide, Salluste, Jordanès, Paul Diacre, les traités grammaticaux de Priscien et de Donatien, et nous possédons encore des fragments d'un *Elucidarius* et d'un *Physiologus* du XIIe siècle. À côté de cette littérature occidentale, il y avait les sagas et tous les poèmes scaldiques conservés pendant plusieurs siècles par la récitation et pour lesquels Sæmundr et Ari avaient réveillé l'intérêt. C'est à l'école d'Oddi qu'on faisait les efforts les plus notables pour associer les deux traditions, la nationale et l'étrangère ; or, c'est là que Snorri a passé sa jeunesse, auprès de Jón, le petit-fils de Sæmundr, l'un des hommes les plus instruits et les plus intelligents de l'époque ; il y est même resté auprès du fils de Jón, Sæmundr ; c'est donc là que cet esprit ouvert, ambitieux, a dû recevoir les premières touches de sa vocation littéraire. Plus tard, il mit en pratique les leçons d'Oddi dans son domaine de Reykjaholt : il y fonda un véritable atelier, s'attachant des poètes comme Guđmundr Galtason et Sturla Barađrson, il prit avec lui ses neveux Óláfr Þórđarson et Sturla Sighvatsson, et il se mit à composer – *samansetja*, c'est-à-dire probablement à « diriger » l'œuvre de composition collective –, à « faire écrire » (*ek lét rita*, comme il dit dans la préface de la *Heimskringla*) les grandes œuvres qui portent son nom et sa marque.

Comment travaillait cette équipe si fermement conduite ? Les principales sources, pour l'*Edda* comme pour la *Heimskringla*, étaient à la fois les compositions écrites déjà existantes et la tradition orale, notamment les poèmes. Mais l'imagination et le don de combinaison de Snorri ont joué le plus grand rôle. Il est peu probable qu'il ait disposé de beaucoup plus de matériaux qu'il n'en subsiste aujourd'hui : en effet, la partie purement didactique de l'*Edda*, par ses références, témoigne d'une bibliothèque qui, en gros, est encore à notre disposition ; d'autre part n'est-il pas invraisemblable que, deux cents ans après l'introduction du christianisme en Islande, les récits mythologiques sur lesquels reposaient les périphrases des scaldes et qui – ne l'oublions pas –

étaient des récits non pas islandais mais norvégiens aient été encore vivants dans la tradition orale du peuple islandais ? Snorri a donc été conduit à *interpréter* des périphrases, des métaphores poétiques que ni lui ni ses contemporains ne comprenaient plus. Il l'a fait par divers procédés : il a combiné des sources indépendantes, il a imaginé des intrigues pour relier des données sporadiques, il a complété la matière ancienne par de pures inventions. Et c'est ainsi que s'est trouvé créé – par deux chefs-d'œuvre, l'*Edda*, le début de la *Heimskringla* – un nouveau genre littéraire, « le conte mythologique » (*die mythologische Novelle*). Loin donc d'être un témoin, Snorri est un créateur. Et son immense travail n'est pas utilisable, n'est pas une « source » valable pour l'étude du paganisme.

Une telle reconstitution est cohérente, plausible. Mais est-elle vraie ? Si pourtant Snorri, deux cents ans non pas après une disparition brusque du paganisme mais après une adhésion pacifique de l'île au christianisme, avait connu, entendu, sur les mythes, des choses que nous ne pouvons plus entendre ? Sæmundr, Ari, l'école d'Oddi s'y étaient intéressés antérieurement et les scaldes appelés à « l'atelier » de Reykjaholt ne devaient pas être sans tradition ancienne... On peut discuter à perte de vue, peser et repeser les probabilités contraires. C'est l'expérimentation, et elle seule, qui décidera, pourvu qu'on réussisse à introduire la méthode expérimentale dans l'affaire, et l'expérimentation appliquée à des cas précis. Aussi bien Eugen Mogk, dans son manifeste même, a-t-il aussitôt complété l'exposé de principe par deux exemples tirés de la *Gylfaginning* ; puis, au cours des années suivantes, il a multiplié les illustrations de la méthode critique inaugurée en 1923 ; ainsi ont vu le jour, coup sur coup, les essais suivants : « Die Überlieferungen von Thors Kampf mit dem Riesen Geirröd » dans la *Festskrift Hugo Pipping*, 1924 ; « Lokis Anteil am Baldrs Tode », 1925 ; « Zur Gigantomachie der Völuspá », 1925. Et la thèse a été encore reprise, cette fois en Allemagne, appuyée d'une dissection de la cosmogonie de Snorri, dans un opuscule de dix-huit pages : *Zur Bewertung der Snorra-Edda als religionsgeschichtliche und mythologische Quelle des nord-germanischen Heidentums*, 1932 ; l'auteur avait soixante-dix-huit ans.

C'est en effet sur des cas particuliers, et notamment sur ceux-là mêmes que Mogk a désignés comme le plus favorables à sa manœuvre, qu'il faudra discuter. Mais il ne sera pas mauvais d'énoncer d'abord à mon tour quelques considérations générales, non plus historiques, mais simplement psychologiques, propres à éclairer l'acharnement avec lequel E. Mogk vieillissant a brisé le principal instrument des études qui avaient occupé toute sa vie ; propres aussi à orienter le lecteur dans les contre-attaques auxquelles il sera ensuite procédé.

Je disais tout à l'heure que l'hypercritique est comme la maladie naturelle de toute philologie livrée à elle-même. En effet, du moment où j'ai rencontré (et comment ne la rencontrerais-je pas, s'agissant d'une œuvre humaine ?) la preuve que l'exposé systématique fait par un auteur ancien, d'un mythe, d'une légende, d'une scène d'histoire, est en désaccord avec une autre tradition, ou avec un « fait », ou bien laisse paraître une contradiction interne ou du moins une maladresse, ou trahit de quelque manière un effort, ou encore – suprême joie ! – ne contient pas ce qu'il « devrait », me semble-t-il, contenir, autrement dit du moment où je me sens autorisé à imaginer le vieil auteur à sa table, travaillant sur des fiches, s'appliquant à les relier et à les accorder sans en rien négliger et à combler les lacunes, bref du moment où, moi, philologue et critique, je vois dans cet auteur un *collègue* dont la tâche était de monter, par des moyens inverses des miens, un édifice philologique que ma tâche à moi est de démonter, il est inévitable que je me pique au jeu, que je m'engage dans une sorte de duel et que, m'appliquant à percer les intentions, les artifices, les ruses du partenaire, je lui en prête généreusement qu'il n'a jamais eus. Comme il n'est pas devant moi pour se défendre, je suis régulièrement vainqueur et chacune de mes victoires diminue le crédit que je crois pouvoir concéder à un témoin *a priori* suspect. Bientôt il ne reste rien : de même qu'aucun prévenu, fût-il le plus innocent du monde, ne garde sa sérénité, son assurance, son air d'innocence, au sortir d'un interrogatoire « scientifiquement » mené, de même aucun texte ne garde son sens, sa cohésion, sa valeur documentaire au sortir d'un examen critique conduit selon les méthodes modernes.

Il est difficile de montrer au philologue qu'il passe ses droits. On fait devant lui figure de naïf, voire d'ignorant ou de mystique : on se laisse berner par ces récidivistes du truquage que sont Hésiode, Virgile, Ovide, Snorri ; on ne sait pas le métier, on a la nostalgie de la foi... Somme toute, je ne connais que trois moyens d'intervenir. Les deux premiers peuvent presque toujours être employés, mais ils suffisent rarement à faire tomber la fièvre de l'hypercritique. Le troisième est radical, mais il n'est pas toujours applicable.

Le premier moyen est de rendre le critique sensible à des faits autres que ceux qu'il retient, à des faits qui sont en général non moins apparents, et même plus massifs, mais dont sa pente d'esprit le distrait. Il s'agit simplement, sans sortir de la méthode *analytique* qui est la sienne, d'obtenir qu'il fasse une revue plus attentive et plus complète des données du problème, qu'il tienne compte, en particulier, des *harmonies* et des *ensembles*. A-t-il, d'une contradiction interne, conclu que le texte a été constitué de pièces et de morceaux, par le mélange de deux ou trois « variantes » ? On lui demandera de regarder de plus près, et plus philosophiquement, les données qui lui paraissent contradictoires et de bien vérifier, d'abord, qu'elles le sont. A-t-il réussi à expliquer entièrement un récit comme un puzzle, formé par la réunion artificielle, plus ou moins habile, d'éléments hétérogènes, dont il a trouvé les sources indépendantes ? On lui montrera que, au-dessus des éléments, irréductibles aux éléments, il y a encore le fait qu'ils forment *un* tout, dessinent *un* schéma qui a peut-être sens et valeur, qui n'est peut-être pas le résultat d'une addition fortuite des éléments, mais au contraire le principe de leur organisation et de leur choix même. Est-il, dans un récit, parvenu à tout expliquer sauf un trait, qu'il déclare alors volontiers sans importance ? On pourra parfois lui montrer que ce trait est essentiel, que tout le récit est au contraire orienté vers lui. De ces diverses argumentations, on trouvera plus loin assez d'exemples pour qu'il soit inutile d'en donner ici.

Le deuxième moyen est de rendre le critique sensible à la fragilité et à l'arbitraire de ses propres constructions. A-t-il montré qu'un vieil auteur s'est posé tel problème, s'est trouvé devant tels documents et tel embarras, a fait telle réflexion qui a abouti à telle invention ou telle maladresse ? On lui rappellera l'infinie souplesse de l'esprit humain, et qu'on ne parvient jamais, sauf peut-être en mathématiques, à l'enfermer dans un authentique dilemme, sans *tertia* ni *quarta via*. On lui rappellera aussi la pauvreté de son information, de notre information de modernes, et qu'il est toujours imprudent de dire, par exemple, que « Snorri ne disposait pas (ou ne disposait "guère") d'autres sources que celles qui nous sont accessibles ». On lui rappellera enfin la différence des siècles et que, plus il se représente Snorri à l'image d'un de ces auteurs d'histoire romancée qui foisonnent à notre époque, même dans les universités, plus il a de chances d'altérer sa vraie physionomie.

Malheureusement, contre ces deux moyens de révision, il est facile au critique de s'armer. Il peut épiloguer sans fin sur ce qui, dans un ensemble, est essentiel et secondaire ; sur le sens et sur l'unité même de l'ensemble ; sur la réalité et sur l'ampleur d'une contradiction. Il peut retourner contre son contradicteur le grief d'hypercritique et affirmer qu'il est autant et plus que lui, sensible à ce qui distingue le XIIIe siècle du XXe ainsi qu'à la fertilité de l'esprit humain. L'amour-propre s'en mêlant, comme il est usuel quand on en vient à discuter sur les principes et sur les méthodes, on verra même les thèses se raidir et se durcir les ripostes.

Chaque fois qu'il est possible, le plus sage est de recourir au troisième moyen que nous avons annoncé. Celui-là dépasse la simple exploration analytique des documents et par conséquent ne laisse plus autant de marge aux appréciations subjectives : c'est le moyen *comparatif*, c'est-à-dire la forme que revêt naturellement, dans les sciences humaines, la méthode expérimentale.

L'étude comparative des religions et des mythes et notamment (puisqu'il s'agit de Snorri) des mythes indo-européens est assez avancée pour que, quand on a à déterminer si telle des *Élégies romaines* ou tel hymne védique ou tel chapitre de la *Gylfaginning* consigne une légende ancienne ou au contraire n'est qu'imagination tardive, on ne soit pas *toujours* réduit à l'analyse interne du texte considéré, mais qu'on puisse *parfois* au contraire se prononcer objectivement : exactement, cela arrive chaque fois que le texte considéré raconte une légende dont la comparaison avec des légendes conservées sur d'autres points du domaine indo-européen permet d'affirmer qu'elle était déjà indo-européenne pour l'essentiel. Ce procédé est, par chance, souvent applicable aux sources de la mythologie germanique, notamment à l'*Edda* en prose, et en particulier à la plupart des récits qu'Eugen Mogk ou d'autres critiques ont choisis pour y dénoncer, pour y démontrer les procédés « créateurs » de Snorri. Je commencerai par un exemple auquel ne s'est pas attaché Mogk, mais qui est typique.

2. Týr manchot

Soit le chapitre de la *Gylfaginning* qui raconte comment le dieu Týr perdit sa main droite. Le terrible loup Fenrir est encore tout jeune et déjà très fort ; à moins qu'on ne parvienne à le lier, il dévorera les dieux quand il sera grand. Après que les dieux eurent vainement recours à deux grosses chaînes qui ont cédé au premier effort du loup, Óđinn, savant en magie, fait fabriquer par les Elfes Noirs un lien qui a l'air d'un misérable petit fil, mais que rien ne peut rompre. Ils proposent au loup de se laisser attacher par manière de jeu, pour voir s'il réussira à se dégager. Il se méfie, les dieux piquent son amour-propre, il accepte enfin, mais à la condition que, pendant le jeu, un dieu mette la main droite dans sa gueule, « comme gage que tout se passera loyalement ». Les dieux s'entre-regardent : aucun ne veut sacrifier sa main. Seul Týr se dévoue. De fait, le loup ne peut se dégager et restera ficelé jusqu'à la fin du monde, mais il mord la main de Týr, qui est dorénavant le dieu manchot.

Deux stances de la *Lokasenna* (38-39) disent aussi que la main de Týr a été mangée par le loup Fenrir qui, de son côté, attend dans les liens la fin des Ases. De plus, de vieux poèmes norvégiens-islandais appellent Týr « celui des Ases qui n'a qu'une main » (*einhendr ása*). Et c'est tout.

Qu'y a-t-il d'ancien dans cela ? Et d'abord le point central, le fait que le grand dieu Týr n'ait qu'une main, d'où vient-il ? Que veut-il dire ? Ne rappelons pas les exégèses naturalistes défuntes, les combats périmés de la Lumière et des Ténèbres ; mais écoutons Kaarle Krohn : ce mythe repose sur une interprétation tardive et bizarre donnée en Scandinavie aux figurations chrétiennes où l'on voit « le » bras de Dieu sortant dans les nuages. Alexander Haggerty Krappe, lui, pense que le fait de la mutilation et la scène qui l'explique reposent sur une interprétation, à peine moins tardive, des représentations gallo-romaines où l'on voit un carnassier, un loup avalant un membre humain. Mais d'autres, rappelant l'Irlandais Nuadu à la Main d'Argent, ou le Sūrya indien qui a une main d'or, répliquent qu'il se peut bien qu'on se trouve devant un très vieux dieu manchot. Comment décider ? – De plus, quant à l'affabulation qui met en œuvre cette donnée première, quel peut être le rapport entre la brève mention de la *Lokasenna* et le récit très circonstancié de Snorri ? Somme toute, de la *Lokasenna* et de la périphrase poétique *einhendr ása*, ressortent seulement le fait de la mutilation du dieu et le fait de l'immobilisation du loup, mais rien n'y précise la relation de ces deux disgrâces, rien n'y garantit celle que Snorri expose dans une affabulation compliquée. La manière la plus simple et la plus probable de concevoir cette relation n'est-elle pas, négligeant Snorri, d'y voir une relation de cause à effet, l'immobilisation du loup n'ayant été primitivement, et n'étant encore dans la *Lokasenna*, que la conséquence, la sanction de la mutilation du dieu, le loup ayant été lié par précaution tardive, après un premier méfait gratuit, inattendu, comme le sont en général les premières preuves d'un tempérament malfaisant ? Si tel est le cas, la riche affabulation de Snorri, que ne recoupe aucun texte et que n'appuie aucune citation poétique – la ruse des dieux, leur jeu frauduleux rendu possible par la science d'Óđinn et couvert par le sacrifice de Týr, la perte de la main de Týr comprise comme la « liquidation » régulière et prévue d'un gage –, tout cela n'est que l'ingénieuse invention d'un érudit qui aura cherché à établir une liaison amusante, originale entre les deux faits bruts qui étaient seuls enregistrés dans sa source.

Et cette hypothèse, *a priori* vraisemblable, n'est-elle pas confirmée par maint détail du texte de Snorri ? Ce texte n'ignore rien : il connaît les noms des deux grosses chaînes du début (*Lœđingr, Drómi*), – qui ont donné lieu, nous dit-il, à des expressions proverbiales qui nous sont, comme par hasard, inconnues elles aussi par ailleurs ; il sait que c'est Skirnir, le serviteur de Freyr, qui a passé aux Elfes Noirs la commande du lien magique ; que ce lien s'appelle Gleipnir ; qu'il a fallu six ingrédients pour le fabriquer : le bruit du pas d'un chat, la barbe des femmes, les racines des montagnes, les tendons des ours, le souffle des poissons et la salive des oiseaux ; il sait que c'est dans l'île Lyngvi, du lac Amsvartnir, que les dieux ont convoqué le loup ; il sait les noms des rochers auxquels, finalement, le loup est fixé et que les dieux enfoncent profondément en terre (Gjöll, Þviti), etc. Ces précisions, évidemment artificielles, ne dénoncent-elles pas que Snorri s'est abandonné à sa virtuosité ? Et s'il l'a fait en imaginant tant de noms et de menus traits, n'a-t-il pas dû le faire aussi pour le thème du récit, qu'aucun autre texte, encore une fois, ne confirme ?

Tout cela est possible, plausible. Voilà Snorri pris sur le fait. Voilà décelé le travail auquel il se livre habituellement à partir d'une mince donnée, elle-même peut-être récente, qu'il ne comprenait plus. Certes, on peut répondre que si Snorri a inventé son récit pour établir un lien entre la mutilation de Týr et l'immobilisation du loup, il est allé chercher midi à quatorze heures ; on peut faire valoir que les trop nombreuses précisions de détail qu'il donne, même si elles sont suspectes, ne suffisent pas à dévaloriser le thème du récit ; qu'il n'est d'ailleurs pas si sûr qu'elles soient suspectes puisque, comme l'a remarqué J. de Vries, même de très vieux mythes, authentiques et garantis par des usages rituels, regorgent parfois de puériles notations onomastiques du même genre. Cela aussi est vrai. Mais, en mettant les choses au mieux, on voit qu'on se trouve engagé dans une discussion interminable, où les arguments se réduisent, en fin de compte, à des impressions.

Or nous sommes maintenant en état de rendre un jugement objectif[1] Nous savons qui est Týr : il représente, à côté du grand *sorcier* Óđinn, le second aspect de la Souveraineté bipartite dont les Germains, comme les autres peuples de la famille, avaient hérité la conception de leur plus lointain passé indo-européen ; il est le souverain *juriste*. Nous savons aussi, notamment par le couple légendaire des deux héros qui ont sauvé la république romaine naissante lors de la première guerre – Cocles et Scævola, Horatius le Cyclope et Mucius le Gaucher – que cette conception bipartie de l'action souveraine s'exprimait par un double symbole : le personnage qui triomphe par le prestige ou l'action magique n'a qu'un œil, est *borgne* ; le personnage qui triomphe par un artifice juridique (serment, gage de vérité) perd, dans une entreprise fameuse, sa main droite, devient *manchot*. Or l'Óđinn scandinave est bien borgne et Týr est bien manchot. Et si Týr est devenu manchot, dans le récit de Snorri, c'est bien parce qu'il a engagé son bras droit dans une procédure juridique, de *gage frauduleux*, destiné à *faire croire* à l'ennemi un mensonge que la société divine avait un intérêt vital à lui faire croire.

Dès lors, comment admettre que ce ressort (la trompeuse mise en gage de la main droite), *qui est l'essentiel*, puisque, aujourd'hui, grâce à l'étude comparative des religions nous connaissons le symbolisme de la mutilation du dieu (le dieu *Juriste* devant être paradoxalement manchot de sa *dextre* comme le dieu *Voyant* devait être *borgne*), ait été oublié des Germains, puis retrouvé, réimaginé au XIIIe siècle par un caprice de Snorri, – alors surtout que Snorri ne percevait certainement pas avec la même clarté que nous pouvons le faire aujourd'hui, grâce à l'étude comparative des religions indo-européennes, la solidarité antithétique d'Óđinn et de Týr ni la complémentarité de leurs

1. Je résume, très brièvement, dans ce qui suit, l'argumentation développée dans *Mitra-Varuṇa*, chap. IX, *Le Borgne et le Manchot*, et améliorée dans *ME*, III, p. 268-281. Elle a été défendue contre une critique de M. R.I. Page dans *Esq.* 73 (*L'Oubli de l'homme*..., 1985, p. 261-265). Les germanistes qui voudront bien discuter le présent livre devront se reporter d'abord à ces pages.

deux mutilations, de l'œil de l'un (antérieure à l'événement) et de la main droite de l'autre (dans l'événement), et que, par conséquent, il ne comprenait peut-être plus bien le rapport entre la dextre perdue et le caractère juriste du dieu Týr ? En d'autres termes, la comparaison romaine nous assure que la notion de *gage*, que le *sacrifice héroïque* qu'un individu fait de sa *main* dans une *tromperie juridique* dont un redoutable ennemi de sa société est la dupe, étaient fondamentaux, dès les temps indo-européens, dans le mythe du souverain manchot ; or, c'est justement cela, c'est ce thème « improbable » que donne Snorri ; donc, à moins de s'engager dans l'invraisemblables complications et d'admettre un extraordinaire jeu du hasard, on reconnaîtra que c'est bien la vieille mythologie germanique, héritée des Indo-Européens, que Snorri – et lui seul – a ici transmise.

Qu'on entende bien. Je ne prétends pas, n'en sachant rien, que tel détail, tel nom propre du récit soit ancien, que Snorri ou des prédécesseurs de Snorri n'aient rien ajouté ni changé à la tradition. Je ne prétends même pas, n'en sachant rien, que le loup, certainement antérieur à Snorri, soit primitif : il a pu y avoir, pour le mythe germanique, soit une évolution, soit une ou plusieurs réfections, comme ç'a été sûrement le cas à Rome, où Porsenna et Mucius lui-même ne sont évidemment que des incarnations tardives, des historicisations du « héros sauveur » et de l'« ennemi », des *rajeunissements* de personnages *préromains*. Mais ce que j'ai le droit d'affirmer, c'est que l'histoire du loup, lorsqu'elle s'est formée chez les Germains, et à quelque époque qu'elle se soit formée [1], s'est coulée dans un cadre bien antérieur aux Germains et fidèlement conservé. Or, ce cadre est autrement important que les détails, forcément changeants, qui l'ont rempli au cours des siècles. Snorri n'a au moins pas inventé la *ruse juridique*, c'est-à-dire le thème central, le sujet même de son récit.

J'ai insisté sur cet exemple, bien que Mogk ne l'ait pas mis à l'honneur, parce qu'il est très clair et suffirait à établir que, lorsque Snorri est seul à nous avoir conservé un « mythe », il se

1. Elle a eu, par emprunts, une certaine extension (Abbruzes, Val d'Aoste ; Ukraine ; Lettonie ; Finlande, Laponie...).

peut bien que ce mythe soit authentique. Voici maintenant un des morceaux de l'*Edda* en prose où Mogk a cru trouver un argument de choix.

3. Naissance et meurtre de Kvasir

Dans l'*Edda* de Snorri, il est raconté que, après une guerre dure et incertaine, les deux peuples divins des Ases et des Vanes conclurent la paix. Pour sceller leur entente, ils crachèrent ensemble, des deux côtés, dans un même vase (*til eins kers*). Les Ases ne voulurent pas laisser perdre ce gage de paix et en firent un homme qui s'appelle Kvasir. Kvasir est si sage (*vitr*) qu'il n'y a question au monde à laquelle il n'ait réponse. Il se mit à parcourir le monde pour enseigner aux hommes la sagesse (*at kenna mönnum frœđi*). Un jour, les deux nains Fjalarr et Galarr l'invitèrent à un entretien et le tuèrent. Ils distribuèrent son sang dans deux vases et dans un chaudron (*létu renna blóđ hans í tvá ker ok einn ketil*) ; le chaudron s'appelle Óđrœrir et les deux vases Són et Bodn. Ils mêlèrent au sang du miel et il se forma un hydromel tel que quiconque en boit devient poète et homme de savoir. Les nains dirent aux Ases que Kvasir avait étouffé dans son intelligence (*at Kvasir hefđi kafnat í mannviti*) parce qu'il n'y avait personne d'assez savant pour épuiser son savoir par des questions (*fyrir því at engi var þá svá fróđr, at spyrja kynni hann fróđleiks*). Suit le récit de la conquête du précieux hydromel par Óđinn qui en sera, en effet, le grand bénéficiaire.

Sur ce texte, E. Mogk a fait des remarques fort précieuses. Il a montré d'abord que Kvasir n'est qu'une personnification d'une boisson enivrante dont le nom rejoint le « kvas » des peuples slaves. En effet, *Kvasir* est, avec un substantif *kvas*, dans le même rapport que *Eldir*, nom d'un des serviteurs d'Ægir, avec *eldr* « feu », *örnir*, nom d'un géant, avec *örn* « aigle », *Byggvir*, nom du serviteur du dieu de la fécondité Freyr, avec *bygg* « orge », etc. Or, si les textes vieux-scandinaves n'ont pas conservé ce substantif *kvas*, il est bien attesté dans plusieurs dialectes modernes : dans le danois du Jutland, *kvas* désigne les fruits écrasés et, en norvégien, le moût des fruits écrasés.

Mogk a montré ensuite que la naissance de Kvasir à partir d'un crachat communiel des Ases et des Vanes repose sur une vieille technique élémentaire, sur un des procédés par lesquels beaucoup de peuples, d'une part, obtiennent la fermentation et, d'autre part, concluent amitié. Entre autres exemples il cite celui-ci : un jour, en Sibérie, comme Humboldt et Klaproth pénètrent chez un chef tatar, on prépare le kvas en leur honneur ; pour cela, on demande à toute personne qui entre dans la tente de cracher dans une cruche de lait placée près de la porte ; il doit s'ensuivre une fermentation rapide et, de fait, la fermentation obtenue, la boisson est offerte aux hôtes.

Mais, ayant ainsi justifié le crachat communiel qui marque la réconciliation solennelle des Ases et des Vanes, et le nom de Kvasir qui est donné au résultat de ce crachat, il ajoute : « Créer un homme à partir d'un crachat, c'est une chose dont il n'y a pas d'autre exemple dans l'ethnographie ni dans la mythologie comparées, quelle que soit l'importance du rôle qu'a joué et que joue encore le crachat dans les usages populaires. Ce que nous lisons dans l'*Edda* est à mettre au compte de Snorri ou de quelqu'un de son école. Mais comment a-t-on pu en arriver à cette incarnation ? Nos sources nous donnent une indication... » Et, sûr qu'il n'y a plus qu'à défaire le travail artificieux de Snorri, il se lance dans un admirable jeu philologique. « La source principale des récits eddiques » serait une *kenning*, une périphrase scaldique, qu'on rencontre chez un auteur du Xe siècle, que Snorri lui-même a citée dans les *Skáldskaparmál*, et qui désigne la poésie en deux mots : *kvasis dreyri*. Snorri traduit *dreyri* par *blóđ* « sang », ce qui est en effet le sens ordinaire du mot. Mais, remarque Mogk, le mot est employé dans d'autres *kenningar* avec le sens plus large de « liquide ». Loin donc que la *kenning kvasis dreyri* prouve que, au Xe siècle, les scaldes aient connu l'histoire de Kvasir tué et de l'origine sanglante de l'hydromel de poésie, il est bien probable que l'expression a signifié « le liquide kvas » (*kvasir* étant encore un nom commun et le génitif *kvasis* s'expliquant comme dans *Óđrœris haf* « la mer Ođrœrir », *Fenris úlfr* « le loup Fenrir », etc.)

et que c'est d'un faux sens double commis par Snorri et sur *dreyri* et sur *kvasir* que vient toute l'histoire. Je cite les propres termes de Mogk : « Du moment où l'école de Reykjaholt avait compris *dreyri* au sens de sang, on en vint à personnifier Kvasir et ainsi se forma l'histoire de sa mort, – et de sa naissance par laquelle l'origine de l'hydromel des poètes fut reliée à la paix qui termina la guerre des Vanes. Si l'on dénoue ce lien, nous nous trouvons devant un tout autre mythe relatif à l'origine de l'hydromel des poètes, un mythe qui cadre fort bien avec les conceptions des Germains septentrionaux. » Ce « tout autre mythe », Mogk va le reconstituer très librement.

La mixture de sang et de miel n'est pas attestée dans le folklore : elle est donc, elle aussi, une invention. Comme les Scandinaves avaient pris l'habitude d'attribuer aux nains la fabrication de tout l'équipement divin (l'épée d'Óđinn, le marteau de Þórr, le bateau de Freyr, etc.), ils auront attribué aux nains la fabrication de l'hydromel et l'idée de mêler du miel, pour les faire fermenter, aux « fruits écrasés » que désignait primitivement le nom commun *kvasir*. Et c'est de là qu'est partie l'imagination de Snorri… Quant aux noms propres du chaudron et des deux vases entre lesquels les nains partagent le sang de Kvasir, Mogk montre comment ils sont nés, eux aussi, de faux sens commis par Snorri sur trois kenningar.

Tout cela est ingénieux à souhait. Mais, à cette ingéniosité, le progrès des études comparatives permet d'opposer des faits que ne connaissait pas Mogk. Qu'est-ce que la guerre des Ases et des Vanes, c'est-à-dire des dieux du « cercle » d'Óđinn, de Týr, de Þórr, etc., d'une part, des dieux du cercle de Njörđr, de Freyr, de Freyja d'autre part [1] ? Ce n'est pas, comme le croyait Mogk sur les frêles arguments de quelques auteurs, le souvenir *historique* d'une guerre religieuse entre deux peuples adorateurs l'un des

1. Je résume ici brièvement *Jupiter Mars Quirinus* I, chap. V, et le cinquième essai du recueil *Tarpeia* : qu'on se reporte aux démonstrations qui sont développées dans ces deux livres. V. la note suivante.

Ases, l'autre des Vanes[1] ; non, c'est la forme germanique prise par le mythe indo-européen – bien attesté à Rome comme dans l'Inde – qui expliquait la formation de la société des dieux ou des hommes : après une dure guerre ou une violente querelle sans résultat, par un accord, mais un accord définitif, qui ne sera plus jamais mis en question, les représentants de la troisième fonction, de la fonction de fécondité et de richesse (les grands dieux Vanes chez les Scandinaves ; Titus Tatius et ses Sabins dans la légende du synœcisme romain ; les Nāsatya dans l'Inde) ont été associés, sur le pied d'égalité, aux représentants des deux autres fonctions, fonction de souveraineté magique et de force guerrière (les Ases chez les Scandinaves ; Romulus et ses compagnons dans la légende du synœcisme romain ; Indra et les deva dans l'Inde épique).

Or, le mythe indien se termine par le trait suivant[2] : comme Indra et les autres dieux refusent obstinément d'admettre les deux Nāsatya dans la communauté divine, un ascète ami de ceux-ci fabrique, par la force de son ascèse, un être gigantesque qui menace d'engloutir le monde : c'est le monstre *Mada*, c'est-à-dire « Ivresse ». Aussitôt Indra cède, la paix se fait, les Nāsatya sont définitivement incorporés aux dieux. Reste à « liquider » le dangereux personnage qui a obtenu ce résultat : l'ascète le morcelle, le divise en quatre parties, – et c'est ainsi qu'aujourd'hui l'ivresse se trouve distribuée entre la boisson, les femmes, le jeu et la chasse.

1. Je suis plusieurs fois revenu sur la comparaison d'ensemble, structurale, de la guerre des Ases et des Vanes et de la guerre des proto-Romains et des Sabins de Tatius. Les principales étapes ont été *NR* (1944), p. 188-193 ; *Tarpeia* (1947), p. 249-287 ; *L'Héritage indo-européen à Rome* (1949), p. 125-142 (avec un complément dans *Du mythe au roman*, 1983, p. 95-105) ; *ME* (1980), p. 285-303.
2. V. *Jupiter Mars Quirinus* I, p. 176 ; III (= *Naissance d'archanges*), p. 159-170. On verra là qu'une tradition judéo-musulmane prolongeant certainement un mythe iranien parallèle au mythe indien garantit que l'intervention de l'« Ivresse » se trouvait déjà dans la forme « indo-iranienne commune » du récit. La question sera reprise au début du quatrième volume d'*Esquisses de mythologie* (Esq. 76-101) à paraître. Aux germanistes qui voudront bien discuter, je fais la même prière que p. 263, n. 1.

Certes, les différences éclatent entre le mythe germanique et le mythe indien, mais aussi l'analogie des situations fondamentales et des résultats. Voici les différences : chez les Germains, le personnage « Kvas » est fabriqué *après* la paix conclue et il est fabriqué suivant une *technique* précise, réelle, de fermentation par le crachat, tandis que le personnage « Ivresse » est fabriqué *pour* contraindre les dieux à la paix, et il est fabriqué *mystiquement* (nous sommes dans l'Inde), par la force de l'ascèse, sans référence à une technique de fermentation. Puis, quand « Kvas » est tué et son sang divisé en trois, *ce n'est pas par les dieux* qui l'ont fabriqué mais par deux nains, tandis que c'est son fabricateur même, dans l'Inde, *pour le compte des dieux*, qui divise « Ivresse » en quatre. De plus, le fractionnement de « Kvas » est simplement *quantitatif*, se fait en parties homogènes (trois récipients de sang de même valeur), tandis que celui d'« Ivresse » est *qualitatif*, se fait en parties différenciées (quatre sortes d'ivresse). Dans la légende germanique, c'est seulement après coup, dans l'explication mensongère que les nains donnent aux dieux qu'est mentionné l'excès de force intolérable (d'une force d'ailleurs purement intellectuelle), hors de proportion avec le monde humain, qui *aurait* amené la suffocation de « Kvas », tandis que, dans la légende indienne, l'excès de force (physique, brutale) d'Ivresse est *authentiquement* intolérable, incompatible avec la vie du monde, et entraîne authentiquement son morcellement. Enfin la légende germanique présente « Kvas » comme *bénéfique* dès le début, bien disposé pour les hommes – une sorte de martyr – et son sang, convenablement traité, produit cette chose précieuse entre toutes qu'est l'hydromel de poésie et de sagese, tandis que, dans l'Inde, « Ivresse » est *maléfique* dès le début et que ses quatre fractions sont encore le fléau de l'humanité.

Tout cela est vrai, mais tout cela prouverait seulement, s'il en était besoin, que l'Inde n'est pas l'Islande et que les deux histoires se racontaient dans deux civilisations qui avaient évolué dans des sens et dans des décors extrêmement différents, et pour lesquelles notamment les idéologies de l'ivresse étaient devenues presque inverses[1]. Il n'en existe pas moins un schéma commun : c'est au moment où se constitue définitivement, et difficilement, la société divine par l'adjonction des représentants de la fécondité et de la prospérité à ceux de la souveraineté et de la force, c'est donc au moment où les représentants de ces deux groupes antagonistes font leur paix, qu'est suscité artificiellement un personnage incarnant la force de la boisson enivrante ou de l'ivresse et nommé d'après elle. Comme cette force s'avère trop grande au regard des conditions de notre monde – pour le bien ou pour le mal – le personnage ainsi fabriqué est ensuite tué et fractionné en trois ou quatre parties dont bénéficient ou pâtissent les hommes, dans ce qui, aujourd'hui, les enivre.

Ce schéma est original. On ne le rencontre, à travers le monde, que dans ces deux cas. De plus, il se comprend bien, dans son principe, si l'on a égard aux conditions et conceptions sociales qui devaient être celles des Indo-Européens : en particulier, l'ivresse intéresse à des titres divers les trois fonctions : elle est, d'une part, l'un des ressorts fondamentaux de la vie du *prêtre*-sorcier et du *guerrier*-fauve de cette civilisation, et, d'autre part, elle est procurée par des plantes qu'il fallait *cultiver* et *cuisiner*, on comprend donc que la « naissance » de l'ivresse avec tout ce qui s'ensuit soit située au moment de l'histoire mythique où la société se constitue par la réconciliation et l'association des prêtres et des guerriers d'une part, des agriculteurs et des dépositaires de toutes les puissances fécondantes et nourricières de l'autre. Il y a donc, entre cet événement social mythique et l'apparition de l'ivresse, une convenance profonde, et il n'est pas inutile de remarquer ici que cette convenance, ni les poètes du Mahābhārata ni Snorri ne pouvaient plus en avoir conscience, ce qui fait que leurs récits ont un air étrange : pour les poètes du Mahābhārata, les Nāsatya ne sont plus ce qu'ils étaient au temps de la compilation védique, les représentants de la troisième fonction ; et Snorri non plus, quoiqu'il mette bien en valeur dans ses divers traités les caractères différentiels d'Óđinn, de Þórr et de

1. Dans l'Inde, toute boisson enivrante autre que le *soma* (spécifiquement indo-iranien, sans antécédent indo-européen) est « mauvaise ».

Freyr, ne comprend sûrement plus la réconciliation des Ases et des Vanes comme le mythe fondant la collaboration harmonieuse des diverses fonctions sociales.

Les germanistes et les épigones d'Eugen Mogk devront s'accommoder de ce fait massif. Certes, le récit de Snorri contient des éléments déposés à des âges divers de l'évolution de la pensée religieuse scandinave ; il contient peut-être même (encore que les « intuitions » philologiques de Mogk au sujet des noms propres Óđrœrir, Bodn, Són ne s'imposent pas) des interprétations ou adjonctions propres à Snorri. Mais l'essentiel, le schéma avec sa signification, sa direction et ses moments successifs, est bien antérieur à Snorri, est authentique. Et l'on sent combien il est tendancieux et inopérant de dire, avec Mogk, que « la fabrication d'un homme à partir d'un crachat étant une chose inouïe dans l'ethnographie et dans la mythologie comparées », il ne peut s'agir d'un vrai mythe et qu'il faut donc que ce soit une fantaisie de Snorri. Non ; ce que présentait, ce qu'imposait la mythologie traditionnelle, c'était, à ce moment de l'histoire du monde, la fabrication, puis le meurtre et le fractionnement d'un personnage surhumain, de type humain, incarnant l'ivresse, exprimant l'ivresse dans son nom (cf. *Mada*) ; l'imagination germanique (peut-être plus fidèle, d'ailleurs, au prototype indo-européen, dont l'Inde s'est sûrement écartée) a seulement *précisé* cette donnée en nommant le personnage « Kvas » et en le fabriquant à partir d'une technique réelle de fermentation par le crachat[1]. D'autre part, on saisit la forte liaison de ces épisodes, liaison que Mogk niait, n'y voyant qu'un caprice de Snorri : la réconciliation et l'association des Ases et des Vanes d'une part, d'autre part le meurtre et le fractionnement de Kvasir avec l'explication donnée par les nains aux Ases, tout cela se suit, est uni par une logique profonde. Et l'édifice superficiellement rationnel, déductif, que Mogk attribue à « l'école de Reykjaholt », c'est, en définitive, dans son cerveau, dans son cabinet de philologue ignorant de

1. Cf. mon étude : « Un mythe relatif à la fermentation de la bière » (à propos du XXe runo du Kalevala) dans l'*Annuaire de l'École des hautes études, section des Sciences religieuses*, 1936-1937, p. 5-15.

la préhistoire indo-européenne, en l'an de grâce 1923, qu'il l'a ingénieusement monté, comme il a été dit plus haut, pour se donner l'illusoire plaisir de le démonter. Ne disons pas que c'est Snorri qui a « inventé » un mythe absurde parce qu'il ne comprenait plus d'anciennes périphrases scaldiques ; disons que c'est Eugen Mogk qui « invente » de fausses difficultés parce qu'il a perdu le sens des vieux mythes.

4. Snorri contre Eugen Mogk

J'aurai plus loin, à propos de la participation de Loki au meurtre de Baldr, une autre occasion d'accepter le débat sur un terrain choisi par Mogk et de réhabiliter ainsi un autre chapitre de l'*Edda* en prose, – comme j'ai d'ailleurs restauré, contre sa discussion hâtive et légère, la valeur des strophes de la *Völuspá* relatives à la guerre même des Ases et des Vanes. Mais les deux exemples qui viennent d'être examinés suffisent à ruiner, dans son principe et dans l'application qui en est faite à Snorri, la nouvelle forme de critique mise à la mode par E. Mogk. Snorri n'est pas le suspect permanent qu'on prétend ; même isolé, son témoignage est grave, et l'on perçoit aujourd'hui quelque outrecuidance dans la protestation agacée que, résumant sa démolition des années précédentes, l'érudit allemand publiait en 1932.

Sans tomber dans l'excès inverse, sans prétendre tout utiliser de l'*Edda* en prose (on ne contestera pas les fantaisies du prologue de la *Gylfaginning*, ni les influences chrétiennes qui ont marqué une partie de la cosmogonie qui suit), on ne peut qu'enregistrer le *fait* capital que la nouvelle mythologie comparée a mis en évidence [1] : pour les aventures des dieux, pour celles notamment qui

1. Ce fait en rejoint quelques autres, très précieux, déjà découverts par une autre application de la méthode comparative, par l'examen des survivances du paganisme scandinave dans les religions des Lapons et des Finnois. Dans son récit de l'expédition de Þórr contre le géant Geirrødr (ci-dessus, n° 3 *a*), Snorri dit que, pour sortir du fleuve Vimur, Þórr s'accrocha à un sorbier ; « de là, ajoute-t-il, vient l'expression que *le sorbier est le salut de Þórr* » (*þvi er pat ordtak haft, at reynir er björg Þórs*). Snorri est seul à signaler une liaison entre Þórr et le

semblaient à E. Mogk ou à ses disciples les plus sujettes à caution, Snorri a au contraire fidèlement enregistré une vieille tradition.

Conclusion pratique : dans les récits de l'*Edda* en prose concernant Loki, il ne suffira plus, comme le faisaient volontiers les récents critiques, d'écarter comme suspects les traits pour lesquels Snorri est notre unique source – et, du coup, voici reconquise, en droit, la plus grosse partie de notre dossier.

Les abus de la « science des contes »

Une seconde forme de critique abusive qui, combinée ou non avec la précédente, a souvent paralysé ou dévoyé l'étude de Loki, s'inspire non plus de la philologie, mais du folklore, exactement de l'étude des contes populaires. En 1899, Friedrich von der Leyen a commencé sa brillante carrière en publiant à Berlin un petit livre de moins de cent pages, intitulé *Das Märchen in den Göttersagen der Edda*, qui a fait quelque bruit et suscité des vocations. Sous l'action de ses recherches ultérieures, l'auteur a vite rectifié lui-même ses vues de jeune homme enthousiaste, mais, comme il arrive souvent, l'opuscule dont il paraît s'être détaché a continué sa vie propre : dans les pays scandinaves en particulier, en Finlande, en Suède, où les études de folklore et de *Märchenkunde* connaissent depuis un demi-siècle un admirable renouveau, il est fort imité et, il faut bien le dire, malgré les immenses services que rend l'érudition des spécialistes de la littérature populaire, ce n'est pas toujours pour le plus grand bien de l'étude complète, équilibrée, de l'ancienne religion. En gros, la méthode consiste à noter diligemment les concordances qui existent entre des *détails*

sorbier. Mais Setälä et Holmberg ont rappelé que *Rauni*, dans la mythologie finnoise, est la femme d'Ukko, dieu du tonnerre, et que les baies du sorbier sont consacrées à cette Rauni ; que, dans la mythologie lapone, *Raudna* est également la femme de *Horagalles* (c'est-à-dire le Þórr scandinave), auquel est, d'autre part, consacré le sorbier sauvage. Or il est clair que le finnois *Rauni* (et, avec une légère variante explicable, le lapon *Raudna*) est un emprunt admirablement conservé de la forme préhistorique (**rauni-*) du nom vieux-scandinave du sorbier, *reynir*. Snorri dit donc vrai.

des mythes scandinaves (notamment, mais non uniquement, dans la forme discursive où Snorri les a transmis) et des *détails* des divers contes populaires qui vivent et circulent en Europe et dans le vieux monde. Ces concordances sont en effet extrêmement nombreuses : dans les mythes scandinaves, il n'y a pour ainsi dire pas de ligne qui ne se prête à de tels rapprochements. On conclut alors que les mythes sont ainsi entièrement expliqués, qu'ils ne sont que des sortes de dunes littéraires, des amoncellements pittoresques, capricieux, instables formés d'une foule de motifs arrachés, par une érosion qu'on explique de façons diverses, aux quelque quinze cents ou deux mille contes parmi lesquels les vieilles personnes de notre Europe se découpent des répertoires.

Il est amusant de transposer cette méthode en termes linguistiques : elle ramènerait toute l'étude à un commentaire phonétique. Devant l'accusatif pluriel latin *deos*, on dirait : « *-e-* se retrouve dans *ex, et*, etc. ; *-eo-* se retrouve dans *leo, reor*, etc. ; *-eos-* se retrouve dans *meos, reos*, etc. ; *-deo-* se retrouve dans *adeo, deorsum*, etc. ; et voilà *deos* expliqué. » Cette recherche peut avoir un petit intérêt : étendue de proche en proche, elle révélerait les séquences de sons, rares ou fréquentes, admises par le latin. Pourtant, sur *deos*, il y a des remarques plus importantes à faire.

Naturellement une telle pente d'esprit porte à un aimable scepticisme : il n'y a plus de réel, donc d'intéressant, de notable, que la poussière des menus motifs ou des groupes de motifs, cette poussière qui s'est en effet glissée partout, dans tous les folklores et dans toutes les mythologies du monde. Quand les *Légendes sur les Nartes* ont paru, en 1930, avec des notes finales mettant en valeur quelques-uns des thèmes originaux qui font l'intérêt et l'unité de ces légendes et qui, rapprochés de textes classiques sur la religion des Scythes, laissent transparaître de belles survivances mythiques ou rituelles, un critique a souri avec indulgence : au lieu de rêver ainsi à un lointain passé, que n'avais-je fait ce travail autrement sérieux, qui eût consisté à relever les « motifs de contes » qui, bien sûr, abondent aussi dans les légendes sur les Nartes ! Voilà qui eût été solide et utile !... Ainsi parlait au jeune héros de l'*Oncle Scipion* son autre oncle et tuteur, le sage commerçant retiré des affaires, qui, dans une grammaire espagnole qu'il ne prenait pas la peine de lire, soulignait en vert les adjectifs, en rouge les substantifs, en bleu les verbes : ce travail d'identification et de distinction était un travail sérieux, exhaustif, qu'il donnait volontiers en exemple. Je persiste pourtant à penser – et peut-être les développements ultérieurs de l'étude l'ont-ils prouvé – qu'il était au moins aussi urgent de signaler ce qui, dans les légendes sur les Nartes, n'est précisément pas justiciable du folklore moyen, du « Motif-Index » ou du Bolte-Polívka.

Quand elle est conséquente (et elle l'est généralement, et elle l'était chez le jeune auteur en 1899), une telle méthode conduit à négliger totalement, à nier ce qui fait l'unité d'un récit, à ne s'attacher qu'aux détails, attribuant au hasard complaisant le rôle d'assembleur et de coordinateur. En cela, elle est intenable, l'*ensemble* étant presque toujours plus important que ses parties, premier par rapport à ses parties, et remarquablement constant sous le rajeunissement perpétuel de ses parties. Le dossier de Loki fournit de bons exemples de cet abus : les chapitres V-X ainsi que les chapitres XIII et XVIII de von der Leyen sont intitulés respectivement « Baldr », « Lokis Fesselung », « Skađi und Þjazi », « Der Riesenbaumeister », « Þór bei Utgarđ aloki », « Geirrøđr », « Þrymskviđa », « Die kostbaren Besitztümer der Götter », c'est-à-dire qu'ils intéressent ou recouvrent ce qui a été classé plus haut sous les cotes 10, 11, 1, 2, 8, 3, 4, 6[1].

Considérons la dernière étude, « Les trésors des dieux ». L'auteur note des analogies plus ou moins précises pour beaucoup de détails : la chevelure d'or promise à Sif rejoint certains dons merveilleux faits aux princesses de contes ; le bateau qui a toujours bon vent et qu'on peut plier dans sa poche, l'infaillible

1. Des discussions qui suivent, on rapprochera celle que E. Tonnelat a faite de l'explication du *Nibelungenlied* par la « Märchenkunde », par les thèmes du *Bärensohn* et du *starker Hans* (Panzer) : *La Chanson des Nibelungen*, 1926, p. 309 *sq.* : « Mais il est vain de chercher dans des récits aussi instables que les contes populaires l'armature résistante, l'intrigue complète d'une œuvre poétique... Ce que la légende héroïque semble avoir emprunté au conte, ce sont beaucoup moins des affabulations complètes que des motifs de cette sorte, ou parfois des enchaînements réguliers de motifs, etc. »

épée, l'anneau talisman de richesse, le sanglier aux soies éclairantes, et généralement les « objets agissant d'eux-mêmes » sont fréquents dans les contes. La triple tentative que fait Loki – mué en mouche – pour empêcher le nain de souffler sur la forge, et la légère malformation qui s'ensuit dans le marteau de Þórr, trouvent les parallèles suivants, à vrai dire un peu lâches[1] : (Grimm, *Kinder- und Hausmärchen*, 60) le petit lièvre dort ; un bourdon se pose sur son nez, il l'écarte de sa patte ; le bourdon revient, il le chasse encore ; la troisième fois, le bourdon le pique dans le nez et il s'éveille ; – (Grimm, *ibid.*, 102) pendant la guerre des quadrupèdes et des oiseaux, le renard, comme gage que la victoire appartiendra aux quadrupèdes, veut tenir sa queue en l'air ; les oiseaux envoient le frelon qui le pique de plus en plus fort sous la queue, une fois, deux fois, trois fois ; à la troisième fois, il ne peut plus supporter la douleur, il abaisse la queue, et les quadrupèdes fuient. – Ces rapprochements sont intéressants, mais qui ne voit qu'ils laissent échapper l'essentiel ?

On a montré ailleurs, en effet, que les trésors sont destinés non pas à des dieux quelconques, mais à la vieille triade des dieux fonctionnels Óđinn, Þórr, Freyr[2], et que l'une des deux listes[3] est elle-même en rapport avec les trois fonctions : l'anneau magique, régulateur du temps, le marteau de combat, enfin le sanglier aux soies d'or conviennent respectivement au Souverain magicien, au Frappeur, au Riche fécondant, c'est-à-dire qu'ils font système. Ils rejoignent par là les trois joyaux que les forgerons mythiques du R̥gVeda forgent aussi pour les trois niveaux fonctionnels de dieux. Certes, dans l'Inde et en Islande, les listes de joyaux sont bien différentes, sans doute ont-elles été maintes fois rajeunies, et il se peut bien, comme le veut von der Leyen, que la liste des trésors divins des Scandinaves ait été en partie reconstituée par emprunt à des objets courants dans les contes (l'anneau, le sanglier,

1. Encore plus lâche est la comparaison proposée entre Lokimouche et la guêpe d'un chant magique finnois sur l'origine du fer (la guêpe décharge son venin dans l'eau où sera trempée l'arme de fer et l'arme sera ainsi empoisonnée, donc *améliorée*) ; J. de Vries a eu raison de la rejeter, *The Problem of Loki*, p. 94.
2. *NA*, p. 50 *sq.* ; *Tarpeia*, p. 210-214.
3. La plus ancienne.

– sinon le marteau, qui est essentiel au « type » de Þórr) ; mais ces opérations de rajeunissement ont laissé subsister ce que le critique méconnaît et ce que ne sauraient fournir les contes, elles ont même été *dirigées* par ce solide fil conducteur, qui n'est autre que le système classificatoire des trois fonctions.

De même, à supposer que les rapprochements avec les deux contes de Grimm fussent plus démonstratifs qu'ils ne sont, en quoi cette coïncidence expliquerait-elle le *caractère* qui est attribué d'un bout à l'autre du récit à Loki ? Pourquoi, d'abord, est-ce Loki et nul autre qui prend ici la place du bourdon, du frelon ? Et son rôle ne se réduit pas à cet épisode : il y a la malfaisance initiale (les cheveux de Sif coupés), il y a le concours d'habileté, la légèreté avec laquelle Loki accepte le pacte et l'enjeu, enfin l'habileté avec laquelle il réduit son risque, pour finir, à un minimum pénible, mais à un minimum ; bref, la légende présente toute une psychologie de Loki, complexe et non pas incohérente, que l'étude du folkloriste n'éclaire nullement.

Le lecteur fera sans peine, pour les autres mythes émiettés par les folkloristes, une contre-critique du même genre [1]. Je signalerai seulement la forme particulière que prend la discussion pour le récit de la naissance de Sleipnir ; je serai bref, Jan de Vries ayant dit l'essentiel.

Dans une brillante étude, le folkloriste suédois C.W. von Sydow, précisant une indication de von der Leyen, a montré que les ennuis que les Ases éprouvent avec le maître-ouvrier, le *smiðr*, qui construit leur château, sont ceux-là mêmes qui se rencontrent dans un type de conte bien connu notamment dans l'Europe scandinave, et aussi centrale et occidentale, et hors d'Europe. Il s'agit de la construction d'une église, ou d'un moulin, ou d'un château, ou d'une route, ou d'un ouvrage d'art (pont, digue…) ; pour cette construction, un homme (le prêtre, le saint, le meunier, etc.)

1. Il est rare qu'on puisse ramener un *long* ensemble narratif de l'*Edda* en prose à un type de conte attesté et, quand c'est le cas, ce conte n'est attesté qu'une ou deux fois, en sorte qu'on doit se demander si les récits populaires ne dérivent pas du mythe scandinave. C'est peut-être le cas de l'histoire de Þjazi et des trois Ases. Les répertoires tziganes sont faits de pièces et de morceaux.

a conclu un pacte avec le diable (ou un géant, un troll, etc.) : si l'ouvrage est achevé en une (ou trois...) nuit, avant le lever du soleil (ou le chant du coq), le diable recevra en paiement l'âme de son employeur (ou une autre âme, ou le soleil et la lune) ; l'habileté de l'employeur tend à mettre, au dernier moment, le diable en défaut ; alors, souvent, le diable détruit son œuvre, ou finit pétrifié à côté de l'édifice inachevé, – dont on montre volontiers, dans les rochers, « les ruines ». Je n'entre pas dans les détails d'une discussion que J. de Vries, je le répète, a déjà menée à son terme : ce qui demeure incontestable, du travail de von Sydow, c'est le fait que ce « mythe », dans sa plus grande partie, reproduit non plus seulement, comme c'était le cas dans le mythe de Þjazi, des motifs de contes pris de droite et de gauche et artificiellement associés, mais exactement *un type de conte* fidèlement suivi. Il y a pourtant un résidu, et d'importance : *le cheval Svađilfari, Loki-jument, et la naissance du poulain Sleipnir.* Cela, von der Leyen l'avait loyalement noté, n'est pas dans le conte, dans aucune variante. Pour trouver un cheval, d'ailleurs anodin, von Sydow a recouru à une unique version, irlandaise, où les rôles du saint et du diable sont inversés : saint Mogue (ou Aidan) construit une église en une nuit, avec l'aide d'un cheval qui lui transporte ses matériaux, et c'est le diable qui empêche l'achèvement du travail. Par la suite, Kaarle Krohn a trouvé mieux ; après avoir rappelé l'affinité ordinaire du diable et du cheval, qui n'explique rien, et mobilisé une tradition finlandaise qui n'a évidemment rien à faire ici, il a signalé une version *islandaise* du conte du « Baumeister » où apparaît un cheval singulier : un Islandais, qui doit participer à la construction d'une église et qui n'a pas d'animal de trait, prend un cheval gris qui fait à lui seul plus de besogne que tous les autres ; mais, une fois déchargé de son fardeau, l'animal donne un coup de pied dans le mur de l'église et y ouvre un trou qui ne peut plus être bouché, c'était un « cheval d'eau ». Même là, nous sommes loin de la seconde partie du « mythe » scandinave [1] :

1. D'ailleurs, puisqu'il s'agit d'une version *islandaise*, et unique en son genre, il se peut bien que, dans la mesure où elle rappelle le mythe (cheval diabolique, qui d'abord favorise l'œuvre et finalement est responsable de l'échec), elle lui ait emprunté ce détail, loin de le lui avoir fourni.

Loki se métamorphosant en jument, détournant de son service le cheval du géant et mettant bas, lui-même, quelques mois plus tard, le cheval à huit pieds, le coursier d'Óđinn, Sleipnir. Faut-il attribuer tout cela, que l'*Edda* en prose est seul à nous transmettre, à l'imagination de Snorri et de son école ? C'est peu vraisemblable : d'abord, aux yeux de Snorri, quand il rédigeait l'*Edda*, c'était là l'essentiel, car toute l'histoire du « Baumeister » n'est contée par lui que pour sa conclusion, que pour répondre à la question *initiale* : « Qui est possesseur du cheval Sleipnir et qu'y a-t-il à dire de lui ? » De plus, le ridicule, l'infamie, si l'on veut, qui est ici attribuée à Loki rejoint un trait bien attesté par ailleurs : ce n'est pas le seul cas où ce dieu a fonctionné comme femelle ; le fait que le « cheval à huit pieds » soit son enfant rejoint un autre trait, non moins bien attesté : père ou mère, il a mis en circulation les grands monstres de la mythologie germanique, le méchant loup Fenrir, le terrible serpent ; enfin, si Loki se transforme ici en jument, c'est que, seul des dieux scandinaves, il a une faculté illimitée de métamorphoses animales, – celle-là même qui a donné naissance à une curieuse tradition des îles Færöer qui a été citée plus haut. Certes on peut supposer – on peut tout supposer – que c'est justement en se fondant sur ces trois traits authentiques de Loki (son aspect de femelle intermittente, son aspect de *parens monstrorum*, ses incarnations animales) et en les combinant que le faussaire (Snorri) a inventé la dernière partie de son récit ; mais, vraiment, pourquoi supposer cela ? D'abord, deux de ces traits, dans le récit, prennent une forme originale, qui ne recouvre aucun autre épisode de la « vie » du dieu : nulle part ailleurs il n'est cheval ou jument, ni ne met au monde un monstre *utile aux dieux*. Et surtout il a été prouvé plus haut que Snorri n'est pas le suspect, le présumé coupable que les critiques les plus savants parviennent mal à écarter de son horizon de juge d'instruction ; rendons-lui, simplement, sa vraie qualité : pour la naissance de Sleipnir comme pour Týr manchot, comme pour Kvasir assassiné, Snorri est très probablement un *témoin*.

Cinquième partie

LE THIASE DES SYCOPHANTES

À côté de discussions scientifiques, souvent très vives, sur des résultats particuliers de ses recherches (par exemple, avec Paul Thieme sur l'*ari*), Georges Dumézil a dû faire face à une mise en cause « dans son principe même, [de] la légitimité de la comparaison génétique et non seulement typologique, que j'essaie de mettre au point, c'est-à-dire, en fin de compte, à la notion d'héritage indo-européen ». Les opposants se répartissent en deux catégories.

Les uns se sont appliqués « à défigurer, à ridiculiser mon travail pour se débarrasser plus facilement de résultats qui les gênent dans leurs propres constructions ». À cette catégorie appartiennent les historiens de la religion romaine Herbert Rose, Henrik Wagenwoort et Kurt Latte, les indianistes John Brough et Jan Gonda, l'iranisant Illya Gershevitch, le germaniste R.I. Page... Tous ont prétendu se livrer à une critique scientifique. À défaut d'être toujours de bonne foi, ils s'en sont cependant tenus à une dénonciation des résultats eux-mêmes, et non des intentions supposées de leur auteur.

Les autres ont eu recours à un procédé beaucoup plus déplaisant : ils se sont efforcés de débusquer, notamment dans les travaux de jeunesse de Dumézil, une inspiration raciste, voire nationale-socialiste, en arguant du fait qu'il avait été proche de l'Action française durant la première moitié des années 1920.

Arnaldo Momigliano, dont les livres d'histoire ancienne sont assez connus, avait ouvert le feu en 1963, de manière encore discrète, dans un article sur les origines de Rome. Vingt ans plus tard, il a récidivé, cette fois ouvertement, dans un article entièrement consacré à l'œuvre de Dumézil. On peut notamment y lire : « Le livre de Dumézil de 1939, *Mythes et dieux des Germains*, porte des traces claires de sympathie pour la culture nazie. » L'accusation sous-jacente est claire : la quête des « ancêtres aryens » (terme auquel Dumézil a d'ailleurs toujours préféré celui d'Indo-Européens, réservant l'appellation d'Aryens aux sociétés qui la revendiquaient, en Inde et en Iran) révèle l'antisémitisme refoulé de son auteur.

Par l'odeur du fromage alléchés (prendre à parti un personnage aussi universellement connu que Dumézil à la fin de sa vie assure à celui qui s'y livre une renommée que ses travaux personnels ne lui conféreraient pas), plusieurs historiens plus jeunes ont entrepris à leur tour de rechercher les vers racistes dans la mythologie dumézilienne. L'attaque la plus ignoble est venue d'un historien italien, Carlo Ginzburg, dans un article au titre tout à fait expressif : « Mythologie germanique et nazisme. Sur un livre ancien de Georges Dumézil. » Cet article est d'abord paru en italien, mais les *Annales E.S.C.* ont cru utile de lui assurer une publicité supplémentaire. L'argumentation, d'une insigne mauvaise foi, prolonge celle de Momigliano : si Marc Bloch a fait un compte rendu favorable de *Mythes et dieux des Germains*, c'est qu'il a été abusé ; non seulement Dumézil était l'ami de Gaxotte, comme l'a dit Momigliano, mais en outre il était très lié avec Caillois, dont les opinions étaient des plus douteuses… Plusieurs écrivains de moindre envergure se sont joints au chœur, notamment l'archéologue français Alain Schnapp, d'un marxisme assez confus, et l'historien américain Bruce Lincoln, disciple de Mircea Eliade (ami fidèle de Dumézil pendant quarante ans), qui a profité de la mort de son maître pour régler un vieux compte : jeune chercheur, Lincoln avait envoyé ses premiers articles à Dumézil, qui avait eu l'immense tort de ne pas les trouver géniaux…

Dumézil avait toujours ferraillé sans mollesse, et même avec une certaine allégresse, contre ses contradicteurs. John Brough,

Paul Thieme, Jan Gonda et quelques autres ont eu droit à des réponses circonstanciées, assorties d'une ironie acérée et proportionnée à la gravité de l'offense. Contre Momigliano, il était d'abord resté silencieux, avant que l'attaque de 1983 ne le fasse sortir de sa réserve. Dans « Une idylle de vingt ans » (paru dans *La Courtisane et les Seigneurs colorés*), il a répondu sèchement à « un Fouquier-Tinville costumé en Rollin », publiant pour qu'il n'y ait pas d'ambiguïté les passages sur lesquels Momigliano s'était appuyé, dénonçant son « phantasme politique » (l'étude des liens entre la première et la troisième fonction, que Dumézil a menée dans les années 1940, correspondrait à « une phase vaguement marxiste dans laquelle les producteurs ont leur mot à dire dans la souveraineté ») et la déformation de l'une de ses thèses que Momigliano avait prise comme exemple. Contre Ginzburg, la réponse a été immédiate (« Réponse à Carlo Ginzburg », *Annales E.S.C.*, n° 5, 1985) et a tourné à la confusion de l'attaquant (Dumézil avait quelques munitions dans ses archives, notamment des lettres de félicitations de Marc Bloch et d'Émile Benveniste) et de la revue qui l'avait accueilli (le traducteur avait dénaturé par un contresens un passage important). Dumézil envisageait une réponse d'ensemble au gang des diffamateurs, qu'en fin lettré il préférait appeler « le thiase des sycophantes[1] », mais il n'en a pas eu le temps[2].

Le texte qui suit tenait lieu de conclusion à *L'Héritage indo-européen à Rome*, paru en 1949. Repris trente-cinq ans plus tard dans *L'Oubli de l'homme et l'Honneur des dieux*, avec des notes explicatives, il a une portée générale.

1. Le thiase est une confrérie qui s'adonne à des cultes bruyants, parfois orgiastiques. Un sycophante dénonce soit les exportateurs illégaux de figues soit de riches citoyens dans l'espoir de recevoir une partie de leurs biens en cas de condamnation ; par extension, dénonciateur, calomniateur.
2. Voir la mise au point de Didier Eribon, *Faut-il brûler Dumézil ?*, Flammarion, 1992.

Chapitre VIII
Pro domo revisited

*Il me paraît amusant de reproduire le plaidoyer qui terminait mon premier bilan romain, bien pauvre encore, dix ans après le « départ » de 1938 (*L'Héritage indo-européen à Rome*, 1949, p. 237-254). Peu de choses sont à changer quant au fond : je les indique dans de brèves notes. D'autres notes, par le rappel de l'« environnement », expliqueront, quant au temporel, les illusions que je me faisais à cette époque.*

Tel est, au bout de dix ans, l'état des recherches. État, comme il a déjà été dit, tout provisoire. Des chantiers sont ouverts, des formes archaïques ont apparu, ont été hâtivement dégagées, inventoriées, des cheminements mènent de l'une à l'autre. Mais des vestiges considérables dorment peut-être encore en des points où nous ne songeons pas à porter la pioche ; peut-être tout ce que nous voyons est-il appelé à changer de sens, à prendre place dans un ensemble plus vaste et différemment organisé. Du moins en voyons-nous assez pour être assuré qu'il ne s'agit ni d'un mirage fugitif ni d'une construction gratuite.

À ceux qui voudront bien discuter, deux prières instantes doivent être adressées. D'abord, qu'ils ne perdent pas de vue la solidarité de toutes ces enquêtes, sur quelque plan qu'elles se situent : théologie, histoire légendaire, institutions. Ensuite, qu'ils se reconnaissent le devoir, et qu'ils l'assument, s'ils rejettent l'explication par l'héritage indo-européen, de rendre compte autrement, par leurs propres hypothèses, en tout cas de rendre compte de tous les faits romains convergents qui ont été ici réunis et de toutes les analogies qui ont été signalées entre Rome et l'Inde ou la Scandinavie [1]. En d'autres termes, qu'ils sentent qu'il n'y a qu'un seul problème, et qu'ils sachent qu'ils ne se débarrasseront plus de ce problème en le niant.

Pour finir, le plus utile sera peut-être d'analyser brièvement et en toute sérénité quelques grosses erreurs d'appréciation qui ont été déjà plusieurs fois commises sur les conditions générales de ce travail, et aussi quelques-uns des facteurs de la résistance étonnante, parfois de l'hostilité, qu'il rencontre chez certains spécialistes des choses romaines [2].

Il est curieux que deux groupes d'opposants formulent deux reproches inverses et incompatibles. Suivant les uns, les *Jupiter Mars Quirinus* enfoncent, comme on dit, une porte ouverte. On trouve à Rome, dans les institutions, dans l'histoire des origines, dans la religion, de nombreuses traces d'une conception tripartite [3] du monde et de la société ? C'est vrai. C'est même trop vrai. Comment en serait-il autrement, puisqu'il y a là une condition universelle de la vie collective et peut-être de la pensée, puisque tout groupement humain est obligé, sous peine de disparaître, d'assurer pratiquement et de concilier les trois fonctions de souveraineté politico-religieuse, de force combattante, de productivité ? Dès lors, devant ces faits romains, et même si l'Inde, l'Iran, la Scandinavie, etc. présentent des faits analogues, de quel droit conclure à un héritage indo-européen ? Suivant les autres au

1. La réponse ordinaire est que ces « faits romains » ne convergent pas, que ces « analogies » n'existent pas.
2. En 1949, en France, j'avais affaire à l'hostilité, déclarée par l'un, discrète mais efficace dans l'autre, d'André Piganiol et de Jérôme Carcopino. À l'étranger je n'avais alors enregistré que l'opposition, mais combien vive, de Herbert Jenkins Rose, fervent du primitivisme, responsable de l'équation *mana = numen*. Ensuite sont venus deux adversaires considérables, Henrik Wagenvoort et Kurt Latte.
3. Très tôt, j'ai préféré la forme « triparti(e) ». Je persiste.

contraire, les *Jupiter Mars Quirinus* voient à Rome des choses qui n'y sont pas. Si elles y étaient, comme on dit encore, cela se saurait : depuis deux mille ans que le dossier est ouvert, à la disposition d'érudits infatigables et de critiques pénétrants, on n'eût pas manqué de les apercevoir. Un groupe de faits dont on ne s'avise qu'au XXe siècle est par là même suspect. Jusqu'à il y a dix ans, les historiens de Rome avaient assurément de bonnes raisons pour renoncer à savoir ce qu'était en vérité Quirinus, le Quirinus originel : ont-elles cessé de valoir ? On n'a pas souligné plus tôt le schéma directeur de tout le récit légendaire qui va de l'enlèvement des Sabines à l'incorporation des Sabins : n'est-ce pas tout simplement parce que ce schéma n'existe pas ou du moins n'a pas l'importance que le nouveau système d'interprétation lui attribue ? On n'a pas reconnu, malgré Properce, malgré Virgile, la valeur fonctionnelle qui se serait encore attachée sous Auguste aux noms des Ramnes, des Luceres et des Titienses [1] : donc, en mettant les choses au mieux, ne doit-on pas penser qu'on se trouve devant une rencontre fortuite entre la fantaisie des poètes du grand siècle et les conceptions indo-iraniennes, amusante certes, mais sans valeur documentaire, sans portée historique ?

Aux censeurs du premier groupe on peut soumettre plusieurs moyens de défense.

Il est clair que la tripartition consciente et explicite de la société ou de la partie directrice de la société [2] en prêtres, guerriers et

1. Cette formulation est juste : elle n'engage pas la *réalité* des trois tribus, mais indique seulement qu'une des trois valeurs fonctionnelles de l'idéologie préromaine, et encore romaine archaïque, a été attachée à chacune des trois tribus, au moins dans la légende des origines. Cf. *Idées romaines*, p. 209-223, et l'*Esquisse* 75 dans *L'Oubli de l'homme...*

2. Cela est moins juste. Je ne préjuge plus rien de l'organisation réelle, même des Indo-Européens. La bonne formulation est dans l'Introduction de *Mythe et Épopée* I, p. 15 : « Un progrès décisif fut accompli le jour où je reconnus, vers 1950, que l'"idéologie tripartie" ne s'accompagne pas forcément, dans la vie d'une société, de la division tripartie *réelle* de cette société selon le modèle indien ; qu'elle peut au contraire, là où on la constate, n'être (ne plus être, peut-être n'avoir jamais été) qu'un idéal et, en même temps, un moyen d'analyser, d'interpréter les forces qui assurent le cours du monde et la vie des hommes.

agriculteurs n'est pas propre au monde indo-européen. Le fait est pourtant qu'un tel mode d'organisation n'a pas le caractère d'universalité que certains prétendent. Nombre de peuples, certes, sur tous les continents, assurent les trois fonctions correspondant à cette division type, puisqu'il n'est pas possible qu'ils subsistent autrement ; mais ils le font sans y prendre garde et sans affecter à chacune un organe – de direction ou d'exécution – particulier. Que l'on considère, par exemple, les peuples sibériens, les anciens Sémites nomades ou même, parfois, sédentarisés. Chez les premiers, les chamanes existent bien, mais comme des artisans spécialistes parmi les autres, et le cavalier turc ou mongol serait bien en peine de dire s'il est pasteur avant d'être pillard. Dans la Bible, dans ces textes chargés d'une réflexion profonde et renouvelée sur la vie sociale et sur les rythmes du monde, on chercherait vainement, semble-t-il, une expression dialectique ou imagée du système des trois fonctions, soit du point de vue de Dieu, soit du point de vue des hommes[1] ; ce qui domine l'idéologie, c'est bien plutôt le sentiment de l'omnivalence – moyennant la volonté divine – de chaque être et de l'équivalence de tous : le petit berger David tue le champion philistin sur la ligne de bataille et bientôt il sera l'oint du Seigneur[2]. La Chine, prise entre la forme binaire de ses principales représentations et son goût des catégories, n'oppose couramment dans la société, comme elle fait du ciel et de la terre, dans le *cosmos*, que l'empereur et « les sujets » ; mais elle répartit ceux-ci en un grand nombre de spécialités parmi lesquelles il serait tout à fait artificiel de considérer comme fondamentales celle du soldat et celle du sorcier.

Très précisément, si l'on considère la portion d'humanité déjà vaste que connaissaient les anciens, on constate qu'un système

Le prestige des *varṇa* indiens se trouvant ainsi exorcisé, bien des faux problèmes ont disparu... »

1. Voir ma discussion avec John Brough, reprise dans *Mythe et Épopée* III, appendice III, p. 338-361, et l'*Esquisse* 50, dans *La Courtisane*..., p. 239-243.

2. Le récit biblique ne suggère pas que la promotion de David soit sentie comme une montée à travers les trois niveaux fonctionnels.

triparti[1] conscient et explicite ne se rencontrait que dans des civilisations où une puissante composante indo-européenne est incontestable, en Perse par exemple, ou dans des civilisations, comme celle des Lydiens[2], qui venaient de subir l'occupation et l'influence contraignante d'Indo-Européens. L'Égypte ne fait pas exception : si Hérodote, si le *Timée*, si Diodore y signalent la tripartition, il n'y a aucune raison de ne pas les croire ; mais il n'y a non plus aucune raison de sous-estimer le fait qu'ils parlent d'une Égypte décadente qui, après les invasions des « peuples de la mer » en partie indo-européens, a subi la conquête, l'administration, le prosélytisme des Achéménides ; ni cet autre fait que, dans les documents proprement égyptiens antérieurs à ces dures épreuves, rien ne suggère qu'il ait existé une organisation ni une idéologie tripartite[3]. À s'en tenir donc aux peuples de l'Antiquité dite classique, Rome, dans la mesure où elle présente des traces d'une conception tripartite du monde et de la société, non seulement a peu de chances, *a priori*, de les devoir à l'influence de Méditerranéens non indo-européens, mais au contraire a toutes chances de les devoir directement à son passé, à son élément indo-européen.

Que l'idéologie tripartite soit conforme à la nature des choses, c'est probable et peut-être est-ce justement l'une des raisons de l'incontestable succès temporel des Indo-Européens que d'avoir, mieux que d'autres sociétés parfois non moins bien douées, pris conscience de cette division naturelle des fonctions de la vie collective[4] ; ce n'est sans doute pas un hasard si quelques-unes des grandes réussites ou des grands efforts de puissance, jusque dans

1. Précisons : avec ou sans une expression de classes sociales.
2. L'exemple lydien est mal choisi, malgré l'*Esquisse* 55 dans *L'Oubli de l'homme*..., et malgré Hérodote, I, 93, qui suggère une division de classes sociales : trois inférieures, nommées (courtisanes, paysans, artisans), et deux supérieures non nommées ; en tout cas, il y a cinq pierres, non trois.
3. Pour l'Égypte et les trois fonctions, voir *Mythe et Épopée* III, p. 343.
4. De la vie collective humaine. Dans les sociétés d'insectes (abeilles, fourmis, termites), les « classes », qui sont souvent des « formes », constituent des structures différentes.

la plus moderne histoire de notre Europe, reposent sur des reviviscences claires et simples du vieil *archétype*, comme dit avec bonheur M. Mircea Eliade : les trois ordres sous la monarchie française (clergé, noblesse, tiers état [1]), les trois rouages essentiels de l'État soviétique (le parti avec la police, l'armée Rouge, les ouvriers et paysans), ceux de l'État nazi (la *Partei* avec la police, la *Wehrmacht*, l'*Arbeitsfront*) constituaient ou constituent des machines dont l'efficacité n'est pas contestable [2].

Ce caractère naturel ne dispense pas pourtant d'examiner, dans chaque cas où une telle tripartition s'observe, les formes particulières qu'elle revêt. La paternité, elle aussi, est conforme à la nature des choses et a donné lieu, dans un grand nombre de sociétés, à un statut de la puissance paternelle ; la « grande famille patriarcale » s'observe en maint pays ; dira-t-on que la *potestas* du *pater* romain, le système romain de parenté, parce qu'ils ne sont que des cas particuliers de faits largement répandus dans le monde, ne méritent pas d'être étudiés séparément ni comparativement ? Bien au contraire : on doit, à l'intérieur du genre, les définir comme espèce, avec le souci de les situer par rapport aux autres espèces du même genre ; et si, au cours de cette enquête, on remarque, par exemple, que la nomenclature de la famille romaine, dans ce qu'elle dit et dans ce qu'elle ne dit pas, offre de nombreuses, remarquables et systématiques correspondances avec la nomenclature de la famille indienne, grecque, arménienne, slave, germanique, etc., on sera fondé à parler d'une espèce indo-européenne de « grande famille patriarcale [3] » et c'est non plus

1. Le problème est moins simple depuis l'article-programme de Jean Batany : Georges Duby, Claude Carozzi, Daniel Dubuisson, Batany lui-même et, derrière eux, quelques-unes de mes *Esquisses* (21-25 dans *Apollon sonore*, 48 dans *La Courtisane*) ont continué à l'étudier.

2. Je dois dire que des critiques marxistes ont contesté ce parallélisme. Il existe pourtant, quelles que soient l'origine et la justification des trois niveaux de la société soviétique : les grands journaux sont la *Pravda* et les *Izvestija* (I), la *Krasnaja Zvezda*, organe de l'armée (II), *Trud*, organe économique (III), organes du parti et du gouvernement ; j'espère que M. Momigliano ne verra dans ce paragraphe aucun penchant pour l'un ou l'autre des régimes ici mentionnés (cf. l'*Esquisse* 75, dans *L'Oubli de l'homme*...).

3. Émile Benveniste, *Le Vocabulaire des institutions indo-européennes* I, 1969, p. 205-276.

typologiquement, mais génétiquement, à partir de[1] cette espèce indo-européenne définie par la comparaison, que devra être interprétée sa dérivée, la *gens* romaine.

Il en est de même pour la tripartition. On n'a pas prétendu ici qu'elle fût le monopole des Indo-Européens. On a seulement précisé les formes ou les représentations *spéciales*, parfois très spéciales, et *concordantes* que la tripartition[2] revêtait ou suscitait chez les divers peuples indo-européens anciens. Ce n'est pas isolée, nue, abstraite, la simple idée d'une tripartition que la Rome primitive montre à l'observateur ; ce sont en outre, autour de cette idée, d'abord les vocables techniques indo-européens où elle s'exprime directement (le triple *flamonium*[3] ; *Jupiter, Mauors* ; *Quirinus* de **co-uir-ī-no-*) et généralement tout le vocabulaire politico-religieux dont M. Vendryes a montré l'étroite parenté avec l'indo-iranien et qui, par conséquent, fait attendre *a priori* que la structure politico-religieuse de la plus vieille Rome, à commencer par le *regnum*, ait été pour une large part indo-européenne. Ce sont encore, en grand nombre, des traits théologiques, légendaires, institutionnels qui enrichissent ou nuancent l'idée de la tripartition et dont certains sont assez singuliers pour que leur accord avec des traits homologues indiens ou scandinaves ne soit pas fortuit[4]. Par exemple, la première fonction est bipartite chez les Indo-Européens et cette bipartition se traduit parfois dans des figures inattendues : l'histoire des deux sauveurs de Rome, le Borgne et le Manchot, Cocles et Scaeuola[5], contient le même symbolisme et les mêmes rapports que celle des dieux germaniques de la première fonction, Óðinn qui n'a qu'un œil et Týr qui a

1. « À partir de », mais non pas, bien entendu, par une évolution linéaire spontanée, indépendante des facteurs extérieurs.
2. Toujours la même réserve quant à l'organisation sociale primitive. Au lieu de « tripartition », mieux vaudrait « cadre idéologique triparti ».
3. Je continue à regarder le rapprochement *flāmen-brahmán (bráhman)* comme probable, mais cela n'a aucune importance.
4. Ajouter tous les résultats ultérieurs de la recherche « indo-romaine » qui n'ont pas tous trait à l'idéologie tripartie.
5. Dans l'« histoire » ; dans la théologie, ce sont Jupiter et Dius Fidius – dont le second a perdu jusqu'à son flamine, le Dialis, au profit de son grand associé.

perdu sa main droite dans une procédure juridique[1] ; on attend toujours que ce diptyque, qui a des correspondants en Irlande et dans l'Inde[2], soit signalé ailleurs que chez des Indo-Européens, au Mexique ou en Polynésie ou au Dahomey, dans l'un quelconque des lieux où la tripartition des fonctions s'est plus ou moins clairement exprimée. De même, semble-t-il, nulle part, en dehors du monde indo-européen, on ne rencontre[3] le mythe précis de la *formation* de la société tripartite que laissent paraître les récits sur les conflits des Ases et des Vanes, de Romulus et des Sabins, d'Indra et des Aśvin. De même encore, entre la notion védique des *Viśve Deváḥ* et la notion romaine des *Quirites*[4], entre la subdivision de chacun des trois groupes de dieux védiques fonctionnels (33 étant soit 3 × 10 + 3, soit 3 × 11) et la subdivision en curies des *Ramnes*, des *Luceres* et des *Titienses* fonctionnellement caractérisés (compte tenu des circonstances dans lesquelles, par 3 × 10 + 3 ou par 3 × 11, ce système romain ternaire et dénaire produit des formes à 33 membres[5]), on relève des correspondances précises qui, elles, ne sont sûrement pas imposées par la « nature des choses ». C'est là que sont à la fois la justification et la matière de l'effort comparatif limité au monde indo-européen. Il n'exclut pas naturellement la nécessité ni la possibilité d'une étude comparative générale de la tripartition à travers le monde. Peut-être en est-il – avec beaucoup d'autres

1. Voir la discussion des objections de R.I. Page dans l'*Esquisse* 73 de *L'Oubli de l'homme*...
2. Erreur : pas dans l'Inde, où Bhaga *complètement* aveugle, Savitṛ privé de ses *deux* mains, relèvent d'un autre symbolisme.
3. Il vaudrait mieux dire, pour rassurer M. Page, « ne s'est jusqu'à présent rencontré ».
4. Sur cette question, beaucoup de choses restent valables dans *Jupiter Mars Quirinus* IV, 1948, p. 155-170, sauf bien entendu l'« histoire », que j'essayais encore de reconstituer, et ce que j'appelais encore la « pratique sociale ». La mise au point a été faite, juste vingt ans plus tard, dans *Idées romaines*, p. 215-223. Sur les *Viśve Devāh* et leur transposition épique dans les *Dranpadeya*, voir *Mythe et Épopée* I, p. 246-249.
5. Cette rencontre chiffrée reste frappante : *Jupiter Mars Quirinus* IV, p. 164, n. 1, et p. 167.

enquêtes *génétiques* semblables, à entreprendre en des points très différents de la terre – une condition préalable.

Au second groupe de censeurs, il est moins facile de répondre : comment contraindre à voir quelqu'un qui ne voit pas et qui, souvent, ne tient pas à voir ? On peut répéter, certes, pour le « mystère » de Quirinus par exemple, que l'analogie des triades scandinaves et indiennes et l'explication phonétique que M. Benveniste vient de donner de l'homologue ombrien de Quirinus[1] sont des « faits » considérables dont on ne disposait pas il y a deux mille ans ni il y a dix ans. On peut insinuer aussi que l'étude des offices du *flamen quirinalis* n'a guère encore été entreprise objectivement, mais toujours en fonction d'hypothèses[2] ; plus généralement, que, depuis deux mille ans, pour les origines de Rome, la science vit sur des conceptions qui s'accordent, qui ont le tort de s'accorder surtout en ceci qu'elles ne tiennent pas compte du fait que Rome a été fondée par des Indo-Européens déjà pourvus d'un passé[3] ; qu'il n'est pas surprenant, dans ces conditions, que, depuis deux mille ans, et malgré deux mille ans d'observation attentive et peut-être même à cause de ces deux mille ans, et des deux ou trois orthodoxies qu'une étude si prolongée n'a pas manqué d'interposer entre le donné et les plus récents observateurs, certains vestiges archaïques, le sens même de certains faits aient échappé aux regards. Tout cela paraît peu efficace.

Ici se place le point le plus délicat de ce plaidoyer, mais comment l'éluder ? Il est remarquable que, conduit à modifier sensiblement les opinions reçues quant aux origines et quant à la structure de la théologie zoroastrienne ou de la mythologie védique aussi bien que de la légende royale de Rome, le comparatiste a rencontré sur ces divers domaines des accueils bien différents. Très vite, beaucoup d'orientalistes ont accepté de prendre

1. En fait, Benveniste a retrouvé indépendamment une explication de V. Pisani, passée inaperçue. Sur Iguvium et sa triade divine, voir maintenant l'exploitation que j'ai faite de la découverte de Maurizio del Ninno (les trois saints de la grande fête de *Gubbio*) dans *Mariages indo-européens*, p. 123-143.
2. Voir le chapitre sur Quirinus, qui reste bon malgré tout ce qui a été proposé par la suite, dans *La Religion romaine archaïque*, 1974, p. 257-282.
3. Cela reste d'actualité.

en considération les interprétations nouvelles[1] ; pour celle des archanges zoroastriens notamment, plusieurs iranisants considérables s'y sont immédiatement ralliés[2] et aucun des autres, même de ceux qu'elle contredit le plus directement, ne l'ont considérée comme un manque d'égards personnel : ils la critiquent, ne l'incorporent que partiellement à leurs systèmes ou lui opposent des arguments du même ordre que ceux qui la soutiennent, et qui par conséquent permettent, promettent d'utiles controverses. Cette heureuse situation s'explique par plusieurs raisons[3]. L'orientalisme est jeune, tout proche même de ses origines, et par suite il a le souvenir et la fierté de récentes « révisions » qui ont eu parfois l'ampleur de métamorphoses. Il est de plus habitué à vivre dans l'attente, dans l'espérance, dans le respect du « fait nouveau ». Il est enfin, sur quelques-unes de ses grandes provinces, le frère à peine aîné et, dans le travail, le plus précieux auxiliaire du comparatisme : il y a cent ans, on a vu des latinistes et des hellénistes résister à la notion de langue indo-européenne, mais pas un indianiste ; à vrai dire, c'est même de l'indianisme qu'est née la linguistique comparative indo-européenne.

L'accueil des latinistes, des archéologues et des historiens comme des philologues, est souvent bien différent[4]. Si l'effort

1. Jusqu'à 1949, cela était vrai : en France, après l'action décisive de Sylvain Lévi, qui m'avait téléphoné ma nomination à l'École des hautes études cinq jours avant sa mort subite, l'appui de Jules Bloch, obstinément bienveillant depuis mes débuts, d'Armand Minard, bientôt de Jean Filliozat, d'Émile Benveniste à partir de 1938, me donnaient cette agréable illusion, confirmée par l'attitude de Stig Wikander et de Geo Widengren dès les lendemains de la guerre.

2. Je pense, outre Benveniste et le P. Jean de Menasce en France, à Kaj Barr, à Jacques Duchesne-Guillemin, à Tavadia, à Georg Morgenstierne.

3. Cette « heureuse situation » a changé par la suite, il suffira de citer mes discussions peu agréables, pour l'Inde, avec John Brough et Jan Gonda ; pour l'Iran, avec M. Gershevitch (*Les Dieux souverains*..., p. 247). L'orientalisme aussi vieillit, sécrète des hiérarchies, des chapelles, des orthodoxies. Il garde cependant plus de malléabilité que les philologies dites classiques.

4. Voir ci-dessus, p. 290, n. 2. Le cas des hellénistes est différent. Je touche d'ailleurs peu aux faits grecs, au « miracle grec », dont j'ai souvent souligné la spécificité. D'autre part, en France, le soutien constant et puissant de Louis Robert, l'attention de quelques-uns de mes plus brillants cadets, tels que Francis Vian, semble avoir engagé la critique à la modération, ou au silence. Paul Mazon était plus que sceptique, mais discret. Paul Chantraine, d'abord hostile, a été

poursuivi depuis dix ans a obtenu, de plusieurs, une adhésion énergique, courageuse, dévouée, d'autres ont réagi avec vivacité. Rien ne sera dit ici qui puisse envenimer une situation déjà difficile. Il est seulement à craindre que ces savants, pour des raisons qui tiennent à l'histoire de leurs études et aux conditions actuelles de leur travail, n'aient pas, devant la nouveauté en général et notamment devant une extension de l'usage des procédés comparatifs, la même souplesse, la même liberté que les orientalistes de tous ordres.

Depuis de longs siècles, sur ces domaines, le progrès, et souvent un immense progrès, n'a été conçu et réalisé que par l'affinement, le perfectionnement de techniques déjà existantes. Qu'il s'agisse d'établir un texte, de dégager un monument enseveli, d'étudier la langue ou la pensée ou l'art d'un auteur, les savants de notre époque font mieux, ils ne font pas fondamentalement autre chose que leurs prédécesseurs. Le développement de l'archéologie et de toutes les disciplines qui en dépendent a considérablement modifié ce qu'on pourrait appeler la répartition de la matière de l'humanisme, elle n'y a pas ajouté de province vraiment inédite, imprévue. Seule la linguistique comparative, non sans peine, est parvenue au siècle dernier à faire admettre des vues et des méthodes radicalement nouvelles ; encore, pour beaucoup de latinistes et d'hellénistes, est-elle dans leur savoir comme un corps étranger [1], un hôte qu'ils admettent, qu'ils honorent même, mais qu'ils n'utilisent guère et qu'ils ne souhaitent pas voir proliférer. Sans doute y a-t-il là une première raison des résistances que rencontrent des démonstrations d'un type trop aberrant.

Il faut joindre à celle-là une raison moins raisonnable, mais émouvante. Depuis toujours, le latin et les ordres de connaissances qui supposent le maniement du latin, et aussi, depuis la

impressionné par la conversion de Benveniste : sur le tard, en 1970, il a été l'un de mes parrains à l'Académie des inscriptions.

1. Récemment encore, un de mes collègues s'étonnait d'entendre dire que le mot grec *theos* n'avait rien à voir avec le latin *deus*.

Renaissance, le grec avec ses annexes, ont été doublement à l'honneur : en eux-mêmes, comme objet d'étude, et aussi comme disciplines auxiliaires, nécessaires longtemps à toute étude approfondie et, aujourd'hui encore, à beaucoup. L'idée que cette situation puisse partiellement se retourner, que Rome, la pensée latine, Tite-Live et Virgile, aient à recevoir des lumières essentielles d'autres philologies – disons le mot : d'autres humanismes –, paraît sûrement à de bons esprits dangereuse [1] pour l'autorité, déjà fortement menacée, des études classiques ; elle paraît surtout attentatoire à la grande et mystique idée de Rome, de la mission éternelle de Rome que les générations se transmettent pieusement dans les académies et dans les facultés. On a été un peu scandalisé, dans certains milieux humanistes, quand les anthropologues ont commencé d'expliquer quelques faits « classiques » par l'analogie de faits récemment enregistrés chez les peuples sauvages. Mais, en dépit des apparences, c'était là un sacrilège véniel, en tout cas limité à quelques *minora* du trésor antique, et l'on en a pris son parti. Il n'en est pas de même pour un ensemble comparatif à la fois plus restreint et plus ambitieux, dans lequel des penseurs comme Zoroastre, de grands et beaux textes comme les hymnes védiques, des philologies denses et peuplées comme la philologie scandinave sont également appelés à donner un sens nouveau à des pages bien connues, à d'illustres *exempla* politiques et moraux de Rome, à la structure même de la cité naissante et de ses principales représentations religieuses. Pour la majorité des contradicteurs, il ne faut sûrement pas faire intervenir une chose aussi mesquine que la répugnance à s'engager dans des études latérales longues et multiples ; la querelle est plus pure : c'est une promiscuité envahissante, c'est une sorte d'avilissement que prévoit et que refuse l'aristocratie de la République des Lettres.

1. Dans une séance de la Société des études latines, en ma présence, André Piganiol a révélé que Franz Cumont lui avait dit, parlant de moi : « C'est un collègue dangereux. » Peut-être. Mais pour qui ? Pour quoi ?

À considérer de sang-froid les périls et les chances de l'humanisme classique, il semble pourtant qu'il ne s'affaiblirait pas en renonçant, sur ce point comme sur plusieurs autres, à une primauté et à un isolement qui n'ont plus ni sens ni avenir et en acceptant de siéger au concile des études humaines, *par inter pares*, reconnu irremplaçable et se sachant incomplet. L'histoire et l'exploration de la pensée sous toutes ses formes – intuitions, systématisations, expressions, évolutions, destructions – ne peut plus se limiter aux cadres que le XVIe siècle a cru dessiner généreusement mais dont l'étroitesse et l'artifice sont aujourd'hui évidents. Un temps viendra peut-être où des techniques éducatives hardies et des manuels bien faits permettront d'enseigner à l'élite de la jeunesse des écoles assez de latin, de grec, de sanscrit, d'hébreu, d'arabe et de chinois pour qu'elle soit en mesure sinon de dominer, du moins d'utiliser dans sa formation générale les six plus grands monuments qu'ait élevés l'humanité ancienne [1]. En attendant, dès aujourd'hui, dans l'enseignement supérieur, et plus encore dans la recherche scientifique, pourquoi répugne-t-on à rendre de la force aux études dites « classiques » en les avouant égales, à la fois auxiliaires et tributaires d'autres études auxquelles il ne manque, en nos pays, pour mériter la même épithète, que quelques siècles de pratique, mais non plus déjà les plus grands artisans ? Veuille le ciel que l'alliance ne se conclue pas trop tard [2] !

Il y a malheureusement autre chose encore : les plus nobles fidélités ont leurs petits côtés. Le passé prestigieux de l'humanisme classique a légué à ses représentants actuels des statuts corporatifs, des traditions de caste ou de chapelle impérieuses et aussi un code, une jurisprudence que les intéressés prennent tout à fait au sérieux. Ce ritualisme a des avantages et des inconvénients. Il est admis, par exemple, qu'on peut risquer (et les philologues ne s'en font pas faute) sur n'importe quel sujet n'importe

1. Utopie ? Voire… L'avance prodigieuse de l'informatique créera peut-être un équivalent, plus puissant, de ces « techniques éducatives » et de ces « manuels ».
2. Peut-être est-il plus sage d'espérer une lointaine Renaissance, en dehors, sans doute, de l'Europe.

quelle thèse saugrenue pourvu que les formes traditionnelles soient respectées, toute la bibliographie mentionnée, tous les documents littéraires, épigraphiques et archéologiques utilisés : c'est ce qu'on appelle « renouveler un sujet » ; il semble qu'une grande indulgence, une sorte de scepticisme de bon goût quant à l'usage qui est fait de la matière s'allie à une non moins grande susceptibilité quant à l'orthodoxie, à la qualité de la matière elle-même. À l'inverse, qu'un livre apporte une thèse bien charpentée, appuyée sur l'essentiel, mais néglige plus ou moins délibérément la « littérature antérieure », ou encore qu'une erreur ait été commise dans la traduction d'un texte mineur : aussitôt la docte assemblée, suivant les circonstances et l'humeur de ses dignitaires, se voile la face ou mène un charivari et refuse en tout cas d'entendre un novateur si évidemment profane. On imagine quelle audience, dans ces conditions, peut espérer le comparatiste : obligé de manier une vingtaine de langues et de s'orienter dans les philologies qu'elles desservent, comment serait-il, pour chacune, aussi complet, aussi agile, aussi informé des plus récents engouements que les savants qui consacrent tout leur temps à elle seule ? Même en latin, il lui échappera des contresens ; il ne citera pas l'édition qu'il faut, ne choisira pas la meilleure variante, ne se référera pas à une illustre discussion. On ne l'écoutera donc pas : insensible à ce qu'il apporte d'inédit et de fécond, l'École lui appliquera la *nota* préalable qui, d'âge en âge, écarte de la bonne compagnie ceux qui savent mal ce qu'on doit *d'abord* bien savoir. Peu importe le détail des formes que prend une opposition à la fois si explicable et si regrettable. Elles sont variées, depuis la caricature naïve jusqu'au refus consciencieux, douloureux, d'examiner. Un jour, quand elles n'auront plus qu'un intérêt anecdotique, il sera amusant de publier, sur ces luttes du début, une petit « Livre blanc ». On en pourra léguer les éléments à de plus jeunes [1].

Pour ne pas quitter le moment présent, peut-être devrait-on dire hardiment que des recherches comme celles-ci, loin de nuire

1. Je ne le ferai certainement pas. L'*Esquisse* 75, dans *L'Oubli de l'Homme*..., suffit pour l'essentiel.

à la majesté de Rome et au prestige des études romaines, les servent au contraire en faisant ressortir la vraie grandeur et la distinction originale de la civilisation qui s'est formée au bord du Tibre. Elle ne s'est pas faite de rien ? Elle n'a pas tout créé ? L'étrange disgrâce ! Avoir lentement, constamment progressé vers l'égalité, avoir approfondi et réalisé la notion du « citoyen » à partir d'un état social hiérarchisé [1] dont l'Inde, dans le même temps, par une évolution inverse, ne savait tirer que le morcellement sans espoir, la maison cellulaire de ses castes ; sous le *rex*, sous les trois fantomatiques *flamines maiores*, témoins respectés et vains de l'héritage indo-européen, avoir développé le système des *honores* civils, militaires et religieux avec le nouveau type de pensée et de conduite qui a donné à Rome l'empire légitime de la Méditerranée, avoir assagi en une belle, attachante et instructive histoire nationale les imaginations bizarres, barbares des ancêtres ; avoir par exemple proposé aux générations à venir un Horatius Cocles et un Mucius Scaeuola presque plausibles, en tout cas fraternels et pathétiques, à partir des représentations qui survivent dans le dieu borgne et dans le dieu manchot de ce qu'on a spirituellement appelé « la cour des Miracles » scandinave, tout cela et tant d'autres innovations ou transmutations de même style et de même ampleur assurent à ce peuple, dans la galerie des réussites intellectuelles de l'homme, la même place privilégiée qu'il a eue dans l'évolution politique du monde.

Si l'on se place au point de vue de l'éducation – ce qui est et restera l'un des soucis dont les maîtres de l'enseignement classique ont le droit de s'enorgueillir – on voit bien ce que la pédagogie gagnera, on ne voit pas ce qu'elle perdra au nouvel éclairage des origines romaines. Les *exempla* seront toujours des *exempla*, efficaces par leur noblesse et leur beauté, non par leur véracité : mais, depuis deux mille ans, beaucoup d'écoliers et d'écolières ont-ils cru que l'adversaire des Curiaces, que les héros et l'héroïne de la guerre contre Porsenna avaient fait ce que Tite-Live

1. Reste d'une illusion tenace (ci-dessus, p. 805, note 2) ? L'expression juste serait : « à partir d'un *modèle idéal de société* plus ou moins réalisé ».

lui-même ne raconte qu'avec un visible embarras ? Quel enrichissement, en revanche, pour les jeunes cerveaux, que de toucher, d'explorer les mécanismes mystérieux qui font que, d'une même idéologie préhistorique, Zoroastre a pu former une théologie abstraite et philosophante, la Scandinavie des légendes divines volontiers monstrueuses, et Rome, l'histoire de ses propres origines ! Le résultat de cette alchimie n'y perdra rien en saveur ni en puissance, mais ce qu'on découvre, ce qu'on pourra montrer aux jeunes humanistes du processus de l'alchimie elle-même, contient des leçons précieuses sur tout autre chose : sur le travail séculaire auquel l'esprit humain soumet ses traditions, sur la genèse et sur le vieillissement des équilibres qu'il réalise [1].

Quant au travail comparatif lui-même, est-il besoin de dire les immenses services qu'il espère des « philologies classiques séparées », quand elles voudront bien se faire attentives aux problèmes qu'il leur pose ? Il se produira ce qui s'est produit en linguistique dès la troisième génération : la grammaire comparée indo-européenne a surtout progressé par la « grammaire comparée du sanscrit », par la « grammaire comparée du grec », par la « grammaire comparée du latin », etc., c'est-à-dire par des études comparatives distributivement centrées, ou décentrées, sur chacune des langues de la famille et poursuivies par des linguistes indianistes ou hellénistes ou latinistes, etc., instruits des méthodes nouvelles. De même, quand les maîtres de la philologie et de l'histoire romaines se seront ouverts eux aussi à ces méthodes et mis en état de les pratiquer, ils reprendront à leur compte les questions que le « comparatiste pur » est seul aujourd'hui à envisager [2]. Ils les feront avancer avec une assurance et un succès qui démoderont vite le présent essai. Mais il n'y a pas de plus agréable récompense pour les pionniers que d'être rejoints et dépassés.

1. De ce point de vue, un psychologue, un logicien pourraient déjà tirer parti de ce qui a été découvert entre 1938 et 1984.
2. De plus jeunes générations de chercheurs, pour l'Inde, pour l'Iran, pour la Grèce, pour Rome, sont maintenant au travail, évitant sagement de former une École.

En relisant mon vieux discours avant de le transcrire, j'ai eu parfois l'impression que ces reproches polis recouvraient en moi, dès cette époque où j'étais encore dans la force de l'âge, déception et impatience. En écrivant les trois controverses qui vont maintenant le précéder, en rectifiant tant d'altérations infligées à la matière, à mes propositions, à l'histoire même de l'étude, peut-être ai-je été aussi au bord de l'irritation. Si tel est le cas, j'en demande pardon à mes lecteurs et à mes contradicteurs et je les convie à méditer deux pages d'un grand philosophe qu'on ne cite plus guère, sans doute parce qu'il a courageusement lié sa démarche aux débuts de la révolution relativiste, et que *panta rhei*.

Même en mathématiques, dit Émile Meyerson (*Du cheminement de la pensée*, 1931, II, p. 544-546, §§ 339-342), il faut parfois être Galois ou Laplace, pour céder sur-le-champ à une démonstration, pour être saisi, convaincu par « l'évidence ». À plus forte raison dans tout le reste :

> Qu'il en aille de même hors du domaine des mathématiques, c'est ce que nous croyons avoir établi autrefois, et nous demandons la permission de reproduire ici ce passage : « Qui dit phénomène, dit changement. Comment dès lors pourrait-il y avoir identité entre l'antécédent et le conséquent ? J'ai fait entrer un rayon de lumière par un trou fait dans un volet et ce rayon a formé une tache blanche sur le mur opposé. J'interpose un prisme et j'aperçois un spectre. Vous me démontrez fort savamment que la lumière blanche réfractée par le prisme a produit le spectre multicolore. Je veux bien vous croire, à condition que vous n'essayiez pas de me persuader qu'il y a identité, et que la lumière blanche, plus le prisme interposé, est égale au spectre. Cela, je ne le croirai jamais, de même que je ne croirai pas qu'il ne s'est rien passé lors de l'oxydation du mercure. Je sais bien qu'il n'y a pas identité, qu'il s'est passé quelque chose, sans quoi vous n'eussiez pas eu à vous mettre en peine d'explication » (*La Déduction relativiste*, p. 321). Ainsi, là encore, la nécessité d'une démonstration prouve clairement que l'identité ne *pouvait* préexister…
>
> *340. Aucune démonstration ne force l'assentiment*
>
> Il s'ensuit qu'à l'encontre d'une opinion quelquefois expressément affirmée, mais le plus souvent tacitement agréée, il ne saurait y avoir de démonstration forçant absolument l'assentiment : il faut que

celui que nous entendons convaincre consente à exécuter avec nous le bond qui constitue l'essentiel du raisonnement, c'est-à-dire qu'il soit d'accord avec nous sur le divers que nous entendons mettre de côté.

341. La parole extérieure et la parole intérieure

Aristote a dit : « Pas plus que le syllogisme lui-même, la démonstration ne s'adresse au raisonnement extérieur, mais au raisonnement qui est dans l'âme. » Et H. Poincaré écrit, à peu près dans le même sens : « D'une contradiction, on peut toujours se tirer d'un coup de pouce, je veux dire, par un distinguo. » Ainsi la démonstration logique, tout en étant un procédé d'exposition, ne fait cependant que fournir des arguments sur lesquels on *peut* fonder une conviction. La démonstration doit servir en premier lieu à nous convaincre nous-mêmes, à nous assurer si, en faisant progresser notre pensée, nous ne nous sommes pas fourvoyés. Son succès auprès d'autrui est infiniment plus chanceux.

Et voici sans doute le plus utile pour notre vie d'Écoliers perpétuels :

342. La bonne volonté et la bonne foi

C'est ce qui explique le rôle bien connu que joue dans les discussions la bonne volonté de l'adversaire, que nous sommes trop souvent, hélas, portés à qualifier de bonne foi, quand il s'agit d'opinions auxquelles nous tenons fortement. Empruntant la forme de ce dicton de droit bien connu : *volenti non fit injuria*, l'on pourrait énoncer : *nolenti non fit demonstratio.* En ce qui concerne les mathématiques cependant, où le processus de la scission nécessaire entre l'identique à retenir et le divers à rejeter est, nous l'avons vu, guidé par des règles précises, on peut affirmer qu'une fois la bonne démonstration trouvée et exposée de manière convenable (c'est-à-dire sans bonds trop amples), un homme d'intelligence moyenne, s'il a véritablement saisi la portée de ces règles, doit pouvoir se convaincre que la déduction est valable. Et comme il s'agit de pensées abstraites, où l'intérêt ne saurait, en général, intervenir, nous aurons le droit, si l'interlocuteur se montre rétif, d'incriminer la vigueur de son esprit. Mais dans l'extra-mathématique, la bonne volonté jouera un rôle bien plus accentué, et l'intérêt matériel ou spirituel étant susceptible d'y agir très fortement, aucun de nous ne doit s'étonner de voir les autres refuser leur assentiment aux raisonnements qui lui paraissent le plus élémentaires et le plus rigoureux. Il n'est déjà pas toujours si facile de se convaincre soi-même : nous n'avons qu'à nous rappeler combien nous avons eu de peine à saisir telle déduction mathématique qui nous paraît à présent d'une simplicité presque enfantine. Et quant à autrui, nous ne pouvons guère que fournir les éléments qui permettront à notre interlocuteur de se convaincre lui-même, s'il le veut bien.

Car par aucun effort – il faut bien nous résigner à cette constatation – nous ne saurions parvenir à lui communiquer réellement, à faire pénétrer en lui le contenu intact de notre pensée, si simple qu'elle nous paraisse. C'est qu'il nous faut toujours passer par le langage qui la déforme, parce qu'il la fige, en s'efforçant de se conformer aux exigences de la logique.

Je ne puis tout citer et je saute à l'une des conclusions (p. 548, § 344) :

La vraie leçon que nous inculque l'étude de la marche de la pensée est celle de la tolérance absolue, du respect de la pensée d'autrui.

EN GUISE DE CONCLUSION

Ludus scientiae

Georges Dumézil a fréquemment souligné le caractère perfectible et provisoire de ses conclusions. Un opposant en avait tiré argument dans le débat assez vif qui avait eu lieu lors de son élection au Collège de France : « M. Dumézil a deux sortes d'opinions : celles auxquelles il est obligé de renoncer et celles auxquelles il s'accroche et dont il résulte des controverses sans fin. » Dans sa préface à la réédition de *La Cité antique* de Fustel de Coulanges, Dumézil avait lui-même opposé deux types de savants : ceux qui s'accrochent à tout prix à leurs idées et ceux qui se corrigent sans cesse en fonction des progrès de la recherche. Fustel appartenait à la première catégorie, lui qui disait en parlant de son *opus magnum* : « Tout est là. » Dumézil se rangeait résolument dans la seconde, définissant son œuvre comme « une longue suite de repentirs ». Il a réaffirmé cette idée dans la conclusion du discours prononcé lors de la remise de son épée d'académicien. Il expliquait qu'il avait failli ne pas faire de latin en sixième par suite de l'opposition du principal du collège. Cet incident avait eu deux conséquences. La première était un latin resté défectueux. Voici la seconde.

Le second effet du risque que j'ai eu conscience de courir, il y a soixante-douze ans, dans le salon de M. Vosgien, vous surprendra moins : il relève de la psychologie la plus ordinaire. Je lui attribue du moins le sentiment que j'ai, très fort, que toute ma vie intellectuelle, toute mon étude a été un jeu, et que je n'ai été, au total, qu'un joueur impénitent et quelque peu chanceux. Notre cher Roger Caillois, dans un livre célèbre qui parut en ces lieux et qu'on n'est pas parvenu à prendre en défaut, a divisé les jeux, toutes les activités ludiques, en quatre classes : *alea*, le jeu de hasard, *agôn*, le jeu de compétition, *mimicry*, le jeu d'imitation, de singerie, et l'*helix*, le jeu d'excitation, de vertige, proprement de tourbillon. La belle simplicité de ce tableau m'a toujours parue digne d'être défiée et j'ai passé des jours à tâcher de découvrir un jeu qui n'y rentrât point. Mais chaque fois Caillois me montrait avec rigueur qu'il y rentrait. Un jour je lui ai proposé, comme cinquième catégorie, *studium*, l'étude, la recherche de l'invention capable de résoudre de vieux problèmes. Il ne contesta pas le caractère ludique de l'étude, mais il dit qu'elle était une collection de jeux des quatre catégories, non une catégorie nouvelle : le hasard, la rivalité avec les contemporains ou les prédécesseurs, l'imitation des maîtres, la jouissance vertigineuse que donne une solution naissante, tout cela s'y trouve, disait-il, mais sans résidu, sans rien qui justifie l'ouverture d'une rubrique spéciale. Eh bien, si, l'étude, le développement d'une province de la connaissance, est un jeu *sui generis* – je n'ai pas qualité pour parler des sciences en général, des exactes ni des autres, pas même des sciences humaines ; je m'en tiens à mon petit domaine, à mon étude comparée des idéologies indo-européennes. Il est bien vrai que ce *studium* est d'abord ludique en ce sens que les quatre formes canoniques de jeu selon Caillois y ont leur place : heureux hasard d'un texte rencontré au bon moment, compétition et même polémique, imitation ou inspiration, et aussi vertige, ivresse des solutions brusquement apparues. Mais il y a autre chose, deux autres choses, qui en font une espèce autonome de jeu, deux caractères solidaires.

D'abord, c'est un jeu où l'on peut être perdant, bien entendu, si l'on s'entête dans des sottises, mais non pas gagnant. Ou plutôt si l'on gagne, c'est-à-dire si l'on réussit à proposer une solution plausible à un problème important et préexistant, on n'encaisse pas son gain ; quoi qu'on fasse, il entre aussitôt dans le jeu, qu'il change et complique : ou bien la solution est visiblement incomplète, ou elle n'est qu'un cas particulier de quelque chose qu'on pressent et qu'on ne conçoit pas, ou elle a des conséquences qui, par choc en retour, modifieront tôt ou tard les données sur lesquelles on l'a fondée.

Le second caractère du *studium*, du *ludus scientiae*, c'est qu'il se joue à la fois dans l'individu, sur une génération, et par-delà l'individu, à travers les générations. D'un ordre de recherches légitime, sain, vous pouvez dire en général qu'il a été institué par tel homme ; il ne s'achève avec aucun, pour la simple raison qu'il ne s'achève pas. Prenez les noms qui sont gravés sur ma lame, ceux de nos pères fondateurs : plus une page de Franz Bopp ne subsiste comme telle, la mythologie de Max Müller est périmée, Michel Bréal a introduit et enseigné la grammaire comparée au Collège de France sans reconnaître ce qui est l'*alpha*, sinon l'*oméga*, des linguistes ses successeurs, le principe de constance des lois phonétiques. Et pourtant ils ont vécu dans l'évidence et dans l'enthousiasme de la réussite et, sans eux, rien n'existerait. Puisque j'en suis aux confidences, après mes livres des dix ou quinze dernières années qui corrigent et complètent ceux d'avant, je suis sûr d'avoir résolu correctement l'essentiel de mes problèmes. Aux objections de principe qui me sont faites, j'ai des réponses fortes, décisives. J'ai envie de dire au Seigneur « *nunc dimittis servum tuum*, puisque tu m'as permis de voir ma petite part de vérité ». Et en même temps je *sais*, parce que c'est une loi sans exception, je sais que cette œuvre, dans cinquante, peut-être dans vingt, dans dix ans, n'aura plus qu'un intérêt historique, qu'elle sera, en mettant les choses au pis, ruinée, en mettant les choses au mieux – ce qui est mon espérance – élaguée, retaillée, transformée. Transformée selon quel modèle ? Si je le devinais, je commencerais l'opération moi-même. Mais non : ou bien la mécanique que je suis est fatiguée, encrassée, ou bien les éléments extérieurs du nettoyage ou de la métamorphose ne sont pas réunis. Je vis donc avec ces deux certitudes, qui ne seraient contradictoires que si l'on faisait abstraction de notre maître à tous, le temps : j'ai raison, et j'aurai tort.

Ce n'est d'ailleurs pas un drame, rassurez-vous. Je vis au contraire fort agréablement, ce qui prouve que cette cinquième espèce de jeu est bien un jeu. Simplement, j'aimerais vivre encore pendant un demi-siècle, en spectateur, pour voir avec quels outils des cadets respectueux ou ironiques régleront mon sort. Mais, mon cher Perpétuel, la fabrique d'immortalité que tu administres est-elle capable d'assurer une rallonge, si courte soit-elle, à quatre fois vingt ans ?

Source des textes

Parmi les textes réunis dans *Mythes et dieux des Indo-Européens*,

l'introduction a été publiée dans la série des Leçons inaugurales, Collège de France, 1950 ;

le chapitre I reprend la préface de *Mythe et Épopée I*, Gallimard, 1968, p. 9-26 ;

les trois chapitres qui composent la deuxième partie ont été publiés en 1958, avec une introduction et une bibliographie qui ne sont pas reprises ici, sous le titre *L'Idéologie tripartie des Indo-Européens*, aux éditions Latomus, Bruxelles, 1958 ;

le chapitre V est extrait d'*Idées romaines*, Gallimard, 1969, p. 193-335 ;

le chapitre VI est extrait de *Mariages indo-européens*, Payot, 1979, p. 77-82 ;

le chapitre VII est extrait de *Loki*, Flammarion, 1986, p. 61-91.

le chapitre VIII, publié initialement en 1949, a été reproduit dans *L'Oubli de l'homme et l'Honneur des dieux*, Gallimard, 1985, p. 319-335 ;

la conclusion est extraite de la plaquette *Discours de réception de M. Georges Dumézil à l'Académie française et réponse de M. Claude Lévi-Strauss*, Gallimard, 1979, p. 95-99.

Tableau des langues indo-européennes

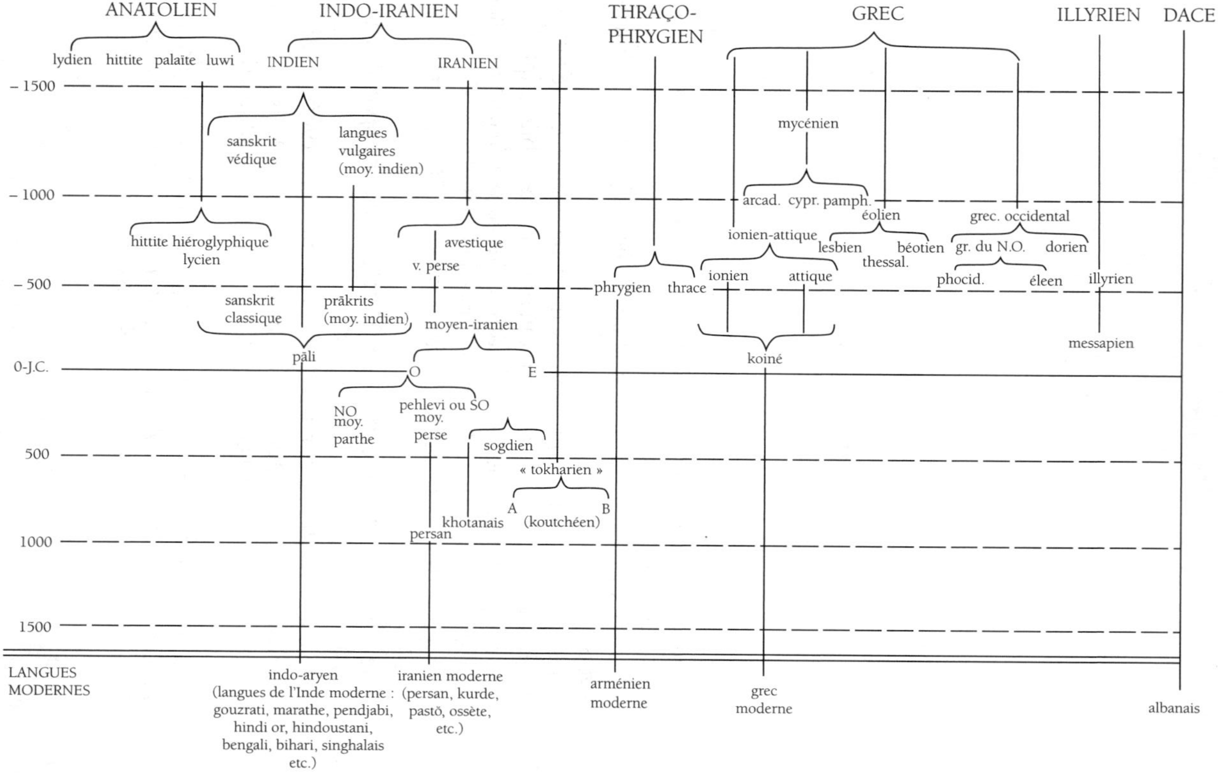

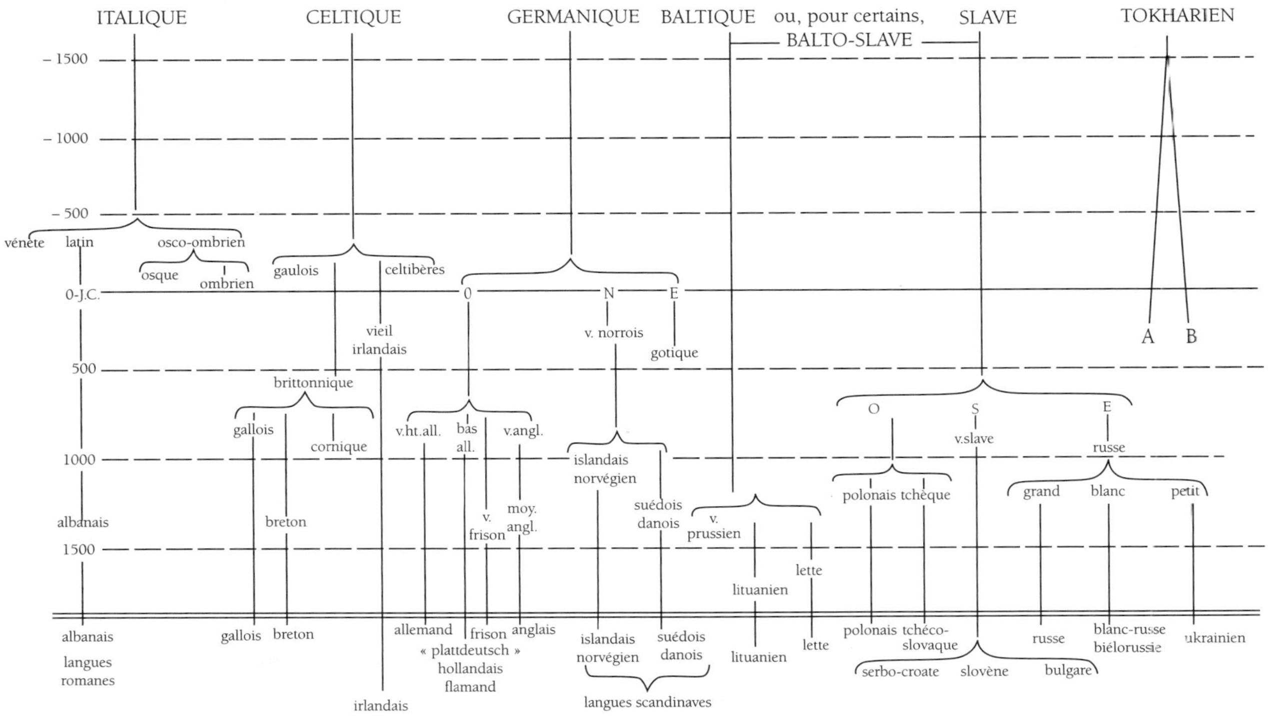

ITALIQUE
CELTIQUE
GERMANIQUE
BALTIQUE
ou, pour certains,
BALTO-SLAVE
SLAVE
TOKHARIEN
– 1500
– 1000
– 500
0-J.C.
500
1000
1500
vénète
latin
osco-ombrien
osque
ombrien
gaulois
celtibères
vieil
irlandais
brittonnique
gallois
cornique
breton
0
N
E
v. norrois
gotique
v.ht.all.
bas
all.
v.angl.
v.
frison
moy.
angl.
islandais
norvégien
suédois
danois
v.
prussien
lituanien
lette
A
B
O
S
v.slave
russe
polonais
tchèque
grand
blanc
petit
albanais
langues
romanes
gallois
breton
irlandais
allemand
« plattdeutsch »
hollandais
flamand
frison
anglais
islandais
norvégien
suédois
danois
langues scandinaves
lituanien
lette
polonais
tchéco-
slovaque
serbo-croate
slovène
bulgare
russe
blanc-russe
biélorussie
ukrainien

TABLE

Préface 7
Note sur les transcriptions 25
Abréviations 27

LOKI

Note sur la troisième édition 33
Introduction. Le problème de Loki 34

Chapitre premier. LOKI. – LES DOCUMENTS. 39
Chapitre II. CONTRE-CRITIQUES 87
A. Réhabilitation de Snorri 87
B. Les abus de la « science des contes » 109
C. Discussions diverses 116
D. Loki 151
Chapitre III. SYRDON 153
A. Le Narte Syrdon 156
B. Les documents 159

Chapitre IV. COMPARAISONS 207
A. La mort de Baldr et la mort de Soslan-Sosryko 208
B. Loki et Baldr, Syrdon et Soslan 219
C. Emprunts ? 224
D. État social et mythologie 228
E. Éléments psychologiques du type Loki-Syrdon 238
F. Éléments naturalistes : Loki, le vent, le feu 253
Chapitre V. BALDR, LOKI, HÖÐR ET LE MAHĀBHĀRATA 257
A. Les dieux souverains mineurs des Indo-Européens 258
B. Eschatologie indo-iranienne et Mahābhārata 261
C. Dhr̥tarāṣṭra et vidura 268
D. Ragnarök 270
E. Ragnarök et Mahābhārata 274

HEUR ET MALHEUR DU GUERRIER

Aspects mythiques de la fonction guerrière chez les Indo-Européens

Introduction 285

Première partie
LA GESTE DE TULLUS HOSTILIUS ET LES MYTHES D'INDRA

I. MYTHE ET ÉPOPÉE 295
II. LES « HORATII » ET LES « ĀPTYA » 305
III. METTIUS FUFFETIUS ET NAMUCI 325
IV. RAPPORTS DE LA FONCTION GUERRIÈRE ET DES DEUX AUTRES... 337
V. HÉRITAGE INDO-EUROPÉEN 345

Deuxième partie
LES TROIS PÉCHÉS DU GUERRIER

I. SOLITUDE ET LIBERTÉ 357
II. INDRA PÉCHEUR 365

III. Les trois péchés et les pertes d'Indra dans le Mārkaṇḍeyapurāṇa 373
IV. Les trois péchés de Śiśupāla, de Starcatherus, d'Héraclès 385
V. Les derniers Tarquins, père et fils 395
VI. Les trois péchés de Soslan et de Gwynn 405
VII. Fatalités de la fonction guerrière 419
VIII. Autres récits 423

Troisième partie
LE PERSONNEL DIVIN DE LA FONCTION GUERRIÈRE

I. Le personnel divin de la fonction guerrière dans le R̥gveda et dans l'Avesta 431
II. Le personnel de la fonction guerrière à Rome et en Scandinavie 457

Quatrième partie
ASPECTS DE LA FONCTION GUERRIÈRE

I. Les moments d'une carrière héroïque 475
II. Vr̥trahán, Vərəθragna, Vahagn 479
III. Guerriers et formes animales 507
IV. Scénarios et accessoires 517
V. Signes sur le héros 533

MYTHES ET DIEUX DES INDO-EUROPÉENS

Présentation 541
Introduction. Leçon inaugurale 546

Première partie
LE TRAVAIL DE L'ŒUVRE

Chapitre premier. À LA RECHERCHE DE L'« IDÉOLOGIE » DES INDO-EUROPÉENS 579

Deuxième partie
L'IDÉOLOGIE TRIPARTIE DES INDO-EUROPÉENS

Chapitre II. LES TROIS FONCTIONS SOCIALES ET COSMIQUES 611
Chapitre III. LES THÉOLOGIES TRIPARTIES 643
Chapitre IV. LES DIVERSES FONCTIONS DANS LA THÉOLOGIE, LA MYTHOLOGIE ET L'ÉPOPÉE 677

Troisième partie
LA FABRICATION DE L'HISTOIRE

Chapitre V. LES ARCHANGES DE ZOROASTRE ET LES ROIS ROMAINS DE CICÉRON 727

Quatrième partie
LE DISCOURS DE LA MÉTHODE

Chapitre VI. REMARQUES SUR L'INTERPRÉTATION TRIFONCTIONNELLE DES MARIAGES INDO-EUROPÉENS 761
Chapitre VII. RÉHABILITATION DE SNORRI 769

Cinquième partie
LE THIASE DES SYCOPHANTES

Chapitre VIII. PRO DOMO REVISITED 803

En guise de conclusion. Ludus scientiae 822
Source des textes 825

Tableau des langues indo-européennes 826

Composition et mise en pages

NORD COMPO
multimédia

Achevé d'imprimer en mars 2011
par Normandie Roto Impression s.a.s.
61250 Lonrai
N° d'impression : 111000
N° d'édition : L.01EHBN000341.N001
Dépôt légal : mars 2011

Imprimé en France